圖解

日本民具事典

近1500張插圖
描繪日本庶民生活原型

岩井宏實（監修）
工藤員功（編）
中林啓治（插畫）
連雪雅（譯）

前言

早在明治時代便已經有人開始研究日本的民具，那個人是愛德華．摩斯（Edward Sylvester Morse）。儘管當時還稱不上是研究，對日本民具深感興趣的他，努力蒐集並理解民具。摩斯博士為了進行腕足動物等的採集，於明治十年（一八七七）六月來到日本，後因發現大森貝塚[1]而聞名。待在日本的期間，他對日本民具與住宅產生興趣，在其著作《日本的每一天》（*Japan Day by Day*）中曾提到：「近來我對日本的居家藝術很感興趣……倘若有充裕的時間，真想將這類物品全部蒐集起來」。居家藝術是指家庭中使用的器具，如各式桶類。

摩斯博士想藉由了解日本庶民的生活用具，也就是民具，以及製造、使用這些用具的生活方式，進一步理解日本與日本人。第三次訪日期間，他蒐集的資料已達八二一件，還親自編寫了蒐集目錄。之後數量愈來愈多，最後以摩斯收藏品的名義收藏在美國麻薩諸塞州塞勒姆（Salem）的皮博迪埃塞克斯博物館（Peabody Essex Museum），數量據說多達三萬件。

還有一位坪井正五郎博士，他可說是日本人類學的先驅。明治十九年（一八八六），他在《東京人類學會報告》創刊後不久便提出正月習俗的調查研究，誌中刊載了削掛（P407）等正月習俗相關的民具調查報告、關於獨木舟和樏（P120）的調查研究。

明治二十年（一八八七）出版了《工商技藝看板考》一書，被視為研究招牌的起點。

正式的民具研究始於澀澤敬三老師。大正十年（一九二一），他開始蒐集並研究以鄉土玩具為主的民俗物件。大正十四年（一九二五）成立了蒐集、展示、研究民俗物件的組織「閣樓博物館」（Attic Museum）。澀澤老師認為玩具不只是娛樂玩物，而是如實呈現各地風土、生活與信仰的民俗物件，他的理念帶給今日的鄉土玩具研究許多啟發。

昭和五年（一九三〇）他編撰了《蒐集物基準》，向各地的研究者傳達蒐集民俗物件的迫切性，主張民俗物件需進行科學實證研究的必要性，推廣民俗物件的蒐集與調查，當時將民俗物件稱作「民俗品」。昭和八年至九年（一九三三～三四）這段時期，開始改以「民具」稱之。昭和十年（一九三五），《閣樓月誌》的〈閣樓記〉中將「民具」定為正式名稱。

昭和十一年（一九三六），在《民具蒐集調查要目》中針對「民具」的定義，向閣樓博物館（後改名為日本常民文化研究所）的研究者與日本全國對民具有興趣的研究者提出解說。

民具是「我國同胞基於日常生活的需要，利用技術製作成貼近生活的道具」，這個定義至今仍是民具研究的根基。項目分為：

一、衣食住相關物品
二、生計相關物品
三、通信、運輸相關物品
四、團體生活相關物品
五、禮儀相關物品
六、信仰儀式相關物品
七、娛樂、遊戲競技相關物品
八、玩具、吉祥物

「民具」二字給人的感覺不外乎是衣食住、生計、運輸之類的器具，其實範圍遍及生活中的大小事，是人們因應生活所需，製作使用並傳承給後代的所有器具與產物。

人類展開社會生活型態後，為了讓日常生活更有效率且富足，運用智慧製作用具並充分活用。付出的努力持續累積，造就今日的生活與社會。民具原是出自生活需求，由某人構思出來的創作，最終被鄉鎮村落或同業等生活共同體認可為方便有效的用具，使得其創意及模式逐漸定型，藉著製作者和使用者共同學習，彼此延續著傳統，代代傳承。

人類自認熟知如此傳承下來的民具，但其實已有很多不再為人知悉。以庶民的生活瑣事為題材、製造各種笑點的落語，劇情當中就經常出現民具，然而如今卻有許多民具聽來陌生。例如「道具屋」這個故事，就是將民具的名稱當作哏。

在接觸民具的機會日漸減少的情況下，戰後的高度經濟成長帶動了產業技術急速發展，促成高度情報化的社會，塑膠與不鏽鋼製品成為日常生活用具的主流，被稱為塑膠不鏽鋼文化時代。再者，隨著大量生產和快速製造的技術成熟，在社會上興起了速成文化，種種因素使得傳統民具逐漸被人們所遺忘。

不過，長年投注心力於製作、使用民具的傳統文化中，仍有不少元素為現代的先進工業技術所採用。而且，傳統民具在今日再次受到一般市民，尤其是家庭主婦的青睞，悄悄地形成一股潮流，只要走進百貨公司的日用品賣場或專賣店就能觀察到。

比起規格統一的冰冷機器，以木、竹等為材料、帶著溫度手感的民具更受歡迎，從傳統粹練而成的設計巧思中體會美感，這樣的社會風潮也擴及日本傳統文化。

面對如此現況，讓我決定編寫民具事典，以期大眾了解民具所蘊含的人類智慧、對社會生活的價值、因應生活空間特性的技巧，以及製作者與使用者的巧思。希望藉由這本串連古今未來的民具事典，讓更多人對民具產生興趣。

*

一般人對辭典、事典的印象，不外乎是以「文字」解說的書籍。但要說明因應生活需求製作的民具，得透過視覺傳達具體的形態，才能更有助於讀者理解。也就是說，將實際的民具配合時空變化以圖像呈現，應該就能產生貼近生活的親切感吧。

昭和二十九年（一九五四）三月七日，澀澤敬三老師在〈能否製作圖畫索引〉的文章中提到：「這好比文字的索引，十多年前我就在想，能否製作圖畫索引」。繪卷中為輔助了解主題而描繪的背景或插圖，不少都傳達出當時民眾的生活，而在驗證過程中，那些圖畫便成為研究民具歷史的具體線索。利用繪卷進行的民具研究，在澀澤老師去世的隔年，即昭和三十九年（一九六四）終於出版成一套五冊的《繪卷中的日本庶民生活圖畫索引》。

另外，昭和三十九年至四十二年（一九六四～一九六七），受過澀澤老師指導的日本常民文化研究所的研究員及同好為悼念他，編寫出版了四卷的《日本民具》。書中收錄的內容是從閣樓博物館草創期收集的龐大民具中所精選的項目，以精美照片呈現民具的實體，加上適切的說明。當時對民具有興趣的人將此鉅著視為珍藏之作。

其實，江戶時代已有重視圖像呈現的著作。首先是元祿三年（一六九〇）由京都的平樂寺、大坂的村上清三郎及江戶（東京）的村上五郎兵衛共同出版的職業百科事典《人倫訓蒙圖彙》，共七卷七冊。先分別列出公家[2]、武家[3]、僧侶的身分、家世、職務等，再細分為藝能部、作業部、商人部、細工人部、職之部、勸進餬部，針對五百多種的身分、職業，以圖文說明其內容與由來，並且簡單介紹三都（江戶、京都、大坂）的名店。

其次是正德二年（一七一二）左右，由大坂的醫師寺島良安編寫的圖解百科全書《和漢三才圖會》。全書共一〇五卷，範圍涵蓋天部、天文、包含異國人一覽在內的人倫、技藝、藝能、神祭具、兵器、廚具、船橋具、農具等各種器具、動植物及食物等，以漢字名、日語名搭配圖文記述。

江戶時代末期的書籍則是喜田川守貞所著的《守貞謾稿》，於嘉永六年（一八五三）起稿，慶應三年（一八六七）增訂。該書以江戶、大坂、京都為中心，將七百項的事物名稱與事象分類為時勢、家宅、職業、雜業、貨幣、男女衣飾、音曲、遊戲、食物等附圖說明，除其所見聞之事項以外，還參考了書籍、繪畫等補充了六百多個項目。這樣的書籍方便我們了解江戶時代人們的生活，而圖像更能加深理解。

不過，這些書籍仍是以文章為主，圖像的存在只是輔助理解，作用好比今日的插圖。

*

因此，本書是以「圖畫」為索引，透過圖文說明所有項目。書中收錄了一千多的項目，且非按五十音排序，是依用途分為十二章：「飲食」、「裝扮」、「居住」、「耕種」、「飼養」、「捕獲」、「製作」、「運輸」、「買賣」、「祈願」、「娛樂」、「交流」。全圖示的目次也是日本首創的。

民具的分類依前文中《民具蒐集調查要目》歸納的八大項進行了用途、功能等各類別的研究，但有些民具有多種用途，有時在其他情況下也會使用同形器物，不少民具難以歸納於某個明確的項目。而這也正是民具的特性，因此本書的十二章也未必是最確切的分類。

透過插圖呈現民具的外型，搭配簡潔扼要的文字敘述，希望能有助讀者理解各民具的具體用途、構造、歷史變遷與區域性的差異等。不過民具依時代、地區而異，即使是相同時代或地區也有各種形態，因此插圖僅以具代表性或構造易理解的為主，無法完整展示所有的樣貌，這點還請各位諒解。

繪製插圖時，主要是參考武藏野美術大學美術資料圖書館民俗資料室的收藏資料。該資料室的收藏最初來自於曾經跟隨澀澤敬三老師一同進行民俗學、民具學研究的宮本常一老師，從各地蒐集而來的藏品數量已超過九萬件。本書的共著者工藤員功多年來負責維護管理這些收藏，並持續累積研究成果，可說是日本屈指可數的民具相關資料。

關於作為項目標題的各個民具名稱，考慮到時代、地區的差異性是民具的特徵，在研究上也是一大重點，因此標題以外的別稱皆可透過索引查詢。

編寫本書時也參考了許多日本各地研究民具者的心血成果，在此向諸位表達感謝之意。

如前所述，本書的所有項目皆搭配插圖是民具事典的劃時代創舉，這也是本書引以為傲之處。書中的插圖皆由中林啓治獨自完成，他在民具的造詣極深，創作出許多民具的插畫作品，且屢屢參與博物館舉辦的民具展示。本書可說是集其大成之作，中林先生豐富的學識與努力更提升了本書的價值。將龐大數量的插畫整理修正，製成索引的山本薰，面對如此耗費心力的工作，非常感謝您的細心付出。另外，中村先生繪製插圖時，承蒙武藏野美術大學美術資料圖書館民俗資料室等各機關、研究者給予莫大的協助，再次致上由衷的謝意。

不只是民具，希望本書能夠成為對日本文化有興趣的人有幫助的良書，也請各位不吝指教。

圖畫索引

【飲食】

洗桶 042

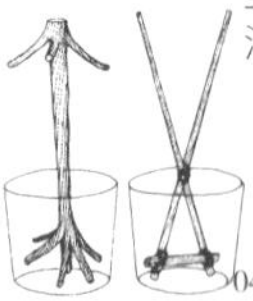
芋洗 042

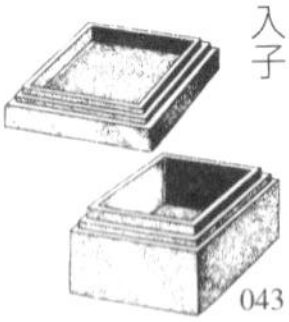
入子 043

臼 043

饂飩掬 044

饂飩振 044

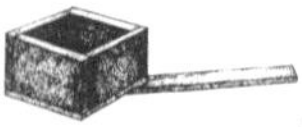
液枡 044

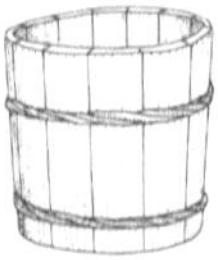
桶 044

折敷 046

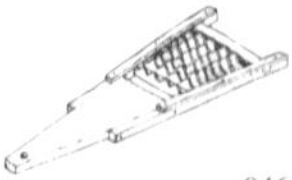
鬼卸 046

御櫃 046

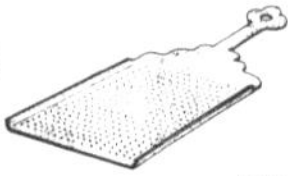
卸金 047

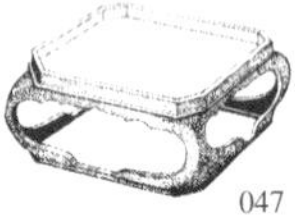
懸盤 047

片口 047

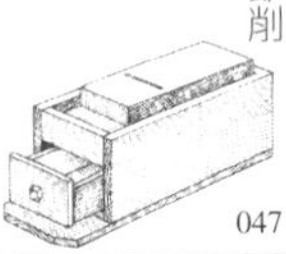
鰹節削 047

鐵輪 048

釜 048

甕 049

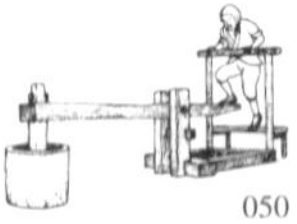
唐臼 050

煙管 051

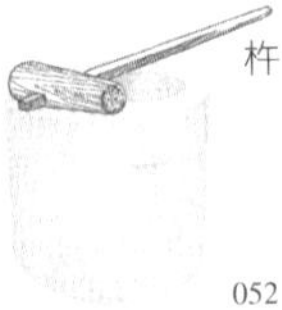
杵 052

急須 052

牛鍋 052

經木 053

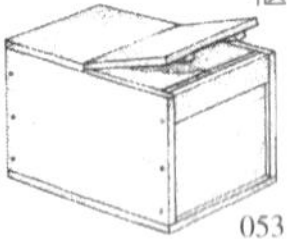
穀櫃 053

甑 054

五德 054

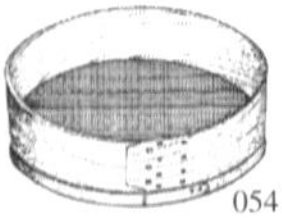
粉篩 054

捏鉢 055

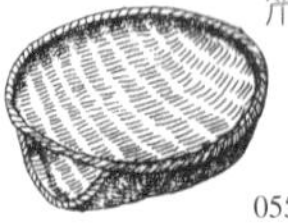
米揚笊 055

盃 056

酒入 057

提重 057

簓 058

匙 058

皿鉢 058

皿 059

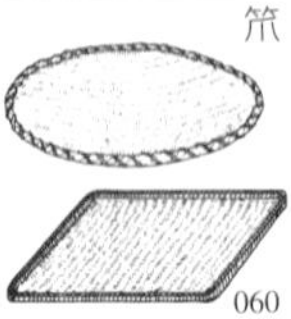
笊 060

鹽籠 060

鹽壺 061

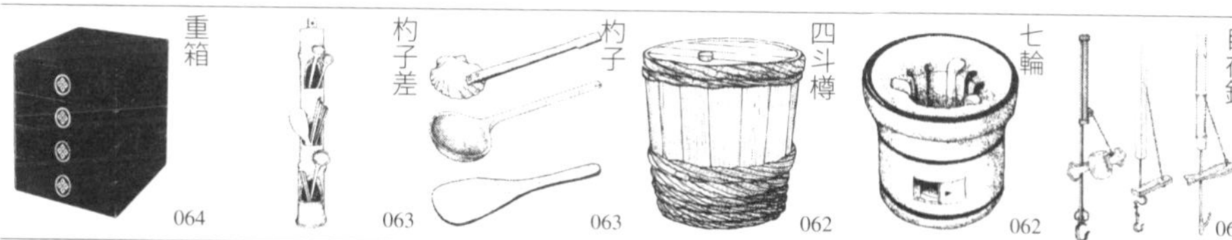
自在鉤 061
七輪 062
四斗樽 062
杓子 063
杓子差 063
重箱 064

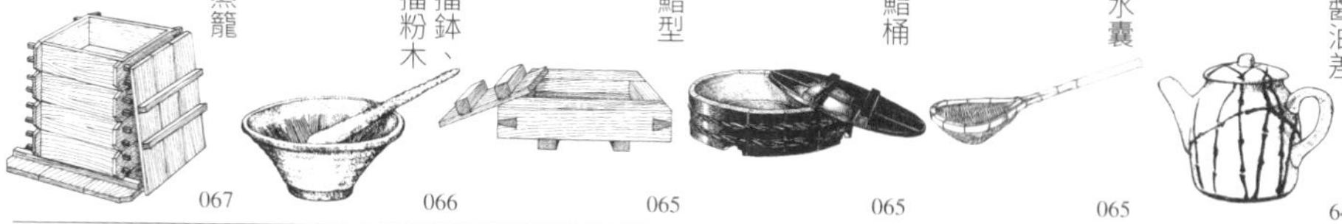
醬油差 64
水囊 065
鮨桶 065
鮨型 065
擂鉢、擂粉木 066
蒸籠 067

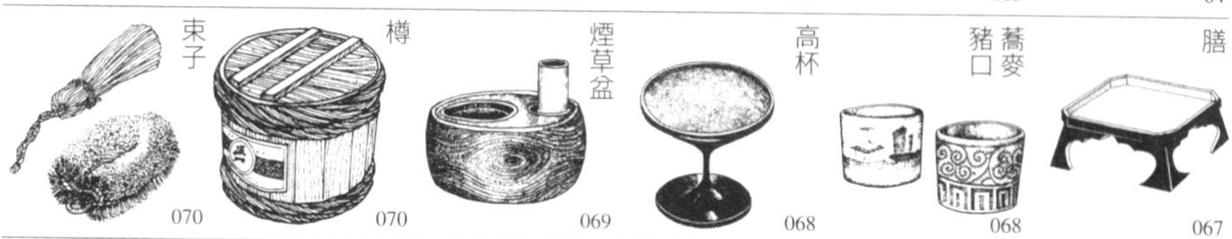
膳 067
蕎麥猪口 068
高杯 068
煙草盆 069
樽 070
束子 070

茶入 071
茶臼 071
茶釜 072
茶巾 072
茶杓 072
茶筅 073

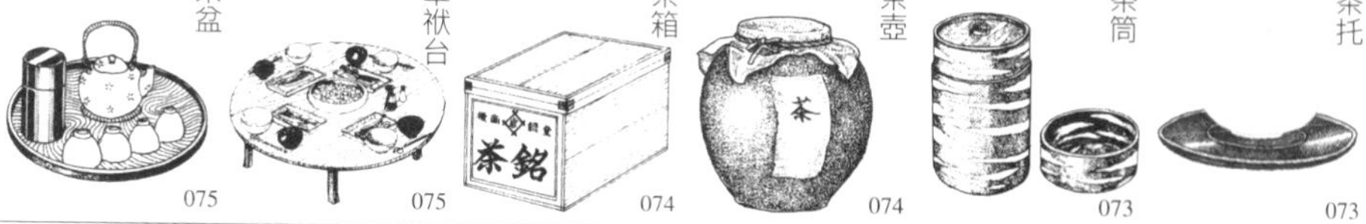
茶托 073
茶筒 073
茶壺 074
茶箱 074
卓袱台 075
茶盆 075

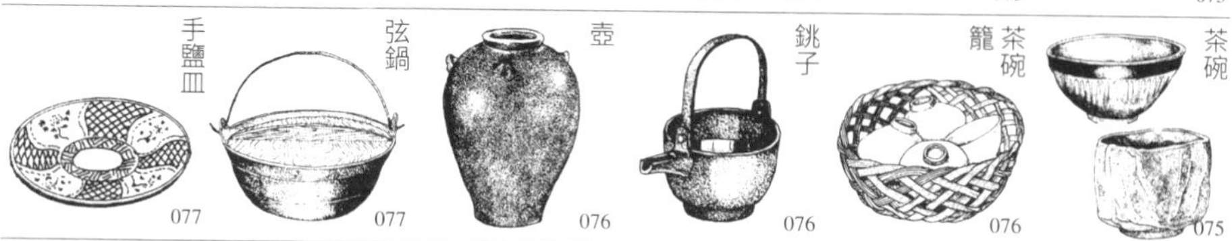
茶碗 075
茶碗籠 076
銚子 076
壺 076
弦鍋 077
手鹽皿 077

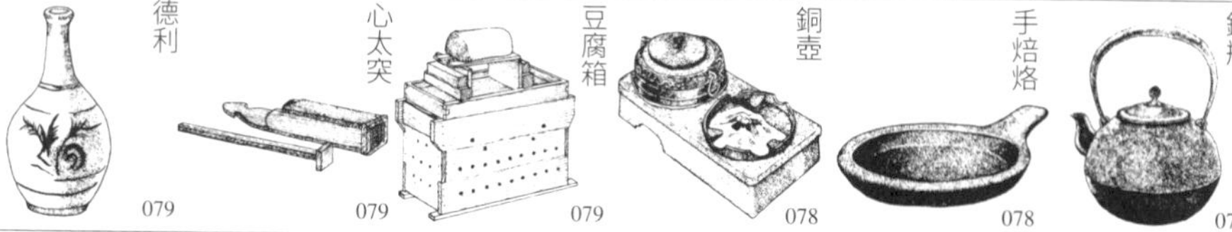
鐵瓶 078
手焙烙 078
銅壺 078
豆腐箱 079
心太突 079
德利 079

土堝 080
土瓶 080
丼鉢 081
鍋 081
鍋敷 082
鍋摑 082

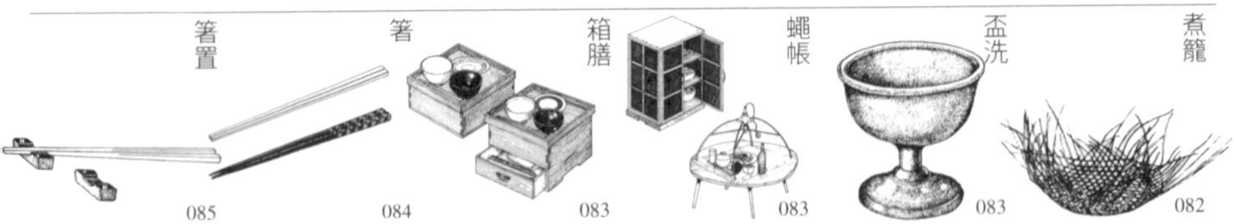

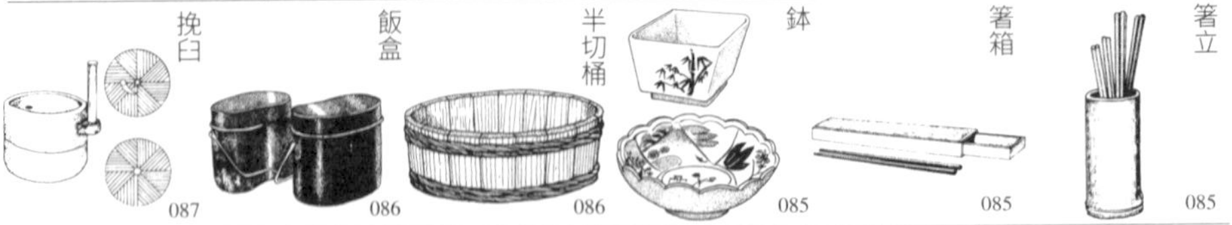

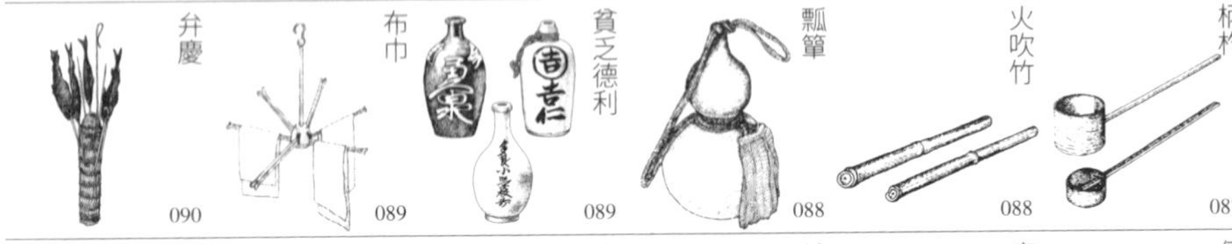

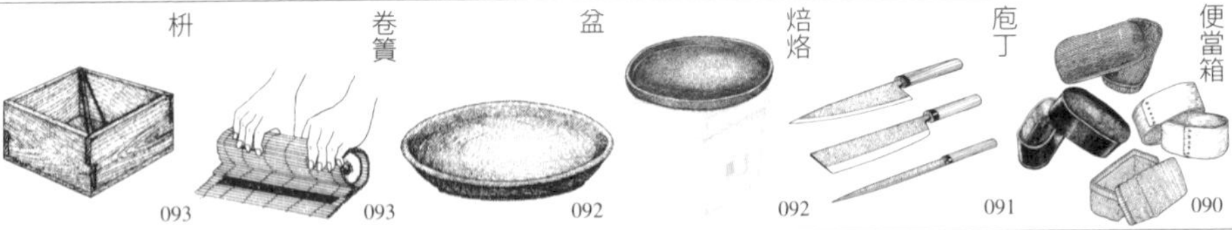

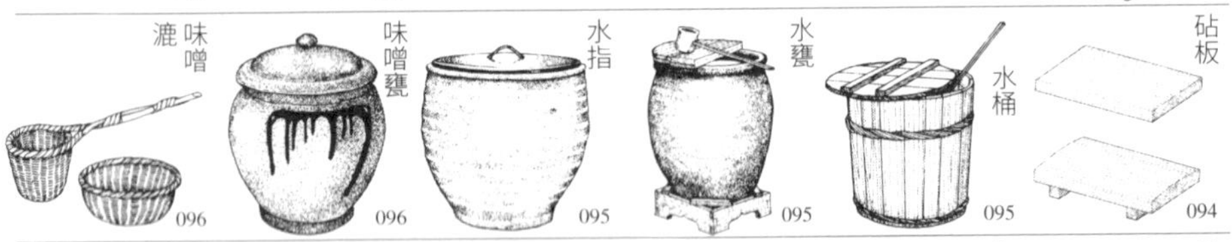

【裝扮】

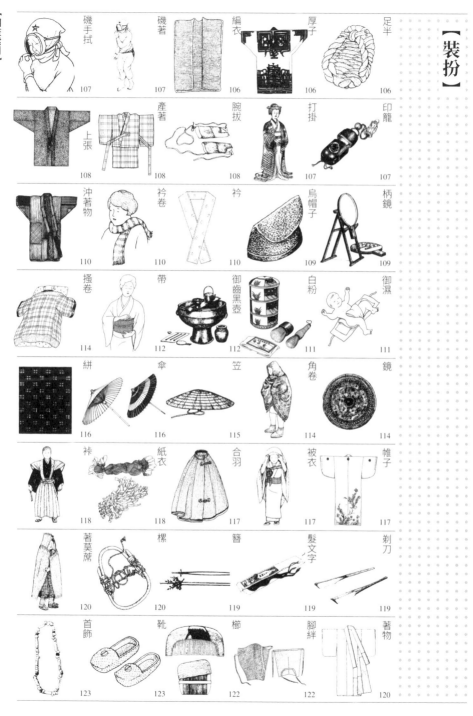

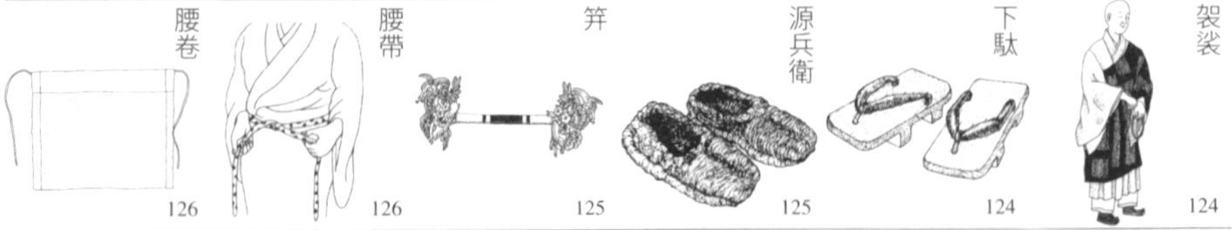

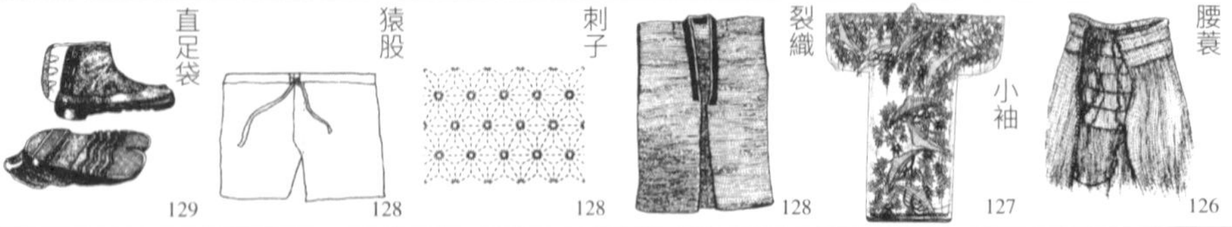

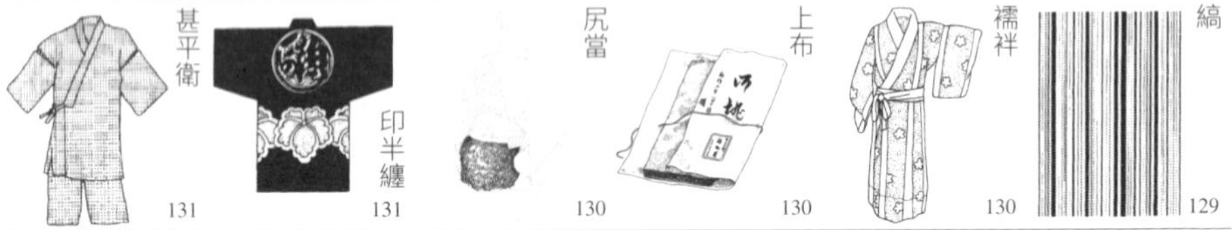

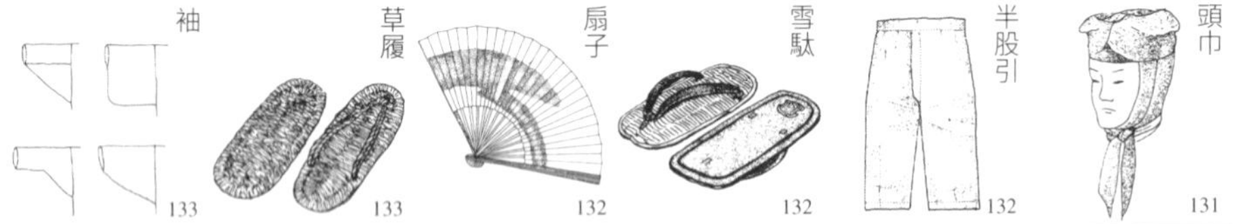

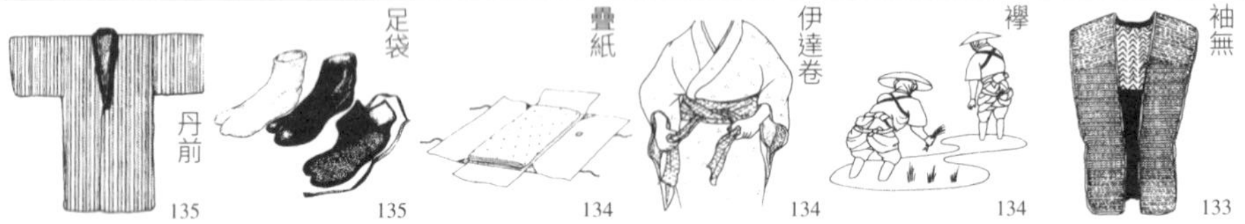

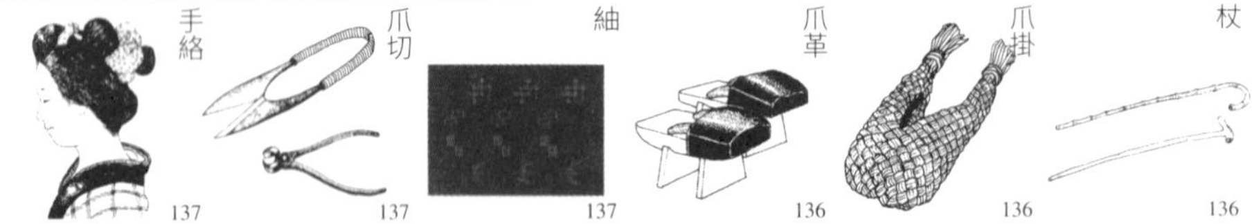

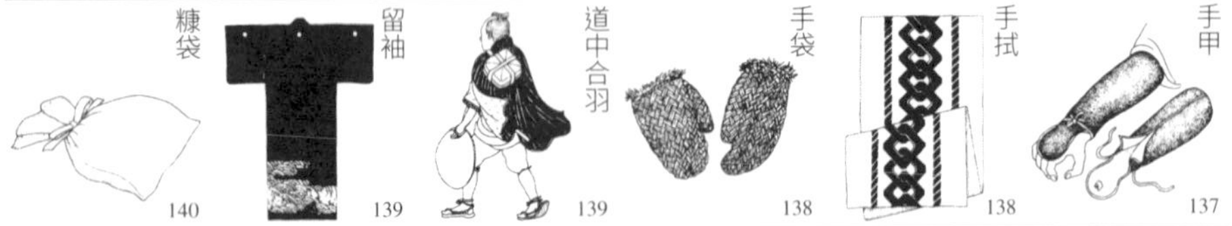

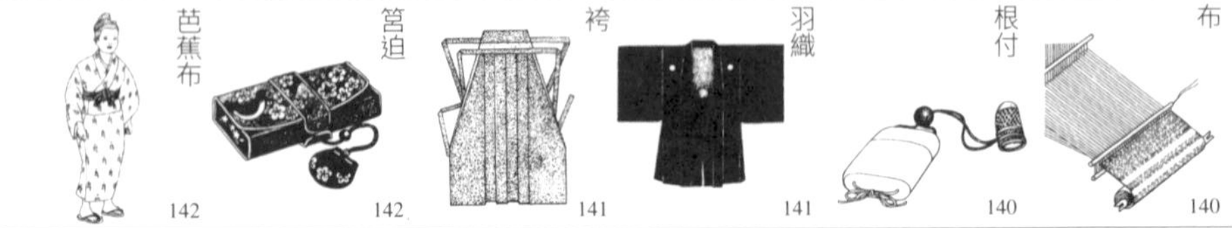

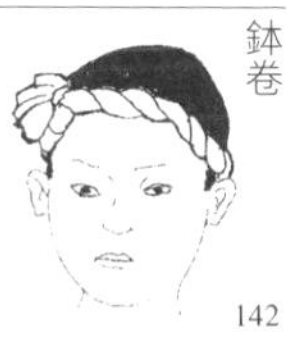
鉢巻 142

法被 143

脛巾 143

腹掛 143

半纏 144

振袖 144

褌 144

紅 145

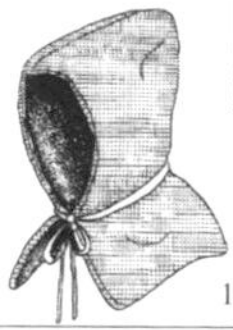
防空頭巾 145

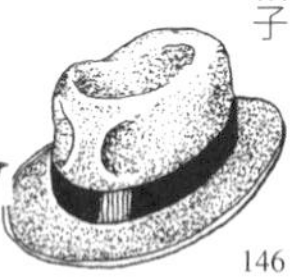
帽子 146

襤褸 146

前掛 147

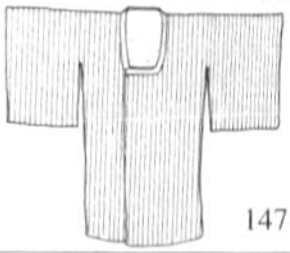
道行 147

蓑 148

耳搔 148

眼鏡 148

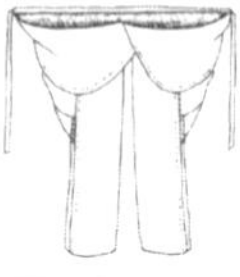
股引 148

工作褲 149

山袴 150

浴衣 150

涎掛 150

藁沓 151

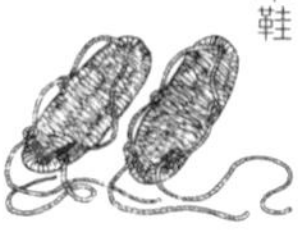
草鞋 151

【居住】

朝顔 156

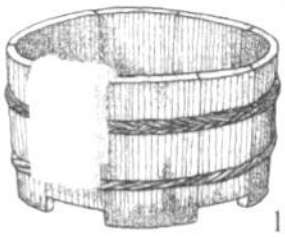
足盥 156

油差 156

油徳利 156

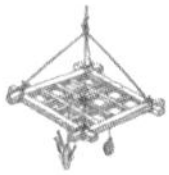
天 157

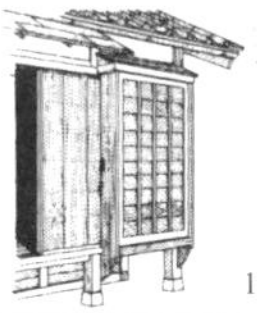
雨戸 157

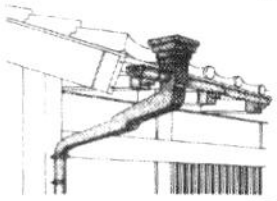
雨樋 157

行火 158

行燈 158

衣桁 159

石風呂 159

井戸 160

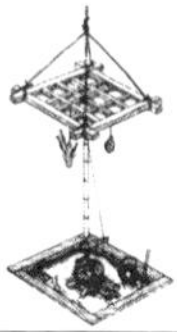
圍爐裏 161

植木鉢 161

卯建 162

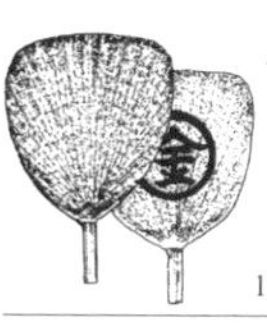
團扇 162

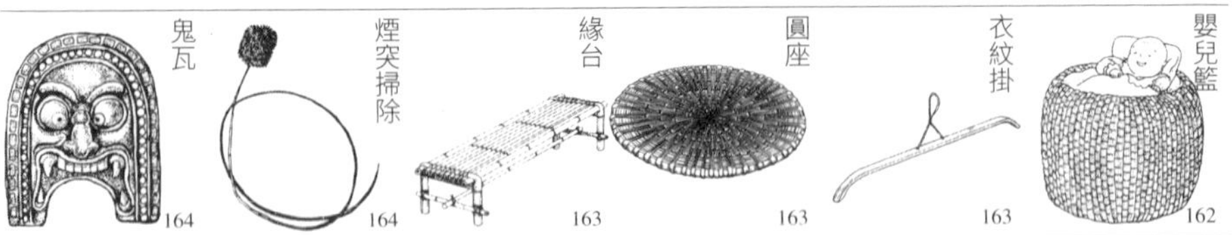

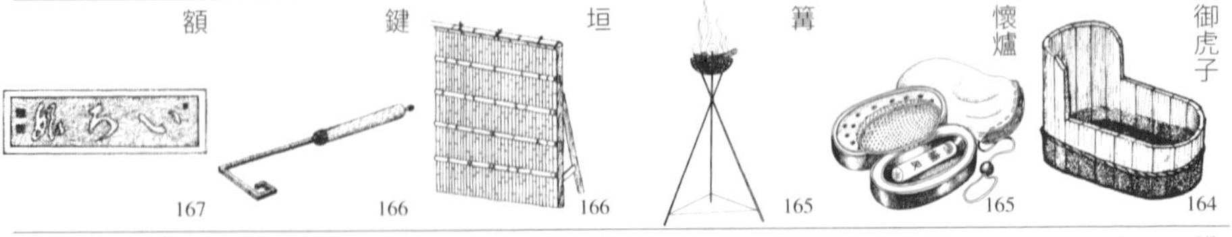

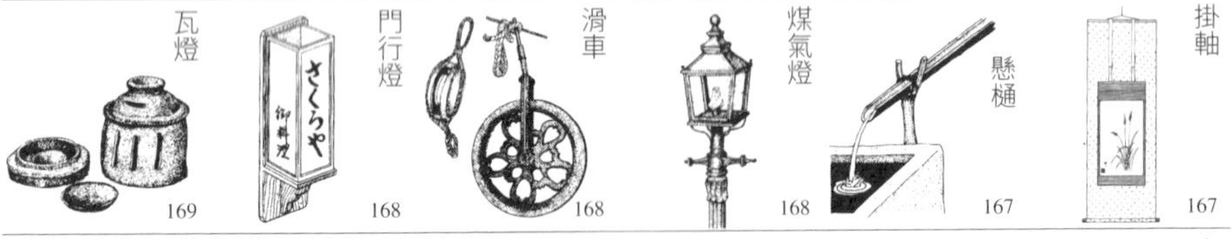

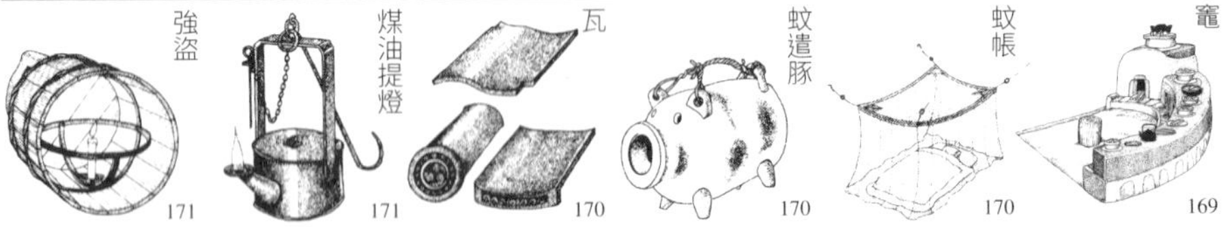

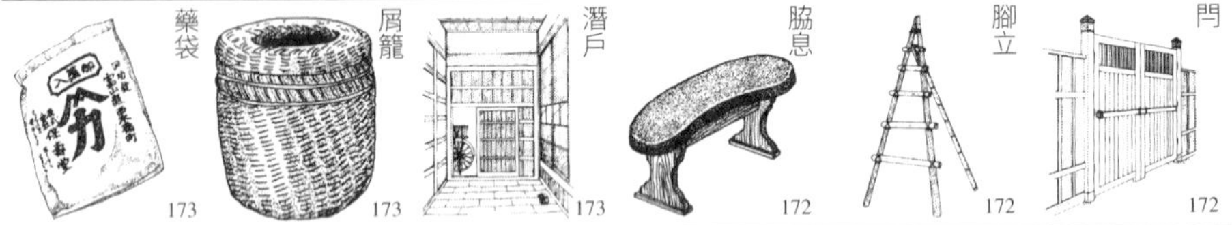

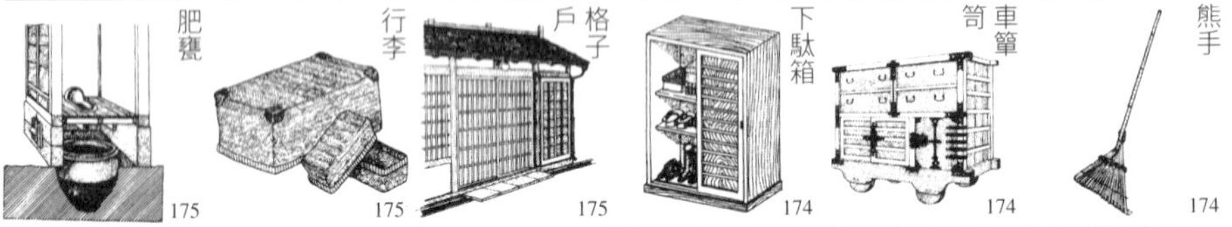

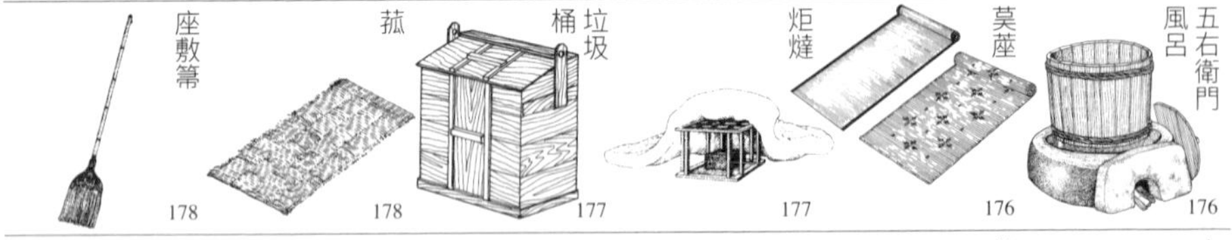

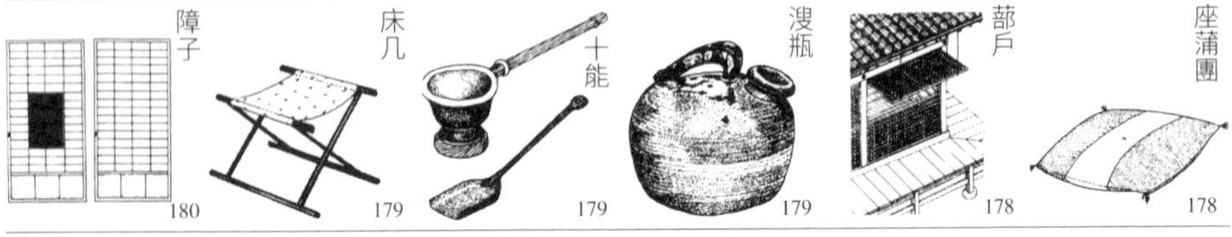

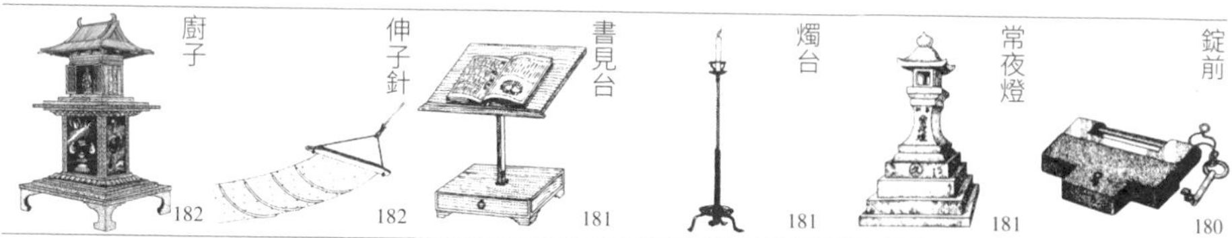

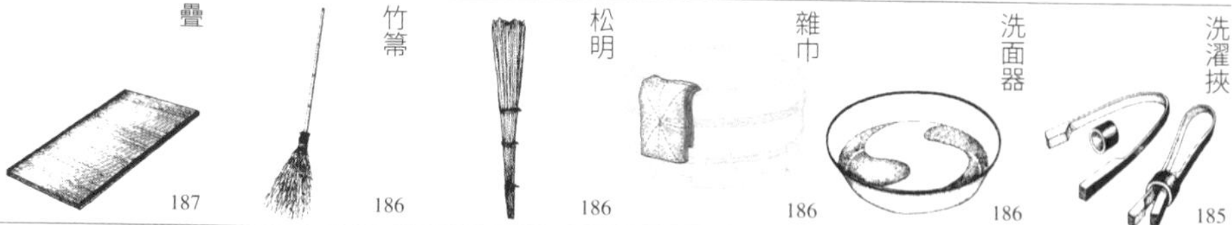

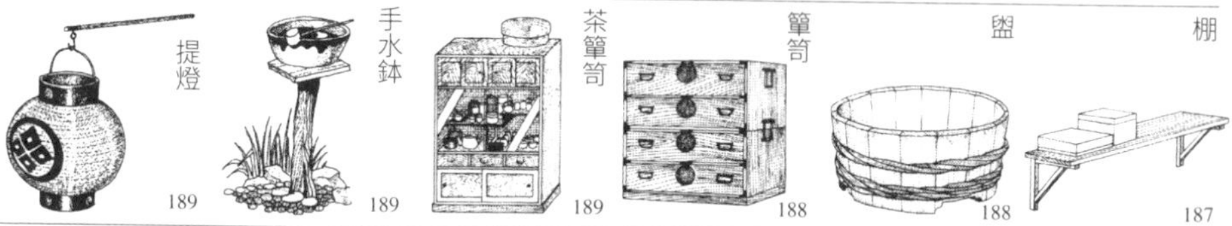

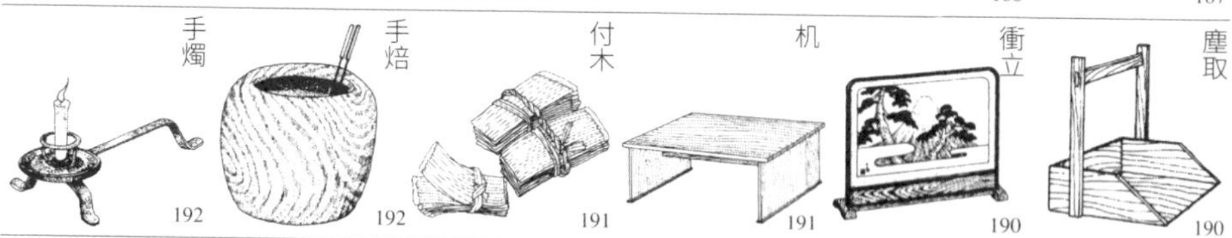

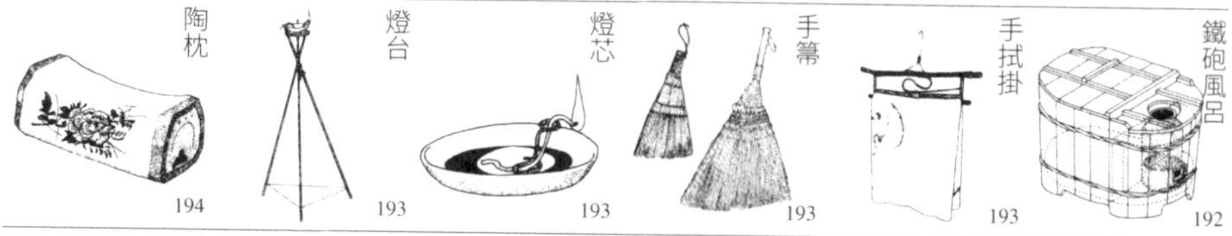

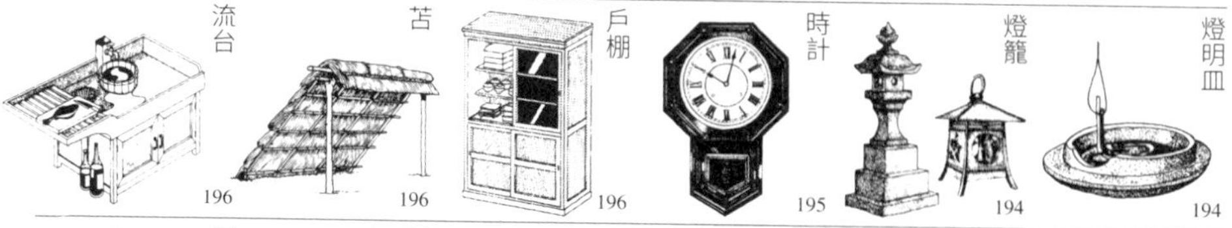

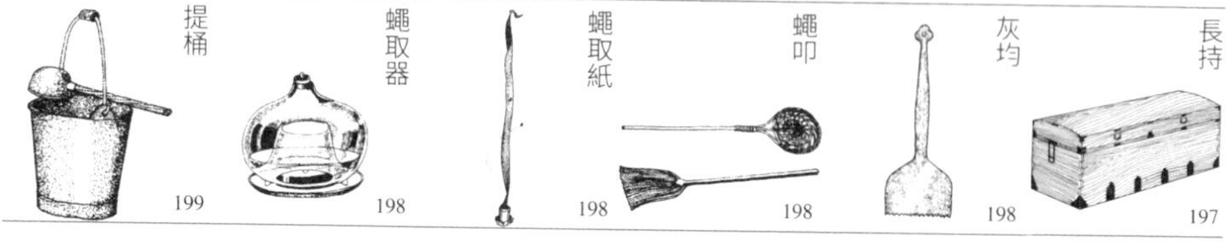

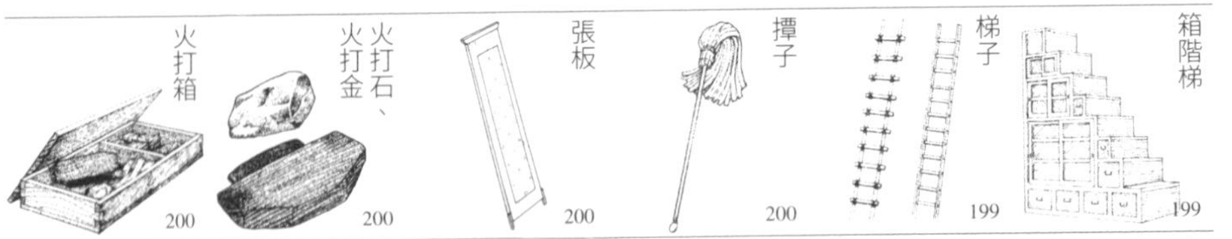

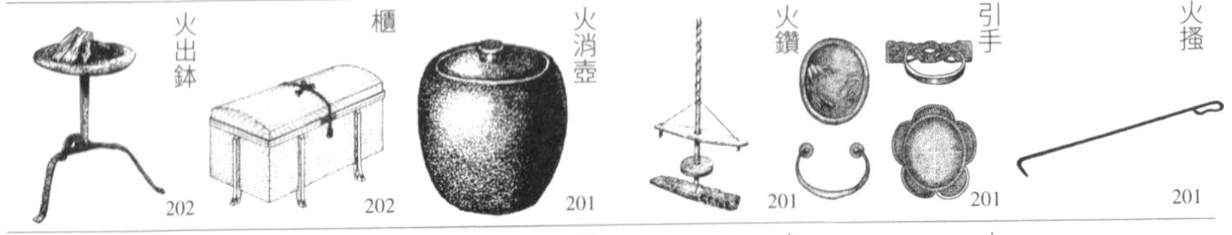

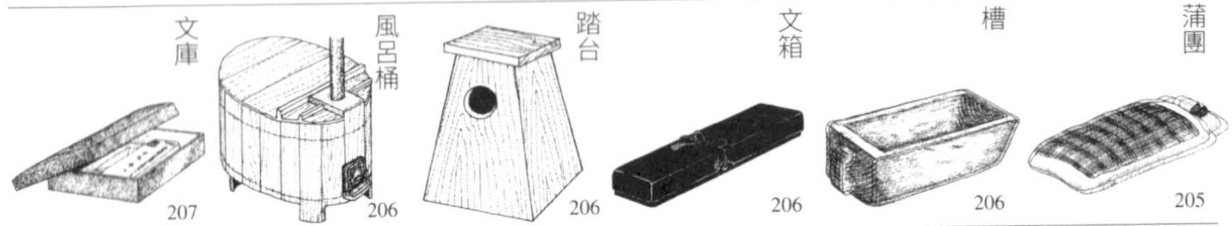

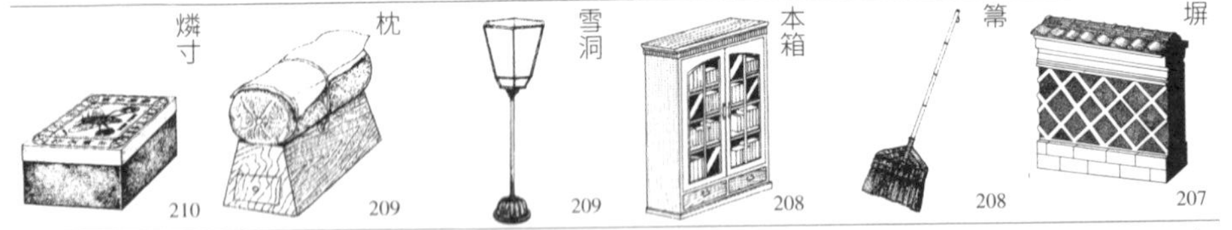

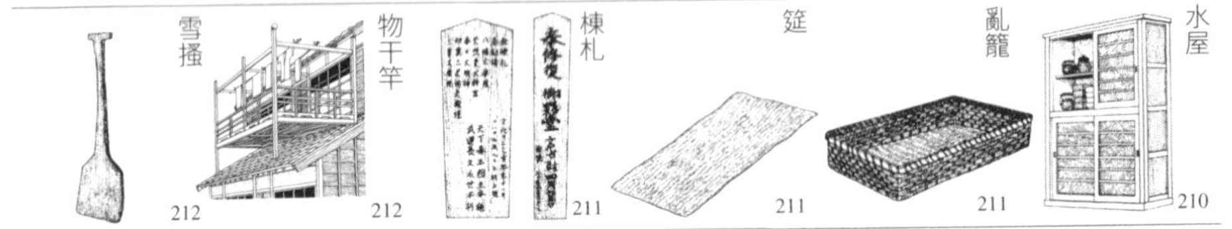

【耕種】

麻切庖丁 220

足踏脫穀機 220

畔切 220

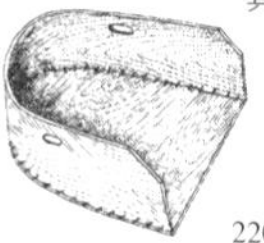
板箕 220

稻刈鎌 221

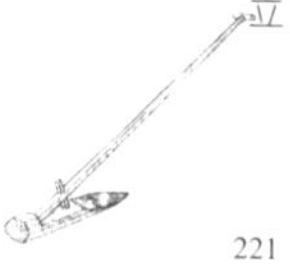
畝立 221

柄振 221

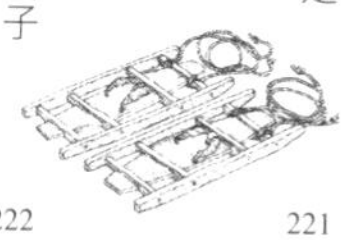
大足 221

案山子 222

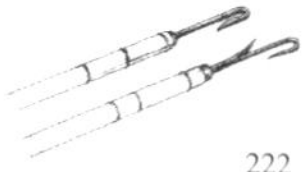
柿枝折 222

鎌 222

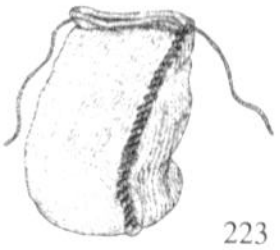
叺 223

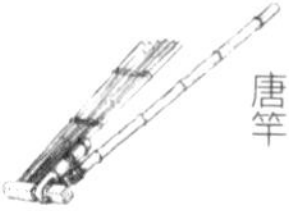
唐竿 224

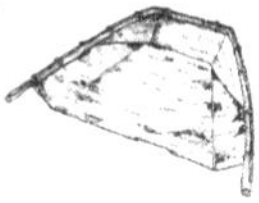
皮箕 224

雁爪 224

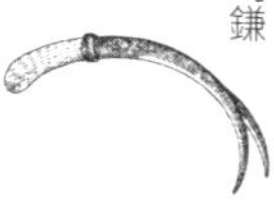
黍刈鎌 224

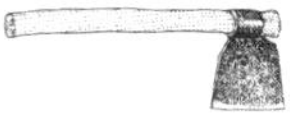
黍倒鉈 225

草搔 225

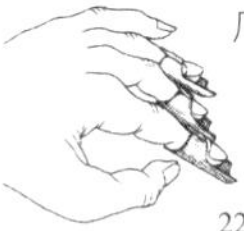
草取爪 225

塊割 225

鍬 225

肥搔 226

扱箸 226

牛蒡掘 227

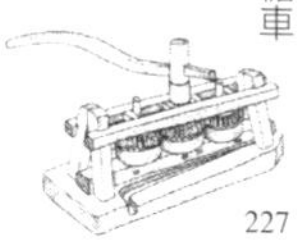
砂糖車 227

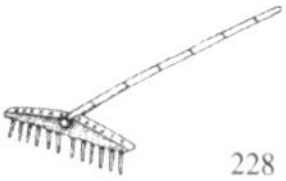
杷 228

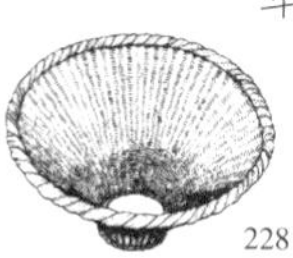
漏斗 228

鋤簾 228

水車 229

鋤 229

犁 229

千齒扱 230

田植繩 231

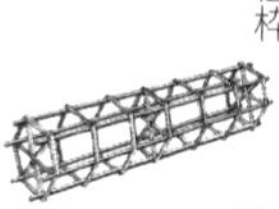
田植枠 231

田打車 231

田打鍬 232

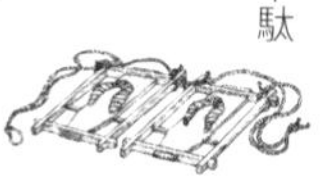
田下駄 232

筍掘 232

種壺 233

種蒔機 233

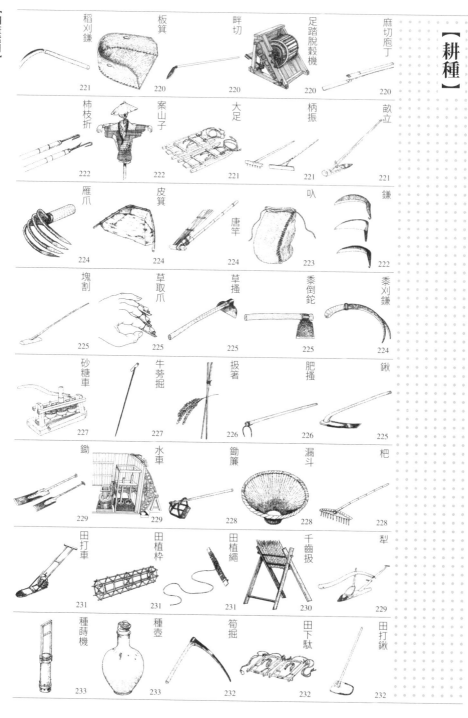

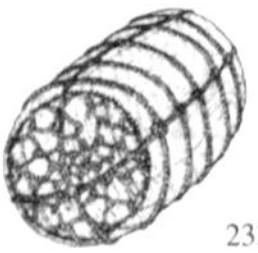
俵 233

茶摘籠 234

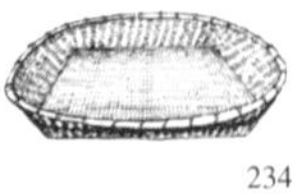
茶篩 234

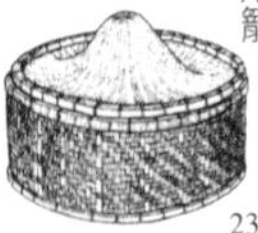
茶焙籠 234

土入 235

鶴嘴 235

手鍬 235

唐鍬 235

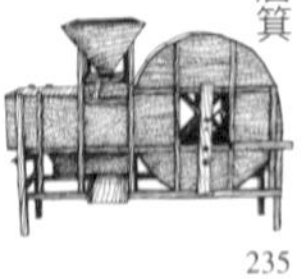
唐箕 235

斗桶 236

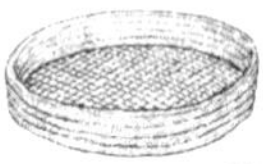
通 236

斗掻 237

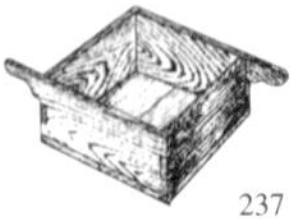
斗枡 237

鉈鎌 237

均板 238

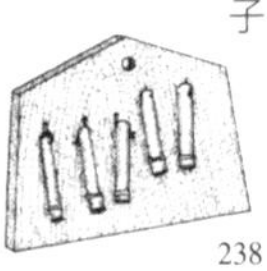
鳴子 238

苗床鏝 238

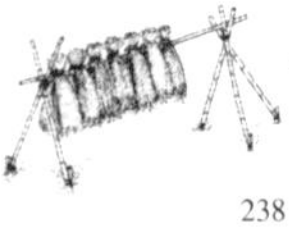
稲架 238

備中鍬 239

農鏝刀 239

掘串 240

踏鍬 240

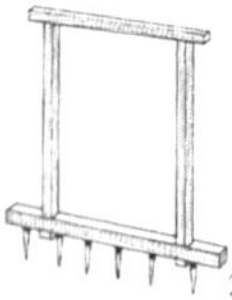
振馬鍬 240

焙爐 241

穗拐 241

豆打棒 241

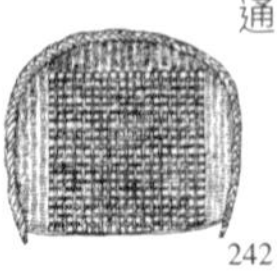
豆通 242

馬鍬 242

萬石通 242

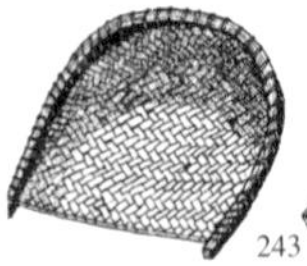
箕 243

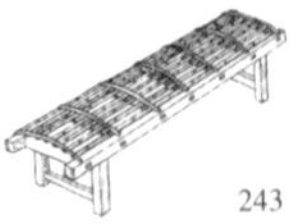
麥打台 243

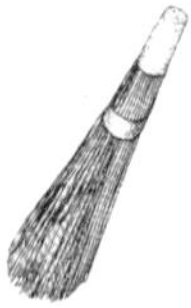
蟲箒 244

籾殼燒 244

籾殼臼 244

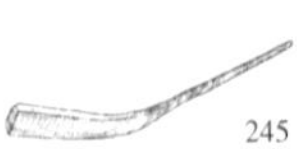
籾叩 245

山芋掘 245

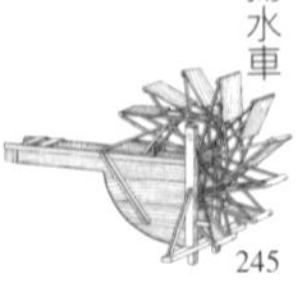
揚水車 245

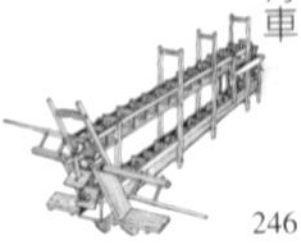
龍骨車 246

【飼養】

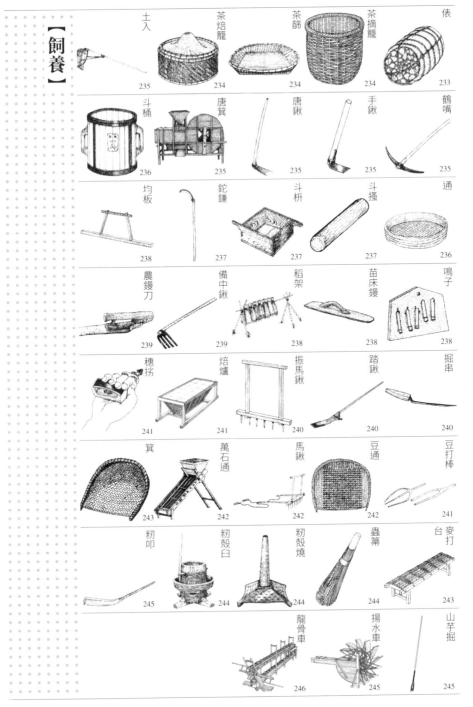

牛沓

250

馬沓
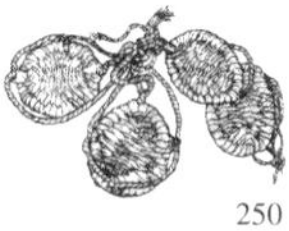
250

馬鈴

250

押切
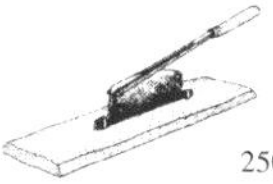
250

面繫
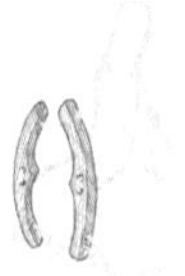
251

蠶網
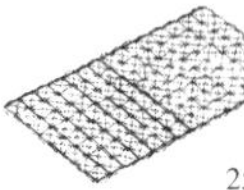
251

蠶籠
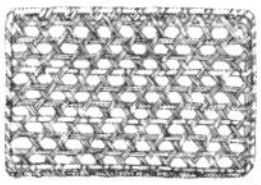
251

回轉簇
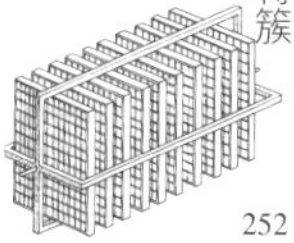
252

飼葉桶

252

蛾輪
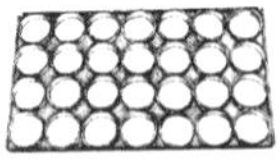
252

紙蠶盆

253

給桑台
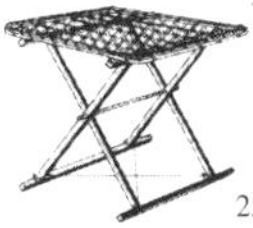
253

口籠

253

轡

253

桑切庖丁

254

桑給篩

254

桑扱器

254

桑爪
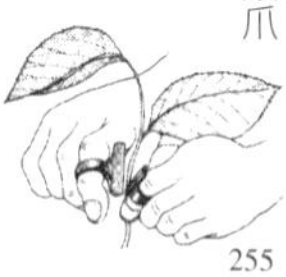
255

桑鋏
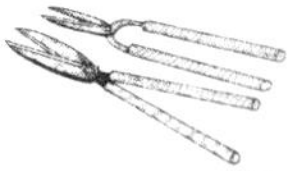
255

催青箱
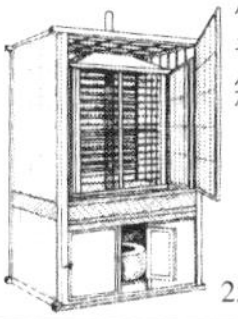
255

巢箱
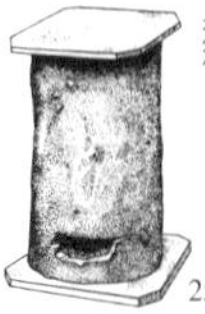
255

手綱
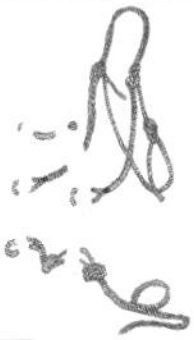
256

種紙
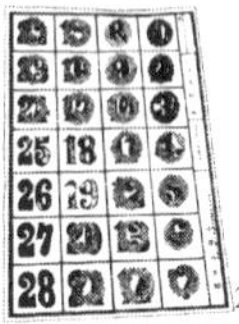
256

雞籠

256

雞用飲水器
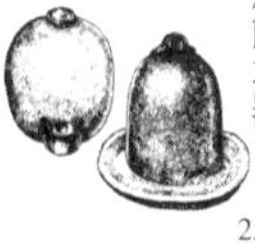
256

稻草貓屋
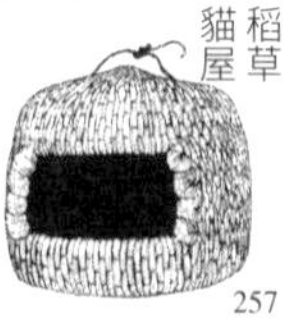
257

掃立箒

257

伯樂鋏

257

鼻刳

257

簇
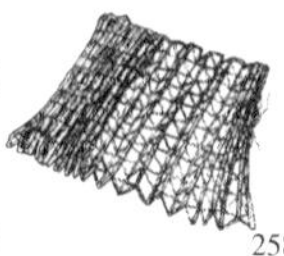
258

鞭

258

【捕獲】

淺蜊搔
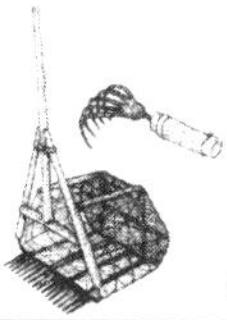
262

足桶

262

鮑鉤

262

飯蛸壺
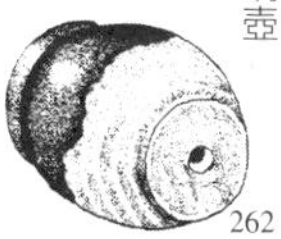
262

烏賊籠
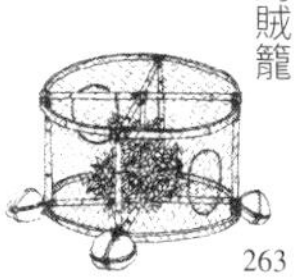
263

烏賊角
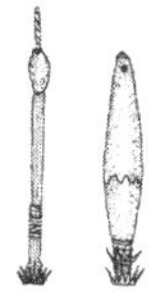
263

生簀

264

磯桶
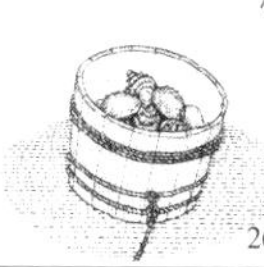
265

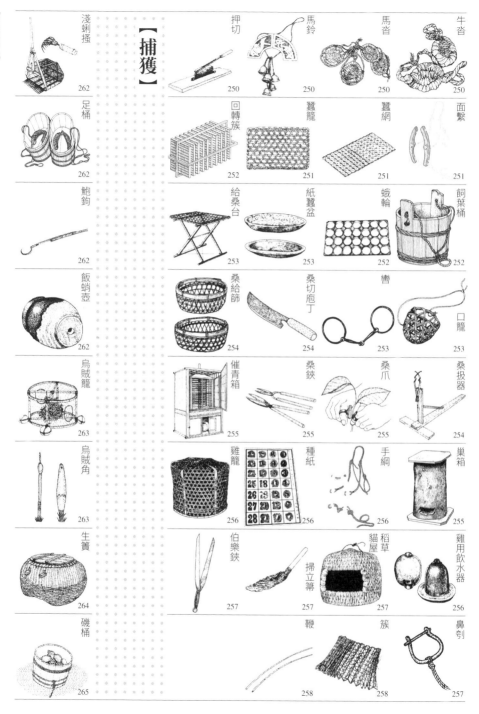

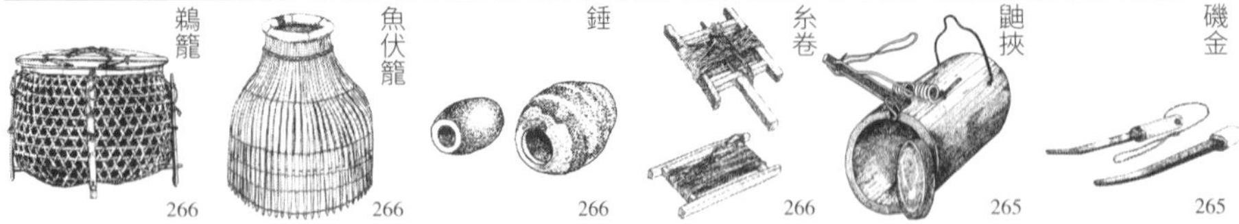

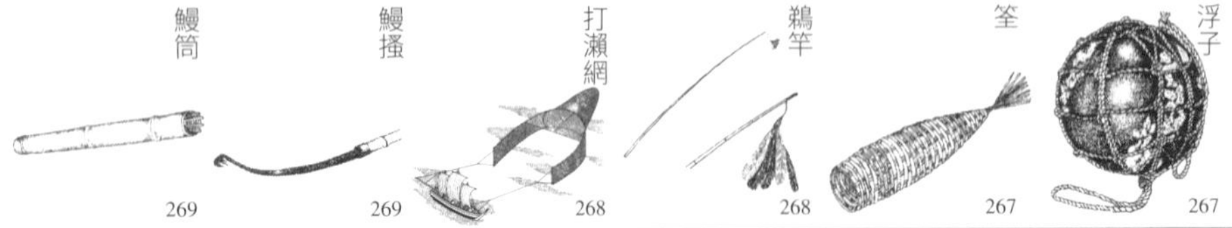

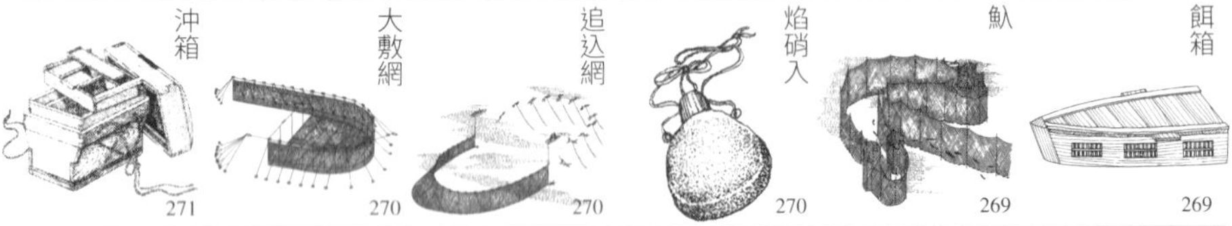

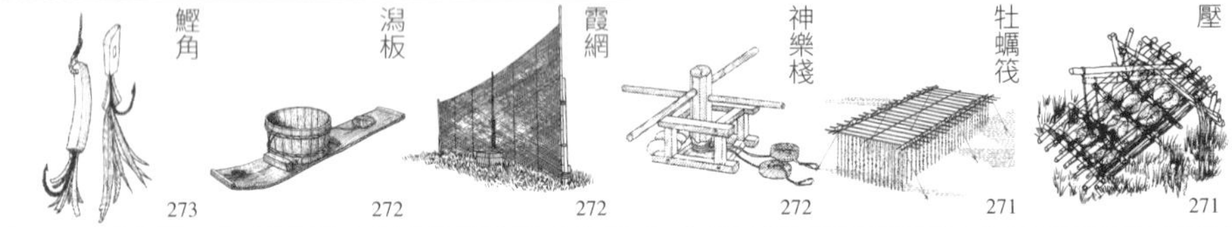

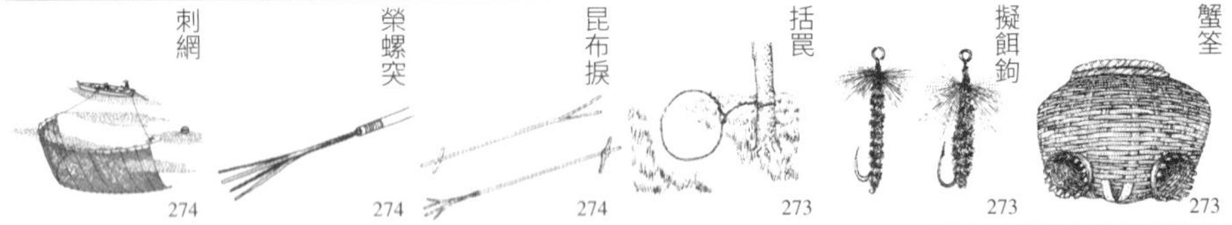

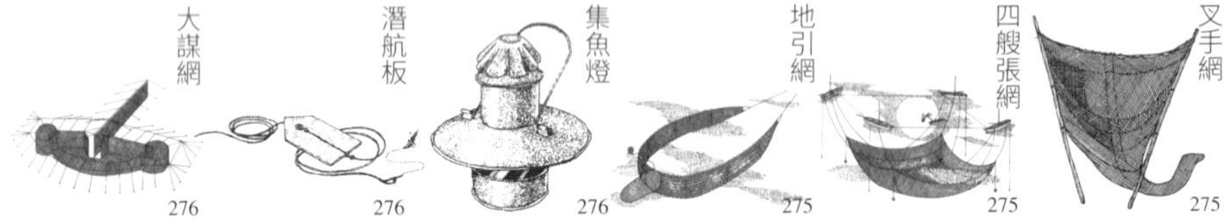

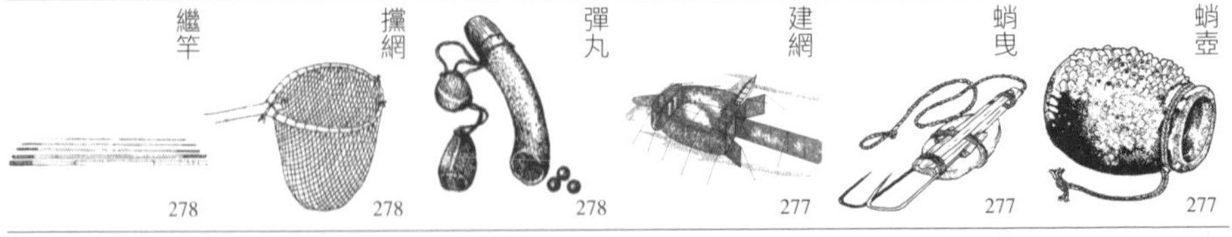

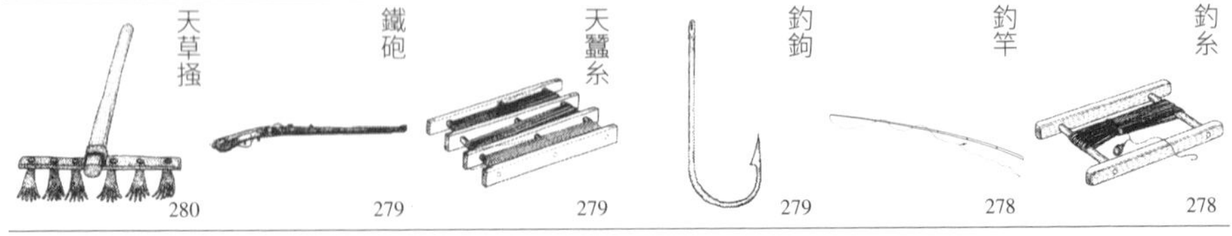

【製作】

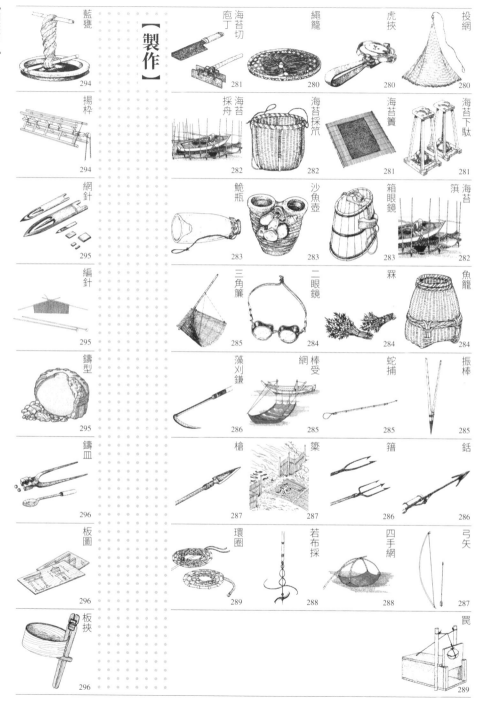

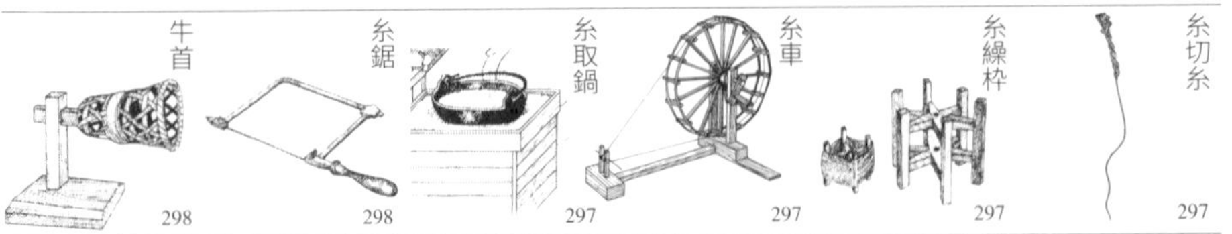

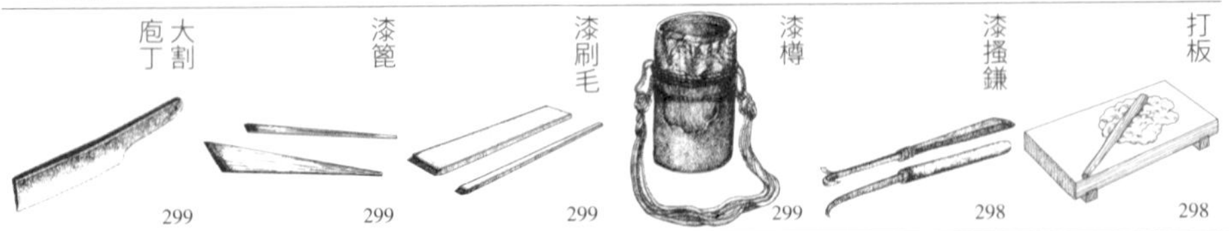

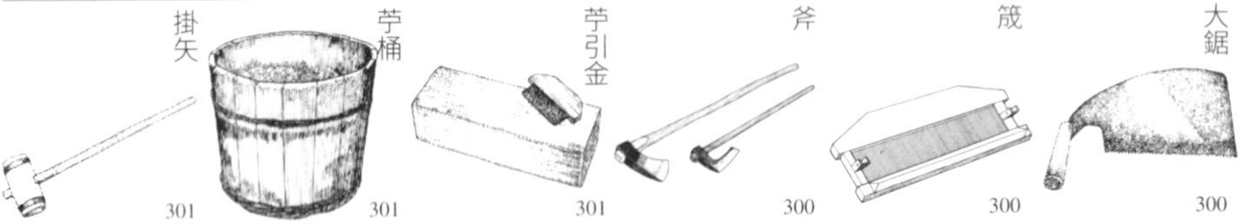

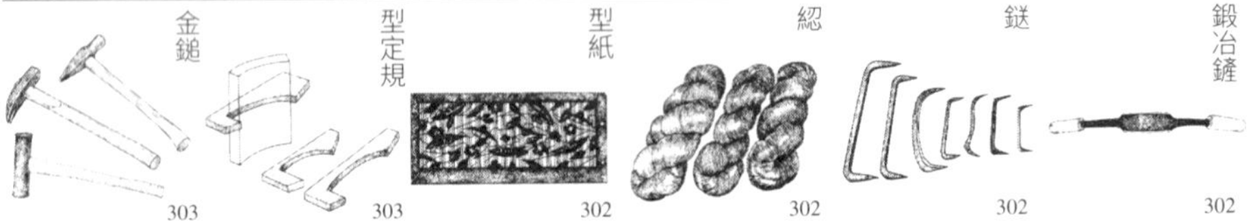

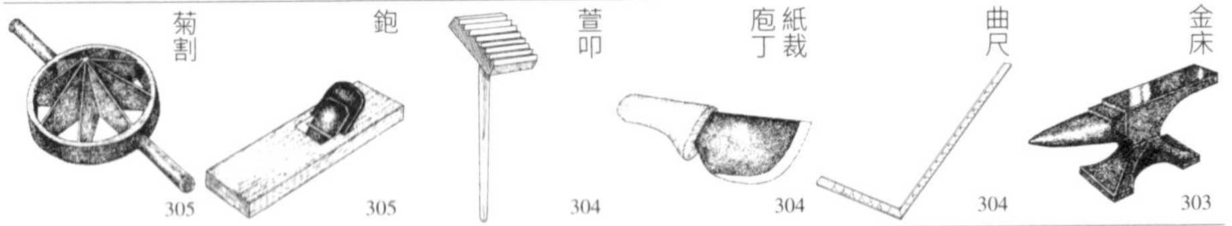

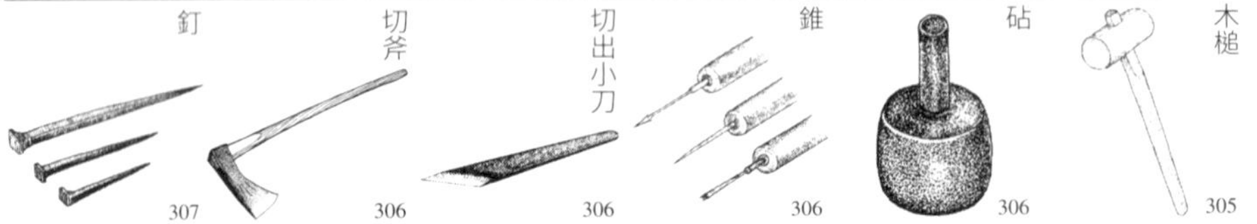

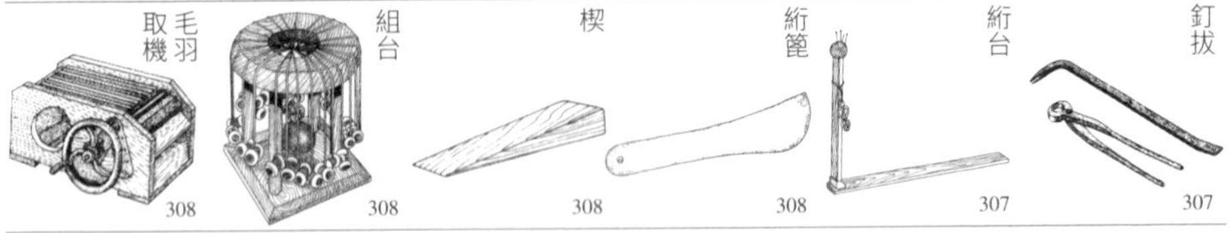

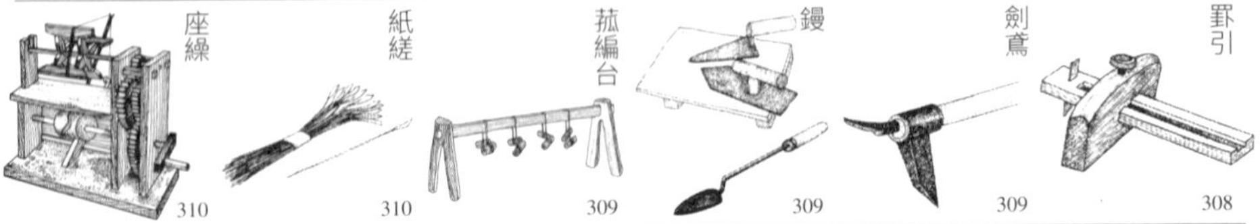

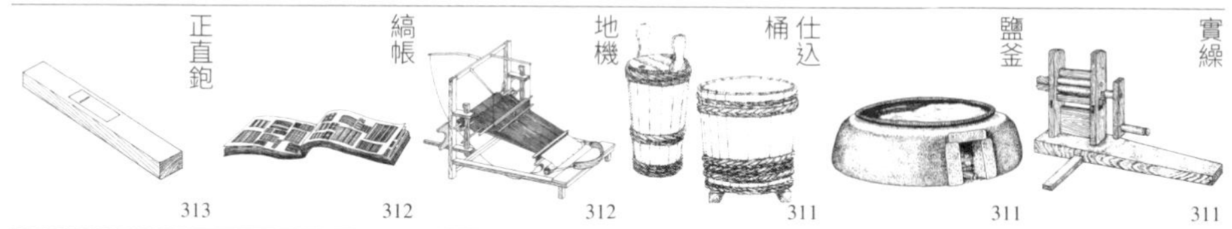

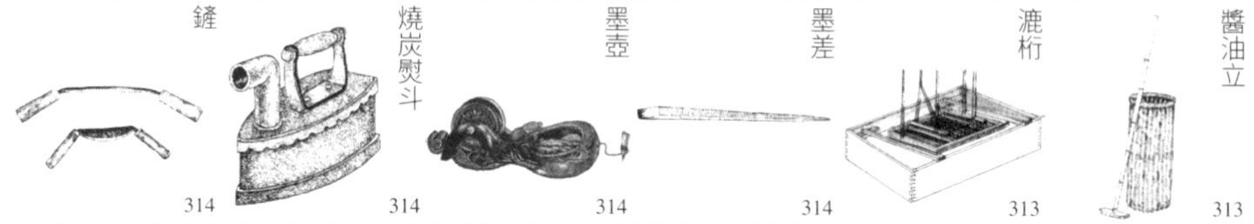

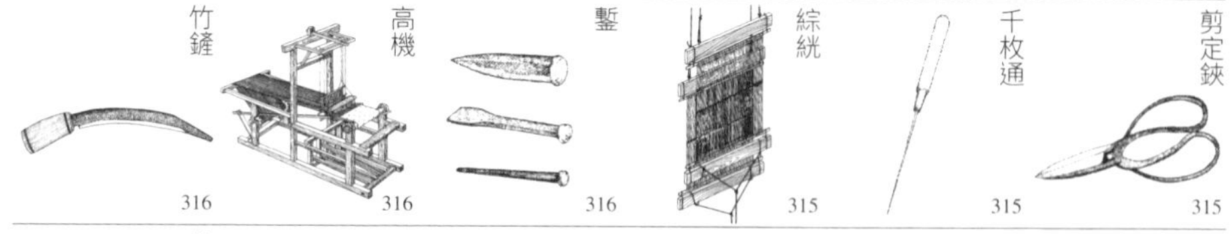

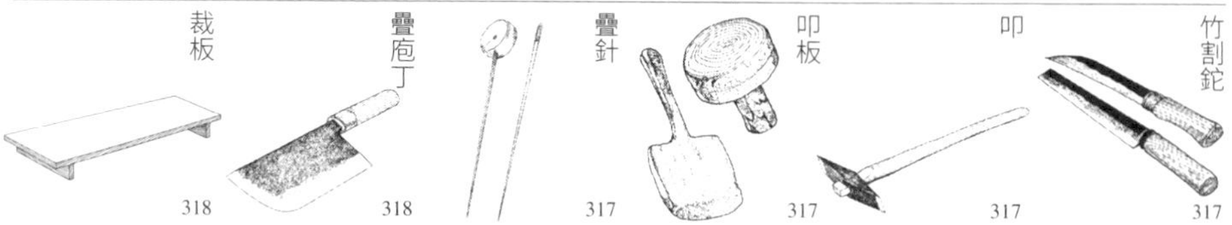

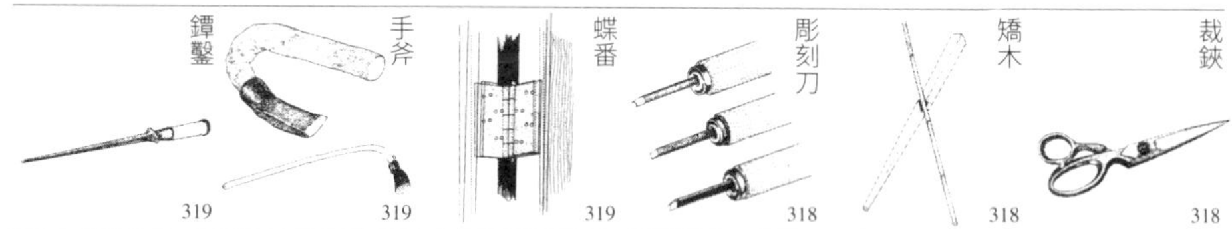

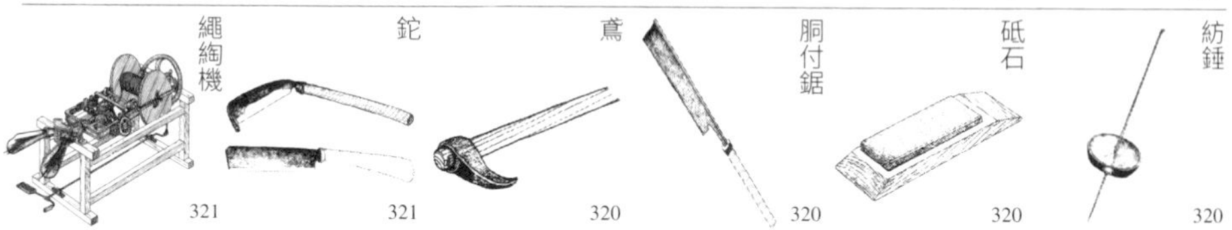

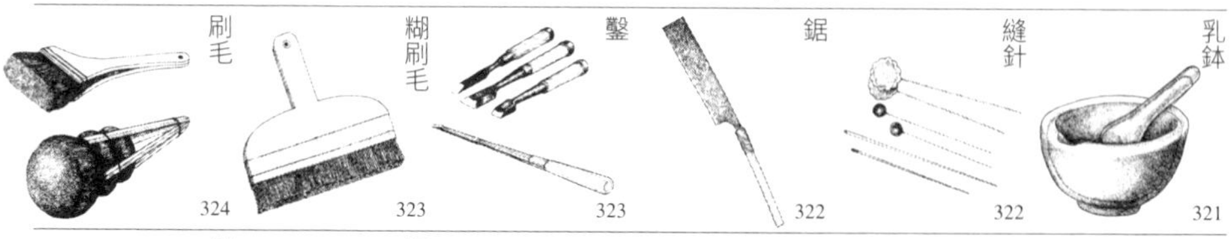

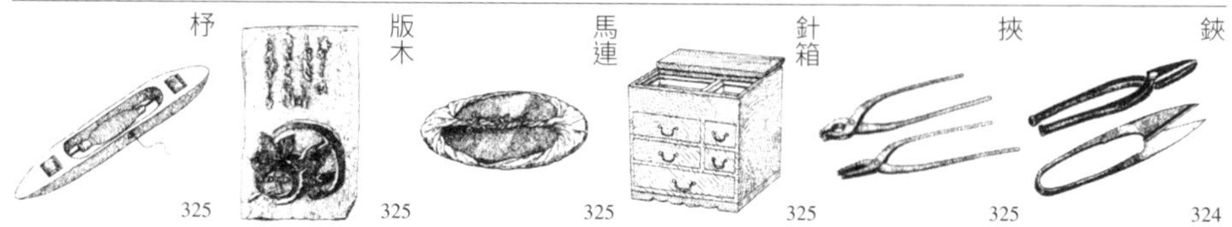

【運輸】

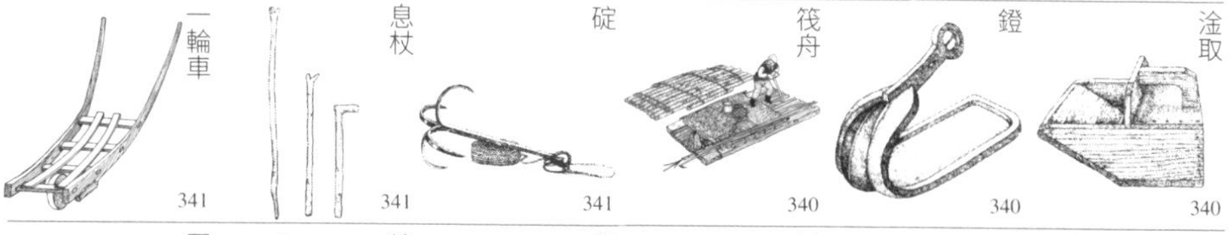

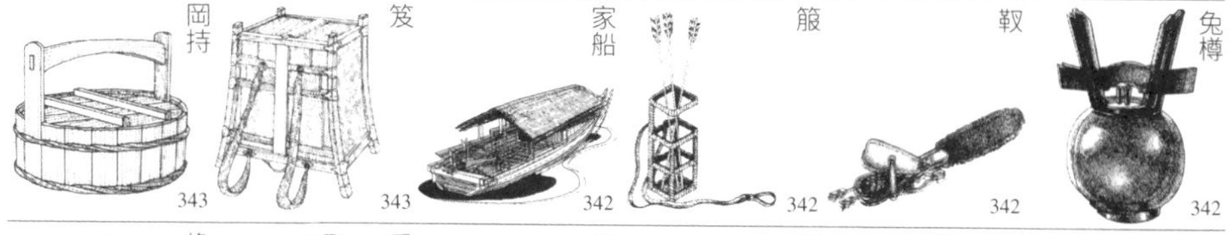

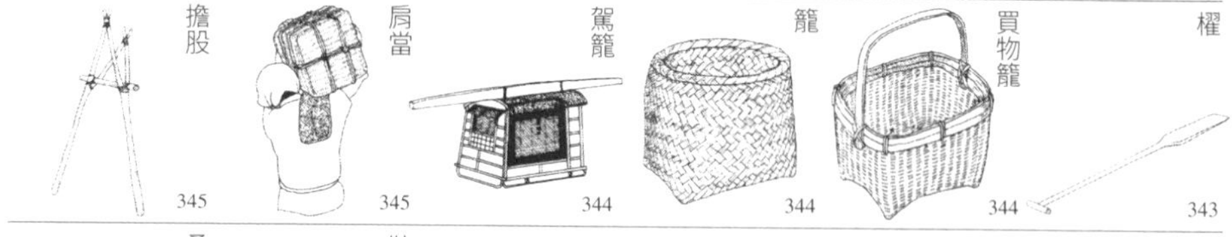

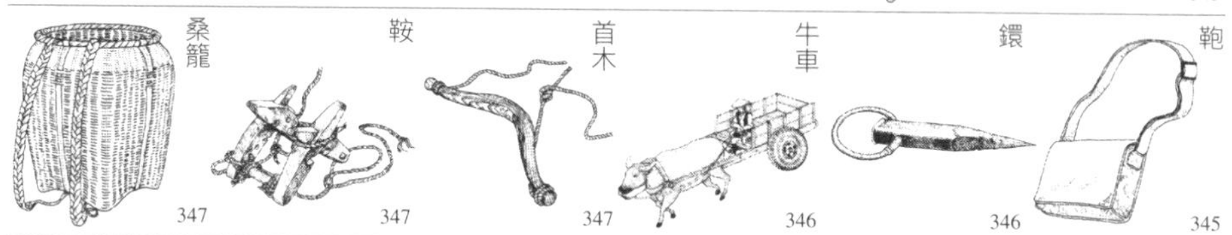

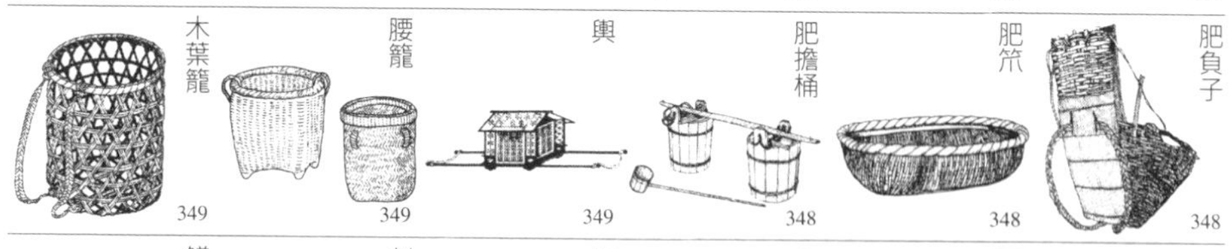

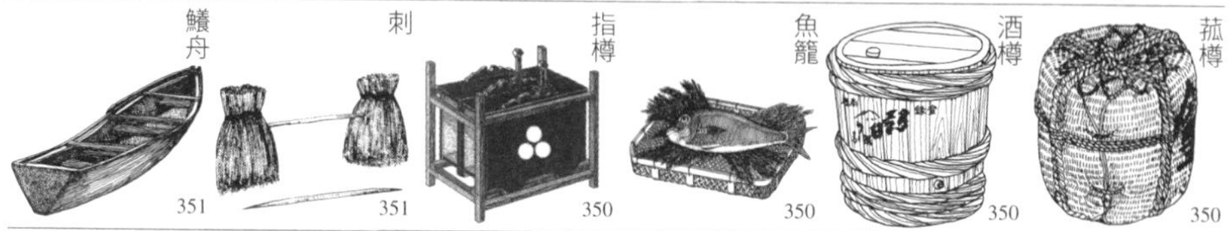

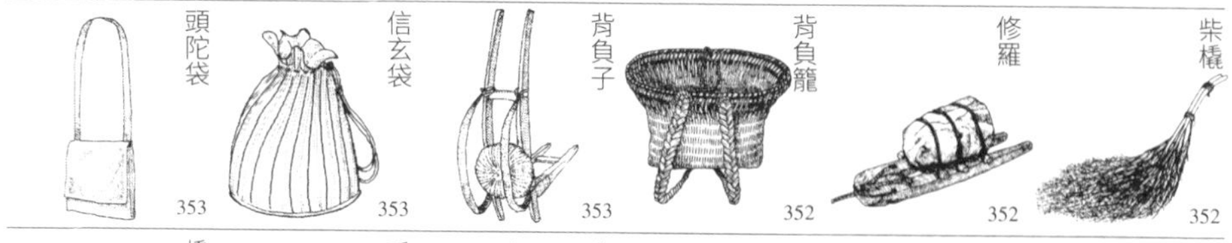

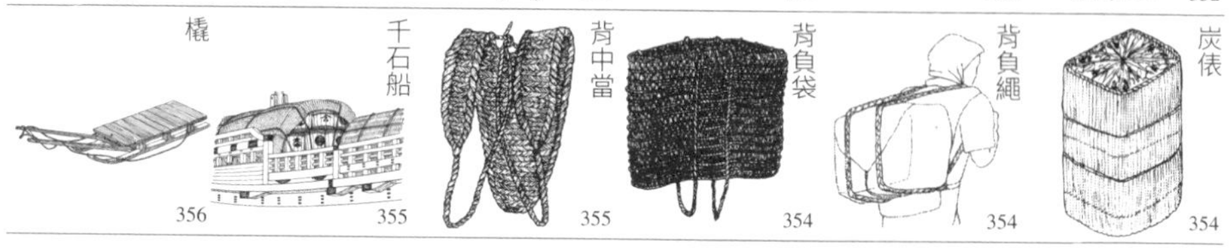

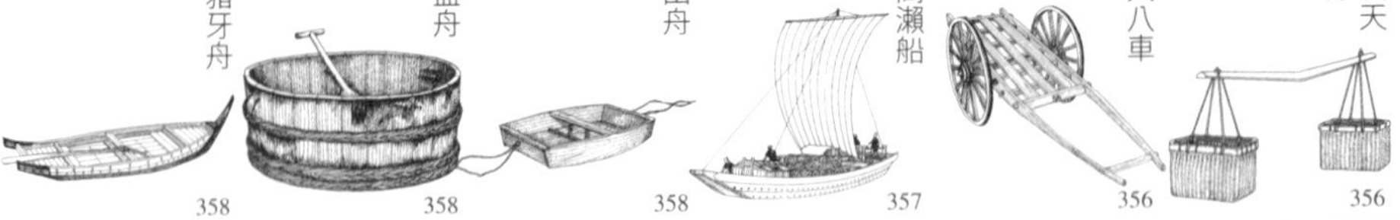

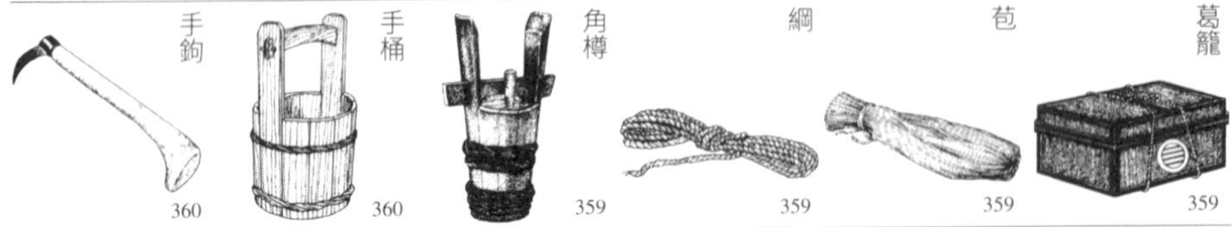

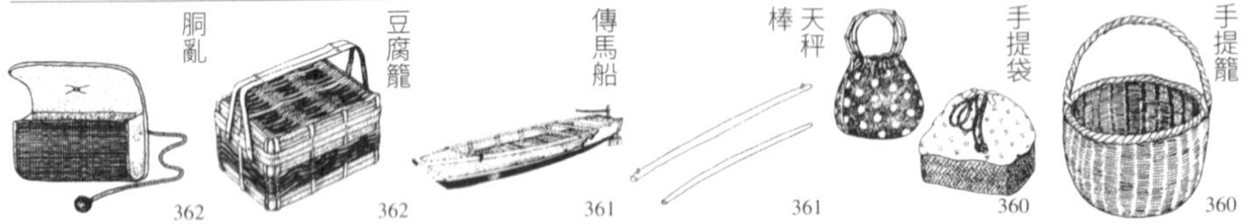

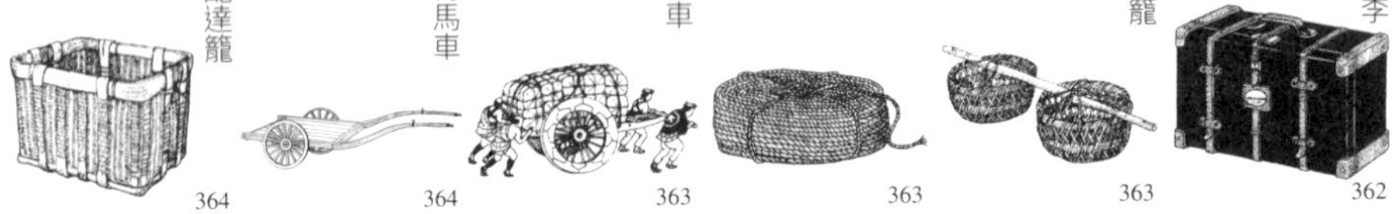

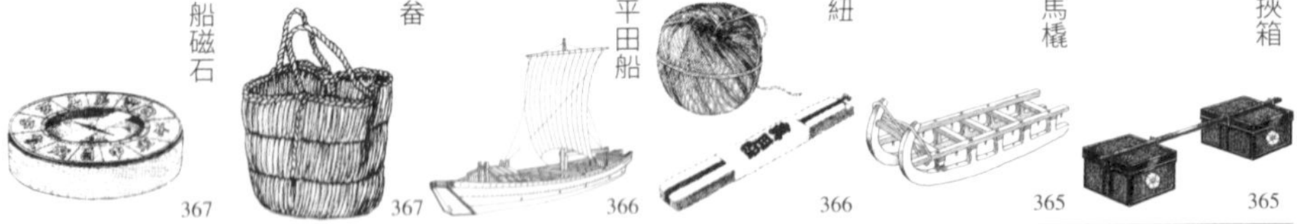

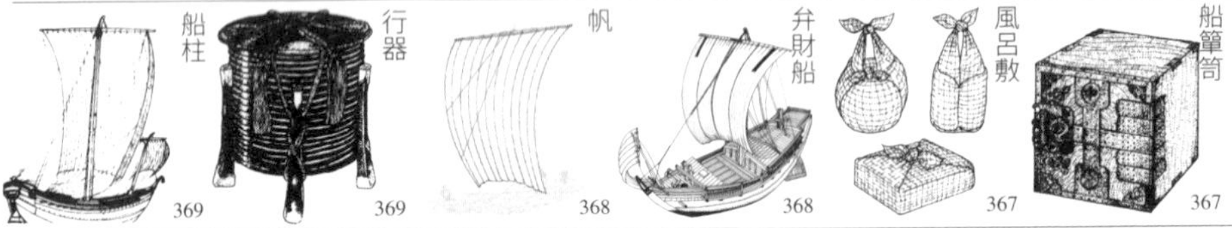

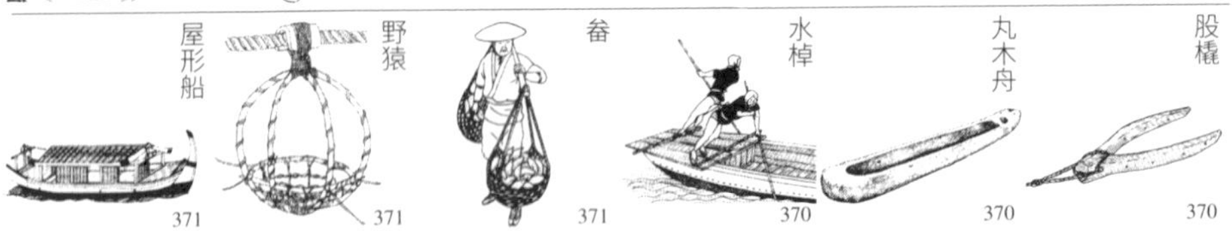

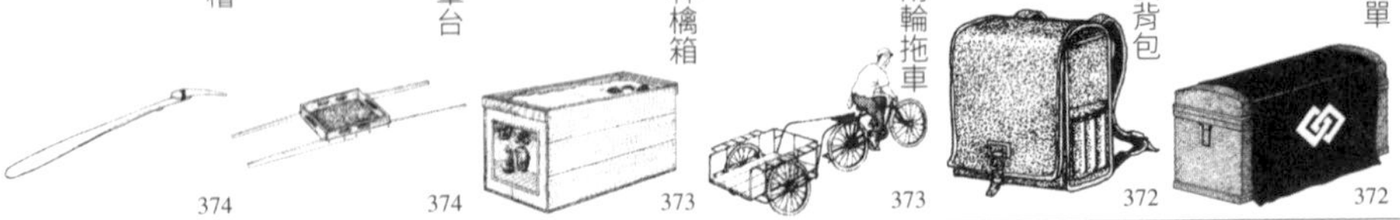

【買賣】

【祈願】

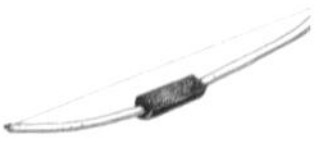
梓弓 390

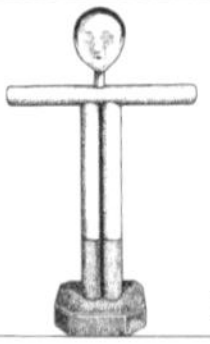
天兒 390

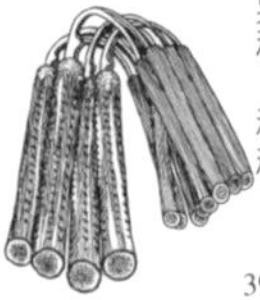
粟穗、稗穗 390

阿波樣 390

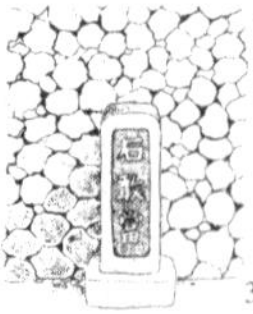
石敢當 391

板碑 391

稻荷狐 391

犬張子 392

亥子槌 392

位牌 392

祝背墊 393

祝風呂敷 393

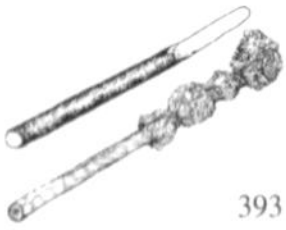
祝棒 393

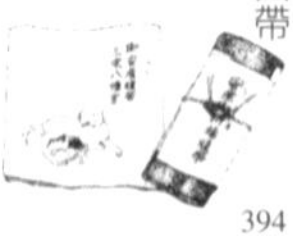
岩田帶 394

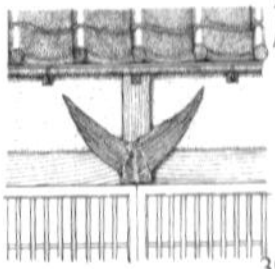
魚尾 394

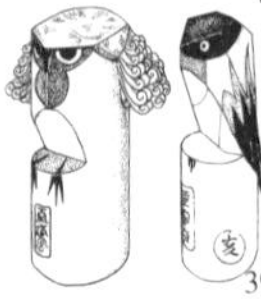
鶯 394

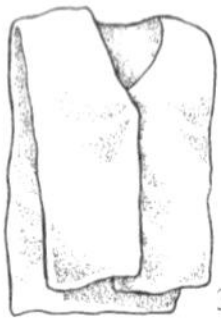
胞衣著 395

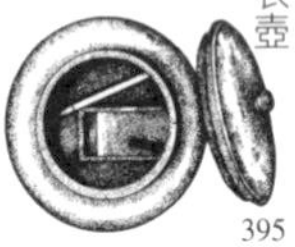
胞衣壺 395

惠比須 395

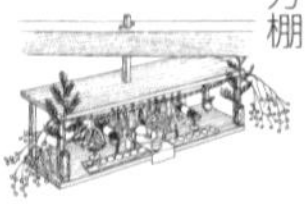
惠方棚 395

繪馬 396

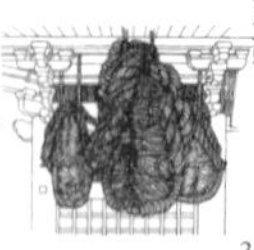
大草鞋 396

押繪雛 397

御白樣 397

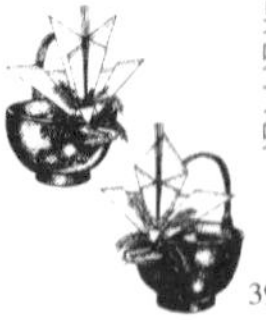
男蝶女蝶 397

御祓解 398

御札 398

御守 398

御神籤 398

餓鬼棚 399

過去帳 399

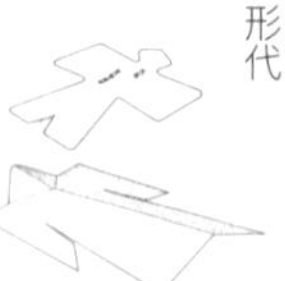
形代 399

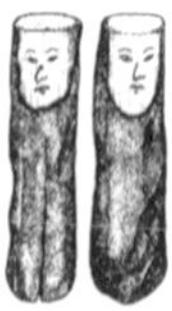
門入道 399

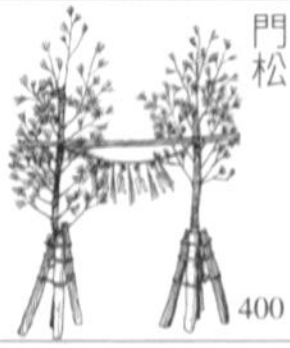
門松 400

鼎 400

竈神 400

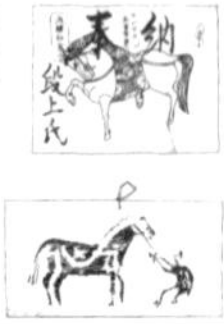
紙繪馬 401

神棚 401

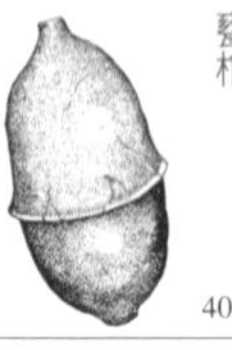
甕棺 401

仮面 402

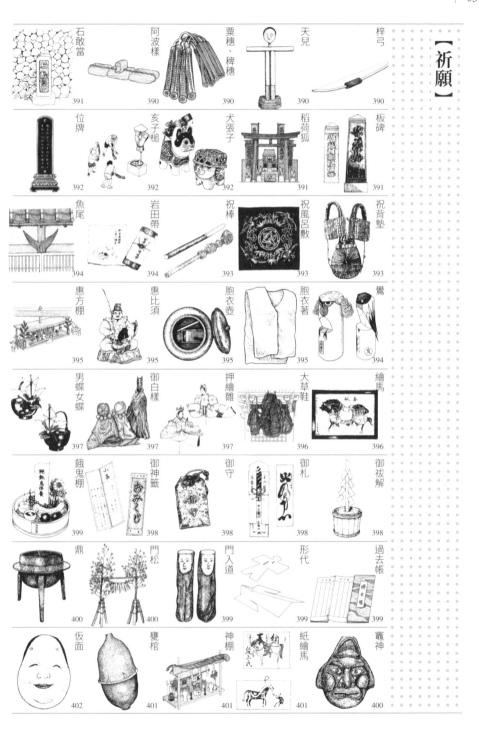

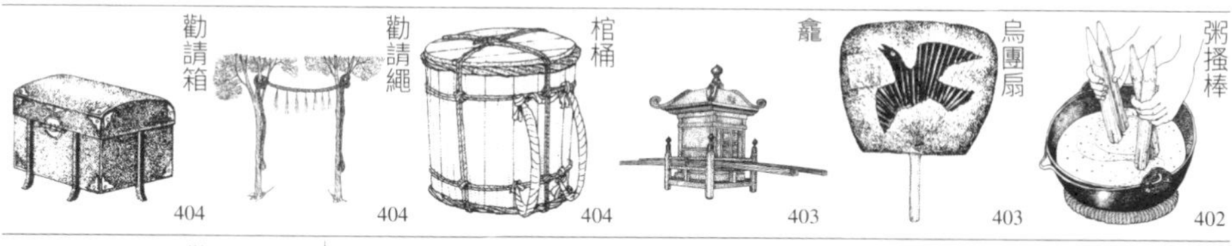

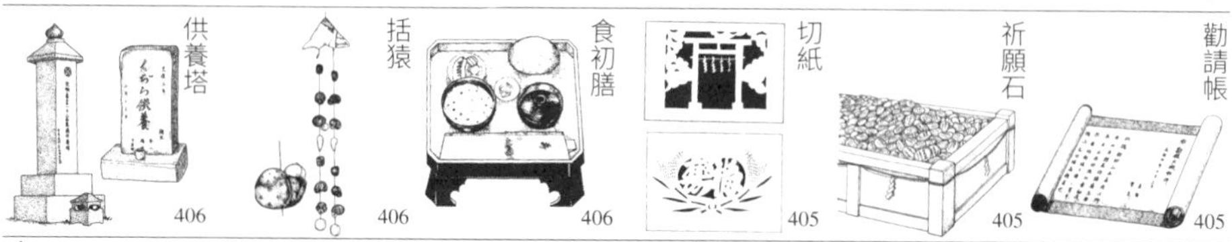

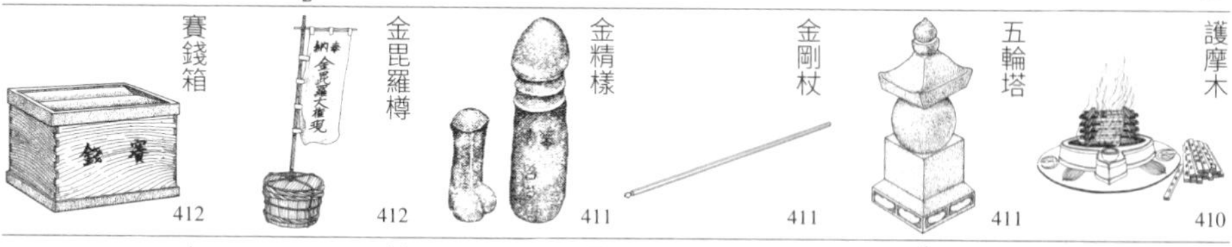

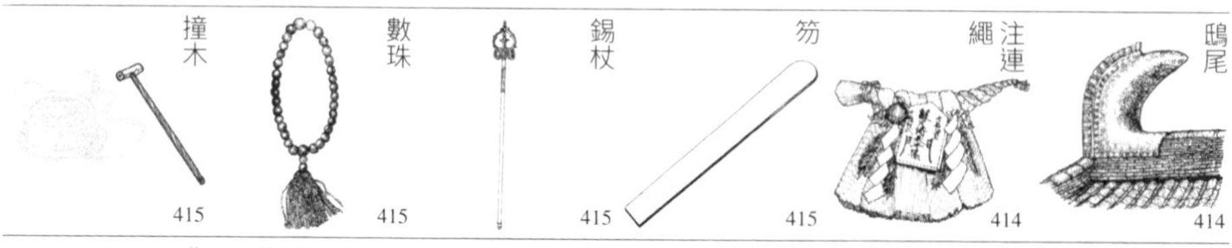

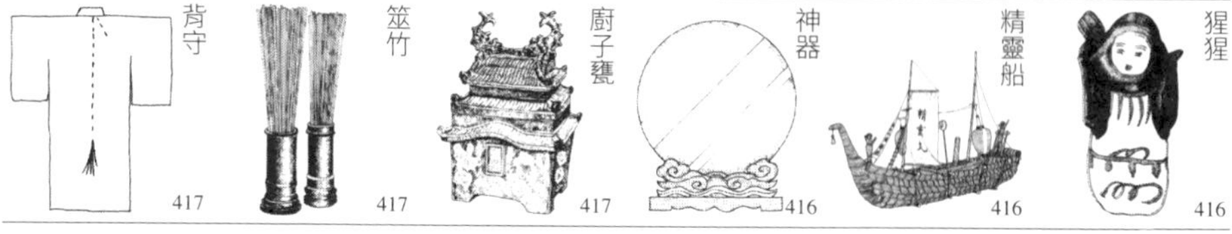

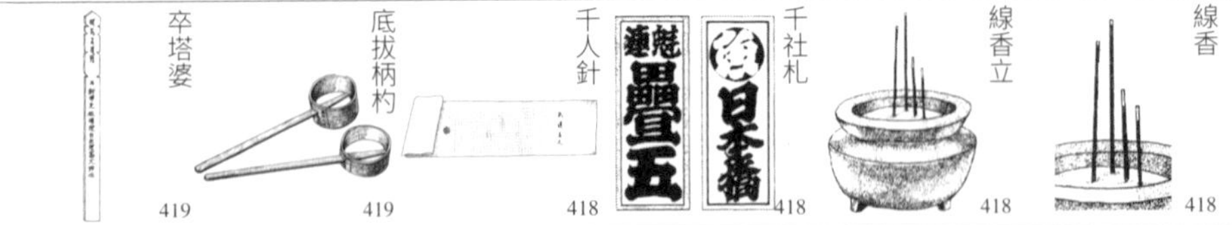

線香 418
線香立 418
千社札 418
千人針 418
底拔柄杓 419
卒塔婆 419

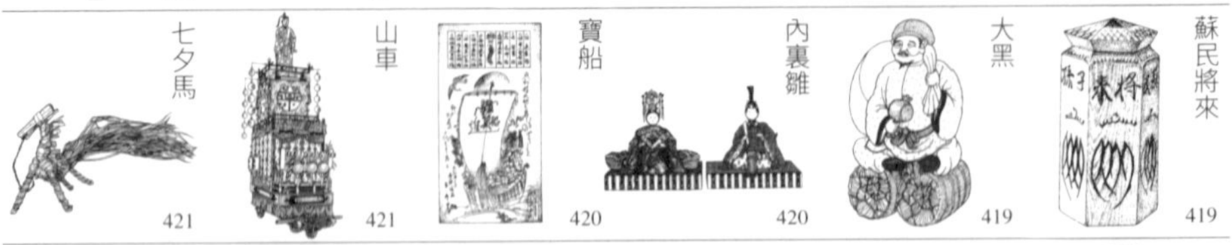

蘇民將來 419
大黑 419
內裏雛 420
寶船 420
山車 421
七夕馬 421

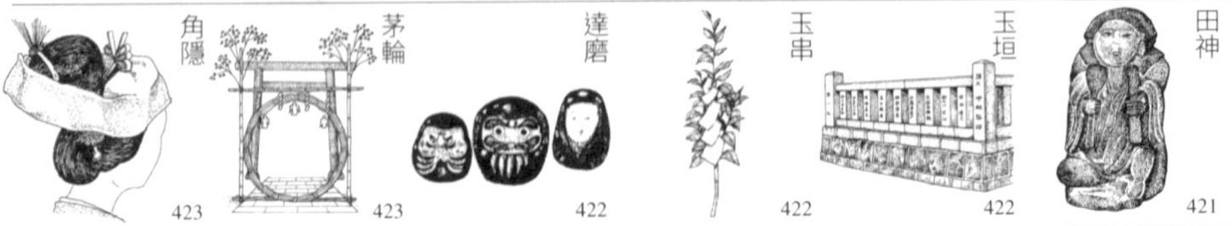

田神 421
玉垣 422
玉串 422
達磨 422
茅輪 423
角隱 423

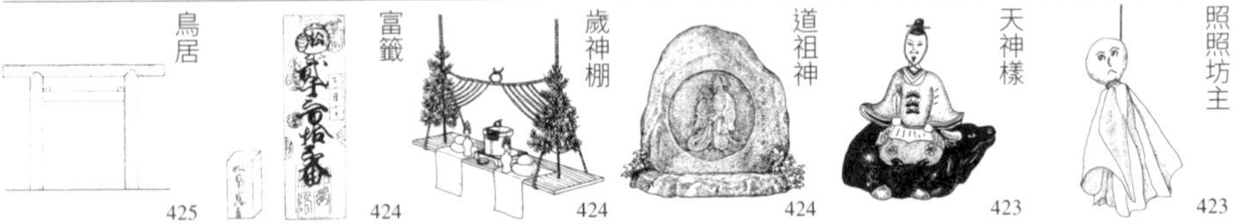

照照坊主 423
天神樣 423
道祖神 424
歲神棚 424
富籤 424
鳥居 425

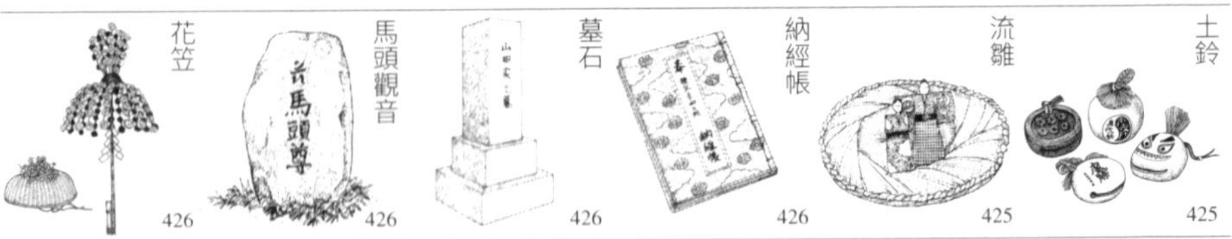

土鈴 425
流雛 425
納經帳 426
墓石 426
馬頭觀音 426
花笠 426

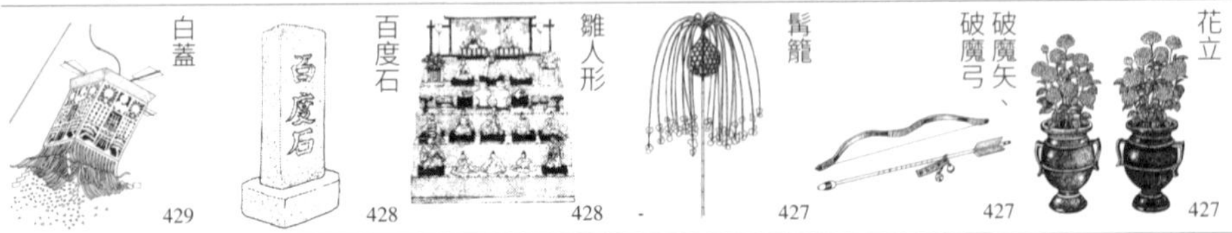

花立 427
破魔矢、破魔弓 427
髩籠 427
雛人形 428
百度石 428
白蓋 429

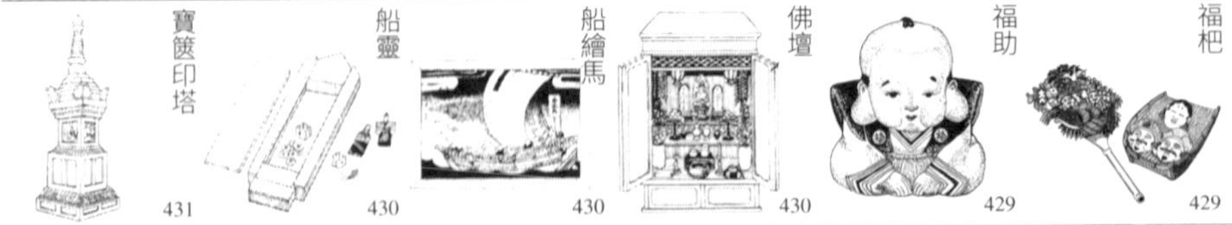

福杷 429
福助 429
佛壇 430
船繪馬 430
船靈 430
寶篋印塔 431

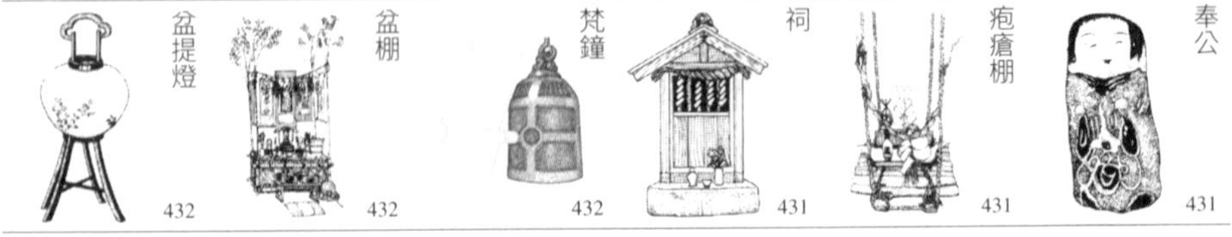

奉公 431
疱瘡棚 431
祠 431
梵鐘 432
盆棚 432
盆提燈 432

【娛樂】

梵天 433

盆燈籠 433

萬祝 433

繭玉 433

魔除團扇 434

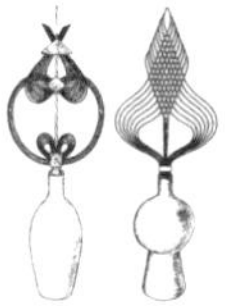
神酒口 434

神輿 434

武者人形 435

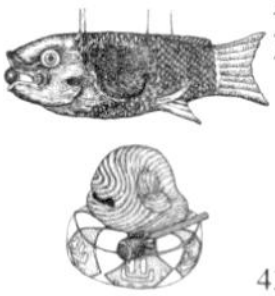
木魚 435

燒嗅 435

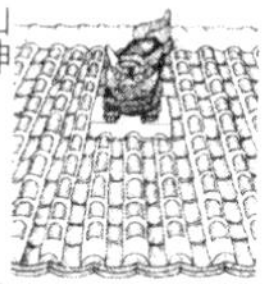
屋根神 436

山神 436

湯立釜 436

鈴 437

六文錢 437

藁馬 437

藁人形 437

藁蛇 438

姊樣人形 442

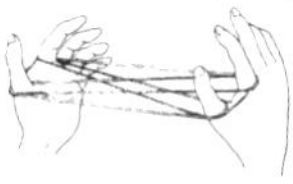
綾取 442

一弦琴 442

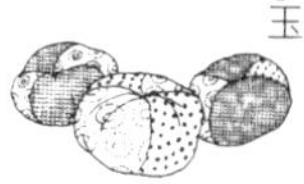
御手玉 442

御彈 443

折紙 443

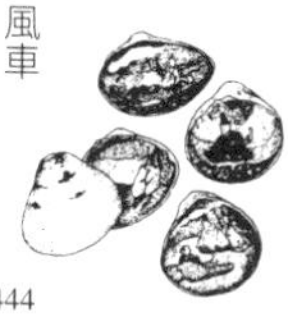
貝合 443

風車 444

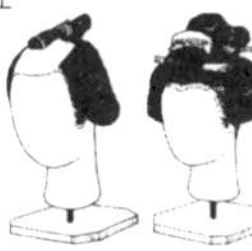
髻 444

鉦 444

花瓶 445

紙芝居 445

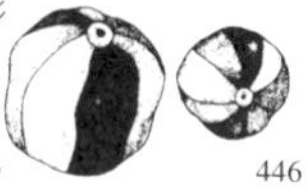
紙風船 446

絡繰人形 446

歌留多 446

車雉子 447

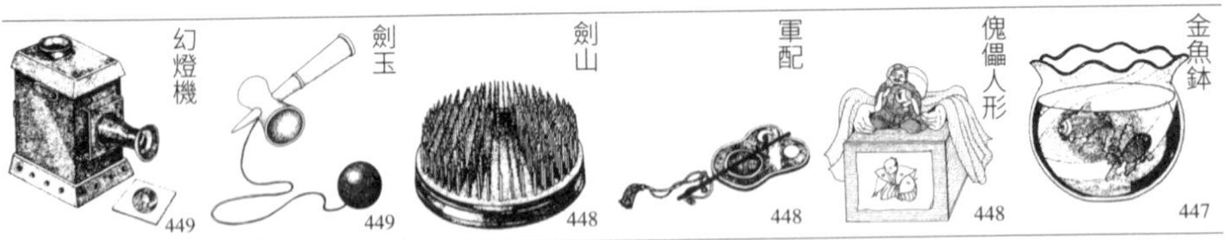

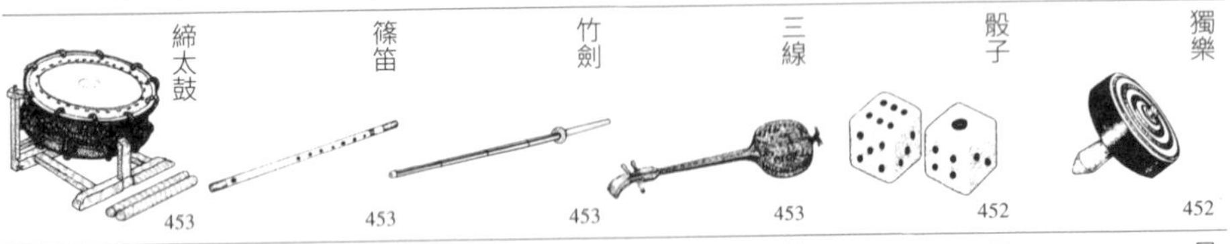

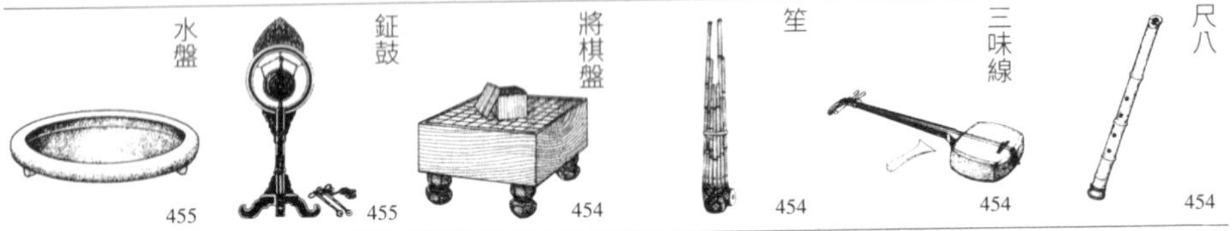

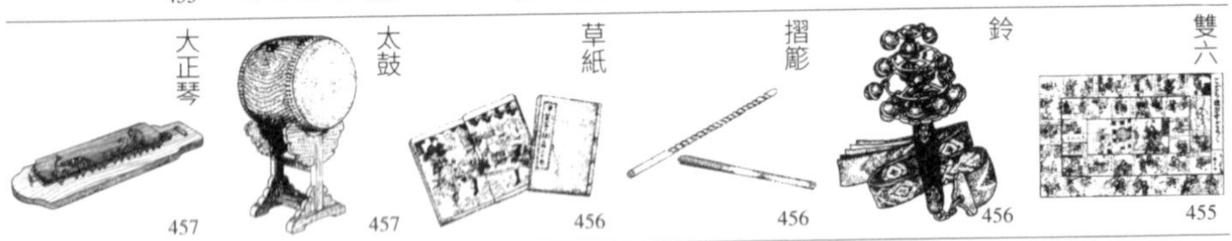

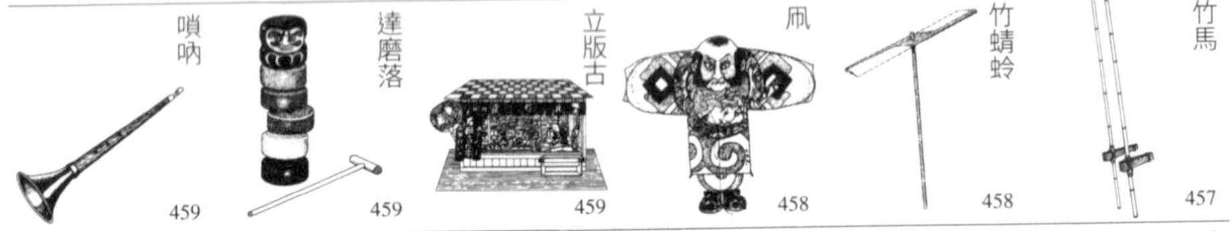

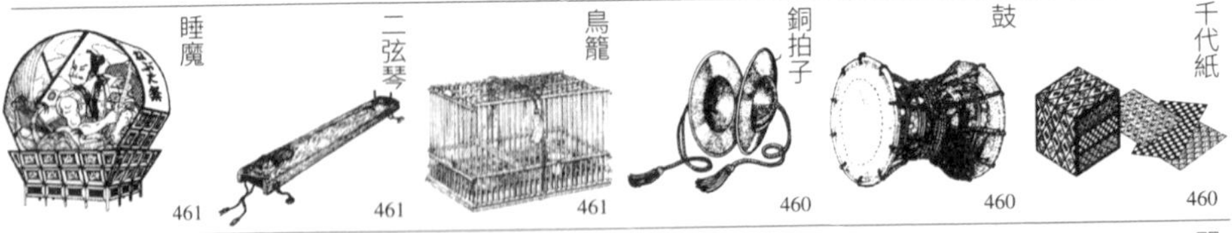

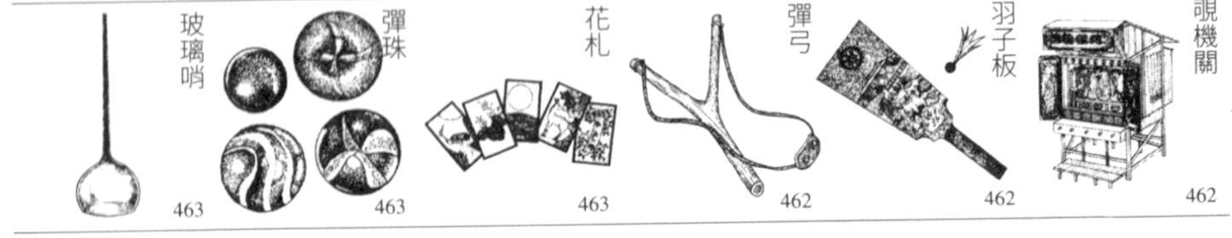

篳篥

463

琵琶

464

編木
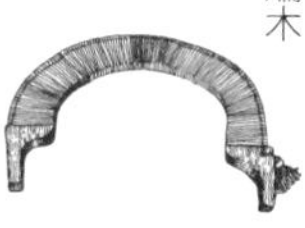
464

風鈴

464

笛

464

福笑

465

文樂人形

465

貝獨樂

466

舞扇

466

幕

466

飯事道具

467

鞠

467

水鐵砲

468

蟲籠

468

面子

468

彌次郎兵衛
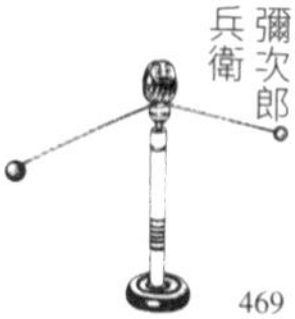
469

山吹鐵砲

469

溜溜球
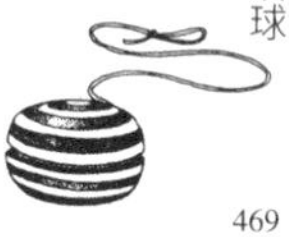
469

四竹

470

輪廻

470

【交流】

往來物
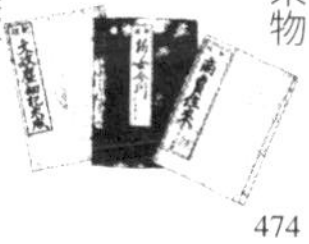
474

回覧板

474

鑑札

474

高札

475

講帳
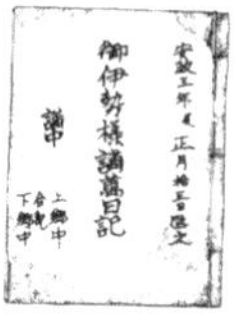
475

香奠帳

475

暦

476

算額
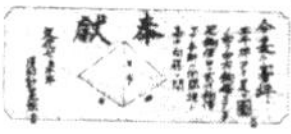
476

算木

477

硯滴

477

圖會

477

硯

478

硯箱
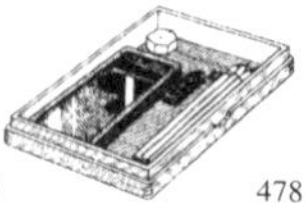
478

墨

478

石板

479

石筆

479

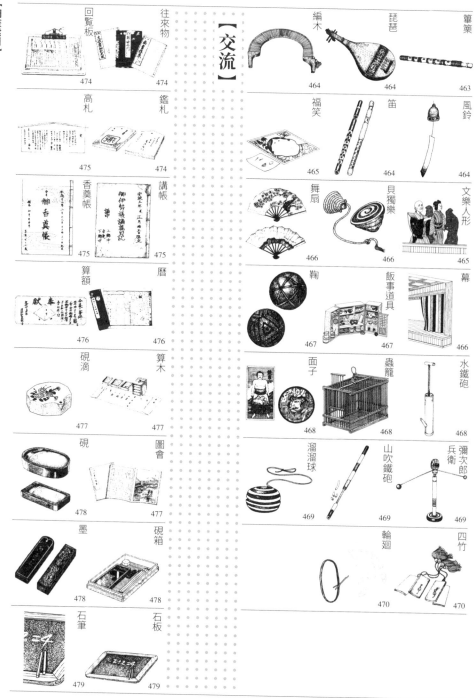

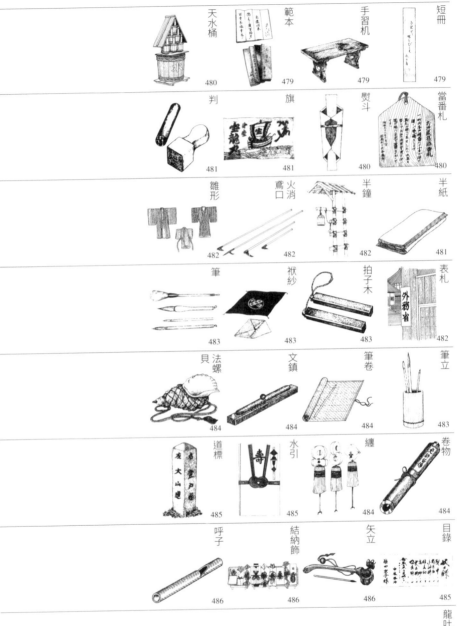

【體例說明】

【1】項目

① 本書共收錄一一三九項民具，各項目皆配有插圖。

② 各項目的標題是將日文漢字轉化為繁體中文後，搭配平假名或片假名標示發音，若有對應的中文名稱則一併附上。欲查閱日文漢字原文，請參閱索引。

③ 項目標題以最廣泛使用的名稱為主，如遇只存在民俗專有名稱的民具，也會使用最為常見的名稱。

④ 部分搭配使用的物品會歸類在一個項目。

⑤ 內文中出現「＊」的項目代表在書中有詳細說明，頁數可查詢索引。

⑥ 使用日本的尺貫單位時，會在（）內附上以公制換算的概數。尺貫單位用於衣服時以鯨尺計量，其他則是用曲尺。

【2】分章方式

① 本書共分為十二章：「飲食」、「裝扮」、「居住」、「耕種」、「飼養」、「捕獲」、「製作」、「運輸」、「買賣」、「祈願」、「娛樂」、「交流」。基於特性有些民具內容會重複出現在不同章，但主要說明還是在最具代表性用法的章。

② 各章的項目按日文五十音排序，依清音（直音）、濁音、半濁音的順序，促音、拗音在直音之後，長音等同前字的母音。

③ 全書的構成與監修由岩井宏實負責。第一章「飲食」～第八章「運輸」由工藤員功執筆；第九章「買賣」～第十二章「交流」與各章的引言由岩井宏實執筆。

【3】插圖

① 各項目會有一幅以上的插圖。不過，當一幅插圖裡出現二個以上的民具時，表示數個項目共用一個插圖，或是相同插圖會出現在不同頁數。

② 有實體可參考的民具，本書的插圖皆盡力還原實體的樣貌，但有些僅存史料記載的民具是根據文字的描述繪製。此外，為了讓各位更容易理解民具的特性，有些項目僅描繪構造的部分或以概念圖呈現。

※本書注解均為編注或譯注，請依標號對照書末查閱。

第1章

飲食

「吃」是人類最基本且必要的維生行為，並且工作、祭祀神明，長久以來維持這樣的生活倫理，藉此保全物質生活與心靈的平衡。為求生計安穩，向神明祈願並答謝，過程中獻給神明的神饌即是飲食的供品。「這些是我平日吃的食物，感謝神明的庇蔭，請您品嚐」，帶著此般心意獻供，之後再吃掉供品，完成神人共食的儀式。由此可知，「吃」對人類來說是生活的基本。

自古以來，日本人除了栽培五穀：米、麥、粟（小米）、黍（黍米）、豆，也採集樹果、果實、山菜、蔬菜、海草，捕獲海鮮、禽獸等，然後視情況儲藏豐富的食材，順應時節進行料理，擺盤宴客，日夜努力以達到更好的飲食生活。也因而衍生出許多道具，世代傳承、延用至今。

說到吃的根據地，莫過於廚房。首先，食材與調味料必須保管、儲存於此處，因此長久以來，廚房用品總是以儲藏用具佔大多數，例如米櫃及各種甕、壺、桶、樽等。

甕是一種具深度的陶器，甕口寬、甕身由上而下逐漸窄縮，適用於需大量拿取或頻繁拿取的物品。最具代表性的就是水甕，在自來水普及前，飲水和日用水均以水甕儲藏。除了儲藏外，也用於釀造，過去日本家家戶戶都會用甕釀製味噌，日語有句比喻「自吹自擂」的俗語就叫「手前（自釀）味噌」。而積留在味噌上的液體稱為「溜」（tamari），是醬油的原型。此外，釀酒也使用甕。

壺的外形口窄身寬，適用於少量取用的物品。壺口窄讓壺的氣密性高，有利於長時間保存。因此衍生出各種用途的壺，如鹽壺、砂糖壺、油壺、梅干壺、漬物壺、茶葉壺、種壺（P233）等。

桶依製法、形狀分為大桶、小桶、手桶（P360）、片手桶（單柄桶）、半切桶（P86）等，依用途又分為水桶、鮨桶（壽司桶）、漬物桶、味噌桶、洗桶（洗滌桶）。而桶加上稱為「鏡」的蓋板並固定後就成為樽，常用來裝醬油、味噌、漬物等。最具代表性的是酒樽，以容量四斗（約七二公升）的四斗樽最為普遍。此外，還有外形特殊的角樽（P359）、柳樽、扁樽（沒有把手的樽）、指樽（P350）等，這些多半用於祝賀儀式。

米或蔬菜等的烹調、瀝水會用到笊（笊籬）。籠與笊都是由竹子編成，差異在於孔目。籠的孔目較大，而笊為了不讓物品隨水流出，採取獨特編法以編出細密的孔目。笊依種類分為水切笊（瀝水篩）、撈麵用的水嚢、米揚笊（米篩）、味噌漉笊（味噌濾篩）、茶漉（茶篩）等。

做菜時絕對少不了廚刀和砧板。廚刀的日語漢字寫作「庖丁」，庖即廚房，丁即人，意思從做菜、做菜的人延伸為做菜用的刀。庖丁和刀皆以相同工法鍛製，故起初稱為「庖丁刀」，用來切魚或鳥禽。後來配合不同用途做出了各種刀，如切菜用的菜切庖丁（菜刀）、刀鋒尖銳的柳刃庖丁（柳刃刀）、可切斷魚骨的出刃庖丁（出刃刀）等。

砧板的原型是中央隆起的高腳木台，起初是用來切食用魚，這樣的形狀能讓魚血等穢物自然往下流，使魚身保持乾淨。切菜用的砧板沒有立腳，稱為板或台，後來也一併稱作砧板。切魚時另有專門用來固定魚身的真魚箸，砧板、真魚箸和庖丁是昔日日本人的做菜三寶。

此外，人們為了讓飲食生活更加豐富，又想出了捏鉢（揉麵盆）、擂鉢和擂粉木（P66）、卸具（磨泥器）、鰹節削（柴魚削片器）等，放料理的膳（P67）也分化為實用和講究優雅的款式。從盛裝一人份料理的箱膳（P83）到多人圍食的卓袱台（P75），使用原木的白木折敷（P46）到塗漆的平膳，還有外觀豪華的兩腳膳、蝶足膳、懸盤等。

日本人用餐注重「悅目」，不光是擺盤講究，還要懂得區分時節，善用民具以發揮食材的優點。正所謂「品味器物」，食器也具有豐富飲食生活的功能。擺盤時依食材選用漆器或陶瓷器。另外像是椀（碗）、鉢（缽）、皿等的運用也很絕妙，器物蘊含的智慧與技巧值得後世好好學習。

洗桶（あらいおけ）【洗滌桶】

洗桶

用來清洗蔬菜或魚、食器等的*桶，尺寸多樣，通常會依清洗對象區分使用，例如洗米用的稱為米研桶（洗米桶）。一般多為圓形，也有橢圓形。種類上與其他各式的桶相同，大部分是將杉木或檜木的薄板用竹子、銅板或金屬線箍住定形做成的結桶，但過去也會使用曲物桶，有些地方則會用木頭刨挖而成的器皿或無釉的燒締-陶器。

在沒有自來水而抽水幫浦也尚未普及的時代，住在山區的人家會透過竹製或木製的導水管，將湧水導入家中的廚房、浴室，不過大多還是使用引入聚落的公用水、在公共的洗滌場清洗物品，或是從*井戶（井）裡打水，裝進廚房的*水桶或*水甕，需要用水時再以*柄杓舀取所需的量，裝在洗桶等容器中使用。

芋洗（いもあらい）【洗薯器】

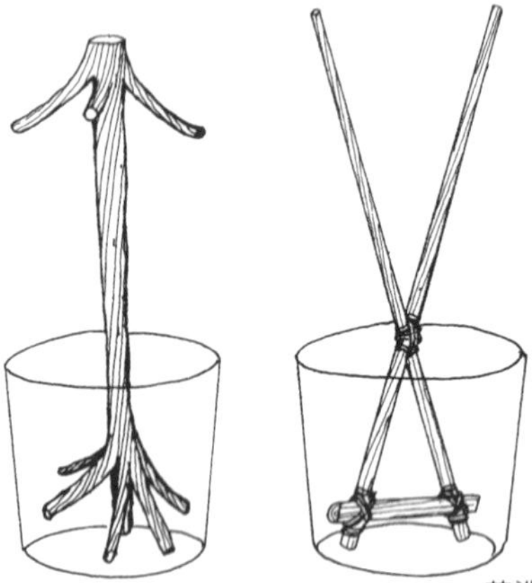
芋洗

用於清洗大量的芋頭或馬鈴薯等薯類，能夠清除表面污泥並去皮。有多種形狀，一種是將兩根棒子交叉，下方以橫木連接的芋洗棒（洗薯棒），放進裝了水和薯類的*洗桶（洗滌桶）前後攪動。芋洗棒的材質分為前端有多根細枝的原木棒，或是在略細的竹棍、木棒前端接上板子的T形手槳。

另一種則是將薯類裝在竹編*籠，放進溝渠或溪河中搖晃清洗、用芋洗棒攪洗。這種竹編籠稱為芋洗籠（洗薯籠），多半是直徑約四〇～五〇公分的六角或四角菱形編籠，大小適中，可兩手持握。另外，也有以粗細適合手握的竹棍為材料，將最前端的竹節編成籠狀的容器，不過這種形式相當少見。

還有一種名為芋洗車（洗薯車），結構上是用剖開的竹管或角材在左右側板隔出縫隙，拼釘成八角形或圓形的筒狀容器，裝上旋轉軸與數塊扇板。放入薯類後掛在立於溝渠或溪河中的支柱，泡在水裡藉由水流的力量旋轉，讓薯類互相磨擦，洗去污泥或表皮，稱得上是自動洗薯器。

入子（いれこ）【套匣】

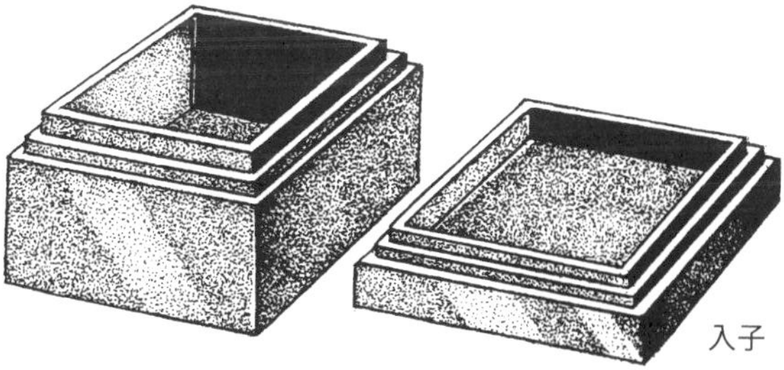

入子

用於盛裝喜慶節日的便當，或是分裝祭典、法會等活動時的年糕或料理，也會拿來裝製作那些料理的食材。為三重、五重、七重的套匣式附蓋容器，多為長方形的漆器，也會做成圓桶形。又稱切溜、榮重。

臼（うす）

大致分為搗臼與*挽臼（碾臼）兩種，不過一般所說的臼，是指用*杵搗年糕等食物時使用的搗臼。搗臼在過去除了用來搗年糕，也用於為穀物脫穀、精碾、製粉等。有些農家會將搗年糕與搗穀物的臼分開使用。兩者在形態上並無太大差異，不過刨挖而成的臼身稍有不同。相較於搗年糕的臼，搗穀物的臼下半部寬廣，臼口則稍微收窄。這是為了防止細小的穀粒受杵撞擊後，從臼口邊緣噴出，同時還會將稻草編成的草環放入臼內，避免穀粒噴飛。

現已成主流的橫杵雖是近代才變得普及，卻也讓臼變得愈來愈大，形成頗具寬度的厚實造形。這是因為比起豎杵，將細長柄木接上粗搗木的橫杵所產生的撞擊力較強。臼的材質以櫸木或松木居多，但木臼易產生裂痕，保養不慎就會被蟲蛀。再加上適合製作的大型櫸木或松木逐漸缺乏，懂得製作的人也變少，於是人們開始使用石臼。沉重的石臼不適合搬動，用來搗年糕也容易冷掉，不過仍具有耐用且便於清潔保養的優點。

搗臼依用途分為磨去穀殼用的*籾摺臼、精碾用的*唐臼、製粉用的碾臼，由於這些專用的臼變得普及，後來便出現了搗味噌豆、搗年糕專用的臼。

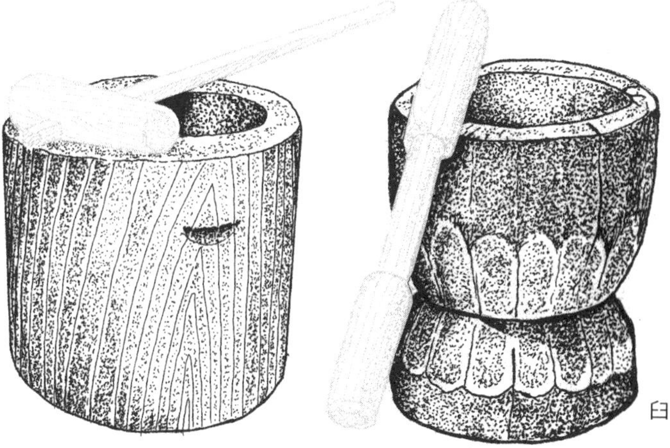

臼

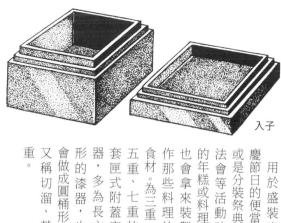

餛飩掬（うどんすくい）【撈麵杓】

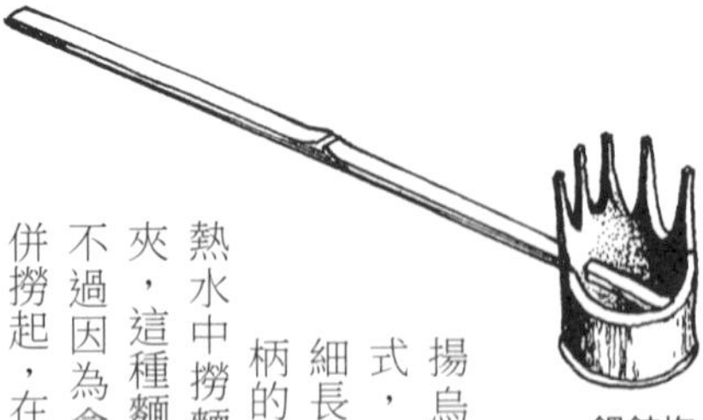
餛飩掬

用來撈取大鍋中煮好的烏龍麵，或是裝在*半切桶的釜揚烏龍麵。有兩種樣式，一種是將竹子削成細長掌狀，一種則將竹柄的一端做成梳狀。從熱水中撈麵時，與其用筷子夾，這種麵杓更方便有效率。不過因為會連同別人的麵一併撈起，在栃木縣被稱為「不懂人情事故」（girishirazu）。時至今日也發展出形狀類似的器具，如義大利麵杓。

餛飩振（うどんふり）【麵切】

預煮好的麵在吃之前，用這種*笊（笊籬）重新燙熱，這樣的道具在站著吃的立食蕎麥麵店或拉麵店仍可見到。現在多為金屬製，以前則均為竹製，分為有柄和無柄兩種。撈起麵條後，為了瀝乾水分必須用力甩（振る），故以「振」字命名。大部分是下部略呈窄縮的圓筒形，但在名古屋用來燙碁子麵的卻是呈弦月狀的船形麵切。

餛飩振

液枡（えきます）

用來量酒、醬油、醋、油等液體的*枡。材質分為原木和漆器。為避免液體沾到手，還有裝上直立細棒，或在底部加上長板當作把手的設計。

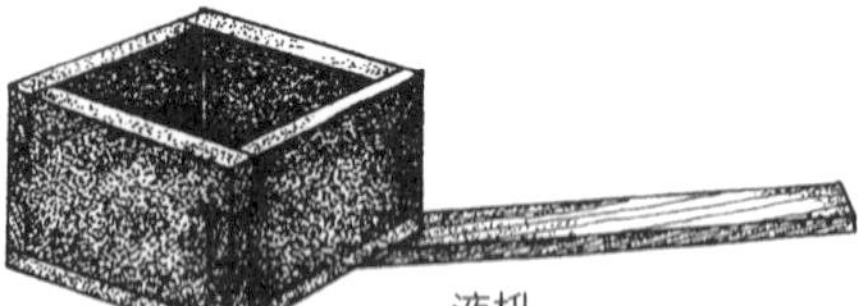
液枡

桶（おけ）

圓筒形木製容器的總稱，又稱「コガ」（koga）、「擔桶」（tago／tango）。分為將杉木或檜木薄板彎成圓筒狀，再以櫻樹皮接合、加底板的曲物桶，以及將杉木或檜木裁成長條狀薄板排出圓筒狀，再以竹箍固定而成的結桶。

「桶」（oke）這個稱呼來自苧笥（oke），那是用來裝手捻麻線的容器，亦稱「おぼけ」（oboke），古時多為曲物。曲物開始使用的時間尚無定論，但從文物和繪卷中可推得，在奈良時代已被使用。

輕便的曲物適合攜帶，但因為是薄板製成，以強韌度來說並不耐用。至於在鎌倉時代末期出現的結桶，由於可選擇不同大小、厚度的木板製作，尺寸種類豐富，再加上耐撞擊的優點，到了室町時代依用途出現了各種大小的結桶，像是*手桶、*風呂桶、水井用的釣瓶、汲水桶、飯櫃（飯桶）、肥桶（糞水桶）、*洗桶（洗滌桶）、*

鮨桶（壽司桶）、*盥、*飼葉桶（飼料桶）、*穀櫃（儲穀櫃）、*水桶、井筒等。比較特殊的是新潟縣佐渡的盥舟（盆舟），還有過去作為坐棺、放置遺體的*棺桶，因為往生者過世後得立刻製作，因此又稱早桶。

結桶也對釀造業，特別是清酒釀造業的發展有著重要的貢獻。奈良縣吉野地區自古以來便是杉樹、檜木林的造林區域，京都與大阪周邊也有許多種植桂竹的區域，以作為竹箍的材料。如此的原料資源利於結桶的製造，使得京都、大阪、神戶的清酒釀造業快速發展。而同樣的技法也用來製造輸送用的酒樽（酒桶）。

釀酒廠使用尺寸、形狀不同的桶與樽，種類多達四十種，當中最重要的就屬*仕込桶（釀造桶）。以往釀造所使用的都是大甕，但那種甕只有西日本的鹽田（佐賀縣）、大谷（德島縣）等少部分的窯場製作，搬運上也相當困難。不過，結桶不需要大規模的設備，只要備妥材料、技術、道具與足夠的空間，就能做出直徑和高度超過二公尺的大型容器。因此可一次釀造大量的清酒，促使釀酒業蓬勃發展。而且，用舊了的酒樽常被轉用於釀造味噌或醬油，連帶促進產業發展。

除此之外，結桶能夠取代曲物桶成為主流，有很大部分歸因於能夠修理。經長年使用而鬆脫的箍，一旦換上新箍就能繼續使用，受損也只要替換部分木板即可。

室町時代後，結桶的用途更加廣泛，從生活用具到釀造用具皆可見其蹤影。直到明治時代出現馬口鐵[2]製的

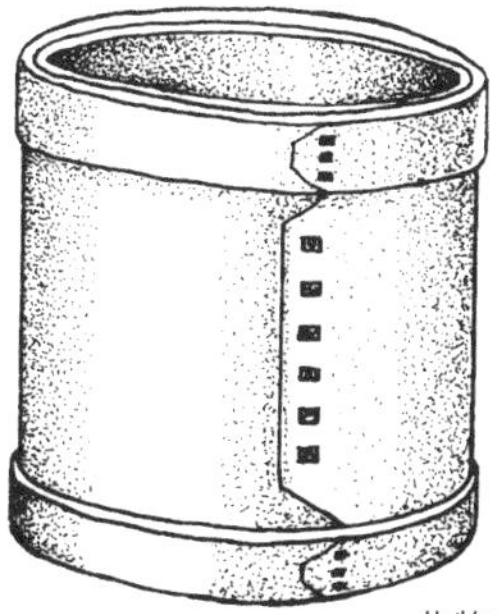
曲物桶

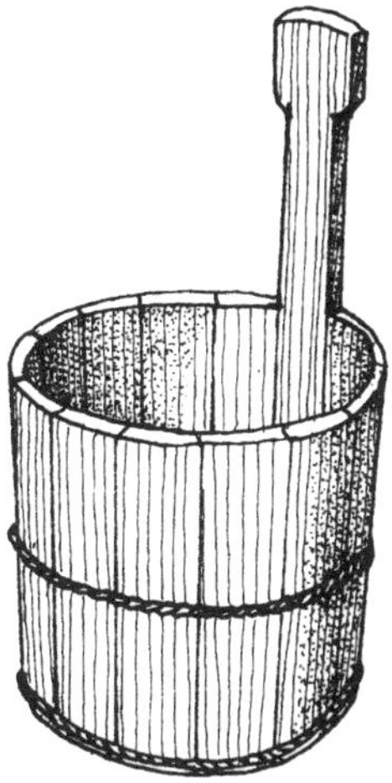
片手桶
（單柄桶）

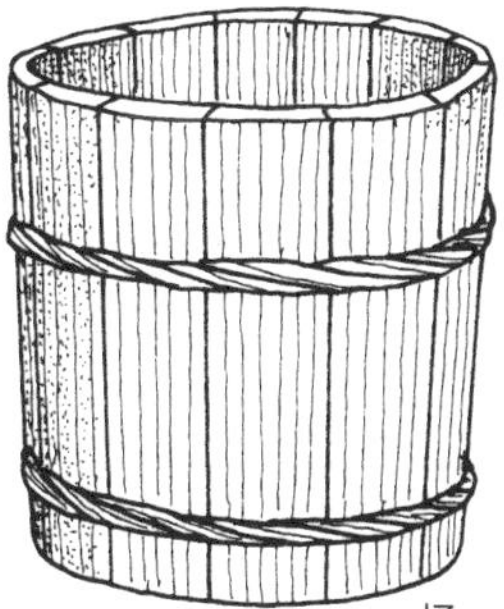
桶

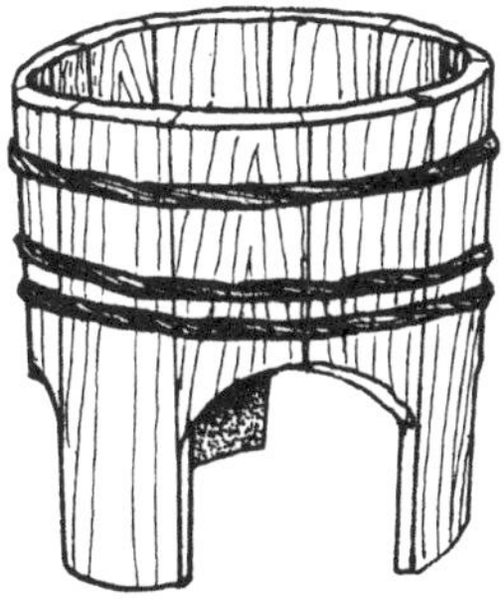
手水桶
（裝洗手水的桶）

汲水桶

＊バケツ（提桶），釣瓶和汲水桶等逐漸被取代，之後自來水普及，家家戶戶無須再用水桶打水儲水。昭和三〇年代，電鍋迅速流行起來，使用米研桶（洗米桶）和飯櫃（飯桶）的家庭變少，其他桶類也被塑膠材質的容器取代，就連釀酒桶也換成鍍琺瑯的材質。不過時至今日，飯櫃仍是壽司店不可或缺的器具，旅館也還在使用塗漆的＊御櫃，使用＊鮨桶（壽司桶）的家庭也不在少數。

折敷（おしき）

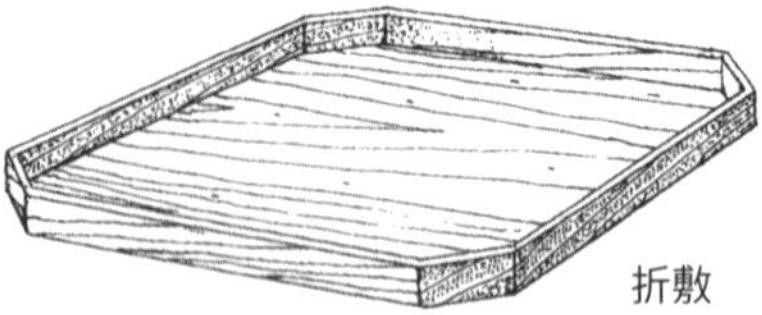
折敷

將杉木或檜木削成薄板，周圍做出淺框，用來放置食物的台子。折敷以不加工的白木[3]製作，現在主要與三方一同作為供奉神饌的器具使用，而過去曾是個人使用的食器。如今作工都很精美，但從日本各地使用的神饌祭台便可觀察到，原本的木板部分只經粗略裁切。折敷加上台座就是三方，塗漆的則是平膳，底部加立腳的稱為貓足膳或高腳膳等，只有單支立腳的是＊高杯。從折敷和用厚朴或槲樹樹葉當作祭台的葉盤，發展出日後的各種＊皿與＊膳。

鬼卸（おにおろし）

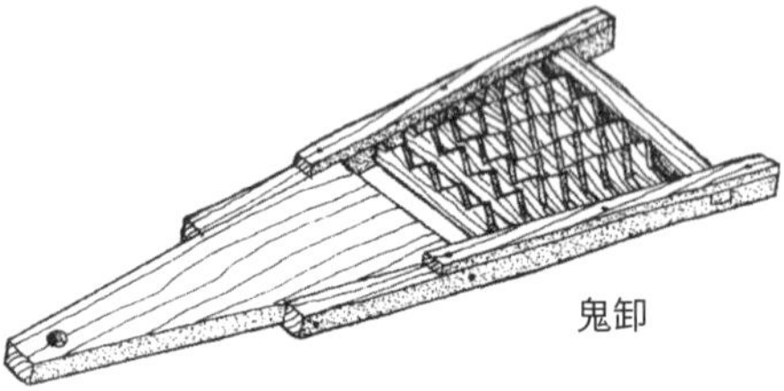
鬼卸

＊卸金（磨泥器）的一種，專門用來磨蘿蔔泥。有許多款式，有的是將數根削成粗鋸齒狀的竹片裝入木框製成，還有的下方會做成盒形，另外還有將厚木板做成握柄形，再嵌上竹釘的樣式等等。以前多是家庭自製，由於作工粗糙，磨好的蘿蔔泥不細緻，故被稱為「鬼卸」。而有些人就偏愛如此的口感，直到今日仍被用來做蘿蔔泥湯或栃木縣的鄉土料理「下野家例」[4]。

御櫃（おひつ）

附蓋的容器總稱為櫃，例如用來盛裝煮好的飯的就稱作飯櫃（飯桶），後來女性用語[5]的「御櫃」演變為通稱。這種結桶使用徑向[6]切面的薄木板，以箍固定而成，具透氣性，可吸收水氣同時保溫。夏季多是用透氣性更佳的＊飯籠，寒冬時將御櫃裝進用稻草或

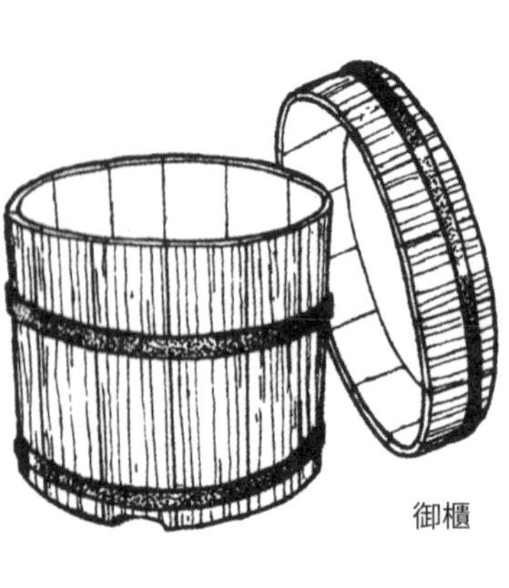
御櫃

香蒲編成的保溫用具「飯詰」。日常用的為原木的白木款式，婚喪喜慶等特殊場合則使用木頭雕鑿成的漆塗御櫃。白木御櫃至今在壽司店仍可見到，漆塗御櫃則用於旅館等處。

卸金（おろしがね）【磨泥器】

泛指用來將蘿蔔、胡蘿蔔或山葵等磨成泥的器具。因為最常用來磨蘿蔔泥，多半是稱「磨蘿蔔泥器」。依材質分為兩種，做成長方形或圓形的陶瓷盤，內有磨齒的稱為卸皿；在銅等金屬板上做出磨齒的稱為卸金。還有一種外形是小型的帶柄木板，上面貼上鯊魚皮，專門用來磨山葵。近年普遍是附盒的塑膠製品。

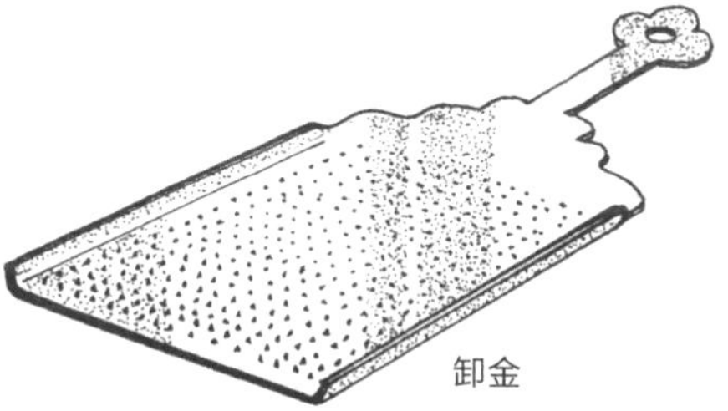
卸金

懸盤（かけばん）

婚禮等特殊喜慶場合會用到的一種*膳。原本是直接在四腳台上放*折敷，後來改為一體成形的設計，盤腳充滿設計巧思，並加上塗漆增添華麗感。

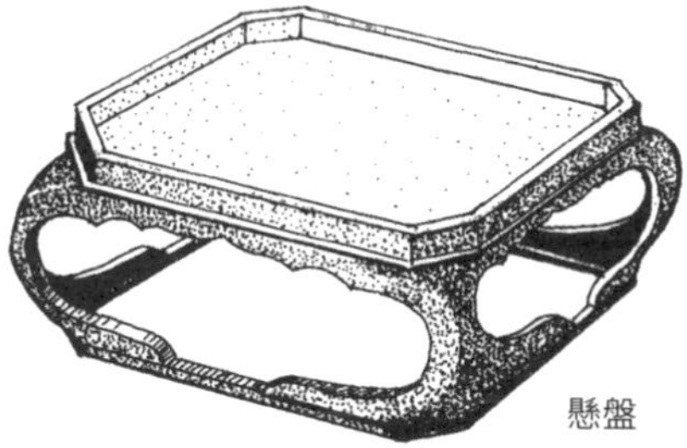
懸盤

片口（かたくち）【單口杯】

從*甕或*樽等較大的容器中舀取酒或醬油等液體，移入小一點的器皿時所用的容器。外觀呈缽形，在一邊做出注水口。多為陶瓷器，也有木製漆器、銀或銅等金屬製。店家會用這種容器從樽內取出酒或醬油，倒入*德利（窄口壺）或瓶零售。一般是放在廚房使用，有時也會放在餐桌上代替*醬油差（醬油瓶）。此外，在酒席上也被當成德利或*銚子使用。現在有些餐廳仍會拿來當作斟酒的容器。

陶器片口

漆器片口

鰹節削（かつおぶしけずり）【柴魚刨片器】

日本料理中與昆布、小魚乾同為必備食材的柴魚片就是用這種器具刨成的。原先是在淺盒的底板中央裝上小板，將柴魚的一端壓在小板上，用小刀削片。到了室町時代末期，自朝鮮半島傳入木工道具的*鉋（鉋刀）後，

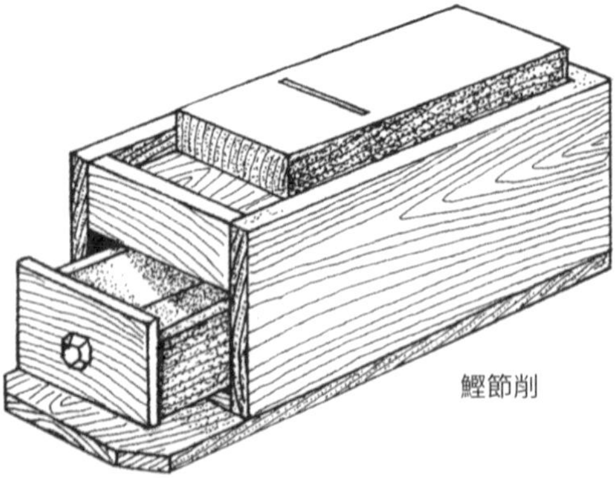

鰹節削

便有人想出有別於過去拿小刀削的做法，改為用手拿著柴魚在刨片器上刨削。刨好的柴魚片會積在盒底，為方便取出，通常會設計成小抽屜。現在則有更方便的手轉式、電動式削片機。

儘管現代人多是購買袋裝柴魚片，仍有不少餐廳及家庭會使用鰹節削。

鐵輪（かなわ）【爐架】

擺在*圍爐裏（地爐）或*火鉢（火盆）內，供*鍋、*鐵瓶（鐵壺）、*藥罐（水壺）放置的三腳或四腳鐵架。三腳的圓形鐵輪通稱*五德，日本中部地區會將大尺寸的稱作「カナワ」（kanawa）或「カナゴ」（kanago）。一般是將支架埋入灰裡，若是較大的鐵輪，有時是倒過來將架面埋進灰裡使用。架面朝上的鐵輪為了能放小鍋或鐵瓶，通常會在環狀內側做出三爪；而架面朝下、支架朝上的鐵輪，為了能放鍋子或鐵瓶，支腳會向內折凹。四腳的為長方形，架面是格子狀，多半擺在圍爐裏旁用來烤年糕或魚，又稱鐵器或燒台。大一點的會在支架間加上輔助支腳，配合爐床做出弧度。另外，依*竈（灶）上的鍋釜大小，調整間隙的鐵架亦稱鐵輪。

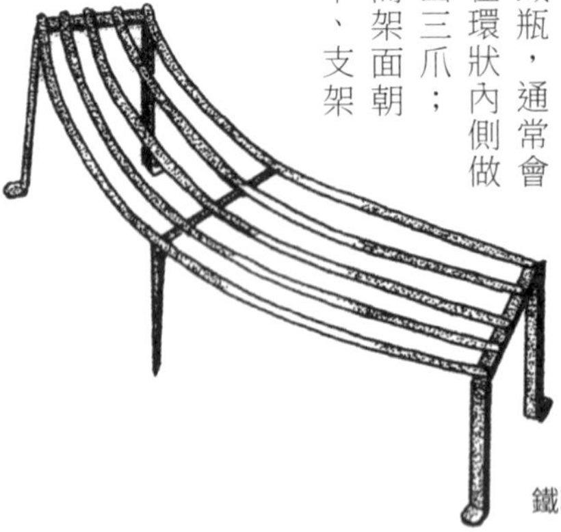

鐵輪

釜（かま）

說到釜，一般指的是煮飯或燒水的器具，因釜身有鍔（擋片），又稱鍔釜或羽釜。相對於*鍋是用*自在鉤垂掛於*圍爐裏（地爐）或放在*鐵輪（爐架）上使用，釜則是放在*竈（灶）上使用。鍋與圍爐裏的組合常見於東日本，西日本則是釜搭配竈。

早在古墳時代就有釜，當時是略寬口的素燒[7]土器，平安時代製造出鐵釜，江戶時代出現至今仍常見的寬鍔羽釜。

鍔以下至底部形狀縮窄的羽釜在放上爐灶時，鍔能防止火力擴散與煤灰，溢出的湯汁也不會流進灶裡。釜有各

羽釜

種大小，用來燒水或煮釀造味噌、醬油用的大豆；另有一種用來放*蒸籠、蒸糯米或紅豆飯的大型釜，稱為大釜；釀製酒、味噌、醬油等釀造所使用的釜相當大；還有外形相似、以*五右衛門風呂聞名的風呂釜。

用羽釜煮飯時，慢慢增強爐灶的火力、一口氣煮沸，等到釜口與蓋子的縫隙開始溢出湯汁，再降低火力燜蒸。這種先煮後蒸的炊法稱為「炊干」，加上厚重的蓋子大幅減少湯汁溢出、提高炊蒸效果，始得煮好的飯鬆軟帶黏性，這就好比日後壓力鍋的功能。

昭和三十年（一九五五）開始製造且迅速普及的電鍋與瓦斯飯鍋，讓人們幾乎不再使用羽釜煮飯，但用蒸籠蒸糯米時還是會用到。而素燒羽釜至今仍作為釜飯的容器使用。

甕（かめ）（瓶）

一般是指陶瓷容器中，口大身闊、下半部窄縮的容器。繩文時代已有低溫素燒的甕，十二世紀初出現無釉的燒締[1]陶器，接著又發展出上釉的陶器，用途變得更廣。除了繩文時代已在使用的*水甕，還有*味噌甕、醬油甕、漬物甕、油甕、酒甕等，作為暫

甕

時或長期儲藏食材的容器。從井或湧泉池汲水裝進水甕，要用時再以*柄杓舀取，像這樣需要大量倒入、頻繁舀取的容器，就數廣口的甕最適合。漬物是日本人飲食生活中不可少的食物，人們一整年順應時節在甕中自製各種漬物，當作保存食品。以往在農村通常都會自釀味噌和酒，甕就成了釀造容器，釀造業者用的甕比一般家用的更大。另外，還有埋在廁所裡裝糞尿或擺在田邊裝水肥的*肥甕（又稱便所甕、肥壺）；紺屋（染坊）調染料的*藍甕等；九州或四國的部分地區會將遺體裝進甕埋葬，稱為*甕棺；佐賀縣的上野燒有容量達三石、四石（一石約一八〇公升）的大甕，那是用來釀酒或燒酎的甕。

日本西部和南部很早就開始發展燒製陶瓷器的窯業，但燒製大甕的窯場並不多。常滑燒（愛知縣）、大谷燒（德島縣）、堀越燒（山口縣）、石見燒（島根縣）、上野燒（福岡縣）、苗代川燒（鹿兒島縣）等窯場都位在靠海的地方，這是因為要運送大型陶瓷器只能仰賴船運。儘管甕變得普及，在山區與東北地方仍然相當少見。除了運送方面的問題，氣候也是原因，每到冬季，嚴寒地帶的水會結冰，使水甕破裂。東北地方等寒冷地帶的窯業之所以難以發展，受到天候的影響甚大。

唐臼（からうす）

米或麥的精碾、弄碎櫟樹或錐栗的果實，以及搗年糕時使用的腳踏式搗臼。整體是由設在前方的*臼、在長木條前端加上*杵的台柄或稱為「ウマ」（uma）的木柄構成。在木柄的中間或靠操作端處架上軸棒當作支柱，操作時腳踩木柄的一端，讓杵上下移動。這樣的結構運用了槓桿原理，有時為了加重杵的撞擊力道，也會在杵上加石頭。比豎杵效率更好的這種唐臼，推估是在中世時期變得普及。又稱大唐臼、踏臼、地唐臼，有些地區稱為台唐或ダイガラス（daigarasu）。

多半放在連接廚房的土間[8]，分為木臼與石臼，形態也概分為二。一種是支柱與踏台連接，在靠近踏台處架設鳥居狀的木框，操作者上台後，將手按在木框上出力踩踏，這種形態大部分是木臼；另一種是將支柱與臼埋入土中，因為埋在土裡的關係而使用石臼。設置石頭或木材的低踏台，抓住木棒或吊在上方的繩子支撐身體、踩踏木柄。有些家庭會設在屋簷下。

唐臼

用起來不費力的唐臼，女人小孩也能輕鬆使用，而且不必動手，可以邊看書或是邊紡線邊操作。

人們活用唐臼的形式，發想出以水力取代人力的新方式，將原本用腳踩踏的部分挖深、引水，等到積滿水，自會形成一股重量往下沉，水濺出後變輕又往上彈，這樣的裝置稱為添水，又稱バッタ（batta）、バッタリ（battari）、左近太郎等。此外還有水唐臼，在小河或溝渠設置*水車，藉流水之力轉動的水車，與其連動的軸木回轉時，上頭的爪會讓杵上下移動。有些地區會設置共用的水車小屋，甚至專門精米的店家。

煙管（きせる）【菸管】

抽菸絲用的器具。煙管是十六世紀後半葉隨著葡萄牙或西班牙的商船，與菸草一起傳入日本，而「煙管」（kiseru）這個名稱據說也是源自葡萄牙語或西班牙語。江戶時代快速興起抽菸的風潮後，出現銀製、陶製、石製、木製或玻璃製等各種材質，其中最普遍的是火皿（塞菸草處）與吸口為鐵製、中間煙桿為細竹的款式。細竹煙桿稱為羅宇竹，市場上還有專門清理煙管、更換煙桿的羅宇屋，至於羅宇竹的「羅宇」（rao）源自寮國的黑斑竹。初期的煙管很長，然後慢慢改短，最後誕生出精緻而講究的設計。明治五年（一八七二）出現日本國產的紙卷菸草後，菸絲的需求逐漸減少，但直到昭和三〇年代，各地仍可見到愛用煙管的老人家。

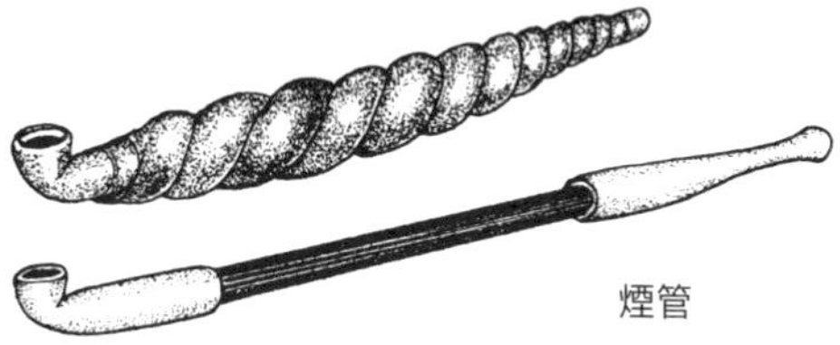

煙管

杵（きね）

搭配搗臼，搗碎穀物、年糕或味噌豆等的器具，分為豎杵與橫杵。將一根木棒削圓，中央部分削細以方便抓握，靠著上下垂直的方向捶搗，這種杵稱為豎杵或手杵，出現於彌生時代，通常搭配臼身略長、有腰身設計的小臼使用。而搗木上插入一根長柄的橫杵，外觀形似*木槌，普及於近代。使用時以腰為支撐點，舉起橫杵垂搗。

豎杵適用於體力不足的女性及孩童，費力的橫杵多半由男性操作。此外，同為橫杵也會因用途而異，有些家庭會區分使用，例如搗年糕的橫杵，與臼接觸的部分會做得略圓或呈現凸形；而精碾穀物用的橫杵，接觸面略呈凹形，以減緩衝擊力道，防止細小的穀粒從臼口邊緣噴出。橫杵的形狀類似小型的*唐臼木柄。現在已經很少用的豎杵，在奄美群島或沖繩仍有少部分地區在使用，而日本各地的傳統活動或民俗表演也能見到。至於橫杵雖然已不用於精碾穀物，不過搗年糕時還是用得到。

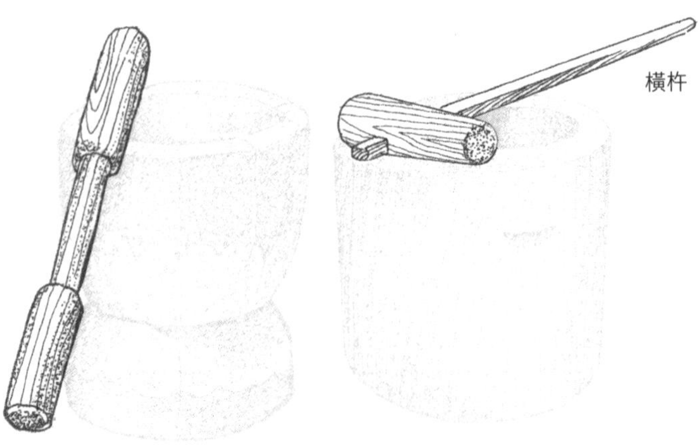

急須（きゅうす）【茶壺】

急須

放入茶葉後注熱水泡茶，將茶斟入*湯飲茶碗（茶杯）的器具，有蓋子、壺口與把手。出現於養成泡茶習慣的江戶時代中期，以前稱作急燒。形態尺寸種類繁多，如把手在側邊的橫手壺、裝上籐或葛製提把的上手壺等等。原本多為陶器，進入明治時代後，瓷器也變得普遍。

牛鍋（ぎゅうなべ）【壽喜燒鍋】

牛鍋

烹煮牛肉的鍋具，而煮出來的料理也稱為牛鍋。以前的日本人不吃家畜，但江戶末期至明治初期的「文明開化」引入了西洋文化，進而影響飲食生活，明治時代在東京橫濱出現了專賣此料理的牛鍋屋。以此為開端，牛鍋在日本遍地開花，在關西地方定名為「壽喜燒」。起初是餐廳的料理，後來壽喜燒逐漸進入一般家庭，成為家常料理。多為鐵製的淺鍋，也有銅製。

經木（きょうぎ）【薄木片】

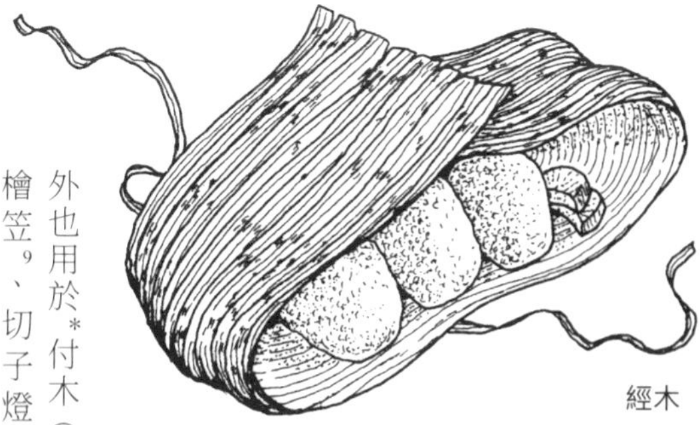
經木

削成長方形的薄木片，分為如紙張般輕薄的薄經木與較有厚度的厚經木。薄經木主要是用來包裹食品，厚經木則作為盛裝料理用的折箱素材。另外也用於*付木（引火材）、檜笠[9]、切子燈籠[10]等。如字面所示，經木原是指書寫經文的薄木片。

使用的木材有冷杉、赤松、蝦夷松、椴木、杉木、檜木等，起初是用*鉈（柴刀）或*鏟（銑）削薄，江戶時代開始用木工道具的*鉋（鉋刀）製作。用法和*鰹節削（柴魚削片器）或製作桶子的*正直鉋一樣，鉋刃朝上放，將木材壓在上面鉋削，稱鉋台、削台。此器具大大地提升了工作效率，只要調整鉋刃就能鉋出比以往更薄的經木。日語將竹皮稱作「ヒゲカワ」（higekawa），在某些地區也用以稱呼經木，另外還有片木、枇木、薄板、薄皮、木皮、鉋殼、ベラ（bera）等諸多別名。

薄經木通常用來包肉、生魚片、各種熟食或和菓子等，也會裁成適當的大小拿來寫菜單，近年來被塑膠袋、塑膠容器、發泡塑料托盤，以及維綸、聚酯纖維、嫘縈製的化纖紙（機能紙）所製成的各種包材取代。

穀櫃（こくびつ）【儲穀櫃】

儲存米等穀物的容器。通常稱作米櫃，但也會放其他穀物。大家庭使用的容量為四斗至五斗（約七二～九〇公升），小家庭是一斗至二斗（約一八～三六公升）。尺寸多樣，以木箱居多，也有結桶或*甕、刳物[11]的款式。穀櫃裡面會放一合*枡（一合約一八〇毫升）、五合枡或用舊的*椀當作秤量器具，過去也常用二合五勺枡。由於兼具保存功能，為防止蟲子或老鼠鑽入，會使用有厚度的板材製作並加上密閉性高的蓋子。不過老鼠會打洞，所以後來出現馬口鐵製的穀櫃。亦有褻稻櫃、飯米櫃、下櫃、ケシネコガ（keshinekoga）等別名。有些家庭會貼上*大黑（大黑天）的守護符，或是已

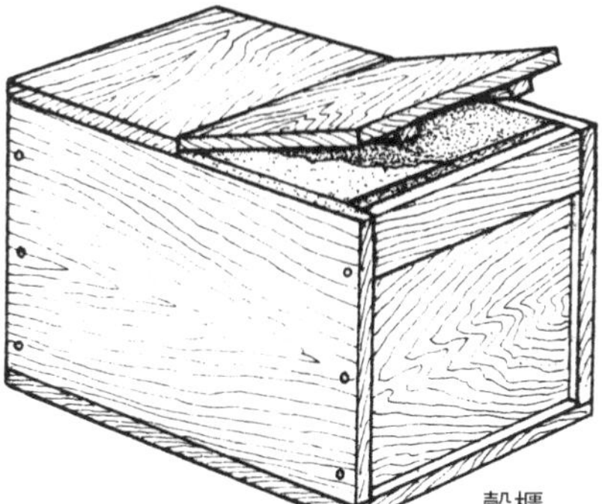
穀櫃

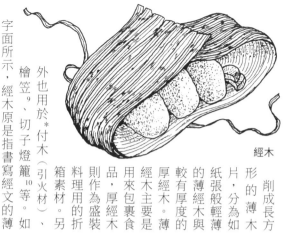

過八十八歲米壽的長者手印。此外，一般都是家庭主婦負責管理穀櫃，家中穀櫃若有上鎖，*鍵（鑰匙）便由主婦保管。現代多半使用金屬製或塑膠製的計量式米櫃。

甑（こしき）

與*蒸籠相同，用來炊蒸糯米（稱為強飯、御強）、甜饅頭等的烹調器具。

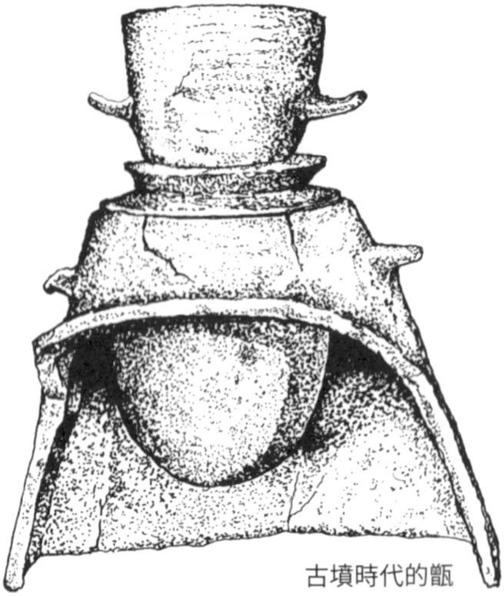

古墳時代的甑

雖然常與蒸籠搞混，但甑的歷史更長，之後才發展為蒸籠。甑是缽形的素燒土器，早在彌生時代便已開始使用，古墳時代的出土文物中也常見到。

除了素燒土器，也有曲物與結桶的款式，更早以前還有用樹幹刨挖而成的甑。無論是土器、曲物或結桶，多是在底部中央開了一個洞，將稱作蒸笊的小篩倒放，鋪上布、包覆欲炊蒸的米等食物；刨挖製成的甑，則是在底部架二、三根橫棒，鋪上*簀子做使用，見於九州的奄美諸島或沖繩諸島。歷史最久的土器甑有部分仍持續使用，直到昭和三〇年代仍可在燒製素燒土器的窯場周邊見到。當中除了曲物甑，其他材質都很重，且不易重疊使用。有些曲物甑是在底部架兩根橫棒，鋪上竹簀。如此的構造有助蒸氣流通，也能重疊二、三層。而為了蒸更多的食物，遂促成一次重疊四、五層，可炊蒸大量食物的蒸籠誕生。

五德（ごとく）

擺在*圍爐裏（地爐）或*火鉢（火盆）的灰裡，供*鐵瓶（鐵壺）、*藥罐（水壺）、*釜等放置的器具。大部分為鐵製的三腳圓形鐵架，也有少部分是陶器。屬於*鐵輪（爐架）的一種，多稱作五德。有多種尺寸，有些大型的五德是倒過來將架面埋入灰裡，三腳朝上使用。

五德

粉篩（こなふるい）

一種小型篩，用來過濾以*挽臼（碾臼）磨製或用搗臼杵搗而成的大豆、小麥、米、蕎麥粉，或是精米時的米糠。篩框是曲物，底部張上孔目細密編織網。篩網的材質有馬毛、絹線、棉線、極細金屬線等。磨好的粉或米

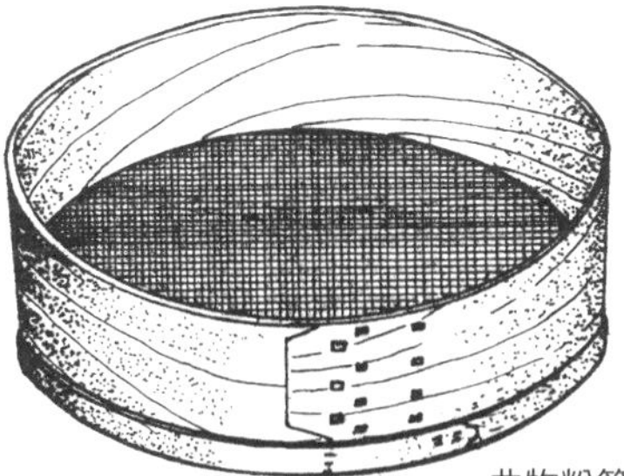

曲物粉篩

糠倒入篩內搖晃，顆粒細的粉末或米糠便會落下，篩內只剩雜質或未成粉的穀粒。馬毛製的稱作馬毛篩，若將篩倒放，也可過篩豆餡或練物（泥狀物）等料理。

捏鉢（こねばち）【揉麵盆】

在製作蕎麥麵、烏龍麵、糰子、甜饅頭等時，揉麵使用的器具，又稱練鉢或デッチバチ（decchibachi）。揉麵鉢是將粉加水（烏龍麵是加鹽水）混拌成塊後，用力搓揉使麵團產生黏性與筋性，因此捏鉢必須夠強韌才不會輕易受損。過去是日本家庭的常備器具。概分為木製與陶製，用七葉樹或櫸木刨挖而成的稱為木鉢，常見於中部、關東地區的山區與東北地區。

一般為不加工的白木，也有內側塗朱漆、外側塗黑漆的樣式。直徑約一尺五寸（約四五公分），大家庭或商業用的則有超過二尺（約六〇公分）以上的大小。陶製的直徑一般是一尺二寸（約三六公分），見於日本各地，以西日本最多。

陶製捏鉢

木製捏鉢

米揚笊（こめあげざる）【米篩】

將洗好的米瀝乾水分，倒入炊飯用的*釜或*鍋時所用的一種*笊（笊籬），又稱米洗笊。現代人煮飯多是用電鍋或瓦斯飯鍋，但在這兩者普及的昭和四十年（一九六五）之前，人們都是用鐵製的羽釜或鍋，更早以前則是土製的。

鐵釜、鐵鍋大又重，拿來洗米很不方便；而古時的土釜、土堝脆弱易碎，若底部沾附了水分，加熱後容易龜裂。因此，必須用其他器具洗米、瀝水，再倒進釜或鍋，於是有了米研桶（洗米桶）和米揚笊（米篩）。

婚喪喜慶用的強飯（蒸糯米）或做年糕用的糯米也會用到米揚笊。將泡水泡了一晚的糯米以此器具撈起、瀝乾水分，再倒入*甑或*蒸籠炊蒸。

米揚笊多為竹製，東北地區還有以木天蓼編成的。竹製的材料多為桂竹，在桂竹產量少的中部山區與東北地區，多是用根曲竹、篠竹、矢竹等細竹。基本作法是將竹篾以莫蓙目（蓆紋）編或笊編的方式編成篩，但各地的樣式富有變化，如片口形、圓形、橢圓形、三角形、菱形等，關東地區至東北地區主要是深缽形的圓篩。用篠竹等細竹編製時，通常是將竹皮的

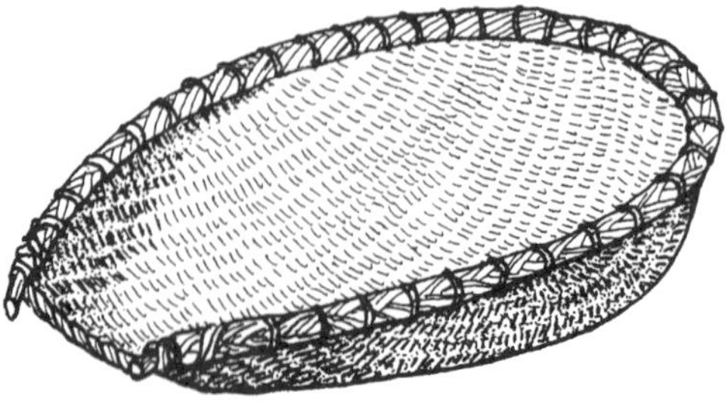

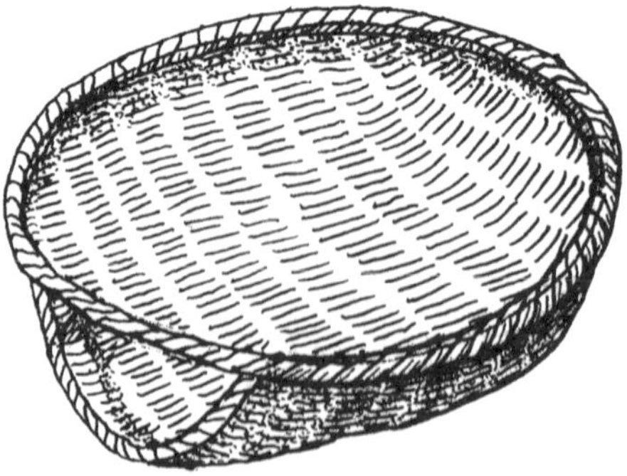

米揚笊

曲面朝內編，若是桂竹等較粗的竹子，裁細做成竹篾後，將內側的邊角削掉，使其變得圓滑。如此一來便能夠充分瀝乾水分，讓米粒不會卡在縫隙。

盃（さかずき）（杯）

斟酒飲用的酒器，亦寫作坏、酒坏，小一點的盃也寫作盞。過去，酒是舉行祭典時用來獻給神明的供品。

供奉於神前的神酒在儀式結束後，由參加者共同分享。此時是用一只盃從上位者依序輪飲，為古老的傳統習俗。在神前飲神酒意味著與神共食，且帶有藉以獲得神力的期望，而參加者輪流喝完一盃酒，也象徵彼此的情誼變得更加深厚。

豬口

三重盃

盃

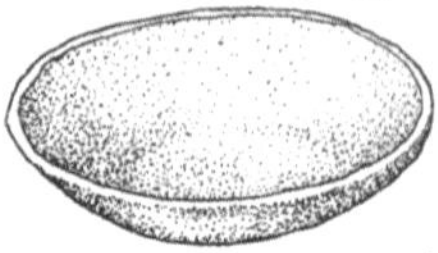

瓦笥

ぐい吞み（深杯）

古代的盃為素燒的瓦笥，不過古墳時代也會使用陶製土器的須惠器[12]。到了中世時期，上層階級之間除了祭典也會舉辦酒宴，酒宴中也是用同一個盃輪飲。瓦笥是平盤狀的酒器，鎌倉時代後，出現高腳的木盃或漆器盃、金銀製的盃，進而有了酒宴上輪飲用的大盃、婚禮等儀式用的重盃。這些盃都是廣口平盤狀，稱為平盃。室町時代釀造業發達，江戶時代飲酒習慣盛行，興起將酒倒入*德利（窄口壺）後，浸入熱水中溫酒的燗酒（熱飲）風俗，盃也隨之變小。最普遍的款式是盤狀的陶瓷器或直筒形的盃，小盃稱作豬口，比豬口略大的叫ぐい呑み（guinomi）。

盃原是作為與神共飲的器具，被視為具有神力，或是象徵與人結緣，如今在日式婚禮上的三三九度[13]仍持續使用三重盃，宣誓成為親子或兄弟的儀式也以盃當作酒器。

酒入（さけいれ）

以孟宗竹的竹節製成的攜帶式容器，主要流通於南九州的鹿兒島縣。在竹節上打洞倒酒，留下竹枝根部做成注嘴。外出踏青、上山賞花時帶出門使用。常為自製品。多為左右做側板、插入橫木當把手的角樽形，也有劃開一側的下方、保留上部，插入腰帶的攜帶式。大部分為漆器（春慶塗[14]等），在表面雕畫各種模樣的也不少。沖繩有一種綁在腰上的攜帶式陶製酒入，狀似弦月，名為抱瓶。

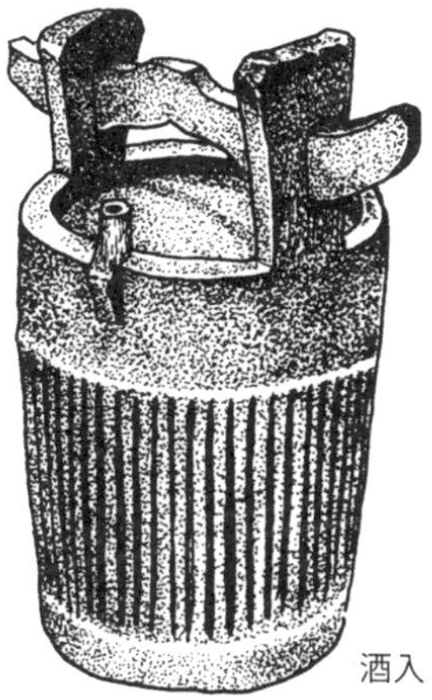
酒入

提重（さげじゅう）【提盒】

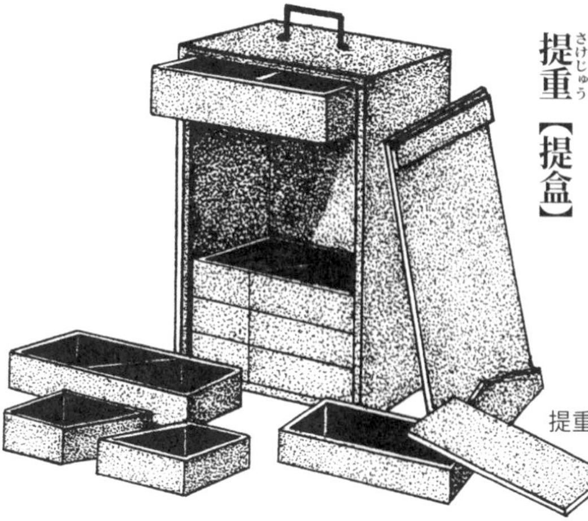
提重

提重是一組器具，包含*重箱、載運用的台子、附提把的套盒。另外，收納且攜運重箱、銘銘皿（分裝用的小盤）和錫製或瓷製酒器的稱為手提箱。多為木製漆器，也有作工細膩的竹製品。亦稱提重箱，在江戶時代隨著賞花、看戲等戶外休閒活動的盛行被廣泛使用。

簓（ささら）【竹刷】

將裁細的竹條綁成一束，一端捆緊，用來清洗*桶或*樽、*鍋或*釜、*流台（水槽）等的一種*束子（刷子）。還有一種將裁得細如線的竹條，束成直徑約七公分的簓，洗衣店會用這個清理襯衫衣領等處的頑強髒污。另外，只將竹筒的前端裁成細條、保留根部的簓是用來刮取岩海苔。而這種形式的簓在民俗藝能表演的領域中則作為樂器*摺簓使用。

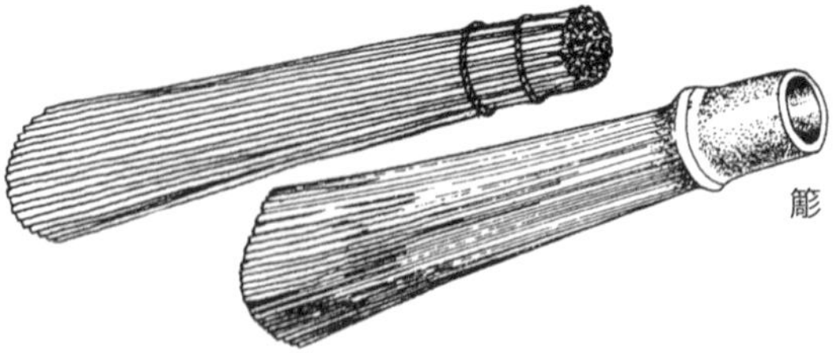

簓

簓也是咒具的一種，舉行祭禮時，*神輿（神轎）出巡的隊伍中，站在前頭的露払（開道者）手持長青竹，驅逐阻擋神明去路的邪靈，長青竹的前端就是裁成八等分的簓。另外像是祈求五穀豐收的儀式「成木責」所用的打棒，或敲打求子女性臀部的孕棒之類的咒具，皆為前端裁成不同粗細的簓。流傳於各地的振茶[15]（桶茶、ふぐふぐ茶、ぼて茶等）或抹茶使用的*茶筅也包含了咒具的要素。刷茶用的茶筅可說是一種高技術且費工的簓。

過去被當作束子使用的簓，如今已被龜子束子（棕刷）或海綿等物取代而變得少見，但許多中菜館還是會用來刷洗中華鍋（炒鍋）。此外，札幌每到冬天就會出現的市電除雪車「簓電車」，至今仍使用著大型的竹簓。

匙（さじ）

匙即英語的「spoon」，現在的日本人多以外來語「スプーン」（supun）稱之，吃咖哩、炒飯、使用刀叉的西餐，或是喝咖啡、紅茶等飲料時都會用到。但那是明治時代後才有的飲食習慣，在此之前，日本人吃東西並不用匙。不過，古代的人們會以手抓食用*甑炊蒸的強飯，以匙舀湯汁。當時的匙應該是木製或貝製。這種飲食方式至今在東南亞與南亞仍可見到。此外，正倉院所收藏的御物（皇室私有品）中也有金屬製的匙，據說是奈良、平安時代用於宮廷公宴之物。不過，以匙進食的習慣並未流傳下來。因為一般民眾的主食是雜炊或糅飯[16]，通常是以*椀（碗）就口、以*箸（筷）扒食，根本用不上匙。雖然匙未被普及，但仍作為泡茶用的*茶杓或量藥器具被使用，日語的「匙加減」（指處理的分寸、分量）原意便是調藥。

正倉院御物的匙

皿鉢（さらち）

直徑一尺（約三〇公分）至一尺二寸、一尺五寸的大盤，多為彩繪瓷器，也有染付（青花瓷）。用來盛裝宴席的活魚生魚片或鰹魚半敲燒、烤魚、魚

皿鉢

板、壽司等，如此的拼盤料理稱為「皿鉢料理」，盛裝的大盤稱為皿鉢。江戶時代中期後，開始以船運從產地有田送往最大的消費地江戶（東京），以船的停靠港為中心擴及各地。皿鉢料理如今已成為高知或志摩地區的在地美食。

皿さら【盤】

沒有深度的淺底器皿。除了食器，還有裝顏料的繪具皿、裝燈油的*燈明皿（油燈盤）等。最早用來裝食物的容器是槲樹或厚朴等樹木的葉子，即便是現代，在大嘗祭[17]等傳統儀式的供品台仍可見到。凹折槲樹葉、插竹籤固定，做成器皿，稱為葉盤或葉椀（略具深度），亦單稱盤。後來改用樹皮或簡單的薄木板，與瓦笥一起使用。而將薄板邊緣往內凹，做出淺框就成了*折敷，可直接用來盛放食物。或是當成盛台，擺上裝著食物的瓦笥等容器，這是*盆或*膳的原型。

彌生時代的土器中很少盤狀物，而古墳時代出現了土師器[18]，接著又有自亞洲大陸傳來的須惠器[12]，*鉢（缽）、*碗、*皿等食器的區分更加明確。到了奈良時代，將碗或皿盛放在漆器*高杯的飲食形態成為貴族之間的習慣，出現了各式各樣的皿。還有金製或銀製品，變得相當貴重。室町時代後，皿的樣式更多元且普及。中國製的白瓷、青瓷、染付（青花瓷）皿隨著碗一起大量輸入，日本國內也有瀨戶燒（愛知縣）、美濃燒（岐阜縣）的陶器皿，與漆器皿一同普及。

皿

安土桃山時代至江戶時代，各地窯業興盛，元和二年（一六一六）在有田（佐賀縣）開始製造國產瓷器，皿和碗等食器被大量生產。在明治時代，藉由鐵道運輸擴散至各地。

皿也出現固定的規格：盛裝多人份料理的大皿，直徑超過一尺（約三〇公分）；各種宴席使用的小皿，直徑三寸（約九公分）；中皿的直徑為五～七寸（約一五～二一公分）。形狀多樣，有圓形、橢圓形、正方形、長方形、菱形、葉形、花形等，大正至昭和時期，因西餐普及，西式的洋皿也變得常見，出現玻璃製的皿，樣式變得更多元。那些皿依料理的種類區分使用，成為日本飲食文化的一大特色。

在西日本，小皿多是指*手鹽皿或御手鹽、手鹽，因為過去都是將少量的鹽放在掌中，邊舔邊配飯吃，或是當作配菜的調味，如今人們吃漬物或糕點時，還是會從皿或缽（缽）移至掌中。此外，漆器皿在東北地區也有很長的使用歷史，現在在各地亦作為裝糕點的菓子皿使用。

笊（ざる）【笊籬、篩】

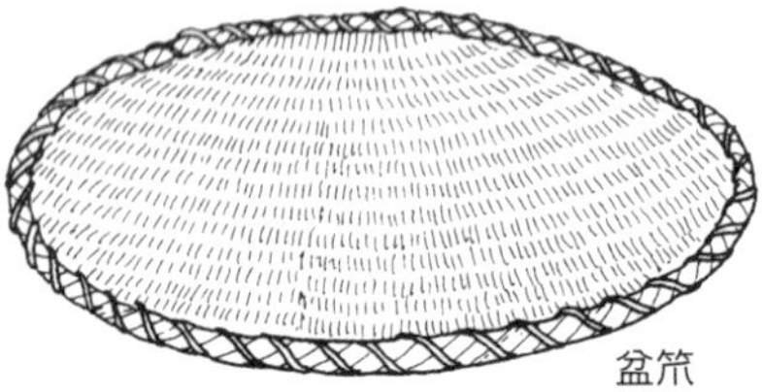

盆笊

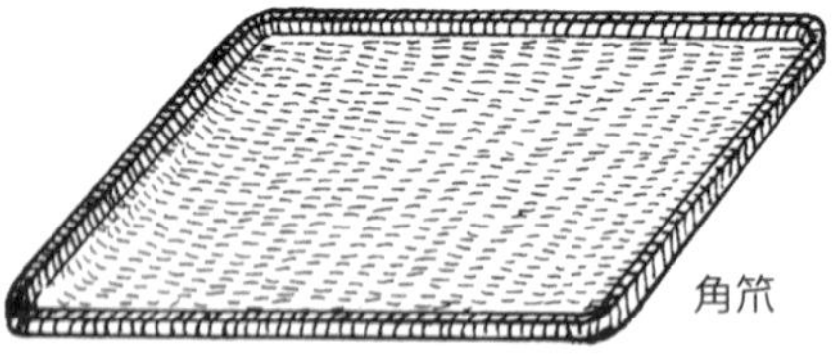

角笊

以粗細不同的竹篾或木條編成的*籠。籠與笊沒有明確的區分，但一般是將用來瀝乾食物水分的稱作笊，用細竹篾以茣蓙目（蓆紋）或笊編的方式編成。種類繁多，具代表性的是瀝除洗米水，將米倒入*釜或*鍋、*蒸籠的*米揚笊（米篩）。另外還有麥揚笊、味噌漉笊（味噌濾篩）、餡漉笊（豆餡濾篩）、糊取笊、撈麵用的*水囊或溫笊、茶漉（茶篩）等。

稱呼也各有不同。古代寫作「笊籬」，讀作「そうり」（souri），後來訛變為「ざる」（zaru）。但北陸[19]與日本西部、南部一般稱作ソウケ（souke）、ソーケ（sooke），九州是ショウケ（shouke）、ジョケ（joke），沖繩是ソーキ（sooki）、ジョーキ（jooki）等，可看出是從そうり（souri）演變的。另外，京阪地區或愛媛縣、愛知縣則是通稱イカキ（ikaki）、イカケ（ikake），據說是「飯かき」（iikaki）的訛變。笊至今仍是常用器具，但近年來多改為塑膠製或金屬製，以竹子等天然材質製成的笊只剩裝麵用的盛笊等。

鹽籠（しおかご）

如今市面上可以買到各種精製鹽，但在昭和時代初期之前，人們都是使用苦滷含量高、吸濕性強的粗鹽。當時裝鹽的容器多是附蓋的陶壺，有些濕氣重的地區是用底部呈圓錐狀

鹽籠

的竹籠。籠口加上提把，掛在廚房角落，下方放盤子之類的容器盛接自底部滲滴的苦滷。在鹿兒島縣多是用口徑約二〇公分的小籠，稱作シオテゴ（shiotego）。人口多的家庭會將大量買來的鹽存放在倉庫或儲藏室，不時取出裝進廚房的鹽壺，而這種儲藏鹽的容器是同樣具有盛接苦滷功能的附蓋大籠，亦稱鹽籠。

鹽壺（しおつぼ）

裝食鹽的容器，多為小型陶器。壺肩飽滿，壺口略縮，也可視為小型的*甕，但因為附蓋的關係，一般稱作壺。另外，有種自古傳下來的作法是將苦滷含量高的粗鹽裝入素燒的小壺（稱為燒鹽壺），藉由燜烤去除苦滷，完成的鹽稱為燒鹽。

鹽壺

自在鉤（じざいかぎ）

吊在*圍爐裏（地爐）上方，用來掛*弦鍋或*藥罐（水壺）、*鐵瓶（鐵壺）的道具。又稱カギ（kagi）、カギジョ（kagijo）、カギサマ（kagisama）、カギツケサマ（kagitsukesama）。自在鉤是由截斷的竹筒、貫穿內部的股木（叉木），以及鑿出大孔、穿入股木後於一端綁上繩子、連接竹筒的橫木構成。以股木的分叉處為底，一端穿入竹筒當作軸木，另一端裁短做成鉤狀，用來掛鍋子等器物。掛上物品後，橫木未連接竹筒的那一側會向下傾斜，孔洞的上下兩處從反方向抵住軸木，使軸木固定。取下鉤上的*鍋等器物時，橫木

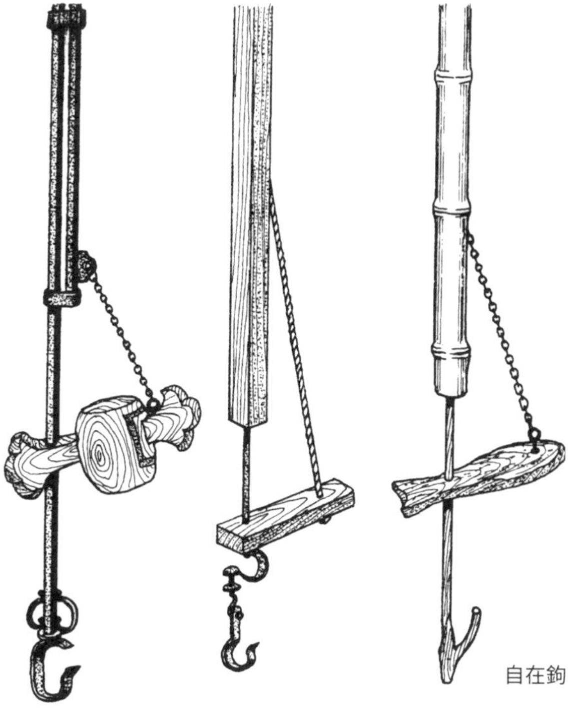
自在鉤

會變成平行狀態，軸木就能上下移動，進而自由調整火力，故得自在之名。

圍爐裏的火具備取暖、烹調、照明的功能，是家中極重要的場所，為了討吉利，通常會用松樹做橫木、梅樹做股木，加上竹筒即象徵松竹梅，或是將橫木雕成鯛魚或鯉魚、末廣（扇）、打出小槌（寶槌）等模樣。竹筒多是用桂竹或孟宗竹等較粗壯的竹子，但在粗竹產量少的東北地區則是用板材做成方形長筒狀。有些地方甚至不用筒形，只用兩根長短不同的鐵棒加上調整用的金屬零件。自在鉤原始的構造很簡單，只是將鉤狀木棒用繩子綁起來吊掛，拉放繩子調整火力，直到近年，在出作小屋[20]或臨設的圍爐裏仍可見到。

七輪（しちりん）（七厘）【炭爐】

用於炊煮的移動式小爐，據說是江戶時代由燒製屋瓦的工匠做出來的，後來出現素燒並加上鐵環補強的樣式，甚至還會裝上提把。內側下部有放*簀子，下方有排氣孔設計。將燃料的炭擺在簀子上，開關排氣孔調整火力。這種小爐到了明治時代，由於方便攜帶，開始普及於市井之間。名稱由來是因為只需購買少量的炭（七厘，一厘＝一日圓的一千分之一）就能煮飯，也有一說是花七厘就能買到這種爐。

多為素燒圓筒狀，也有用砂岩刨挖而成的方形。通常是燒炭，也會用炭粉揉成的炭球或練炭（蜂窩煤）。將七輪帶到戶外，擺上烤網烤魚的景象時有所見。至今仍作為戶外的烹調器具，用來烤肉的餐廳也不在少數。

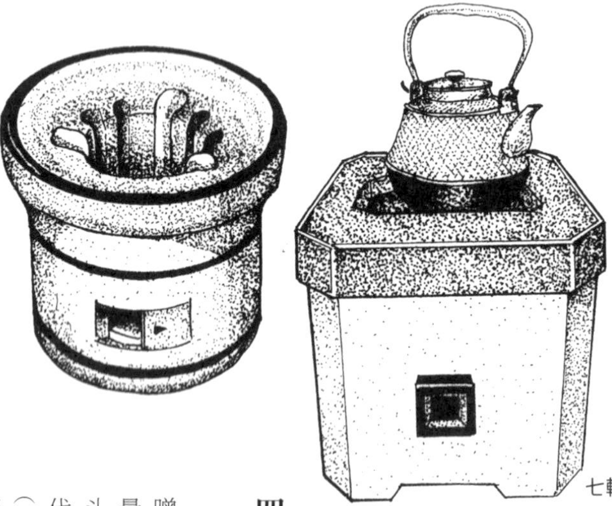

七輪

四斗樽（しとだる）

用來盛裝以運送酒、醬油、醋、味噌、漬物、柿澀液等的器具。*樽依容量分為一斗（約一八公升）、二斗和四斗，最常見的是四斗樽。進入江戶時代，攝津（大坂）、灘（神戶）、伏見（京都）等地開始過濾濁酒、製造清酒，頻繁利用樽迴船送往江戶（東京）。而四斗樽就是用來盛裝的容器，是將杉木、檜木或柳木的薄板組合後，以竹箍固定成圓筒狀的結樽。結樽比以往使用的曲物樽更牢固，當時在尚未習得製作技術的江戶等東日本一帶，用完的空樽被視為便利的容器回收使

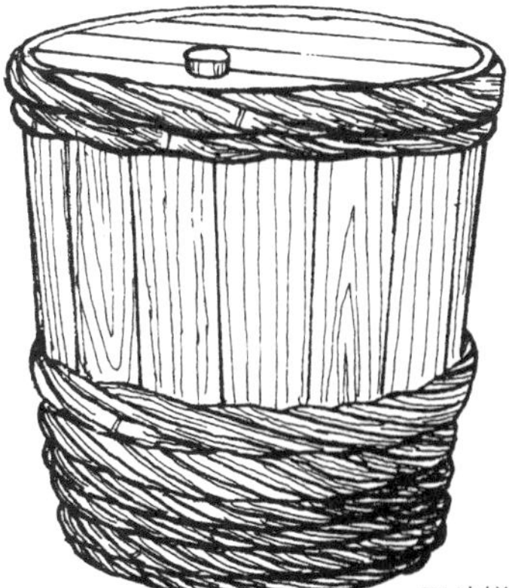

四斗樽

用。最常用的四斗樽廣泛用於釀製漬物或味噌等。直到現在，日本的慶祝宴席上常見的祈福儀式「鏡開」[21]所用的「菰冠」也是這種四斗樽。

杓子（しゃくし）

杓子分為飯杓子與汁杓子。飯杓子主要用於拌飯，將飯添入＊碗或＊皿，用一片木板削出細長橢圓形的頭部與細柄，依飯量而有不同的尺寸。現多為塑膠製，原本是用檜木、杉木、桑樹、山櫻等木材或竹子製成。大部分是不加工的白木，也有漆器。料理時也會拿來壓碎食材或過篩。在東北地區和北海道稱作篦，東京是杓文字，九州西部是飯匙。

汁杓子是用來混拌味噌湯等湯品，舀入椀（碗）的器具。以前是將扇貝、文蛤或海扇蛤等貝類接上木柄或竹柄，之後改成用一塊木材刨挖出有深度的圓形或橢圓形的皿狀杓，柄的部分也略帶角度。其中也有在杓面鑿孔，用來撈取湯中固體的設計。貝殼製的稱作貝杓子，現在有些地方仍使用這個名稱，另外還有杓文字、御玉等稱呼。如今多為金屬製，某些餐廳的鍋物料理或拉麵店的丼飯會提供小木杓，也算是代替中菜用的調羹。

杓子是分配食物的器具，這通常是掌管家計的主婦之務，媳婦若要拿杓子為家人添飯據說得獲得婆婆允許。＊穀櫃（儲穀櫃）的管理也可說是主婦的特權。因此，杓子被視為主婦權力的象徵，日本有些地方稱主婦為杓子取、篦取（取為擁有之意），婆婆將權力交給媳婦稱為杓子渡、篦渡（渡為交接之意）。象徵主婦權力的杓子也被當成具有神力的神靈依附之物，有些神社會授與參拜者杓子。其中最廣為人知的便是廣島縣宮島的嚴島神社，參拜者將帶回家的杓子釘在門口等處，祈求神明庇佑全家平安。

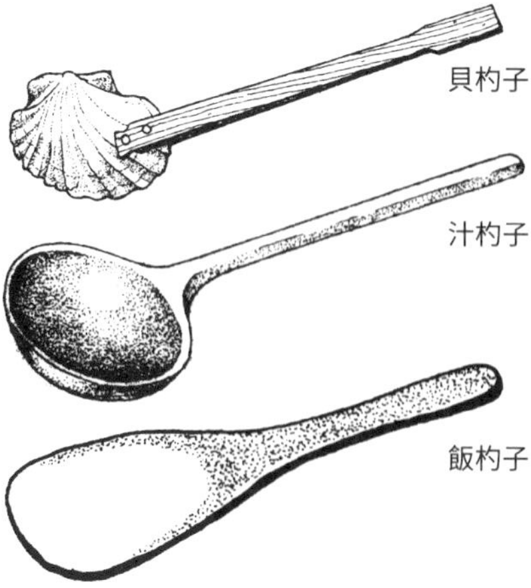

貝杓子
汁杓子
飯杓子

杓子差（しゃくしさし）【杓子架】

取三節或五節的竹筒，在每一節的單邊挖出洞，插入＊杓子或菜箸等。長短依家中人數而異，每戶人家都是掛在廚房中靠近水槽的柱子。有些家庭會用細一點的竹節做成相同構造，掛在客廳等處，用來收納團扇。

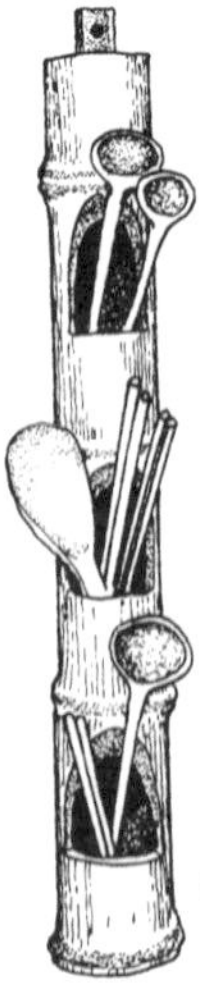
杓子差

重箱（じゅうばこ）

外出賞花、看戲、參加運動會或其他活動等，用來裝喜慶節目的便當。將相同造形的箱子，重疊二至五層，最上層有蓋子。裝入豐盛的料理，用*風呂敷（包巾）包好帶出門。在插秧或割稻等農忙時期，則用來裝飯糰或煮物、漬物做成多人份的便當。多為木製方盒，也有瓷器和圓盒。木製的尺寸從六寸（約一八公分）至一尺（約三〇公分），通常是春慶塗[14]或內側塗朱漆、外側塗黑漆或梨子地[22]等的漆器，也有畫上松、竹、梅、鶴、龜等象徵吉利的圖樣或家紋，以及用金蒔繪[23]或螺鈿[24]做出華麗的裝飾等。雖然瓷器重箱的比木製的小，大部分還是會畫上吉利的圖樣。

除了當作便當盒，也會拿來裝年菜或宴席料理，或是裝喜事的赤飯（紅豆飯）或年糕、喪事的甜饅頭分送給左鄰右舍。日本至今仍延續這樣的風俗。此外，也有外出遊玩用的重箱，像是將重箱和放重箱的手提台做成一組，或是裝重箱與銘銘皿（分裝用的小盤）或酒器的手提箱等，稱為*提重（提盒）或提重箱。

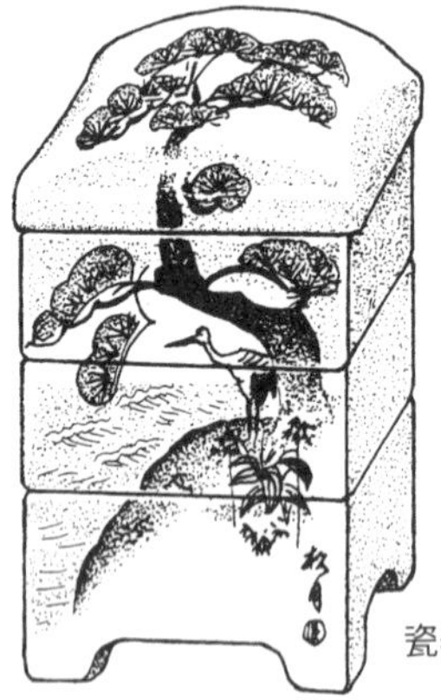
瓷器重箱

漆器重箱

醬油差（しょうゆさし）【醬油瓶】

將醬油分裝，擺在廚房做菜用，或是放在餐桌上斟入小盤使用的器具。古時是用陶瓷的*片口（單口杯），進入大正至昭和時期，具注嘴的附蓋玻璃製小瓶變得普遍。現代的樣式豐富，有像是*土瓶、*急須（茶壺）縮小版的設計。

醬油差

水嚢（すいのう）

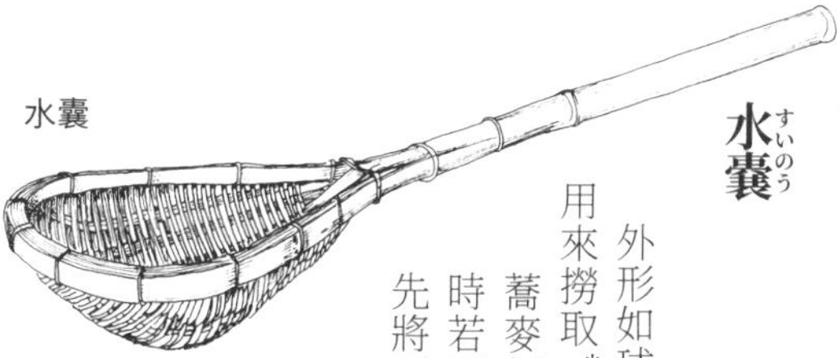
水嚢

外形如球拍的長柄*笊（笊籬），用來撈取*釜或*鍋內的烏龍麵、蕎麥麵或糰子等食物。祭典時若要製作大量的煮物，會先將不同硬度的食材分批下鍋煮，以此器具撈起，最後再一起下鍋調味。多為竹製，近年也愈來愈多圓形的金屬製品。另外，有種底部加上馬毛或細金屬網，用於瀝乾食材水分。而倒放用來過篩的曲物篩也稱作水嚢。

鮨桶（すしおけ）【壽司桶】

盛裝做壽司的醋飯或用來混拌散壽司的淺*桶。外形就像切半的*水桶，因此又稱半切、鮨半切、半切桶、半台，有些地方稱為ハンボウ（hanbou）、スシハンボウ（sushihanbou）。多為白木圓桶，也有橢圓形的或塗漆的，還有附專用蓋的樣式。壽司是喜慶節日和祭典儀式的佳餚，至今仍維持如此習慣，用鮨桶來做壽司。除此之外，在壽司店裝一人份或多人份的壽司所用的漆器桶（現多為塑膠製）也稱為鮨桶。另外，以古法醃漬、發酵熟成的馴鮨（熟壽司），如滋賀縣琵琶湖的鮒鮨（鯽魚壽司）等，使用的深桶也是相同稱呼。

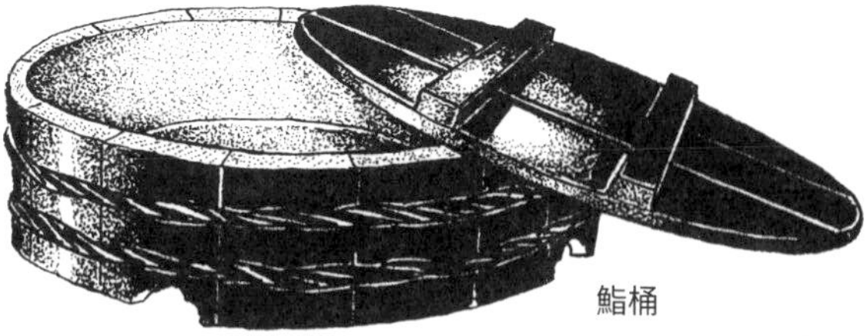
鮨桶

鮨型（すしがた）【壽司壓模】

製作押鮨（押壽司）的白木壓模，有正方形與長方形，由底板、定形框與蓋板構成。壽司的起源是鹽漬的魚，之後誕生了加米飯促進發酵的馴鮨（熟壽司），現在仍以滋賀縣琵琶湖名產為人所知的鮒鮨（鯽魚壽司）便是這種壽司。馴鮨必須讓魚醃漬三個月至半年，經過充分的熟成發酵才能食用，但在室町時代，人們

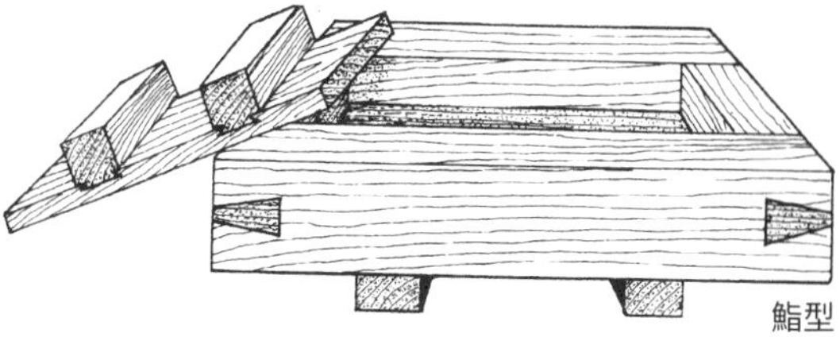
鮨型

因不耐久候而興起一股風潮，食用僅醃漬一週至二〇天左右、帶酸味的生成（生熟壽司）。到了江戶時代初期，人們將生成的魚和米飯加醋，放重石壓一、二天，做成押鮨。由於短時間就能食用，又稱早鮨。相當於現在的鯖鮨（鯖魚壓壽司）等，盛行於以京都為中心的近畿以西。將切得薄如柿葺（屋頂木板）的生魚片擺在飯上、裝入木型，蓋上押蓋施壓，在大阪稱為柿鮨。

而握鮨（握壽司）是將生魚片放在捏好的醋飯上當場品嚐，據說這是十九世紀前半期，源自於江戶兩國的吃法，也就是所謂的即席壽司。方便的握壽司快速地在日本各地流行起來，如今也有家庭用的握壽司簡易模具。

製作食物用的模具除了鮨型，還有菓子型（糕點用）、蒲鉾型（魚板用）、蒟蒻型（蒟蒻用）等，都是用來定形的模具。另外，也有兼具調理功能的模具，像是煎餅、今川燒（車輪餅）、人形燒、鯛魚燒、章魚燒、明石燒[25]等使用的鐵製燒型（烤模）。

擂鉢（すりばち）、擂粉木（すりこぎ）【研磨鉢、研磨杵】

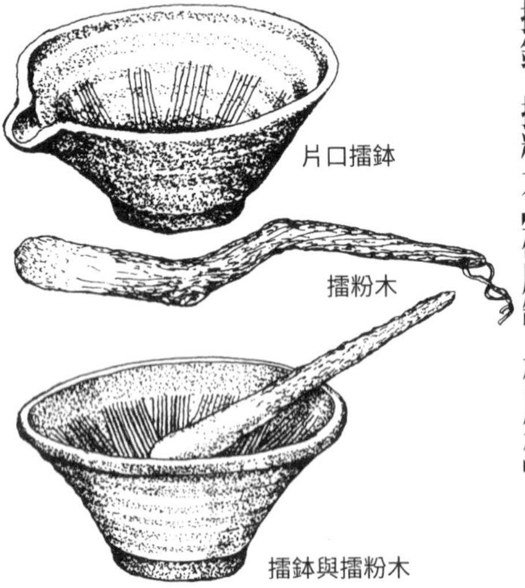

用來磨芝麻、大豆、味噌、豆腐等，或是做山藥泥、豆汁[26]、魚漿等的*鉢（鉢）與棒。擂鉢是內壁有刻痕的大圓鉢，多為陶製，第二次世界大戰後有段時期，曾出現杜拉鋁材質的製品。直徑一般約三〇公分，有各式尺寸。也有做出注嘴的片口樣式，平安時代的遺跡就有許多這樣的出土物。擂粉木多是用硬度與氣味俱佳的胡椒木製成，也會用桑樹或柳樹等製作。

擂鉢及擂粉木於平安時代自中國傳入日本，原是僧侶在廚房使用的器具，到了鎌倉時代，禪僧的齋食傳入民間，用來製作涼拌的「和物」料理，如胡麻和物、白和物（加豆腐的涼拌菜）、醋味噌和物等，所用的擂鉢及擂粉木也變得普及。擂鉢是「擂粉鉢」、擂粉木是「擂粉杵」的簡稱，也用於製粉。擂鉢又稱瓦鉢、石鉢、支那鉢、擂盆、カガツ（kagatsu）、カガチ（kagachi）；擂粉木又稱連木、當木、回棒、回木、擂木，兩者在日本各地皆有多種稱呼。

現在的擂鉢，內壁刻痕都整齊細緻，而過去的刻痕較粗，出土物當中甚至有僅刻出幾條刻痕的簡略樣式。此外，與擂鉢、擂粉木相同形式的還有*乳鉢、乳棒。那是用來磨碎、調配藥劑或顏料的小鉢和杵，為瓷製或玻璃製，鉢的內壁沒有刻痕。

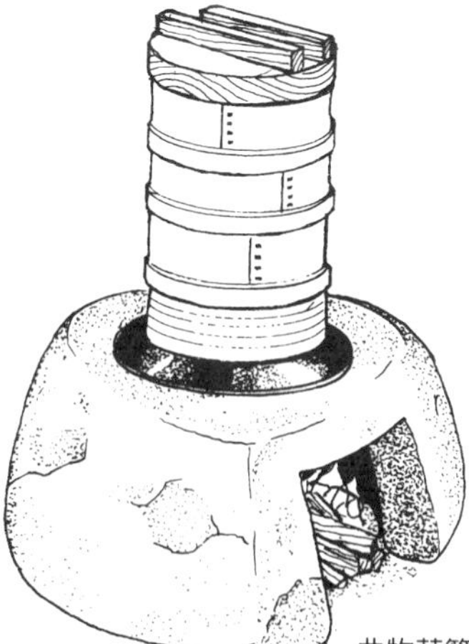
曲物蒸籠

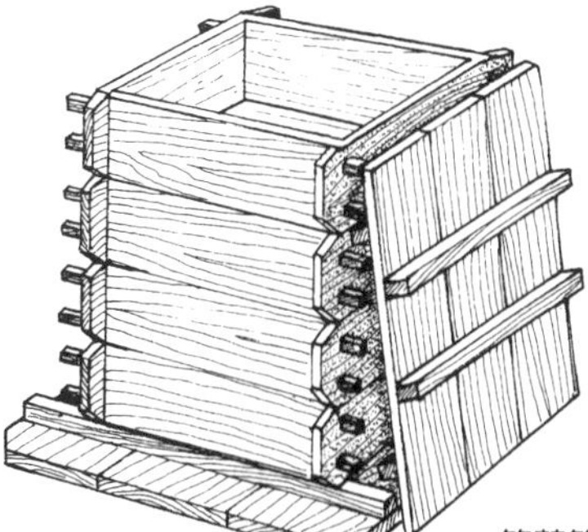
箱蒸籠

蒸籠（せいろ）

炊蒸糯米或強飯、甜饅頭、糰子等食物的蒸具，亦讀作「せいろう」（seirou）。與自古以來持續使用的素燒土器*甑同為蒸具，常與蒸籠混為一談。蒸籠分為曲物的圓形樣式與板材組成井字的方形樣式。鎌倉時代出現的蒸籠，是用杉木或檜木薄板彎曲成圓筒狀，以櫻樹皮接合的曲物蒸籠，分為底板鑿出透氣小孔，以及在底部架上二根橫棒、鋪竹簀的樣式，前者被視為較原始的形態。而底部鋪竹簀可促進蒸氣流通，且能重疊二、三層使用，因此誕生出鋪竹簀、重疊四、五層使用的方形箱蒸籠。

膳（ぜん）

在餐桌與*卓袱台出現之前，用來盛放各式食器的台子。如今仍用於婚喪喜慶的場合，日式旅館供餐時也會使用。最初盛放食物的器具是用槲樹或厚朴等的樹葉做成的容器，後來出現用杉木或檜木削成薄板後，將邊緣凹折出淺框的*折敷。這些都出現在尚未區分為食器與食膳的時期，之後又有了加上台座的樣式，稱為衝重，膳的形態也隨之更加明確。在台座三面做出寶珠形裝飾孔的稱作三方，四面都有的稱為四方，皆為不加工的白木材質，現在作為祭神用的供品台使用。彌生時代則有作為食器使用的素燒土器*坏（杯），以及高腳的*高坏（高杯）。高坏雖是食器，但在中世時期的繪卷裡，可以看到高坏和折敷一

蝶足膳

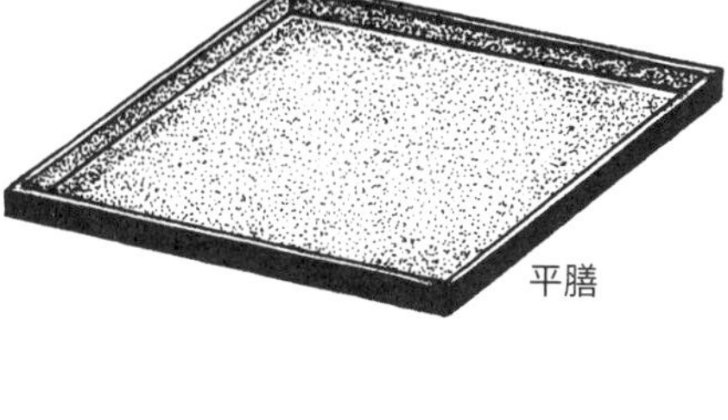
平膳

起被當作盛放食器的食膳使用。這樣圓形或方形的木製漆器盤加上高腳的高杯，可看作是從土製高坏發展成木製高杯，也可視為是膳的演變。高杯至今仍作為祭祀神佛的供品台使用。

由於木工技術的進步，原本只是薄板凹折出的樸素折敷，造型變得優美，之後還出現塗漆的樣式，稱為平膳，之後更發展出各式各樣的膳。例如，在平膳兩邊裝上有窗形裝飾孔的木板、組成立台的兩腳膳（木具膳），還有在四角裝上立腳的四足膳、立腳形似貓腳的貓足膳、立腳間隙看起來像是蝴蝶展翅的蝶足膳、立腳底部相連的*懸盤、將箱形台的蓋子倒放作為膳使用的*箱膳等。

這些膳在漆器產業確立的近世之後變得普及，直到江戶時代後期至鐵道發達的明治時代，才為一般庶民廣泛使用。儀式用的漆器膳搭配*椀，如飯椀、汁椀、平椀、壺椀等，通常必須備妥三十至五十人份，倘限於富裕人家或寺廟才有如此財力，村民有需要時會借用，或是集資購買收進專用的倉庫，即膳藏或椀藏，共同管理。

另外，膳的原意是指食物、供品或盛饌，後來才輾轉變成膳台之意。日本至今仍以膳當作飯菜的量詞，將一碗飯、二碗飯稱為一膳、二膳，其實那正是原意。

蕎麥豬口（そばちょこ）

吃蕎麥麵時用來裝麵露的容器。起初是將蕎麥粉加熱水揉成蕎麥搔（類似麵疙瘩），或是搓圓做成蕎麥糰子，江戶時代從朝鮮半島傳入加麵粉增加黏性的作法，揉成麵團、切成麵條狀的「蕎麥切」便快速傳開。

蕎麥豬口

豬口（choko）是假借字，來自チョク（choku）的訛變。據說是福建語、朝鮮語的發音，指一種流傳於朝鮮半島，名為「鐘甌」（chongu）、「鐘子」（chonsu）的小鉢，形似倒放的鐘。略廣口，有筒狀、六角形、八角形等各種形狀，最早是用來裝和物（涼拌菜）或醋物（醋漬菜）等少量的料理。無論形式如何皆是繪有蛸唐草[27]、青海波[28]等染付圖樣的有田燒瓷器。再者，酒器的盃原是廣口淺底的漆器，到了江戶時代後期，瓷器製品變多，出現比小鉢小而深的樣式，後以豬口（choku、choko）之名普及開來。

高杯（たかつき）（高坏）

將圓形或方形的皿加上高腳台做成、用來盛裝食物的容器，高杯意即高腳形式的杯。杯是繩文時代晚期就開始使用的器物，呈缽狀，深度比*皿略深、比*碗淺，作為食器使用。高腳的高杯在彌生時代中期之後變得普遍，可從挖掘出土的彌生土器、土師器[18]、須惠器[12]當中發現許多高杯

高杯

一事佐證。平安時代至室町時代期間，木製的漆器變多，杯身變成沒有深度的盤狀。如此的平台樣式應該是當成放小皿的*膳使用。高杯如今已不是日用食器，而是用來擺放神饌等獻給神佛的供品。

煙草盆（たばこぼん）【菸草盆】

抽菸絲的器具。形狀多樣，有圓形、正方形、長方形等，基本上是由裝火種的火入與放菸灰的灰筒組成。一般分為內嵌火入與灰筒，用*轆轤刨削成的圓形煙草盆，以及在枡形箱放火入與灰筒的方形煙草盆。作工講究，側板做出圓潤的弧度，還會挖空雕飾，有些會設計收納煙管入（菸管筒）、煙草入（菸草袋）的小抽屜。材料為紫檀木、黑柿、欅木、鐵刀木、桑樹等，也有塗漆的款式，另有外出遊玩時方便攜帶的手提式。火入除了陶瓷材質，還有鐵、銅、黃銅製品。灰筒為竹筒，以靜岡縣的吐月峰竹最佳，有些會附紫檀木或桑樹製的蓋子。

煙草盆

外出時若想抽菸，先將菸草裝進皮革或布製的煙草入，*煙管裝進煙管入後，收入懷中或掛在腰間。附屬的*紐及*根付同樣有作工講究的製品。

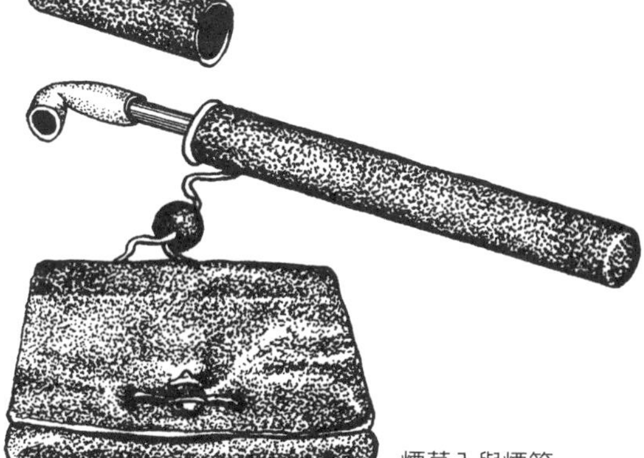
煙草入與煙管

樽（たる）

醬油樽　味噌樽

圓筒形的容器，用來搬運或儲藏酒、醬油、味噌、漬物、柿澀液等液體或水分較多的東西。現多為塑膠製，傳統為木製。古時的樽是用來將酒注入盃的容器，據說因為酒會從注口滴下來，而被稱作「たり」（tari），後來訛變為「たる」（taru）。「たり」（tari）是塗漆、有立腳的木製箱形酒器，也有陶瓷器或以木材刨挖而成的太鼓樽。而*桶的前身是裝手捻麻線的曲物「苧笥」（oke／oboke），所以桶與樽的起源在用途與形態上截然不同。不過到了室町時代，以箍固定的結桶愈來愈多，樽也開始採用同樣的製法。

因此，現今所稱的樽也可說是一種結桶，但桶與樽仍有差異。桶分為有蓋及無蓋，樽則是用來運送、保存酒等液體或水分較多的東西，原本就有嵌接不易脫落的蓋板，稱為「鏡」。兩者的差異在於木材的切面與組裝方式。桶是用徑向[6]切面的薄板，為避免產生縫隙，仔細裁修相接的切口，打竹釘連接，以箍固定。徑切板透氣性佳，成品看起來也美觀；而樽則是用名為「樽丸」的弦向[29]切面薄板，不打竹釘，僅以箍定形。使用弦切板是為了讓液體不易滲出，不打竹釘除了縮短製作工時，同時考量到木板吸收水分會膨脹，必須保持板材的韌度。比起美觀，樽必須牢固耐用且能大量製造。運輸用的樽當中，最常使用的是容量四斗（約七二公升）的*四斗樽。

此外，還有後來改作為*太鼓使用的太鼓樽、作為漁網*浮子（浮標）的浮樽、四國讚岐（香川縣）的金刀比羅宮用來裝神酒放入海中，交託船隻獻納的*金毘羅樽，以及盛裝祝賀酒的白木或塗漆的柳樽、*角樽、扁樽、指樽。其中的指樽不是結樽，而是方形指物[30]，可說是保持了樽的原型。

束子（たわし）【刷子】

用來清洗蔬菜、食器或*鍋、*釜等烹調器具，以及*流台（水槽）等處。古時是用藁（禾桿）、棕櫚、黃背草或樹皮綁成束，或是用曬乾的絲瓜、細竹條做的*簓作為清洗器具。明治時代末期在東京小石川有人想出將棕櫚纖維纏上兩根金屬線，綁住兩端固

定的橢圓形龜子束子（棕刷），隨後變得普及。儘管現在已有海綿或各種化學纖維的製品，還是有人會選擇用傳統棕刷。

茶入（ちゃいれ）【茶罐】

裝茶葉的容器總稱為茶入。抹茶茶入之中，用來裝濃茶的是附象牙壺蓋的陶製小壺。分為與抹茶一起從中國由僧侶傳入的唐物；室町時代中期仿傚唐物，在瀨戶等地燒製的和物；以及自泰國或越南傳入的島物。依外形衍生出各種名稱，如大海、茄子等。用來裝薄茶的是用櫸木或櫻木刨挖、接合而成的附蓋容器，因外觀形似紅棗，故稱作「棗」。大部分為漆器，也有不加工的樸素款式，通常會裝進金襴（金線織花）、緞、錦等舶來布料做成的茶入袋中。

煎茶[31]或番茶[32]等茶葉是放在木製或金屬材質的圓筒形附蓋容器，一般稱作*茶筒。

茶臼（ちゃうす）

將茶葉磨成抹茶的*挽臼（碾臼），亦寫作茶碾、茶磨，後者也讀作「さま」（sama）。據說發明於中國宋朝，雖不清楚是何時傳入日本，能夠確定的是，茶臼是由前往中國修習的僧侶帶回，日本南北朝、室町時代，在寺院與武士之間視為貴重之物。以宇治、生駒、丹波佐伯的石材製成的茶臼為特級品，是部分上流階層使用的奢侈品。

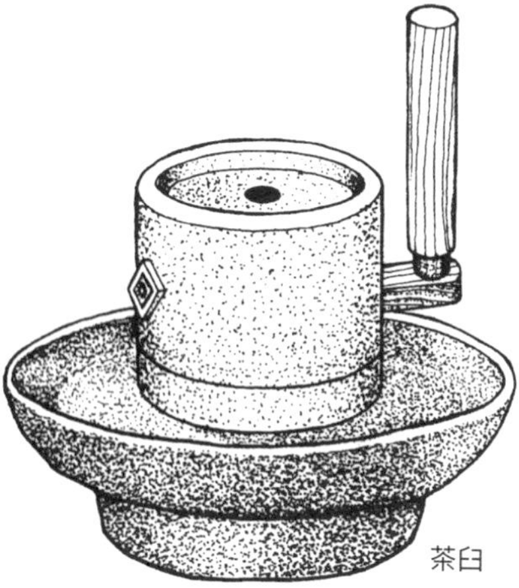

茶臼的基本構造和一般庶民將米或豆等磨成粉的挽臼相同，但仍有一些差異。挽臼的上臼下部中央有孔洞，可承接下臼中心的芯棒，但那個洞未貫穿上部，碾磨的物品是從上臼半徑二分之一處的另一孔洞放入。而茶臼的上臼中心只有一個承接芯棒與放茶葉的共用孔洞。此外，挽臼的上臼與下臼高度通常差不多，承接粉的容器設在下方，茶臼則是下臼與接粉處合為一體，上臼也比下臼厚許多。

茶釜（ちゃがま）

泡茶時燒熱水用的*釜，也用來煮茶。以竹柄杓舀取熱水。寬廣而圓潤的釜身附有手提鐶，於釜肩大幅窄縮、形成釜口。釜身有鍔（擋片）的樣式常用於*竈（灶）、*圍爐裏（地爐）或*火鉢（火盆）。蓋子多為青銅製，而擺在竈上的釜會用木製的厚蓋。近世之後，隨著飲茶習慣普及，出現了各種形狀的茶釜。除了鑄物，還有黃銅製、青銅製，又稱鑵子、茶鐺。茶道用的釜是以高超的鑄造技術製成，像是筑前（福岡縣）芦屋的芦屋釜、下野（栃木縣）佐野的天明釜等皆屬特級品。

茶釜

茶巾（ちゃきん）

茶道中用來擦拭*茶碗的布。布料使用朝鮮照布，是朝鮮產的麻布，為最上等的材質，另外還有近江*上布、薩摩上布、高宮布[33]、奈良晒[34]等。尺寸為一尺（約三〇公分）乘五寸（一五公分），或是一尺五寸乘五寸五分（一六．五公分），縫製時無正反面之分。根據流派或沏茶程序，折成三折、對折或是千鳥折等。茶巾也用於製作料理，包裹食材扭轉出紋路的茶巾絞，或是將蛋皮當作茶巾、包入五目壽司的茶巾鮨，也是由此得名。

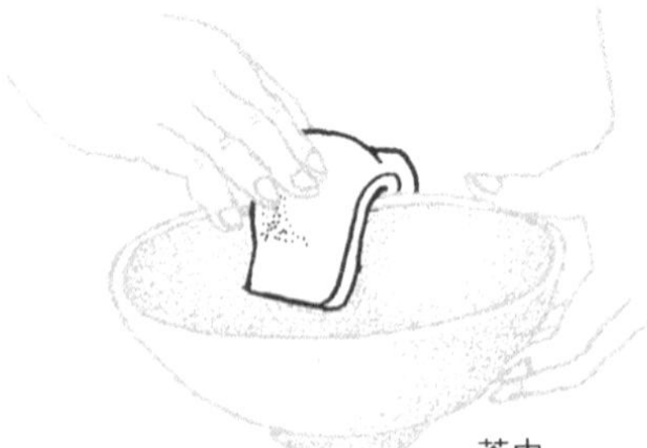
茶巾

茶杓（ちゃしゃく）

茶道具之一，從*茶入舀取抹茶放入*茶碗的*匙。起初是用中國傳來的配藥匙，直到茶道之祖村田珠光做出竹子削製成的茶杓，接著在茶聖千利休的時代成為現今所見的形態。

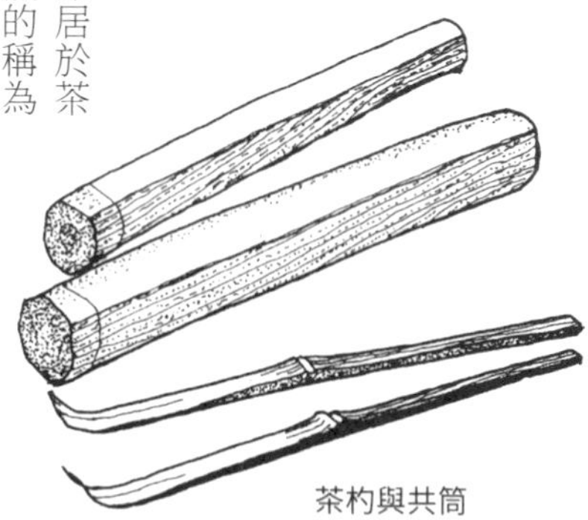
茶杓與共筒

竹節居於茶杓中段的稱為「草形」、沒有竹節或竹節在尾端的稱為「真形」，還有珠光形、利休形等，依流派或作者變化出多種樣式。各部位皆有名稱，舀茶的部分稱為櫂先，竹節至櫂先的溝稱為樋，手持的部分稱為琴，尾端是切止。茶杓是展現作者或使用者的茶風之物，作者會一併製作刻銘或落款的共筒，將茶杓收入其中。除了竹子，也有木質、漆塗、象牙、玳瑁等材質。

茶筅（茶筌）【茶刷】

茶道具之一。在放了抹茶的*茶碗內倒入熱水，以此物攪拌起泡（刷茶）。日本在使用始現於中國宋朝的*茶臼，磨出更細緻的茶粉後，泡茶方式不再是煎（煮），而是倒熱水攪拌至起泡。讓茶起泡的道具即茶筅，於平安至鎌倉時代期間傳入日本。另一方面，日本自古就有煎野生藥草飲用的風俗，為了提高藥效而衍生出*茶釜、茶桶和茶筅。泡出的茶稱為ブクブク茶（bukubukucha）、ボテ茶（botecha），使用的是簡陋粗糙的茶筅。

現在的茶筅據說是連歌[35]師高山宗砌的構想。砍下竹節居中、長約一〇公分的竹筒，將一半切成細條、呈穗狀。削除內側的竹肉後，穗會往內彎曲，也有造形筆直的穗。依穗的形狀和根數分為數穗、中穗、荒穗，又依流派分為白竹（裏千家）、煤竹（表千家）、青竹、胡麻竹等，樣式相當多元。

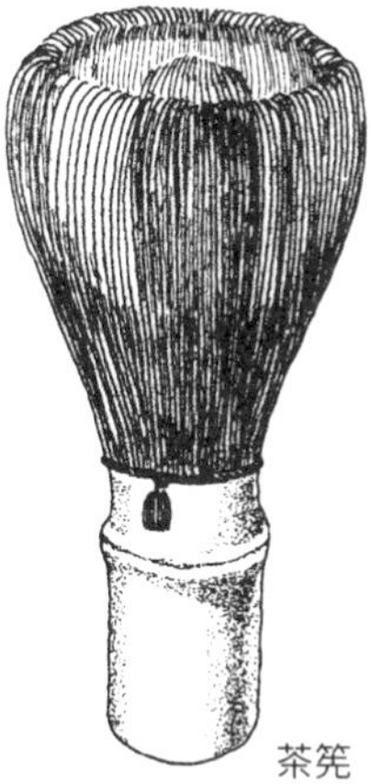
茶筅

茶托

奉茶給客人時，放*茶碗的器皿。多為天然木製或漆器，也有金屬製或竹製品。

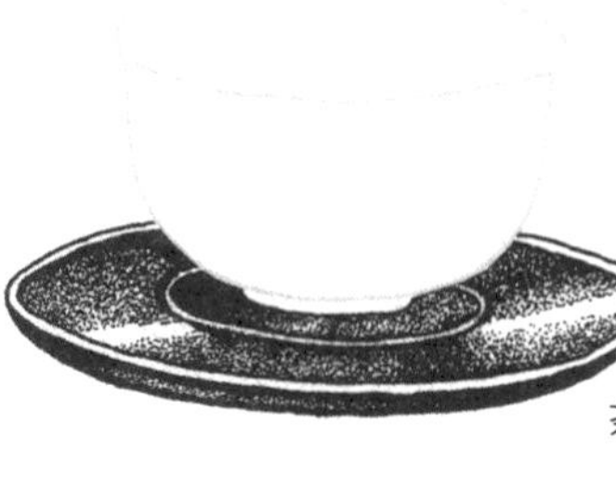
茶托

茶筒

裝煎茶或番茶茶葉的圓筒狀附蓋*茶入。至今仍在使用的板金茶筒源自

茶筒

慶應年間（一八六五～六八）。也有用木材刨挖而成，以及貼山櫻樹皮或*千代紙的樣式，還有錫製的煎茶用茶筒。

茶壺（ちゃつぼ）【茶葉壺】

茶壺

用來儲藏、運送茶葉的*壺。過去是用中國製的陶器，江戶時代後，如信樂燒（滋賀縣）、丹波燒（兵庫縣）、備前燒（岡山縣）等，由西日本的窯場所燒製的茶壺愈來愈多。茶壺的壺身寬廣，頸窄短而有口，蓋上蓋子後以油紙或澀紙[36]包覆密封。分為無釉的燒締[1]陶器與有上釉的陶器。在茶的產地用於輸送或保存的茶壺，多為大型的燒締陶器，高約八〇公分，內層有上釉，外側則貼上廢紙等，做足了防潮處理。

江戶時代，京都、宇治的茶被裝在信樂燒等陶壺中運往各地。獻給將軍的高級新茶通常是裝在上了釉的上等陶壺中，以金襴、緞等豪華的布料包覆壺口，由一大群人組成隊伍護送，故稱「茶壺道中」。

後來，靠近江戶的狹山（埼玉縣）開始種茶，原用來運送宇治茶的茶壺被重新利用，拿來運送狹山茶，而笠間（茨城縣）等關東地區的窯場也開始燒製茶壺。因此，即使後來出現了運送、儲藏茶葉的*茶箱，在埼玉縣狹山市、東京都青梅市、羽村市、福生市等狹山茶的產地周邊，茶壺仍被用來保存自家用的茶葉，或是當成穀物的儲藏容器。茶行也會使用上釉的小茶壺，但也逐漸改為使用馬口鐵罐或茶箱。

茶箱（ちゃばこ）

用來運送、儲藏茶葉的箱子。江戶時代中期後，隨著飲茶習慣的興起，不只京都、宇治，日本各地如狹山（埼玉縣）、靜岡等也紛紛開始種茶。從產地將茶運出的容器，起初是陶製的*

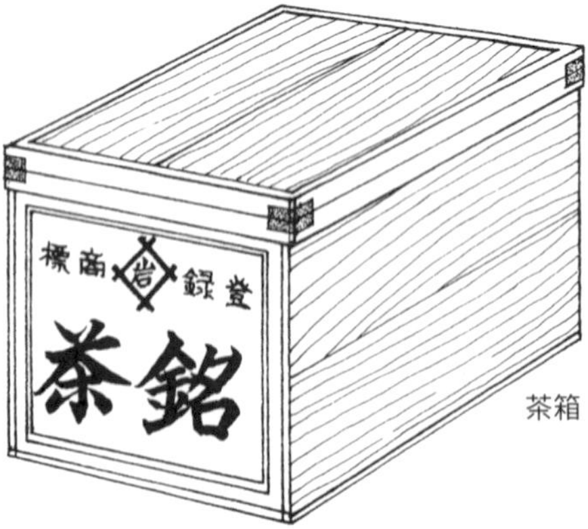

茶箱

茶壺，之後出現適合運送的木製茶箱。多為杉木板製成，用紙貼住木板的接合處。為了密封防潮，箱身與箱蓋、內側皆貼有紙或薄錫板。茶壺在一般家庭常被拿來收納衣物。另外，茶道舉辦戶外茶會時，裝茶道具的箱子亦稱茶箱。

卓袱台（ちゃぶだい）

卓袱台

折疊式餐桌，又稱飯台。原本日常三餐都是各自放在*箱膳上，或是將食器擺在*圍爐裏（地爐）的緣框，明治時代出現卓袱台後，在大正時代以市街為中心普及至各地。據說卓袱台是將長崎的中國料理「卓袱料理」[37]所使用的台子，結合日式風格後改良而成的桌子。形狀有圓有方，高約三〇公分，圓形的最大為直徑約九〇公分，方形的尺寸也差不多。用不到的時候，可以折起桌腳收在角落。有別於以往各自使用箱膳的用餐方式，像這樣全家人圍坐一張餐桌前共食，也使整體生活型態產生了變化。

茶盆（ちゃぼん）

放茶器的*盆。多為原木製或漆器，也有金屬製品。大部分是圓形，也有橢圓形、方形等。有時也會將裝茶器的茶櫃蓋倒置，作為茶盆使用。

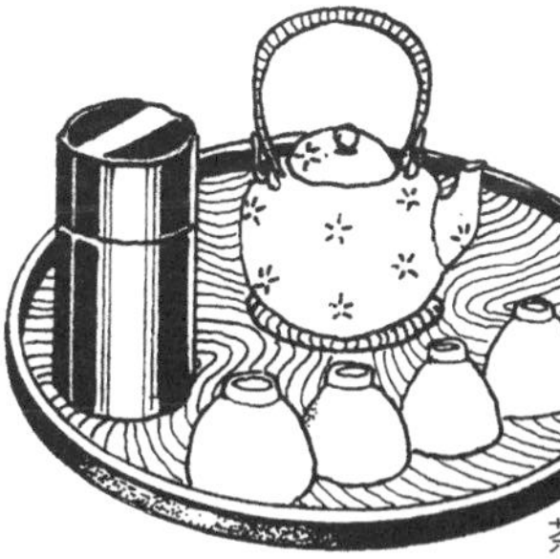
茶盆

茶碗（ちゃわん）

原本專指裝茶飲用的器物，後來所有陶瓷器的*碗都被統稱為茶碗。裝茶飲用的茶碗，起初是與飲茶習慣一同傳入日本的中國陶瓷器（稱為唐物），後來有朝鮮陶瓷器和瀨戶燒（愛

抹茶茶碗

知縣）、美濃燒（岐阜縣），接著如唐津燒、萩燒、京燒等，日本各地窯場均開始燒製陶器，茶碗便隨著茶道的普及為大眾使用。江戶時代中期流行起煎茶，除了原本的抹茶茶碗，又多了番茶用的小茶碗、更小一點的玉露用茶碗等各式茶碗。茶道的興起也帶動了懷石料理等飲食方式的普及，茶碗開始被當作食器使用，再加上陶瓷器的碗被統稱為茶碗後，盛飯的碗有了飯茶碗、御飯茶碗的稱呼。

茶碗籠（ちゃわんかご）

茶碗籠

裝清洗乾淨的*茶碗、*鉢（缽）、*皿的竹籠，又稱碗籠、茶碗メゴ（chawanmego）、チャボス（chabosu）。最常見的是使用竹子當中最細的倭竹，將數根未裁切的竹幹或用蕨莖綁成束，編成孔目大的四菱紋*目籠。另外，也有用大黃鱔藤細枝或桂竹竹篾編製，或是以莫蓙目（蓆紋）編成、插入竹筒當立腳的竹籠。

銚子（ちょうし）

漆器的提子形銚子

將酒注入*盃（杯）的容器。分為注嘴細長且有弦（提把）的提子形、單口或雙口的長柄形。主要是金屬製，也有木製漆器。有一種器物和提子形銚子相似，是裝酒後直接放在火上加熱成燗酒（溫酒）的銚子鍋，或稱燗鍋。近年來多是將酒裝進小壺的*德利（窄口壺）隔水加熱，如此作為溫酒使用的燗德利也常被稱作銚子。

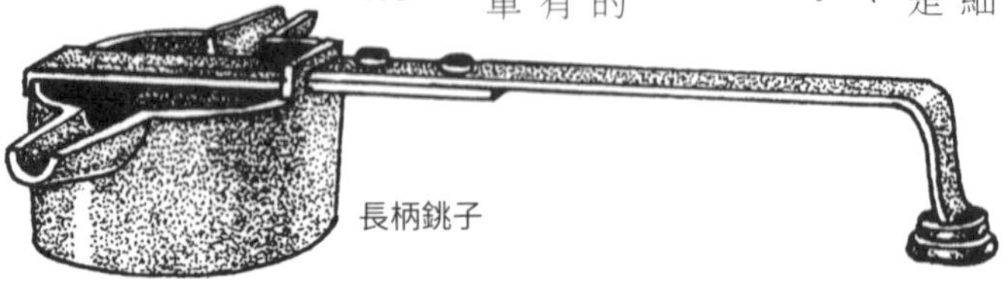
長柄銚子

壺（つぼ）

用途和*甕一樣廣泛的容器。甕與壺常被混為一談，同形的器物時而稱甕、時而被稱作壺，但壺通常身廣口窄，壺頸有長短之分。此外，廣口而尺寸較小的也稱壺，裝少量取用的味噌、鹽，或是辣韭、醃梅等，這些壺多半有蓋。而窄口的長頸、短頸壺則是穀物、種子或茶葉等的保存容器，塞上木栓、包裹和紙，再用*紐綁好密封。壺多半比甕小，不過用來保存、搬運茶葉的*茶壺，有的高度會超過八〇公分。

在日本西部、南部也會用壺來釀造自家製的味噌、醬油或燒酎、濁酒。山口縣以南使用的雲助便是一例，壺身上部有注口，這種設計是為了方便倒出酒渣沉澱後的上澄液。另外還有醃漬澀柿、用來製作柿澀液的壺，或是醃製漬物用的壺，做出來的漬物在鹿兒島稱作壺漬。沖繩有裝豬油用的四耳壺，為防止螞蟻等蟲子鑽入，當地人會將壺懸掛在廚房高處，例如樑上，稱為耳壺、アンダガーミ（andagaami）等。

壺

沖繩縣的先島地區因為不易取得陶製的壺或甕，人們用茅草或芒草纏繞成壺，名為ガーマキ（gaamaki）、ガイジル（gaijiru），拿來儲存穀類或種子。九州的離島也有這樣的壺。

到了明治時代，馬口鐵製的壺變得普遍，而陶瓷器的壺轉為觀賞用或插花用，但*骨壺（骨灰罈）仍是以土器居多。

弦鍋（つるなべ）

左右兩邊有鍋耳、穿入弦（提把）的鑄鐵鍋，可手提或吊掛在*圍爐裏（地爐）的*自在鉤上。尺寸多樣，還有底部具三支小立腳的樣式。在東日本比起*竈（灶），人們更常在圍爐裏做菜，因此是非常重要的炊煮器具。鑄鐵鍋首現於平安時代，在鎌倉時代普及開來，不過更早之前已開始使用土製的堝，當中也有弦堝。

手鹽皿（てしおざら）

手鹽皿

弦鍋

直徑約三寸（約九公分）的小皿。在西日本自古被稱作手鹽或御手鹽。這個名稱是因為用餐時會以此盤裝鹽，讓大家各依喜好斟酌鹽量，而更早的習慣是將鹽置於掌中，拿食物沾著吃。這樣的習慣仍保留至今，像是將茶點裝在較大的盤子或是將漬物、煮物等裝進*鉢（鉢）裡，吃的時候各自以筷子夾取，放在掌中享用。

鐵瓶（てつびん）【鐵壺】

放在*火鉢（火盆）或*圍爐裏（地爐），置於*五德或吊掛在*自在鉤上，用來燒水的鑄鐵壺。這種形似*土瓶、具注嘴並裝有弦（提把）的器具，和*茶釜一樣隨著飲茶習慣變得普及。江戶時代中期後，飲茶的習慣擴及一般庶民，鐵瓶的使用也變得廣泛。外形多變，有富士山形、圓形等，還有精緻的花鳥或霰紋[38]裝飾。岩手縣的盛岡市與奧州市自江戶時代開始鑄製南部鐵瓶，至今仍為當地的特產。

鐵瓶

手焙烙（てほうろく）

*焙烙是用來炒豆或芝麻等物的素燒土器，其中形似平底鍋、帶柄且尺寸略小的稱為手焙烙。還有更小一點、邊緣從底部延伸包覆上來、形成小開口的筒狀握柄樣式，是炒芝麻專用的焙烙，可防止芝麻遇熱彈出，煎好的芝麻可直接從筒狀握柄取出。

手焙烙

銅壺（どうこ）

燒水用的銅製或鑄鐵器具。外框崁在*竈（灶）上羽釜旁邊的空間，煮飯的同時順便燒水。在町家[39]是埋入長火鉢（火盆）的灰裡，利用炭火的餘溫煮水。

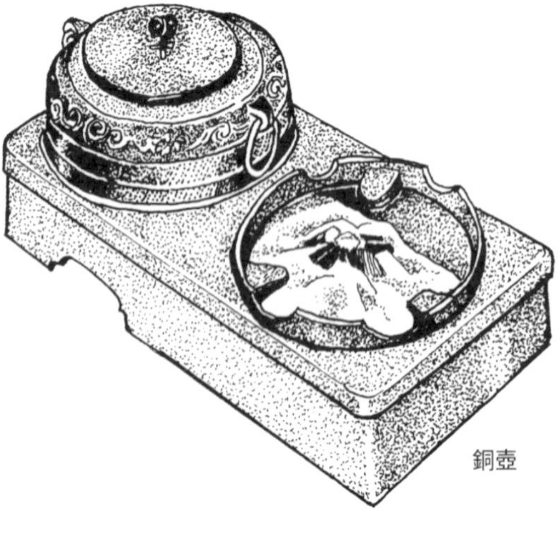
銅壺

豆腐箱（とうふばこ）

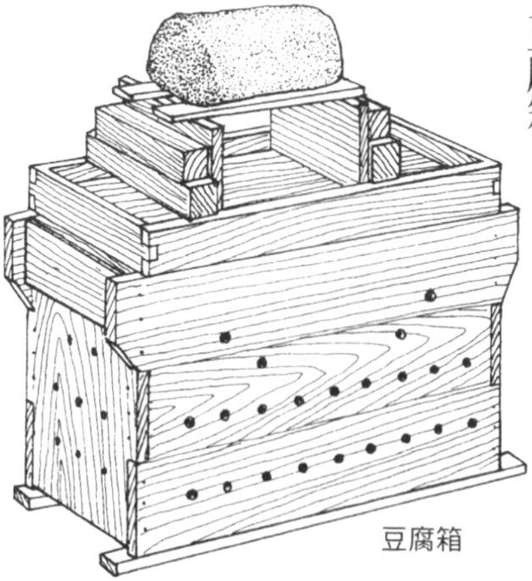
豆腐箱

製作豆腐用的木箱。底板畫分出一塊塊豆腐大小的溝槽，側板布滿排水小孔。

豆腐的作法是黃豆泡水一晚，將*挽臼（碾臼）擺在架著十字木條的*桶上，倒入豆子邊加水邊磨成汁，豆汁煮過後汲入濾袋中，放在架於桶上的*簀子之上，以絞棒用力擠壓，在擠出的豆漿中加入鹽滷，舀入鋪有敷布的豆腐箱，用敷布包覆、蓋上蓋板，放重石壓出水分，使其成形。濾袋內的殘渣就是豆渣。豆腐早先是特殊場合享用的佳餚，通常是家庭自製，因此以前很多人家中都有豆腐箱。

心太突（ところてんつき）

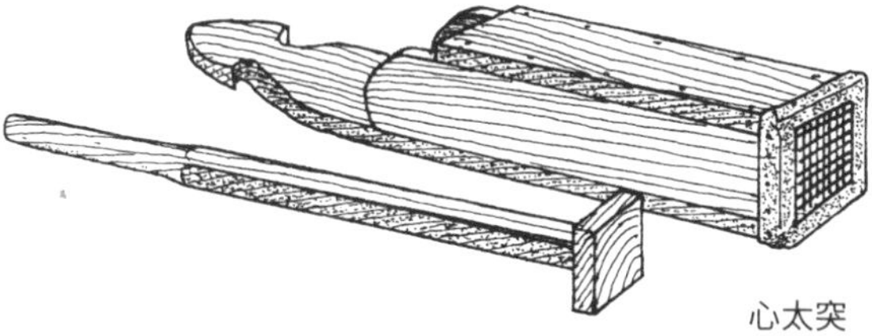
心太突

將心太（寒天）切成細條狀的器具。木製的箱形長筒，前端裝金屬網，其中一塊側板的長度較長，削出握柄的形狀。將切成符合長筒大小的寒天凍放入筒內，用長柄棒推壓，擠出麵條狀的寒天條。心太亦寫作天太，因此心太突也簡稱為天突（tentsuki）。

德利（とっくり）【窄口壺】

白鳥

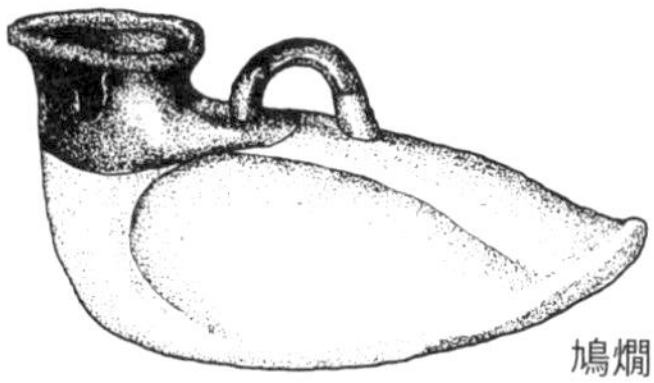
鳩燗

口窄身廣的容器，亦稱「とくり」（tokuri）。多為陶瓷器，原是用來儲藏及運送酒、醬油、醋、茶等，曾有過容量一斗（約一八公升）的尺寸，之後逐漸變小，裝酒的酒德利成為主流，在酒席間作為酒器使用。流通於市面的主要是有田燒（佐賀縣）、瀨戶燒（愛知縣）、美濃燒（岐阜縣）的德利。有田燒的德利是壺身寬廣、壺頸瘦長的白瓷，以吳須（藏青色顏料）上釉彩繪，稱為白鳥德利或簡稱白鳥，以九州為中心普及開來；瀨戶燒與美濃燒的德利是陶器，遍布中部和關東地區。江戶時代中期，大眾的飲酒習慣從濁酒改為清酒，酒宴上喝燗酒（溫酒）的人也變多，因此誕生出容量更小的一合（約一八〇公升）至三合的燗德利。起初用來斟酒的器具是單側有注嘴的*片口（單口杯）、單口漆器加上弦（提把）的提子，以及金屬製的長柄*銚子，後來燗德利也被稱作銚子。從以前開始就有錫或黃銅製，近年來也有玻璃製的德利。

燗德利一般是倒入酒後隔水加熱，不過也有插進*圍爐裏（地爐）的灰中加熱、形似鳩（鴿）的鳩燗。銅或黃銅製的單口圓筒形酒器「銚釐」，不論埋進灰裡或隔水加熱皆可。現在有一種表面經陽極處理的氧化鋁德利，有些路邊攤會放進關東煮鍋內加熱。另外，也有能直接小火加熱的酒器，例如燗鍋，一種有注嘴的小型*弦鍋；還有在南九州、沖繩縣用來加熱燒酎的陶瓷器，稱作カラカラ（karakara）、ハラハラ（harahara），扁而寬的壺身加上鶴頸般的細長注嘴，除了熱酒也被當作斟酒的酒器使用。而獻給神明的御神酒所用的德利，分為壺肩寬廣、壺身至底部逐漸縮窄的白瓷德利（稱為瓶子），以及壺身渾圓、壺頸瘦長、寫著「御神酒」的白瓷德利，兩者皆稱御神酒德利。明治到大正時期，還有日本各地廣為使用的*貧乏德利。

土堝（どなべ）【陶鍋】

土堝

用於鍋物料理的附蓋陶瓷*堝，一般稱作土堝。土堝的內側與外側上半部有上釉，但直接接觸火源的底部不上釉，因為上釉的部分若接觸火源，釉藥和土之間的熱傳導率差異會產生裂痕，煮粥用的*行平也做相同處理。近年來改以耐火黏土[40]製作，不必擔心產生裂痕，但底部仍無上釉。

土瓶（どびん）

土瓶

熬藥或沖泡番茶的器具。有注嘴、蓋子和弦（提把），放在*火鉢（火盆）或*圍爐裏（地爐）的*五德上使用。為陶器，和*土堝一樣，直接接觸火源的底部不上釉。弦多是用木通等蔓藤植物製作，也有陶製。蓋上有小孔，可防止熱水噴濺或產生裂痕。

丼鉢（どんぶりばち）【蓋飯碗】

丼鉢

直徑一六～一七公分、高約一〇公分的大碗，亦簡稱「丼」。容量約是一般飯碗的兩碗，剛好是一餐的量。江戶時代販賣蕎麥麵、烏龍麵、茶飯[41]、菜飯等的「煮賣屋」便是以丼鉢供餐，因而普及。以上料理使用的丼鉢沒有蓋子，不過提供「丼物」如天丼、親子丼、鰻魚丼的店家，主要是用附蓋的鉢。因外食產業發達而普遍使用的丼鉢，最終也進到各家各戶。多為陶器也有瓷器，還有少見的木製漆器*椀。

鍋（なべ）（堝）

炊煮用的烹調器具，有土製與鐵製，自古以來將土製品寫作「堝」、鐵製品寫成「鍋」。將熔鐵倒入鑄模中製成的鑄鐵鍋出現於平安時代，當時稱為「金鍋」。鎌倉時代後，儘管鐵鍋當時相當普及，留存至今的卻少之又少。因為那時鐵很珍貴，一旦受損，人們會將受損部分修好再繼續使用，倘若修不好，那就熔掉重製新鍋或當成其他器具的材料。專門修理鍋或*釜的焊補師稱為鑄掛屋，這個行業直到昭和三〇年代仍存在。

氧化鋁鍋

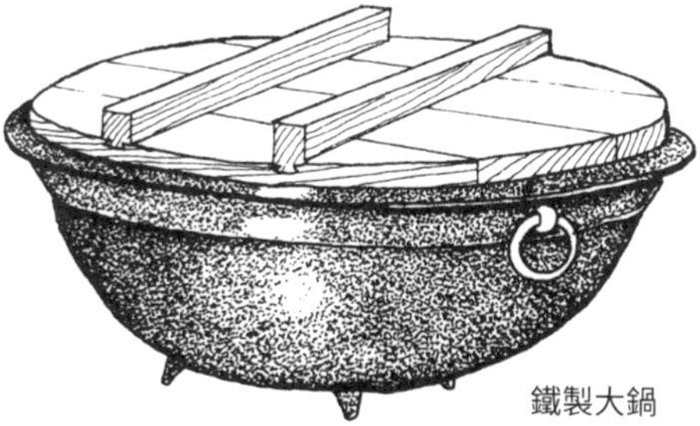
鐵製大鍋

內耳堝

而鐵鍋分為有弦（提把）的*弦鍋與無弦的大鍋，大鍋多是架在*竈（灶）使用，而弦鍋通常是吊掛在*圍爐裏（地爐）的*自在鉤上使用。圍爐裏常見於日本中部山區至東日本，因此弦鍋是該地域的主要炊煮器具。也就是說，西日本使用的是竈和羽釜的組合，而東日本則是圍爐裏和鍋。

鐵鍋的普及讓*土堝的使用率降低，不過直至昭和時代，東北地區仍會在圍爐裏使用內側有耳的土堝，稱為內耳堝，如此的設計是為了防止藤蔓做的弦（提把）遇熱燃燒。關於土堝的發展，從源自江戶時代用來煮粥的*行平或*焙烙，演變成現今常見的、鍋物料理所使用的土堝。而鐵鍋在進入昭和時代後，因為出現了鋁製、經陽極處理的氧化鋁鍋，加上後來普及的琺瑯鍋、不鏽鋼鍋等，如今一般家庭已鮮少使用。

鍋敷（なべしき）【鍋墊】

*鍋在完成烹調後，墊在鍋下的用具。樣式多，如稻草編成的環狀鍋敷、在有厚度的木板上做出凹凸來支撐鍋底的鍋敷、箱形鍋敷等，又稱鍋台。除了鍋，也可用來墊羽釜等器物。在使用*圍爐裏（地爐）、*七輪（炭爐）、*竈（灶）炊煮的時代，鍋或羽釜的底部都會被煤灰弄黑，因此鍋敷是每日不可或缺的道具。家家戶戶都會自製，如今已有木製或金屬製的市售品。

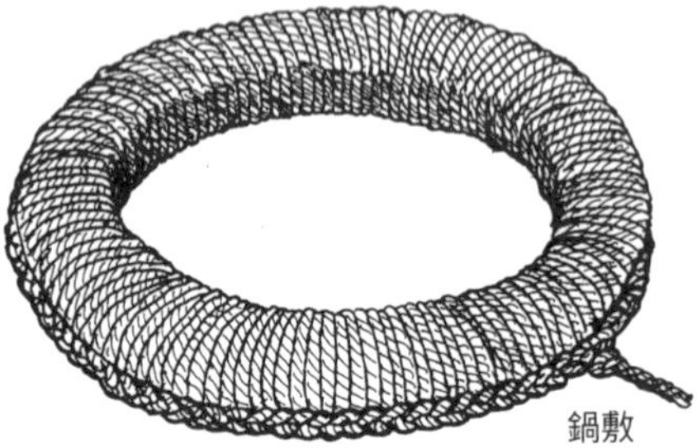

鍋敷

鍋摑（なべつかみ）【鍋耳套】

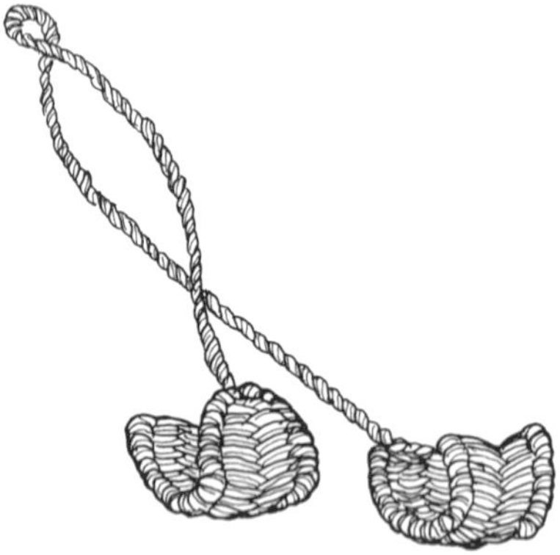

鍋摑

加熱後的*鍋會燙到無法直接用手拿，於是人們靠著鍋摑隔熱，取下吊掛在*圍爐裏（地爐）*自在鉤上的*弦鍋或*竈（灶）上的羽釜。為稻草編織或*襤褸縫製成，左右成對，以細繩或*紐連接。由於現代多是用單柄鍋，鍋摑的使用程度不如以往。

煮籠（にかご）

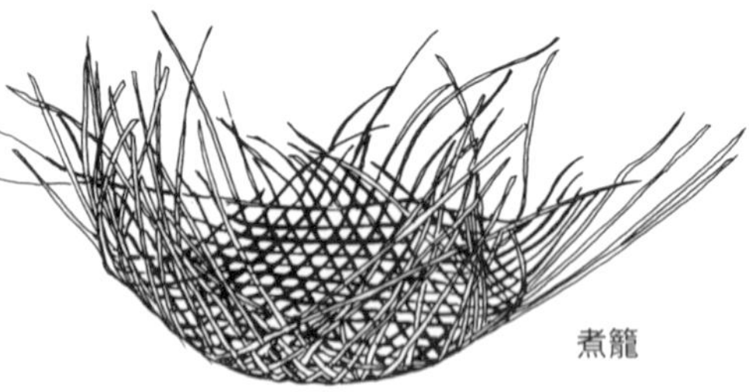

煮籠

煮魚用竹籠，主要為餐廳使用。為避免煮好的魚從*鍋中取出時變形，便將魚放進竹籠下鍋煮。多以鏤空的六角編法編成，外圍不收邊。

盃洗（はいせん）

盃洗

裝入水，用來清洗*盃的器具。主要用於酒宴場合，多為具支腳的瓷製大缽。江戶時代後，以*燗德利溫酒，再倒進盃或豬口飲用的喝法愈來愈普遍，酒宴上也出現了以一個盃共飲的慣例。於是，人們便以盃洗清洗自己喝過的盃，再交給別人使用。

蠅帳（はいちょう）

梅雨時節至初夏，用來保持良好通風，避免食物腐敗，同時驅蠅防塵的道具。在沒有冰箱且蚊蠅多的時代，許多家庭都會使用。自江戶時代變得普遍，四周裝上紗或金屬網、內有隔板的櫥櫃式蠅帳最為常見。小型的是開門式、大型的則是拉門式，以及下方有抽屜的樣式，還有小尺寸的吊掛式。

另外也有罩式蠅帳，可暫時罩住擺在餐桌上的食物。分為在四角框的對角線穿入粗鐵絲做成山形骨架的紗網罩，還有可自由撐開收起的折疊式傘狀菜罩。折疊式的小蠅帳至今仍持續使用。

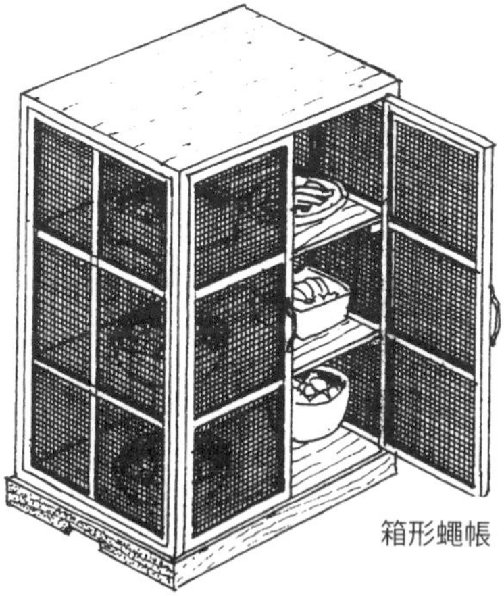
箱形蠅帳

折疊式蠅帳

箱膳（はこぜん）

一人專用的*膳，因為是有上蓋的箱形，故得此名。將蓋子翻過來倒置於箱上，作為膳台使用。通常是放飯碗與汁碗（湯碗）、小皿和*箸（筷），有時也會放*湯飲茶碗（茶杯）。用畢後，以熱水清洗*碗、*皿、箸，收進箱內蓋上蓋子。作工講究的樣式會在下方做小抽屜，但因為是日常器具，多為簡便的漆器。

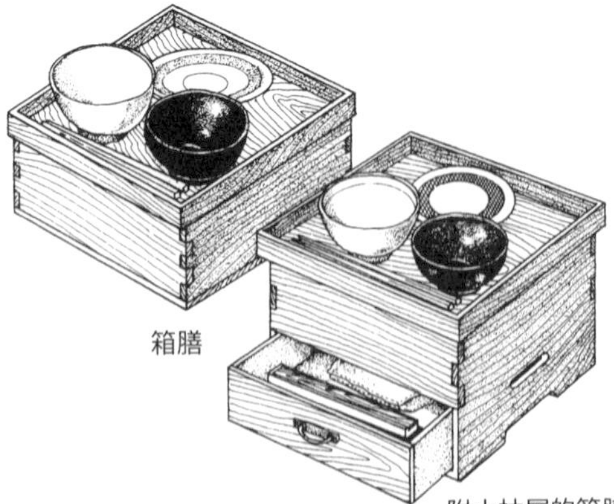

箱膳

附小抽屜的箱膳

箸（はし）【筷】

拿在手中夾取移動食物的兩根棒子，也就是筷子。種類多樣，依場合、用途而異，單就「箸」字而言，是指餐用筷。原為松、杉、柳、竹等天然白木製，後來也出現了漆器，還有象牙製、金屬製和塑膠製品。割箸（免洗筷）的使用自江戶時代中期，以市街為中心普及開來，人們利用製作*桶或*樽時剩下的廢材做成筷子。除了餐用筷，還有從大盤或大缽夾取食物至小盤的取箸、做菜用且長度長的菜箸，還有長約七寸（約二一公分）的細金屬棒接上約四寸的木柄，用來處理生魚的真魚箸等。形狀多變，依用餐形式或料理分為利休箸[42]、天削箸[43]、小判箸[44]、元祿箸[45]等。

日本開始使用筷子的時間雖已不可考，但三世紀的中國書籍《魏志倭人傳》曾記載日本人以手抓食、不用箸，《古事記》則提到素戔嗚尊[46]看見從河川上游漂來筷子，於是知道上游有人居住。不過，那是怎樣的形態就不得而知了。另有一說是，古代的筷子並非兩根，而是用竹子削成鑷子狀。其根據是在奈良的平城宮[47]遺跡挖掘出竹製的鑷狀出土物，外形與大嘗祭[17]使用的筷子相同。但伊勢神宮早晚供奉的神饌都是搭配兩根筷子，中世時期繪卷所描繪的圖畫也是如此。換言之，日本古代已有鑷狀和兩根棒狀的筷子，只是分為兩根的筷子很快就成為主流。

日常生活使用的筷子，長久以來也被視為特殊器物。如正月新年或舉辦初食[48]等重要儀式時會用全新的柳木筷；中秋賞月吃的糰子要用萩（胡枝子）做的筷子夾取；舊曆六月底舉辦新箸祝[49]時，將榧樹做的筷供在神前；也有神社會授與用南天竹等做成「長壽箸」給參拜者。用筷也有禁忌，像是不能插在碗裡，因為看起來像擺在死者枕邊的「枕飯」；用筷子傳接別人夾著的食物，動作就像將遺骨撿入骨灰壇等等。也有不少忌諱的用法，如抓握筷子的「握箸」、舔筷子的「舐箸」、以筷子將食器勾拉過來的「寄箸」等。以上都是因為人們相信神明或祖靈會附在筷子上，或是將筷子視為具有特殊力量的神靈依附物。

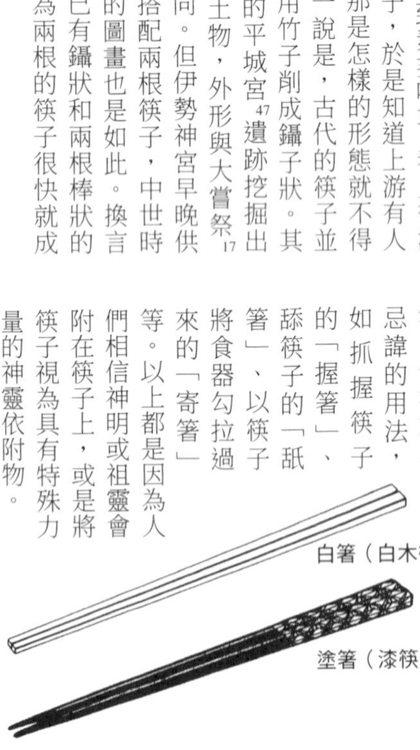

白箸（白木筷）

塗箸（漆筷）

箸置（はしおき）【筷架】

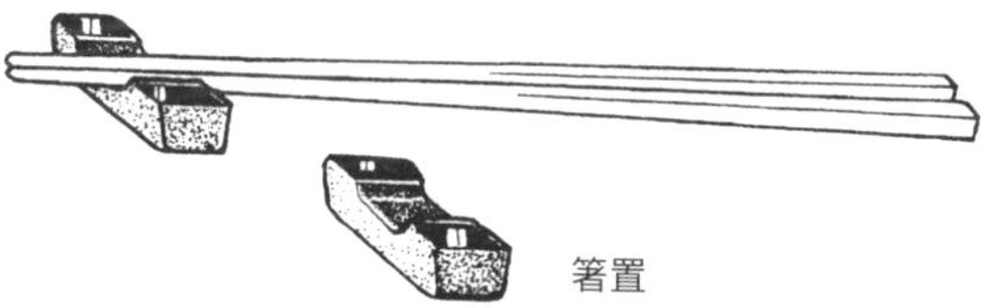
箸置

用來放筷尖，避免*箸（筷）接觸到餐桌的道具。進入明治時代，人們開始圍坐著餐桌用餐，使箸置變得普及。為源自待客心意的一種風俗，避免客人的筷子沾到餐桌的髒污。有陶瓷製、木製、漆器等，設計豐富多樣。另外，古時為防止連同神饌獻給神明的筷子弄髒，通常會擺在台子上，是將素燒土器的兩端向內凹折成的小盤，讓筷子的中段能放在上面。

箸立（はしたて）【筷筒】

箸立

收納*箸（筷）的容器，多為竹筒或陶瓷製，也有木材刨挖而成的樣式。通常是收在廚房或餐具櫃裡，用餐時才放到餐桌上。有些人家是用掛在*流台（水槽）邊、兼具瀝水及收納功能、小型且有深度的*笊（笊籬），或是竹筒做的*杓子差（杓子架）。

箸箱（はしばこ）【筷盒】

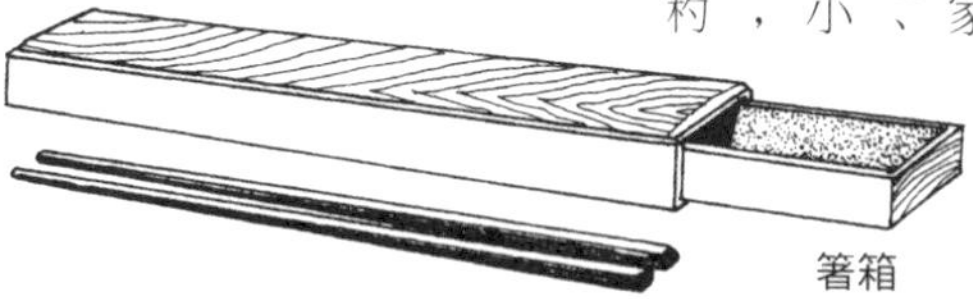
箸箱

用來收納個人用的*箸（筷），構造上像是抽屜，將符合筷長的長盒，塞入長筒形的蓋盒。一般是和*便當箱（便當盒）一起攜帶使用，有些家庭在家用餐時也會用，還有人會準備兩雙，分為褻日（平日）與晴日（特殊節日）使用。多為木製漆器，有的會雕刻裝飾，也有與童筷成套的塑膠製品。在蕎麥麵等餐飲店，桌上會放大的漆器箸箱，擺放供客人使用的割箸（免洗筷）。

鉢（はち）【鉢】

小鉢

中鉢

具深度的器物總稱。單就「鉢」字而言，是指作食器使用的鉢。另外還有裝洗手水的*手水鉢、揉麵粉或蕎麥粉用的*捏鉢（揉麵盆）、裝植栽的

*植木鉢（花盆）。若以材質區分，則有用木材刨挖而成的木鉢等。繩文時代開始作為食器使用，室町時代後，中國陶瓷器的輸入以及瀨戶燒（愛知縣）、有田燒（佐賀縣）等各地國產陶瓷器的發展，伴隨飲食生活的多樣化，從多人用的大鉢到個人用的小鉢，大中小各種尺寸的鉢變得普遍。形狀和*皿（盤）一樣多元，有圓形、方形、三角形、六角形、八角形、花形等，這也是日本食器的特徵。

作為食器的鉢在日本的發展遠勝他國，是歸因於日本的配菜自古以來多為煮物（燉煮料理），而具深度的容器適合盛裝湯汁多的煮物。婚喪喜慶時用的漆器*膳上擺放的椀組當中，壺椀、平椀就相當於煮物用的鉢。另外，出現於江戶時代、容量約是兩飯碗的大碗稱作*丼鉢（簡稱丼），後來成為裝蕎麥麵、烏龍麵或天丼、親子丼的容器。

半切桶（はんぎりおけ）

用來拌壽司飯等物的淺*桶，因為外形就像切半的*水桶而得名，但實際深度低於一半。亦稱半切，還有鮨半切、半台、ハンボウ（hanbou）、スシハンボウ（sushihanbou）等稱呼。另外，在瀨戶內海一帶的漁村，女性賣魚時會將這種桶稱作魚半切或ウオハンボウ（uohanbou）。以前她們做生意時會將半切桶頂在頭上邊走邊賣，戰後改用手推車或*リヤカー（兩輪拖車）搬運。

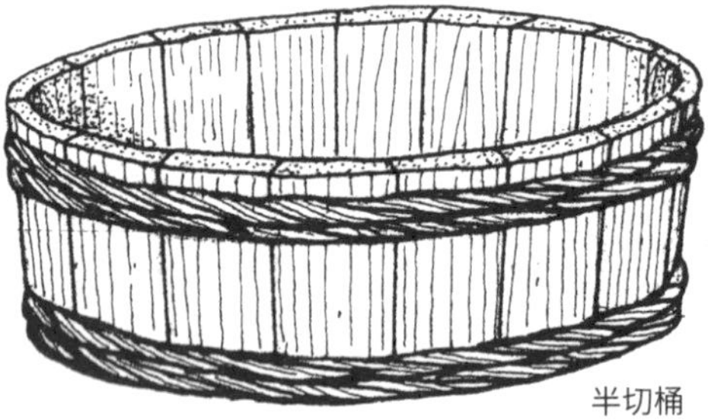
半切桶

飯盒（はんごう）

攜帶式的炊飯器具，也可當作*便當箱（便當盒）使用。起初是軍用，後來也開始用於登山、遠足等野營活動。以鋁等方便攜帶的輕金屬製成橢圓盒，有提把，由盒子本體、收在盒內的淺中蓋和外蓋組成。也可燒開水或煮湯，通常是用來煮飯，可煮四合（約〇．七公升）的米。中蓋放配菜，作為食器使用。

飯盒

挽臼（ひきうす）【碾臼】

將小麥、米、大豆或蕎麥磨成粉的器具。由高度相近的圓形石製上臼（雌臼）與下臼（雄臼）組成。有時寫作碾臼，又稱石臼、粉挽臼。主要使用的石材有花崗岩、安山岩、砂岩等。上臼下面與下臼上面刻有目溝，下臼上面的中心有芯棒，而上臼下面的中心有承接芯棒的淺孔。上臼半徑的二分之一處另有一孔，欲碾磨的作物顆粒由此孔倒入。

目溝分為兩種，一是從中心呈放射狀的主溝，二是與主溝平行的副溝。上臼和下臼的目溝相同，主溝形式多變，有五分溝、六分溝、七分溝、八分溝，最常見的是六分溝和八分溝。一轉動上臼，上臼與下臼就會磨合碾碎顆粒。持續添加並碾磨顆粒的過程中，已被碾碎的顆粒受到推擠，藉由旋轉的磨擦力被碾得更細，沿著溝槽向外移。

上臼的側面有一根稱為挽木的木樁，推挽木使臼轉動，通常是以逆時鐘方向的往左推。也有兩個人面對面推臼的雙挽木形式。

挽臼是放在粉受（接粉的容器）之中使用，粉受也分為數種，像是用木頭刨挖成盆狀或是半切淺桶。南九州是用名為コヒキバラ（kohikibara）的竹編淺籠，沖繩的八重山地區是將茅草或稻草編成盆狀，稱作ウシタテルチビ（ushiteruchibi）。經常需要磨粉的地方會製作專用的台子，將挽臼固定於某處。這種時候，人們會用長竹竿取代挽木，上端插入裝在天花板的孔板中以轉動臼。

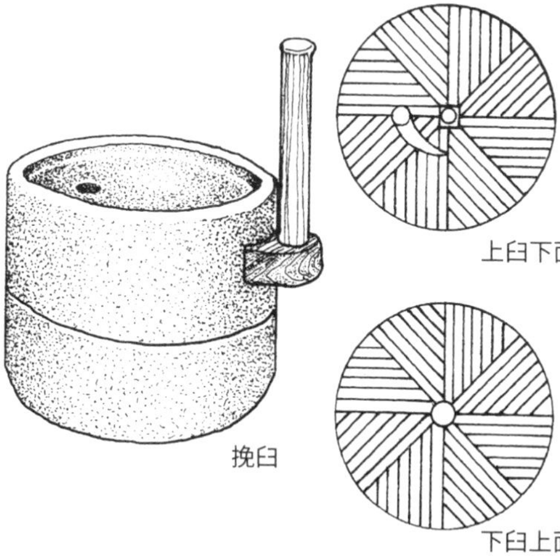

挽臼　上臼下面　下臼上面

據說挽臼是西元前發明於西亞的器具，經由中國、朝鮮半島傳入日本。鎌倉時代後變得普及，到了江戶時代遍及民間市井。這與吃蕎麥麵或烏龍麵等麵食的飲食習慣興起，以及石工技術的進步有很大的關係。近年來挽臼的使用率大減，轉而作為庭院的敷石或醃製漬物的重石使用。不過可自行調整轉速的挽臼，適合拿來磨蕎麥或小麥而不減其風味，至今仍受到部分人士愛用。

柄杓（ひしゃく）

用來汲水等液體的附柄容器。生活中各方面都會用到柄杓，像是從廚房的*水甕或*水桶舀水；從擺在廁所門口的*手水鉢舀水洗手；到神社參拜前，會先在手水舍汲水洗手；為降溫或減少揚塵時，從*手桶或*バケツ（提桶）舀水，撒在門口等處；掃墓時，從手桶裡舀水澆淋墓碑；進行茶道時，從*茶釜舀取熱水、將水倒入*水指；進入土俵前，相撲力士會用柄杓舀取淨身的力水漱口。以上情境所使用的柄杓都是單手就能使用，不過也有必須兩手拿的大型柄杓，例如從肥桶舀取液肥撒入田中，或是釀酒廠使用的柄杓。

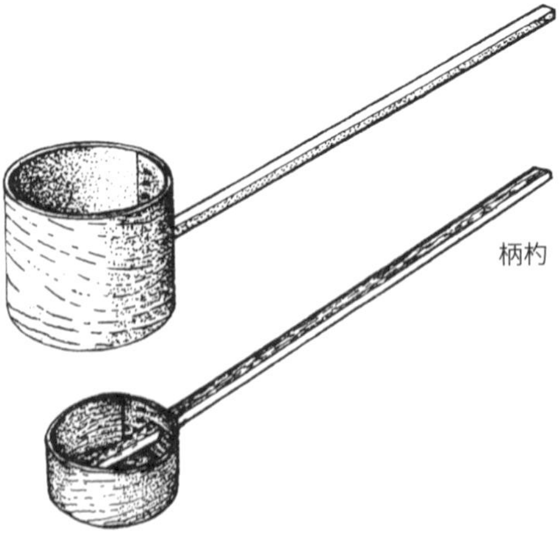
柄杓

柄杓的前身是對半縱切的*瓢簞（葫蘆），亦稱「瓠」（hisago），而柄杓（hishaku）的日語發音正是由瓠訛變而來。古時是杉木或檜木做成的曲物，或是帶節的竹子，後來也出現了結桶的樣式。另外，還有用樹瘤刨挖或用檳榔葉做的柄杓。現代多是鋁製或塑膠製。

此外，江戶時代後期興起伊勢參宮[50]及靈場[51]巡拜，參與這些活動時攜帶的柄杓除了拿來喝水，也用來裝施贈的食物，避免直接用手接取。此外，在寺社祈願時，為祈求願望實現也會獻納柄杓，或是為了祈求順產而獻納拆掉底板的柄杓，對日本人而言，柄杓具有某種咒力。

火吹竹（ひふきだけ）

用於為*竈（灶）或*圍爐裏（地爐）生火，或是燒柴時助燃的竹筒。將長約一尺五寸（約四五公分）的二節竹筒的內部挖通，前端鑿出小孔，從另一端吹氣送風。為*七輪（炭爐）或*火鉢（火盆）生火時用的是長度較短的樣式。人們也會將火吹竹放在稻草編成的*嬰兒籠（ejiko，或稱 ezuko）下方，藉竹筒的滾動，輕搖嬰兒籃哄睡小寶寶。名稱因地而異，如吹竹、火起竹、火吹棒、ふすり竹（fusuridake）、ヒフキテ（hifukite）、ヒューキダケ（hyuukidake）等。

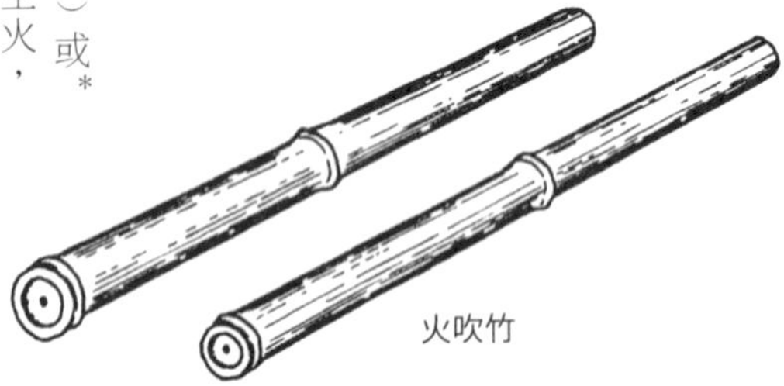
火吹竹

瓢簞（ひょうたん）【葫蘆】

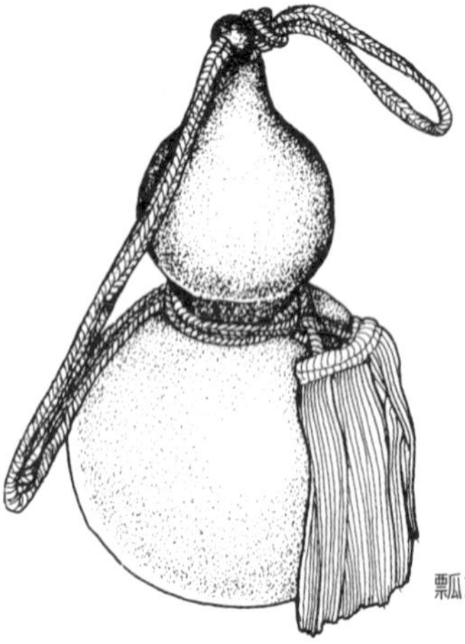
瓢簞

瓠瓜的變種，果實的中段向內凹縮。挖掉成熟的果肉後，曬乾變硬後就能當作容器使用。在內凹處綁上*紐，繫在腰間當成攜帶式*酒入是常見的用法，也被拿來裝水、茶、藥、種子。亦稱瓠、瓢。對半縱切就可作為*柄杓使用。

貧乏德利（びんぼうとっくり）

酒鋪作為零售容器，借給客人使用的陶瓷*德利（窄口壺），又稱貸德利、通德利。江戶時代中期，人們養成從酒鋪買酒喝的習慣，所以是從市區先開始使用。明治時代鋪設鐵路後，進而普及至農村、漁村。到了大正時代末期，在玻璃罈普遍以前，除了酒之外，貧乏德利也常用來裝醬油或油等液體。容量多為一升（約一．八公升），也有五合（約〇．九公升）、二升、三升等。上面會標記店名、屋號、酒銘（商標）、地名等，有時也會寫上序號或電話號碼。酒鋪向窯廠訂製德利，屬於酒鋪的所有物。而客人買酒時用酒鋪的貧乏德利外帶，下次再帶回來買酒，算是往返與店家與客人之間的搬運容器。在多人的酒宴場合，會將貧乏德利作為燗德利使用，裝酒放進釜裡加熱。各地皆有燒製貧乏德利的窯場，像是美濃高田燒（岐阜縣）與丹波立杭燒（兵庫縣）的陶製德利、有田燒（佐賀縣）與波佐見燒（長崎縣）的瓷器德利都很有名。

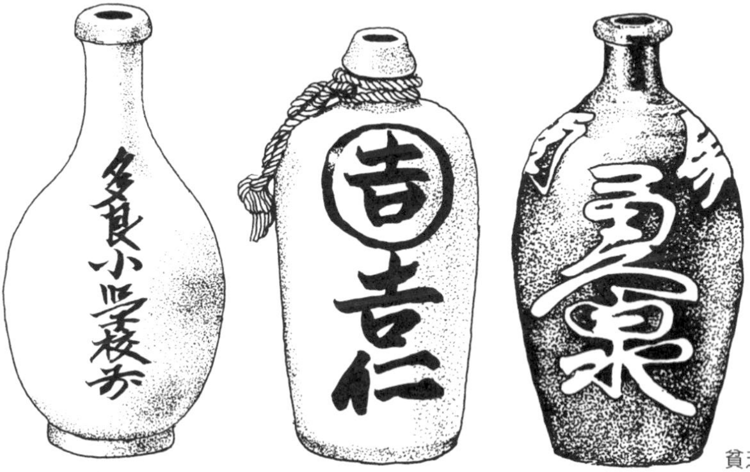

貧乏德利

布巾（ふきん）

大小約是漂白棉布或麻布做成的*手拭（手巾）的一半。這種小布巾用途

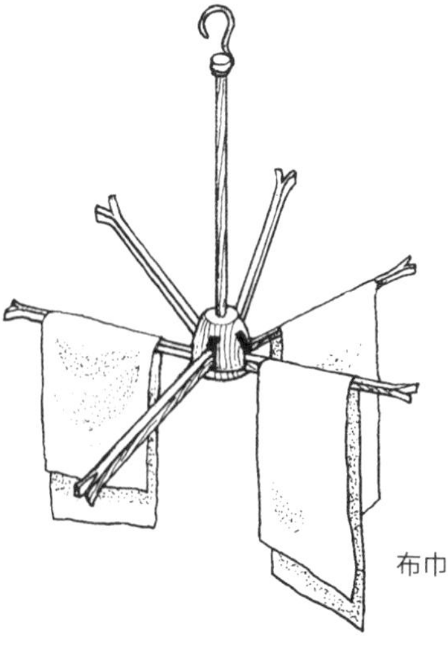
布巾

廣泛，如擦乾洗好的食器、*鍋、*釜、*膳，或是包覆*御櫃、蓋住放在托盤裡的*急須（茶壺）或*湯飲茶碗（茶杯），用於壽司捲的整型、鋪在*笊（笊籬）內過濾高湯等。也會拿來包裹用*蒸籠蒸好的糯米，或是鋪在製作豆腐的*豆腐箱內當作敷布，亦稱卓袱台拭（台布巾）。由於使用頻繁，廚房裡會常備好幾條，為了常保清潔，不用時就會洗乾淨、掛在架於*流台（水槽）附近的竹竿或鐵絲上。也有稱為布巾掛的專用掛架，過去是竹或粗鐵絲做的，近年來多為塑膠及不鏽鋼製。

弁慶（べんけい）

吊在*圍爐裏（地爐）的*天（天棚）上，將待烤的河魚或小鳥串等直接插在上面煙燻。一般是三〇公分左右的稻草卷，也有外側用竹子編成粗孔*目籠的樣式。名稱的由來據說是因為插上數根烤串的外觀，很像義經傳說中弁慶背著七種武具的身影，或是合戰時身中敵人數箭、斷氣後依然站立的勇猛英姿。另外，有一種掛在廚房裡、竹節上部挖空用來插放杓子或菜箸等物，類似*杓子差（杓子架）的竹筒，有些地方也會將之稱作弁慶。

弁慶

便當箱（べんとうばこ）

為了將飯菜做成的便當從家裡帶出門所使用的餐盒，分為平日用的褻日餐盒，以及運動會或賞花等特殊日子用的晴日餐盒。褻日餐盒一般是個人用，以前會將煮好的飯曬成乾飯（糒），裝進布袋攜帶。握飯（飯糰）則是用柿葉等樹葉或竹皮包裹。樹葉用完即丟，竹皮則會帶回家洗過再用，但也無法重複使用太多次。將檜木裁成薄板再折作箱形的折箱，內有分隔因此又稱破子，被當作火車便當或餐廳的外送便當、外帶料理用的拋棄式容器，近年來已幾乎被塑膠或發泡塑料取代。稻草或藺草編的*苞、竹子或杞柳編的便當*行李也可見於日本各地。至於下田或上山做工時攜帶的便當盒，多是將檜木或杉木薄板凹折成圓形，以櫻樹皮接合、加上底板的曲物。分為不加工的白木和漆器，有圓形、橢圓形，稱為面桶、ワッパ（wappa）、メンパ（menpa）、メッパ（meppa）、ガイ（gai）、ガガ（gaga）等。尺寸多樣，從一合（約〇．一八公升）到一升（約一．八公升）都有。也有漁夫出海時可裝三～四餐分量的大盒，通常附蓋，盒身與盒蓋均添飯，重疊蓋上後壓得很緊實，可分成好幾次吃。另有裝漬物等配菜的小盒。此外，有時還會用來煮味噌湯，採些野草加水和自備的味噌，放入用火堆燒熱的石頭加熱。雖然現在仍有人愛用這種餐盒，但明治末期出現的鋁製便當盒成為主流，如今多是塑膠製。

　晴日餐盒最常見的是*重箱，裝入赤飯（紅豆飯）或壽司捲、蒲鉾（魚板）或煮物等，疊二、三層，用*風呂敷

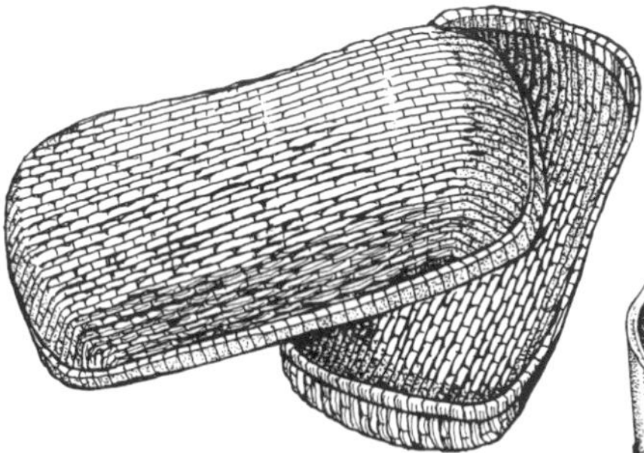

杞柳便當行李

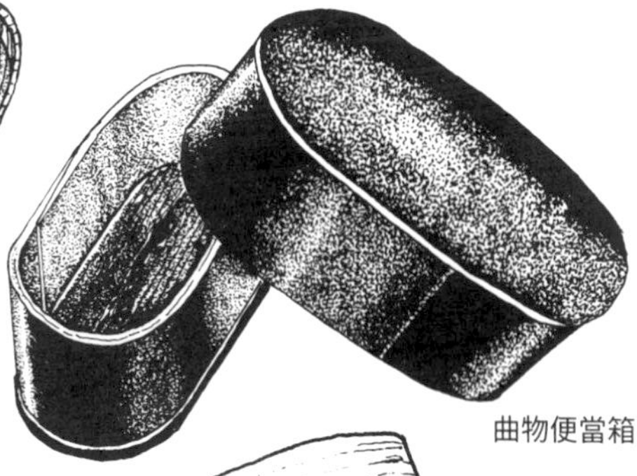

曲物便當箱

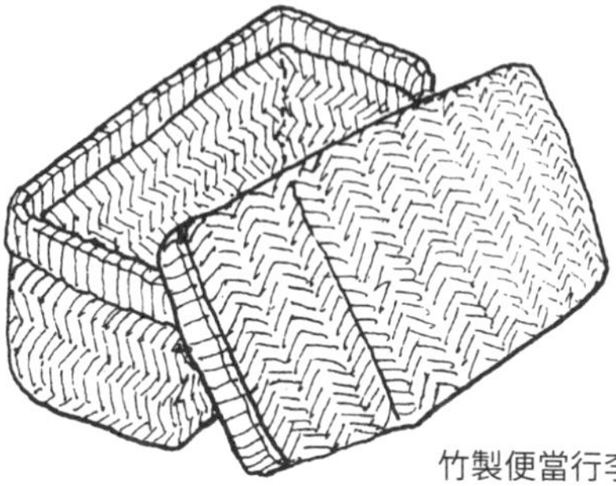

竹製便當行李

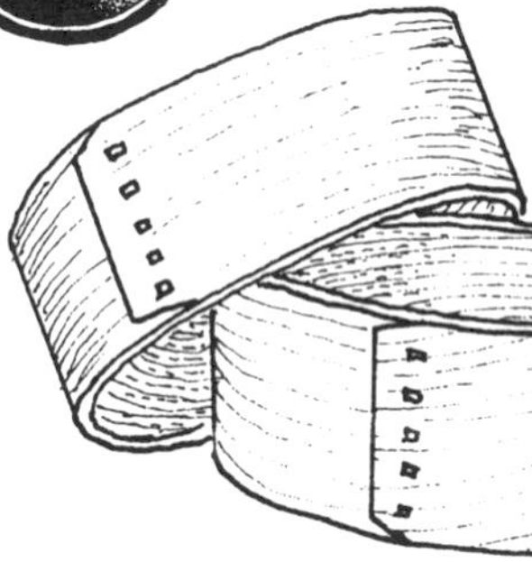

曲物便當箱

（包巾）包好帶出門。登山郊遊活動盛行的江戶時代，還出現了專用的便當盒。像是在載運重箱的台子接上提把的*提重（提合）、收納小重箱與盤子的附蓋手提箱，還有搭配瓷器或錫製酒壺的豪華樣式，以及作工細緻的竹籠。另外，下田插秧或割稻時，人們會用可運送多人份便當的專用附蓋手提籠，或是附蓋與提把的飯桶等。

庖丁（ほうちょう）【廚刀】

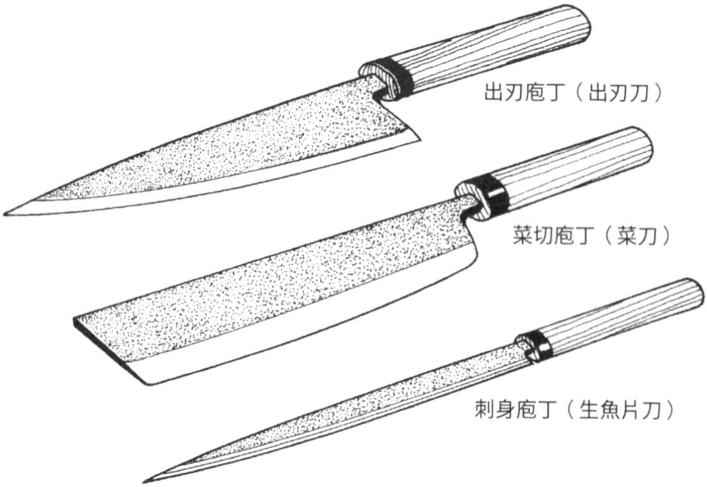

出刃庖丁（出刃刀）

菜切庖丁（菜刀）

刺身庖丁（生魚片刀）

切東西的用具，單就「庖丁」一詞而言，是指料理用的廚刀。現在使用的庖丁分為和庖丁（日式廚刀）與洋庖丁（西式廚刀）。和庖丁分為刀身寬而薄刃的菜切庖丁（菜刀）、比菜切庖丁略小且刀身窄的薄刃庖丁（薄刃刀）、刀身細長而薄刃的刺身庖丁[52]、刀鋒尖銳的刺身庖丁稱為柳刃庖丁（柳刃刀）、刃厚而刀鋒尖銳用來切斷魚骨的出刃庖丁（出刃刀）、被稱作鰺切（鰺即竹莢魚）的小型出刃庖丁等。形狀依用途而異，基本上都是單刃。

庖丁一詞原為中國廚師之名，傳入日本後，變成廚師或做菜之意，最後定義為料理用的刃具。平安時代和鎌倉時代的文獻中曾出現庖丁刀、料理刀的稱呼。與日本刀同形，在流傳至今的四條流或山蔭流的庖丁式[53]仍可見到。

延續至現代的和庖丁是進入江戶時才變得普及。當時世局安定，原本製造武具的鍛造工匠或鐵炮工匠紛紛轉型、改鍛造庖丁，堺（大阪府）、關（岐阜縣）、三木（兵庫縣）、三條（新潟縣）等地遂成為產地。和庖丁基本上和日本刀一樣是用軟質金屬與硬質的鋼鍛接而成的單刃，由此可看出鍛造技術的傳承。

另一方面，明治時代後自歐美傳入的洋庖丁，主要是以一塊鋼板切割研磨成的雙刃。現代許多家庭都只用一把所謂的萬能庖丁（文化庖丁）[54]，也就是不鏽鋼製或陶瓷製的廚刀，磨刀的習慣逐漸消失。不過，日式料理的廚師仍然擁有各種和庖丁，也必須學會磨刀的技術。此外，除了一般料理用的庖丁，還有蕎麥切庖丁（蕎麥麵切刀）、鮪庖丁（鮪魚刀）、*桑切庖丁（桑葉切刀）、煙草庖丁（菸草切刀）、*疊庖丁（榻榻米切刀）、竹割庖丁（劈篾刀）等各式各樣的庖丁。

焙烙（ほうろく）

皿狀的素燒土器，一種用來炒芝麻、豆類、米、麥、鹽等食材的*堝，亦寫作炮碌。有些地方稱為炒鍋、炒瓦、イリバン（iriban）、イリゴウラ（irigoura）。以前家家戶戶都有，現在已被平底鍋取代，幾乎見不到。素燒的焙烙脆弱易碎、表面粗糙，使用前會先炒米糠，讓油分滲透、使表面變得光滑，提高耐用度。炒過芝麻或豆類變得更光滑後，可以烤年糕或鋪鹽烤魚。直徑八寸（約二四公分）至二尺（約六〇公分），附小握柄的稱為*手焙烙。除了當作日用品，有些地方埋藏死者時也會用焙烙蓋住遺體頭部，或是在盂蘭盆節用來點迎接亡靈的迎火、送走亡靈的送火。

焙烙

盆（ぼん）

扁平而有邊框，用來放食器、酒器或茶具，或是裝糕點的容器。有時會直接端到客人面前，當作*膳使用。有圓形和方形，尺寸多樣，得用雙手

盆

端的大盆，有些左右兩側會做出把手。多為木製，除了不加工的白木材質，也有春慶塗[14]、木地呂[55]、梨子地[22]、朱漆、黑漆等各式漆器。作工講究，加上堆朱[56]、堆金、蒔繪等裝飾的也不少。近年來，鋁等金屬製或塑膠製品也增多了。另外，在奧三河地區（愛知縣）的「花祭」等神樂或民俗表演活動中，盆也被當作採物（神樂道具）使用。

卷簀（まきす）【壽司捲簾】

捲壽司用的竹簾，通常是將脫油處理的白竹裁成細竹篾後，以麻線編成短簾來做使用。

卷簀

枡（ます）

以尺貫法（日本度量衡）計量米等穀物、酒等液體、麵粉等粉類、鹽或糖等各種物品體積的器具。計量穀物或粉類時，會裝到滿出來，再用名為*斗搔的圓棒抹平表面。計量酒等液體的枡稱為*液枡，底部或側面裝有握柄。基本上是一升（約一・八公升），也有一合（約〇・一八公升）、二合五勺（約〇・四五公升）、五合、五升、七升、一斗（約一八公升）枡。最常使用的是二合五勺枡，放在米櫃裡，用來舀米。古時通常是早晚各煮一次飯，每人一天以五合為基準，所以用這個枡舀兩次相當於一日的飯量。

以前各地所使用的枡各有不同，經常出現混亂情況，直到豐臣秀吉指定京都商人用的京枡為公定枡後，江戶幕府承襲沿用，進而成為全國的基準。江戶初期規定五合以上的枡必須在開

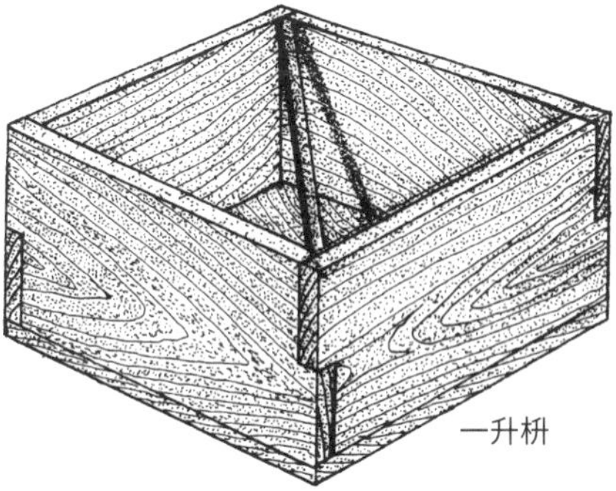
一升枡

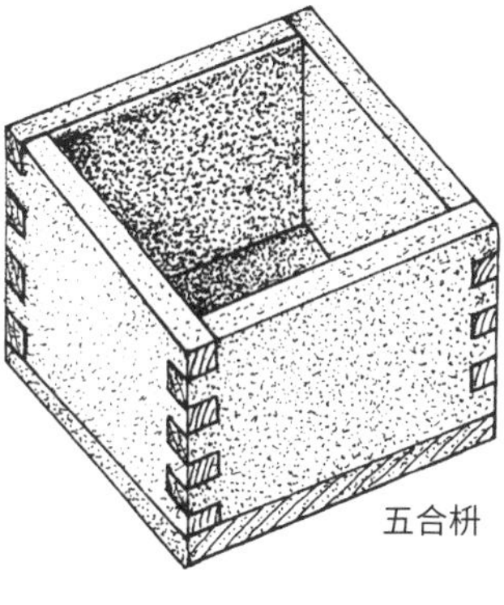
五合枡

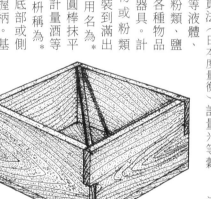

口的對角線架上弦鐵，邊緣與四角的接合處也以鐵板補強。這種枡稱作弦掛枡，從上方看呈現〼的樣子，讀作「ます」（masu），寫作「酒有〼」。明治時代日本政府為避免造成混亂，繼續將京枡當作法定枡，但在明治中期基於國際化的考量，除了原本的尺貫法外也採用了公制及英制單位，使得國內的混亂情況並未平息。直到昭和三十四年（一九五九）完全施行公制後，混亂的情況才結束。然而，已經使用超過千年的尺、間、升、斗等單位的尺貫法早已與日常生活密不可分，徹底廢除會帶來諸多不便，因此還是保留了下來。

枡主要是用檜木、杉木製成，也會用花柏等木材製作。標準規格為正方形，不過明治二十四年（一八九一）修正度量衡時，圓筒形的桶枡也被認定為正規的枡。較特殊的枡是計量蠶繭的紙枡。還有方便攜帶、可折疊的一斗枡、一升枡，但並不用於精準計量，只是當成大概的基準。計量小魚用的*笊（笊籬）或*桶也算是枡的一種。

一斗枡除了是節分時裝豆子的「福枡」，也被拿來成裝神饌的年糕、盛米插入*御幣等，經常作為神器使用。另外，與禁忌有關的俗諺也不少，像是「敲枡底會迷路」、「敲枡底會引來妖怪」等，由此可知枡被視為具有特殊咒力的器物。

俎板（まないた）【砧板】

用*庖丁（廚刀）切食物時使用的板台。俎的日語發音「まな」（mana）指的是真魚，也就是魚的意思。起初是用來切魚，板子正面的中央隆起為曲面，背面加上立腳。如此設計是讓魚血等穢物在切魚時自然往下流，拿來處理禽、獸類也很方便。中世時期的繪卷曾出現將魚或鳥擺在俎板上，左手以真魚箸固定，右手拿庖丁分切的圖畫。

使用俎板、庖丁、真魚箸進行調理的緣由，是為了不直接用手碰觸獻納給神明的神饌。後來由天皇家、公家及武家專屬的庖丁師傳承下來，成為在賓客面前展現刀工饗宴的儀式，即「庖丁式」。如今仍有四條流或山蔭流的料理世家會在庖丁式中展露這項技術，也有神社以此方式調理祭祀用的神饌。

另有切菜用的木板，通常沒有立腳，但後來兩者混用皆稱俎板。材料有銀杏、連香樹、柳樹、檜木、花柏等，近年來多為塑膠材質。

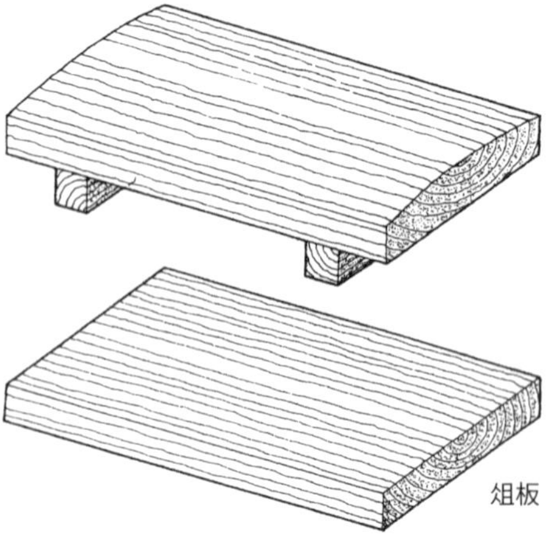
俎板

水桶（みずおけ）

在各式各樣的*桶當中，置於廚房、盛裝廚房用水的桶。有時是指從水井或清流汲水搬運用的擔桶或*手桶。在幫浦與自來水普及之前，水桶是家家戶戶必備品。其他的囤水容器還有陶製的*水甕，但在大甕不易送達的山區或東北、北海道等寒冷區域多是使用水桶，稱為ミズコガ（mizukoga）、ミズタゴ（mizutago）、ミズタンゴ（mizutango）等。

水桶

水甕（みずがめ）

置於廚房、盛裝廚房用水的大*甕，亦稱半斗、半斗甕，有些地方稱為半胴。在自來水普及前，和*水桶一樣是家家戶戶的必備品，平時會蓋上木蓋，擺放舀水用的*柄杓。常用的大小是三斗（約五四公升）與五斗。在鐵路及汽車尚未發達的時代，搬運沉重的大甕相當不容易，因此沿海窯場燒製的甕因為便於船運而首先打入市場。如常滑燒（愛知縣）、大谷燒（德島縣）、石見燒（島根縣）、橘燒（佐賀縣）、薩摩燒（鹿兒島縣）等。以船運送的甕通常是送往方便搬運的平原地帶，不易取得大甕的山區或寒冷地域多是用木製水桶。

水甕

水指（みずさし）

進行茶道時，用來補充茶釜的熱水，或是裝水清洗茶碗用的附蓋容器。依形態分為唐物（中國）、南蠻（東南亞）、和物（日本），多為陶瓷器，也有木製品。洗過茶碗的水倒入稱為建水的容器，大部分是陶製或曲物。

水指

味噌甕（みそかめ）

附蓋陶器，用來分裝每日使用的味噌，放在廚房的*水屋等處。過去許多家庭會自製味噌，當味噌甕的味噌用完了，就會再從味噌倉庫或儲藏室裡的*樽或*甕內舀取補充。有些人家是向店家零買味噌，用*經木等物包覆的味噌，買回家後也是裝進味噌甕使用。如今味噌多是裝在塑膠容器販賣，這種甕幾乎已不被使用。

味噌甕

味噌漉（みそこし）【味噌濾篩】

煮味噌湯等料理時，用來過濾味噌的小型*笊（笊籬），亦稱味噌漉笊。將竹篾以莖目（蓆紋）編法編成圓形，分為有柄與無柄。至今仍被使用，近年來多為金屬網製。

味噌漉

目籠（めかご）

泛指所有粗孔、以六角編法編成的*籠，一般多是指略小的六角孔編竹籠，用來瀝乾洗好的蔬菜或裝蔬菜等物，不少地區也用於除草。關東地區將用川竹編成的六角編籠稱作メカイ（mekai）。

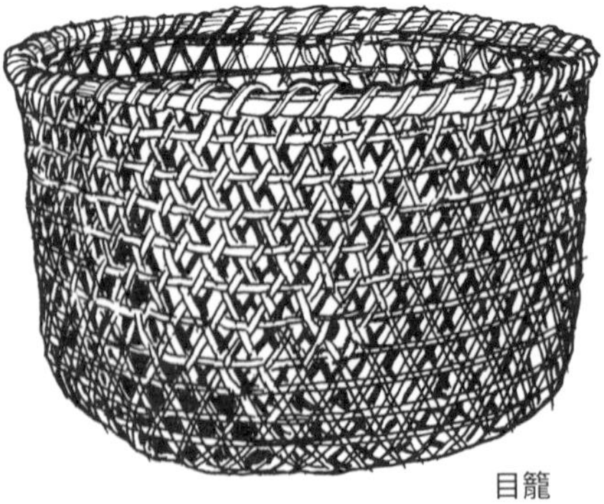
目籠

目籠也有咒術相關的用途。在稱作「事八日」的十二月八日與二月八日，為了擊退不請自來的單眼妖怪，人們將目籠倒掛在竹竿、立於屋簷下，這個習俗可在關東地區一帶見到。據說是因為單眼妖怪懼怕多孔的目籠。另外，辦完葬禮後，以放過棺材的房間為中心，用*箒（帚）掃目籠使其滾動，稱為滾籠或滾目籠，同樣是關東地區一帶的習俗。

在東京的下町，有一種頭戴目籠、

名為笊被的*犬張子，會擺在剛出生的嬰兒枕邊。人們認為粗孔的目籠能讓任何細微的東西穿透，藉此治好鼻塞，讓孩子健康長大。這樣的用法存在於日本各地，由此可知目籠被視為具有神力的神靈依附物。

飯籠（めしかご）

以莫蓙目（蓆紋）編法編成的竹籠，用來裝煮好的飯。高溫潮濕的梅雨季至夏季這段期間，早上煮好的飯若一直擱在*釜或*鍋中會走味變質。於是人們將飯裝進飯籠，吊掛在屋簷下，或是擺在通風的陰涼處。竹子會吸收多餘的水氣，加上通風可防止腐敗。在保溫箱與冰箱尚未普及的時代，是夏季的必備品，外形因地而異。附蓋有提把的、嵌入短竹當支腳的、有深度的*笊（笊籬）接上高台編在一起的款式等，也有無蓋的，用竹簀或布巾覆蓋。多為圓形，也有方形。

飯籠

麵棒（めんぼう）【擀麵棍】

製作烏龍麵或蕎麥麵、伸餅（方形年糕）等食物時用的圓木棒，又稱伸棒。將揉好的麵團、搗好的年糕等放在撒了手粉的伸板上，雙手用麵棒推開擀薄。用來擀麵的伸板亦稱打拔，有些地方是叫麵板、ノシバン（noshiban）。通常是三尺（約九〇公分）左右的四方形木板加上兩根橫木當作支腳。麵棒的長度和伸板差不多。

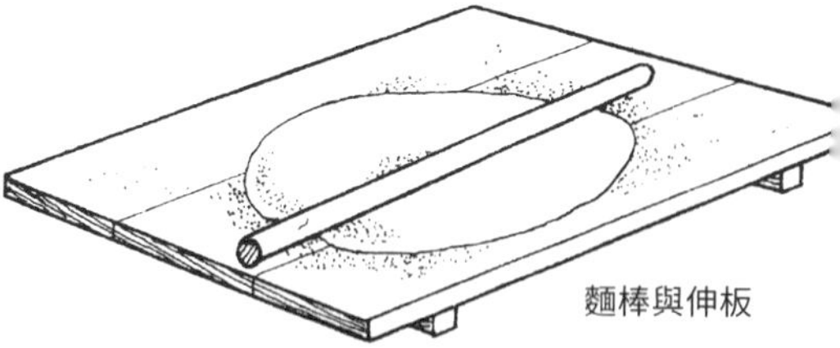

麵棒與伸板

藥罐（やかん）【水壺】

藥罐

起初是用來煎藥的器具，故得此名，如今都是拿來燒開水。從有弦（提把）、注嘴的外形看來，與*鐵瓶（鐵壺）、*土瓶有著密切的關連性，但就燒開水的用途而言，其實可說是接上青銅或黃銅弦和注嘴的*釜、鑵子（茶釜）。現多為鋁或不鏽鋼製，設計也很多樣。另外，在沖繩有一種奇特的藥罐，是將木鉤插入大法螺貝內當作提把來使用，名為ブラヤクン（burayakun）。

燒網（やきあみ）【烤網】

烤魚或肉的金屬網。有用金屬線編成的方形，以及用更細的金屬線編成的圓形。這是在江戶末期鐵絲變得普及後，才開始廣為使用。在那之前，人們都是用*燒串（烤串）、*焙烙，或是擺在*圍爐裏（地爐）火堆旁，用鐵棒組成的*鐵輪（爐架）。

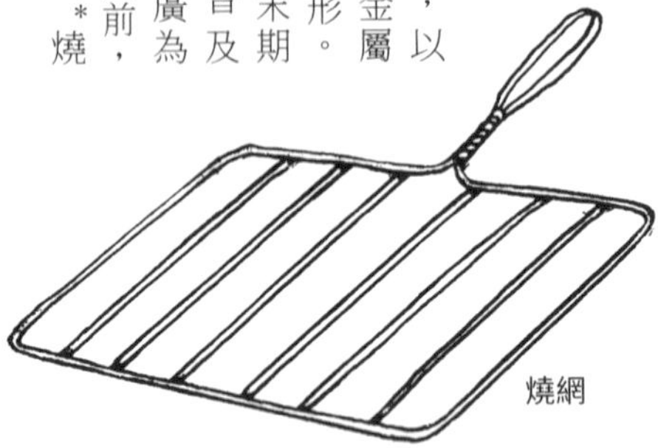
燒網

燒串（やきぐし）【烤串】

用來插魚或肉、蔬菜等食材，放在火上烤的串籤。多為兩端削尖的細竹籤，因為含水量高的竹子比木材耐火，可重覆使用，也有能夠半永久使用的金屬串。另外，五平餅[57]之類的米餅或秋田的烤米棒，是用樅木、杉樹的心材、青木枝等製成的木串。插在*圍爐裏（地爐）的灰裡烤，或是擺在素燒烤台上用炭火烤，可說是最原始的烹調器具，即便如今已有各式*燒網（烤網）或烤台，仍經常為人使用。

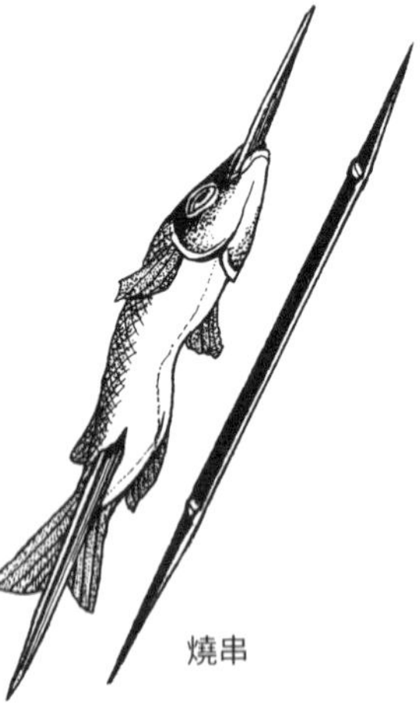
燒串

藥味入（やくみいれ）【佐料瓶】

裝辣椒或山椒等料理使用之藥味（佐料）的容器。有竹筒、陶瓷器、*瓢簞（葫蘆）、玻璃、金屬等材質，通常會有小孔以供少量倒出，也有以小匙舀取的附蓋樣式。

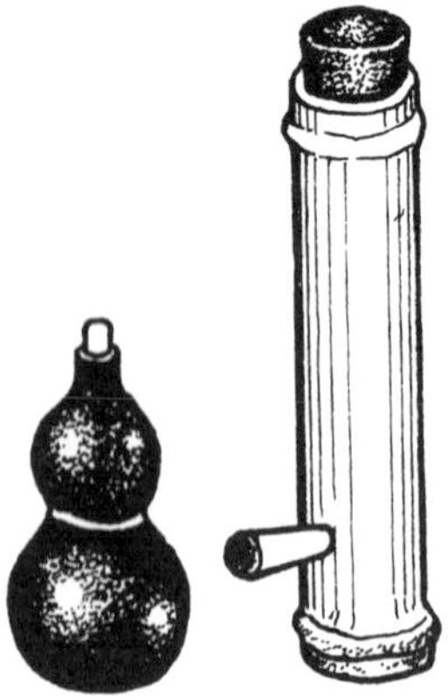
藥味入

行平（ゆきひら）

附蓋的陶製*土堝，主要用來煮粥。直接接觸火源的底部沒有上釉。分為有附耳可手持與單柄有注口的樣式。據說這是在原行平[58]讓海女汲海水、烤製成鹽的容器，故得此名。亦稱行平堝，至今仍為人們使用。

湯桶（ゆとう）

裝入熱水、茶、酒、湯品後，用來注水的容器。分為曲物及箱形，附蓋且帶有略長的注嘴，也有附把手或握柄的樣式。主要用於接待客人的宴席場合。多為漆器，江戶時代還有施以蒔繪的豪華樣式。

日文成語將上訓讀、下音讀[59]的念法稱作「湯桶讀法」，反過來則是「重箱讀法」，由此可知湯桶和*重箱皆是與生活有密切關連的器具。如今常作為裝蕎麥湯（蕎麥麵水）的容器。

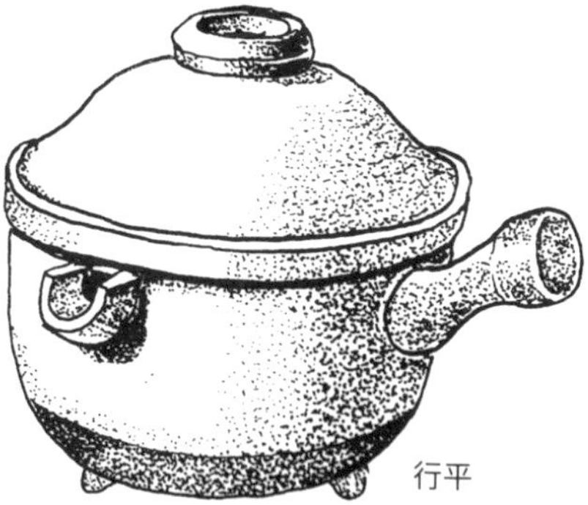
行平

湯飲茶碗（ゆのみぢゃわん）【茶杯】

喝番茶或熱開水的容器，亦簡稱湯飲，有時也包含喝煎茶的煎茶茶碗。形狀多樣，如杯身略顯圓廣的、杯口線條筆直的或圓筒形等。*茶碗原是指喝茶用的*碗，但江戶時代茶道的懷石料理將茶碗作為食器使用，使如此風俗變得普及，後來茶碗成了碗的總稱，而喝茶或熱水的茶碗改以湯飲茶碗稱之。

湯桶

起初多為陶器，江戶後期至明治時代，始於有田的製瓷技術開始傳播，加上鐵路網的發達，使瓷器迅速遍及全國。招待客人時多用瓷器，也有附蓋的樣式，放在*茶托上端給客人是有禮的作法。平時則常用陶器的湯飲茶碗。有時會拿來喝酒，稱為茶碗酒。

湯飲茶碗

楊枝（ようじ）【牙籤】

楊枝

用來剔除卡在牙縫的食物殘渣，或是吃茶點、漬物時代替*箸（筷）使用的食器。古時也作為牙刷使用。亦寫作楊子，多是用烏樟製成，所以又稱黑文字（與烏樟的日語發音相同）。最常見的是剔牙用的爪楊枝，長約六～七公分，因為短而細也稱小楊枝。吃茶點用的楊枝比爪楊枝長，削成扁平狀，稱為平楊枝，也有保留樹皮、前端削尖的樣式。

除了烏樟，楊柳、垂柳、山楊、尖葉紫柳、桃樹、杉木皆是常用材料。這些木材都帶有淡淡香氣，被認為具驅邪功效，人們將楊枝視為具淨化咒力之物。在平安時代，是去除七病的佛家七物之一，多為僧侶使用，據說他們會嚼爛前端，用樹液清潔牙齒。江戶時代在淺草寺境內等處還有專賣店。當時的楊枝比現在的大，大至一尺二寸（約三六公分），小至三寸（約九公分）。種類也很多，如碾碎前端做成流蘇狀的總（房）楊枝或穗楊枝、殺楊枝等。

兩腳膳（りょうあしぜん）

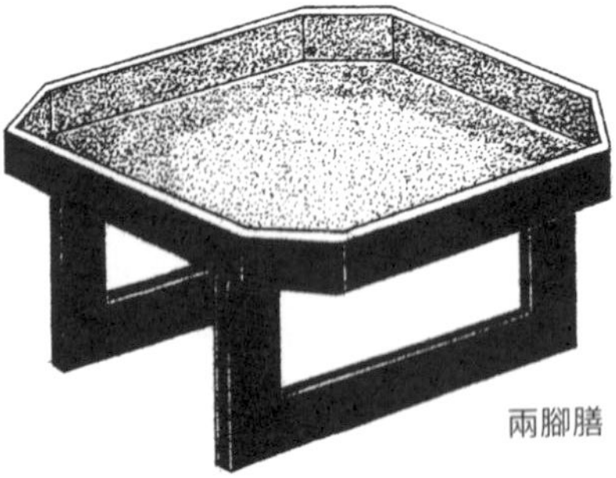
兩腳膳

*膳的一種，兩側接上鏤空呈窗框的木板作為立腳，又稱高腳膳或木具膳。多為春慶塗[14]的漆器，也有黑漆樣式。一般多用來招待客人，平時也會使用。

碗（わん）【椀】

具深度的器皿，用來裝飯或湯品。有陶瓷、木製、金屬製、石製，過去依材質而有不同的寫法，土器為「埦」、金屬材質為「鋺」、陶瓷為「碗」、木製為「椀」。後來「わん」（wan）用以專指木椀，陶瓷碗則稱作*茶碗。今日仍會用厚朴或槲樹的葉子、竹皮或竹葉等盛裝獻給神佛的供品，或是拿來包粽子或年糕，由此脈絡可知，食器的起源是樹葉。繩文時代出現素燒的土器，彌生時代有土師器[18]，古墳時代則有須惠器[12]，也出現了木器，杯、*皿、*鉢（缽）、碗、椀等的食器有了明確的定位。中世時期有漆椀，接著出現陶瓷碗，成為碗、椀的主流。不過，庶民仍是使用簡易的漆器，許多地方還是使用未經加工的木椀。

近世以後，各地的漆器產業發展完

飯椀

飯碗

汁椀（湯椀）

汁碗（湯碗）

壺椀

平椀

木椀

備，堅固耐用的漆器才變得普及，但多是用於婚喪喜慶的場合，為搭配*膳使用的飯椀、汁椀（湯椀）、平椀、壺椀。有時也會加上稱為腰高的*高杯。像這樣成套的膳與椀，通常必須備妥三〇人或五〇人份，只有富裕人家才會有，因此有些人會集資購買，收進專用的倉庫管理，即膳藏或椀藏。

陶瓷碗是進入江戶時代後才變得普遍，直至明治時代鐵路鋪設完善才進入鄉下地方的農村、山村。尤其是色白堅固、觸感佳的瓷碗，好用程度遠勝於用久了會變黑的木椀或塗漆很快就剝落的粗糙漆椀，所以很快就遍及至家家戶戶。不過，瓷碗較薄且導熱快，裝湯時還是使用陶碗或漆椀。如今常用的汁椀多是仿漆器的合成塑膠製，碗與椀的搭配組合已成為日本食器的特色。

第2章

裝扮

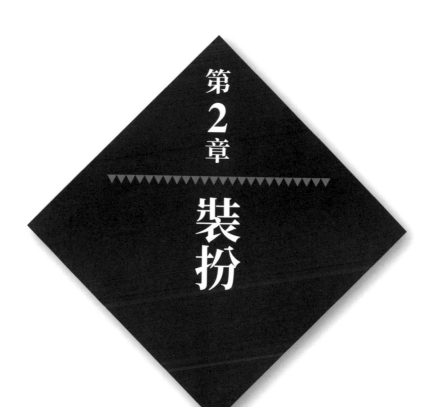

「裝扮」也就是著裝打扮，作為主體的衣服，除了兼具功能性與裝飾性，也包含了精神意涵，具有相當重要的地位。因此，在祭神儀式上，獻納衣物給神明的重要性僅次於神饌，如伊勢神宮等規模較大的神社會舉辦「神御衣祭」，地方性的神社也會舉辦這種儀式。

據說人的靈魂會附在衣物上，贈送衣物等於交託自己的靈魂，是一種誠意的象徵。分贈遺物的習俗正是由此而來。日本古代傳說中的松浦佐用姫爬上鏡山揮舞披帛，就是想將附在上頭的靈魂送給遠征的情人，祈求他平安歸來。還有穿和服時不可跨過腰帶的禁忌，因為腰帶是連接靈魂之物，代表愛情的結合，這是為了避免斷絕彼此的緣份。

根據《魏志倭人傳》的記載，現今的和服「丈長小袖」源自將原始衣物「貫頭衣」正面撕開，連接衽與袖而成。平安時代（七九四～一一九二）末期起，長度及小腿的筒袖白小袖成為庶民衣物，上流社會則是作為內搭的肌小袖穿用。當時是上下兩件式的設計，女性也會穿袴，但到了室町時代（一三三六～一五七三）中期，人們不再穿小袖袴，上衣的長度也開始變長，成為今日所見的和服。進入江戶時代（一六〇三～一八六八）中期，變成長度及地的「裾引」形式，在榻榻米上得拖著下襬，外出時則必須提起下襬走路。到了明治時代（一八六八～一九一二），人們透過將和服反摺、塞入腰帶，做出御端折（腰帶下露出的部分）來調整下襬長度，流傳至今。

後來，在正式場合時，未婚女子穿的振袖（P144）、已婚女子穿的留袖（P139）、婚禮服裝的打掛（P107）變得普及，羽織（P141）、袴（P141）也成為常見的男性正裝。這些正式服裝中特別是禮服，男性會加上家紋，女性會加上女紋（母系紋），主要是在背上加上一個徽紋。日本人認為惡靈會從背後襲擊，故在背上加圖紋混淆視覺，防止惡靈突襲。御守（護身符）起初也是放在背後，稱為背守。

從衣物的材料也能觀察到先人的智慧。略舉幾例，像是由蠶繭抽絲織成的絹布、以楮樹或椴木的纖維製成的太布、藤纖維製成的藤布、麻纖維製成的麻布，以及棉布等。棉布在近代變得普及前，最常使用的是麻布。

除了正裝，平時的工作服、日常便服都是女性親手紡織而成。當時的女性會將麻纖維捻製成線，捲成麻線球（へそ，heso）。若製作的手法純熟、能夠將麻線捻得愈細，就能捻製出比預定量更多的麻線球，多出來份便能自己留存起來，待日後出嫁時作為嫁妝帶往夫家。這麼做並非為了自己，而是用來為丈夫縫製帷子（P117）或是為家人做一頂蚊帳。麻線球的記述也出現在《和名抄》中，寫作「卷子」。因此，善於捻製麻線的的太太被視為賢妻，甚至有人說娶妻就要娶會積存麻線球的姑娘，捲麻線球更衍生為攢私房錢之意。

老百姓對工作服也很講究。東北地區至山陰地區[2]的日本海沿岸一帶不產棉花，拜來自上方[3]的北前船[4]前來買賣之賜，得以穿到二手棉布衣。等到衣服穿舊了，當地人會將舊衣撕開當作緯線，混入麻線或藤線作為經線，織成「裂織」。重新織過的舊布變成配色鮮豔的新布。此外，人們也會在布上施以層層刺繡，使其變得強韌耐穿的工作服，上頭複雜細緻的幾何圖紋甚是美麗。這樣的手法稱為刺子，被做成漂亮的半纏（P144）、股引（P148）、足袋（P135）、手袋（手套）等。

提到身上穿的，自然少不了頭上戴的。最具代表性的就是冠與烏帽子（P109）。烏帽子在過去，平民除了日常生活會戴，就連睡覺時也會戴。到了室町時代（一三三六～一五七三），人們開始露出頭部，於是只留下固定烏帽的帶子作為正式服裝的一部分，即日後的鉢卷（P142）。女性將手拭（手巾）綁在頭上不只是為了實用性，同時是正裝的一環。另外像是當作內褲的褌（P144）或腰卷（P126）也是象徵獨當一面的服飾。

至於髮飾方面，有櫛（髮梳）、簪、笄（P125），化妝則有紅（P145）、白粉（P111）與染黑牙齒的齒黑，以及梳妝打扮用的鏡台等，用來裝扮的道具相當多。此外，如折扇、團扇也不只是為了搧風，還被當作風雅小物，財布（錢包）、印籠（P107）、根付（P140）等也是裝扮的行頭。還有工作或旅行時戴的斗笠、避風擋雨或遮陽用的傘，人們也很注重那些物品的形狀與設計巧思。

當然，穿戴過的衣物也要清洗保養，讓衣物能夠長久使用的洗滌保養道具也很多，關於「裝扮」的用具真是多不勝數。

足半（あしなか）

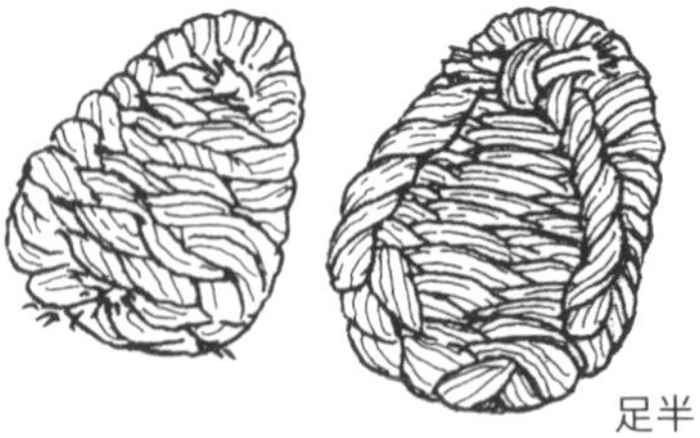

足半

長度約是腳掌一半的*草履，為足半草履的簡稱。過去在日本各地廣為使用，形狀有接近三角形的、接近半圓形的與橢圓形等，鼻緒[5]的結一律打在上方。穿上後，腳趾和後腳跟會露在外面，較普通的草履防滑，多用於在河面上捕魚或在船上、山中勞動的場合。鎌倉時代的《蒙古襲來繪詞》中就有腳穿足半的足輕（步兵）在戰場上打仗的圖畫，當時稱作尻切或半物草等，到了室町時代才稱足半。鼻緒的結形因地方而異，按外形被稱作蜻蛉（蜻蜓）草履、ベコ（beko，牛）草履、角結、兔結等。另外，依用途又有山草履、川足半、葬儀草履等稱呼。

厚子（あつし）

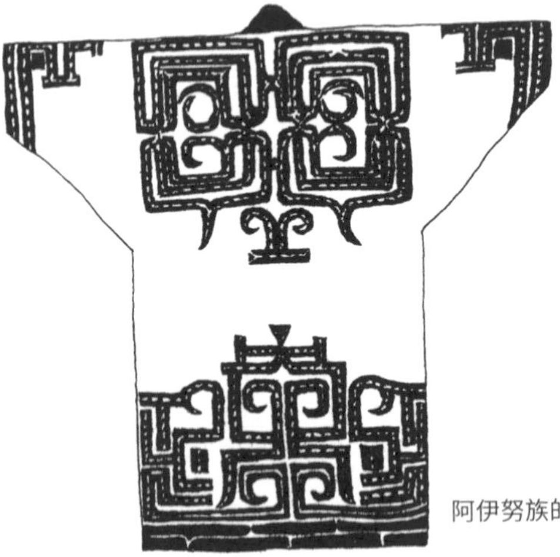

阿伊努族的 attus

形態依地區而異，主要用於近畿、中國、四國地區的禦寒厚衣。有用厚棉布或羅紗（呢絨）縫製的*半纏、棉布刺子半纏等。北海道的原住民阿伊努族以榆樹、椴木等樹皮的甘皮（內樹皮）纖維織成的衣服「attus」亦使用相同的稱呼。

編衣（あみぎぬ）

用麻或楮樹、構樹等樹皮纖維紡線編成的布，也指用那種布做成的衣服。在織機尚未發達的時代，人們使用*菰編台織成粗網目的布，在繩文時代的出土物中也可見到。中世時期被當作淨土宗流派之一時宗的僧侶法衣，在新潟縣稱作編布，直到明治時代仍由家庭自製。以此方式做成的*袖無叫做編布袖無，也有無前身的*背中當（背墊）樣式。

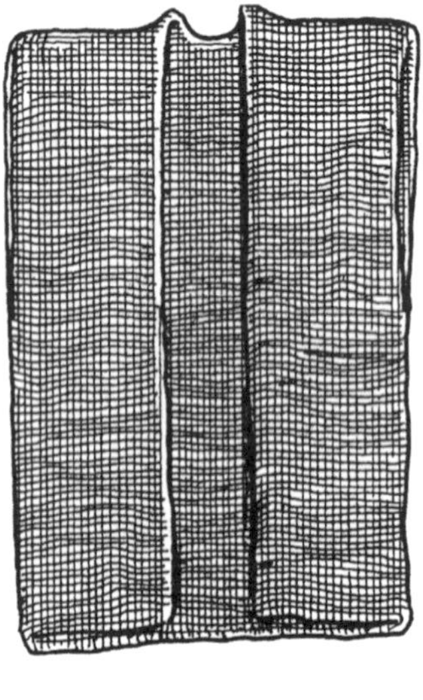

編衣

磯著（いそぎ）

泛指從事漁業的海女於潛水捕魚時所穿的衣服，還有磯襦袢、カツギジュバン（katsugijuban）等稱呼。直到昭和時代初期以前，許多地區的海女潛水時只穿*腰卷，裸露上半身。昭和三十八年（一九三三）三重縣志摩的越賀村為改善生活，基於風紀考量，規定上半身也要著衣物，使得磯著在各地普及開來。腰卷在志摩地區稱作イソナカネ（isonakane）、ナカネ（nakane），在大分縣佐賀關則是スミマキ（sumimaki）。如今，有些地方是像千葉縣御宿的海女一樣穿*絣織*襦袢搭配白色磯褲，或是化學纖維的潛水服。

磯著與磯手拭

磯手拭（いそてぬぐい）

海人（女性稱海女，男性稱海士）潛水捕魚時用來包頭的漂白棉布*手拭（手巾）。在福岡縣宗像市鐘崎稱為イソイキテヌグイ（isoikitenugui）、千葉縣南房總市白濱町野島崎是頭巾、大分縣大分市佐賀關町小濱是隅手拭，中央以黑線繡上象徵吉利的「大」字。在三重縣志摩地區稱作道滿或晴明，中央以黑線繡上驅除海妖的星印，或是四條直線與五條橫線的格子印（九字紋），也會用墨描繪。

印籠（いんろう）

原是裝印鑑與印泥的容器，在江戶時代變成攜帶式藥盒，盛行於武士之間。為橢圓形筒狀，為了分裝藥丸、藥粉、煎藥等，做成二～五層的設計。多是木製漆器，施以梨子地1-22或蒔繪、家紋等精緻裝飾。將穿過左右繩孔的*紐塞入腰帶下隨身攜帶，後來多做裝飾品用途，尤其接在紐上的*根付出現各種精巧的作工，如木製、竹製、陶瓷製、金屬製、象牙製、瑪瑙製等。

印籠

打掛（うちかけ）

現已成為日本的傳統婚服之一，但在平安時代是上層階級女性披在小袖外的上衣，也當作禮裝穿。室町時代至江戶時代一直是武家女性的禮裝，

打掛

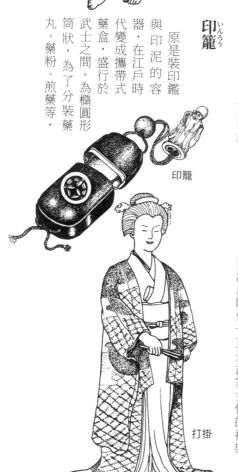

明治時代後普及為富裕的町人（商人和工匠）或上層農民的婚服。昭和時代後期才在庶民之間變得普遍。以綸子[6]或縮緬（縐綢）等上等布料製作，有白色的白打掛，還有以紅或桃色為底、用金銀線繡上鶴龜花鳥等華麗裝飾的色打掛。另外，由於下襬長會拖地，所以塞入棉花做出厚度，內裡使用紅色羽二重[7]的豪華樣式很多。

腕拔（うでぬき）【袖套】

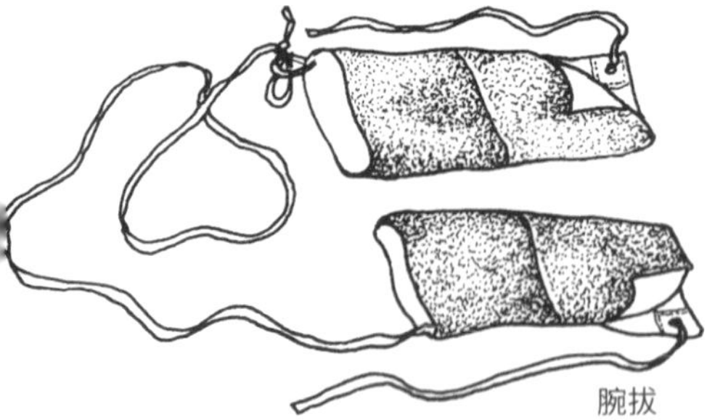
腕拔

工作時用來保護手臂的配件，女性也會用來防曬。多為藍染棉布製，有內裡。形式上有用方形布纏繞前臂、以縫在上下的*紐或小鉤固定的，以及直接套入的筒狀。也有和包覆至手背的*手甲縫合的樣式，戴的時候，將中指套入縫在手甲前端的繩環。近年來使用者變少，不過還是有在筒形上下兩頭加上防止脫落的鬆緊帶，適合室內工作用的款式。與其說是保護手臂，主要是為了防止袖子磨損或弄髒。

產著（うぶぎ）

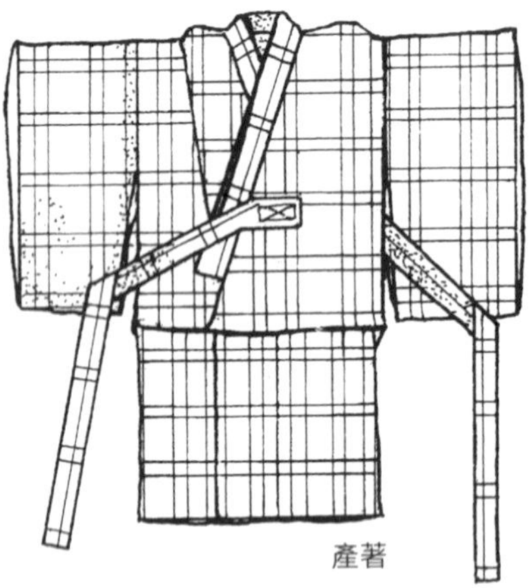
產著

新生兒穿的*著物（和服），亦寫作產衣。一般是由母親的娘家或親戚贈送。在日本，剛出生的嬰兒洗完澡後，會先用母親的*腰卷或舊布包覆身體，第三天開始穿有袖的衣物，稱作產著或三日著物、三日衣裝，這樣的習俗相當普遍。名稱依地方而異，如人眾著物、ミツメギモノ（mitsumegimono）、テトオシ（tetooshi）、テヌキ（tenuki）、テカケ（tekake）、ションベンギモノ（shonbengimono）等。用一塊長約八尺（約三〇〇公分）～一丈一尺（約四二〇公分）的布縫製而成，背部上方以色線繡上象徵保護小寶寶的*背守。有些地方將新生兒初次參拜時穿的晴著也歸類於此。

上張（うわっぱり）

穿在*著物（和服）外，禦寒及防止衣服污損的外衣。在不同地方還有ワッパリ（wappari）、ウワハリ（uwahari）、ワンバリ（wanbari）等稱呼。多為長度及腰的短版樣式，*袖形為方便活動的卷袖、筒袖、船底袖等，穿上後將縫在身頃（衣身）左右的*紐打結即可，相當方便，常被當作工作服、家居服或簡便的外出服。也有麻

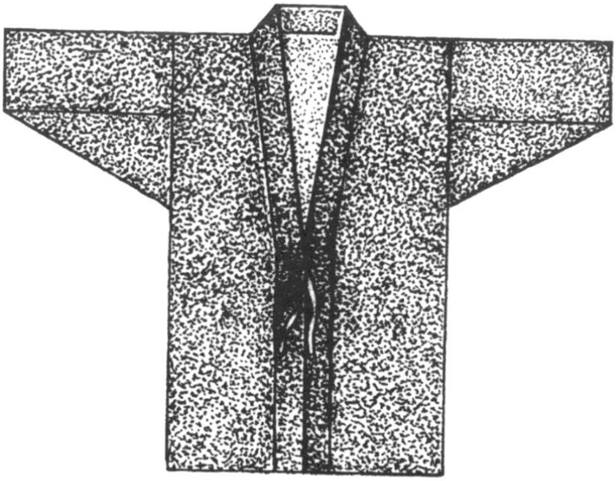
上張

布製，通常是藍染棉布、*縞織或*絣織製成的無內裡單衣或有內裡袷衣。自從洋服變得普遍，簡單的外出用大衣也稱作上張。

柄鏡（えかがみ）

有柄的*鏡子。古代的鏡子多為圓形青銅製，室町時代出現了鑄造的有柄鏡。江戶末期製造出玻璃鏡，裝上木製鏡框、握柄的柄鏡變得普及。通常是裝在盒子裡，梳妝時取下蓋子，放在鏡掛或鏡立（鏡架）上使用。許多人也會手拿另一面柄鏡對照著看。

柄鏡

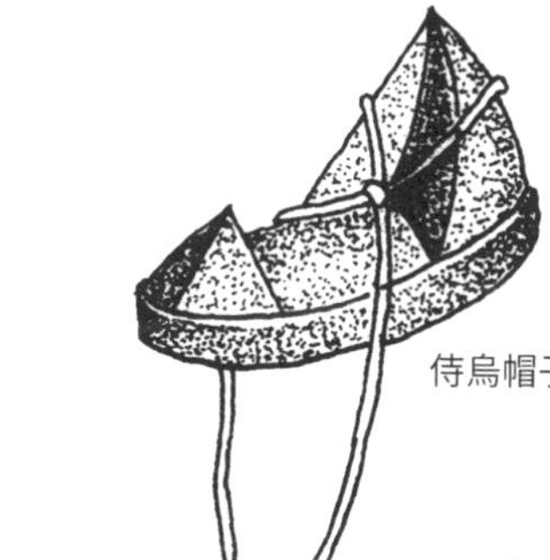
侍烏帽子

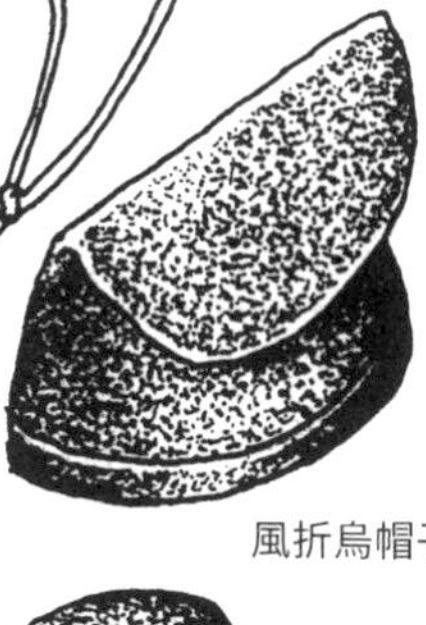
風折烏帽子

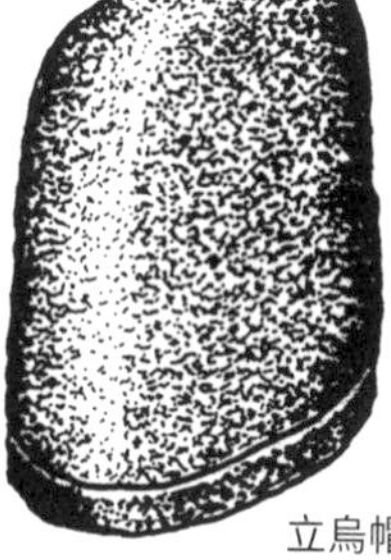
立烏帽子

烏帽子（えぼし）

一種頭飾，至今仍是神官等神職人員於祭祀儀式中使用之物。四世紀以後，中國樣式的服裝成為朝廷、貴族的禮裝，上位者戴黑紗帽為正裝，密織而成的縵織頭巾為略裝，也是下位者的禮裝。天武天皇時期，出現了用於略裝的尖頂漆塗圭冠，這是烏帽子的前身。到了平安時代，烏帽子成為公家穿直衣、狩衣（日常便服）時的頭飾，也是下位者的正裝頭飾，且隨著結髮的一般化普及至庶民之間。起初是用烏色（黑色）的絁（粗線織的粗絹布）做成柔軟的袋狀帽，到了平安末期，直衣、狩衣變成正式官服，形狀及塗漆形式隨著位階、年齡改變，出現了各種烏帽子。當服裝變成以韌布製衣的強裝束[8]後，烏帽子也塗漆使其變硬，還有了塗漆的紙帽。原是扁平筒狀的立烏帽子，在室町時代高度較低的前凹樣式成為基本款。此外，還有上部左折或右折的風折烏帽子、鎌倉時代後多為武士使用的侍烏帽子等。侍烏帽子是一種折烏帽子，形式多樣，還有用稱為小結的組紐（結繩）與針固定，即使動作激烈也不會脫落的樣式。另外還有柔軟有皺褶的揉烏帽子，武士會將其戴在頭盔下，一般庶民也會使用。

男子戴烏帽子被視為成人的象徵，約莫到了十五歲，選出烏帽子親[9]後，舉行戴烏帽子的成人式，此為武家的慣例。後來普遍到各地成為風俗，舉行完及冠儀式即被認定為成人，得以參加村內的公共事務。

衿（えり）（襟）【領】

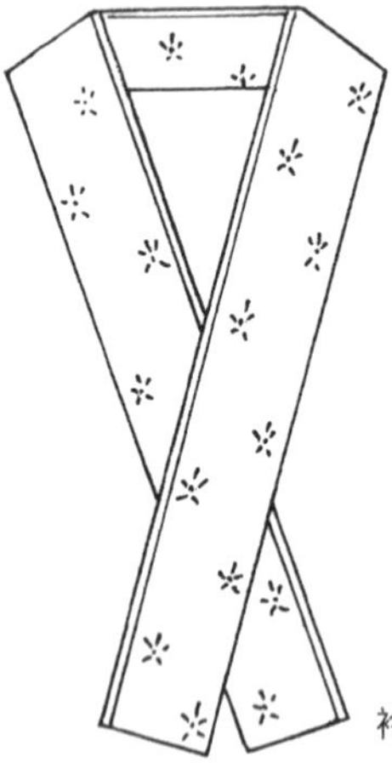
衿

加在衣服頸部周圍的部分。古代稱作「衣領」、「絹領」，於是「領」字成為*著物（和服）的量詞，如一領、二領。和服的衿與洋服的衿在形態上有顯著差異。和服的衿是從頸部周圍延伸至衽中段，這樣的形式稱為下衿。而襯衫一類的洋服，衿是只圍住頸部的圓形，稱為上衿。和服的下衿依著物的形態或用途有各式各樣的形狀。

衿巻（えりまき）【圍巾】

圍在頸部周圍的禦寒用品。明治初期用狐狸毛或兔毛做成的衿巻傳入日本，後來出現了毛織品、天鵝絨、文錦紗或毛線編織的長衿巻，也就是圍巾，在大眾之間普及開來。圍法很多，像是對折後在頸部繞一圈、兩端垂放胸前，或是一端在前、一端在後。又或是將長度對折一半，圍成圈狀、像*角巻那樣包住頭部，纏繞於頸部等。領帶、阿斯科特領巾[10]也是衿巻的一種。古時為了禦寒或吸汗，圍在頸部的*手拭（手巾）或深藍、黑色的布裂亦稱衿巻。

衿巻

沖著物（おきぎもの）

漁夫在船上用來禦寒、抵擋海潮的*著物（和服）。名稱因地而異，有沖著、オキギモン（okigimon）、ドンザ（donza）、ヤンザ（yanza）、ボウタ

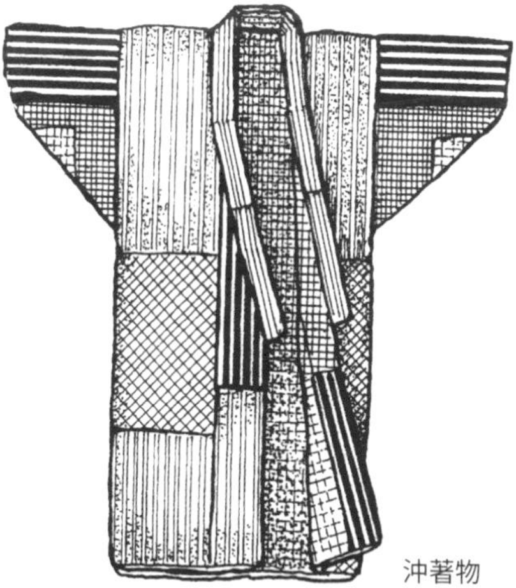
沖著物

（bouta）、ボト（boto）、ナガツヅレ（nagatsudure）等，形式也有些許差異。有將舊衣或*襤褸重疊、碎布當墊布做成的*刺子，還有在新布繡上菱刺等圖樣的款式，或是舊布織成的*裂織等。

*袖的部分通常是方便勞動的平袖、卷袖，多為沒有衽的對丈[11]設計，也有長度及腰的樣式。堅韌耐用卻稍嫌笨重，捕魚時漁夫多半會脫掉。

御濕（おしめ）【尿布】

包裹在幼兒胯下，承接排泄物的布。亦寫作襁褓、御襁褓，又唸作「おむつ」（omutsu）、「むつき」（mutsuki）。將並幅（約三六公分）的布裁作四尺（約一五二公分）長，縫成圈狀，一條直放，包住腰腹，另一條橫放，捲起後稍微固定，再包上有附繩、鋪薄棉的*蒲團，稱為御濕布團。因為是給幼兒使用，柔軟的親膚質感很重要，一般以洗過數次、褪色變鬆的*著物（和服）、浴衣、被套等舊布製作，也會使用*襤褸。

日本有句俗話說「晚上曬御濕，孩子夜半啼」，因此人們總會趕在黃昏前拿出來曬乾。

御濕

到了大正時代，市面上出現橡膠或塑膠製的尿布套，逐漸取代御濕布團。如今多是用拋棄式紙尿褲，使用成人紙尿褲的病人與老人也很多。

白粉（おしろい）

化妝用的白色顏料。古時稱作白物，平安時代也有名為輕粉的化妝品，以伊勢（三重縣）的丹生、射和地區生產的水銀為原料，取名為伊勢白粉銷往各地。江戶時代改用鉛化合物製成鉛白，但長期使用會引發鉛中毒，因此在明治時代推出了無鉛白粉，於昭和時代初期

白粉包、三段重與白粉刷毛

全面禁用鉛白。現在的白粉是用氧化鋅或滑石等礦物、去水醋酸鈉及多種香料製成。

伊勢白粉等白粉會裝在紙袋或裝盒販賣，江戶時代將白粉倒入稱為三段重的圓形瓷器加水溶解後，配合使用部位以各種*刷毛，如板刷毛、水刷毛、牡丹刷毛等沾取塗抹。

御歯黒壺（おはぐろつぼ）【墨齒壺】

盥、杯、渡、筆等御齒黑組合。最右邊的是御齒黑壺

裝御齒黑溶液的*壺。齒黑的風俗始於平安時代後的貴族社會，男女皆宜，到了江戶時代成為成人女性的象徵。後來變成已婚女性的標記，隨著產後剃眉的習俗在庶民之間普及開來。明治時代廢除了這個習俗，但在昭和時代仍有地方持續實行。亦稱鐵漿、鐵漿付，初染是由伯母（叔母）或熟人擔任「鐵漿親」，舉行「鐵漿付祝」的儀式。

御齒黑液的主要成分是單寧酸與三價鐵離子的溶液，將鐵片浸泡在茶、洗米水或醋等液體中，倒麥芽糖或酒等加熱製成。裝御齒黑液的容器即為御齒黑壺，又稱出鐵漿壺或鐵漿壺，通常是埋在*圍爐裏（地爐）角落的灰裡。使用時，以御齒黑筆或牙籤沾附，再沾五倍子粉擦塗於牙齒。另外還有御齒黑盥（耳盥）、鐵漿坏（齒黑椀）、鐵漿渡等器具，這些也是武家或富裕人家的嫁妝之一。

帯（おび）

穿和服時，纏繞於腰部打結固定之物。古時是類似*紐的細帶，通常是將結打在正面或腰側。奈良時代仿傚中國、朝鮮半島的服裝樣式，開始使用加了各種圖樣裝飾的帶。鎌倉時代服裝經過簡化，一般男女都是穿*小袖，帶成為一種裝飾。到了江戶時代，小袖變成女性的禮服，帶的寬度加寬且加長，變得更華麗。例如表裡使用同一塊布縫製的丸帶、有圖樣的表層縫接素面繻子內裡的腹合帶等。享保年間（一七一六～三六）使用九州博多織的博多帶、大正時代源自名古屋，腰後的御太鼓部分為並幅（約三六公分），正面為半幅的名古屋帶成了平日便服常用的帶。呈現袋狀、用於準正裝的袋帶，之後也用於正裝。

帶的綁法也別具巧思，一般是綁在略高於腰的位置，結打在身後。除了御太鼓，還有文庫、蝶、貝口、蝴蝶結、突込帶、矢字、肥雀、舞妓垂帶等各種不同的結。此外，隨著帶的變化，搭配使用的附屬品也相當豐富。像是用來調整帶形，使帶不易鬆脫的帶締；加在帶締上，置於帶中央做裝飾的帶留；塞入打結處當作芯的半月

形帶枕；包住帶枕，在帶上方露出一小截的帶揚等。這些都是兼具裝飾性的配件，帶締主要是用真田紐等彩色絹線做成的組紐（結繩），而帶留的樣式很多，有翡翠、水晶一類的寶石或珊瑚、漆器、陶器或金工品等。

男性用的帶在元祿年間（一六八八～一七〇四）也變得華麗，布料選用繻子、龍文[12]、棧留[13]、小倉織[14]等織品。幕末至明治期間，薩摩兵使用的白色縮緬（縐綢）扱帶[15]以「兵兒帶」之名廣泛傳開，後來還出現棉布材質，用於日常便服。

進行農務等勞力活動時穿的工作服，使用的是半幅或更細的野良帶、細帶，但也有很多人是用細紐。幼兒穿的小裁*著物（和服）會縫上細紐，以此打結固定，到了三歲（有些地方是四歲、五歲、七歲或九歲）的時候，換穿沒有*紐的中裁著物，舉行名為「解紐祝」、「紐落」的儀式，綁上親戚贈送的帶。這個儀式通常是十月或十一月的十五日舉行，也就是日後的七五三節[16]。

日本人認為帶有連結人與人的咒力，古時的女性會將織好的帶送給將要成為丈夫的男性。在鹿兒島的奄美地區或沖繩，女性會將五種或四種圖樣的*絣織成細帶送給結婚對象，稱為ミンサー（minsaa），意味著「永遠和你在一起」。這樣的觀念日後成為下聘時男性送給女性的「帶料」（聘金），延續至今。另外，還有孕婦在懷孕第五個月的「戌之日」[17]使用的托腹帶，稱為*岩田帶、五月帶、腹帶。

帶的綁法（結）

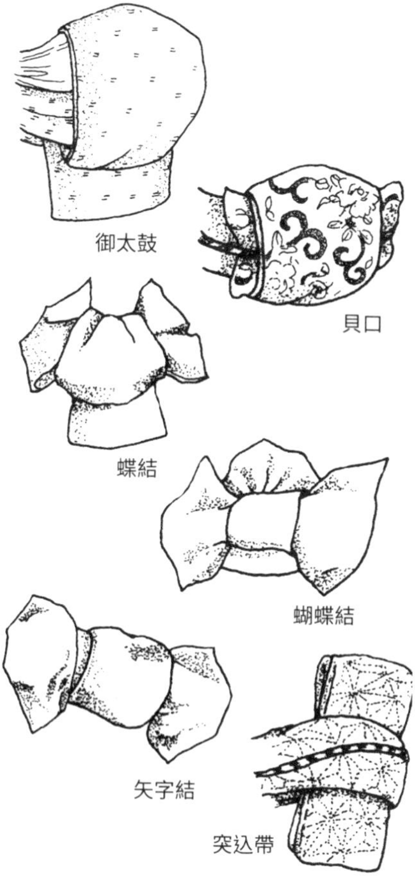

搔卷（かいまき）

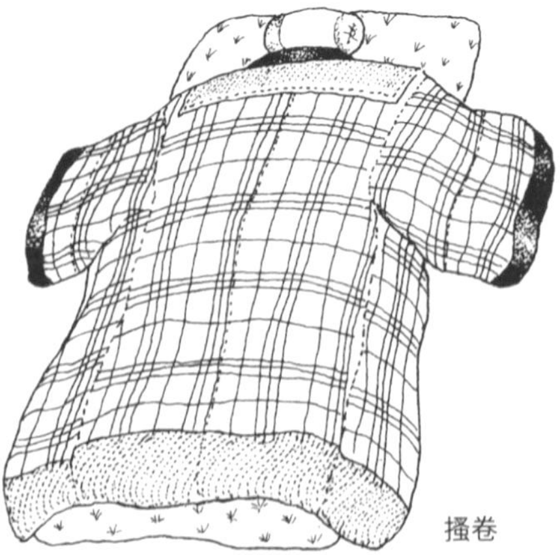

搔卷

就寢時當成棉被蓋的一種睡衣，古時稱為夜衾或衾。外形與*著物（和服）相同，比*丹前大，全件鋪棉增厚。下襬部分特別厚，*袖也寬大，袖下還有加襠。以前的人會將平日穿的著物當作棉被蓋，後來出現了寢具專用的樣式。富裕家庭的女兒出嫁時會準備兩件搔卷作為全新的當成嫁妝，裝進*簞笥（斗櫃）或*長持帶到夫家，不過通常是供客人用，很少自用。

鏡（かがみ）

梳裝打扮時，可映照出臉或身體的器具。江戶末期，製造出背面塗銀或錫化合物的玻璃鏡，但當時技術欠佳，到了明治時代，經過改良才普及至一般民眾之間。

在此之前，鏡子是銅合金（青銅）製，起初由中國傳入漢鏡，古墳時代有了仿漢鏡的國產和鏡。形狀多樣，如圓形、八稜形、八花形、方形等。背面也加上各種圖樣，中央有稱作鈕的突起物，將*紐穿入繩孔吊掛使用。室町時代，受到中國宋朝的影響，出現了*柄鏡，當時只有公家或武家等富裕階層使用，直到江戶末期後才在庶民間變得普遍。在那之前，人們都是利用水面倒映的水鏡。

自古以來鏡子被視為具有特殊的神力，作為神靈象徵的御靈代（神體）供奉祭拜。此外，據說女性的靈魂會附在鏡上，因此打破鏡子是不吉利的事。

銅鏡（背面）

角卷（かくまき）

明治至昭和時代中期，主要是東北、北海道等寒冷地區的婦女在冬季當作外出服的四方形大毯。也有フランケ（furanke，源自英文的 blanket）、毛唐等稱呼。用法是披在肩上，或是從頭部包裹身軀。多是素面的有色織物，邊緣加上流蘇。

角卷

笠（かさ）

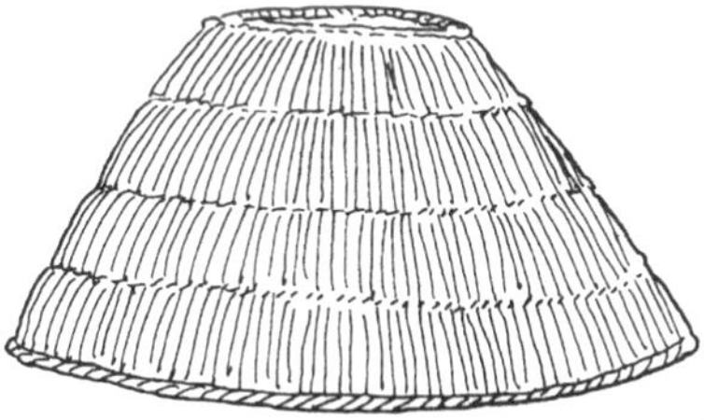

編笠

竹皮笠

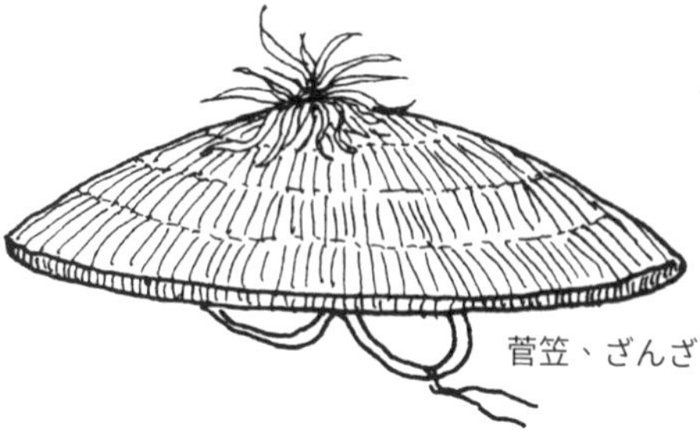

菅笠、ざんざら笠[19]

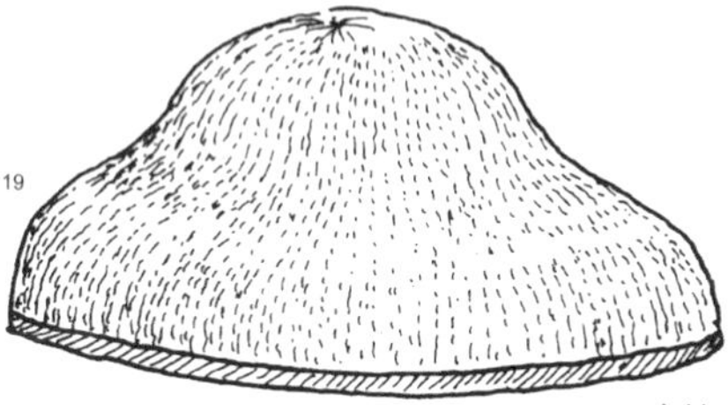

三度笠

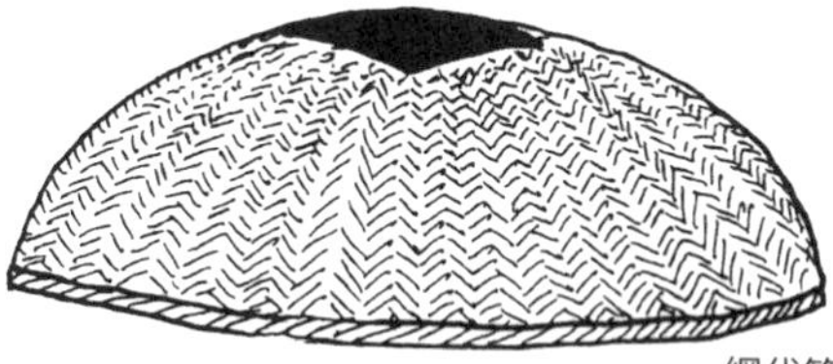

網代笠

戴在頭上，用來擋雨雪或遮陽。雖然材質、形狀依地區而異，通常以菅草（薹草）、竹皮、稻草、藺草、檜木等製成，還有麥稈、松木、杉木、棕櫚樹皮、茅草、竹篾、檳榔葉等材料，也有用布、紙、獸皮製作的樣式。有多種製法，薹草、竹皮、檳榔葉等是縫接在竹篾編成的笠胎上；稻草、藺草、茅草等是直接編成笠；檜木、杉木、松木等是削成薄板後再編製而成；竹篾是以網代（斜紋）編法等方式編製。有時會反覆塗漆加強韌性或防水性。多為圓錐形，高度各有不同，也有半圓形。

名稱五花八門，像是依材料分為菅笠、竹皮笠（番匠笠）、檜笠等，依製法分為編笠、網代笠、塗笠等。另外，還有以形狀命名，如扁平的一文字笠、可對折的褄折笠，或是以用途命名，如每個月三次往返江戶與大坂的飛腳（快遞員）戴的三度笠；原是市場做生意的女性戴，之後變成上層階級女性戴的市女笠；虛無僧[18]戴的虛無僧笠（深編笠）；足輕（步兵）或雜兵在陣地代替頭盔的陣笠等。用薄鐵板或皮革製作、有塗漆的陣笠，到了江戶時代，前後的中央部分略為抬高並加上金色家紋，陣笠變為將軍或武士外出所用。

傘（かさ）

加握柄的*笠，日語亦稱作「かさ」（kasa），為了有所區別，而寫作「傘」。

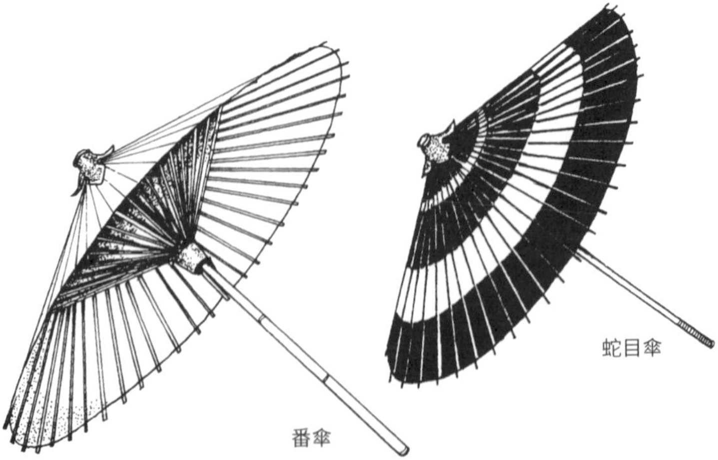

用途和笠一樣是擋雨雪或遮陽，由於得撐開（差し掛ける）使用，也稱「差傘」。因為是由唐笠或柄笠而來，又有唐傘、柄傘之稱。在平安時代是由隨從手持握柄為貴族撐傘，當時並非日常使用的物品。開收自如的傘據說最初是大坂堺地區的商人獻給豐臣秀吉的貢品，江戶時代竹傘骨貼上和紙的傘也普及至庶民之間。江戶時代末期傳入金屬傘骨鋪布製成的傘，稱作洋傘，於是竹傘骨的和紙傘或布傘開始稱為和傘。洋傘撐開後看起來像是展翅的蝙蝠，所以又叫蝙蝠傘。

和傘分為雨傘、陽傘及兩用傘。雨傘是在紙上塗油或柿澀液做防水處理的傘，有堅固實用的番傘和蛇目傘。番傘來自大坂，稍晚了些在江戶則有了東大黑傘。江戶時代大坂的蛇目傘多是用柿澀液混合紅殼（氧化鐵）塗在中央與傘緣，中間為白色。而江戶通常是中段至傘頂貼青紙，下方為白色。陽傘除了和紙，也有用絹布或更紗（印花布）製成，比番傘輕巧，富裝飾效果。還有進行宗教活動時，僧侶或神官撐的大傘，稱為「褄折傘」。

絣（かすり）

將織線先染後織的一種織物。使用兩色以上的染色織線在布面織出圖樣，亦寫作飛白、綛、緕。絣多為簡單的平織[20]，也有以絣線作為經線的經絣或作為緯線的緯絣，以及兩者皆用絣線的經緯絣。日本的絣和*縞織一樣是受到印度或印尼等國的織物影響而變得發達。文中元年（一三七二）左右，傳到琉球（沖繩）的絣終於在日本各地傳開，形成了產地，廣泛用於庶民的衣物。知名產地如薩摩、大和、村山、久留米、伊予、備後等始於十八世紀，山陰地區的倉吉、弓濱、廣瀨則始於十九世紀。

絣的圖樣分為方形、三角形、多角形、菱形、井桁、格子、龜甲、矢羽根等幾何圖案的幾何絣，鶴龜、松竹梅、花鳥等圖案的繪絣，以及蚊、十字、雪紋、霰紋[1-38]等圖樣細密的小絣等。依織線染色的方式又分為配合圖樣用荒麻等捆紮、進行部分防染的括染，還有織締絣、板締絣、擦込絣（摺込絣）、捺染絣等。

絣有在*上布或白色*芭蕉布上織出深藍色或黑色圖樣的白絣，但一般是在深藍色棉布上織出白色圖樣，是普遍的庶民衣料。小絣通常用於*著物（和服），繪絣與幾何絣則多用於棉被。

小絣

幾何絣

帷子（かたびら）

過去泛指無內裡的*小袖單衣，江戶時代末期開始將無內裡的絹布或棉布小袖稱作單衣，帷子變成專指麻布的單衣。禮裝、正式場合穿的晴著與略裝有所不同，奈良晒[1-34]最為正式，染印山水、花鳥圖樣的茶屋染為正裝。入浴時穿的棉製品稱作湯帷子，即*浴衣的前身。另外，還有將環鎖編成形似*襦袢的軍用鎖帷子（鎖子甲），以及白底寫上經文或名號、給往生者穿的經帷子。

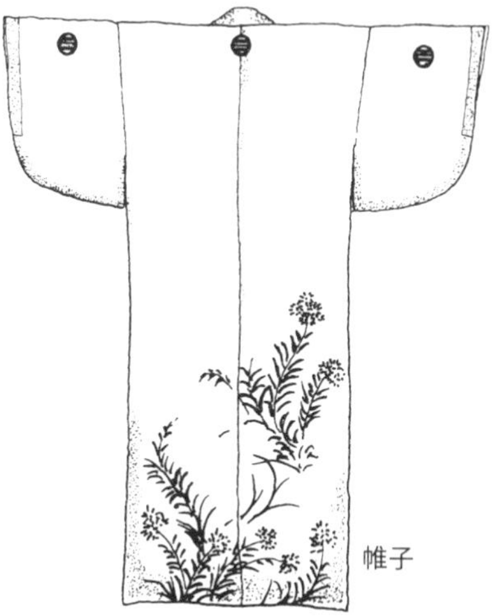
帷子

被衣（かつぎ）

原指披在頭上的衣服，過去稱作カヅキ（kaduki）。用於婚喪等正式場合，也可套入*袖穿在身上或披掛在肩上。多為麻布或絹布製的白色長單衣。

被衣

合羽（かっぱ）

為了禦寒或雨天外出時，穿在*著物（和服）外的外套。十五世紀自南蠻（葡萄牙、西班牙）傳入，據說名稱是由葡萄牙語的「capa」而來。因為是南蠻僧（神父）所穿，亦稱坊主合羽。而整件攤開會變成圓形，因此又稱丸合羽。起初羅紗（呢絨）製的合羽受到武將喜愛，到了江戶時代，*縞織或*絣織、有內裡的棉布袷衣變得普及，出現接上*袖、做出插刀開口的袖合羽。原是當作武士的外套，後來成為一般商人、町人的外出服或旅行服，但農民很少穿。為了保暖防水，會在布之間放入塗了柿澀液的澀紙，或是使用和紙塗桐油的桐油合羽。明治時代隨著洋服的普及，發展為斗篷（mantle）、披風大衣（鳶、Inverness coat），明治中期出現了雨天用的橡膠製雨合羽，後為塑膠製品取代。

合羽

紙衣（かみこ）（紙子）

以和紙為材料製成的衣服，亦讀作「かみごろも」（kamigoromo）、「しい」（shii）。將和紙貼合，塗上柿澀液或蒟蒻粉糊，充分搓揉變軟後，製成衣物。不透風、具保濕性又輕便，經常做成禦寒用的胴著[21]或內衣，尤其僧侶常當作內衣穿。到了鎌倉、室町時代也成為武士的陣羽織[22]，或是以手繪或木版畫加上圖樣的外出服。江戶時代流行於町人（商人和工匠）之間，但明治時代後變得少見。除了製衣，也可做成*蒲團（棉被）或敷物（墊子），塗上油或柿澀液之後還能當作雨衣使用。

以和紙為材料的衣服還有紙布，是一種將切碎的和紙搓成紙捻線織成的布，有以麻、絹或棉線作為經線，以及經緯線皆用紙捻線的樣式。平織紙布拿來做夏季用的著物或*帶、寢具等各種物品。宮城縣白石市是發源產地，在日本相當有名。

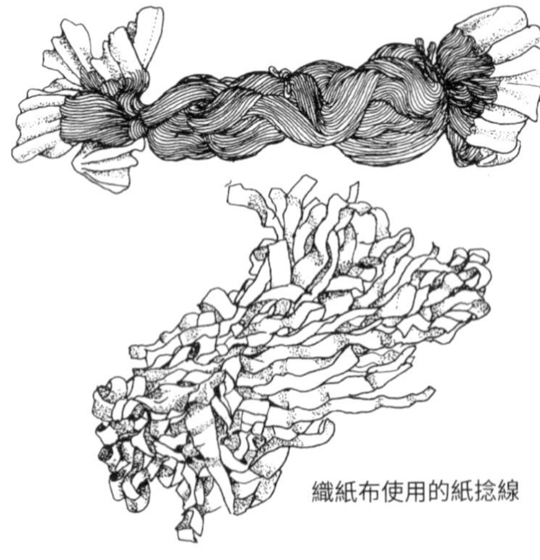

織紙布使用的紙捻線

裃（かみしも）

上身是無袖肩衣，下身是*袴的組合。室町時代中期起為公家、武士穿的服裝，天文年間（一五三二～五五）成為武士的禮服，到了江戶時代，上下共用一塊麻布的單衣形式肩衣與袴，並以紋服或*小袖作為內搭成套被視為正式服裝。隨時代演變，肩衣前身的下襬變窄，胸前至肩膀的部分展開呈扇形，加上裝飾的襞（打褶），肩部用鯨鬚板等物加強硬挺度。袴也變成下襬寬且多襞的設計。通常是用深藍色、黑色、茶色等素面布或小紋，從小紋的圖樣就能分辨是哪個藩的武士。肩衣的左右、背部及袴的腰板（腰後的山形板）會加上家紋。後來也成為庶民的禮服，明治時代後，也用於祭祀儀式或藝能表演。

裃

剃刀（かみそり）

剃髮或剃鬍用的銳利單刃刀，古時亦稱「髮剃」。原為僧侶剃髮所用，到了室町時代，因為武士之間流行起剃掉瀏海的月代頭[23]，需求量大增，於是播摩（兵庫縣西南部）等處遂成為產地。遊女及年輕女孩也會用來修眉形。由於刀鋒必須保持銳利，所以得不時磨刀。明治時代傳入日本的雙刃西洋剃刀（レーザー，原自英文的razor）是放在皮帶上來回刮磨，而日本傳統的剃刀是在合砥（磨刀石）上磨。

剃刀

髮文字（かもじ）【髮片】

女性綁髮時，加在髮量不足處的頭髮，亦稱添髮、入毛，也寫作髢。自平安時代起作為*鬘（假髮）的一種使用，但在室町時代末期，女性的髮型從垂髮變成在頭上結髮綁髻，因此使用的人變多，髮文字成為普遍的稱呼。到了江戶時代更出現各種髮髻，為配合髮型，髮文字也變得多樣，大街上還有專賣店的「髮文字屋」。

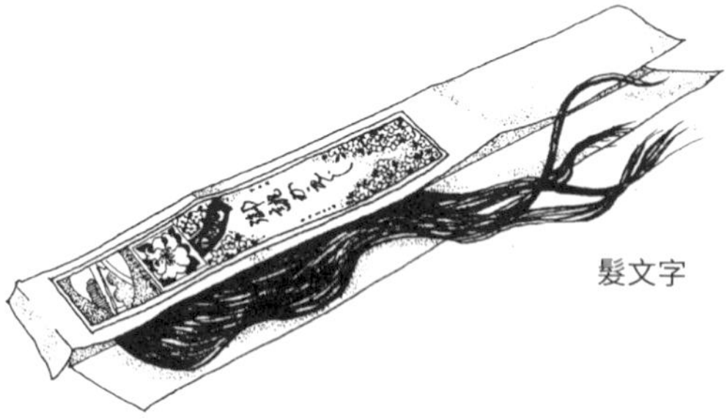

髮文字

簪（かんざし）

插在髮上維持髮型，同時具裝飾性的髮飾。插棒分為雙股成釵，簪頭有各種裝飾。據說起源是古代人會將花草插在頭上裝飾，以及男性為了不讓頭冠掉落而使用的固定物，名稱從髮刺變成簪。室町時代末期，女性一改

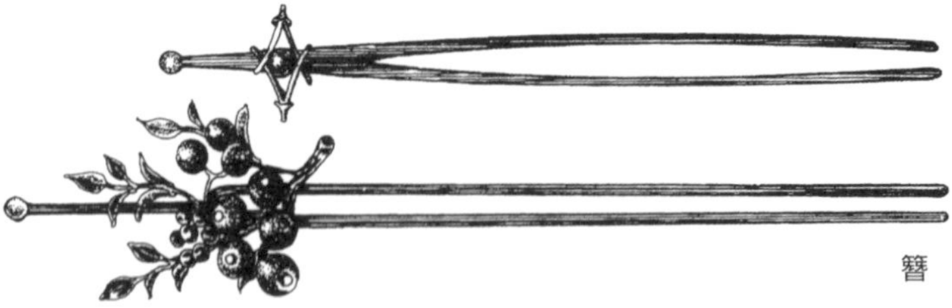

簪

過去的垂髮，梳起髮髻。江戶時代出現各式各樣的髻，隨之做出多種以裝飾為主要用途的簪，如金銀、玳瑁（龜甲）、象牙、珊瑚、玻璃等材質，作工精巧細膩。有時會與*櫛（髮梳）、*笄搭配成套。

樏

分為在雪地行走用的輪樏與下水田工作用的板樏。輪樏亦稱雪輪，以竹或木材做成環狀，捆紮套腳用的*繩與綁在腳上固定的結繩，穿上後走在剛積雪的雪地或山中，腳就不會陷進雪或土裡。有些地方的人在水田工作時也會穿樏。也有用竹片或細竹編成*簀子樣式的樏，專門用來將雪踩硬。

板樏是*田下駄（田木屐），關東地區通常單稱樏。有多種樣式，如橢圓形的環中央綁上放腳的板子，或是架上穿入鼻緒[5]的橫板形式，也有外框做成長方形的板框等。

另外，還有將套於腳趾的金屬配件用繩綁在腳上的鐵樏。自江戶時代中期開始使用，冰封時期上山工作或狩獵的人為防滑所穿。

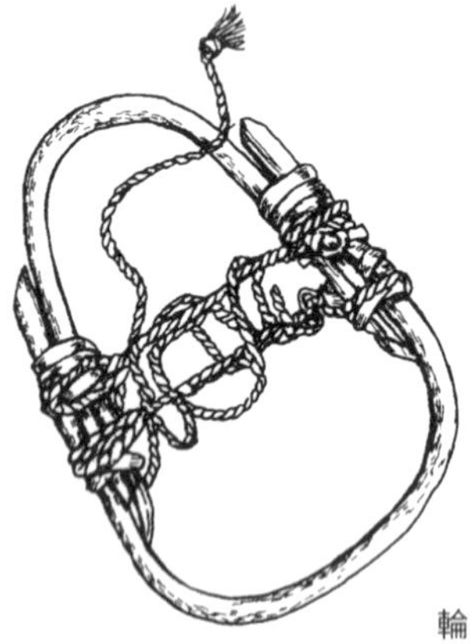

輪樏

著茣蓙【著蓙】

將藺草編成的*茣蓙（蓙）接上背帶，當作外出服使用。分為橫式與直式，橫式是披在背上，農作時用來遮陽，直式是包覆全身，用來擋雨或雪。不用時可捲起來，輕便好攜帶，也被當作旅行服。另有ヒミノ（himino）、ヒデリゴザ（hiderigoza）、セグラ（segura）等稱呼。

著茣蓙

著物【和服】

泛指穿在身上的衣服，一般是指和服。平安時代貴族所穿的衣服，男女皆是上下兩件式，內搭稱作肌小袖的白小袖。而庶民是穿長及小腿的筒袖*小袖。到了鎌倉時代，武士偏好方便活動的小袖款式，因此當成家居服穿，

著物（振袖）的部位名稱

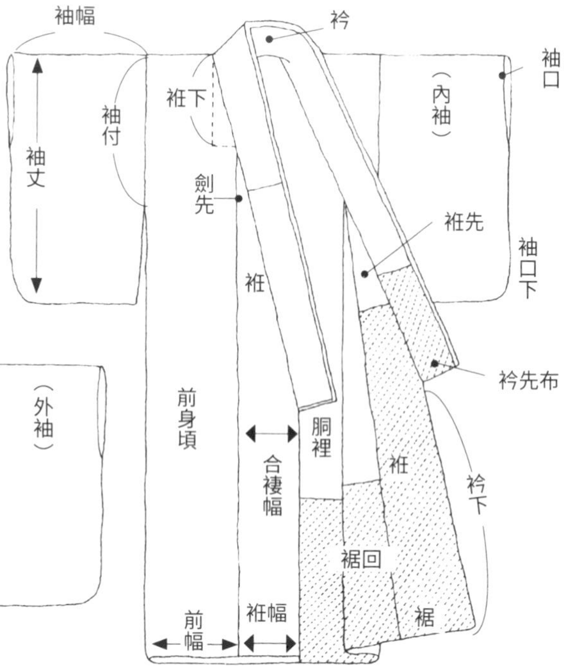

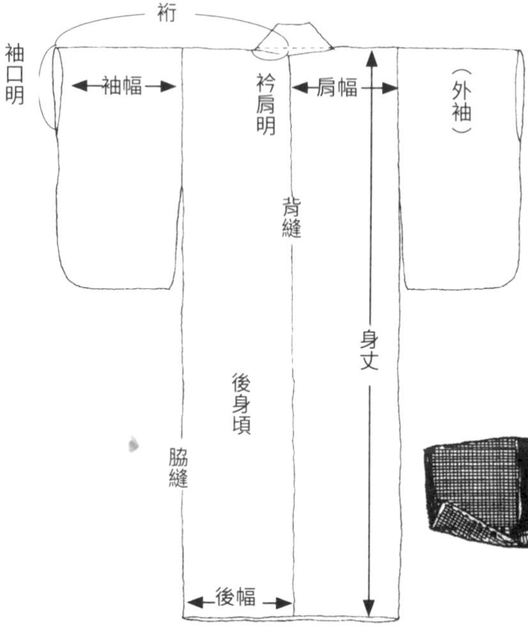

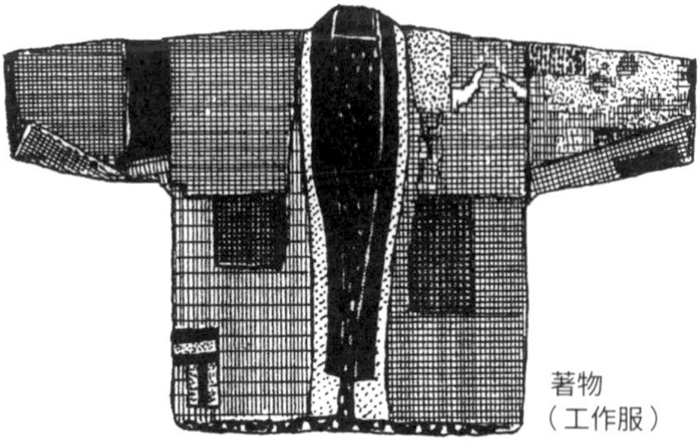
著物（工作服）

女性也不再穿著穿脫費事的*袴。室町時代中期又變成不穿袴、在小袖綁*帶的表著穿法。之後，儘管著丈[24]或*袖的形狀、長短等持續改變，小袖已成為和服的基本款。

基本上是由身頃[25]、袖、衽、*衿（領）構成。身頃與袖是前後共用一塊布料，將幾近直線剪裁的布縫成左右對稱，此為日本著物的一大特徵。依縫製方式分為無內裡的單衣、以兩片布縫成有內裡的袷衣、表層和內裡之間塞棉花的棉入（鋪棉）等。著物使用的布稱作反物，以一反或一匹（二反）為基本單位，一反的長度約一一公尺，並幅寬約三六公分、廣幅寬約七二公分，一件成人著物的布料用量為並幅一反。

腳絆（きゃはん）【綁腿】

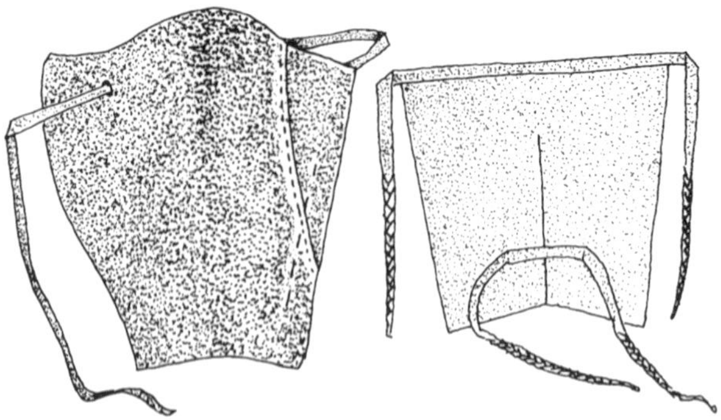

腳絆

用來保護小腿和禦寒的配件，分為旅行用、務農用、山地作業用。旅行用通常是布製，江戶時代後多為藍染棉布。有上半部加上襠布、呈扇形纏繞使用的，以及做成筒狀的樣式。以繩帶綁住固定，也有下方加小鉤的設計。務農或山地作業用的多是以稻草或香蒲等製成，女性常用布製品，亦稱*脛巾。由於形態、用途皆相同，有些地方會將腳絆和脛巾混為一談，還有脛當、ハッパキ（happaki）等稱呼。另外，也有纏繞羅紗（呢絨）布條的卷腳絆，源於過去軍隊使用的西式綁腿（gaiter）。雖然現在已很少見，但在盂蘭盆舞[26]大會或民俗藝能表演時仍當作服裝配件穿用，以及往生者所穿的白腳絆。

櫛（くし）【髮梳】

用來梳理頭髮的道具，也被女性當成髮飾。繩文時代的出土物中已有櫛的存在，由此可知，櫛是從古代就開始用的東西。一開始是將數根裁細的竹子或木材排成一排束好，塗上朱漆或黑漆使其變硬的長齒櫛。古墳時代後期有了橫長形的木櫛，之後隨著時代演變，出現各種不同用途的櫛。到了江戶時代，興起結髮綁髻的風潮，因此形式變得更加多樣。

梳髮用的是橫長且無柄、粗齒的解

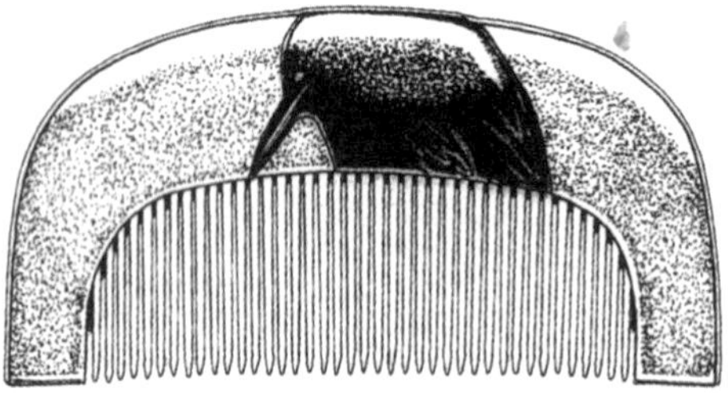

解櫛

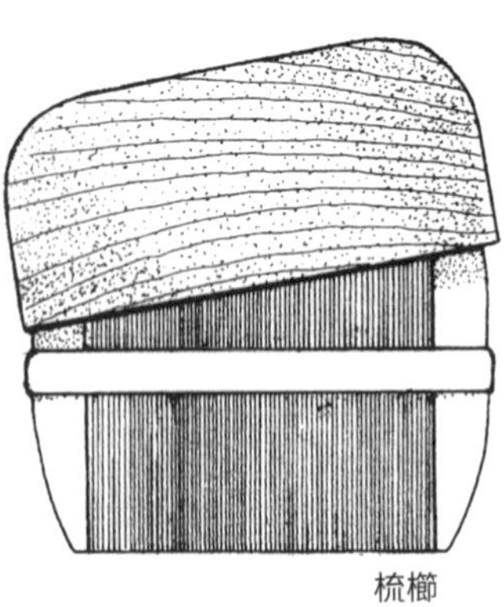

梳櫛

櫛。梳理濕髮、去除皮屑的是梳櫛，通常兩側會有細齒。縱形長齒、握柄細長、前端尖銳的鬢櫛用來梳齊髮鬢、整理髮型。梳整髮流的是篦櫛，形似鬢櫛，齒較短、握柄較長。鬢櫛的長握柄可用來整理髮線，亦可當作髮簪。另外，還有用來固定、裝飾頭髮，插在髮髻根部的半圓形插櫛等。

結髮時多是用黃楊、蚊母樹、斧折樺等木材製成的木櫛，著重裝飾性的插櫛是會施以蒔繪或螺鈿等華麗裝飾的塗櫛，或使用金、銀、玳瑁（龜甲）、象牙等各種材質製成。如今塑膠製的橫長形櫛變得普遍，使用毛梳的人也很多。

自古以來櫛被視為女性的象徵，人們認為女性的靈魂會附在櫛上，因此櫛被當作一種*船靈，放在船中祭拜。人們相信櫛如果斷了是即將發生壞事的前兆。

靴（くつ）（沓）【鞋】

穿在腳上可包覆腳背的鞋。現代日本人平常穿的鞋始於明治時代，由

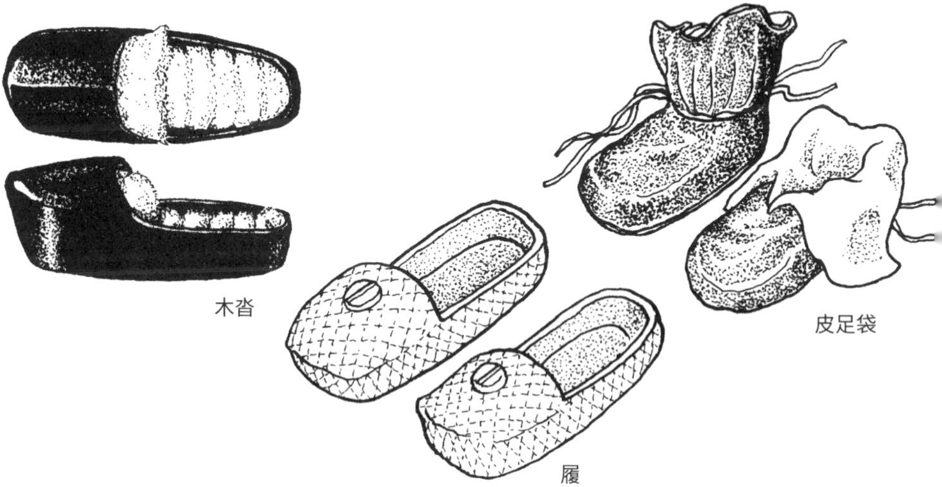
木沓
履
皮足袋

西歐傳入的革靴（皮鞋），漢字寫作「靴」。樣式豐富，如皮鞋、長靴、女用高跟鞋、綁帶短靴、帆布鞋、運動鞋等。

除此之外，日本傳統的鞋漢字寫作「沓」。最常見的是稻草製的*藁沓，亦有各種形式。繩文時代的出土物中有沓形土器，推斷是參考使用獸皮的沓所塑形而成。這類的鞋分為形似*足袋（分趾鞋襪）、趾間分開與不分開的樣式，稱為毛足袋、皮足袋等，通常是又鬼獵人[27]在狩獵時使用。阿伊努族在冬季至春季穿的鮭皮靴（cep-keri）同屬此類。另外一種是從中國傳入，上層階級著禮裝時穿的鞋。在鎌倉時代定型為木製的黑漆*爪掛（包趾）形式，寫作木沓或木履，至今仍是宮中禮裝或神官的服飾。

首飾（くびかざり）

掛在頸部的配飾。古時會將勾玉（曲玉）[28]、管玉[29]、蜻蛉玉（玻璃珠）一類的珠飾穿線掛在頸部或胸前，中世之後幾乎消失，僅剩少部分的人使用，

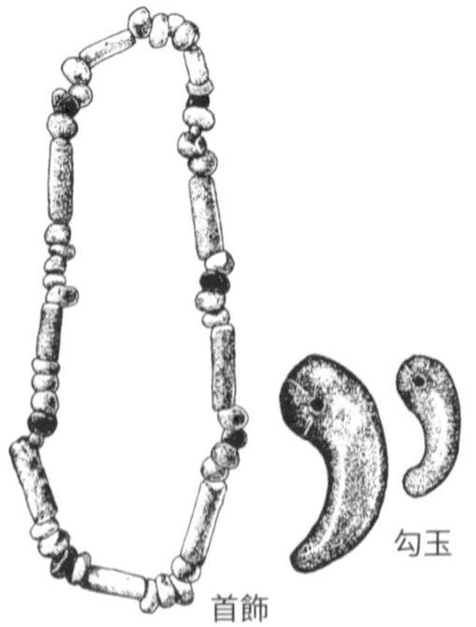

如巫女或山伏[30]、沖繩的祝女（女祭司）。到了明治時代，隨著服飾的西化、胸針等飾品傳入，首飾也被稱作項鍊（necklace），寶石、珍珠、金銀製的首飾變得普遍。

袈裟（けさ）

僧侶裹在僧衣外的長方形布。原本是用青、黃、紅、白、黑之正五色以外的濁色布縫接而成。穿的時候披掛於左肩，包覆至右腋下。長野縣上田市等處有項風俗，出生時臍帶繞頸的孩子稱為袈裟懸子，以袈裟二字取名（袈裟名），祈求孩子平安長大。

下駄（げた）【木屐】

鞋底有齒、於木製或竹製鞋面穿有鼻緒[5]的鞋。用一塊木板製作的稱為連齒下駄、在鞋面底部插接齒的稱為差齒下駄。鼻緒經常斷裂，所以得不時更換。

木板穿有鼻緒的下駄出現在彌生時代遺跡中的出土物，被視為下田耕作穿用的*田下駄。一般步行用的下駄始於古墳時代。齒高的連齒下駄是初始的造型，後來陸續出現各式各樣的下駄。像是將齒刨挖成馬蹄形的駒下駄、

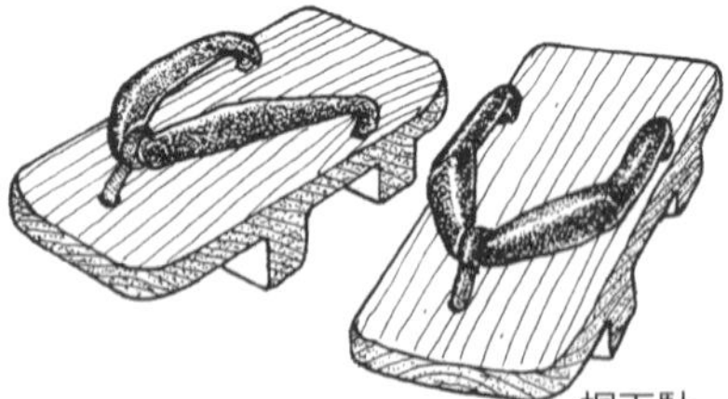
桐下駄

雪下駄

堂島[32]（女用）

堂島（男用）

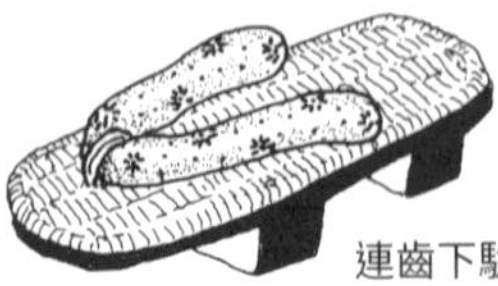
連齒下駄

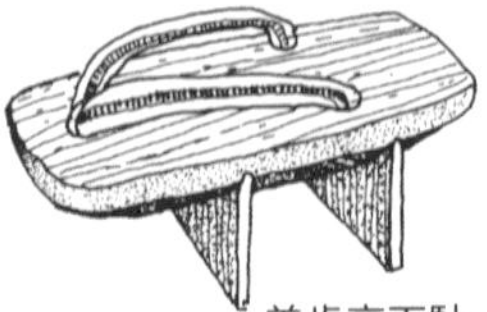
差齒高下駄

鞋面貼上藺草製*草履的草履下駄、插接朴木高齒的高下駄（亦稱朴齒下駄）、只有後齒的雪下駄，以及底厚中央有刳齒，過去是吉原的禿[31]而現在是舞妓或孩童穿的木履等。雖然江戶時代中期已普及於庶民之間，但農村的人們平時還是穿草履，只有特殊節日才會穿下駄。為了能夠久穿，有人想出在鞋面前後打出六個孔，當前齒磨損時就能拆下鼻緒換方向再穿。或是將杉木一類的廢材做成齒、貼在草履底部成為下駄，又或是將孟宗竹剖半，穿入鼻緒做成竹下駄，而花錢買的下駄只在特殊節日穿。

源兵衛（げんべい）

福島縣一帶下雪時穿的稻草製低筒沓，通常為老人和小孩所穿，用來走在積雪淺的硬雪地。同種的鞋在新潟縣東蒲原郡稱作源兵衛沓。不過在茨城縣大子町，源兵衛沓是指*爪掛（包趾）草鞋。

源兵衛

笄（こうがい）【盤髮簪】

與*櫛（髮梳）、*簪一起使用的女性髮飾。原本是用來梳髮、維持髻形而插在頭上，江戶時代隨著各種髮型的出現，儘管有年齡身分的限制，人們還是想發揮個性、享受打扮的樂趣，於是櫛、簪、笄都開始注重裝飾性。

為左右形狀對稱、插接而成的一根棒子，前端尖銳的卡榫也可用來搔頭。有金、銀、玳瑁（龜甲）、象牙等材質，以及蒔繪、螺鈿等漆塗樣式，多是和簪或再加上櫛組成一套。

此外，也有一種笄是和小柄[33]、目貫[34]一起附在武士的刀劍上。一端有挖耳棒狀的凹槽，另一端細尖，用來整理頭髮或清耳朵。

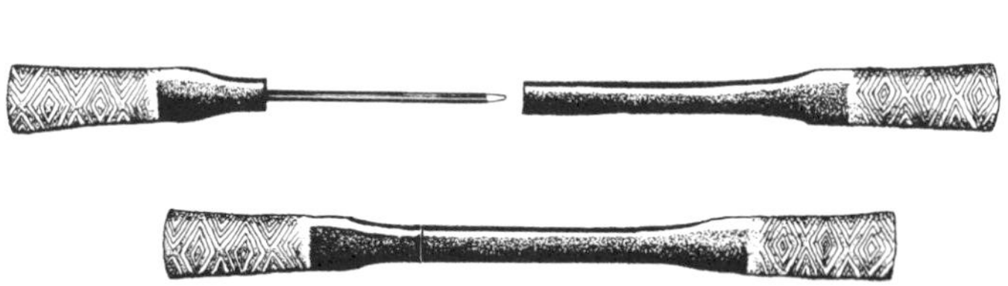

笄

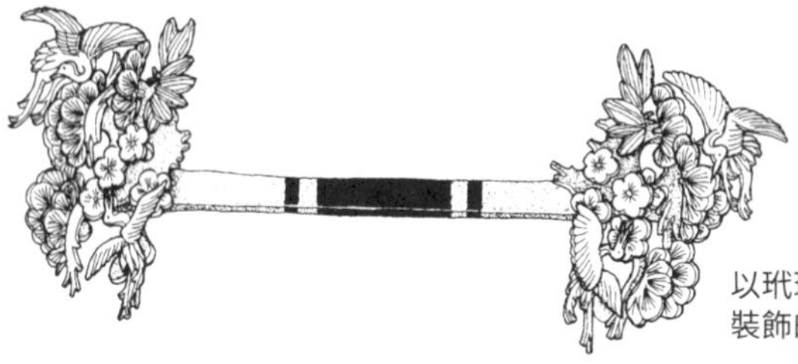

以玳瑁工藝裝飾的笄

腰帯（こしおび）

女性穿*著物（和服）時為了調整長度，用於提起下襬、纏繞於腰間的細帶。將半幅（寬約一五公分）的縮緬（縐綢）、綸子[6]或羽二重[7]等布料縫邊、塞入芯製成，或是直接用半幅布捆綁。

腰帯

腰巻（こしまき）

女性穿和服時，包覆腰腿的貼身衣物。多以女性用語[1-5]稱作「御腰」。稱呼因地而異，如湯卷、湯文字、湯具、肌苧、腳布、下物、二布、蹴出、ハモジ（hamoji）、ハモイ（hamoi）、ハダセ（hadase）、ハダスイ（hadasui）、

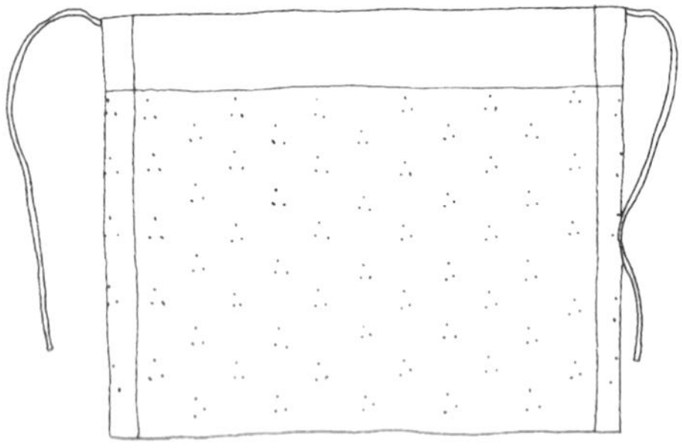
腰卷

カハン（kahan）、ドマキ（domaki）等。有些地方稱作褌、兵兒、御兵兒，發音與男性的*褌（兜襠布）相同，而男性的確也會穿。

如今泛指女性的襯衣，但在鎌倉時代是指下級女官夏天時，脫掉*打掛的兩袖後，綁在腰間的打扮。到了江戶時代成為將軍、御三家、大名夫人的夏季禮裝。江戶時代後期又變成穿在小袖之下、圍在腰部的長方形布，但當時對內外衣尚無明確區分。明治時代，腰卷被定義為不可外露的內衣，將四尺（約一五二公分）左右的白色、紅色或桃色棉布以左右交疊的方式圍在腰部，用上部兩端的繩帶打結固定，冬季則是用法蘭絨縫成二幅布。棉布普及前，是先用楮樹、椴木、紫藤等植物纖維製的太布做成著物（和服），穿到變軟再拿來作為腰卷使用。女性滿十三歲時，初次穿上父母、親戚或熟人送的腰卷，這種風俗即為女性的成人式，稱作腰卷祝、褌祝。此外，人們對紅色腰卷有各種迷信，像是可消災、預防感冒、避免火災延燒等。

腰蓑（こしみの）

腰蓑

圍在腰部的*蓑（蓑衣），用來務農時擋泥，或是捕魚時擋水花。款式多樣，有用稻草或薹草、樹皮編成，或用菅藻一類的海藻編成，也有用藺草編的*茣蓙（蓆）等。瀨戶內海一帶的人撒網捕魚時會穿上這個，稱作前苧、前當或カチミノ（kachimino）。

小袖

小袖（こそで）

相對於平安時代貴族穿的大袖，因為*袖較小，故得此名。當時的袖是筒袖，被貴族當作貼身衣物穿，庶民則是當作日常便服。平安時代末期，追求服裝簡化的貴族紛紛將小袖當成家居服並搭配*袴，於是小袖的身丈變成短為對丈[11]，身幅則變寬，袖付（與身體連接的袖端）緊接袖丈，變成沒有袖襬的形狀，袖口變窄，袂（袖口下的袋狀部分）呈圓弧狀。室町時代，公家與武家也開始將小袖當外衣穿，下半身搭配袴，後來也省去袴，成了小袖綁上*帶的略裝。於是，小袖成為*著物（和服）的代表。到了江戶時代中期，女性的小袖變成身幅窄、袖丈長、袖付短加上袖襬的*振袖，為未婚女性專用；而袖丈短、無袖襬的稱為*留袖，是已婚女性專用。因應身丈變長，而做出御端折調整長度。江戶時代末期，留袖也加上了短袖襬，外形近乎現在的小袖。

成為外衣的小袖，在桃山時代至江戶時代出現了採用辻花染（絞染）等染織技術的豪華樣式，還有以摺箔[35]、縫箔[36]、絞染、友禪染等做出華麗多彩的圖樣，在町人（商人和工匠）之間也流行起來。由於過度華奢屢遭禁止，於是興起配色素雅的低調款式，*縞（條紋）與小紋變得普遍，結城縞或八丈縞等特產品也在市場上流通。使用的布料有練貫[37]、平織絹布、綾、綸子[6]等，江戶時代中期起改用縮緬（縐紗）、羽二重[7]、紬、唐棧等。小袖的改變主要是在都市，雖然也有傳入部分的農山漁村，但長久以來多數人的日常便服仍是筒袖、三角袖的*絣或*縞織麻布、棉布小袖。

裂織（さきおり）

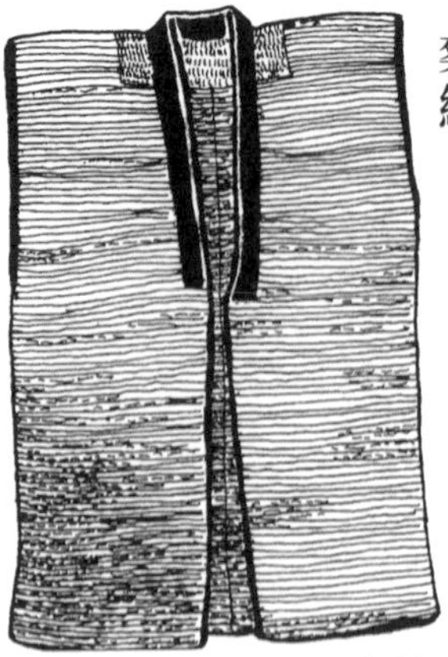

裂織做的*袖無

將舊棉布撕碎、保留邊緣，搓捻成類似*紐的線作為緯線，以麻或紫藤、棉線為經線織成的布。在無法種植棉花的日本海沿海一帶，即青森至山陰地區，由於舊棉布的流通相當活絡，而產出許多裂織。另有襤褸織、織小巾、綴、サックリ（sakkuri）、サッコリ（sakkori）等稱呼。舊棉布尚未流通前，人們是用稱作オグソ（oguso）、オクズ（okuzu）這種捻不成線的屑麻，或紫藤等植物纖維做的粗線當作緯線織布，稱為オグソザックリ（ogusozakkuri）、ノノザックリ（nonozakkuri）。

裂織雖厚重，但堅韌保暖、不緊貼肌膚且不透水，常被當作上山或下田的工作服、出海的*沖著物。如今新潟縣的佐渡郡相川町仍傳承這項技術，製作提袋等現代風格的裂織製品。

刺子（さしこ）

刺子的各種圖案

將布重疊、用針線刺繡而成的布或衣服，亦稱綴刺、ボト（boto）、ボッタ（botta）、ドンザ（donza）等。用途廣泛，如修補綻線、將舊布刺繡做成*雜巾（抹布）或衣服、補強*風呂敷（包巾）易破損的邊端。格外盛行於東北地區，舉凡長著、短著、*股引（緊身工作褲）、內衣、*前掛、*頭巾、*手甲、*腳絆（綁腿）、*手袋（手套）、*足袋（分趾鞋襪）等各種衣物皆施以刺子，進而發展出純熟的刺子技術。例如「津輕小巾」與「南部菱刺」就以刺子表現出複雜細緻的幾何圖樣。有著精細刺繡的布防水性高，常被漁夫當作*沖著物或禦寒衣物。此外，消防員的*半纏、股引、*帽子、手袋、足袋等也都刺有刺子。

猿股（さるまた）

一種男用內褲。以白棉布縫製、長度在膝上的短版*股引（緊身工作褲），後來西式

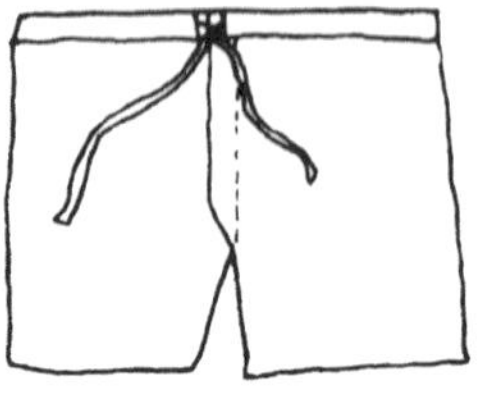

猿股

的四角褲（trunks）也被稱作猿股。在明治時代取代原本的*褌（兜襠布）普及開來。有時也會穿在褌外，用於下水田工作或禦寒。

直足袋（じかたび）

在戶外進行勞務時穿的厚底*足袋（分趾鞋襪）。由於穿上即可直接踩在地上，故得此稱。鞋面與底部通常採外縫方式接縫，分為長度及踝、長度至膝下。江戶時代還出現皮革製，但大部分為棉布製，經線和緯線都是以粗棉線密織的厚實石底織或刺子底，也會自家縫製。自製品是以*紐打結固定，而市售品多是用小鉤。大正十一年（一九二二）推出橡膠底的「地下足袋」後普及開來，這個名稱也廣為人知。一般是拇趾和其他四趾分開的二股式，也有不分趾的樣式。這種日本獨特的履物不易打滑，走在不平的地面也能活動自如，至今仍活用於建築工地等處。

地下足袋

縞（しま）【條紋】

將染色的織線作為經線或緯線織成圖樣或布，若經緯線皆用則會織出格紋。分為經縞、緯縞、經緯縞（格子縞），也有混織絣圖樣的絣縞。當中以經縞最多，有千筋、萬筋、棒縞、子持縞[38]、矢鱈縞[39]、大名縞、弁慶縞、瀧縞[40]等，主要用於和服的布料，而格子縞通常用於棉被。

縞出現於上古時代，盛行於江戶時代。因南蠻貿易而受到印度、斯里蘭卡及印尼等東南亞島國的影響，激發出各式各樣的縞，男女不拘、皆都做成時髦的*著物（和服），於是變得普及。但縞織不適用於正裝，多是織成外出服的縞御召（條紋縐綢）、袴用布料的仙台平、用於羽織內裡的甲斐絹等，成為庶民愛用的衣物。而貼上各種縞碎布的*縞帳，可當作訂購或構思自創縞圖樣的參考。

經縞（千筋）

經縞（矢鱈縞）

襦袢（じゅばん）

襦袢

一般是指穿在和服裡面的內衣，有時亦作為工作服的外衣。襦袢的日語「じゅばん」（juban）是葡萄牙語「gibão」的訛變，另有一說是阿拉伯語「jubbeh」。江戶時代開始指稱內衣。在那之前，日本人沒有穿內衣的習慣，男性是下半身穿*褌（兜襠布），女性是穿*腰卷，然後外搭*小袖形式的*著物（和服），天冷時再添衣。在江戶時代，無袖的及腰短版衣成為普遍穿用的內衣，之後出現了有袖、長度及踝的衣物，才養成穿內衣的習慣，促成了襦袢的誕生。無袵單衣的及腰襦袢為半襦袢，長版的是長襦袢，以漂白棉布或紗布製成、當作貼身衣物穿的是肌襦袢。到了明治時代，男性也將西式襯衫當內衣穿。

作為工作服的襦袢形式多樣，依地區或使用場合而異。基本上無袵，舉凡無內裡的單衣、有內裡的袷衣、*刺子、*裂織等，長度分為腰丈、脛丈、對丈[11]等，袖形也很豐富。各地有不同稱呼，如仕事襦袢、野良襦袢、山襦袢、身近襦袢、肌襦袢、スネキレジュバン（sunekirejuban）、トッポジュバン（toppojuban）、タホジュバン（tahojuban）等。

上布（じょうふ）

上布

將苧麻纖維紡成細線，以平織方式織成的上等麻布。以雪曬[41]或反覆澆灰汁曝曬製成的漂白上布，做出來的衣服是最頂級的夏裝。自古即有不少代表性的產地，如越後上布、能登上布、奈良上布、近江上布、宮古上布、八重山上布等，都是冠上產地名且廣為人知的產品。明治時代以後，除了麻布之外，用上等絹布等織成的堅韌薄布也稱上布。

尻當（しりあて）【臀墊】

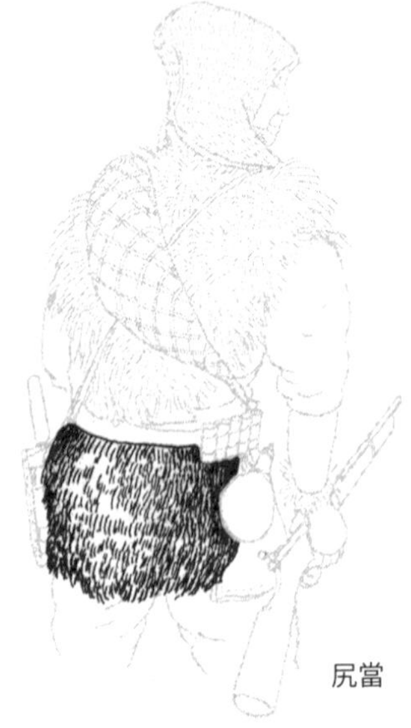
尻當

到野外或在山上工作時會將此物綁在腰上，可墊在臀下當靠墊休息。形似小型*座蒲團（坐墊），也有用*襤褸縫製而成的款式。另外，還有又鬼獵人[27]在山中狩獵時穿的毛皮尻當。

印半纏（しるしばんてん）

印半纏

*半纏的一種，為建築工人、木工、園藝師、船員等當作外衣穿用。因為在*衿（領）、背、腰間有白色印染的屋號、家紋、組印或組名，故得此名。為筒袖、無袵、長度及腰，有深藍色棉布的無內裡單衣與有內裡袷衣，也有*刺子的樣式。通常是盂蘭盆節和歲末時，由常客或親方（師傅）贈予，稱作「御仕著」（制服）。由於具有對工作或是為所屬店家、組宣傳的作用，亦稱看板。

甚平衛（じんべえ）

在日本是普遍的男性夏裝。長度及腰的筒袖麻布衣，身頃（衣身）與*袖之間有空隙，以千鳥掛（交叉縫）的方式連接。身頃的左右有短*紐，用來打結固定。下半身通常搭配相同布料的及膝褲。被當作家居服，或是在家附近活動時穿的外出服，這樣的習慣始於西日本。

甚平衛

不過，甚平衛在近畿、中國地區與九州的部分地區是指上衣，而在某些地方則是指冬季禦寒用的袷衣或鋪棉*袖無。但一般還是指麻布做的夏裝上衣，除了筒袖的樣式，還有短袖或無袖。岡山縣是用葛布製作，佐賀縣則有稱作浴衣甚平衛的棉布浴衣。如此的夏裝上衣發展成現在的甚平衛。

頭巾（ずきん）

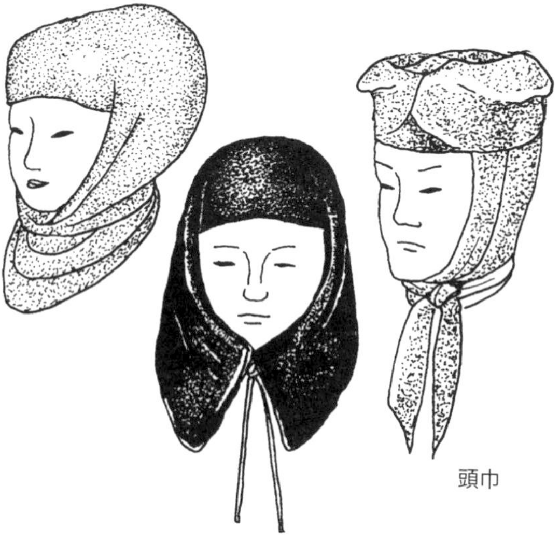

頭巾

泛指縫成袋狀的布製頭飾。於戶外勞動時用的頭巾，目的是遮陽、擋雜草和樹叢、禦寒、防蟲等。依地區有不同的形狀與稱呼，新潟縣北部至山形、秋田縣一帶，女性用的覆面頭巾分為橫長形與縱長形，前者稱作御被、ドモコモ（domokomo）、マルボシ（maruboshi）、マドボッチ（madobocchi）等，後者稱作加賀帽子、三德等。秋田縣至山口縣一帶可見到布條狀的タナ（tana）、細布的袢衣手綱。江戶時代開始會依身分或職業區別使用，也出現因應流行或喜好誕生的頭巾。像是丸頭巾、角頭巾、錣頭巾、御高祖頭巾、氣儘頭巾、宗十郎頭巾等。

すててこ【半股引】

長度及膝至小腿之間的男用褲，現多為白棉布褲，主要當作夏季用的內褲。以前這個名稱在某些地方是指短版的半股引，在秋田縣將春耕至秋收期間穿的半股引稱作タモッペ（tamoppe）、ステコモッペ（sutekomoppe）。明治時代前期因為落語家初代三遊亭圓遊將和服背面的下襬塞進腰帶，以半股引似的裝扮跳「すててこ舞」獲得好評，使這個名稱為人所知。

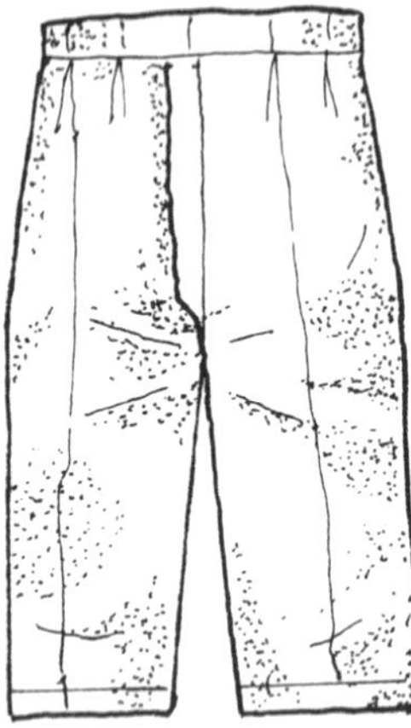
すててこ（suteteko）

雪駄（せった）

表面是竹皮編的*草履，底部縫接牛皮等皮革。亦寫作雪踏，也稱席駄。據說來自茶聖千利休的構想，自江戶時代初期開始使用，中期出現在腳跟背面加上名為尻鐵的鐵片設計。第二次世界大戰後，利用舊輪胎做的橡膠底雪駄變得普遍，現在也有廉價的塑膠製品。

雪駄

扇子（せんす）

搧風解熱的扇子，因前端向外展開，又稱末廣。中國或朝鮮半島、西方國家皆有扇，但折扇是日本的發明，早在奈良時代已開始使用。用檜木的徑切板製成的扇稱作檜扇，源自木簡或*笏（手板）。平安時代也有用竹等材料構成扇骨的紙糊扇，稱為蝙蝠扇。作法有兩種，一種是在扇骨的兩面糊紙，另一種是將扇骨沾糊插入袋狀的

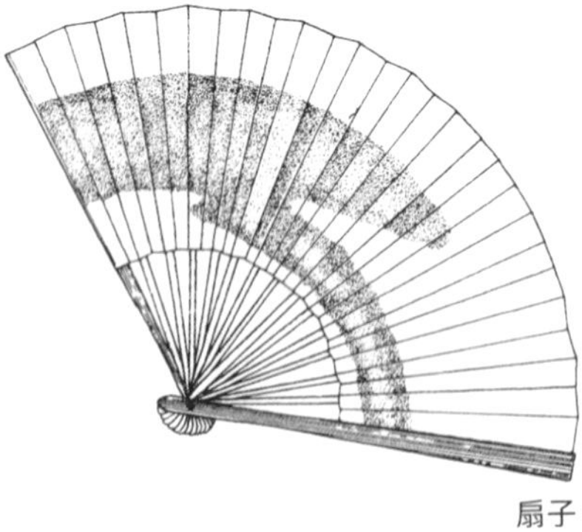
扇子

紙內貼合，現在多是後者。扇也是祭祀儀式上搭配神樂等表演的採物道具，亦被視為神靈的象徵。日本舞也會使用*舞扇。有些人平時會隨身攜帶小巧輕便的扇子。匠心獨具的設計也很多，像是用絹布做成扇面等。

草履（ぞうり）

用稻草或竹皮編成鞋面，並穿入鼻緒[5]的鞋。如字面所示，意指草編足履，在各地還有用香蒲、薹草、知風草、藺草、麻葉、蘘荷葉、林投樹葉、玉米皮等各種植物纖維編成的草履。也有植物纖維混織*襤褸的樣式。為了與半草履的*足半區分，有些地方將此稱作長草履。

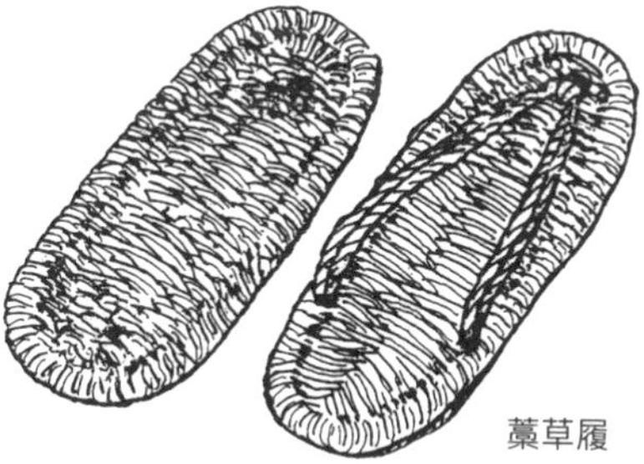

藁草履

袖（そで）

在身頃（衣身）左右，供雙臂穿入的*著物（和服）部分。形狀依著物的形態、階層、年齡、性別、用途等有多種樣式。晴著或日常穿的著物有平袖、袂袖、元祿袖、角袖等，也有像*小袖、*振袖、*留袖這樣直接以袖形代表著物名稱的例子。工作穿的著物會在袖付（與身體連接的袖端）加襠，或是將袖口、袖幅、袖長改窄縮短，做成機能性高的筒袖、卷袖、鐵炮袖等。

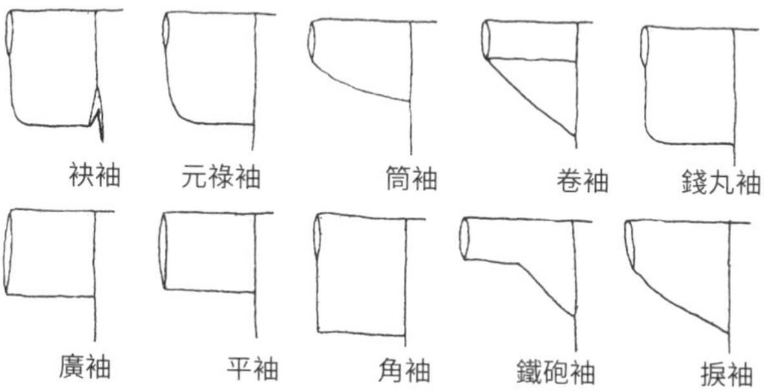

袖無（そでなし）

泛指長度及腰的無袖上衣。穿在名為襦袢、山著、ミジカ（mijika）、コシキレ（koshikire）、ハンギレ（hangire）等，長度至膝上或腰間的上衣外，當作工作服或家居服。在氣候溫暖的地區，人們只穿一件袖無上工。分為無內裡的單衣與有內裡的袷衣，也有禦寒用的鋪棉樣式。在前布和後布之間加上一塊脇襠以增加活動空間，也有不加襠的款式。多加上黑色繻子或棉布的掛襟（防污損的襟帶）。也有麻製、絹製，大部分是棉製，還有*裂織、*刺子、綴織。古時還有用蕁麻、青苧等編成的粗編布（*編衣）製品。散見

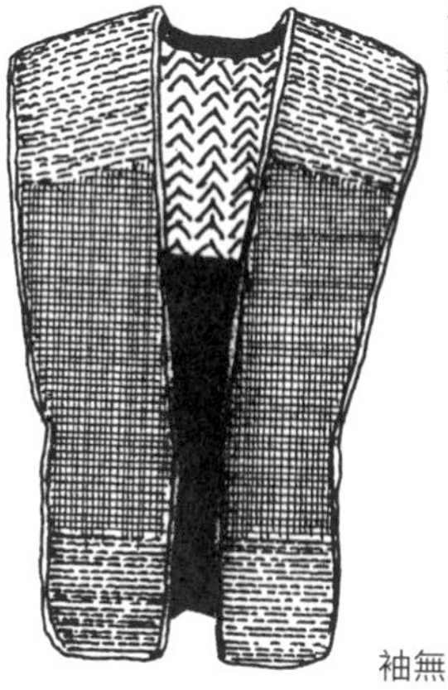

袖無

於各地，有各式各樣的名稱，如突貫、甚兵衛、カタギン（katagin）、ニズリ（nizuri）、デンチ（denchi）、テンジン（tenjin）等。此外，孩童與老人家穿的袷衣或鋪棉袖無稱作チャンチャンコ（chanchanko），慶祝長輩過還曆（六十大壽）贈送紅色チャンチャンコ（chanchanko）的風俗仍延續至今。

襷（たすき）

驛傳的襷　早乙女的襷

襷分為兩種，一種是工作時為方便活動，將*著物（和服）的*袖拉起固定的*紐。用於特殊場合，如神官進行祭祀儀式、廚師進行庖丁式[1-53]、武士決鬥，或是早乙女（下田插秧的年輕女性）在御田植祭扛神輿的時候。江戶時代隨著廣袖與袂袖等長著的流行，普及至日常生活，成為人們做家事時的必備品。

另一種是斜掛在肩膀至腰部的襷，比起實用性，較偏重儀禮、裝飾的用途。出土文物中就有身上披寬襷的埴輪[42]，近代之後，天皇或軍人著禮裝時，大禮服要披襷、別勳章才是正裝。如今仍可見到參與示威遊行的人或候選人身上披襷、頭綁*鉢卷（頭帶）的打扮。另外，像是箱根驛傳[43]之類的道路接力賽，參賽選手要合力完成傳襷（接力帶）的目標，由此可知襷被當作具有特殊力量之物。

伊達卷（だてまき）

伊達卷

女性穿和服時用的細帶。用來調整長襦袢的腰圍，或是拉整*著物（和服）長度的御端折、防止變形，纏在腰部後再綁上*帶。又稱伊達締，以博多織或繻子織等作工精緻的染織布製成。

疊紙（たとう）

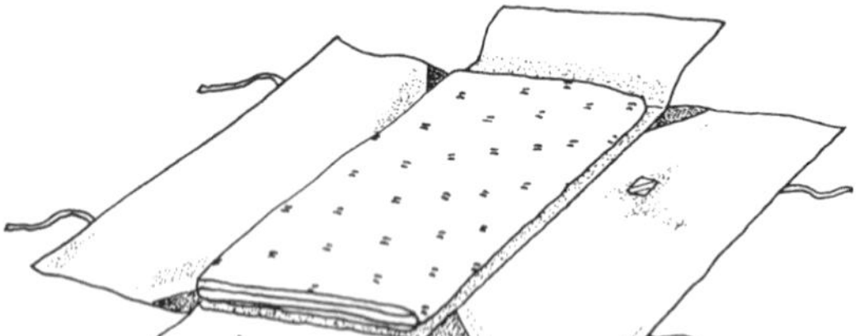

疊紙

日文發音從疊紙（tatougami），略稱疊（tatou），亦寫作帖紙。一般用來包覆收納衣物，也會拿來包裹綁髮的器具等。如今多是用上下左右有折痕、附綁帶的和紙，過去也曾用過塗柿澀液或漆加強韌度的紙。此外，折起來收進懷中攜帶的紙也稱疊紙。

足袋（たび）【分趾鞋襪】

拇趾與其他四趾分開的包趾鞋履。源自室町時代，為武士出遠門或旅行時穿的皮革鞋，趾間分開，以*紐繫緊的袋狀旅沓（旅用鞋）。後來取「旅」字簡稱為「たび」（tabi），寫作足袋。另一種說法是因為用鹿等動物的皮革製成，而稱作「單皮」（tabi）。江戶時代中期出現了棉布製的足袋，加上名為小鉤的金屬勾扣後，足袋才變得普遍。江戶時代末期，男性通常穿深藍或白色，女性則是白色。尺寸以當時的貨幣寬永通寶一文錢，即直徑八分（約二．四公分）為基準，單位是一文。平時穿的足袋為自製，旅行才會使用自足袋屋購買的足袋。明治時代以後，底布使用堅韌的雲齋織（斜紋織棉布），腳背則使用絹羽二重、印度平織棉布（calico）、天鵝絨、燈芯絨等材質，也有具圖案的樣式，不過著正裝時必須穿白色的足袋。

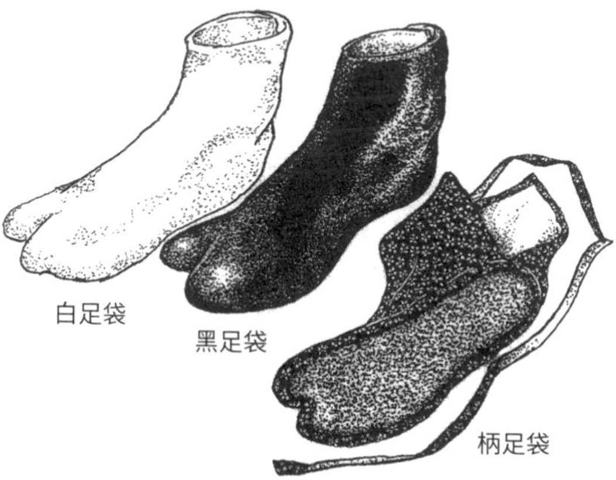

足袋相當於穿*靴（鞋）時的襪子，一般是搭配*下駄（木屐）、*草履等日式鞋履。另一方面，也有像一開始提到的旅沓那樣，可直接踩踏地面的足袋，稱作跣足足袋，主要用於登山或運動，直到昭和三〇年代仍可見到。此外，還有在戶外勞動時穿的厚底*直足袋（地下足袋）。自大正時代開始賣鞋底為橡膠材質的足袋後，更被廣泛作為各行業的鞋履，如農作、上山勞動和建築工地等。

丹前（たんぜん）

穿在*著物（和服）或睡衣外、禦寒用的廣袖鋪棉衣。名稱源自丹前姿，江戶時代初期在江戶神田堀丹後守屋敷前進出澡堂的遊客與俠客，倣效陪浴的湯女在洗完澡後的穿著，稱之為伊達姿。後來這股流行傳到京都和大坂，那種衣服被稱作丹前，而關東稱為褞袍。至今仍有許多日式旅館會在寒冷時節提供給住宿的客人禦寒。

丹前

杖（つえ）

步行時輔助支撐身體的棒子。多為老人或傷者、盲人使用。在以徒步為主要移動手段的時代，杖曾是旅行的必備品。此外，還有輔助搬運重物的*息杖（拄杖）。有以天然木材或竹根加工的自家製品，也有塗漆的商品。

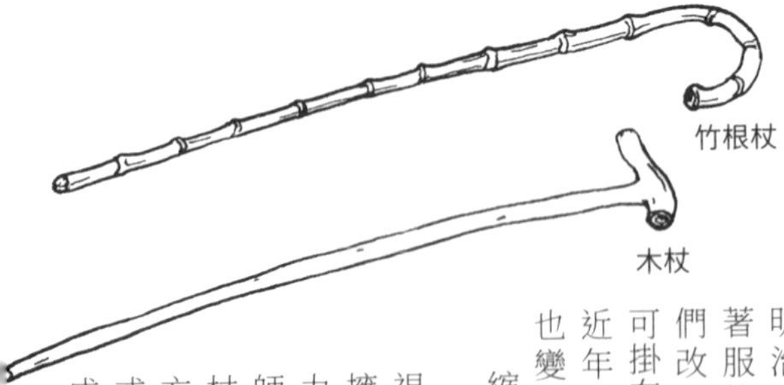

明治時代以後，隨著服飾的西化，人們改用握柄彎曲、可掛在手上的拐杖。近年來，金屬製品也變多，還有可伸縮的款式。

杖自古以來被視為神聖之物，擁有特殊的咒力。相傳弘法大師等高僧拿的杖，所碰到的地方會湧出溫泉，或是杖會生根長成大樹，諸如此類的傳說在日本各地流傳。因此，進行四國八十八所[44]等巡拜的朝聖者或四處遊走的修行者拿在手中的*金剛杖，除了輔助步行，也可說是具有信仰涵義的杖。

爪掛（つめかけ）

便於雪中行走的鞋具。用來包覆腳尖，通常是搭配*草鞋，也會套在*足半或*草履上使用。形狀多樣，如分趾或不分趾，附有細繩可綁在後腳跟固定的，或是用稻草束包覆芯繩的趾尖處。以稻草編製，分為俵編與組編。名稱因地而異，大多稱爪子，還有ゴンベ（gonbe）、ゴンベイ（gonbei）、ジンベ（jinbe）、マッカジンベ（makkajinbe）、クツゴメ（kutsugome）、オソフキ（osofuki）、シッペソウ（shippesou）、ズボタ（zubota）、ハナモジ（hanamoji）等稱呼。

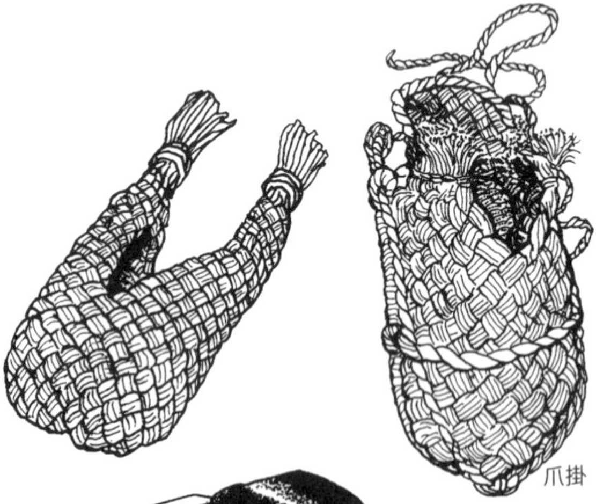

爪革（つまかわ）

套在高下駄上的爪革

皮革製鞋具，穿和服外出時，套在*下駄（木屐）或*草履的趾尖處。用於擋雨或雪，近年來也有塑膠製品。基本上是與鞋履分開製作的可拆式，但也有直接做在下駄或草履上的設計。

紬（つむぎ）

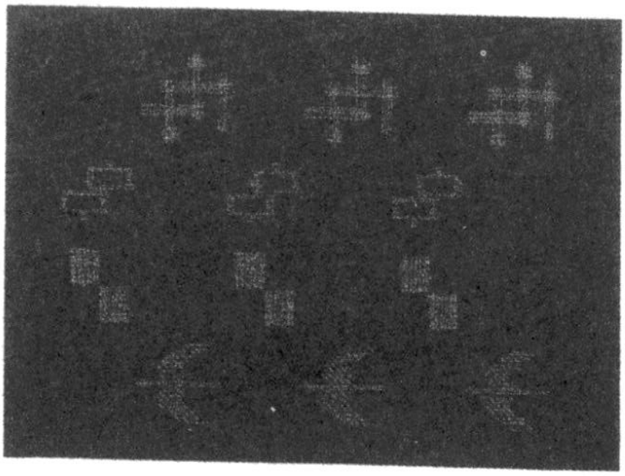

紬的圖樣

將玉繭[45]或蛾口繭[46]等無法販售的屑繭，用加了灰汁或小蘇打的水煮成真綿、紡成絹線織成布。原是自用，但真綿紡成的線粗糙不均且多節，織出來的布別有一番風味。而且布質堅韌、保濕度佳，穿久會產生光澤感，因愛好者漸增而變成商品。江戶時代時，各地熱衷於紬的生產，系紬與紬織為農村女性帶來不少現金收入。圖樣上以蚊絣或龜甲絣之類的小絣居多，也有素面或縞柄（條紋）的。通常是做成長著或*羽織，當作日常便服或輕便的外出服。起初為男性用，後來也為女性所用。紬的產地除了北海道，幾乎遍及全國，當中比較有名的是沖繩縣的久米島紬、鹿兒島縣的大島紬、茨城縣與栃木縣的結城紬、新潟縣的鹽澤紬等。

爪切（つめきり）【指甲剪】

全名為爪切鋏，用來修剪指甲或趾甲的器具。通常是像小型*鋏（剪刀）的形狀，也有配合指甲形狀做成刃內彎的鉗子形，近年多是用方便攜帶、附銼甲片的折疊式長方形爪切。

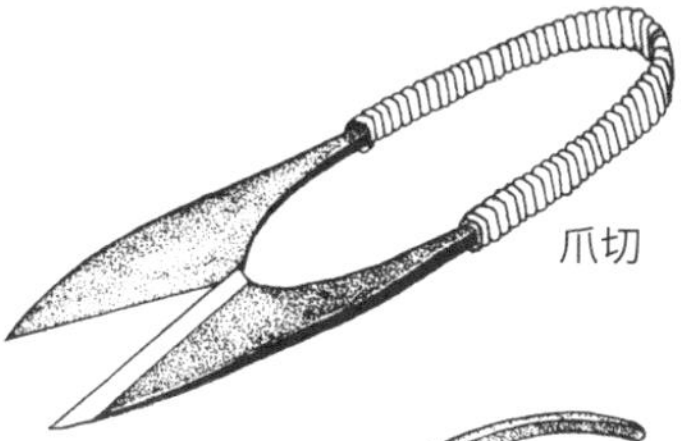

爪切

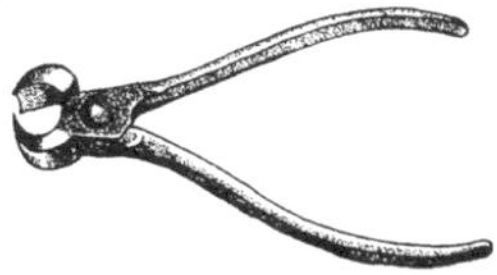

鉗子形爪切

手絡（てがら）

女性綁圓髻一類的髮型時，纏繞於根部的布。兼具裝飾效果，有縮緬（縐綢）或絞染等多種花色。

纏繞於圓髻的手絡

手甲（てっこう）

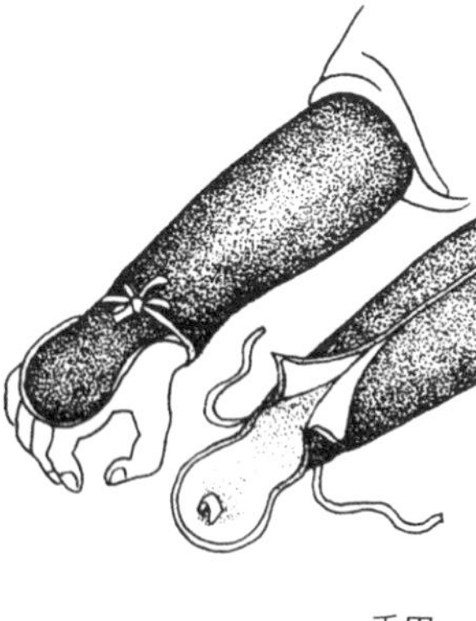

手甲

保護手背與手腕的布，亦稱てこう（tokou）、手覆，主要為女性使用。進行農務等戶外工作時，用來防止受傷、抵擋髒污，同時防曬，也有些許的禦寒效果。過去曾是必備的旅行裝備。分為包覆手腕、用縫接的細*紐綁住固定，以及手腕部分做成筒狀、以小鉤或細紐固定的款式。前端有覆蓋手背的半圓形布，中央前端有紐環，將中指套入此處，也有覆蓋至拇指的設計。多為素面的深藍色棉布，也會用白線繡縫圖案，做成*刺子。還有用於遍路裝束的白棉布製。稱呼因地而異，如手差、甲手、イガケ（igake）、コバアテ（kobaate）、テウエ（teue）等。也有結合*腕拔（袖套）的樣式。另有武具的皮革製手甲，稱作小手、籠手。

手拭（てぬぐい）【手巾】

主要用於洗手或臉、入浴、擦洗身體的布。古代是用麻布，江戶時代中期以後棉布變得普及，幾乎都以棉布製作，因此松阪（三重縣）、河內（大阪府）、三河（愛知縣）、播磨（兵庫縣）等棉布的產地也成了手拭的產地。起初是白棉布，後來出現了用蓼藍或紅花染色的手拭，尤其是不易顯髒的藍染最常被使用。手拭也常用來包頭，包法多樣，如姊樣被、頰被、鼻結被、米屋被、大黑被等。也可當成*鉢卷（頭帶）使用，像是扭成麻花狀的捻鉢卷、在額前打結的向鉢卷等。還有印上商店名或屋號的廣告用手拭、當作贈品的賀禮手拭。現在多為毛巾布材質，棉布手拭被稱作日本手拭，雖然如今幾乎只在祭典時使用，不過除了實用功能外，染印的各種圖紋設計也讓手拭成了一種裝飾品。

喧嘩被（常見於祭典）
姊樣被

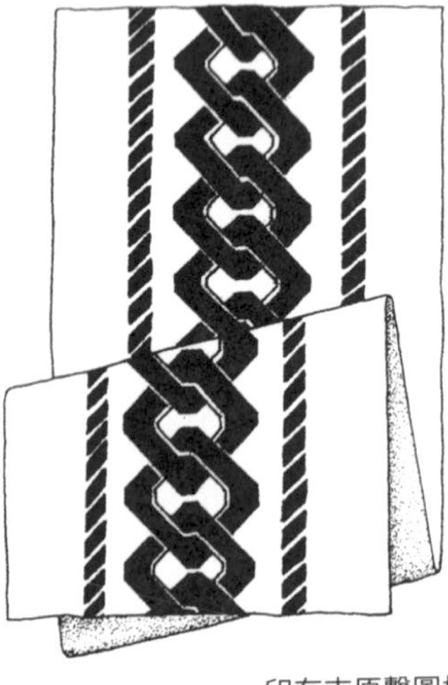
印有吉原繫圖樣的手拭

手袋（てぶくろ）【手套】

戴在手上，用來禦寒或保護手部的配件。也有防止物品被接觸的手弄髒，及作為裝飾配件的用途。有稻草編製、用布或皮革縫製的，還有毛線編織的手袋，通常是做成拇指與四指分開的連指式和五指式，也有拇指、食指與其他三指分開的樣式。戶外勞動用的手套分為稻草製，還有將布重疊數片、加厚縫合，做成*刺子的連指式。用粗白棉線編的、過去為軍用的五指手套軍手，如今被廣泛用於工作場所，橡膠製的家事手套也很普遍。

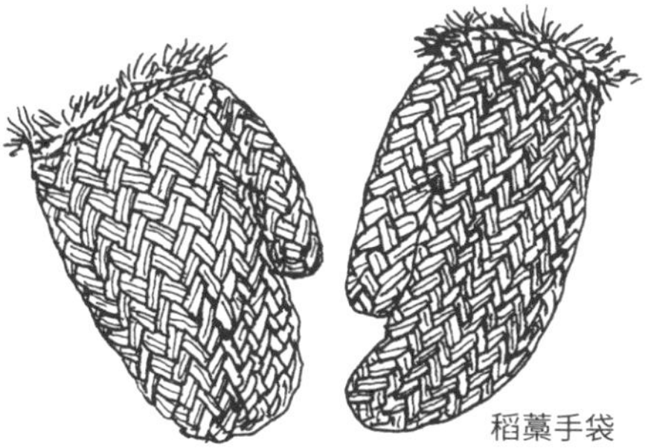
稻藁手袋

道中合羽（どうちゅうがっぱ）

*合羽是十五世紀隨著南蠻（葡萄牙、西班牙）貿易傳入日本的禦寒防水外套，其中用於旅行的稱為道中合羽。一開始是以羅紗（呢絨）製成，攤開後呈圓形，因此亦稱丸合羽。後來深藍色具*縞（條紋）或*絣圖樣的棉布製、有內裡的袷衣樣式變得普及，人們也開始穿有*袖的合羽。袖合羽上有插刀口，通常是武士使用，丸合羽則多為商人或町人使用，因為常被當作旅行裝備，而有了道中合羽之稱，也稱引回。

道中合羽

留袖（とめそで）

女用和服之一，為已婚女性的正裝，和未婚女性穿的*振袖相比，袖丈較短。過去是將袖與身頃（衣身）縫在一起、未做出袖襬，這種*袖稱作脇詰、脇差、留袖，後來便將具有這種袖的*著物（和服）稱為留袖。江戶時代後期變成袖只縫一半，下部做出袖襬的

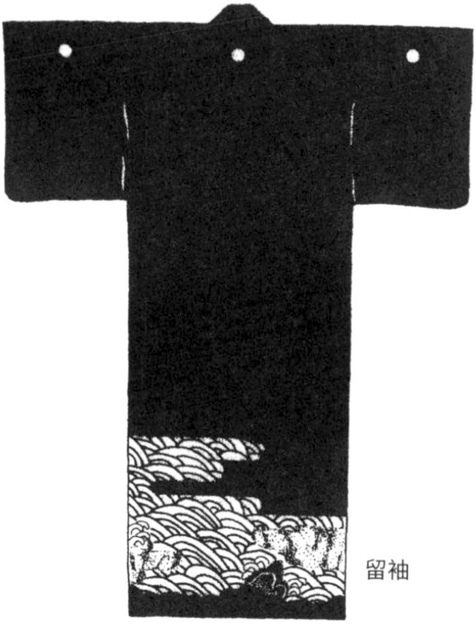
留袖

形式。留袖之中，黑色布料加上五紋（背領一個、左右的衿與袖各一個家紋）的江戶褄[47]留袖稱為黑留袖，黑色以外的稱為色留袖，如今兩種都被當作第一禮裝。

糠袋（ぬかぶくろ）

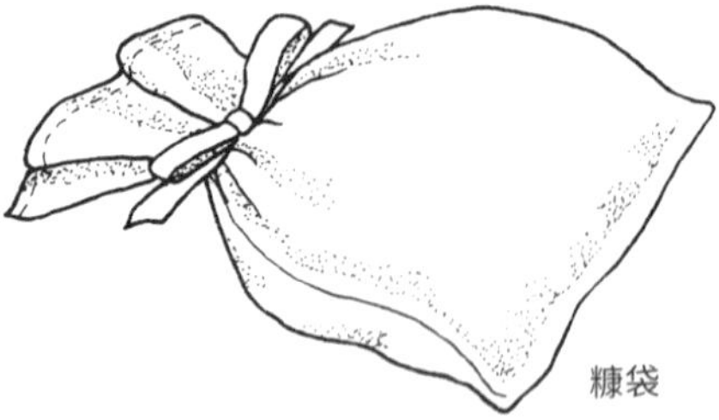

糠袋

裝了米糠的小袋，主要為女性洗臉沐浴時使用。過去上層階級會用稱為澡豆的白豆或綠豆粉、糙葉樹核果的皮當作清潔身體的洗粉，到了近世開始改用米糠，進而普及至庶民之間。將糙米精製成白米時產生的米糠篩細，裝進以麻布或棉布做成的七～一〇公分的布袋中使用。人們相信紅布會讓膚質變好，而選擇用紅色布袋，稱為紅葉袋，不過市售品多為白棉布袋。到了明治時代被肥皂取代，但昭和時代仍延續著使用糠袋的風俗。

布（ぬの）

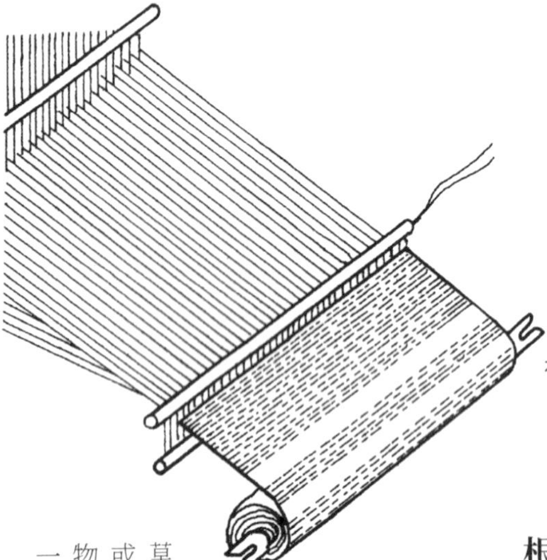

布

現在將聚酯纖維、尼龍等化學纖維在內的各種纖維織成的布統稱為布，但在過去是稱布帛。布帛是布與帛的合稱，布是指用紫藤、椴木、葛、楮樹、栲樹、構樹、蕁麻、麻等植物纖維織成的織物，帛則是指絹織物。江戶時代棉花的栽培變得普及後，棉布也被歸類在布之中，不過有些地方為了與布區分，以木綿稱之。植物纖維中在日本最被廣泛使用的是麻，許多地方將麻布稱作布或ノノ（nono）。另外還有用和紙做的*紙衣及紙布等其他種類的布。

根付（ねつけ）

一種飾品，接在*印籠、*財布（錢包）、作為錢包使用的*巾著（束口袋）、煙草入（菸草袋）、裝菸草或錢的*胴亂等物品的*紐的另一端。將紐夾入腰帶下外出時，根付

根付

可卡住紐，防止物品掉落。起初只有這個功能，所以造型簡單樸素，到了江戶時代開始對根付施以各種裝飾後，興起了追求流行、展現品味的風潮，出現在象牙、珊瑚、瑪瑙、獸角、竹、木等材料上雕刻人物、動物、植物、昆蟲、各種道具等的精緻樣式。

羽織（はおり）

穿在長著外的折*衿（領）短衣，由室町時代武士旅行或騎馬時穿的道服與十德變化而來。道服與十德原先都是僧侶旅行時的服裝。具*著物（和服）的衿、廣袖、無衽剪裁，丈短且脇下有襞（打摺）的十德，受到老武將、醫師、繪師等風雅人士的喜愛，在江戶時代，武家侍從的中間與小者也穿。而道服的丈比十德略長，庶民也會穿。羽織有各種形式，像是背部下方開叉、便於武士帶刀騎馬的打裂羽織，還有武將在戰場穿的陣羽織[22]、身丈比袖丈短的蝙蝠羽織、以鹿皮等皮革製成的革羽織、火消（消防員）穿的火事羽織等。

江戶時代末期，身丈及膝、有衽，正面的衣身以胸紐打結固定，在黑色羽二重[7]上拔染白色五紋（背領一個、左右的衿與袖各一個家紋）的羽織成為禮服，當時規定村吏之外的農民不能穿，因此名為甚兵衛羽織的袖無羽織，或町人（商人和工匠）的*半纏被當作正裝。明治時代廢除*裃，加上家紋的紋付羽織與*袴成為一般男子的禮服。

羽織

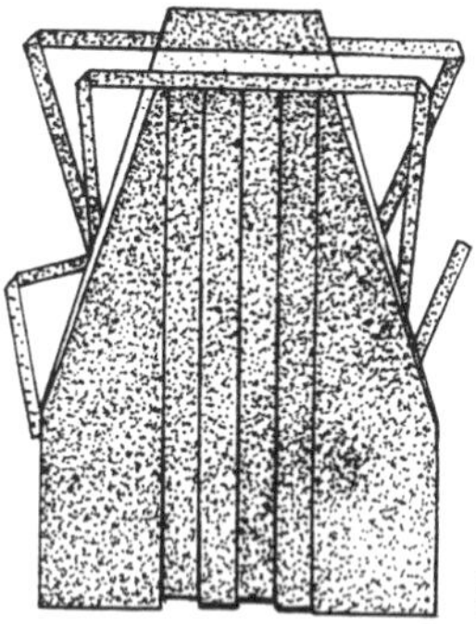

袴

後來女性也開始穿羽織，但當時已有*打掛為正裝，所以羽織未成為正裝。近年來，繪羽[48]或紋付的羽織變成通用的半禮服。

袴（はかま）

穿和服時，塞入上衣下襬、包覆下半身的寬鬆服裝，通常是雙腳分開的剪裁。古代的形式如古墳時代的埴輪[42]所示，大腿部分鼓脹，膝蓋處以*紐打結固定。奈良時代被當作禮服的白袴，至今仍被神社使用。到了近世，*小袖成為*著物（和服）的主流後，出現各種樣式。例如具寬口下襬的大口袴、綁收下襬使其鼓脹的指貫、為便於騎馬而在兩腿之間開高叉的馬乘袴、當作旅行服裝的野袴，以及小幅袴、四幅袴、長袴、半袴、平袴、行燈袴[49]等。

直到今日，搭配*羽織一起穿即是男性的和服禮服，自明治時代日本政府廢除*裃之後，紋付羽織與袴就被定為禮服。女用的袴有緋袴（紅袴）、長度及踝的緋切袴等。明治二十年（一八八七）無袵的行燈袴被採用為華族[50]女校的制服普及至民間，至今仍是畢業典禮時穿的服裝。此外，袴也是男孩從幼兒成為少年的象徵，還有初次穿袴的慶祝儀式，稱為「袴著」或「著袴之儀」，江戶時代之前是在虛歲的三歲舉行，之後則是五歲或七歲。

筥迫（はこせこ）

年輕女性放在懷中隨身攜帶的配飾，亦寫作函迫。用華麗的錦織製成，可插入花簪，或以流蘇結繩固定。江戶時代，女官或武家中流階層以上的年輕婦女會拿來裝鼻紙（面紙），現代是當作穿禮裝時的裝飾物。

筥迫

芭蕉布（ばしょうふ）

芭蕉布

以琉球芭蕉的纖維織成，是鹿兒島縣奄美地區與沖繩縣的特色織物。芭蕉布是全國通用的稱呼，不過在奄美和沖繩是稱作バサー（basaa）。自芭蕉樹幹取下纖維，用蓼藍或車輪梅（石斑木）染色，以*絣或*縞織做成*著物（和服）。目前僅剩少部分地區在製作。

鉢巻（はちまき）【頭帶】

纏綁於頭部的布，如今仍可在運動會、祭典或選舉等場合見到，陳情團體也常使用。有時會用*手拭（手巾）綁，綁法多樣，如捻鉢卷、向鉢卷等。古代的武將上戰場打仗時會戴揉烏帽子，為防止掉落，以白布帛纏綁邊緣再戴上頭盔。此外，神功皇后[51]出征朝鮮半島時，隨同的女性也在頭上綁了白布帛。近期則是第二次世界大戰時，神風特攻隊在頭上綁了印有太陽

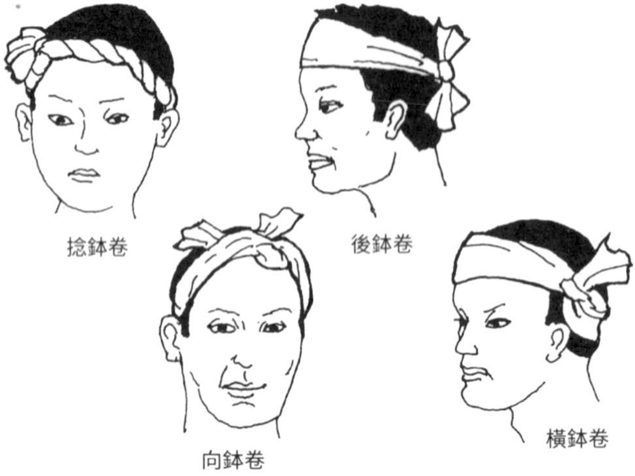
捻鉢卷　後鉢卷　向鉢卷　橫鉢卷

旗的白布。由這些例子可知，鉢卷有祈求戰勝的意義，被視為具神力之物。

法被（はっぴ）

江戶時代，下級武士或武家侍從的中間平時穿的短版外衣，之後逐漸普及至商家奉公人（下人）、職人或轎夫之間。為有內裡的棉布袷衣或鋪棉布衣，顏色通常是縹色（淡青色）或褐色系，也有少部分的藍染。廣袖、長度及膝的法被後來變成身丈和著丈長度差不多的對丈[11]。江戶時代末期，常與當時流行的窄袖藍染半纏混為一談。法被和半纏相同，多會印染商店名稱等字樣，亦稱看板。至今仍被使用，已定型為長度及腰至膝之間的筒袖。

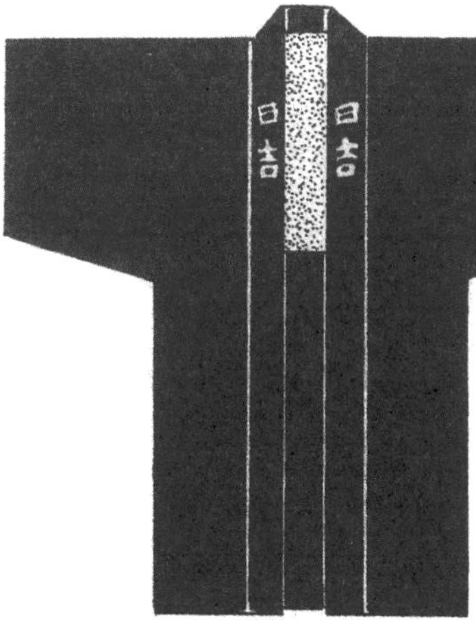

法被

脛巾（はばき）

綁在小腿上保護小腿的配件。用稻草、香蒲或藺草等編成四角或上部略寬的扇形，上下各在左右兩端接上打結用的*紐。主要用於狩獵、製炭、伐木等山林工作。保暖度佳，也可用來在雪中擋雪或禦寒。室町時代出現*脚絆（綁腿）的稱呼後，兩者逐漸被混淆，但多數地方是將用稻草等植物編成的稱作脛巾，布製品稱為脚絆。

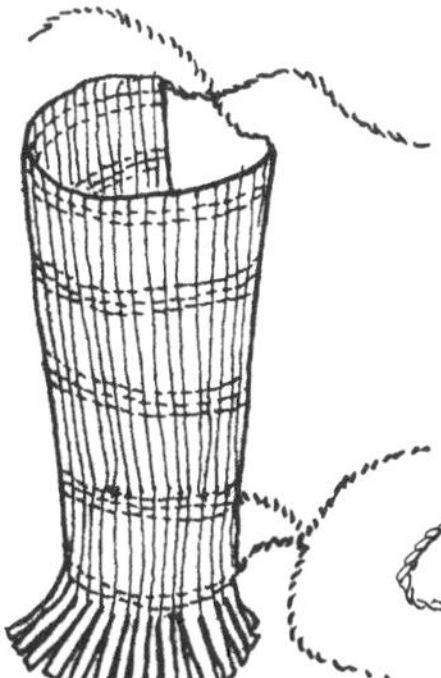

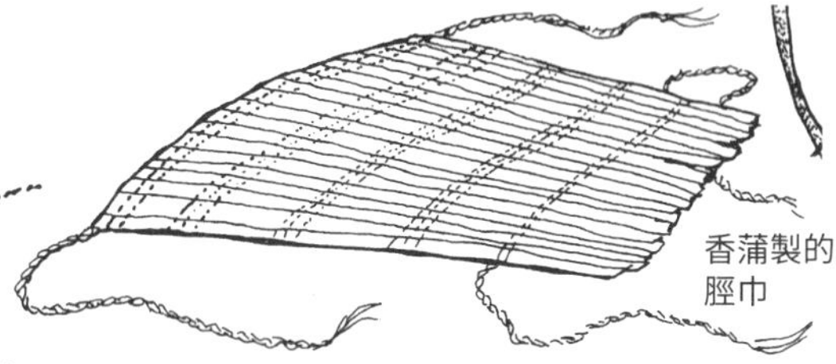
香蒲製的脛巾

腹掛（はらがけ）

穿在衣服外的男性工作服，用於保護胸腹部，主要是建築工人、木工、園藝師等職人使用。剪裁上通常是包覆胸前至腹側，也與*前掛相接的樣式。以紫藤或楮樹等植物纖維製成，

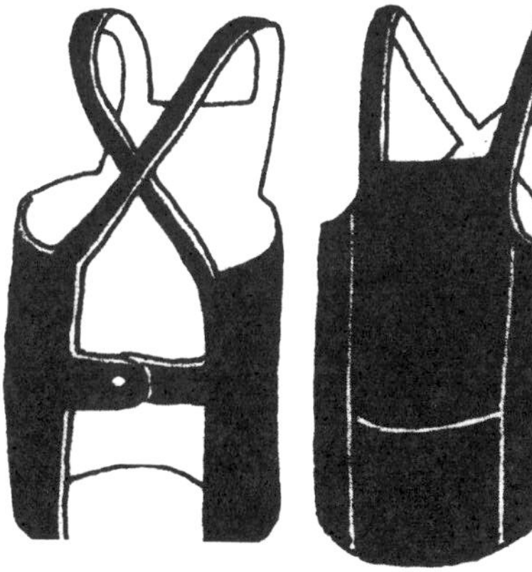
腹掛

江戶時代以後多為深藍色棉布的有內裡袷衣，胸口縫有收納小東西的「隱」袋，腹部則是「丼」袋。分為貼身款與穿在工作服外兩種。

另外，當作幼兒貼身衣物的四方形布也稱腹掛（肚兜）。以對角交疊的方式包覆胸至腹部，除了防止睡覺時受寒，人們也相信角能趨魔避邪、保護孩子。

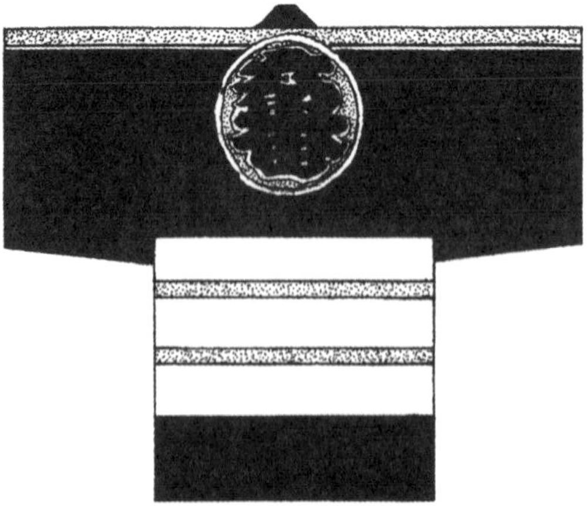
火消穿的印半纏

半纏（はんてん）

江戶時代一般庶民不能穿*羽織，因此以半纏作為外衣。雖然形似羽織，但沒有襠也沒有衽，*袖形為筒袖、袂袖、平袖等，又稱窮屈羽織。不但沒有折*衿（領），也沒有羽織上用來打結固定的胸紐。多為藍染棉布的有內裡袷衣或鋪棉樣式，主要用於禦寒。到了江戶時代後期，變成木工、建築工人、園藝師、船員等的外衣。背部或衿上拔染白色屋號、家紋或店名字樣的半纏稱作*印半纏。另外，還有鋪棉禦寒用的綿入半纏、火消（消防員）穿的皮革製革半纏、用來背幼兒的ねんねこ半纏（nennekohanten）、祭典用的祭半纏等。漁夫穿的*萬祝也是一種半纏。

振袖（ふりそで）

袖丈長的*著物（和服）。長度不盡相同，特別長的稱為大振袖。在近代為尚未舉行成人禮的男性及女性所穿，不過在江戶時代出現各種染印圖樣相當華麗的振袖，成為未婚女性的正式服裝，而袖丈短的*留袖是已婚女性的禮裝。

振袖

褌（ふんどし）【兜襠布】

包覆男性胯下的內褲，又稱下帶。名稱依地區而異，如兵兒、兵兒帶、

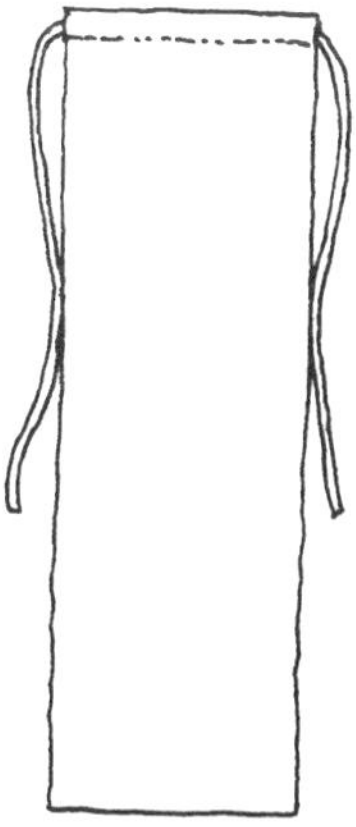

越中褌

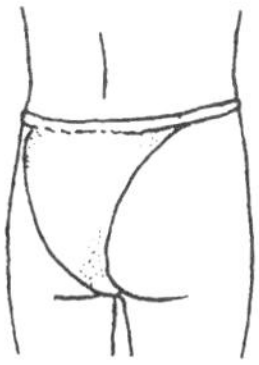

越中褌（背面）

六尺褌（背面）

迴、手綱、小袴、犢鼻褌、六尺、サナジ（sanaji）、フンゴメ（fungome）等。但，褌、兵兒、犢鼻褌在某些地區是指女性的*腰卷。形態多樣，最常見的是六尺褌與越中褌。

　六尺褌是長約六尺（約一八〇公分）的漂白棉布，故得此名。因為緊緊地纏繞於腰間，適合激烈的勞動工作。在炎熱的夏季，經常見到裸身只穿褌工作的人。如今舉行祭典時也會看到只穿*半纏和褌的男性。

　越中褌是長約三尺（約九〇公分）的漂白棉布。在一邊的左右加上*紐，穿的時候，先將布置於腰後，再將紐繞綁至腰前，垂在腰後的布往前包覆胯下後，拉起塞入綁好的紐，讓剩下的布垂在前方。據說是出自越中守細川忠興的構想，故得此名。還有一種不太普遍的畚褌，使用比越中褌略小的布，以紐打結固定於側邊。此外，各地也有如紅布做成的赤褌等其他形式的褌。

　過去各地皆有慶祝男孩初次穿褌，舉行「褌祝」或「兵兒祝」儀式的習慣。有些地方是九歲，有些地方是十三歲或十五歲，儘管有年齡的差異，基本上都要選出一名「兵兒親」，讓男孩穿上全新的紅色羽二重[7]褌，儀式結束後，男孩遂成為能獨當一面的男人。

紅（べに）

　主要是女性用的化妝品，有塗在唇上的口紅、抹在臉頰上的頰紅。材料是自紅花花瓣萃取的染料。早在古墳時代已開始使用，平安時代有專用的口紅箱或紅皿。到了江戶時代普及至一般庶民，出現了各種容器。像是塗在小皿、*豬口或蛤貝內乾燥而成的市售品，稱作紅皿、紅豬口，還會搭配專用的刷具紅筆一起賣。也有塗在漆板或堅韌厚紙的可攜式製品。紅花的紅也作為織物的染料或食用色素使用。

紅皿與紅筆

防空頭巾（ぼうくうずきん）

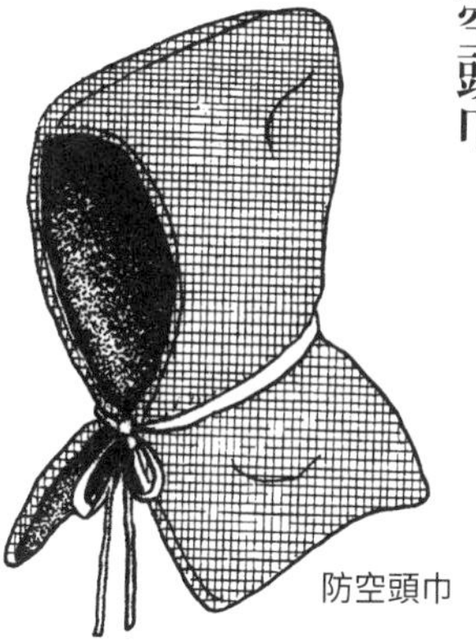

防空頭巾

第二次世界大戰期間，遇空襲時用來保護頭部而戴的*頭巾。以鋪棉棉布縫製成可包覆頭部至肩膀的大小，主要為老人、女性與孩童使用。

帽子（ぼうし）

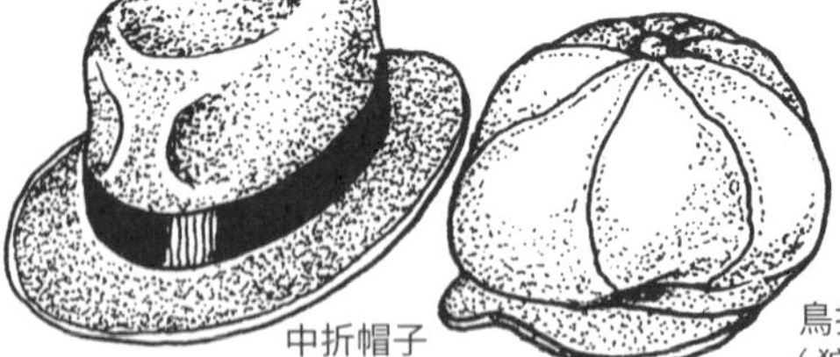

鳥打帽子（狩獵帽）　中折帽子（紳士帽）

頭飾之一，概分為兩種，一種是自古沿用至今的樣式，另一種是明治時代後由歐美傳入的西式帽子。

前者例如*烏帽子、女性用的綿帽子、揚帽子[52]、船底帽子等。綿帽子是將真綿[53]攤開罩住頭部的禦寒物，之後也出現縮緬（縐綢）製，成為日本傳統婚服的新娘頭飾。揚帽子是白色練絹（熟絹）加上紅絹的內裡製成，也作為婚服的*角隱。角隱原是淨土真宗的女性門徒參拜時所用之物，後來變成新娘的頭飾。船底帽子是禦寒用的*頭巾，亦稱船底頭巾。

烏帽子和帽子一樣是立體造型，綿帽子等其他帽子是將平面的布帛戴在頭上做出造型，與其說是帽子，用頭飾稱呼比較適切。另外還有蓑帽子、莫蓙帽子，這些與*蓑（蓑衣）一體成形，應該列為蓑的一種。日本的傳統立體頭飾，有各種類似*笠的樣式。

後者則有山高帽子（圓頂硬禮帽）、鳥打帽子（狩獵帽）、中折帽（紳士帽）、康康帽、巴拿馬帽、麥稈帽，以及多種女性為搭配禮服戴的、著重裝飾性的婦女帽。這些西式帽子之所以傳入日本各地，來自於軍隊、警官、鐵道員、學生等穿西式制服所搭配的制帽（制服帽）。此外，還有棒球帽、登山帽、滑雪帽等隨著運動普及而傳開的帽子，以及禦寒或裝飾用的毛線編織帽。近年來，中折帽等西式帽子變得比較少見，但在年輕族群之間，棒球帽與鴨舌帽依然受歡迎。

襤褸（ぼろ）

意指用紫藤、椴木、楮樹等樹皮纖維織成的太布，或麻布、棉布、絹布做成的衣物穿舊破損的狀態，亦指變成那種狀態的布。新布做的*著物（和服）當作外出服，穿舊了便作為日常便服，再穿了一段時日後，裁掉變得更破舊的部分，重新修補做成孩子的衣服。假如又穿破就拆掉當成*御濕（尿布）或*雜巾（抹布）使用。

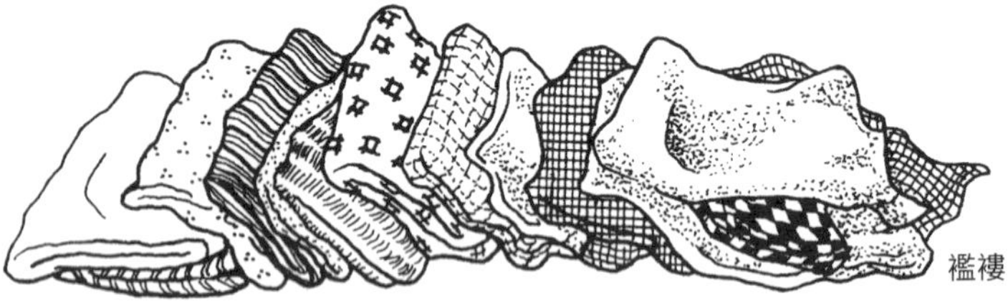

襤褸

如此反覆使用的過程猶如布的一生，當中產生的碎布與襤褸，因為各有用途，所以也不會被隨意丟棄，總是妥善保管著。人們會用碎布縫製衣物或*蒲團（棉被）、當作修補破衣的墊布、撕細捻成緯線織成*裂織後做成工作服或睡衣、混編入*草履或背帶、收集起來塞入棉被代替棉絮等，在過去布很珍貴的時代，襤褸被視為重要的材料。

前掛（まえかけ）

防止*著物（和服）變髒的圍布，通常是女性使用。因為布垂在腰部至下半身之間，亦稱前垂。尺寸各有不同，依布幅分為一幅（約三六公分）、一幅半、二幅、三幅、四幅，當中最廣為使用的是三幅前掛、三幅前垂。長度多為一尺七寸～二尺（約六四～七六公分）左右，洗衣煮飯時下襬可用來代替*手拭（手巾）擦手。窄幅、長度約一尺～一尺二寸的短前掛，主要用於農務。古時是以麻布製作，後來*絣或*縞（條紋）圖樣的棉布製變多，也有棉紗或銘仙（平織絹布）且有內裡的款式。之後還出現有*袖、包覆整個前身的割烹前掛。現代穿在西式服裝外的前掛多是覆蓋胸部至膝蓋的圍裙（apron）。至於男用前掛，以前有農務用的一幅短丈前掛，但最常見的是商家奉公人（下人）所穿的厚棉布前掛，上面印染商店的名字或屋號，盛於江戶時代以後。這種兼具宣傳效果的前掛也成為盂蘭盆節或歲末的贈禮。而厚棉布前掛也可當作搬運重物時的*肩當（肩墊）。

三幅前掛

奉公人用的前掛

道行（みちゆき）

和服上衣，身丈比*著物（和服）短，約七分長至五分長的外套。窄版剪裁的*衿（領）呈方形，通常是旅行時用來禦寒與防塵的。因為和江戶時代後期被鷹匠[54]稱作道行的鷹匠合羽同為方形領，故得此名。

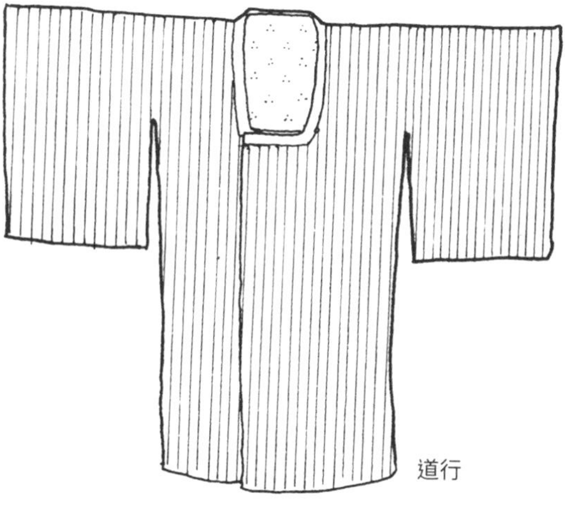
道行

蓑（みの）【蓑衣】

用來擋雨雪或遮陽的外衣，也可當作搬運物品時的肩墊。材料與形狀依地區而異，材料方面有稻草、深山寒菅（薹草）、香蒲、白茅、藺草、檳榔葉、紫藤、棕櫚、椴木等，也有混編海藻或棉的樣式。形態分為包覆整個背部的背蓑、包覆肩膀的肩蓑、圍在腰部的*腰蓑、從頭覆蓋全身的蓑帽子。「蓑」字通常以「ミノ」（mino）發音，有些地方則是稱為「ケラ」（kera）。大部分的蓑都是裡面（貼背那面）與表面為不同織法的二重構造，在東北地區也有許多偏重裝飾性的蓑。

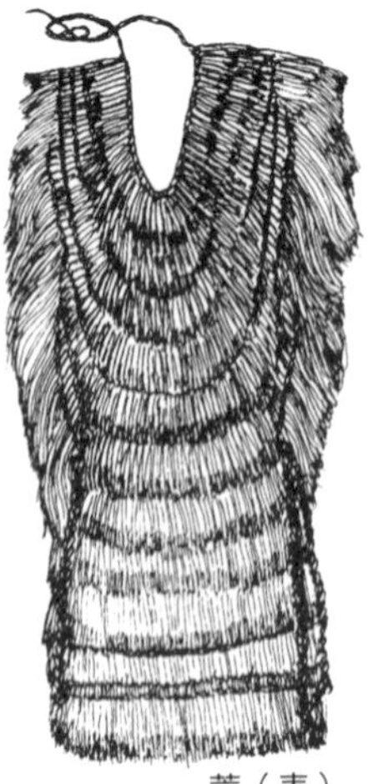
蓑（表）

蓑（裡）

耳搔（みみかき）【挖耳棒】

挖耳垢、清潔耳內的杓子形小道具。通常是用經脫油處理的白竹或茅葺屋頂使用的煤竹製成，以竹製品居多，也有金屬製、獸角製。女性也會拿來代替*簪插在髻上。

耳搔

眼鏡（めがね）

用來矯正近視、老花眼等不良視力，戴在眼睛上的物品。天文二十年（一五五一）由傳教士聖方濟．沙勿略傳入，據說是日本最早的眼鏡。江戶時代日本各地開始製造國產眼鏡，明治時代普及大眾。另外還有潛水捕魚用的海眼鏡（蛙鏡）、在船上目視叉魚用的*箱眼鏡（水面窺視鏡）。

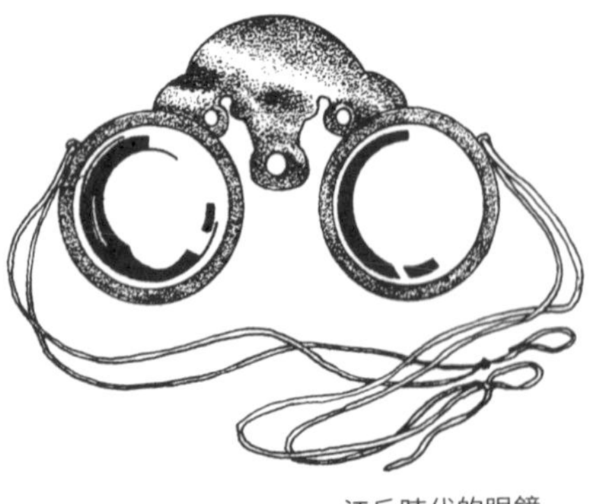
江戶時代的眼鏡

股引（ももひき）【緊身工作褲】

主要搭配工作服的褲裝。普遍用於日本各地，在東日本是男女皆穿，在西日本則多為男性穿著。雖然依地區或用途而有些許差異，不過基本作法是在筒狀褲管夾一片襠，接縫腰部的布，使胯股展開呈牽牛花狀，最後在上部縫一條腰紐，胯股部分僅重疊但未縫合。在室町時代稱作股脛巾、モモハキ（momohaki），江戶時代普及至各地。起初褲長短，多是搭配*腳絆（綁腿）穿，後來加長至小腿或腳踝，江戶時代後期還有緊貼腿部的窄管樣式，被職人、商人當成工作服，也廣泛用於農村、山村的務農服裝。尤其在木工、建築工人、園藝師等職人之間，*印半纏或*法被外搭*腹掛，再加股引的穿法成為一種造型，而明治時代新興的人力車車夫也是以此為工作服。

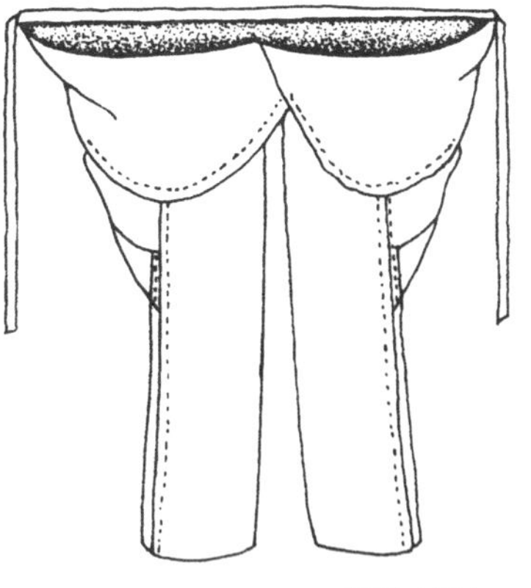
股引（後）

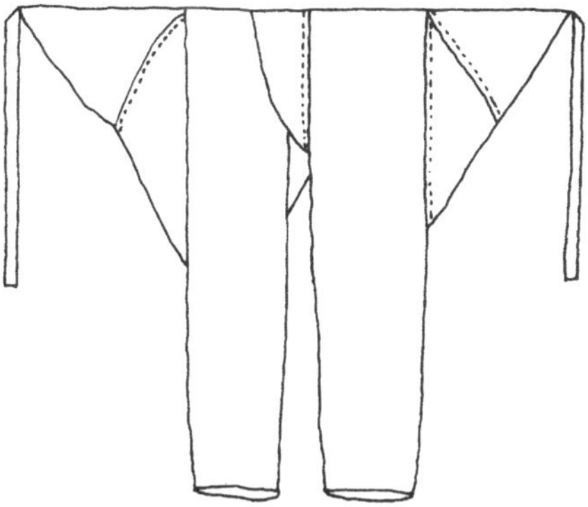
股引（前）

古時有麻布製、絹製，最多的是無內裡的棉布單衣形式，也有作冬裝使用、有內裡的袷衣形式，多為職人所用。藍染的深藍色最常見，也有淺黃色或*縞（條紋）圖樣，還有白棉布製。江戶時代將棉布材質的稱作股引，褲長短的稱作*猿股，上等絹布材質的是パッチ（pacchi），而關西地區則是將短版的稱為股引，長版的稱為パッチ（pacchi）。據說パッチ（pacchi）源自朝鮮語，現已成為通用名稱。明治時代之後出現了膚色棉紗製與白棉布製的內褲，也稱作股引，作為冬季的內衣普及開來。

もんぺ【工作褲】

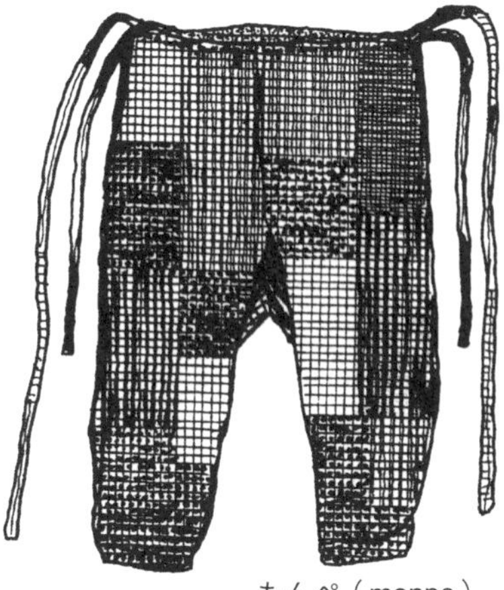
もんぺ（monpe）

穿在*著物（和服）外的一種*山袴。原本是東北地區或關東、中部地區山區的居民穿在著物外的下衣，由於穿脫方便，二戰時被指定為女性的勞動服裝，普及至日本全國。起初是用縫在上部的*紐綁在腰部，之後改良成在腰部及褲腳穿入鬆緊帶、胯下加襠的西式褲型，穿起來更加活動自如，因而定型。多為*絣或*縞（條紋）圖樣的棉布製，現在仍被當作工作服。

山袴（やまばかま）

山袴（前）

山袴（後）

泛指農村、山村的工作服或日常便服下半身的*袴，與一般袴的不同之處在於沒有腰板（腰後的山形板）。廣泛用於東北地區各地，在關東以西及山區的居民上山工作時也會穿。基本上是用前後各兩片布，總共四片布加胯下的襠製成，形態與稱呼依地區而異。

各地的山袴可概分為三種，第一種名為裁付（裁著）袴，後布短、膝蓋以下是用一幅前布做成窄筒狀，和小腿很服貼。又稱雪袴、猿袴、スネコデダチ（sunekodedachi）等；第二種是在胯下至褲腳之間縫上細長三角形的襠布，形似寬鬆的*もんぺ（工作褲），又稱モンペイ（monpei）、ダフラモッペ（dafuramoppe）、モンビキ（monbiki）等；第三種是輕衫袴，通常是在寬褲管加襞（打摺），縫上環狀緣布。而輕衫（karusan）這個稱呼據說源自葡萄牙語的「calção」，亦稱カラサン（karasan）、カリサン（karisan）、カルソ（karuso）等。同形的褲裝在江戶時代也被當成旅行服裝。

浴衣（ゆかた）

浴衣

夏天穿的棉布*著物（和服），原是指入浴時或入浴後穿的麻布單衣，即湯帷子。使用的布料多為棉絽、棉紅梅、棉縮，分為白底染印藍色圖樣的地白，以及染為藍底、防染做出白色圖樣的地染。染印技術有自古傳承的長板中形[55]與明治時代後期因應大量生產而發明的注染、籠印等。過去會將穿舊的浴衣當成睡衣。至今仍是夏季祭典或盂蘭盆舞[26]大會時穿的服裝。

涎掛（よだれかけ）【圍兜】

主要為幼兒使用，圍在頸部，防止口水或食物殘渣弄髒衣服的擋布。名稱依地區而異，有唾當、當子、ゲロカケ（gerokake）等稱呼。

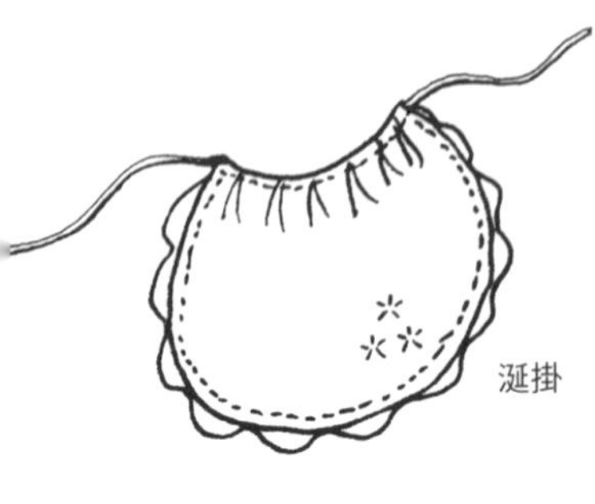
涎掛

深沓

藁沓（わらぐつ）

泛指行走在雪地上穿的稻草*沓（鞋），亦稱雪沓，種類多樣。爪掛沓是在*草履或*草鞋前端加上另外做的*爪掛，另有稭、爪籠草鞋、ハナモジ草鞋（hanamojiwaraji）、オソフキ草鞋（osofukiwaraji）、スッペ（suppe）等稱呼；形似拖鞋、爪掛沒有加編後腳跟部分的是藁沓，又稱ヘトロ（hetoro）、バッタレ（battare）等；有加編後腳跟部分的短筒沓是淺沓，亦稱源兵衛、ハコシベ（hakoshibe）、ジンベ（jinbe）、ゲンベイ（genbei）等。以上三種主要用於硬雪路或附近範圍活動時。深沓是出遠門用的高筒沓，在許多地方是叫深履、深靴，也有俵稭、サンペ（sanpe）、ナガスッペ（nagasuppe）、ズンベ（zunbe）等稱呼。下完新雪後，踩硬雪地或走在積雪深的地方時，會穿藁沓並裝上*樏，搭配加上*紐的草編圓筒，套在腳上就能用手上下踩踏前進的踏俵。稻草編的鞋具有保溫效果，尤其在多雪的寒冷地帶，是不可或缺的禦寒物品。

草鞋（わらじ）

以稻草為主要材料的草編鞋，亦稱ワランジ（waranji）、ワランジョ（waranjo）。腳掌接觸的鞋面與*草履幾近同形，最大差異在於緒（鞋帶）的形態。草鞋的緒是由前緒往左右兩邊延伸，穿入編在兩側的乳環往後拉，再穿入比乳環稍大、編在腳跟的二股迴環，最後纏繞腳踝打結固定。這種鞋腳合一的穿法適合長時間行走，用於旅行或勞動時。雖然多以稻草編製，也會使用香蒲、七島藺（茳芏）、椴樹皮、紫藤、麻、山葡萄、月桃等材料，還有混編和紙或碎棉布的樣式。鞋型

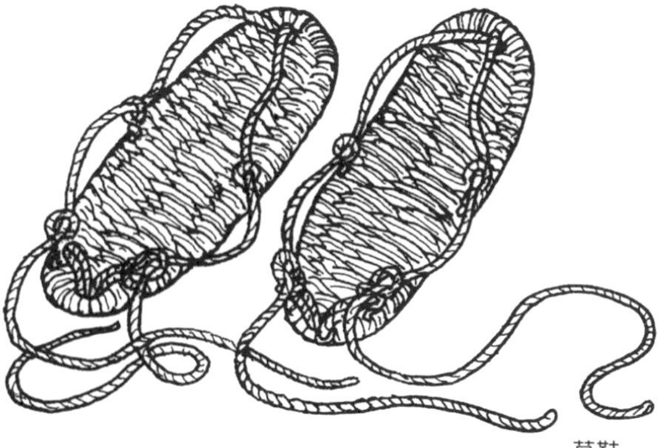
草鞋

除了橢圓形也有葫蘆形。長緒、乳環、迴環是草鞋的基本構成，在鞋面左右各有兩個穿繩用的乳環是常見形式，也有各一個的樣式，以及沒有乳環、用長緒連接鼻緒[5]的設計。比較特殊的草鞋是江戶時代武士穿的革草履、山地工作用的繩草鞋。前者的鞋面左右各有三個乳環，鞋面以動物皮革製作；後者不編鞋面，用一條粗繩做出緒、乳環和迴環。

草鞋多是作為旅行裝備，因此日語的「穿草鞋」（草鞋を履く）意指啟程，「脫草鞋」（草鞋を脱ぐ）則是結束旅行或抵達住宿地之意。不過，因為不耐久穿，長途旅行必須經常更換新的草鞋。通常一天的步行距離約一〇里（約四〇公里），這也是一雙草鞋的耐久距離。

日本人認為旅行是通往外界、未知世界的行為，所以作為旅行裝備的草鞋與信仰有著深切的關連。人們為祈求安全，將草鞋獻納給旅途的守護神*道祖神、防止惡病纏身的塞神、寺院門神的仁王。也有人為了祈求治癒腳疾，而獻納鐵板製的草鞋。此外，日本也有句俗諺說「為娶某大姐，穿鐵製草鞋四處找也甘願」（一つ年上の女房は、金の草鞋を履いてでもさがせ）。

第3章

居住

在日本，提供人們「居住」的住宅，源自繩文時代的豎穴式住居，即挖開地面，踏平踩實坑底，在中央設置地灶，上方架出屋頂的構造。一般認為當時的人圍繞著地灶，隨意地起居飲食。然而，經過縝密的考證後發現，這個以地灶為中心的空間，其實分為兩個區塊，一邊是起居飲食的居住空間，而另一邊是進行手工作業的工作空間。

後來出現了在地上架樑立柱、搭建屋架的方形木造屋，最初的格局是在一側鋪上木板作為居住空間，另一側黃土地面的土間則作為工作空間。這和前述獲考證認同的豎穴式住居規畫簡直如出一轍。此格局進一步衍生出將居住空間一分為二的二間式、十字劃分的「田字四間式」，進而普及成為一般民宅的格局。

隨著時代演進，在古代、中世、近世因應各自的風土及地域特性，造就住宅的構造與形態。因而誕生出豐富的建築樣式，如二棟造、竈造[1]、合掌造[2]、兜造[3]、數寄屋造[4]、大和棟（高塀造）、本棟造、東建、中門造[5]、曲家[6]等。包含沒有加上「造」字的樣式在內，仔細觀察就會發現無論是外觀或在平面規劃、構造上皆各有春秋。

日本住宅的房屋以樑柱支撐，上方搭屋架支撐屋頂，柱子之間用長押（橫木）銜接，以鴨居（門楣）和敷居（門檻）分隔房間，房外有木板鋪成的細長緣廊，空間算是寬敞。一般是由設有床之間（壁龕）的客廳、稱為納戶的屋主寢室、進行日常起居的居間以及廚房（或稱勝手、台所）構成。各個房間以襖（P205）、障子（P180）當作隔間，只要拆掉拉門，原本的小房間立刻變成寬敞的大房間，這也是日本住宅的特色。

在這樣的居住空間以起居室、廚房、土間為核心，設有圍爐裏（地爐）、竈（灶）。圍爐裏比竈更早出現，繩文時代豎穴式住居的地灶即為其起源。即便西日本的住宅廣設竈，在東日本只設圍爐裏的住宅還是很多。竈源自具有炊煮、食用穀物習慣的古墳時代，在漫長的歷史中經過改良，變得更加實用美觀，成為人們心靈的寄託，也使人們意識到火神的存在。

各個房間適宜地擺放家具或衣物等物品，最常見的是簞笥（P188）、長持（P197）、行李（P175）等，寢室與起居室的壁櫥用來收納棉被、睡衣、枕頭、蚊帳等寢具。此外，由於日本人習慣坐在地上，房間多鋪有榻榻米。一般家庭會準備臨時的鋪墊，如筵（P211）、茣蓙（P176），還有一人用的圓座（P163）、座蒲團（P178），通常是疊放在客廳或起居室的角落，或是收進壁櫥。

冬天為了取暖會備妥火桶或火鉢（火盆），掛上鐵瓶（鐵壺）就能燒水相當方便。一人取暖時用湯湯婆（熱水袋）或懷爐，全家團聚時則用炬燵（暖爐桌），要讓整個房間變暖和時就開暖爐或是使用其他取暖器具。

入夜後得點燈，以前的人會將樹脂含量高的松木放在缽、松燈台上燃燒，照亮屋內，後來陸續出現以燈芯照明的燈台，以及即使風吹燈芯或燭火也不會熄滅的紙糊燈具，如行燈（P158）、提燈（P189）、雪洞（P209）、燈籠（P194）等。這些燈具的外形各具特色，從和紙透出來的光影頗有情調。明治時代（一八六八～一九一二）後，在電燈取代煤油燈普及於家庭前，這些燈具仍是持續使用。

重視潔淨的日本人自然也有維持家庭整潔的習慣。家中常備有掃把、撢子、竹耙等，用以清除灰塵、打掃乾淨。不時以抹布擦拭鋪木地板、緣廊及榻榻米，也是家庭主婦習以為常的家務，為此將破損的舊衣等再利用做成抹布。桶也是家庭必備的道具，使用頻繁，在被西式的提桶取代前，除了用來裝水洗抹布，淨身時也會用柄杓舀水潑撒。此外，在都市的巷弄內，早晚都有人撒水淨地，形成特有的空間。

設在屋外的井、浴室、廁所非常重要。井不光是提供飲水的來源，人們更祭祀井神，視其為通往冥界的神聖象徵。每逢盂蘭盆節，人們會在井邊祭拜沒有家人拜祭的無主亡靈，因為人們相信這些沒有子嗣祭拜的無緣佛會從井中出現，徘徊於人間。廁所也被視為通往冥界的神聖場所，人們經常祭拜廁神，並以花獻祭。

朝顔（あさがお）【小便斗】

瓷製朝顏

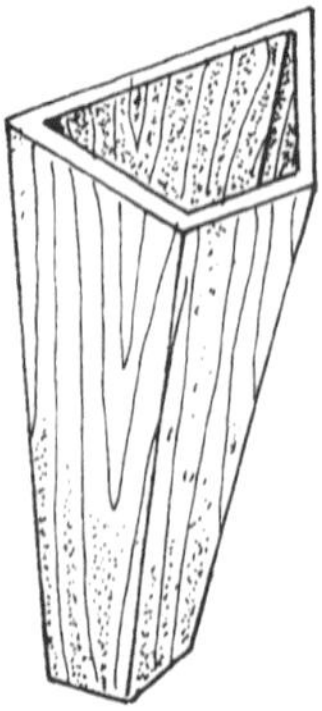
木製朝顏

承接尿液，倒入*肥甕的漏斗狀便器。多為下窄上寬的造形，由於形似朝顏（牽牛花），故得此名。還有圓筒形與半圓筒形的朝顏。主要為陶瓷製，也有上半部寬廣的木製角筒形。有些家庭會在裡面放杉葉，除了防止尿液噴濺、降低如廁的聲音外，杉葉也有淨化穢物之意。

足盥（あしだらい）【洗腳盆】

自外返家時，用來洗腳的*盥。多為直徑一尺二寸（約三六公分）的大小。以前的人平常都打赤腳，或是光腳穿*草履下田工作，就連出遠門也是光腳穿*草鞋，所以回到家會先用*雜巾（抹布）或*手拭（手巾）擦掉腳上的塵土、污泥，再用盥裡的水洗乾淨才進屋。

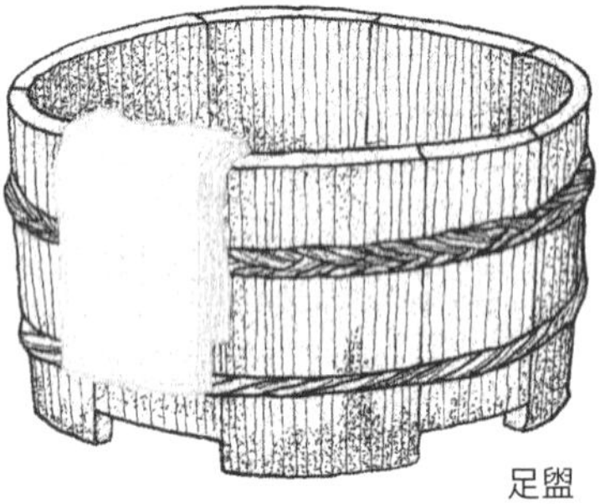
足盥

油差（あぶらさし）【燈油瓶】

為油皿或*秉燭添燈油的注油容器。有提把、蓋子、注嘴，形似*醬油差（醬油瓶），多為陶製，也有金屬製或竹製。平時是和*火打石（打火石）、火打金（打火鐵片）、引火用的火口（火絨）一起收在手提式專用油箱。

油德利（あぶらとっくり）

一種陶瓷容器，用於購買、存放油燈所用的燈油。外形通常與購買、保存酒或醬油等液體的*德利（窄口壺）相同。將油德利的油分裝至*油差（燈油瓶），注入*行燈的中油皿或*秉燭。過去因油價昂貴，為了在倒進油差時不浪費一分一毫，注嘴還有能讓垂滴的油流回內部的設計。

油差

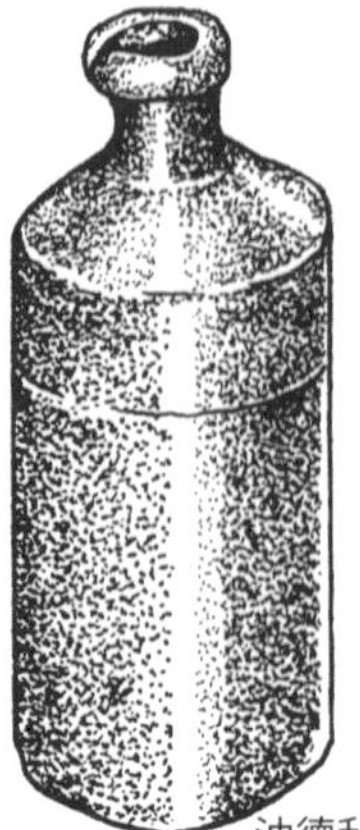
油德利

天（あま）【天棚】

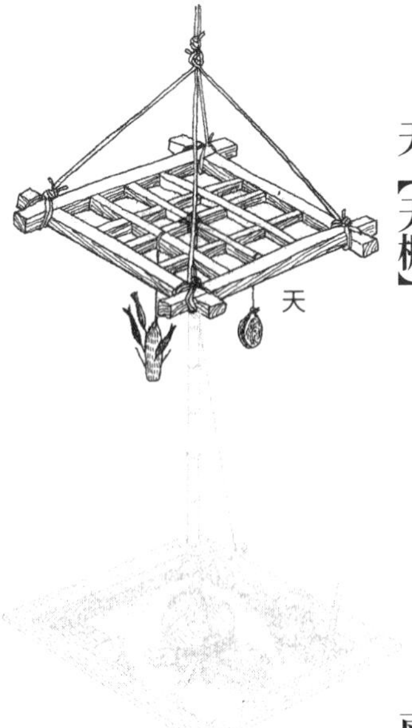

設置於*圍爐裏（地爐）上方的火棚。多為格子狀的架構，吊掛在天花板或樑上。名稱因地而異，如天棚、天皿、火棚、アマダ（amada）等。用來烘乾稗或小米、放新編好的竹籠等製品，吸收了圍爐裏的油煙後會變得堅固，也會用來晾曬洗好的衣物。另外，也會吊掛*弁慶之類的稻草卷，將串好的河魚等食材插在上面烤，做成保存食品。小米或稗通常是裝在櫸樹等樹皮製成的曲物容器或竹籠，有些地方會將這種容器或設在*竈（灶）上的*棚（棚架）、天花板或閣樓也稱作天。

雨戸（あまど）

設在住宅的緣廊或窗外，搭配貼和紙的明障子或玻璃門做成雙層構造，用來遮風擋雨、夜間防盜的木板門。不用時，收在旁邊的戶袋；要用時，放在一根專用的門檻移出，最後一片用附屬的零件上猿、落猿鎖住固定。通常是木棧門，現多為金屬製。

雨戶是在桃山時代之後開始使用，起初是柱與柱之間一半為牆面、一半為一片木板門，或是一片木板門搭配一片明障子。後來除去牆面，裝上具有三條溝槽的門檻，安裝兩片木板門與一片明障子，白天是一片明障子搭配一片木板門，入夜後改為兩片木板門並排。最後演變為兩條溝槽的門檻，讓明障子並列，外側再立雨戶，也就是如今所見的形式。

雨戶與收納用的戶袋

雨樋（あまどい）【雨水槽】

裝在屋簷上，承接屋頂流下的雨水，導往屋簷下的導水管。古時是用剖半的竹管，近年來從金屬製逐漸改為聚氯乙烯（PVC）製。對夏季容易缺水的地區來說，雨水也是重要的水源，所以人們會在雨樋下方擺放*桶或*甕等容器儲水。另外，為了儲水作為

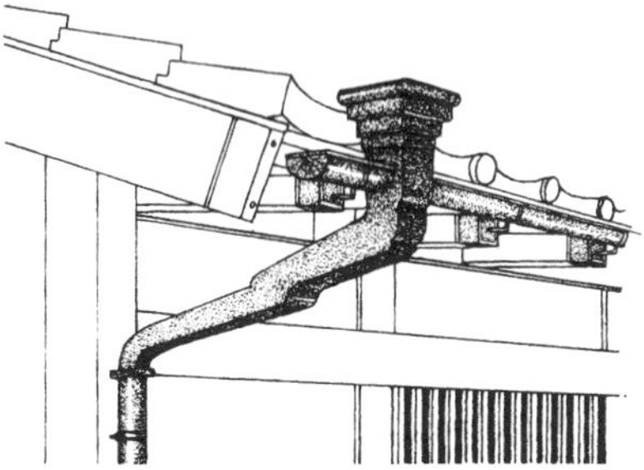

安裝於屋簷的雨樋

消防用水使用，街上會設置名為*天水桶的大桶。

行火（あんか）

暖手腳的移動式暖火盆。為瓦製，將燒紅的織炭或炭火、煤球等放入中央的火盆，罩上*蒲團（棉被）後，放入手腳取暖。亦稱貓火鉢、貓炬燵，或單稱貓。江戶時代設在十字路口的番所（警哨站）等處也會使用，因此亦稱辻番。為了防止過熱燙傷，有些會貼和紙或蓋布。可放進棉被裡，或擺在椅子下、將腳放在上面取暖，用毯子等物覆蓋。材質與形狀多樣，如圓形搭配有蓋火盆、半圓柱形或方形且單邊有洞可取放火盆、木製箱形搭配瓦製火盆等。瓦製或木製皆有把手，為促進熱氣散發，側面通常有圓形、橢圓形或弦月形的洞。普及於江戶時代的置炬燵是將行火放進方格框使用，因此行火與*炬燵（暖爐桌）有時會被混為一談。之後出現了在內部放煤球、裹布使用的金屬製行火，還有靠電力發熱的各種小型行火。

行火

行燈（あんどん）

主要用於室內的照明器具。如字面所示，原本是夜間行走時，拿在手上照亮腳邊的燈具，有些為防止油皿的燈火被風吹熄，會在木框上貼和紙、做成火袋（燈室）。自室町時代左右開始使用，在更方便手持的*提燈以及*手燭普及後，轉而作為室內燈具，依用途分為置行燈、掛行燈、釣行燈、辻行燈等，發展出各種形式，有木製漆器或鐵製品等。

置行燈分為兩腳或四腳，上部是糊和紙的火袋，一側做成可拉起的蓋子，火袋內擺油皿，台座上放*油差，如此一來拉開蓋子即可添油。台座通常會加上放*燈芯及*火打石的小抽屜。又細分為座敷行燈與店先行燈，近畿多為圓形的丸行燈，江戶則是四角或六角柱形的角行燈。丸行燈的火袋分為飽滿的球形和圓筒形，圓筒形的火袋是雙層構造，外層可轉開，除了添油外，也能用來調整燈光的亮度，稱為遠州行燈[7]。放在寢室用的是方形無立腳的有明行燈，火袋外側以箱子包覆、呈雙層構造，外箱還可拿來當台座，四面挖出圓形或弦月形的光窗，當夜燈使用時，會罩上外箱降低亮度。

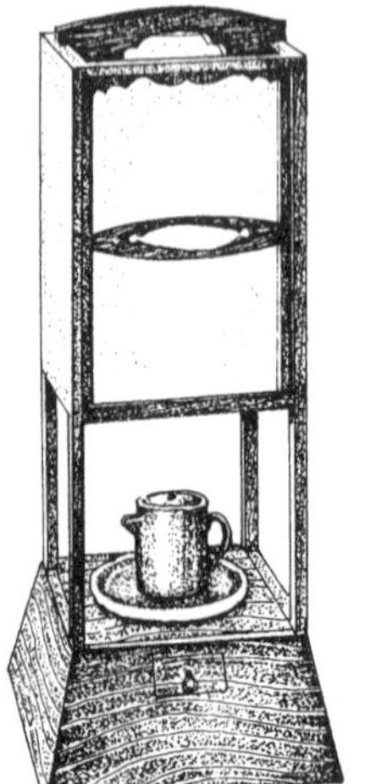
置行燈

有明行燈

掛燈台加燈罩的掛行燈分為室內與室外用，前者是掛在屋內、走廊或廚房等處的柱子上，後者是掛在店面或*屋台（攤車）等處當作招牌。另外，還有祭典活動時，繪有戲畫或寫上俗諺、俳句，掛在屋敷入口或寺社境內的地口行燈。吊掛在天花板的釣行燈有用於寄席[8]或湯屋（澡堂）、居酒屋等寬敞空間的八間（八方）樣式，還有當路燈用的辻行燈、閱讀書籍用的書見行燈、旅行時收進枕箱[9]的枕行燈等。

衣桁（いこう）

掛衣服的家具，亦稱衣架、御衣掛，有鳥居形、吊形、屏風形。鳥居形衣桁有厚實堅固的基座支撐，高度五尺一寸（約一五三公分），上部的橫椿長度超過六尺一寸（約一八三公分）。掛上華麗的衣服當作房間的裝飾品，也可當作隔板。黑漆施以蒔繪、橫椿兩端加上金銅配件裝飾，室町時代以後成為武家的嫁妝，到了江戶時代，富裕的町人（商人和工匠）也會使用。吊形衣桁是懸吊兩根橫木，保持間距架上一根或兩根橫椿，兩根的稱作二階棹。屏風形衣桁是兩片屏風的折疊式，自江戶時代中期開始使用。下半部貼和紙或鑲嵌低腰板，多為黑色或紅色漆器。

衣桁

石風呂（いしぶろ）

常見於瀨戶內海西部沿岸的島嶼，以及山口縣的佐波川流域，供多人進行蒸氣浴的設施，算是日式的三溫暖。多為石頭堆疊的半圓頂空間，也有鑿空的岩窟。先在內部燃燒大量的松葉、木柴或蕨類植物，待內部變暖後，掏出灰燼、鋪放海藻或蘗草，等到煙消失、溫度穩定後，披上用*襤褸等縫成的厚布進入，堵住入口，防止熱氣消散。待五至十五分鐘，讓身體充分排汗後，出來休息片刻，重複二～三次。這與泡溫泉進行療養的湯治相同，人們會在農閒時期前後的一至二週持續進行。

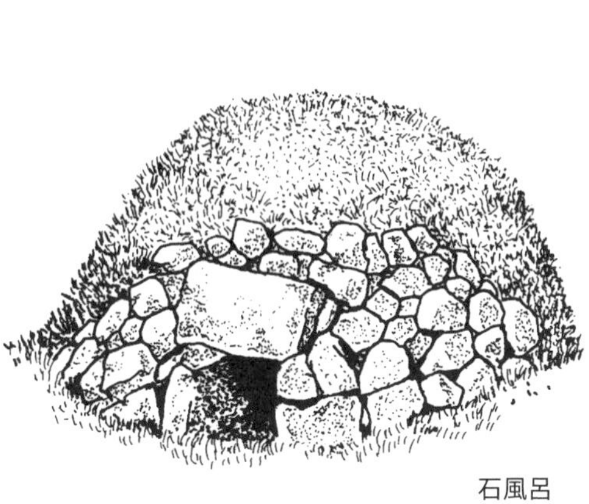

石風呂

井戶（いど）【井】

原是指汲取泉水或湧水、池水、河水作為生活用水的場所，在周邊搭築踏階或堤防，堆起石子，做成永久使用的汲水場。附近沒有汲水場的地方或是大一點的聚落，通常會設置人工井。從遠處的湧泉池架設*懸樋（導水管）引水，在各要點設置儲水槽，經由懸樋引水至各聚落，再引至每家每戶。懸樋是將圓木刨挖或是用木板組成，也會使用挖空竹節的竹筒或對半剖開的竹管，水槽則是鑿挖石頭或用板材組合。時至今日，在山區仍有人以這樣的方法取得用水。

江戶時代為了因應急速增加的人口，在多摩川上游、井之頭池開鑿玉川上水[10]、神田上水[11]等主要上水道，以及數條支流上水道，並在地底下架設導水管，於市內的各要點設井。井是將地底的導水管接上竹筒作為給水管，用以引水入儲水槽。水槽最下方埋入有底板的結桶，再用無底板的結桶堆疊數層到地表。因此，外觀看來就像是一座掘拔井戶（自流井）。

從地表挖掘地下水脈的自流井歷史悠久，彌生時代已經出現。在奈良縣的唐古遺跡中發現圓木刨挖而成的井筒，新潟縣的千種遺跡則是將木板直立，埋設成方形井筒。井筒是為了防止側面的土石崩落，以木板組合或是用石塊、*瓦片堆疊而成，後來改用曲物或圓筒形的陶器堆砌。

從井中汲水時，利用綁在細繩上的釣瓶（汲水桶）升降取水。在井的上方架設井樓、裝上*滑車（滑輪），讓*綱穿過滑輪，這稱為車井戶（滑輪井）。另外，還有一種是在井旁立支柱，擺上竿子架成T字形，前端再綁接竹竿，升降釣瓶汲水。這種汲水方式又分為在另一側加上重物的撥釣瓶，或是直接綁在長竹竿或繩子前端升降的竿釣瓶（振釣瓶）。釣瓶多為堅固的結桶，也有用木板組成的箱形桶。進入

撥釣瓶

竿釣瓶

車井戶
（滑輪井）

明治時代，手壓式幫浦井普及開來，之後更出現了用馬達抽水的水井。

日本人認為井是連接冥界的路徑，因此在盂蘭盆節前會打掃井，清除堆積在井內的落葉或污垢，淨化祖先靈魂的通道，而且井邊一定會供奉水神。

圍爐裏（いろり）【地爐】

永久設置於屋內的爐，分為崁入地板與設在土間的形式。有正方形和長方形，名稱依地方而異，如火地爐、地爐、ユルリ（yururi）、ジル（jiru）、ヒホド（hihodo）等。在日本西部及南部，因為炊事用的*竈（灶）更早出現、發展完備，所以圍爐裏通常比較小，主要用於取暖。而日本中部至東北部除了炊事、取暖還兼具照明的功能，因此比較大型。以薪柴為燃料，有時也會燒炭。從天花板垂吊*自在鉤，掛上*鍋或*鐵瓶（鐵壺）炊煮料理或燒水。有時人們會在灰裡擺放*五德，將鍋或鐵瓶放在上面加熱。另外，還有作為烤台用的立腳鐵網（被稱為鐵器）、夾薪柴或木炭的火箸[12]、*灰均（平灰鏟）等，通常都擺在爐緣，上方有*天（天棚）。爐緣是用耐火的梨木角材圍成邊框，許多地區會直接將此當作餐桌使用。

崁入地板的圍爐裏通常設在靠近土間、稱為台或御上的房間。圍爐裏的格局多為面向土間的位子稱為橫座，是一家之主的座位；靠土間的這一側稱為客座，即訪客的座位；左右兩側稱為母座或女座，是女主人的座位。圍爐裏在日常生活中已成為家的中心，爐中的火被視為神聖之火，一整年都不能熄滅。

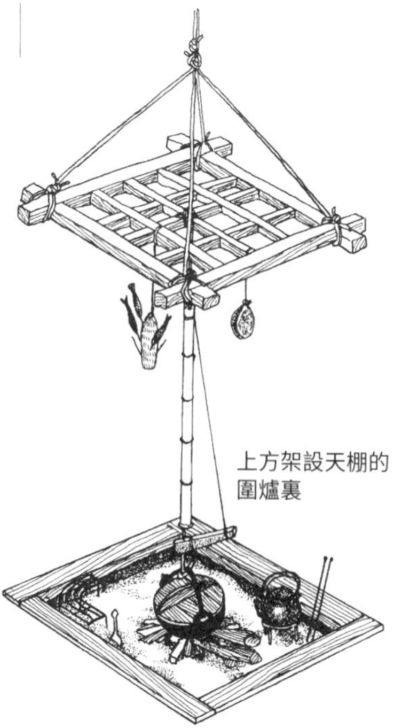

上方架設天棚的圍爐裏

植木鉢（うえきばち）【花盆】

用來栽種花草樹木的*鉢（缽），依種植的植物又稱為盆栽鉢、蘭鉢等。以前是用木箱或*桶之類的容器，元祿年間（一六八八～一七〇四）開始盛行園藝，出現各式各樣配合使用場所或花草樹木的陶瓷植木鉢。進入明治時代，便宜的素燒鉢變得普及。如今塑膠製的植木鉢愈來愈常見，鮮少人使用的*火鉢（火盆）、*捏鉢（揉麵盆）、*甕等也轉為植木鉢之用。

植木鉢

卯建（うだつ）

在屋頂的山牆搭一面小牆，蓋出屋頂的構造。亦稱「うだち」（udachi），也寫作卯立、梲。在二樓屋簷加小袖壁，蓋上小屋頂的設計也稱卯建或袖卯建。卯建有防止火災延燒的作用，原是用來調整町家比鄰而建時高低不齊的屋頂，防止雨水從建築縫隙滲漏。後來，氣派的卯建成為展現家世或財富的象徵，日語中也有「卯建が上がる」（建起卯建，有頭有臉）、「卯建が上がらない」（建不起卯建，抬不起頭）這樣的俗諺。

蓋在屋頂山牆的卯建

團扇（うちわ）

將竹子削成細薄的竹篾當作扇骨，糊紙或貼絹布、加上握柄的扇子。用手揮動搧風解熱或助燃，也用來驅趕蚊蠅。分為貼白紙的白團扇、畫上圖樣的繪團扇、貼絹布的絹團扇、表面塗柿澀液以加強耐用性的澀團扇、表面塗豔漆（亮光漆）或膠礬水來防水的水團扇等。各地皆有具特色的團扇，如插接木製握柄，主要製造於京都的都團扇；以女竹做成圓握柄的江戶團扇，因主產地在千葉縣館山市，亦稱房州團扇；主要產地在香川縣丸龜市，以竹片做成扁握柄，普遍見於全國的讚岐團扇等。助燃用的澀團扇以讚岐團扇居多，有些會在背面綁線補強；消暑用的水團扇是在扇面撒水或沾水使用，盛產於岐阜團扇的主產地岐阜市。還有宣傳廣告用的團扇、祭典儀式或盂蘭盆舞[2-26]大會用的團扇，這些在昭和三〇年代後多改為塑膠製。

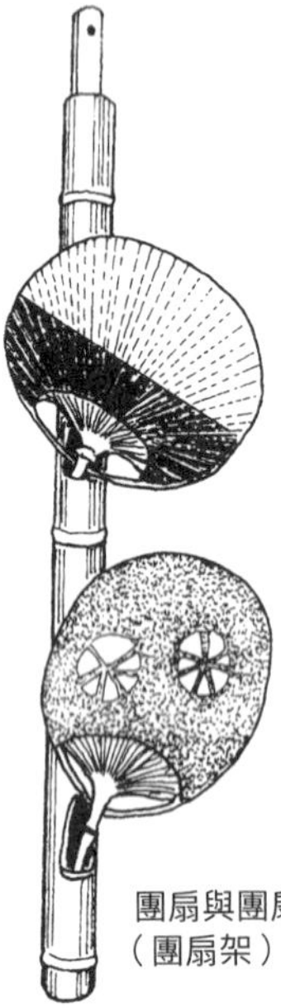
團扇與團扇差（團扇架）

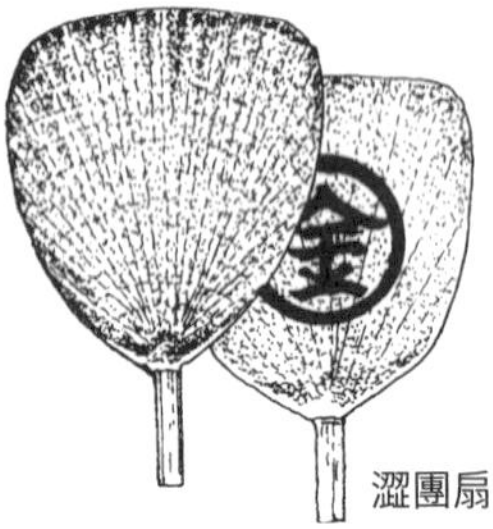
澀團扇

祭典儀式或盂蘭盆舞大會用的團扇，功能相當於用作採物（神樂道具）的*扇子。相撲的行司（裁判）宣判勝負或武將在戰場指揮軍隊的*軍配被視為神靈的依附物。像是東京都府中市大國魂神社授與信徒的*烏團扇，或是東京都日野市高幡不動尊金剛寺的火伏（鎮火）團扇會被掛在住家入口作為驅魔象徵，由此可知團扇兼具信仰涵義。

嬰兒籠（えじこ）

安置嬰幼兒的容器。多為稻草編製，也有*桶的形式。底部鋪放容易吸收排泄物的稻草、稻殼、灰等，用*襤褸

嬰兒籠

或*蒲團（棉被）包裹住孩子。另有飯詰、稚座、エズコ（ezuko）、エンツコ（entsuko）等稱呼。有時會在底部放*火吹竹，利用前後滾動來哄睡孩子。通常是在家使用，遇到插秧或收割等農忙時期也會帶出門，放在田邊。

同形的容器有用稻草或香蒲製作，放入*飯櫃保溫的附蓋容器。有和嬰兒籠相同稱呼的飯詰、飯つぐら（meshitsugura）、エズコ（ezuko），以及入子、藁子等。

此外，還有一種形似小釣鐘、一側挖洞當作出入口的*貓づぐら（稻草貓屋）是用來養貓的。

衣紋掛（えもんかけ）

吊掛衣服的棹（竿），亦稱衣紋棹、衣紋竹，多為竹片或矢竹等細竹製，也有將木頭削細削圓的白木或漆器製。為了將*著物（和服）的兩袖攤開來掛，一般是三尺（約九〇公分）左右的長度。棹的中央鑽兩孔、穿入一條*紐，以中心部分吊掛。也會拿來晾掛洗好的衣物。現在出現不少新形態的衣紋掛，像是可自由伸縮的塑膠製品等。

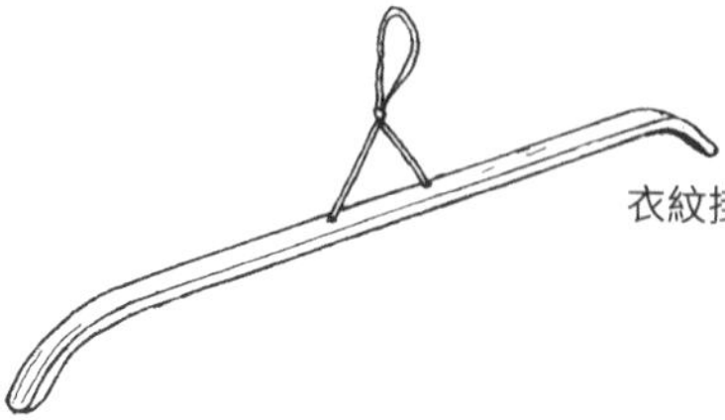
衣紋掛

圓座（えんざ）【圓墊】

單人使用的圓墊，平安時代已用於木地板的房間或黃土地面的土間。亦稱藁座，在沖縄稱為インチャ（incha）、シキンタ（shikinta）等。古時也稱作藁蓋、ワロウダ（warouda），在宮中會依官位以不同顏色的布縫綴邊緣。除了稻草，也會將薹草、藺草、菰葉、香蒲、竹皮等捲成漩渦狀，壓平編製。如今在神社的神殿或有些人家的*圍爐裏（地爐）旁仍可見到。

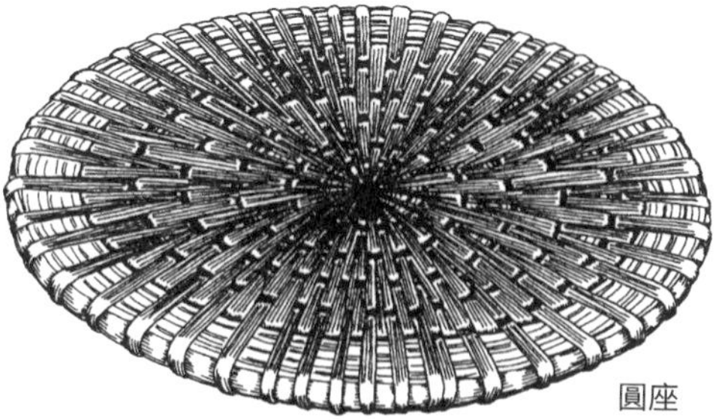
圓座

此外，有些地方會將用稻草或麥稈編成鼓狀的腰掛（凳子）、原木切片做的腰掛、當作米俵蓋的桟俵，或是編成橢圓形、背重物時減緩壓力的*背中當（背墊）稱作圓座。

緣台（えんだい）

用竹條或木材做成的細長形移動式腰掛（凳子）。擺在庭園前或巷內，供人坐著乘涼。以前在炎熱的夏季，人們常將*將棋盤擺在上面，享受對奕之樂，稱為緣台將棋。餐廳也會將緣台放在店門口，供排隊的客人歇腳。

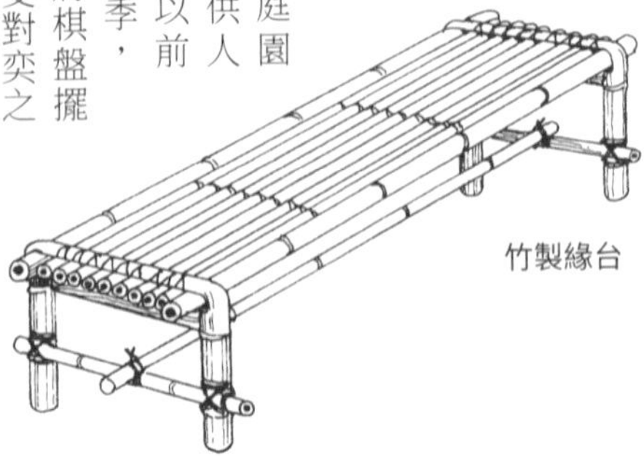

竹製緣台

煙突掃除（えんとつそうじ）【煙囪刷】

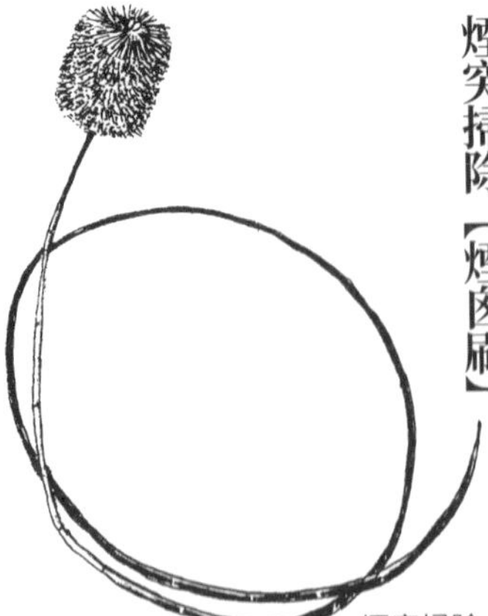

煙突掃除

裝在*ストーブ（暖爐）等器具上，清除煙囪煤灰的工具。將金屬材質的圓筒形*束子（刷子）接在長竹片或藤條前端。平時捲成環狀收納，要用的時候拉開、插入煙囪，刷除煤灰。

鬼瓦（おにがわら）

鬼瓦

置於瓦片屋頂的大棟（正脊）或降棟（垂脊）尾端的裝飾瓦，具有驅魔避邪的涵義。奈良時代曾是蓮花或獸面圖樣，鎌倉時代變成有角的鬼面，此後便以鬼瓦稱呼。江戶時代中期後，富裕人家普遍使用瓦葺（鋪瓦）屋頂，出現各種別具心裁的設計，如象徵避火的「水」字、富含水分的桃子、代表吉利的福槌或寶珠、祥雲等，這些造形瓦也稱作鬼瓦。

御虎子（おまる）

攜帶式的便器，亦稱御廁。御虎子及御廁皆屬於日本女性用語[1-5]，據說御虎子的由來是古時的日本人將大便稱作「くそまる」（kusomaru），中國也有類似的便器稱為「虎子」[13]，因而借用當作漢字。御廁則是「おかわや」（okawaya）的簡稱，古代的廁所是在河上搭架板子，宛如川屋（kawaya），對應到漢字寫作廁，也就是廁所。

御虎子多為橢圓形的*桶，也有圓形或箱形，材質有木製、陶瓷器、金屬製。近年來多為塑膠製，通常當作病人或幼兒的便器，不過以前可是日常用品。

在家中沒有廁所的時代，貴族解手時會用御簾等物圍住，裡面放便器。稱為樋筥（箱）、清筥、虎子筥。也有豪華的漆器樣式，外出時裝進唐櫃等容器帶出門。有些虎子筥會在後方加上T字形支撐物，用來放衣服的下襬。上完廁所後，由下女負責善後。

到了中世時期，住家內開始設置專用的廁所，不過農家是母屋（主屋）與別棟構成的建築，一般都設在土間的長廊，就連町家也是增設在走廊盡頭，集合住宅的長屋則是設置共用的廁所。為了方便半夜解手，人們晚上會將御虎子擺在土間等處。現在有些農家仍是母屋與別棟的廁所併用，這麼一來，想上廁所也不必進到屋內，對時常下田的農家來說相當方便。

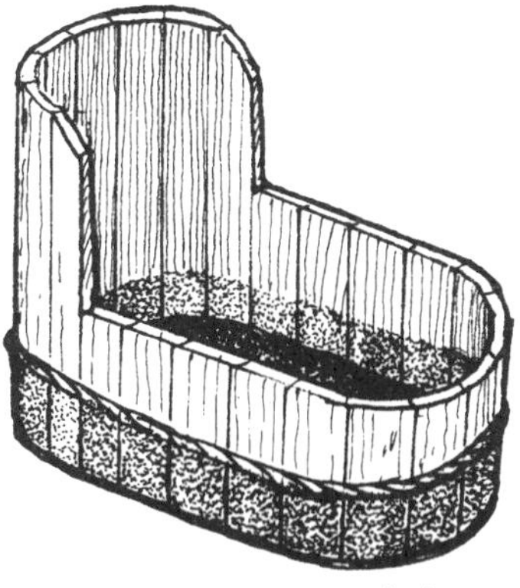

御虎子

懷爐（かいろ）

放入懷中，暖和腹部或腰部的攜帶式取暖器具。古代有用布包覆熱石的溫石、將鹽烤硬的鹽溫石，或是將瓦裏上鹽烤熱、鹽加米糠炒熱來取暖。在元祿年間（一六八八～一七〇四）出現了將懷爐灰放進金屬製小盒的懷爐。懷爐灰原是將犬蓼或茄子蒂、桐木等烤成黑灰，之後變成將艾草、芝麻、麻殼、稻草等烤過弄扎實後，裝入紙袋。昭和十年（一九三五）左右，開發出以揮發油為燃料的白金懷爐。如今多是用藉金屬氧化反應發熱的拋棄式暖暖包。

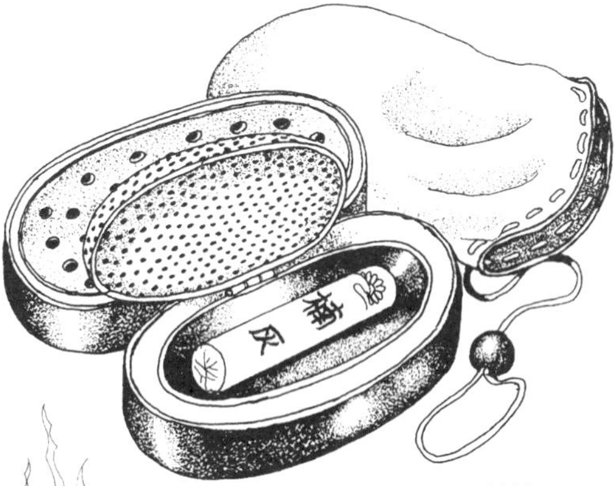

懷爐

篝（かがり）

半球形鐵籠，用來放置屋外照明用的篝火，將松木柴等燃材放在裡面燃燒。古時已用於庭園或神社的活動、祭祀儀式等，戰場的陣地或市街的夜間警備也會使用。夜晚捕魚時，也被當作船上的作業燈、*集魚燈，稱為漁火。

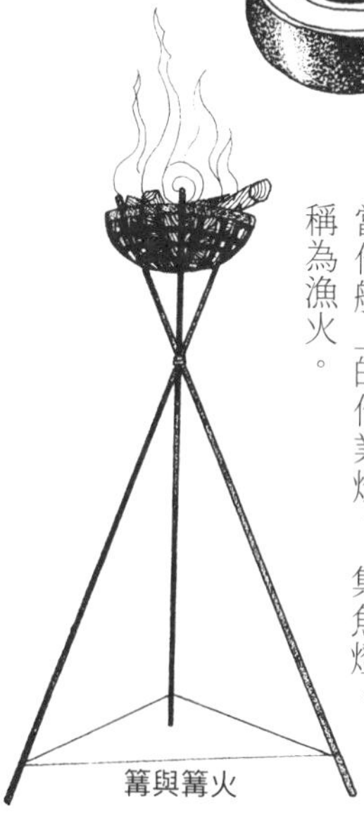

篝與篝火

垣（かき）

建於住宅的周圍或庭院，用於分區或與外界做出區隔，同時達到保護隱私的遮蔽效果。亦稱垣根，依使用的材料分為竹垣、柴垣等，以及種樹形成的生垣（樹牆）。被視為住宅的一部分，或是能為庭園空間帶來協調感，古時就有各種別具巧思的設計。有間隙可透光的四目垣或光悅垣[14]、用竹子等緊密編排的建仁寺垣[15]、網代垣、時雨垣等，還有將牛馬隔在屋外的駒除，這些都是具代表性的垣。

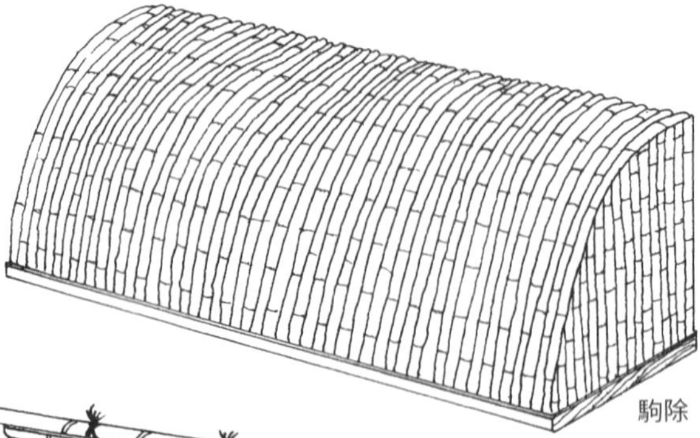

駒除

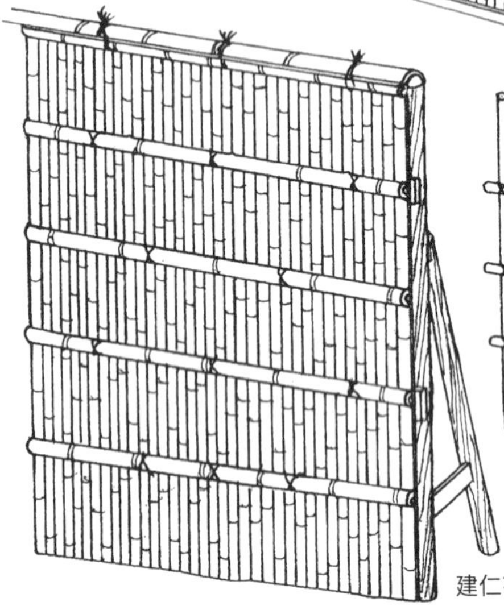

建仁寺垣

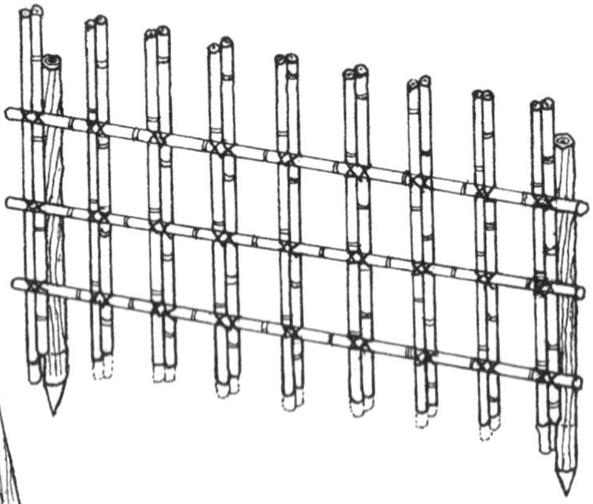

四目垣

鍵（かぎ）【鑰匙】

配合*錠前（鎖）的鎖孔打造，用來解鎖、上鎖的工具。若是倉庫或神社寺院等處從外部上鎖的情況，門內側稱作猿的鎖閂會卡進門檻上的洞，解鎖時要插入鐵製帶柄的長弧形或「く」字形的鍵，勾住猿往上拉。若是海老錠（海老鎖）或南京錠（南京鎖）、引出錠之類的鎖，插入配合鎖座製作

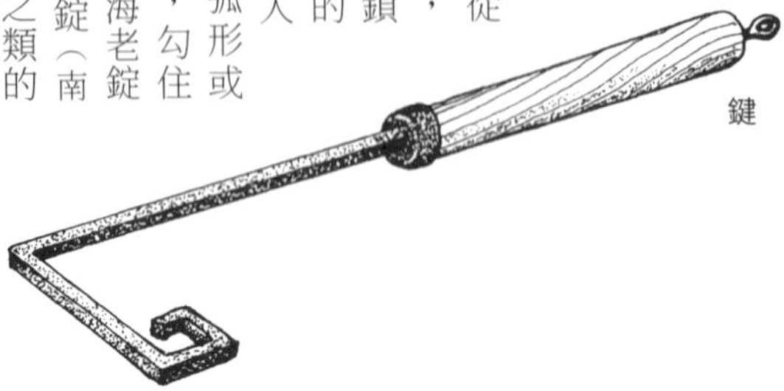

鍵

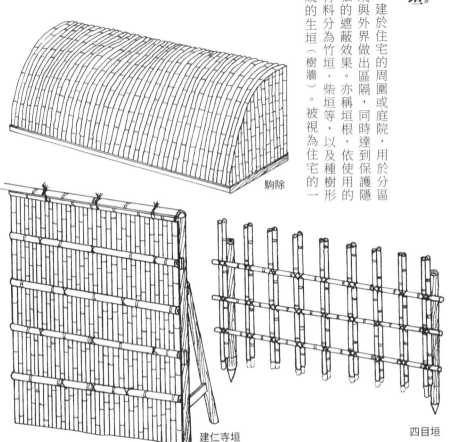

的鍵，鬆開彈簧後拔出即開鎖。這種鍵的鑰匙頭多為環狀。

額（がく）

扁額

將描繪於木板或紙張的字畫掛在樑上或小壁[16]裝飾。描繪於木板的字畫分為有框與無框，而描繪於紙張的則會另外裱框。日本使用額的習慣始於室町時代，隨茶道的普及傳開，橫長的額稱作扁額（扁額）。掛在寺院祈願用的*繪馬或店家的*看板（招牌）等也算是額。

此外，神社每年都會發行新的*御札（神符），日本人為祈求全家平安，家中會有掛在樑上貼著神札的額。這種額會加上屋頂形或長方形的框，有些家庭甚至擁有歷史超過百年的額，那樣的風俗直到近年依然常見於關東。

掛軸（かけじく）

將字畫用布或紙裱褙，下方接軸棒，亦稱掛物、軸物，通常是掛在床之間（壁龕）等處。據說源自中國的南北朝，當時的人將禮拜用的佛畫或頂相（高僧肖像畫）掛在家中，後來隨著佛教傳入日本，應用於字畫。在庶民之間稱作御表具，每逢特殊節日，人們就會掛上繪有神祇、佛、高僧或象徵吉利圖樣的各種掛軸。

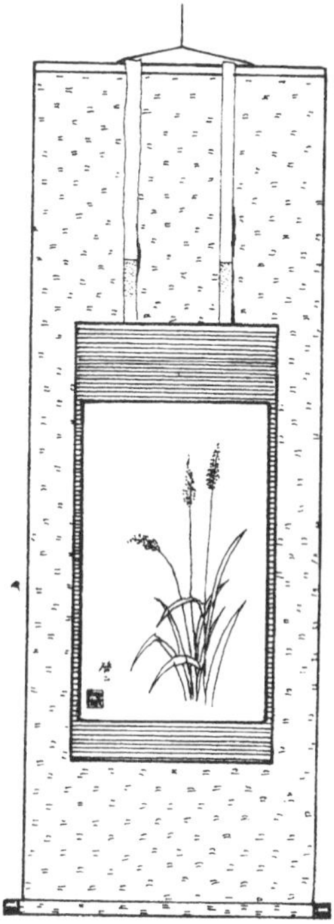

掛軸

懸樋（かけひ）【導水管】

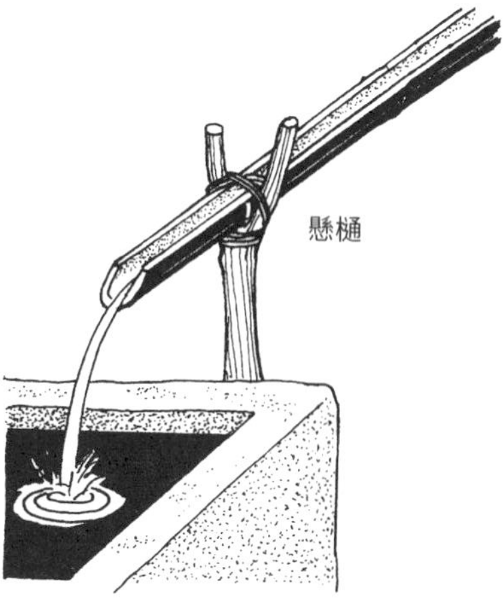

懸樋

引導水流的竹管或木管，也寫作掛樋、筧，亦讀作「かけい」（kakei）。

在自來水管與幫浦普及之前，山區居民用懸樋接山中的水源供日用。竹製懸樋是將桂竹等粗竹剖半、去除竹節製成，也會用矢竹等較細的竹子，去除竹節使用。木製懸樋有用圓木刨挖而成、用板子做成U字形，或是組裝成箱形連接的樣式。常為各家個別設置，但有些地方是共同架設大型懸樋，定點擺放儲水槽，再從各處的儲水槽引水至家家戶戶。奈良縣吉野的山區有專門設置、保養懸樋的職業，稱作水大工。此外，也用來引水至*水車，或設置在無法挖掘灌溉用水的地方，引水當作農業用水。近年來多是聚氯乙烯（PVC）製的水管。

ガス灯（とう）【煤氣燈】

由導管灌入煤氣點火，主要用於戶外的燈具。明治五年（一八七二），首次在橫濱設置了路燈。燈柱上的火袋（燈室）為四面或六面的玻璃箱，每到傍晚，手持*腳立（人字梯）與點火棒的燈伕就會現身點燈，到了早上又四處熄燈。當時裝設煤氣管是大規模的工程，後來煤油路燈變多，同樣被稱作ガス灯（煤氣燈）。大正至昭和時代電力普及，路燈也變成了電燈。

煤氣燈

滑車（かっしゃ）【滑輪】

主要用於移動重物的工具，有木製和鐵製。外圍裝上有溝的圓盤與軸，將*繩卡入溝內，藉由圓盤的轉動，讓綁在繩端的物品上下移動，大幅減輕勞力負擔。亦稱蟬（semi／sebi）、轆轤、南蠻（nanban／nanba）等。軸上支點固定的定滑車除了用來升降汲井水的釣瓶（汲水桶）或重物，工地固土用的升降槌也會用到。船上也經常使用，除了搬運貨物之外，海女潛水捕魚時，為了讓腰繩或減少水流阻力的鉛墜上下移動也會用到滑車。還有綁在*綱之間，軸也會移動的動滑車。

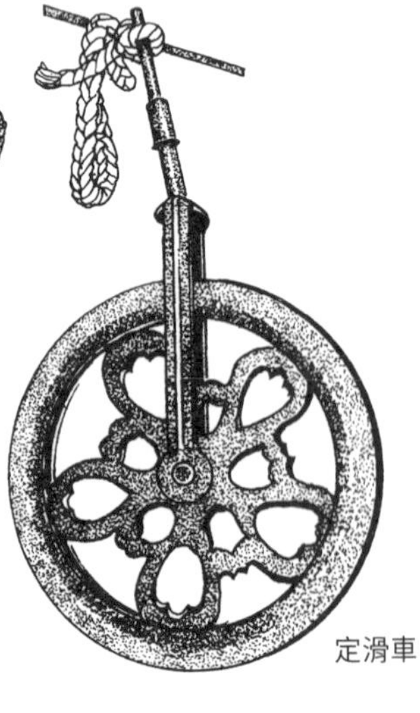

定滑車

動滑車

門行燈（かどあんどん）

寫上店名、屋號或家名，掛在門口當作標記的一種掛行燈。另外，參加葬禮時，前往墓地的途中，立在街角指引方向的*蠟燭稱作門燈，讀作かどあかし（kadoakashi）。

門行燈

瓦燈（がとう）

室町時代開始使用的土製照明器具，也讀作「かとう」（katou），寫作火燈、火頭。使用時是在放油皿的台座上，罩住雕出透光孔的釣鐘形蓋子。

瓦燈

竈（かまど）【灶】

炊事用的火爐，亦讀作ヘッツイ（hettsui）、クド（kudo）。用泥土或磚、石等圍住周圍，開一處作為焚口，上方擺放*釜或*鍋。古墳時代已有炊食米飯的習慣，出土文物中有發現竈的遺跡。中世時期爐與竈併用，簡易的移動式竈也常被使用。放在廚房的大型竈到了近世才變得普遍，西日本甚至出現由數個焚口連接成半圓形的大型圓陣竈，江戶的主流則是兩個焚口。除了設在土間，也有擺在木地板上的置竈，在江戶時代被做成商品，普及於町家。

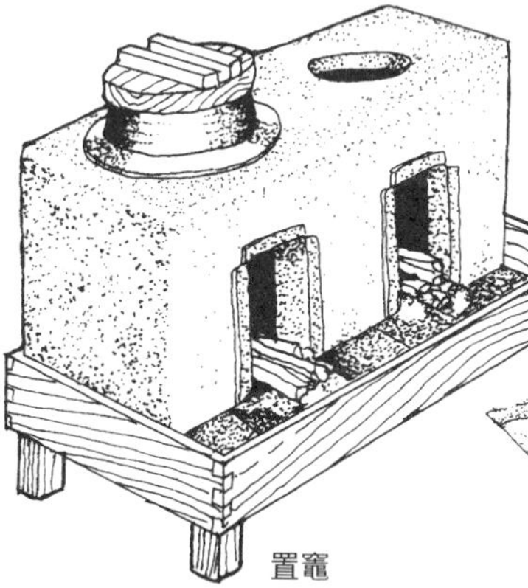

置竈

圓陣竈

日常炊事使用竈的地區主要是愛知縣以西，北陸、中部山區及關東以北則是使用*圍爐裏（地爐）。西日本自古就將放竈的場所稱作竈屋、釜屋，多是設在別棟或披屋，在沖繩直到近年仍可見到被視為竈原型之一的三石竈（在三塊石頭上放鍋子炊煮）。

竈對日本人來說是家的象徵，與竈有關的俚語也不少，像是意指結婚共組新家庭的「竈を持つ」（擁有灶）、家業繁榮的「竈を起こす」（起灶）、家業凋零的「竈を破る」（破壞灶）或「竈をひっくり返す」（翻倒灶）、分家的「竈を分ける」（另起爐灶）。人們

會在竈旁祭祀*竈神或三寶荒神，貼上祭拜火伏神（鎮火神）的秋葉神社或愛宕神社的*御札（神符）祈求避除火災。

蚊帳（かや）

晚上睡覺時用來擋蚊蟲，從房間上方吊掛而下、罩住床鋪的方形帷帳。在奈良時代已為貴族所用，亦寫作蚊屋。原本是用絽或紗等絹織物製作，後來麻布製品變得普遍。到了江戶時代普及於一般庶民之間，出現了棉製或紙製的蚊帳。明治時代後，製造出麻與嫘縈或麻與棉的混紡、尼龍等化纖材質的蚊帳。古時是將蚊帳上緣間距一巾（約三六公分）的多個乳環套入竹竿，圍成井字，插在天花板垂吊，後來居住空間被劃分成有小房間的書院造[17]，變成將位於四角、串著吊繩的*鐶勾在長押（橫木）吊掛的形式。通常是青綠色的萌黃染，搭配暗紅色的緣布（稱為茜緣），也有水藍色或白色。過去夏天的時候，若不開窗讓室內保持通風，夜晚會悶熱到難以入睡，所以蚊帳是夏季的必備品。

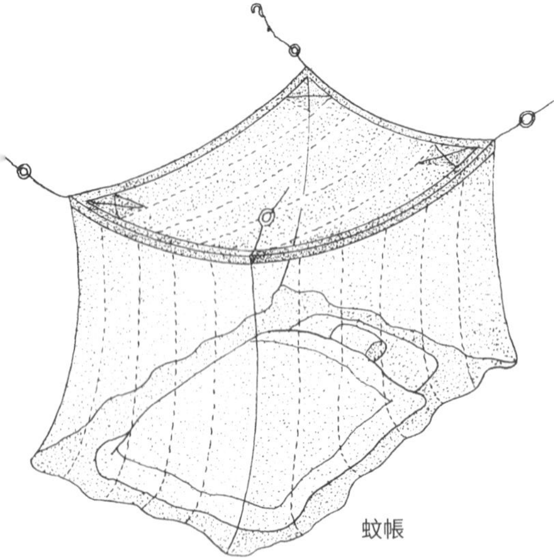

蚊帳

蚊遣豚（かやりぶた）【蚊香豬】

仿豬造型的陶器，用來焚燒驅趕蚊蚋的蚊遣（蚊香）。蚊遣是指生煙燻蚊或燻物之意。亦稱蚊燻、蚊遣火、カビ（kabi）。以杉樹或松樹等粗木屑、榧樹或葛的細枝、艾草之類的雜草及落葉為燻材。江戶時代後期賣起綁成束的榧樹枝，稱作蚊遣木。明治時代中期，除蟲菊傳入日本並被廣泛栽培，明治二十年（一八八七）出現棒狀的蚊取線香，接著又有了漩渦狀的蚊香。另外，也有西瓜或南瓜造型的陶器，有些人會以舊鍋代用，如今多是使用電蚊香。

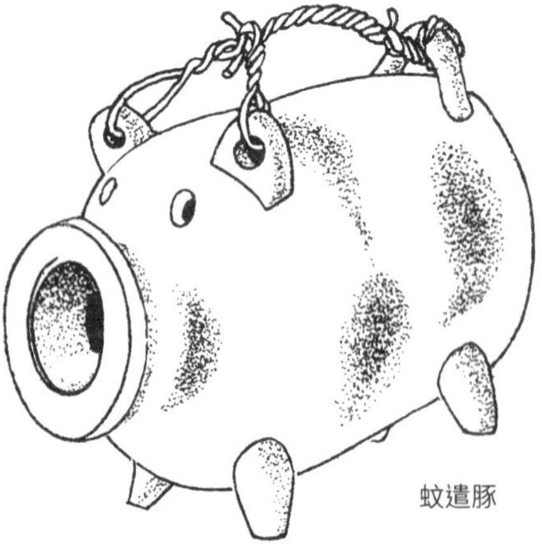

蚊遣豚

瓦（かわら）

一般是指鋪屋頂用的屋瓦。將黏土塑成固定形狀，放入瓦窯燒製。飛鳥時代自中國傳入日本，用於寺院或官廳建築。以平瓦與半圓形的丸瓦（筒

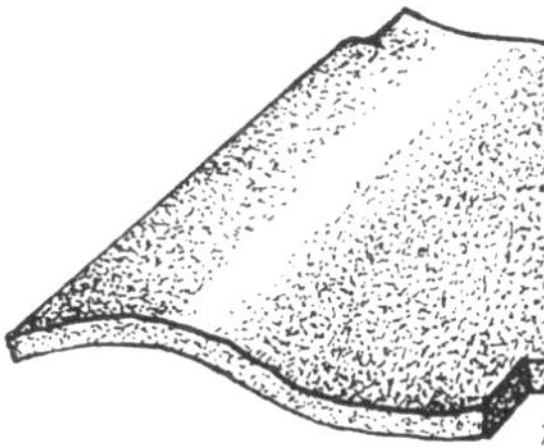
棧瓦

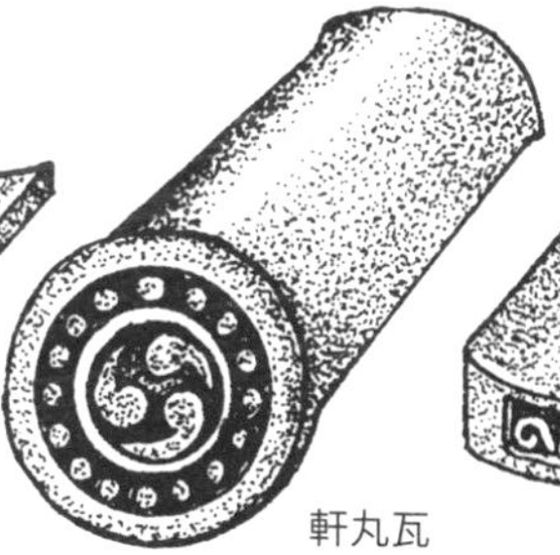
軒丸瓦

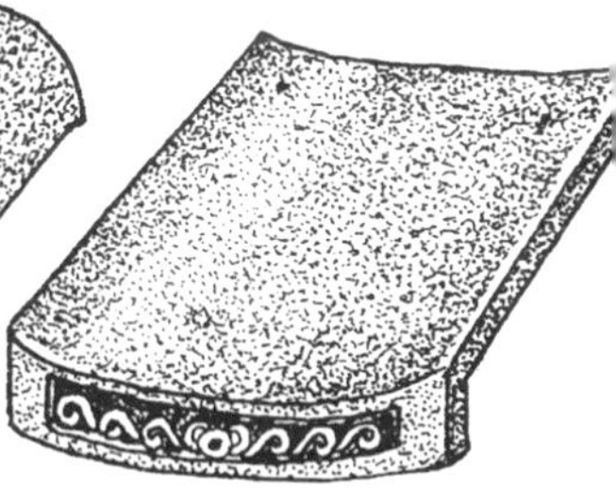
軒平瓦

瓦）上下交疊的鋪法稱為本瓦葺，這種形式會用到大量的瓦，也需要用大量的土黏接，因此只適合構造穩固的大型建築物。

江戶時代前期，近畿地區財力雄厚的商家建築也開始使用本瓦葺。到了中期，開發出丸瓦與平瓦合一的簡便型棧瓦（文化瓦）並普及開來。瓦的樣式豐富，如用於屋頂稜線的棟瓦（脊瓦）、置於屋脊尾端的*鬼瓦、放在屋簷並加上家紋等圖樣的軒丸瓦（簷瓦）、用於連接正脊與小脊谷間的谷瓦等。由於過去瓦要價不菲，一般農家或漁家的屋頂多是以麥稈或茅草等葺頂，也有用花柏或栗木板的板葺、杉樹皮的杉皮葺、檜木皮的檜皮葺，還有將檜木、杉木、花柏等薄木板切片製成的柿（木片）所鋪成的柿葺，或是用剖半的竹子取代丸瓦的竹瓦葺。明治時代以後鐵皮屋頂變多，昭和三〇年代廉價的人造石棉瓦也變得普遍。除了鋪蓋屋頂，也有將經文刻在瓦上燒製的瓦經、作為簡便印刷板的瓦板、做成猴子造型的瓦猿[18]等瓦人形（瓦偶），也應用於*塀（圍牆）、井筒等各種地方。

カンテラ【煤油提燈】

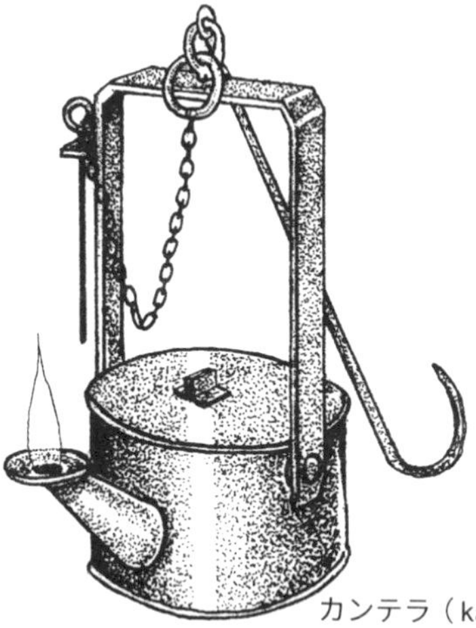
カンテラ（kantera）

燃燒煤油作為光源的照明器具。使用於*洋燈普及前的時代，カンテラ（kantera）之稱源自葡萄牙語的「candeia」。形似*土瓶，上有注油口，瓶身上有注嘴，將碎棉布放在注嘴上作為*燈芯。有鐵、銅、黃銅、馬口鐵等金屬製與陶製，也有注嘴在左右兩側的樣式。另外，還有墨水壺形的煤油提燈，壺內裝有放燈芯的金屬燈頭，多半有提把，普遍當作攜帶式的照明燈具。手提式多用於礦坑，裝在擋風玻璃箱內的用於夜間巡邏等場合。

強盜（がんどう）（龕燈）

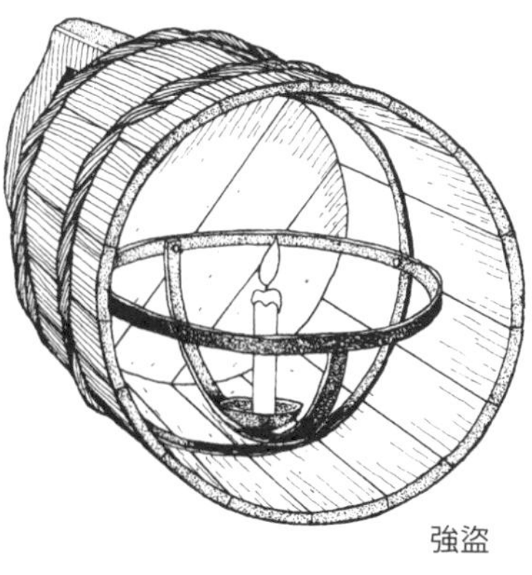
強盜

手持用的照明器具，相當於現代的手電筒。將圓筒的一端封住、加上把手，另一端作為開口，在內部安裝兩個活動式的鐵環，一個是圓形鐵環，另一個裁切成半圓形、接上燭托，將兩者組合成燈座，這樣的構造讓圓筒無論朝哪個方向燭托都能保持水平。除了木桶製，還有曲物、竹、鐵、黃銅製。

閂（かんぬき）

關閉大門等出入口時，用來上鎖的橫木，亦寫作貫木、關木。門的左右有裝兩個以上的門鎹，用來承接閂。門鎹分為讓閂橫向穿入的ㄈ字形，以及讓閂架在上面的L形。

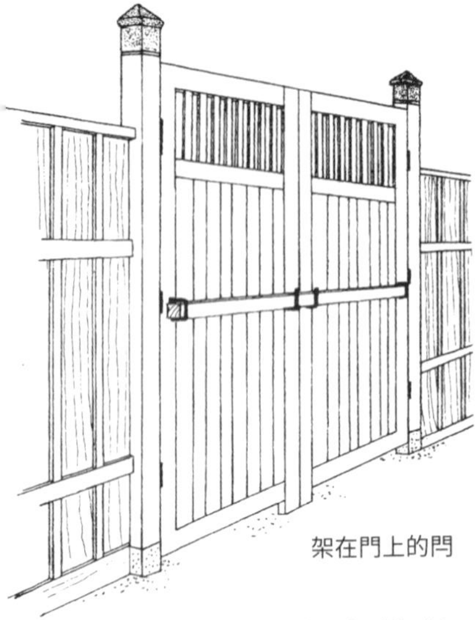

架在門上的閂

腳立（きゃたつ）【人字梯】

採收果樹或修剪樹木等，在高處進行作業時使用的一種可單獨站立的*梯子。以竹或木做成八字形的直梯，在上段加一根活動式的木棍，使用時拉開，使梯子展開呈三腳狀。或是將兩個二、三階至數階的短梯併成梯形，頂端鋪接木板，做成能夠站立的梯子。木工、水泥工等建築工人在工地會將兩座腳立擺開、中間架板子，站在木板上工作。後者多為木製，之後出現鐵製，近年來方便攜帶的輕金屬製品成為主流，也有將支腳加長，可當作爬梯使用的樣式。

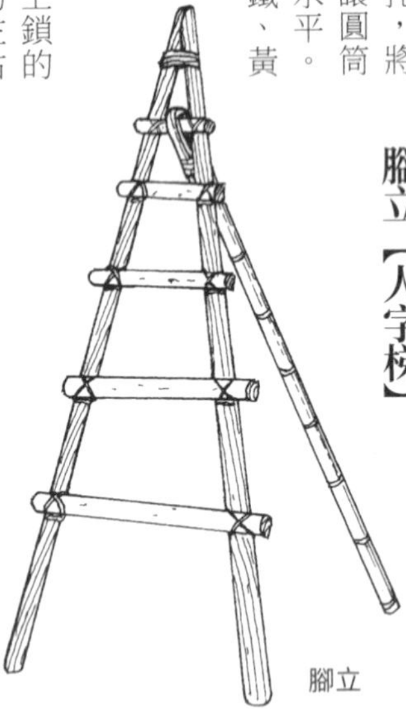

腳立

脇息（きょうそく）

席地而坐時，用來放手肘、倚靠的支撐物。兩側的立腳接上稱為凭板的細長木板，形狀分為筆直的直板與向內彎曲的圓弧板。原本是貴族使用的家具，多為紫檀木加上螺鈿或蒔繪等華麗的裝飾。鎌倉時代出現了以錦緞或綾包覆的鋪棉樣式，後來成為主流。也有用竹筒做立腳，或是立腳之間加小抽屜的設計。

脇息

潛戶（くぐりど）【便門】

設置在門邊、民宅出入口的大門、茶室的中潛（偏門）、*雨戶等處的小門。裝在大門的還有木板門加障子門的雙層構造，平時都是從這個門出入。

裝在大門的潛戶

屑籠（くずかご）【廢紙簍】

屑籠

裝紙屑等垃圾的*籠。過去多為竹編籠，近年來則是木製、紙製、塑膠製品較常見。以前的人很少丟棄物品，所以一般民家不太會有，後來隨著生活的改變才變得普遍。

藥袋（くすりぶくろ）

裝藥的方形紙袋，有分裝各種藥的小袋與收納小袋的大袋。大袋通常是塗上柿澀液的束口袋形。藥袋上會印藥品名、藥鋪名、商標等文字，富山或吉野的賣藥郎會定期來訪，為客戶補充消耗的藥。除了紙袋也會用藥箱，是在木箱或竹籠、厚紙上貼*千代紙等做成的。這樣的賣藥形態至今在部分地區仍可見到。醫師出診時攜帶的藥箱裡，重疊二、三層的盒子稱為藥籠。此外，*印籠原先就是作為小型的藥籠使用。

藥袋

熊手（くまて）【竹耙】

聚攏落葉、割除的雜草、垃圾等物的竹製用具。亦稱竹杷、杷、落葉搔、コマザラエ（komazarae）、コクバカキ（kokubakaki）。將竹片加熱使前端向內彎曲、排成扇形，根部夾入長柄、放上橫棒，用藤蔓或草繩、金屬線等捆綁固定。基本的形狀大抵相同，但竹片的數量、粗細、間距因地而異，且依用途有多種樣式。落葉可當作堆肥，因此對農家來說熊手是不可或缺的工具，也會用來掃集脫穀後的稻屑。熊手在關西地區的某些地方是指曬稻子或曬小魚乾用的木製或鐵製耙，有些地方則是指*草搔（除草鋤）或長耙。雖然近年也出現了金屬製、塑膠製，竹製熊手仍是主流。除了農家，也用於打掃一般家庭的庭院、公園、寺社或工地現場等處。還有可單手拿的小型熊手，包含挖貝殼專用的貝掘。

熊手被視為收集福氣的吉祥物，關東每年十一月舉行的酉市[19]、關西正月新年的初惠比須十日戎[20]都會販賣加上初穗或各種吉祥物的熊手。另外，能劇的《高砂》中也出現各自拿著熊手與*箒（帚）的一對老夫婦（尉與姥），由此可知熊手和箒同樣是具有特殊神力之物。

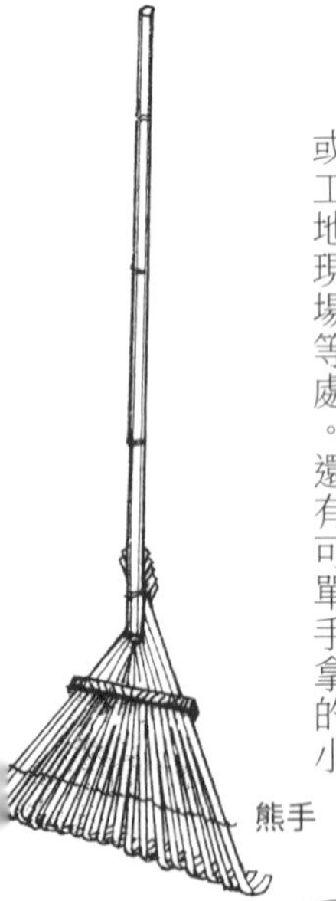
熊手

車簞笥（くるまだんす）【活動櫃】

底部加裝四個輪子的大型*簞笥（斗櫃）。輪子是為了方便搬運而加上的，多用於常發生火災的町家。有些*長持或*戸棚（櫥櫃）也會加裝輪子，稱作車長持、車戸棚。

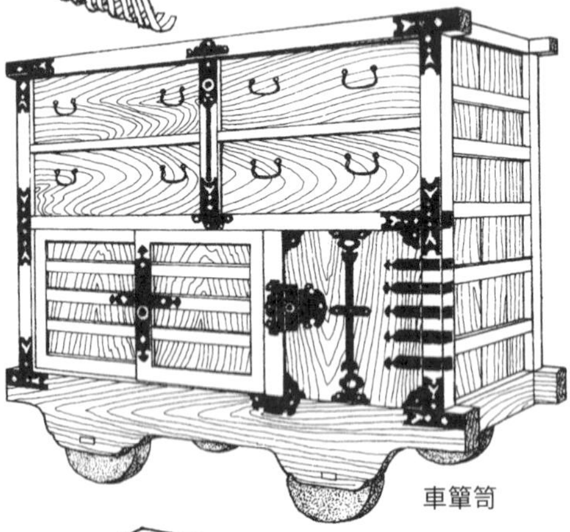
車簞笥

下駄箱（げたばこ）【鞋櫃】

收納鞋類的家具。明治時代後主要用於町家，原本只是層板組成的簡單構造，之後出現加上掀門或拉門的樣式，近年來多是直接裝潢在玄關。起初是用來收納外出穿的*下駄（木屐），故得此名，如今雖然都是放*靴（鞋），但仍維持這個名稱。

下駄箱

格子戶（こうしど）

於上下框與左右的縱框之間，用細角材或竹子排成整齊的格子狀，裝在住家出入口或窗戶的建具（門窗）。亦單稱格子，有拉門與內嵌的樣式，也有裝在窗子外側，向外突出的出格子。組裝的材料稱作組子，組子的大小或組法各有巧思，例如縱組子緊密排列的京格子、由縱橫組子組成四方形的狐格子、將剖半的細木棍當成縱組子的丸太格子等，另外還有連子格子、千本格子等。

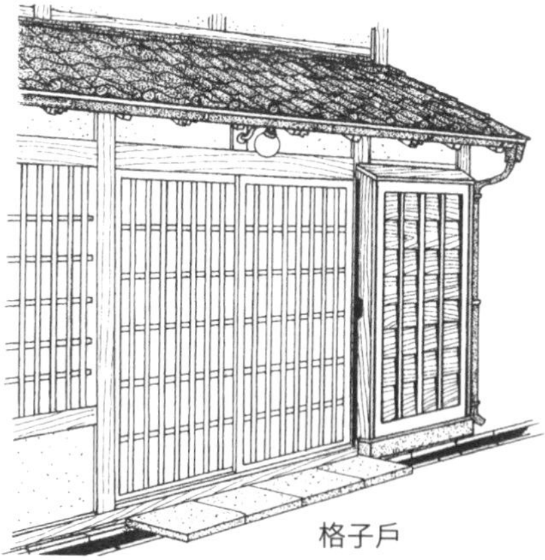

格子戶

行李（こうり）

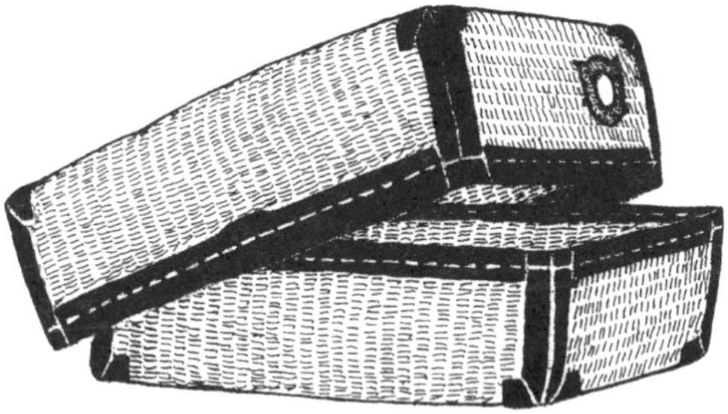

柳行李

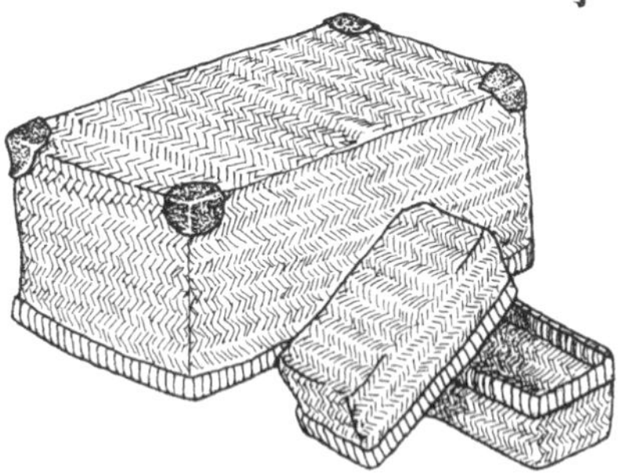

竹行李

收納、搬運衣物或隨身物品的長方形*葛籠，分為柳行李與竹行李。柳行李是將尖葉紫柳的柳枝剝皮後，以麻線接縫，邊緣用竹片塑型，在容易磨損的邊角縫布或皮革，兵庫縣豐崗市為最大產地；竹行李則是將篠竹或箱根女竹的竹篾以網代（斜紋）編法編成，主要產地是長野縣松本市周邊及岩手縣一戶町周邊，靜岡縣御殿場周邊也曾是主要產地。另外，宮崎縣的日向地區也有藤編的藤行李。

肥甕（こえがめ）【水肥甕】

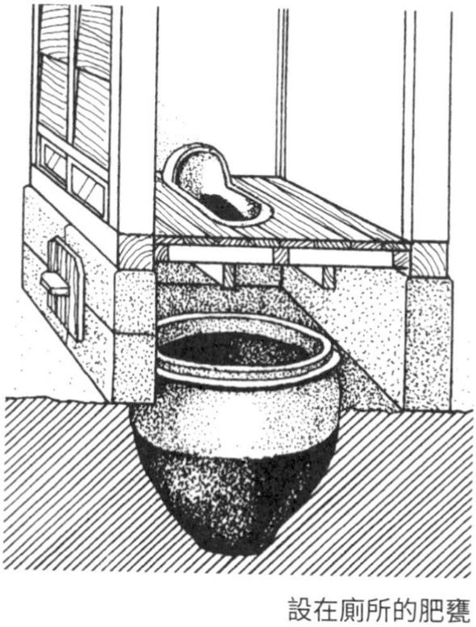

設在廁所的肥甕

埋在住家廁所的地下、積存排泄物的*甕，亦稱肥壺、肥溜。田埂邊也會放置肥甕，當廁所的肥甕裝滿時就倒入*肥擔桶，移至田埂邊的甕，備著當作肥料使用。有些地方會用木製的*桶取代肥甕。

五右衛門風呂（ごえもんぶろ）

日本人洗澡過去是以公共浴場的蒸氣浴為主，江戶時代使用結桶做成浴盆、泡熱水澡一事成為大眾習慣後，出現了家中有浴缸的家庭。當時的浴缸稱為湯槽，是在*竈（灶）上鋪設類似淺底大鍋的鐵板，擺上沒有底的結桶、注水燒開。為了防止漏水，還會在接合處塗灰泥或纏繞*繩加碎布。如此的形態使人聯想到被處以烹刑的大盜石川五右衛門，故得此名。雖然浴盆後來改為羽釜形的大釜，名稱仍繼續沿用。因為是直接放在火上加熱，為避免燙傷，底部會放浮板。亦稱長州風呂，主要盛行於關西。關東地區常見的是將筒狀的鐵製風呂釜，裝在*風呂桶側邊的*鐵砲風呂。

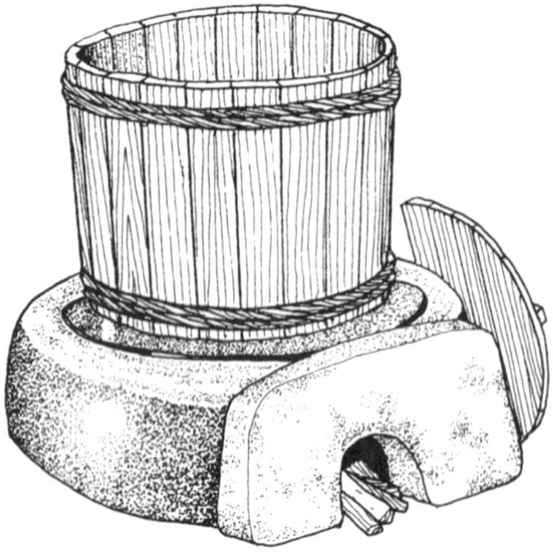

使用結桶的五右衛門風呂

茣蓙（ござ）【蓙】

藺草編製的鋪墊，亦寫作御座。因為是在貴族坐的藺筵加縫布邊做成，又稱茣蓙筵。輕便易收、捲起來就能帶著走，需要時帶出門，攤在要坐的地方便可席地而坐。基本尺寸與*疊（榻榻米）一樣是短邊三尺（約九〇公分）、長邊六尺（約一八〇公分），也有二或三塊相接而成的樣式。還有加染色藺草混編圖樣的花茣蓙。另外，夏天為了消暑，有用來取代墊被鋪在臥室地板的寢茣蓙。

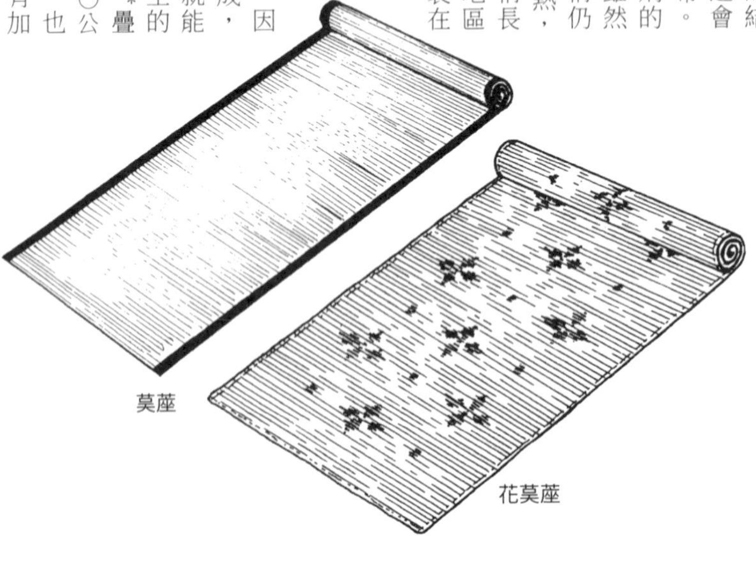

茣蓙

花茣蓙

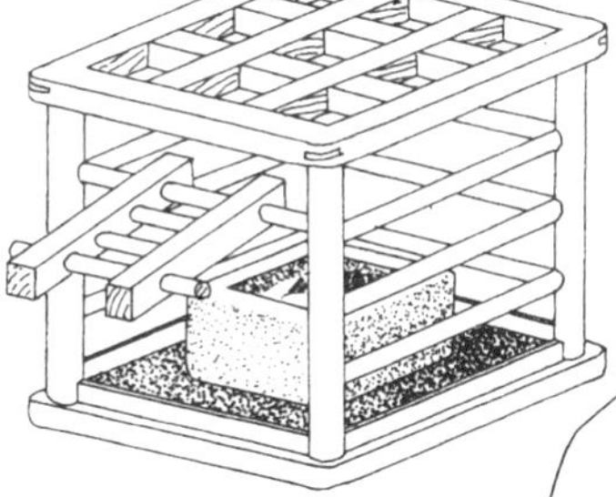

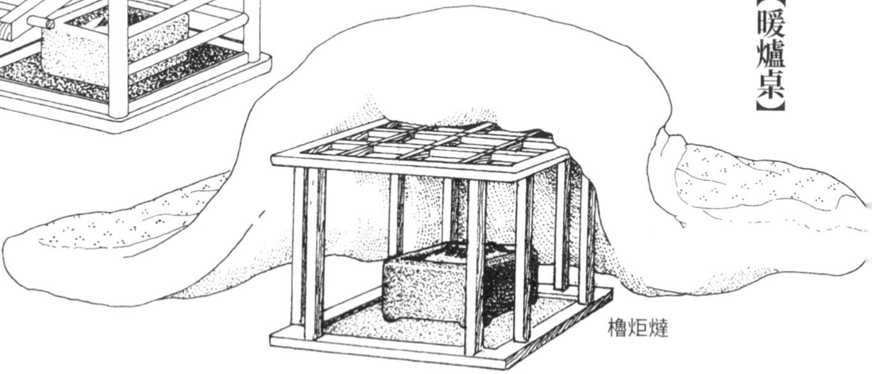

櫓炬燵

炬燵（こたつ）【暖爐桌】

能夠讓多人同時取暖的器具，分為掘炬燵與置炬燵。將*圍爐裏（地爐）的火力減弱後，撒灰覆蓋，擺上矮腳、簀子狀的台座，放進雙腳，蓋*小袖之類的衣物取暖，為掘炬燵的原型，出現於室町時代。江戶時代中期開始改用木框高台蓋*蒲團（棉被）的櫓炬燵、高炬燵，蓋住木框的蒲團稱作炬燵蒲團、炬燵掛。之後又出現了將地板向下挖深、坐時可將腳放在裡面的腰掛炬燵、切炬燵，也有在挖洞的地板埋放鐵製火盆的形式，為避免腳燙傷而以金屬網罩住。另一種形式的置炬燵則是將放了炭火的大型瓦製*行火蓋上蒲團取暖。當中有種行火炬燵採上下層的構造，下層擺放火盆，上層不放任何東西以防止火災、保持暖氣暢通。還有將瓦製火盆放進加了底板的木框、蓋上蒲團的形式。這些置炬燵於江戶時代中期以後普及開來。

之後，各地的溫泉旅館、大眾旅館興起在炬燵蒲團上放桌板取代餐桌的風潮後，一般家庭也開始跟進，原本使用圍爐裏時座位固定的習慣隨之消失。

在關西地區，舊曆十月的初亥日是「炬燵開」的日子，這天人們會在打掃、檢查後開始使用炬燵或*火缽（火盆）。昭和三〇年代後，插電式炬燵取代了原本的炭火成為主流。

ごみ箱（ばこ）【垃圾桶】

家中或市街上裝垃圾的容器，公園等公共設施也會設置。過去是附蓋木箱，後來出現混凝土製，現在多為金屬製或塑膠製。

ごみ箱
（gomibako）

菰（薦）

古時是用菰葉或稻草，後來大多以稻草編製。屬於*筵的一種，作工比一般的筵粗糙，亦寫作薦。雖也用作敷物（墊子），但過去是吊掛在住家或小屋的入口，當作門使用。用途廣泛，像是農務用的敷物、牛馬背上的鋪墊、*歲神棚、*盆棚等的敷物、物資的包材等。

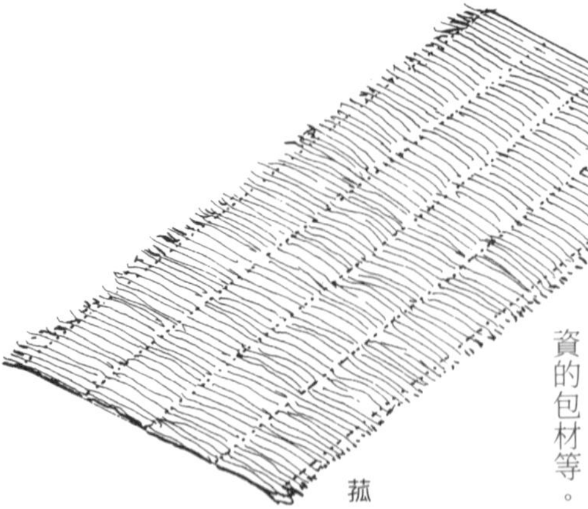
菰

座敷箒【座敷帚】

主要用於清掃室內的一種*箒（帚），材料多為禾本科的高粱或是棕櫚樹皮，兩種都是由專業職人製作或被農家視為副業。竹製的握柄分為可單手拿的短柄與雙手持握的長柄，短柄的刷毛通常是向下展開的扇形，長柄的則是上下幾近等寬。

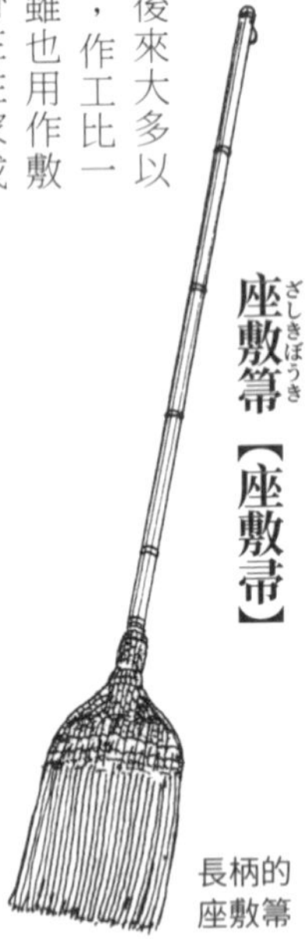
長柄的座敷箒

座蒲團【坐墊】

單人用的小型敷蒲團（坐墊），古時和寢具用的敷蒲團皆稱作「しとね」（shitone），為了加以區分，寢具用的漢字寫作「褥」，坐墊用的漢字寫作「茵」。茵是指用織物或獸皮製成的敷物（墊子），也有藺草製。江戶時代棉業發展興盛，誕生出今日所見的填充棉花的坐墊。明治時代之後種類增加，逐漸普及。絹製的坐墊套為客用、棉布製的為日常用，麻製或藺草製的則是夏季用，還有以吉貝木棉取代棉花的樣式，近年則有海綿製品。以香蒲、薹草或稻草編製的單人用*圓座（圓墊）也算是座蒲團的一種。

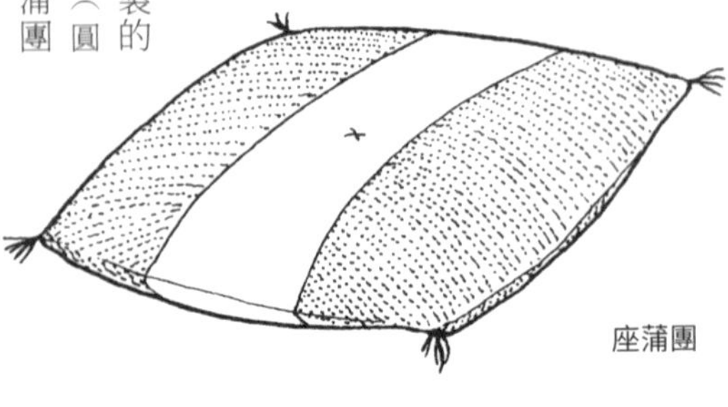
座蒲團

蔀戶

用於建築開口的建具（門窗），亦單稱蔀，或是シトメ（shitome）、ヒトミ（hitomi）。使用時朝外掀起，使用為格框包夾的木板門。由上下兩片組成，上片略大。一般是將上片向外掀起吊掛，下片嵌入柱子左右的溝槽。向外掀起的上片稱作吊蔀、揚蔀，吊

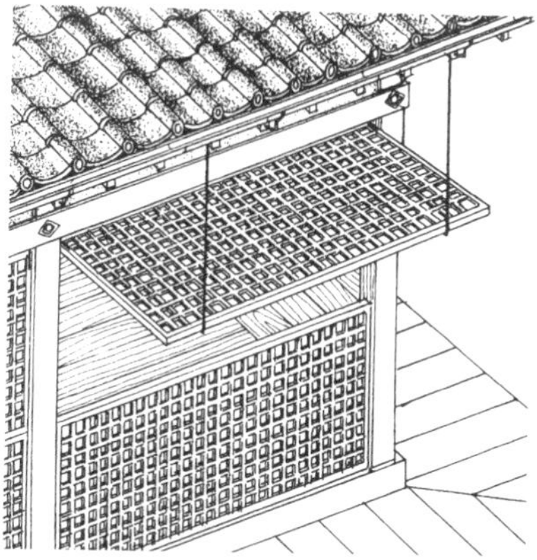

蔀戸

掛固定用的金屬鉤稱為蔀釣或蔀金。也有直接將下片做成壁面的設計，稱為半蔀。起初是用於貴族宅邸，平安時代中期後開始用於神社寺院，逐漸不用於住宅。

溲瓶（しびん）【尿瓶】

暫存尿液的便器，通常是臥床的病人或幼兒使用，分為男用與女用。古代的男用溲瓶形似南瓜，上部有斜面的短瓶口、附把手，後來變成瓶口口徑加大的橫長玻璃製，近年多為塑膠製。也有攜帶式竹筒製，女用溲瓶是在竹筒中間加小皿狀的接口，或是結桶的形式、陶製的*御虎子，近年改為塑膠製。

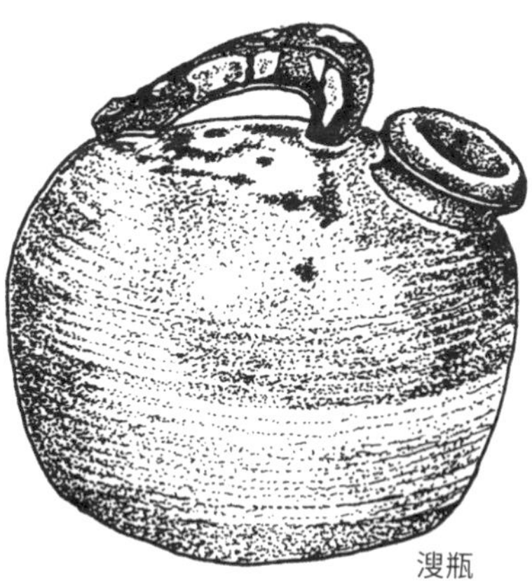

溲瓶

十能（じゅうのう）

鐵製或馬口鐵製的畚形勺加上長柄，用來將灰、熾炭或炭火從*竈（灶）、*圍爐裏（地爐）、風呂釜、*ストーブ（暖爐）等處取出，或移入*炬燵（暖爐桌）或*火鉢（火盆）。將煤或稻殼等燃料加進火爐時也會使用。尺寸多樣，分為握柄一體成形或插接木柄的樣式。鏟勺為平底碗形並下接木台，可平放於地面的稱作台十能。

台十能

十能

床几（しょうぎ）

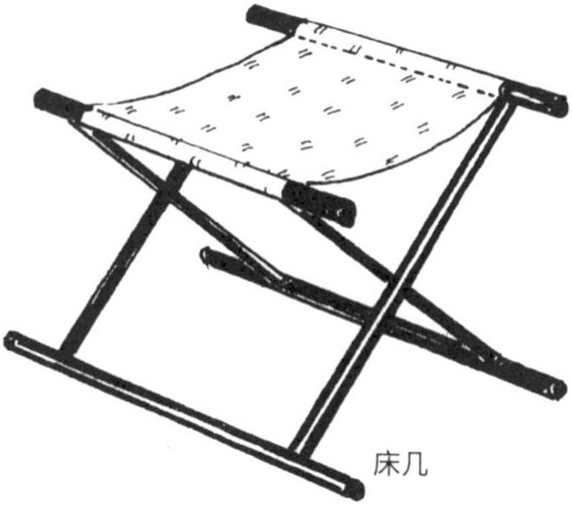

床几

主要用於戶外的攜帶型折凳。上下的橫棒連結打開後呈 X 字形交叉的左右支腳，上部鋪張皮革或厚布支撐臀部。過去是在戰場或狩獵場上供武士坐的凳子。如今在神社的儀式或觀光地仍被當作攜帶型折凳使用。近年來最常見的是輕金屬管搭配塑膠布的輕便型。

障子（しょうじ）

用於建築開口或隔間的建具（門窗）。如今泛指和紙門，古時是門、*襖、*衝立等屏障道具的總稱。貼和紙的障子是從和紙產量增加的日本南北朝時代開始使用，在關閉的狀態下，室外的光線仍可透過薄紙照亮室內，故稱明障子，後來這種紙門就統稱為障子。

障子是日本建築的一大特色，有許多別具心裁的設計。依使用場所或季節而有所區分，如雪見障子、書院障子、柳障子、夏障子；或是開閉方式不同的引障子、開障子、嵌込障子、摺上障子；以及格框形狀不同的豎繁障子、橫繁障子、霞障子。另外還有大阪格子或部分嵌玻璃的東障子、腰板高度不同的腰付障子、腰高障子、水腰障子等。

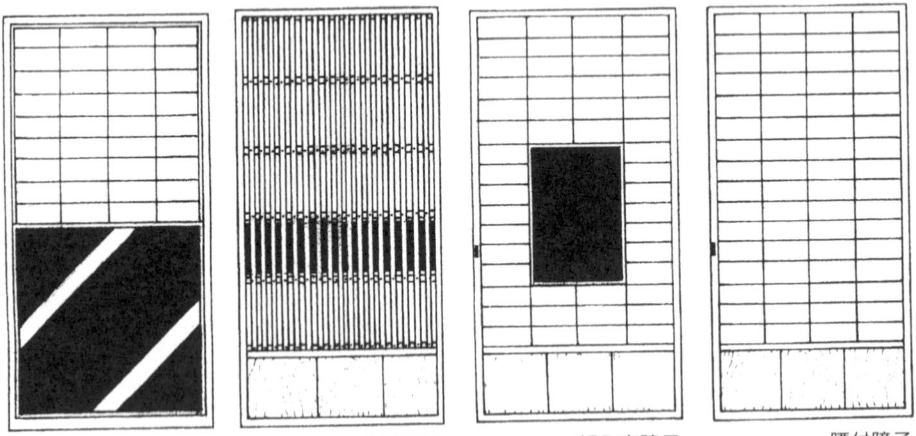
雪見障子　大阪格子　額入東障子　腰付障子

錠前（じょうまえ）【鎖】

一種五金零件，用來鎖門或倉庫、*長持、*錢箱（金庫）、*簞笥（斗櫃）等物的開口。亦單稱錠，或稱錠金具。內部有具彈簧構造的鑰匙孔，與依照鑰匙孔打造的*鍵（鑰匙）搭配使用，才能夠開鎖。倉庫大門或對開門多是用海老錠（海老鎖），因為鎖頭形似海老（蝦）的身體，開閉的橫棒像是蝦鬚，故得此名。而南京錠（南京鎖）是鎖頭接上倒 U 字形鉤的束口袋狀，用於倉庫或金庫。有黃銅製、鐵製，江戶時代中期出現隱藏鑰匙孔、另設機關的錠前，還有由專業職人做出施以各種裝飾的錠前，主要用於商人的倉庫。明治時代後，密碼鎖、發條鎖、彈子鎖[21]等傳入日本，樣式更加豐富。

錠前常被畫在小繪馬上，像是*煙管加錠表示戒菸、*杯或*酒樽加錠表示戒酒、「心」字加錠表示戒賭、戒花心、戒女色等，像這樣表示戒除各種惡習，藉此祈求實現心願。

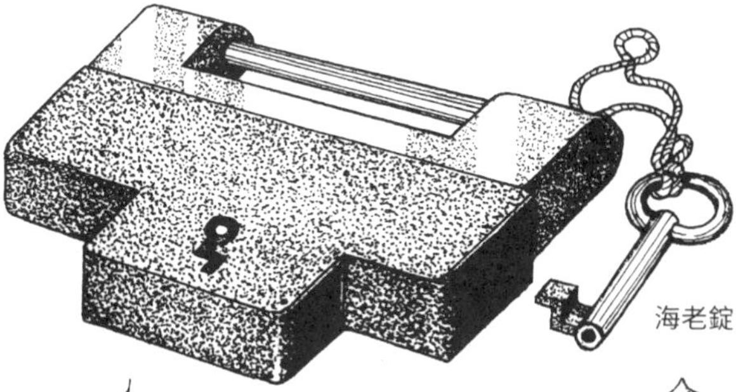

海老錠

常夜燈（じょうやとう）

徹夜點亮的燈火或燈火台。保持燈火不滅，代表不斷供養佛祖，點亮於吊燈籠或石燈籠。高大的石燈籠稱作高燈籠，設置在大型路口或港口，當作指示位置的常夜燈。

常夜燈

燭台（しょくだい）

用來點燃*蠟燭照亮的室內照明器具。在室町時代與*香爐、華瓶（花器）組成三具足（供佛器具），裝飾於室內，直到和蠟燭產量增加的江戶時代後期才變得普及。起初是在擺油皿的*燈台上加裝燭托，變成燈油與蠟燭兼用的形式，後來出現了蠟燭專用的燭台，有木製、鐵製、黃銅製，依用途變化出多種樣式。還有能調整高度的設計，以及放在起居室等處或掛在鴨居（門楣）或柱子上的掛燭台、黃銅製的折疊攜帶式燭台、手持式的*手燭等。

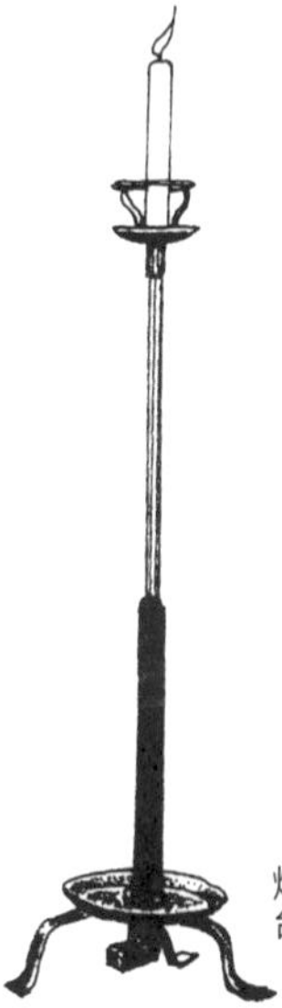

燭台

書見台（しょけんだい）【看書架】

擺放書等讀物的台子，亦簡稱見台。在基座上立一至二根支柱，裝上下緣

書見台

有止滑橫木的板子。自中國傳入日本，室町時代是用紫檀、鐵刀木等進口唐木，或檜木、櫸木、桑木、桐木等各種木材製作。另外，也有作工華麗的漆器或高蒔繪[22]樣式，製作出來當作大名的家具。江戶時代中期後也被當成淨瑠璃[23]或長歌[24]等藝術表演用的譜台。還有搭配使用的物品，例如將象牙製細棒或細竹加上穗子、用來指字的角筆，以及用陶器、鐵、銅、石、玉等製作，固定書頁的*文鎮（紙鎮）。

伸子針（しんしばり）

用來撐開布面的針。進行染色或上漿時，將布的兩端用名為張手、帶有勾爪的木板夾住，以*紐牽拉，綁在棒子或樹上，使布懸空攤平。這時候，如彎弓架在布面的左右兩側，讓布幅均等攤開的道具就是伸子針。有將竹條削細削圓，兩端做成分叉或尖針狀製成的，或是接上黃銅製短針的款式。完成後，拿掉伸子針，以水刷毛消除痕跡。主要用於專門的染坊。

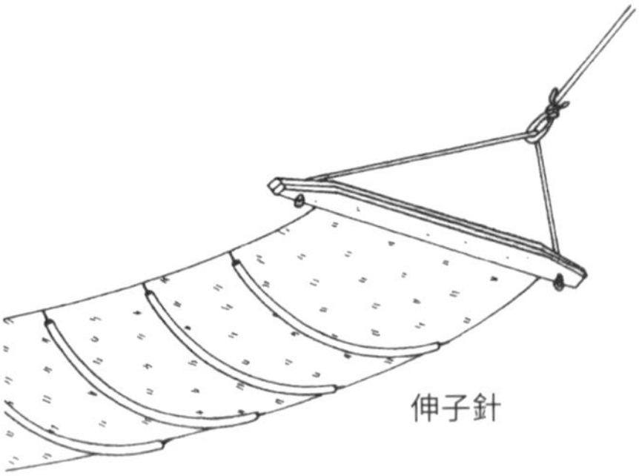
伸子針

廚子（ずし）

自中國傳入日本，原本是裝食物或食器的對開門*戶棚（櫥櫃），後來安置佛像、舍利、經卷等物的佛龕也稱作廚子。最廣為人知的是飛鳥時代的法隆寺玉蟲廚子。從這個形式變化出佛壇，對開門也改稱作觀音開。另外也有收納家具或書籍的戶棚。平安時代出現了在一至二層的*棚（棚架）下方加對開門的橫長形，以及只有棚的樣式等，到了近世成為武家的嫁妝，大部分都有蒔繪、螺鈿等裝飾，但在一般民間並不普遍。

法隆寺的玉蟲廚子

簾（すだれ）

一種掛在住家門口或窗戶等開口處的簀（蓆）。用竹、茅草、蘆葦、薹草等編成的遮蔽物，編織形成的空隙通風透光，又能遮陽、遮蔽視線以保護隱私，主要用於夏季。竹簾的材料為桂竹、孟宗竹等的竹篾或細女竹的竹條。過去在愛媛縣製作的「伊予簾」是知名的特級品。多是用葦簀，近年來中國進口的廉價天津葦簾也很常見。

竹篾製品中，將仔細處理過的竹篾用絹線編織，四周加上布邊的竹簾，稱作御簾或玉簾。平安時代在貴族宅邸中被掛在房間的間隔或座席前。如今，御簾多用於寺院神社。不使用時捲起來，以流蘇繩上的U形鉤勾住固定。此外，還有一種邊緣為深灰色絹布的黑御簾，掛在玄關入口，貼上「喪中」（家有喪事）字條等，用於法事或不幸事故的御簾。

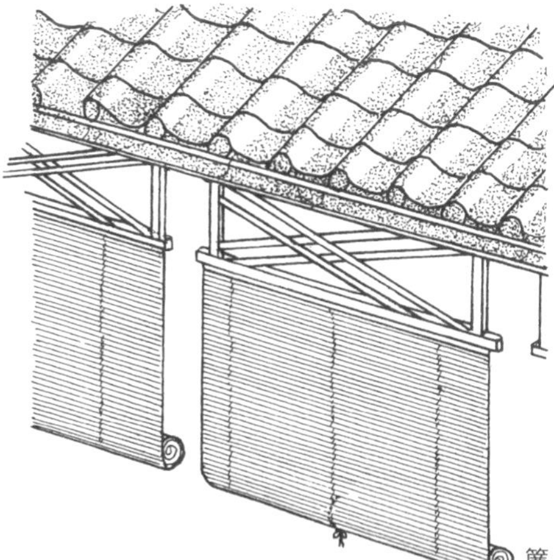

簾

ストーブ【暖爐】

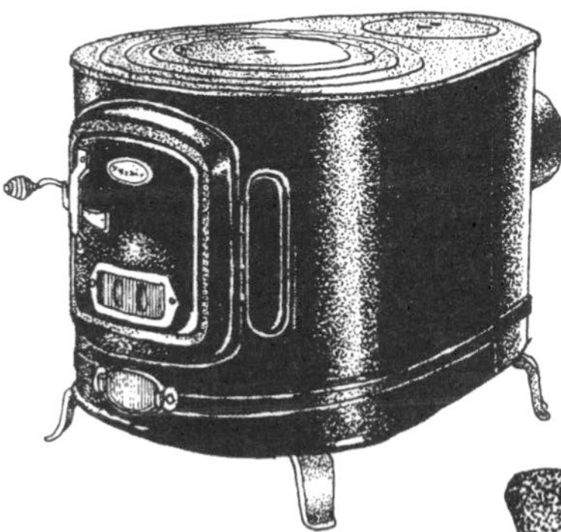

燒柴暖爐

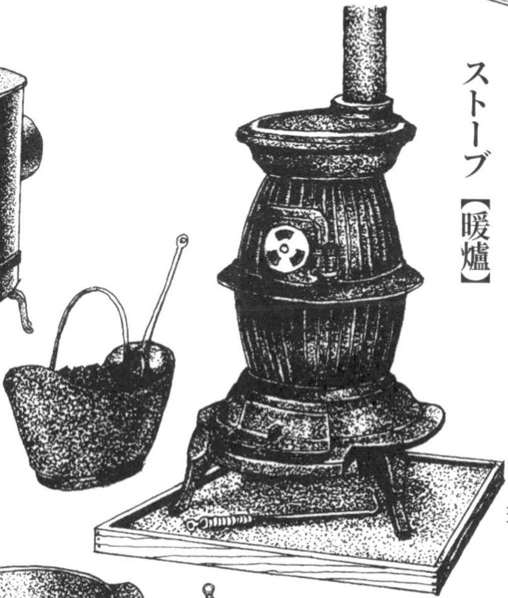

球形暖爐

儲炭式暖爐

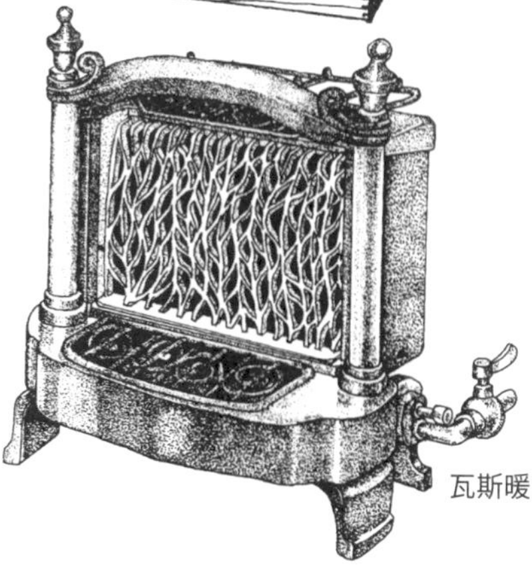

瓦斯暖爐

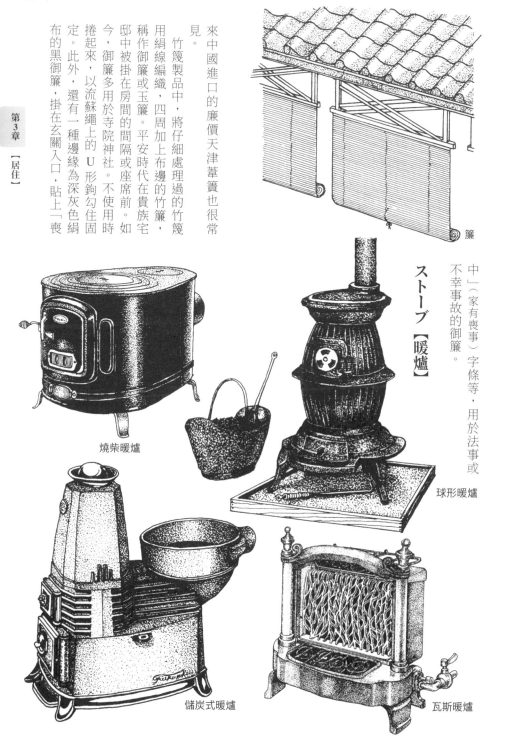

以薪柴、煤炭、瓦斯、煤油、電等為燃料的取暖器具。依燃料分為燒柴暖爐、煤炭暖爐、瓦斯暖爐、煤油暖爐等。燒柴暖爐、煤炭暖爐，主要用於東北地區與北海道，除了取暖也用於炊事。參考德國和北歐使用的暖爐（stove），安政三年（一八五六）製造於函館的暖爐被視為第一個日本製的暖爐。明治時代各種國外製的暖爐進口至日本後，便陸續出現仿製的國產暖爐。明治三〇年代輸入了熱輻射式的瓦斯暖爐，明治時代末期又輸入電暖爐，使用於部分的西式住宅。

煤炭暖爐是鑄鐵材質，燒柴暖爐是鐵皮材質，擺在鋪鐵板或貼磁磚的爐台上，接上煙囪，讓煙排往室外。煤炭暖爐在大正至昭和期間出現了各種樣式，如球形暖爐、儲炭式暖爐等，隨著技術的進步，廣泛用於北海道的住家、學校、醫院、車站、公所等政府廳舍。暖爐旁擺放裝煤炭的石炭箱、放煤炭取灰燼的*十能、方言稱作derrick的*火搔（火鉤）、小爐帚等必需品，許多家庭會在暖爐後方放鍍琺瑯的水壺，利用煙囪的餘熱燒開水。燒柴暖爐多為圓形與葫蘆形，上部有二至三圈可拆式的鐵環，配合*鍋或*釜的大小拿掉環，進行炊煮，以*火挾（火夾）添加薪柴調整火力。昭和三〇年代移動式的熱輻射式電暖爐與煤油暖爐變得普及，也出現了固定式的煤油風扇式暖爐。昭和四〇年代後煤炭暖爐驟減，如今在東北地區和北海道，有些地方仍使用燒柴暖爐。

簀子（すのこ）

用竹子或木板等距排組而成。原是放在廚房或*井戶（井）的旁邊，當作洗食器或食材的*流台（工作台），後來變成設在廚房旁或高處，擺放洗好的廚具等物。由於排水性佳，也被放在浴室裡。

此外，因為可以擋泥，而被設置在學校的樓梯口，或是放在壁櫥裡隔絕濕氣。現在也有金屬與塑膠製品。

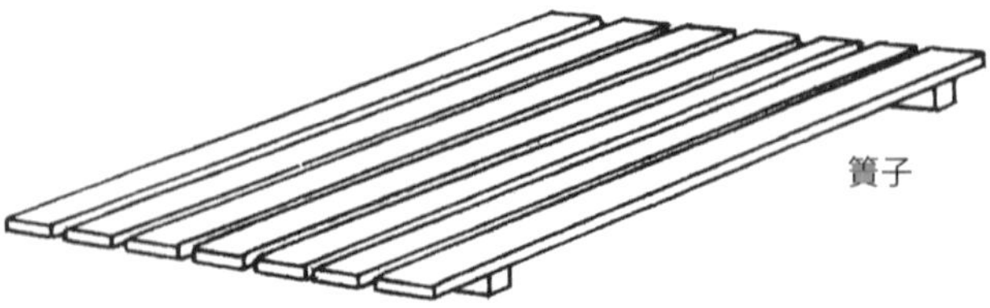

簀子

炭籠（すみかご）

用來裝*火鉢（火盆）、*炬燵（暖爐桌）、*手焙、*七輪（炭爐）等使用的木炭或軟炭[25]的*籠，亦稱炭取、炭入。從*炭俵取少量炭裝入炭籠，拿到定點使用。為攜帶方便，多使用有把手的竹籠，內側貼有鐵皮或紙，也有木箱或鐵皮製、瓠瓜（葫蘆）殼製。

炭籠

石鹼箱（せっけんばこ）【肥皂盒】

明治時代肥皂變得普及，於是有了裝肥皂的容器，亦稱石鹼入。一般家庭是用木製小盒或竹製小籠、鮑魚殼等。後來鍍鉻的金屬製、賽璐珞材質的附蓋盒變得普遍，人們去澡堂或旅行時都會帶著。現多為塑膠製。

金屬製石鹼箱

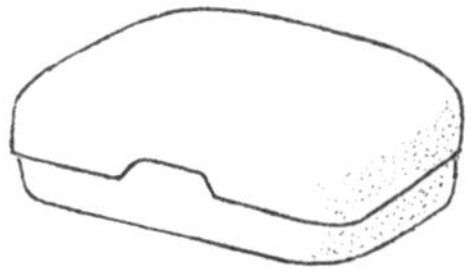
賽璐珞材質的石鹼箱

洗濯板（せんたくいた）【洗衣板】

用來洗衣服等布類的長方形木板，板上刻有溝槽，橫溝分為直線和曲線。明治時代隨著西化傳入而普及，將板子斜置於*盥內，放上要洗的布或衣服，沾肥皂搓洗。在此之前，人們都是放在沒有溝的板子或石頭上用手搓揉、以腳踩踏，或是用洗滌棒（搗衣棒）捶洗。如今已是洗衣機普遍的時代，但洗少量的衣物時，還是有人會用塑膠製的洗濯板。

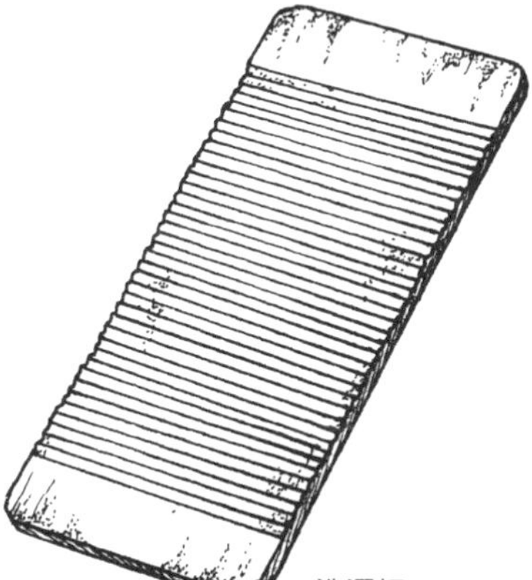
洗濯板

洗濯挾（せんたくばさみ）【曬衣夾】

將洗好的布類晾掛在曬衣架時，為避免被風吹落所使用的一種夾子。古代是將竹片削成短鑷子狀，用篠竹環固定。後來出現了竹、木或氧化鋁裝上金屬彈簧的樣式，現多為塑膠製品。

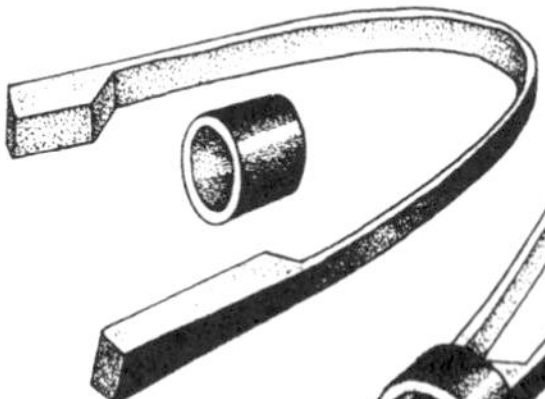
竹製洗濯挾

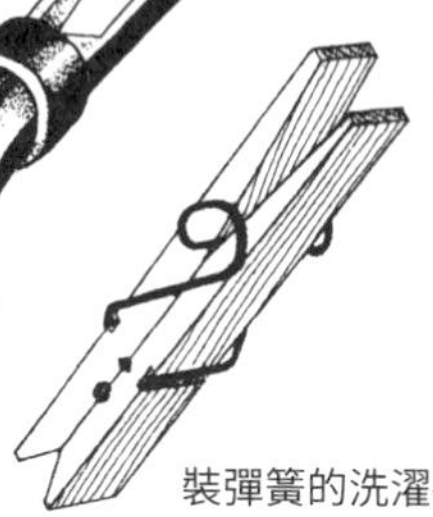
裝彈簧的洗濯挾

洗面器【洗臉盆】

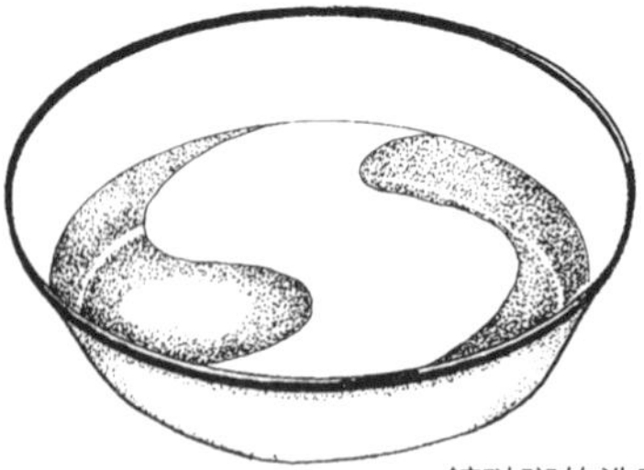

鍍珐瑯的洗面器

盛裝洗臉或洗手水的容器。古時是用素燒土器或陶器、櫻樹皮接合薄板的曲物小*盥。據說是在鎌倉時代變成日常用品。當時多是用木材刨挖成碗形原木盆或塗黑漆的漆器，也有左右如角般突起的角盥。角狀突起作為方便搬運的把手，盥洗時也可暫掛*著物（和服）的*袖。室町時代出現了結桶，淺底的桶被稱作盥而變得普及。小型的稱作手盥、洗面盥，有三支立腳的手水盥也被用來洗臉。明治時代有了黃銅製、鋁製、鍍珐瑯的金盥，以洗面器這個名稱普及於民間。

雜巾【抹布】

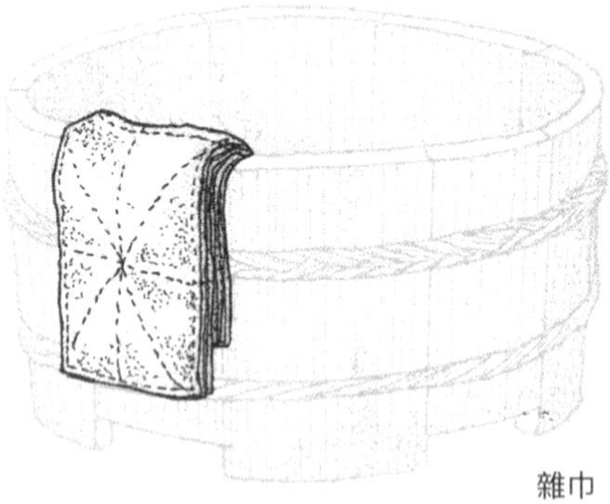

雜巾

擦拭髒污的布。利用舊棉布重疊縫製而成，通常是做成麻葉或綾子模樣的*刺子。濕擦木質地板或走廊的雜巾較厚，乾擦家具等物的較薄。過去多為自製，近年來市面上可買到毛巾布等材質的製品。

松明【火把】

日本自古使用至今的一種燈火。除了樹脂豐富的松樹根株，也會用竹或檜木的木屑、麥稈等。在室內使用時，將燃材弄碎後，置於土製或石製的台座。夜間外出時，綁成束、用手拿著點燃。如今在各地祭典，如京都的鞍馬火祭[26]仍可見到大大小小的松明。

松明

竹箒【竹帚】

竹枝捆成束當作刷毛，接上長竹棍作為握柄的*箒（帚）。以雙手持握，主要用來掃集庭院或住家附近的枯葉塵屑。刷毛的部分是用孟宗竹枝，握柄是用較細的桂竹棍，古時以藤本植物綁住固定，近年多是用鐵絲纏繞，進口製品也變多了。不只一般家庭，學校或公園、工地現場等處都會用到，使用範圍相當廣。

竹箒

疊（たたみ）【榻榻米】

鋪在住家地板上的一種敷物（墊子）。將稻草重疊，以麻線縫合固定，上方接縫用藺草編成的表面。鋪在和室時，疊用以作為計算房間大小的單位基準，如六疊間（六張榻榻米大）、八疊間（八張榻榻米大）等。疊是日本固有的敷物，古時泛指*筵或*莫蓙（蓆）等敷物，坐下時才會使用，不需要時通常是捲起來疊放。後來變成將敷物數塊重疊，甚至縫在一起的形式。平安時代貴族宅邸的寢殿造[27]會將筵鋪在座上，再鋪疊，有時是當作床鋪使用。依身分地位有固定的厚度與布邊顏色。到了室町時代，住家構造變成有許多小房間的書院造[17]，房內全部鋪上疊。不過，一般庶民的住家要等到江戶時代才開始使用，大正至昭和時期普及至農山漁村。

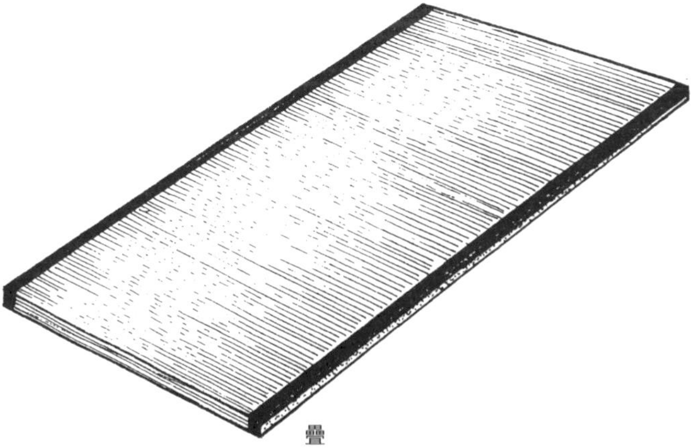
疊

疊的大小依地區而異，近世以後主要分為兩種尺寸。一種是以一間六尺五寸（約一九五公分）為基準的京間，普遍見於關西地區，長邊六尺三寸（約一八九公分）、短邊三尺一寸五分（約九五公分）；另一種是以一間六尺（約一八〇公分）為基準的江戶間（又稱田舍間），見於江戶等關東地區，長邊五尺八寸（約一七四公分）、短邊二尺九寸（約八七公分）。另外還有介於兩者之間的中京間，以及用於公共住宅、比江戶間小一些的團地間。

棚（だな）【棚架】

設置在住宅或倉庫、儲藏室等處，用來擺放物品。在長押（橫木）或樑上裝支撐架、放板子，當作收納空間。過去許多家庭都有使用，隨著西式建築的增加而減少。比較特別的除了固定式的*神棚（神龕），還有配合活動陳設的*歲神棚或*盆棚等。此外，以前店家陳列商品的台子也稱作棚（tana），租屋做生意的人稱為店子（tanako），富商稱作大店（oodana）。

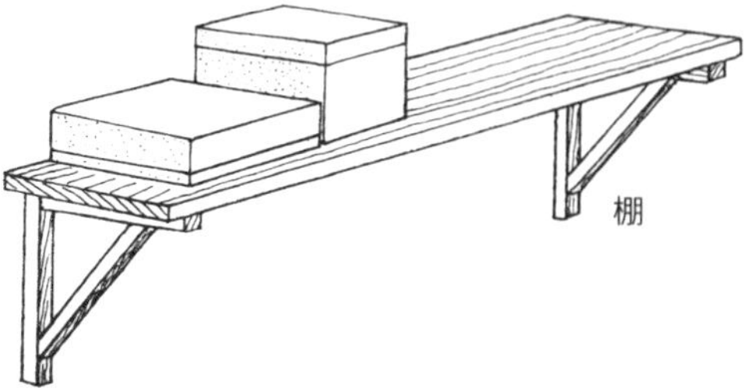
棚

盥（たらい）

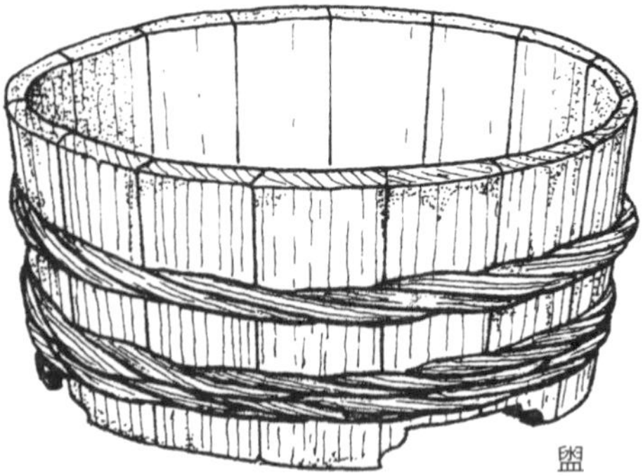
盥

*桶的一種，盥的日語發音「たらい」（tarai）是由「手洗い」（tearai）訛變而來，原本是指洗手或洗臉用的淺底容器。古時是將薄板彎曲、以櫻樹皮等接合的曲物或刨挖成的刳物，像是左右如長角般突起的洗臉用角盥，以及裝鐵漿（御齒黑）、左右有耳的耳盥等。室町時代後出現各式尺寸的結桶、結樽，淺底的統稱為盥。依用途有各種樣式，如洗手或洗臉用的小型手盥、洗面盥，魚販等使用的中型盥稱作半台，洗衣或沖涼、接生時幫嬰兒洗澡用的大型洗濯盥（澡盆）等。明治時代後，銅製、黃銅製、馬口鐵製、鋁製等各種大小的金盥變得普及，但結桶的洗濯盥直到昭和三〇年代仍被持續使用。如今也有用來盛裝釜揚烏龍麵、素麵（麵線）的盥。比較特別的是在新潟縣佐渡的小木岬等地，漁民捕漁時乘坐的盥舟。

簞笥（たんす）【斗櫃】

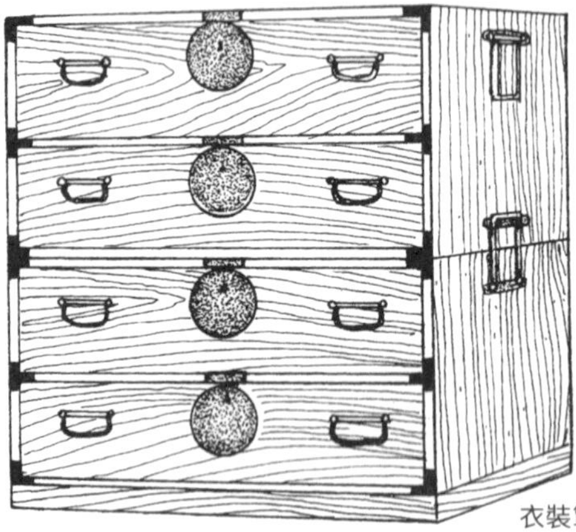
衣裝簞笥

泛指有抽屜或*戶棚（櫥櫃）的收納器具。古時主要是用和櫃、唐櫃或*長持等附蓋的箱形收納器具，到了江戶時代出現有抽屜的衣裝簞笥（衣物斗櫃），中期以町家為中心快速普及。因為當時世局穩定，隨著經濟發展活絡、生產力提高，木材、商品、技術等流通相當發達。衣裝簞笥與長持等物成為嫁妝，出現二層或三層式，還有各種作工複雜的樣式。像是抽屜與*棚（棚架）組成的*茶簞笥，或是*水屋、帳場簞笥（帳房櫃）、*藥簞笥（藥櫃）、*船簞笥（船用櫃）等，在各地興起製造特殊簞笥的風潮。衣裝簞笥的頂級製品是桐簞笥，過去甚至有女兒出生後，為其準備將來的嫁妝而種桐樹的風俗。將粗壯的棹（竿）套入側面的金屬環就能搬運，因此簞笥的單位是棹，以一棹、二棹計算。明治時代有了上層是開門式或對開門形、下層是抽屜的洋服簞笥（衣櫃），以及玻璃門的食器簞笥（餐具櫃）等。

茶簞笥（ちゃだんす）

茶簞笥

*戸棚（櫥櫃）與小抽屜組成的一種*簞笥（斗櫃），用來收納茶具等物。放入*湯飲茶碗（茶杯）等茶具或點心盤、日用品，擺在茶之間（客餐廳）裡，需要時就能馬上取出。江戶時代在關西地區開始使用，到了明治時代變得普及。因為擺在茶之間很顯眼，於是出現了加裝高低層板，或在把手等細節融入別具巧思的裝飾，也有嵌玻璃門片的樣式。之後隨著客廳風格的西化，被邊櫃取而代之。

手水鉢（ちょうずばち）【手水鉢】

裝洗手水或漱口水的器具，一般住宅多是設置在廁所旁。有木製、陶製、石製、青銅製，旁邊會擺*柄杓，以舀水洗手。神社佛閣會放置大型的石製、鐵製或青銅製手水鉢，讓參拜者洗手漱口後再入內參拜。加裝屋頂的稱作手水舍。此外，放在茶席入口的手水鉢稱為蹲，用形狀奇特的石頭製成。「蹲」這個名稱是因為茶席的手水鉢擺得很低，茶客使用時必須採取蹲姿，故得此名。

陶製手水鉢

提燈（ちょうちん）

小田原提燈

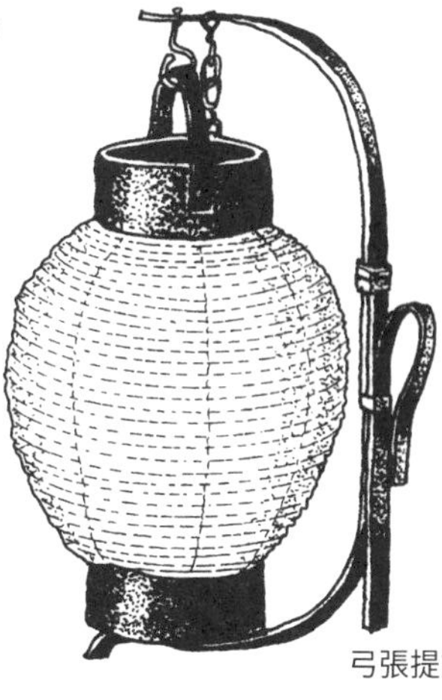

弓張提燈

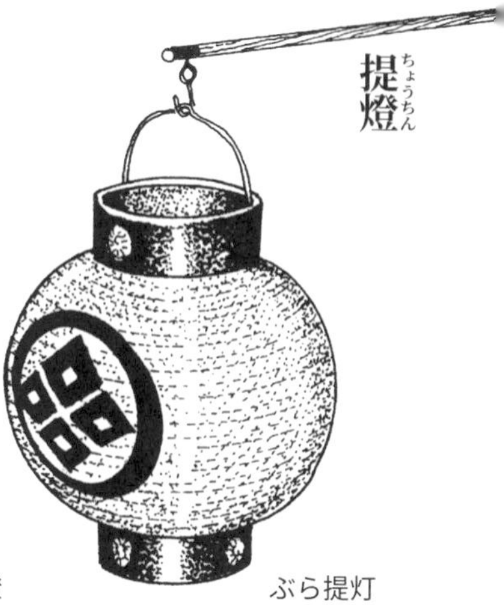

ぶら提灯
（圓形提燈）

火袋（燈室）內直立*蠟燭，可自由伸縮折疊、隨身攜帶的照明器具。為日本自行發展出的器具，古時寫作桃燈。室町時代將竹籠糊紙、擺入松脂蠟燭的籠提燈，可說是提燈的原型。後來出現將竹篾彎折成螺旋狀作為骨架，糊紙、上下加竹圈，伸縮自如的提燈。到了江戶時代，各地皆生產和蠟燭，於是各種樣式的提燈變得普及。

不用的時候折疊火袋，讓上下的竹圈重疊成盒子的箱提燈，當中有一種是由小田原的甚左衛門構想出來的攜帶式小田原提燈；還有懸掛在棒子前端提著走的圓形或棗形的ぶら提灯（burachouchin），當中有一種是塗上紅白色，當作祝賀或祭祀儀式的裝飾，或是給提燈隊伍使用的小型丸提燈，或是將ぶら提灯加大，獻給神社寺院的吊提燈；另有寫上定紋或屋號，接在長竿前端、上下固定，用於神社寺院或官廳門前、商家店面，或是高舉在遊行隊伍前頭的高張提燈；還有利用竹弓的彈力，讓火袋上下撐開的弓張提燈等，適合手持快速移動，武士會在上面加家紋或文字，消防員則會寫上組名，也可吊掛使用；江戶時代後期在岐阜製造的岐阜提燈是用細竹骨貼上薄美濃紙，描繪帶涼意的花鳥草木，很適合在夏季使用，也是知名的*盆提燈。

居酒屋或攤車也常用寫著店名的紅色提燈當招牌，久而久之「赤提燈」便成了那些店家的代名詞。

塵取（ちりとり）【畚箕】

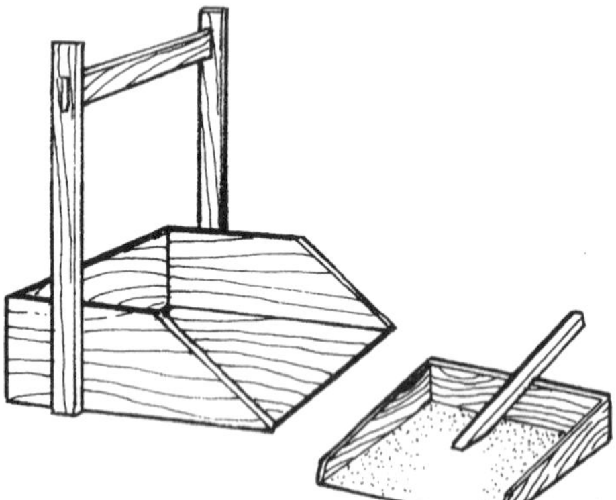

塵取

用*箒（帚）掃集塵屑、垃圾或落葉等後，將之收集起來的清掃用具。一邊為開口，剩下的三邊以低板圍住。室內用的是在開口的另一側加把手的小型塵取，土間或庭院則是用上面有提把的大型塵取。過去是木製，近年變成馬口鐵等金屬製或塑膠製。

衝立（ついたて）

一種屏障道具，古時稱作衝立障子。過去的日本建築沒有牆壁也沒有隔間，平安時代貴族宅邸的寢殿造[27]以御簾或*幕作為與外界隔絕的遮蔽物，室內則是以*屏風或衝立做出隔間。屏風是折疊式成對的設計，衝立則是有台座的單片屏障。室町時代的住宅樣式演變為書院造[17]，室內用襖障子或板障子隔間出來的小房間變多，衝立的必要性因而消失。到了江戶時代，被用於玄關入口、門檻、內庭通道、廚房、座敷（鋪榻榻米的房間）、寢室或商家的帳場（櫃台）等處。依用途產生各種樣式，如描繪佛教故事、花鳥圖，或是用整塊銘木製作，也會施以

衝立

鏤空雕刻等裝飾、鑲嵌格框、嵌入簀，或簡單樸素的木板製等。

机（つくえ）【桌】

用來閱讀、書寫的台子。机原是指托承擺放著神饌等食物的容器所使用的台子，後來變成專指閱讀、書寫用的文机。文机的日語讀作「ふみづくえ」（fumidukue），簡稱「ふづくえ」（fudukue），古時寫作書案。過去用於宮中、官廳、寺院，平安時代後期至鎌倉時代，為貴族與僧侶廣泛使用。以蘇木、黑柿等木材製成，有塗黑漆、螺鈿裝飾等作工精緻的樣式。有的設計還會在頂板的左右兩側加上防止筆滑落的木條，稱為筆返。也有四支立腳向內彎折的設計。

文机

到了江戶時代，藩校[28]、私塾、寺子屋[29]興起，進而普及至一般庶民間。左右兩邊的支腳多為鏤空成窗形的板腳，以花柏、杉木、栗樹、櫸樹等原木製或簡單的漆器最常見，也有用桐木、桑樹、黑柿、紫檀等製作的特級品，或是加小抽屜的樣式。到了近代，西式桌椅變得普遍，為了有所區別，改以座机稱之。

付木（つけぎ）

一端塗上硫黃的檜木、杉木、松木

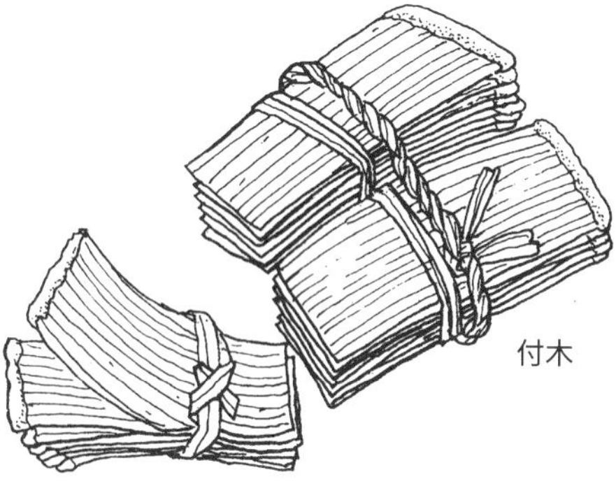
付木

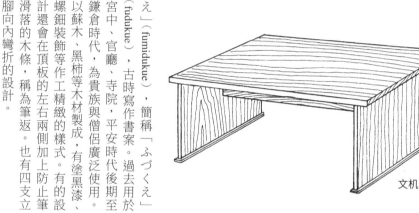

等薄木板。用途廣泛，例如用*火打石（打火石）、火打金（打火鐵片）等磨擦生火後，以火口（火絨）移接火源，或是從*竈（灶）或*圍爐裏（地爐）取火，用來幫別的竈或炭生火所使用，此外點燃蠟燭時也可當作火種。火口又稱ホクソ（hokuso）、ホソクズ（hosokuzu），使用的材料很多，如針葉樹的枯葉、高粱或香蒲的莖、樹皮、朽木、竹、桐木或柳樹等木片、軟炭粉等。後來香蒲、白茅、木棉等植物的穗混加硝石之後的製品成為商品。室町時代自從硫黃的用法傳入日本後，出現了薄竹片或苧殼加硫黃的付木，江戶時代用檜木等薄木板製成的付木被大量製造且普及，但在鄉下地方多是用杉樹的枯葉或白樺樹皮。明治時代*燐寸（火柴）變得普遍，人們不再使用火打石、火打金，付木也隨之消失。

手焙（てあぶり）

放炭火暖手的小型*火鉢（火盆），有素燒土製、陶製、木製、鑄物或銅製等。木製手焙種類豐富，像是用桐木等木材刨挖而成的刳物、彎折杉樹等薄木板再以櫻樹皮接合的曲物、方形指物、漆器等。當中還有在內側放黃銅等金屬製的內鉢，或是在灰裡放土製的小火入。除了家用，在漁船或工作場所也會使用，通常是在手提箱裡放火入，或是在釣鐘形土製手焙的一側挖洞，綁上蔓或*紐提著走。

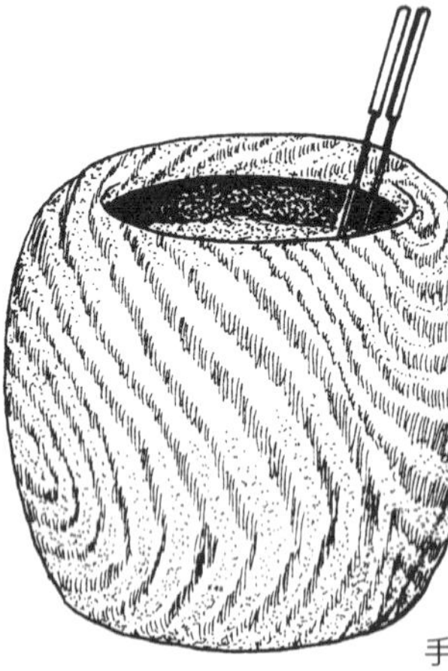
手焙

手燭（てしょく）

放*蠟燭的手攜式*燭台，通常是在室內使用。鐵、銅、黃銅等金屬製居多，也有陶瓷製。形狀多樣，像是燭托下方有三根立腳，其中一根加長當作握柄，也有碗形加把手的設計等。

手燭

鐵砲風呂（てっぽうぶろ）

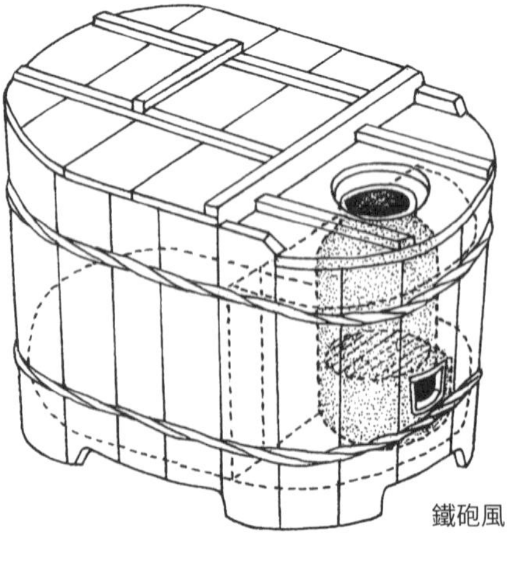
鐵砲風呂

江戶時代後期，以江戶為中心傳開的家用浴桶。在橢圓的大型結桶一側放入鑄物或銅製的筒形風呂釜。風呂釜下方擺簀板，通風口超出*桶外，為避免直接碰觸肌膚，以保護板隔開。燃料的炭或薪柴由上方的開口投入。

手拭掛（てぬぐいかけ）【手巾架】

用來吊掛擦臉或手的*手拭（手巾）。在頻繁使用手拭的江戶時代變得普遍，武家、富商等上層階級的嫁妝中，漆器或施以蒔繪的豪華手拭掛被當作化妝道具之一。連結兩個基台，上方架設橫木呈鳥居形，或在一個基台上立一根支柱，加上T字形橫木。一般庶民家中使用的是利用竹子的彈力達到止滑效果的各種懸吊式手拭掛，或是只用一根竹棒的簡單樣式。同形態的物品還有布巾掛。

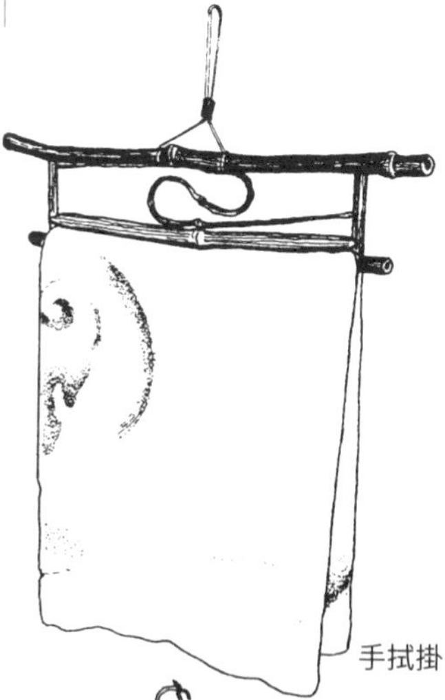

手拭掛

手箒（てぼうき）【手帚】

單手使用的短柄*箒（帚）。用途相當廣泛，像是以高粱穗或棕櫚棕毛做成的*座敷箒，還有將竹枝或萩（胡枝子）等樹枝綁成束、或是將棕櫚樹皮撕細做成掃土間或庭院的庭箒。還有放在*圍爐裏（地爐）或*竈（灶）、*ストーブ（暖爐）的爐口旁，用來掃灰燼或塵土的小型爐箒，以及*挽臼（碾臼）磨粉時使用的小箒等。

小箒

手箒

燈芯（とうしん）

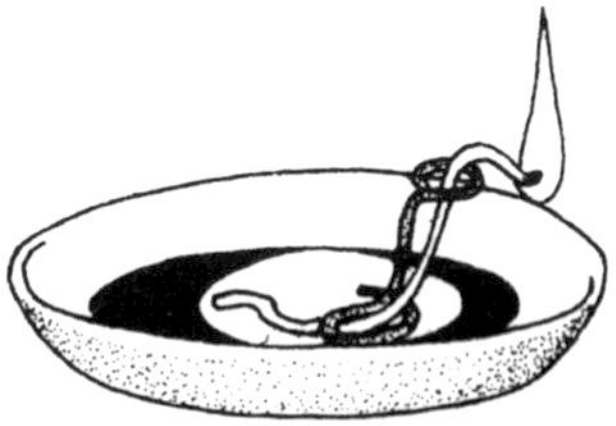

浸在燈明皿內吸油的燈芯

放在*燈明皿（油燈盤）或*秉燭內吸油，用火點燃前端。奈良時代是用撕碎的上等麻布，後來改用名為燈芯草的藺草莖。一般市售品長度都是切成約六寸（約一八公分）。燈芯前端燃燒後會炭化使火變小，此時使用稱為燈芯切的小型*鋏（剪）將燈芯燒焦的部分剪掉。

燈台（とうだい）

燈台

燃油照亮的一種照明器具。奈良時代是用結燈台或是將放食器的陶製*高杯倒置當成燈台。結燈台是將三根細棒的上部綁起來，使其叉開呈三腳站立，上面當作放*燈油皿（油皿、油坏）的台架。用於佛堂、宮中及貴族宅邸。後來出現在台座上立一根支柱，上面加上承接油皿的燈台，平安時代製造出漆器加蒔繪或螺鈿的多種華麗樣式。基本形式是塗黑漆的木製台座與支柱，搭配金銅製的油皿受台和金環，高度較高的是高燈台，低一點的是切燈台。還有圓形台座，例如仿菊花造型的菊燈台、以圓盤疊成小山狀的牛糞燈台。古時為了不讓油或燃屑弄髒地板，會在地上鋪名為內敷的墊布，鎌倉時代開始使用專用的受盆。還有在切燈台加反射板，照亮單一方向的設計，是讓油皿的受台超出支柱，使其能夠隨著反射板轉動，自由改變方向。也有一種將切燈台支柱簡化為四角形的短檠，當中有在上部加裝老鼠造型的自動給油裝置，稱作鼠短檠。

陶枕（とうちん）

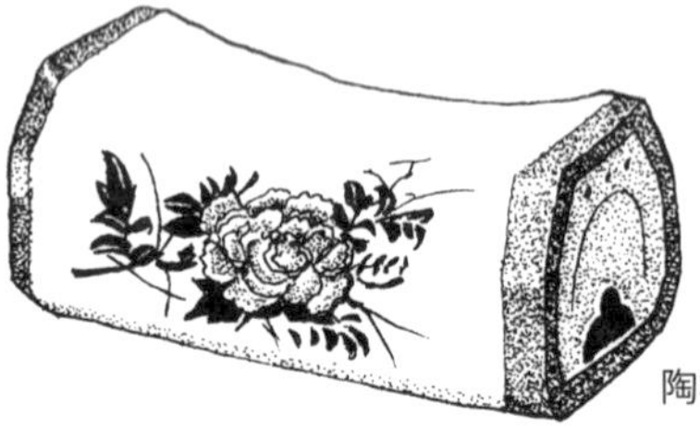
陶枕

陶瓷製的*枕。源自中國，觸感冰涼，用來退燒或降血壓，直到近年仍被當作健康枕使用。內部中空，也有裡面放小石子的樣式。另外還有將小瓷器串入金屬網，對折或捲起來，高度可自由調整的樣式。

燈明皿（とうみょうざら）【油燈盤】

燈明皿

裝油點燃燈火的*皿。多為淺底的土製或陶製，分為一體成形的與雙層構造，亦稱油皿、油坏、燈盞。古時是將油倒入後直接燃燒，後來改為藉由毛細現象吸油的*燈芯。奈良時代開始使用*燈台後，被擺在上面使用。

燈籠（とうろう）

亦寫作燈樓、燈爐的點燈照明器具。分為在台座上放火袋（燈室）的台燈籠，以及在火袋上加笠與釣鐶，吊掛在屋簷等處的吊燈籠。燈、花、香是佛教的基本供具，隨佛教隨入後，擺在佛寺使用。後來流入神社、宮廷、貴族宅邸，更在武士與富商等富裕階層之間傳開，室町時代後也用於茶庭等庭園或當作路燈。

台燈籠也稱置燈籠，一般是由寶珠、笠、火袋、受台（中台）、腳柱（竿）、基台（地輪）構成，依材質分為石燈籠、金燈籠、木燈籠、陶燈籠。石燈籠主要是以花崗岩製成，有平等院形、白太夫形、般若形、元興寺形等。庭園用的形態多樣，像是沒有基台、笠的款式，或寶珠、火袋與柱一體成形的利休形，還有珠光形、遠州形、織部形、雪見形等。金燈籠有金銅製、銅製、鐵製，多角形或圓形的火袋上多會施以浮雕或鏤空雕刻等細膩的裝飾。吊燈籠多為銅製、鐵製、金銅製，也有木製與陶製。

還有一種台座、腳柱層層堆疊，火袋架高增大的高燈籠，被設置在路口或港口，當作常夜燈。另外，盂蘭盆節時也有用來迎接亡靈、高高懸吊在竹竿上的高燈籠，以及盂蘭盆節結束時，為送走亡靈而舉辦的放水燈儀式所用的紙燈籠。

吊燈籠

石燈籠

時計（とけい）【時鐘】

計時的機械，有日時計（日晷）、水時計（水鐘）、砂時計（沙漏）、香時計（香鐘）[30]、機械時計（機械鐘）等。機械時計依動力分為錘時計與發條時計，依調速的機關構造分為振子時計（擺鐘）與擺輪時計。西方的機械時計是在天文二十年（一五五一），由西班牙傳教士聖方濟沙勿略傳入日本。十七世紀初，在天草、長崎等地的基督教學校開始製造機械時計，之後這項技術傳至近畿地區，出現了配合日本時制的和時計。一年中每小時長度不同的和時計是採用依四季變化調整的不定時計時法，時刻盤上是以十二地支作為標示。以秤錘為動力的有櫓時計、尺時計，而以發條為動力的有大名時計（枕時計）、印籠時計等。和時計後來發展成注重裝飾性勝過計時作用的工藝品，明治時代輸入了準確度

振子時計

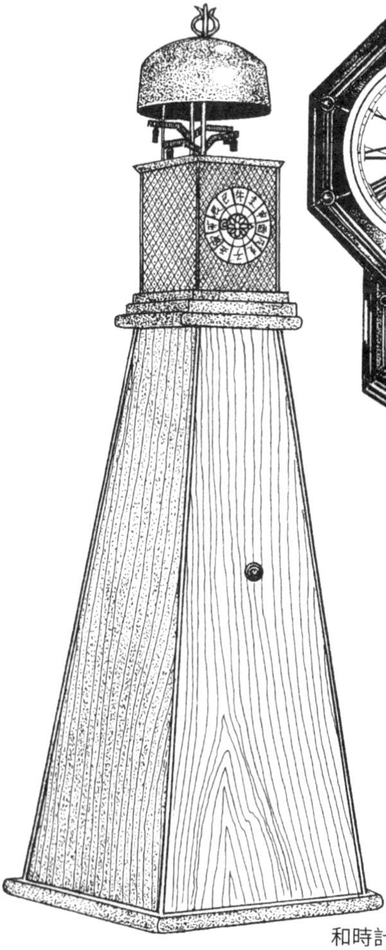

和時計

高且廉價的美國製量產時計，加上西化的風潮，和時計的生產急速衰退。

戸棚（とだな）【櫥櫃】

在*棚（棚架）上加裝拉門的收納器具。放在廚房，用於收納食器或*膳等物品。亦稱水屋簞笥、勝手戸棚，後又稱食器棚、食器戸棚。分為固定於廚房內的大型戸棚，以及上下兩層疊合的可動式設計。

戸棚

苫（とま）

以*薹草或茅草等粗編成類似*菰的遮蔽物。鋪或掛在住家、小屋、小型和船（日式木船）的屋頂，用來遮陽、擋風雨。

鋪苫搭成的單坡屋頂臨時小屋

流台（ながしだい）【水槽】

置於廚房儲水洗物的*槽，底部裝

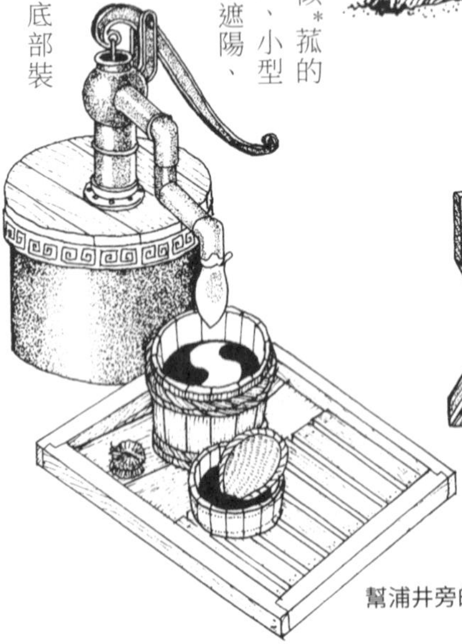
幫浦井旁的流台

木製流台

上四支立腳架高，在槽內設一處排水孔，亦單稱「流し」（nagashi）。京都的町家是設在黃土地面的土間站著使用，江戶則是設在木地板與土間相接處，高度和木地板差不多，是坐著使用的形式。到了大正時代，廚房形態隨著生活改善運動而變化，政府推廣站著煮飯，因此有立腳的架高式流台普遍至各地。除了木製，還有馬口鐵製、石製、混凝土製或貼磚的款式。近年以不鏽鋼製為主流。

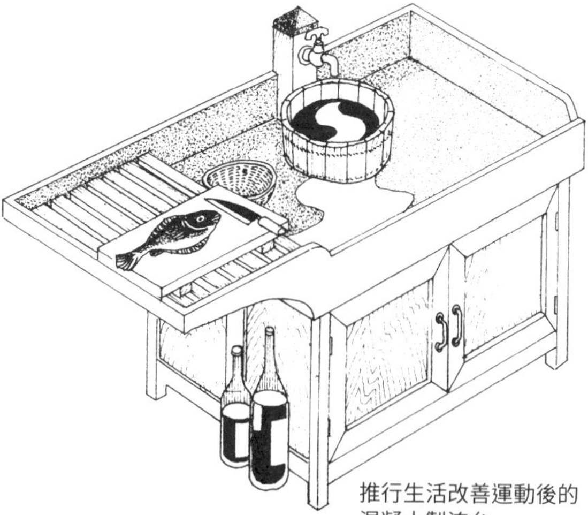
推行生活改善運動後的混凝土製流台

長持（ながもち）

外觀為長方形，主要用來收納衣物或寢具的大型收納器具。古時是用具有四支立腳的唐櫃或是同形的無腳和櫃，來收納、搬運家具與衣物。室町時代，人們的家具衣物等所有物增加，到了江戶時代，因為棉花栽培的普及，*搔卷、*蒲團（棉被）等寢具變大，出現了更大型的長持。起初為武家使用，之後在庶民之間也變得普遍，與江戶時代中期普及的*簞笥（斗櫃）成為具代表性的嫁妝之一，持續使用至明治、大正時代。

一般標準大小的長約八尺五寸（約一七四公分）、寬與高約二尺五寸（約七五公分），有上蓋附鎖的原木製或漆器，也有加上家紋、金屬裝飾的樣式。左右兩側有金屬環，穿入粗壯的長持棹（竿），由兩人搬運。底部裝上移動輪的車長持也很常見，但在明曆大火（一六五七年）[31]時，因為街上擺滿各家的車長持阻礙了避難，後來在三都（江戶、京都、大坂）被禁止使用。

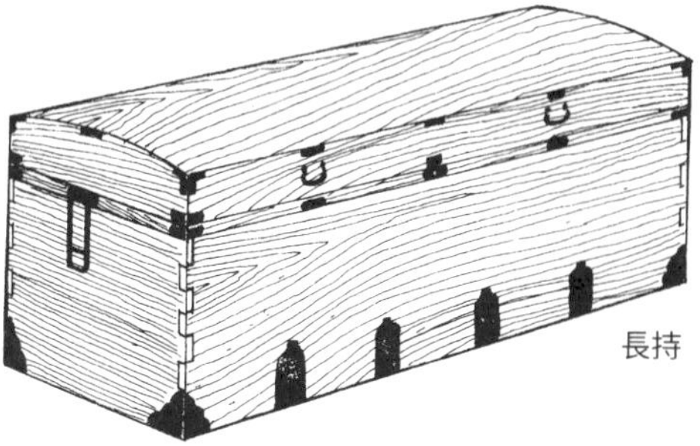
長持

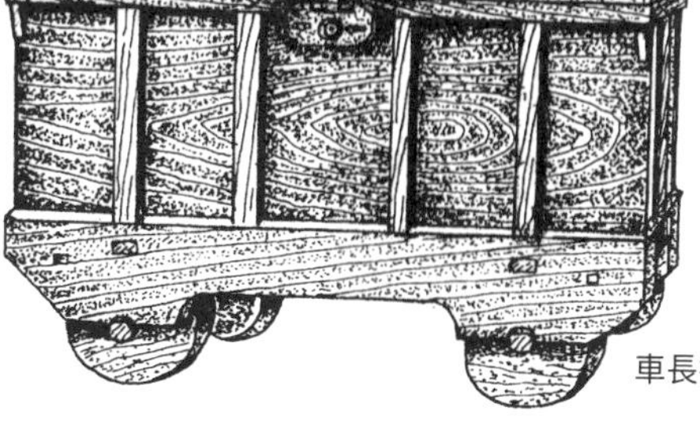
車長持

灰均（はいならし）【平灰鏟】

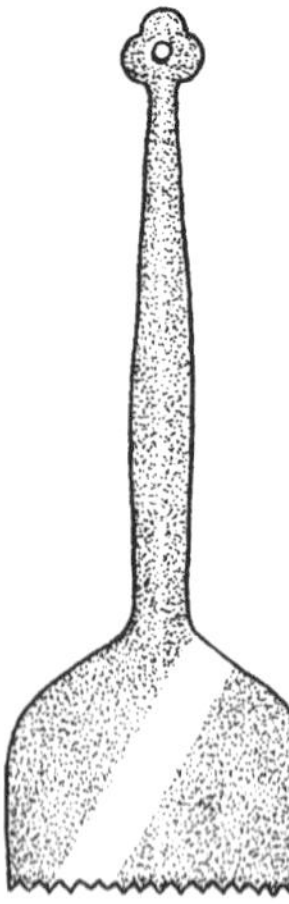
灰均

用來整平*火鉢（火盆）、*炬燵（暖爐桌）的火入、*圍爐裏（地爐）的灰，或是撥灰蓋住炭火以調整火力。有鐵製、黃銅製，通常與夾木炭或柴火的火箸[12]配成一組。

蠅叩（はえたたき）【蒼蠅拍】

蠅叩

用來拍落或擊殺蒼蠅的道具。有時會以*團扇或小箒等身邊現成的物品取代，不一定會用到專用道具，不過以既有材料自製的蠅叩也很常見，像是以棕櫚葉芯為柄，將葉子裁成約一五公分、撕成細絲，以細繩等物編捆固定等。而沖繩則有取檳榔葉芯綁成束的樣式，稱作ヘークルーサー（heekuruusaa）、パイクッスポーチ（paikussupoochi）、ハイウティムヌ（haiutimunu）。也有市售品，不少藤編或金屬網製品，近年來塑膠製成為主流。

蠅取紙（はえとりがみ）【捕蠅紙】

蠅取紙帶

明治時代以「flycatcher」之名輸入日本，大正十二年（一九二三）實行國產化。起初是將有黏性的藥塗在紙上，昭和初期開發出用黏紙做成螺旋狀吊掛的小型蠅取帶。魚鋪等容易吸引蒼蠅的商家也會在利用小型馬達轉動的細棒上綁碎布驅趕蒼蠅。

蠅取器（はえとりき）【捕蠅器】

蠅取器

捕蒼蠅的玻璃製容器。形似南瓜，直徑約二〇公分，頂部的開口有蓋，底部的中心朝內側彎曲隆起，有洞與三支矮立腳。在環狀的底部倒鹽水或洗米水，下方放盤子或鋪紙，中央擺砂糖或吃剩的食物殘渣。蒼蠅靠近後，飛進裡面就會掉入環狀的溝。另外，還有一種玻璃製的蠅取棒可捕捉停在天花板上的蒼蠅。口徑約八公分的喇叭狀開口接上一二〇～一三〇公分左右的細長管柄，管子另一端的袋狀部分裝水。將開口罩在蒼蠅的周圍，蒼蠅就會順著喇叭狀的開口掉入管子的袋部。

バケツ【提桶】

提桶（buketsu）與柄杓

搬運水或熱水的馬口鐵製、具提把的*桶。バケツ（baketsu）是英語bucket的訛變，明治時代製造出鍍錫鐵板的馬口鐵後，隨著技術的進步被大量生產，以此做成的大小提桶快速普及，大提桶用於汲水，小提桶主要用來洗髒抹布。如今多是塑膠製。

箱階段（はこかいだん）【箱階梯】

外觀像是箱子疊成的階梯，多用於町家或倉庫。分為固定式與多個箱子堆疊而成的款式，側面加裝抽屜或壁櫃當作收納空間。亦稱箱梯子、箱段、階段簞笥。

箱階段

梯子（はしご）

倚靠於高處，用來上下攀爬的道具。種類豐富，如一本梯子、二股梯子、長梯子、鐵梯子、繩梯子等。一本梯子是在一根木棍上削出等距的踩踏處，亦稱丸木梯子，彌生時代便已存在，北海道的阿伊努族與奄美大島、沖繩的高倉[32]皆曾使用。二股梯子是利用原木的叉木，分叉處作為上部的支點，將梯子豎立起來，中間架放踏板或*繩。兩根縱木之間加踏板的長梯子是最基本的樣式，有木製與竹製，近年多為輕金屬製，也有折疊式和伸縮式。木梯子多是將踏板榫接在縱木上，而竹梯子多是將踏板用棕櫚繩綁在竹棍上。鐵梯子會安裝於火見櫓（望火樓）等建築物。繩梯子是將踏板等距綁在兩根麻繩或棕櫚繩上，可折疊不佔空間方便攜帶，古時

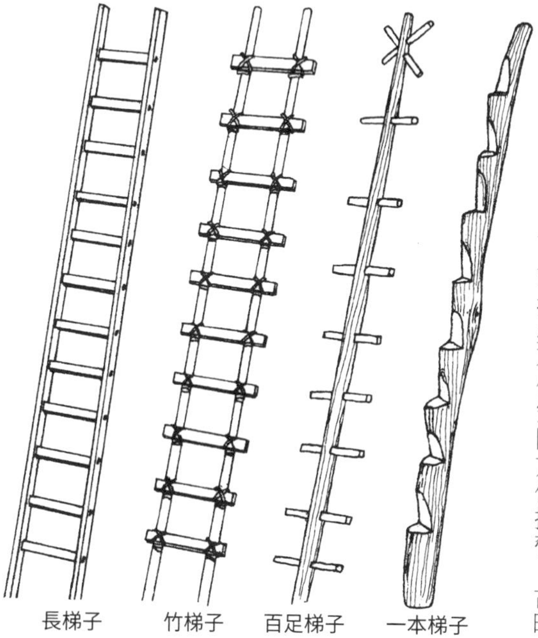

長梯子　竹梯子　百足梯子　一本梯子

在戰場上為武士所用，船上也用得到，現已演變為繩索製的救生梯。

叩（はたき）【撢子】

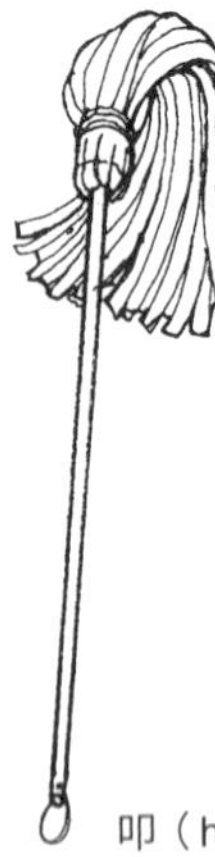
叩（hataki）

一種清潔用具，用來撢除室內或器物上的灰塵髒污。將撕成適當寬度的碎布或廢紙綁成束，接上細竹棍當作握柄。江戶時代開始普遍使用，又稱塵払、裂払等。同形物品有神樂用的采、指揮軍隊用的采配。

張板（はりいた）

晾曬洗好的*著物（和服）所使用的木板。若是麻布或棉布的工作服，以前的人有時是簡單洗一洗就掛在*物干竿（曬竿）上晾曬，但外出服要清除髒污或重新做他用時，必須拆掉所有縫線，洗淨後上漿，整理好布幅，平攤在木板上曬乾或重新縫製。每戶人家都有二至五塊張版，多是厚朴製成。絹織物之類的上等織品會交給專門的洗張屋處理。

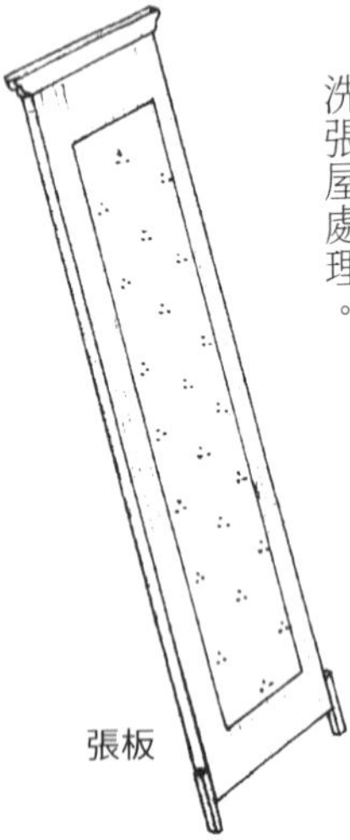
張板

火打石（うちひいし）、火打金（うちひがね）【打火石、打火鐵片】

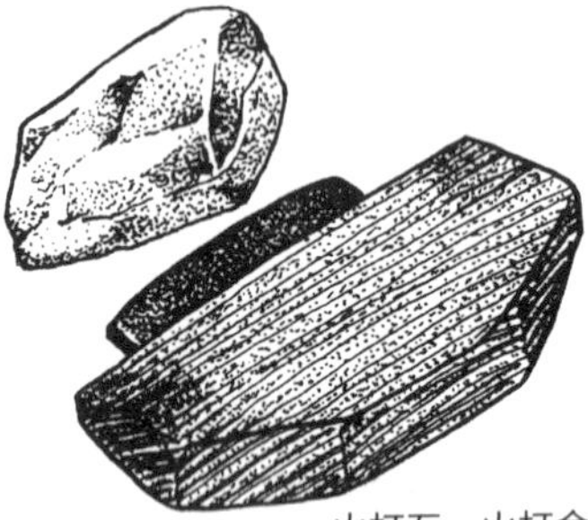
火打石、火打金

互相敲擊磨擦，藉以產生火花的生火用具，亦寫作燧石、燧金。火打石會讓火打金的鐵微粒子在敲擊磨擦下飛散，進而產生火花，通常是用石英、水晶、瑪瑙等硬質石材。鋼製的火打金最易產生火花，但也經常使用舊的*鎌（鐮）等鐵片，故亦稱火打鎌。從出土文物可知，自古墳時代便已開始使用，室町時代嵌入火打金的木片成為商品而普及開來，江戶時代出現各種樣式的火打金。產生火花後，用木屑或木皮等做成的火口（火絨）移火，點燃*付木當作火種。

火打箱（ひうちばこ）

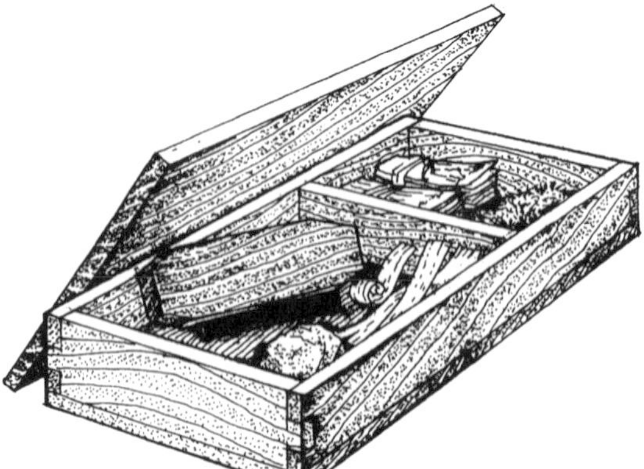
火打箱

常備*火打石（打火石）、火打金（打火鐵片）、火口（火絨）、*付木等生火用具的木箱。多為長方形，內有隔板，可收納各種生火用具。還有抽屜形式的火打箱，有時也會收進*行燈台座的抽屜裡。另有竹編的火打籠。用於外出旅行或在戰場上，裝入生火用具隨身攜帶的袋子稱作火打袋。

火搔（ひかき）【火鉤】

常備於*竈（灶）或*ストーブ（暖爐）旁，用來翻撥火堆、調整火力的鐵棒。前端彎曲呈L字形，尾端凹折成握把。在北海道稱作derrick。

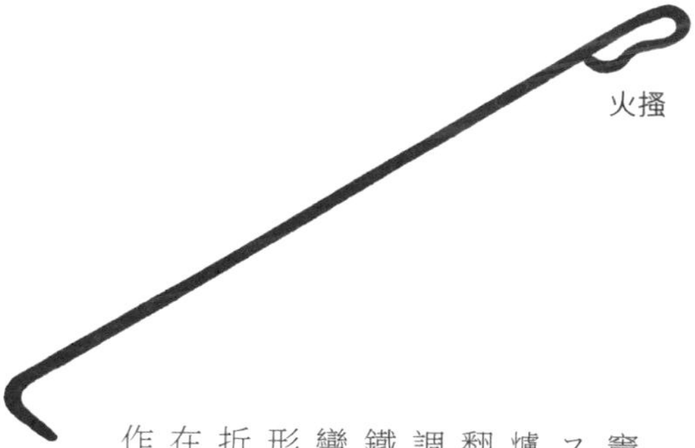

火搔

引手（ひきて）【把手】

開關*襖或*障子等拉門時，讓手抓握的金屬配件；或是裝在*簞笥（斗櫃）的抽屜或有蓋的箱子上，用來拉推的金屬配件。有戸引手、環引手、棒引手、取手等，特別是襖引手有許多別具匠心的設計，會以桑樹、黑柿、黃銅等為材料，做成梅、竹葉、半月、瓢簞、松葉、刀鍔等造型。

引出引手（抽屜用）

戸引手

引出引手（抽屜用）

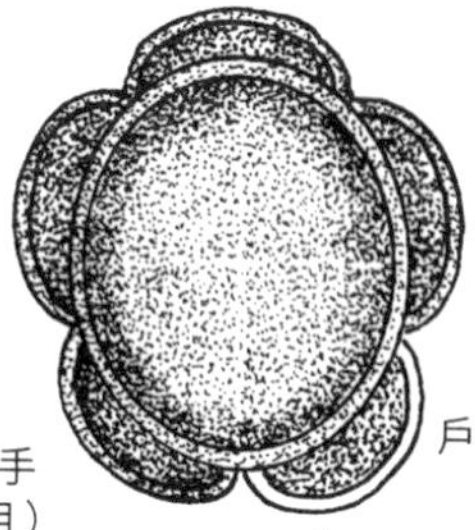

戸引手

火鑽（ひきり）

最原始的生火用具。利用木頭間磨擦生熱、產生火花後，以乾燥的樹皮或草移火，當作火種。除了用雙手搓轉的錐狀細棒，還有在木棒下部套入圓盤狀的錘，上端綁線拉往左右兩側，穿入鑿孔橫木的舞錐形。如此構造在上下移動橫木時，線會纏繞在棒上呈螺旋狀，使木棒轉動。錐狀的棒子稱作火鑽杵，下方的木台稱為火鑽臼。材質有杉木、溲疏等，多半是用檜木，據說檜木的日語「ひのき」（hinoki）便是由「火木」（hinoki）而來。

火鑽杵與火鑽臼

火消壺（ひけしつぼ）【熄火壺】

擺在*竈（灶）或風呂的爐口旁邊，

裝入熾炭，蓋上蓋子熄火的*壺。也用來讓燃燒中的柴火或炭火熄滅，製作軟炭[25]。多為素燒土器。

火消壺

櫃（ひつ）

裝衣物飾品與其他家具的方形或長方形附蓋收納器具，在古代、中世時期也兼作搬運器具。自中國傳入日本，外側接上四支或六支外彎立腳的櫃稱作唐櫃。有不加工的白木材質與漆器，也有施以蒔繪或螺鈿的樣式。之後出現無立腳的櫃，稱為和櫃。另外還有放經文的經櫃、放鎧（盔甲）的鎧櫃，五月端午[33]裝飾用的鎧經常以櫃為展示台。

櫃的上蓋有時會拿來盛放櫃內的物品，以便搬移，用法比照*盆，因此上蓋的內側多半也會施以蒔繪或螺鈿。後來出現了收放、搬移物品使用的器具，稱作廣蓋。

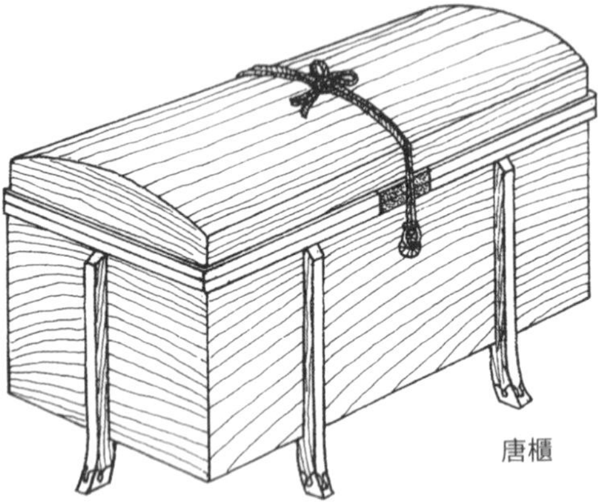
唐櫃

火出鉢（ひでばち）【火出鉢】

用來讓火出燃燒，以作為燈火的台座，另有松燈、松鍋、燈台、火出皿、ヤロウ（yarou）等各種稱呼。火出是將富含樹脂的松樹根部切細、乾燥而成，亦稱あかし（akashi）。先取五至六根火出放在鉢上，邊燒邊補充。火出鉢多是用適當大小、鑿出凹洞的天然石，也有為了讓火出更易燃，而在中央留下枕狀突起的樣式，或是同形的陶製品，也會利用舊鍋。京坂等關西地區則是用金屬網，或在單腳、三腳架上放鐵皿的松燈台。

火出鉢

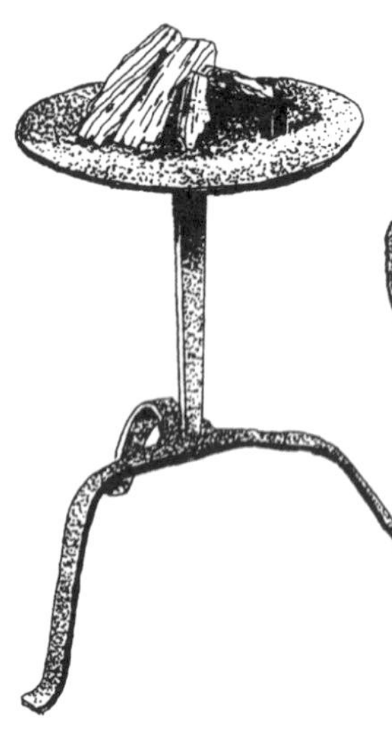
松燈台

火縄（ひなわ）

用棉線或撕細的碎棉布編成，或將竹、檜皮等敲軟製成的細繩，作為點燃火繩槍或菸草等時使用的火種，也會混入少量的硝石。火繩槍用的火繩裝在竹筒內隨身攜帶，稱為火筒、火繩筒。

火縄

火挾（ひばさみ）【火夾】

放在*竈（灶）或*圍爐裏（地爐）、*七輪（炭爐）或燒柴暖爐旁，用來夾熾炭、木炭、薪柴或煤球的鑷子狀鐵夾。如今衍生出各種用途，如烤肉或撿栗子等。

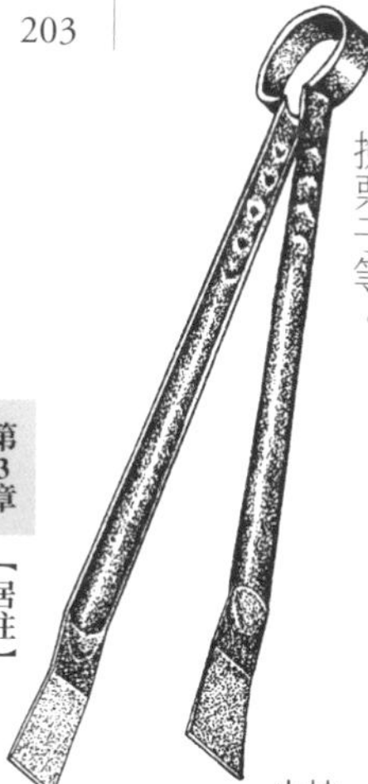
火挾

火鉢（ひばち）【火盆】

放入灰、生炭火，用來取暖或燒開水的器具。裡面通常會有作為架子、用以擺放燒開水用的*鐵瓶（鐵壺）或*土瓶等物的*五德、*灰均（平灰鏟）和添加木炭與調整炭火的火箸[12]。有木製、陶瓷、金屬製，大小形狀各有不同。古時是杉木或檜木薄板彎折後、用櫻樹皮包覆的曲物，或是將桐木、櫸樹、杉木刨挖成丸火鉢（圓形火鉢），稱作火桶、炭桶。之後出現了以板材組合而成的方形指物，稱為箱火鉢、火櫃、炭櫃。接著出現黃銅製、銅製、鑄物或陶瓷的圓形火鉢後，火桶與火櫃也統稱為火鉢。曲物的火桶中會放灰，嵌入土製的火爐來生炭火，若是刨挖而成的火鉢或角火鉢（方形火鉢），內側則會裝黃銅或銅製的內鉢。

江戶時代，長方形指物的大型長火鉢被擺在客餐廳或商店的櫃台。這種火鉢的緣板較寬，一側擺上寬約二〇公分的小塊木板，稱為貓板或引板。另外還有放菸草、小物的小抽屜，除

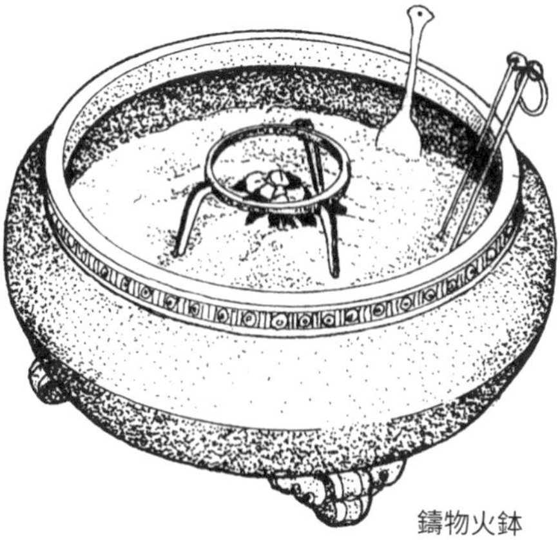
鑄物火鉢

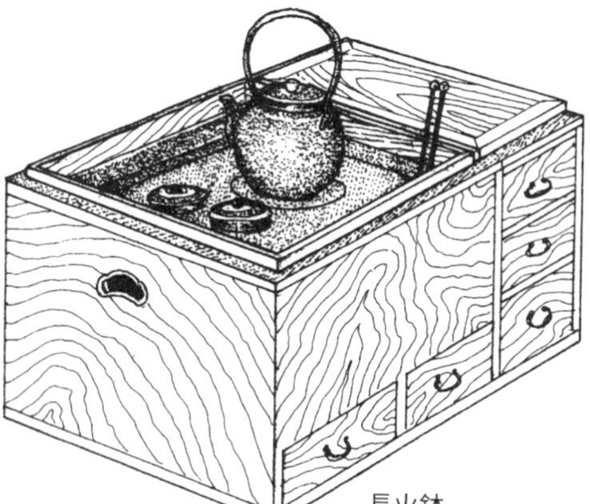
長火鉢

了五德，也會放燒開水用的銅壺。緣板或貓板可當成放*湯飲茶碗（茶杯）、*德利（窄口壺）、*盃的台子。火鉢也是家具之一，因此能見到施以各種雕刻或塗漆等裝飾的設計。

秉燭（ひょうそく）

改良自燃燒燈油的油皿，普遍為大眾使用的照明器具之一。開口略向內縮窄、形似小缽的容器中央部，以及另一種皿形容器的周邊有用來放置*燈芯的突起處。大部分是下半部有寬底高台的陶器，因其造型被稱作タンコロ（tankoro）、タンコロリン（tankororin）、タンケ（tanke）等。形狀多樣，如接上圓柱形高台的、台座附把手的、茶壺形、附蓋的秉燭等。具有可防止燈油溢灑、燈火較持久等優點，在*洋燈與電燈普及之前，為人們長期使用。

秉燭

屏風（びょうぶ）

可動式的折疊隔間板，平安時代用於宮殿與貴族宅邸。室町時代，*蝶番（鉸鏈）從中國式的金屬製轉變為日本特有的和紙製後，屏風變得能夠前後自由彎折，也能展開成一大片，表面裱上富裝飾性的圖畫。當中廣為人知的有「洛中洛外圖屏風」、「合戰圖屏風」、「南蠻圖屏風」、「四季花鳥圖屏風」、「名所繪屏風」等。以六曲一雙（六面一對）為基準，還有二曲、四曲、八曲、十曲等，高約五尺（約一五〇公分）的稱作本間屏風，約三尺（約九〇公分）的稱為小屏風，介於兩者之間的是中屏風。桃山時代，屏風豪華程度達到巔峰，就連民間也用於儀式、婚禮，或是祭祀、郊遊等戶外活動。還有高度較低的二曲小屏風，作為立在枕邊的枕屏風使用。

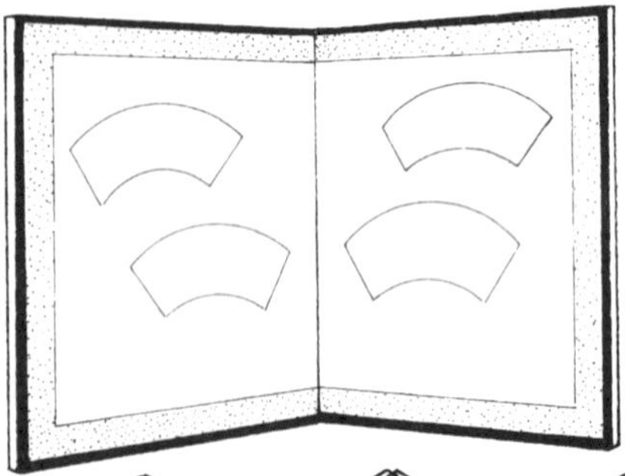

枕屏風

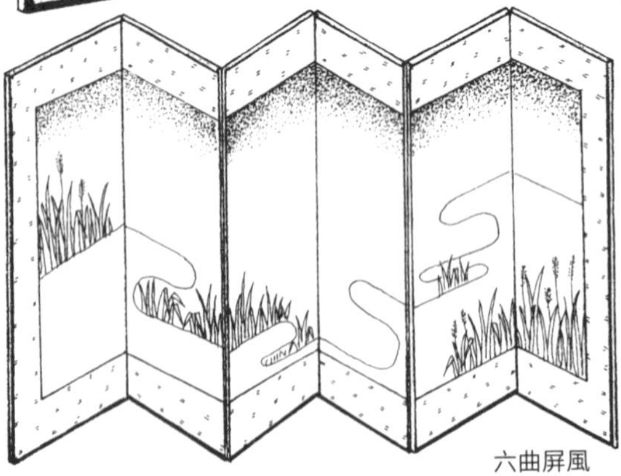

六曲屏風

襖（ふすま）

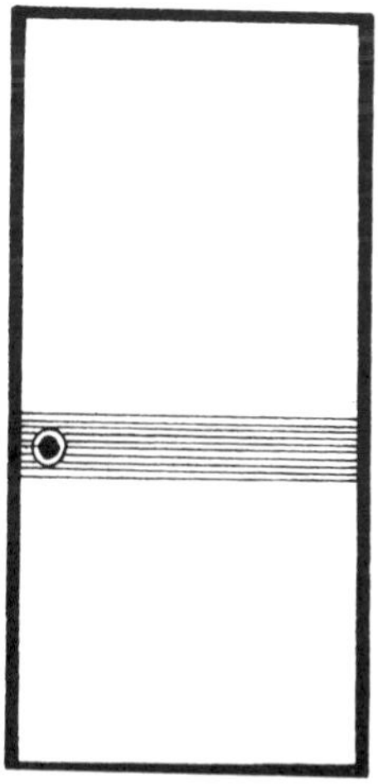

襖

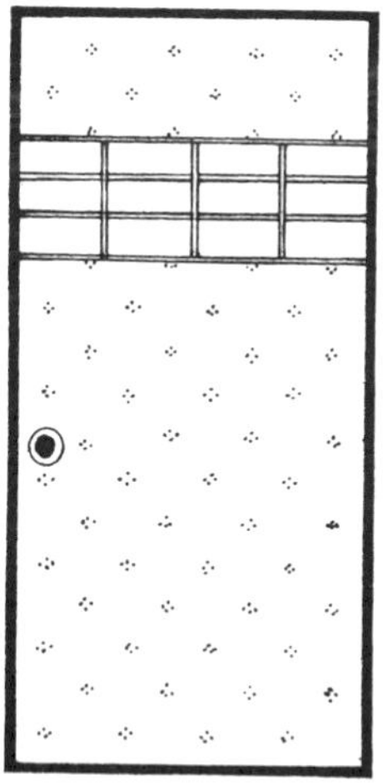

源氏襖

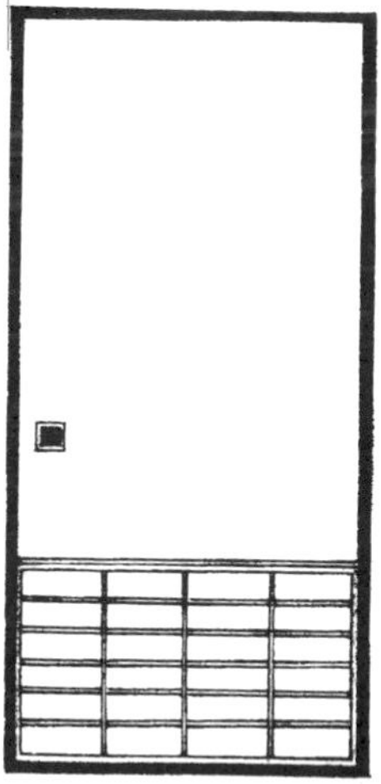

腰障子付襖

襖障子的簡稱，用來隔間的屏障道具。起初是嵌在柱子之間，後來變成裝在鴨居（門楣）與敷居（門檻）之間、可自由開關的拉門。於是開始講求裝飾性，將厚紙或布貼在正反面，畫上唐繪、大和繪、水墨畫等繪畫。因為貼了自中國傳入的五彩拓印唐紙，亦稱唐紙障子或單稱唐紙，後來日本也開始仿製唐紙。元祿年間（一六八八～一七〇四）出現許多色彩豐富的樣式，如局部的腰圖樣、整片的總圖樣等。

蒲團（ふとん）【棉被】

睡覺時使用的寢具之一。過去是用稻草、稻殼、海藻等，或是在木地板上鋪*筵或*茣蓙（蓆）當作床墊，將平日穿的*著物（和服）蓋在身上就寢。平安時代的貴族開始將邊緣加上絹布的茣蓙重疊，或在地板上鋪*疊（榻榻米），將綾錦袋內塞入棉花的上蓆當作褥（墊被），再蓋上尺寸略大的、著物形式的衾。

江戶時代棉花的栽培變得普及，出現了在棉布內填充棉花的蒲團，也有鋪棉的、著物形式的上掛，稱作夜著或*搔卷。江戶末期，關西地區開始使用四角形的夜著。對一般的町人、農民、漁民來說，填充棉花的蒲團是奢侈品，他們通常是用填充稾（禾稈）的稾布團，或拼接縫合碎布，直到昭和時代，有些地方仍持續使用筵或茣蓙。

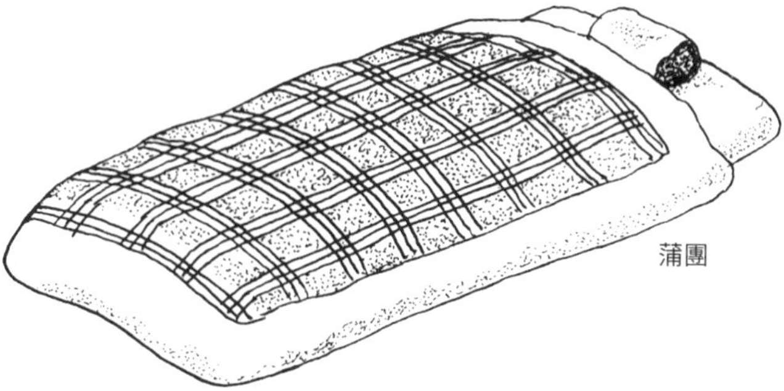

蒲團

槽（ふね）

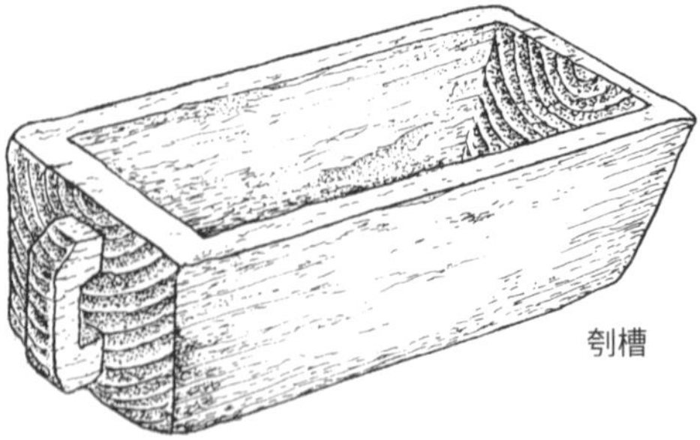

刳槽

擺在浴廁廚房等，用來儲水、清洗東西的容器。有用剖半的圓木或石塊刨挖而成的刳槽，以及組合板材構成的指物箱槽。過去放在戶外，以*懸樋（導水管）接湧水儲水，並在其周邊炊煮。到了江戶時代，由於技術的進步，武家與富商紛紛在住家掘*井戶（井），在周邊鋪放*簀子導流髒水，再擺上槽。後來在箱槽上加裝四根立腳後，就成了大家熟悉的*流台（水槽），成為主流。

文箱（ふばこ）

文箱

附蓋的細長盒子，用來放與他人連絡的書信。也讀作「ふみばこ」（fumibako），亦稱狀箱。室町時代開始為貴族與武家使用，於江戶時代普及至庶民階層，但在明治時代因為郵務系統的普行，逐漸不被使用。用盒身下部的*鐶所附的組紐（結繩）拉到蓋上打結固定。樣式豐富，像是豪華的總梨子地[1-22]高蒔繪[3-22]漆器、唐草圖樣的黑漆器、朱漆器或不加工的白木款式等。

踏台（ふみだい）

將物品放到伸手無法觸及的高處，或是自高處取下物品時用的墊腳台，亦稱踏繼、足繼。底部寬的梯形箱，可用來收納小東西或兼作*ごみ箱（垃圾桶）。正面多半有挖洞，當作把手與取放東西的窗口。也以叉木作為左右兩側立腳的形式，或是雙層的箱形踏台。

踏台

風呂桶（ふろおけ）

擺在浴室裝熱水的湯槽（浴缸），有時也指從湯槽舀取熱水洗身體的小桶。日本古代的浴室以岩風呂等蒸氣浴的形式為主，鎌倉時代開始用大型鐵釜燒水，以導水管將熱水導入湯槽泡澡。不過，僅侷限於貴族與武家，泡澡要等到江戶時代才普及至民間。通常是使用公共浴場，直到上層階級自建浴室後，有風呂桶的家庭才逐漸增加，一方面也歸因於開始以結桶技術製作浴桶。關西普遍是用稱作長州風呂的*五右衛門風呂，關東則是*鐵砲風呂。但有風呂桶的家庭還是不多，一般庶民是去澡堂，或是幾戶人家共用一處浴室，又或是借用別人家的浴室，如此習慣持續了很久。風呂桶也有用石頭刨挖或用檜木等板材組成的樣式，還有素燒土器與陶器製。

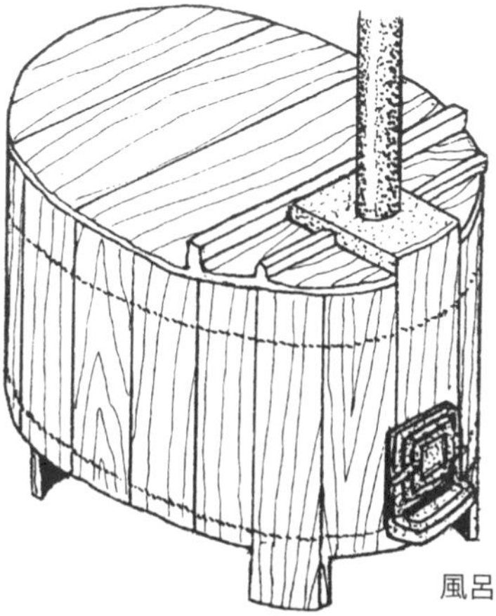
風呂桶

文庫（ぶんこ）

裝文件的盒子。原稱文匣，在桃山時代貴族裝*草紙的草紙箱變得普及後，被稱作文庫。除了收納文書、帳簿、印鑑等物，也當作裁縫箱等使用。草紙箱通常是長一尺（約三〇公分）的方形盒，盒身與盒蓋的高度皆三寸五分（約一一公分），原是施以螺鈿或金蒔繪裝飾的豪華漆器，被稱作文庫後，出現了各式各樣的盒子，如皮革製或塗漆和紙的一閑張[34]、塗漆竹籠的籃胎漆器。

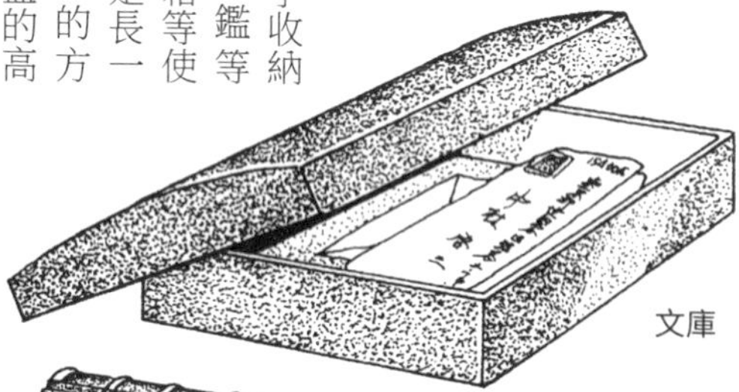
文庫

塀（へい）【圍牆】

設在建築腹地內，用於與外界隔離、遮蔽視線、防止入侵，同時宣示分界的構築物。相同形態的還有*垣，兩者

大和塀

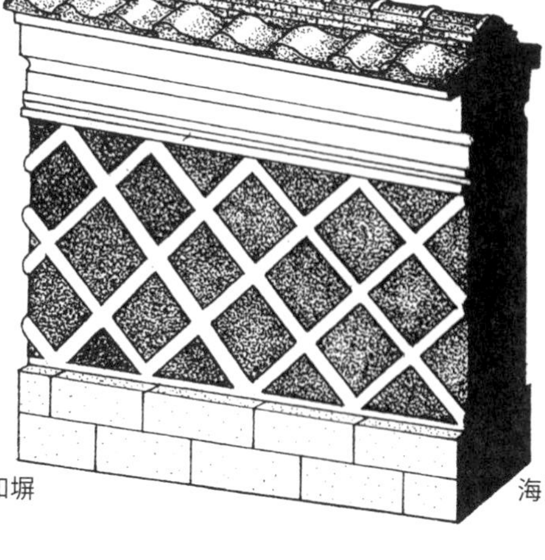
海鼠塀

的差異雖不明確，但一般認為塀比較接近建築構造物。形態多樣，如下半部敞開而上半部鋪遮蔽板的大和塀、上下皆鋪板的板塀、上半部鋪具空隙的板再加上瓦片屋頂的源氏塀、柱與板的骨架塗泥固定再加上瓦片屋頂的築地塀、塗抹混入稻草屑的土固定後再加上瓦片屋頂的土塀、用灰泥在塗炭的土塀上做出菱格圖案的海鼠塀，以及用石或磚塊堆砌而成的塀。近年來多是塗泥凝土固定，或是用混凝土磚堆砌而成。

箒（ほうき）【帚】

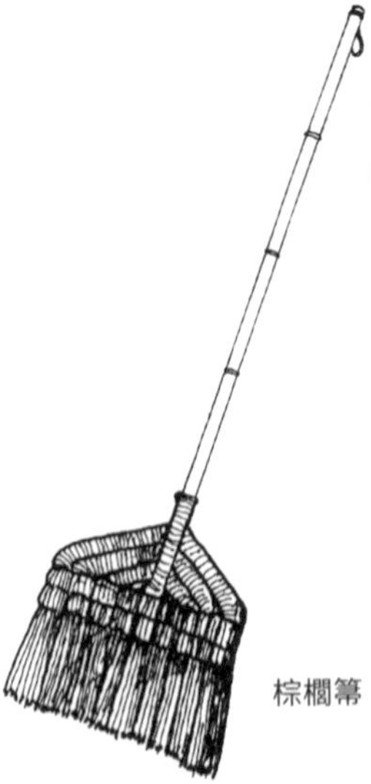
棕櫚箒

打掃室內或前庭的清掃用具，古時稱作ははき（hahaki）。依場所分別使用不同的箒，如打掃室內的*座敷箒、用於土間的土間箒、清掃庭院或住家周圍的庭箒等。座敷箒分為用雙手拿的長柄箒與單手拿的*手箒，土間箒是用箒草（地膚）或箬竹等綁成束的手箒或是用舊的座敷箒，而庭箒通常是用*竹箒。江戶時代出現許多專門製作座敷箒的職人，並且形成特產地。尤其刷毛細的棕櫚箒，就連微小的灰塵也能掃得很乾淨，被視為特級品。竹箒也有專門製作的職人，或被農家視成副業，但一般人還是用箒草、箬竹、紅高粱、茅草、蘇鐵葉、稻草或雜木等綁成束的自製草箒。另外，養蠶人家用來掃幼蠶的羽根箒（羽帚），以及用來引出蠶繭絲緒、以稻桿製成的稈心箒（索緒帚）等是比較特別的箒。

箒除了掃除還有聚攏的功能，上下顛倒時，和被視為神靈依附物的松、杉、檜木或竹子等同形，因此箒也被當作具有神力的神聖之物。像是用於*圍爐裏（地爐）或*竈（灶）周邊的小箒稱為荒神箒，被予以特殊的地位，還有能劇《高砂》中的老夫婦（尉與姥）所拿的*熊手和箒也被當作神靈的依附物。此外，與箒有關的迷信也不少，如舉行山神祭時立箒或跨過箒會遭天譴、將箒倒放會讓久待的客人離開等。箒也被當成安產的象徵，人們用箒撫觸孕婦的肚子，並在生產時將箒立於產房一角，各地皆可見到這些風俗。

近年來因為吸塵器的普及，座敷箒的使用頻度下降，不過持有箒的家庭還是很多。另外進口貨與塑膠製品也變多，可見箒至今仍是必需品。

本箱（ほんばこ）【書櫃】

裝書籍的箱子，相當於現代收納書的*戶棚（櫥櫃）。鎌倉時代以前的書籍多是經卷等卷軸式的卷子本，通常收在稱作書櫃的唐櫃。到了鎌倉時代，

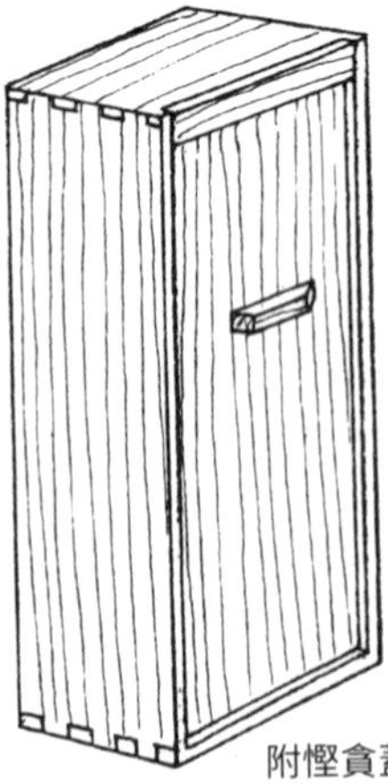
附慳貪蓋的本箱

開始用無立腳的和櫃，寫作文櫃。室町時代後，冊頁線裝的冊子本變多，出現抽屜式的本箱，還有施以蒔繪的豪華樣式，稱作書物箱、書物簞笥等。江戶時代書籍普及至一般庶民階層後，出現簡易的本箱。本箱是用桐木、杉木、檜木等做成縱長形的箱子，內部加一、二片層板，在上下兩端的溝槽插入名為慳貪蓋的蓋板。多為原木的白木形式，明治時代出現下方加抽屜的樣式。到了大正、昭和時代，使用西式裝訂技術的洋本變得普遍，本箱也隨之以本棚（書架）的形式成為一種家具，還出現了附玻璃拉門的設計。

玻璃拉門的本箱

雪洞（ぼんぼり）

雪洞

用來圍住*燈台、*燭台、*手燭的燈火，避免被風吹熄的照明器具。初始原形是在燈台的油皿周圍纏紙擋風，後來變成裝上框架，在內側貼薄布或紙。由於透出來的光「微弱」（ほんのり，honnori）柔和，便訛變為「ぼんぼり」（bonbori），以此稱之。一開始是四角柱形，後來上部外擴的六角柱形更為普遍，也有圓筒形、蜜柑形、棗形等作工細緻的金銅製品。如今在神社的內殿、祭典儀式或夜間賞櫻時仍被當作照明器具，也作為雛祭（女兒節）[35]的裝飾物。

枕（まくら）

睡覺時墊在頭下的寢具，自古以來使用過各種物品，像是將用薹草、菰葉或稻草編成的*菰捲起來，或是用杉木、桑樹、桐木、黃楊等做成的木枕，還有以板材組合的指物箱枕、用藤或竹編成籠狀的藤枕或竹枕、陶瓷製的*陶枕、石製的石枕、布袋內裝紅豆、蕎麥殼、棉花、稻稈、稻殼、茶渣、

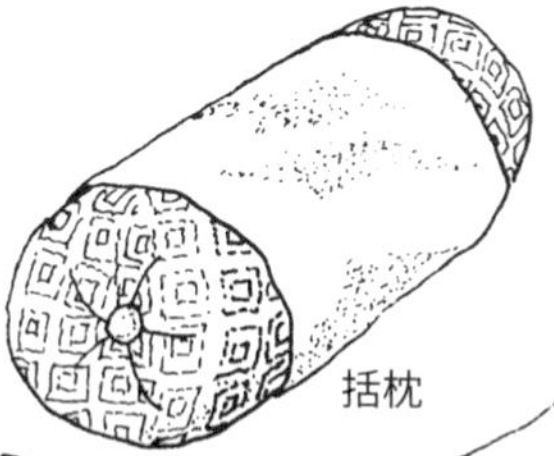
括枕

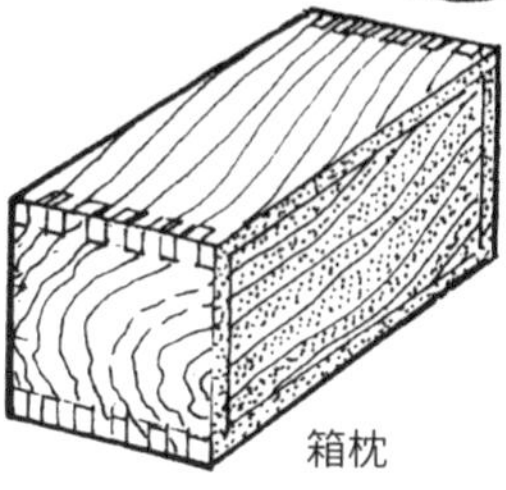
箱枕

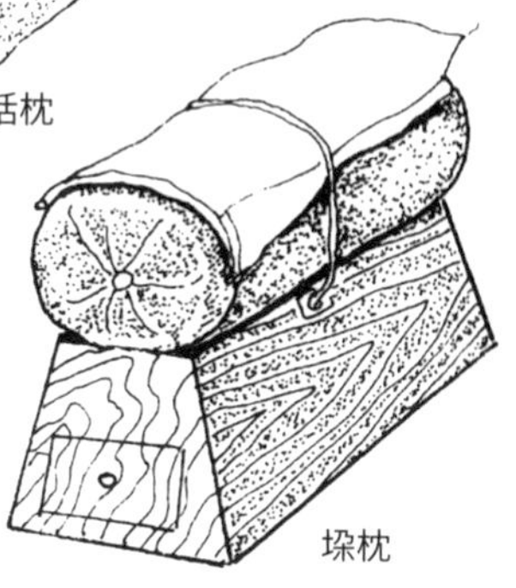
垛枕

木棉等，再將兩端綁起來的括枕等。有些箱枕會做個裝髮飾或小物的小抽屜。同形的還有漁夫放釣具或*網針等物的*沖箱，這同時被當作船上使用的枕頭，又稱枕箱、沖枕。江戶時代因為人們開始綁髮髻，便在箱枕上放小括枕增加高度，稱作垛枕。女性的髮髻通常較大，因此偏愛使用箱底如船底般有弧度的船底枕。垛枕或船底枕也成為嫁妝之一，施以鶴或末廣（扇）等喜氣圖樣的蒔繪。放在上部的小括枕則以和紙包覆，弄髒了就替換新的和紙。

枕原是放在褥（墊被）外使用，明治時代以後因實行斷髮，而開始擺到褥上，高度較低的括枕因此被廣泛使用，而裝入紅豆的括枕可使頭部降溫，達到頭寒足熱的保健療法，相當實用。

燐寸（マッチ）【火柴】

靠著磨擦小木條前端的化學物質發熱生火的道具。火柴頭一開始是以黃燐（黃磷）為原料，故稱燐寸。因為只要摩擦就會燃燒，有自燃的危險且具毒性，於是改良成讓火柴頭的化學物質只會與塗在盒子外側的化學物質反應的安全火柴。江戶時代末期剛輸入日本時屬高級品，在明治時代變成大量生產的廉價產品後，原本得用打火這般費時費事的方式才能得到的火，如今用火柴就能迅速生火，因此隨即廣泛傳開，稱作摺付木、早付木、早摺等。攜帶式的小火柴盒多會印上商店名或餐廳名當作宣傳品，還有更簡便的紙火柴，後來煤油打火機、氣態打火機開始普及，近年出現了塑膠製的拋棄式打火機，加上自動點火式瓦斯爐也變得普遍，火柴逐漸不被使用。

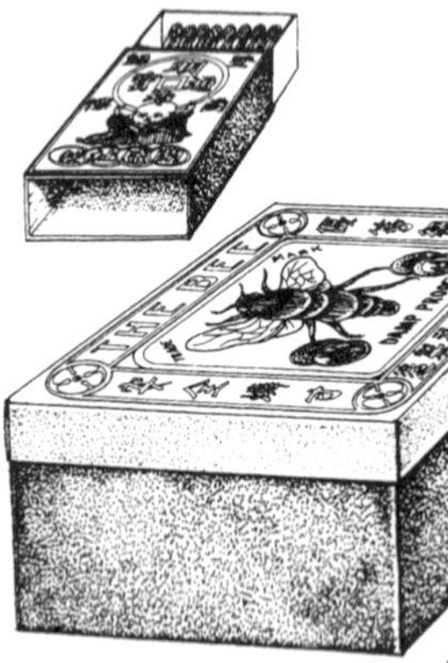

火柴與火柴盒

水屋（みずや）

放在廚房，收納食器、廚具、食物的大型*戶棚（櫥櫃），亦稱水屋簞笥、食器棚、食器戶棚。原本只是將*膳或食器收在架*棚（棚架）的地方，故稱膳棚，後來出現了上層或上下皆有推門、加上抽屜的形式。分為固定在廚房一隅與可移動的樣式，後者多是上下重疊的雙層式。

水屋原指在茶道中茶室的角落、用來清洗與收納茶器的地方，之後意思被轉用，主要用於西日本。東日本則稱為戶棚、戶袋等。這類戶棚、*簞笥（斗櫃）的普及發生在木材流通發達、一般庶民的生活用品齊備的江戶時代。明治時代擺在客廳的小型*茶簞笥也被廣泛地使用。

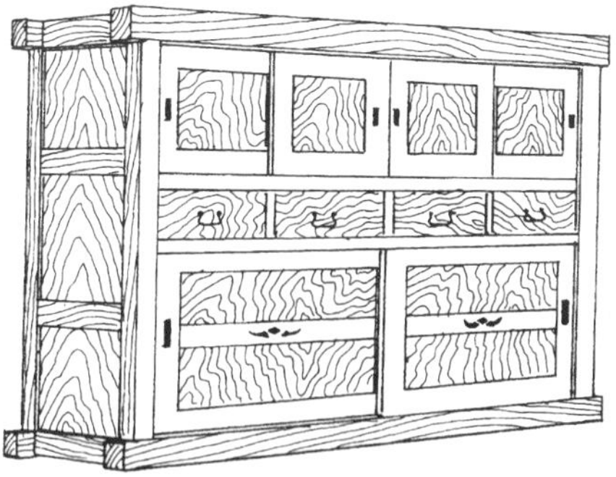

水屋簞笥

亂籠（みだれかご）

暫放脫下來的衣物或日用品的＊籠。多為長方形淺底的竹編籠，也有貼唐紙的樣式。澡堂裡放的大多是藤編的粗孔圓缽形籠，稱作風呂籠、揚籠、脫衣籠。還有用板材組合的指物箱，現在的和風旅館仍會使用指物箱和竹編籠，但一般家庭多已改用塑膠製品。

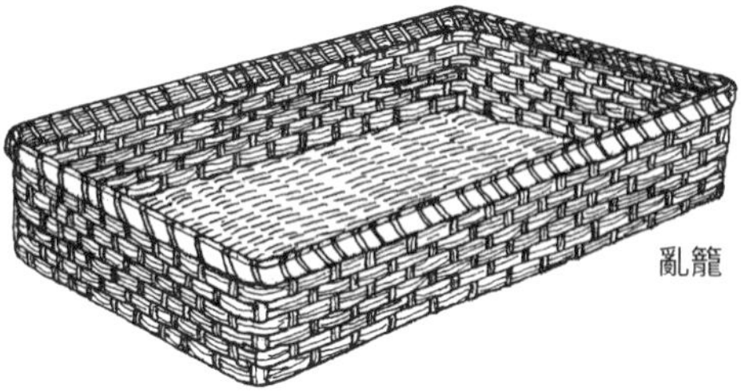

亂籠

筵（むしろ）

現指稻草編的蓆，過去泛指用薹草、藺草、茅草、竹等編成的敷物（墊子）。依形式分為長筵、廣筵、狹筵等，為農家鋪在木地板的房內或黃土地面的土間，也會鋪在院子裡晾曬穀物。若拿來縫成袋子，便成了裝穀物的＊叺。以前的人還會掛在住家入口充當門簾或掛在寢室當隔簾。

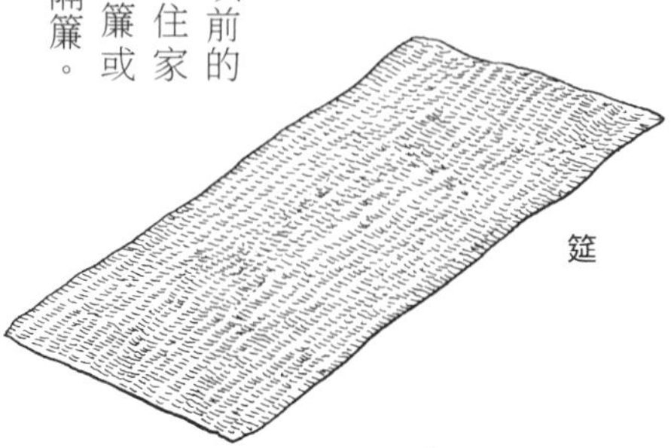

筵

棟札（ねむふだ）【上樑記牌】

新居落成時，寫下建築年月日、業主、施工者的姓名與祈願文，釘在棟

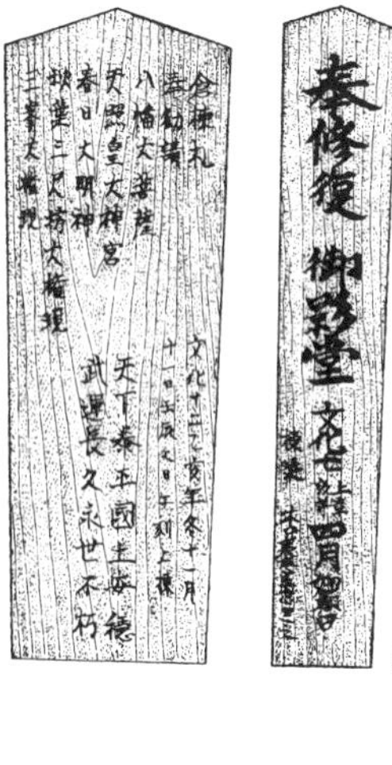

棟札

木（正樑）上或安置於屋頂夾層，祈求闔家平安的牌子。多為木牌，也有銅製與瓦製，有時會直接寫在棟木或樑上。

物干竿（ものほしざお）【曬竿】

晾曬洗好的衣物使用的竿子，多以桂竹為材料。通常是在屋子與前庭之間一小段距離的空間將竹竿架在直立的木棍上，有時也會直接利用樹木的枝幹，或是在釘在木條上。有些人家則是在屋簷下牽*繩吊曬。兩層樓建築的町家會在一樓的屋頂上搭建物干台（陽台），將物干竿架在台上。昭和三〇年代開始販賣包覆水藍色塑膠膜的竹竿，接著出現塑膠製與金屬製的竿，竹竿便逐漸不被使用。

物干台與物干竿

雪搔（ゆきかき）【雪鏟】

用來挖雪推雪、清除屋頂的積雪，在降雪量大的地區是冬季不可或缺的用具。以山毛櫸或色木槭做成一體成形的鏟狀，或是將四角板釘上握柄，另有木鋤、コシキ（koshiki）、ユキヘラ（yukihera）等稱呼。大正時代中期開始使用鐵鏟，昭和四〇年代左右出現輕金屬製品後，木製雪搔逐漸不被使用。

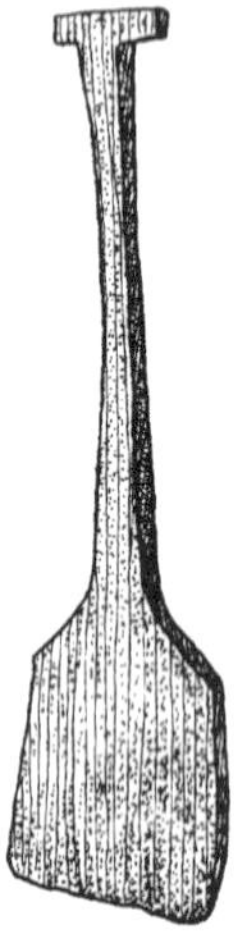
雪搔

湯湯婆（ゆたんぽ）【熱水袋】

注入熱水，以縫合的布或專用布袋包覆，放進被窩裡暖腳或腰的保暖器具。又寫作腳婆、錫奴。另外，將天然圓石用*圍爐裏（地爐）的灰加熱，或是包在碎布裡使用的溫石同屬保暖器具。湯湯婆在元祿年間（一六八八～一七〇四）便已存在，當時是陶製的半圓筒形或圓筒形，昭和初年出現了表面呈波浪狀的馬口鐵製或銅製的橢圓形湯湯婆後，被普遍使用。有段時期，連陶器也做成同樣的造型。近年出現了塑膠製品。

馬口鐵製湯湯婆

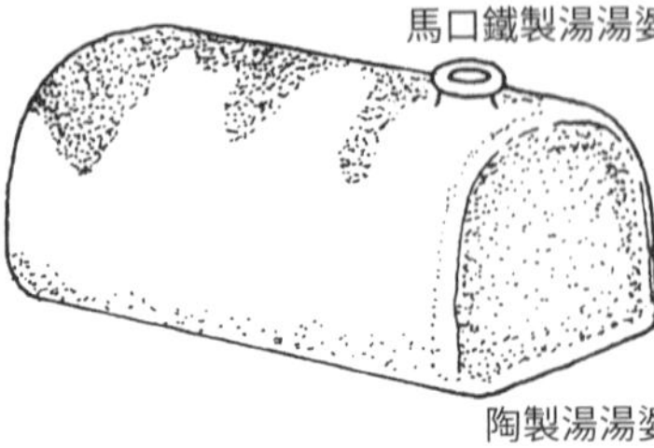
陶製湯湯婆

搖籠（ゆりかご）【搖籃】

放入嬰幼兒，輕搖哄睡的道具。在

薩南諸島[36]及沖繩地區，將藤蔓或竹等做成的環接上藤蔓或*繩編成的網，鋪上*筵或*圓座（圓墊）等物後，放入嬰幼兒，懸掛於高處搖動。阿伊努族也使用這種懸掛式的搖籃，但是用木材做成形似*橇的箱子。其他地區則是將稻草編的器物或結桶、曲物桶形式的*嬰兒籠及樹皮做成的曲物容器等擺在地板上，下方放*火吹竹，藉由前後滾動產生輕微的搖晃。

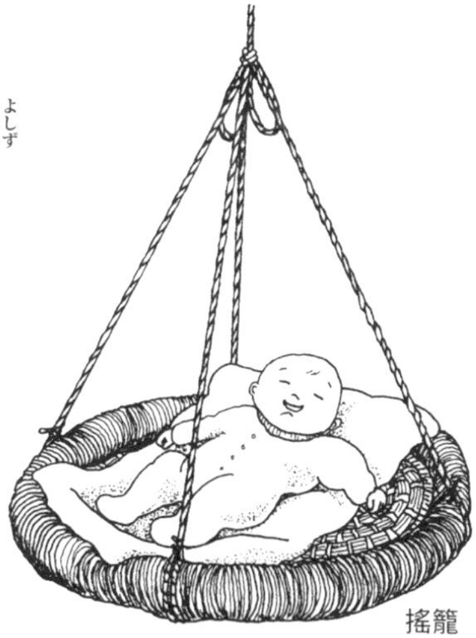

搖籠

葦簀（よしず）

用水邊野生的蘆葦莖粗編而成的簀（蓆）。夏季為了遮陽而垂掛在住家出入口。不只遮蔽陽光又能保持通風，在沒有冷氣的時代是夏天的必備品。也會將細編而成的葦簀當作*障子使用，稱為葦簀障子、葦戶，在夏天時拆掉*襖或貼和紙的明障子，換上葦簀障子。以粗蘆葦莖粗編而成的大片葦簀被當作小屋的圍籬，或是立在茶鋪前遮陽。如今仍被當成海邊賣店的圍籬或用於蔬果店等商家的店面。近年來以細蘆葦莖編成的中國製天津葦簀，作為居家用品出現在市面上。

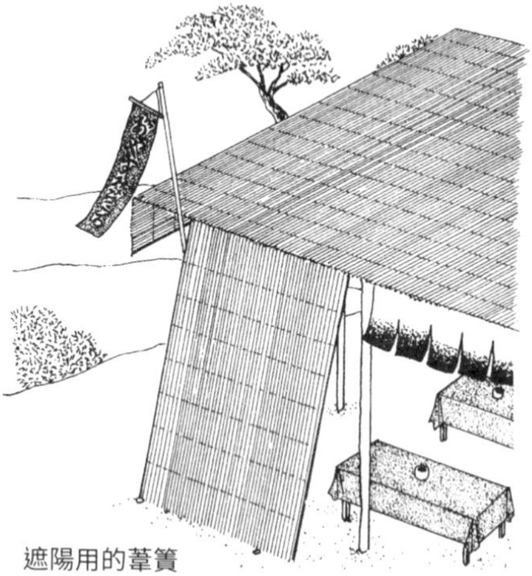

遮陽用的葦簀

洋燈（ランプ）

江戶時代末期傳入的照明器具，直接使用英語名稱「lamp」，寫作「洋燈」，讀作ランプ（lanpu）。基本上是將裝燈油的金屬製或玻璃製油壺加上金屬燈頭、放棉線燈芯吸附燈油，透過毛細現象往上吸的燈油在金屬燈頭的部分燃燒，外層用玻璃罩蓋住。透過轉動金屬燈頭的旋鈕帶動齒輪，讓*燈芯上下移動，調整亮度。明治時代日本的國產製品問世，因為比以往使用的*燈籠或*燭台來得明亮，很快就普及至各地。

室內用的有置洋燈與吊洋燈。置洋

置洋燈

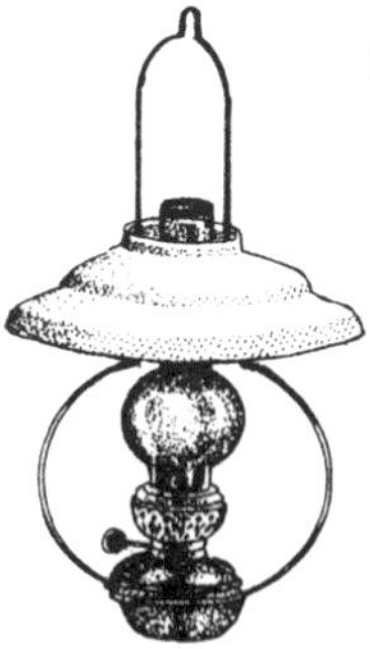

吊洋燈

燈剛輸入日本時，是低台座的桌燈設計，之後仿照燭台或*雪洞的外形，變成置於地上的日式高台樣式。有竹筒製、鑄鐵材質、陶瓷器、木製漆器等，燈罩的形狀也豐富多樣。在過去，置洋燈是奢侈品，庶民一般是使用吊洋燈。吊洋燈是將油壺裝上懸掛用的金屬線，加具反射功能的笠狀構造照亮屋內。另外還有壁掛式，以及放在浴廁使用的小型豆洋燈等。街燈是在高柱上擺放上部寬的六角柱或八角柱形、附寶珠屋頂的玻璃箱燈罩。

依燈芯形狀分為平芯洋燈、丸芯洋燈、空氣洋燈、安全洋燈等。平芯洋燈是將帶狀的棉布芯從金屬燈頭中央的芯穴拉出一小截，依寬度分為二分（約六公厘）芯、三分芯、五分芯、八分芯等。丸芯洋燈是將芯做成圓環狀，而空氣洋燈是在丸芯中央加網狀的空氣孔，利用空氣的調節，增加亮度。

玻璃罩會沾附油煙必須每天清潔，而且燈油的揮發性高，容易發生火災，後來隨著*ガス灯（煤氣燈）、電燈的普及而逐漸消失，但在電線鋪設較晚的山區仍使用了很長一段時間。

欄間（らんま）

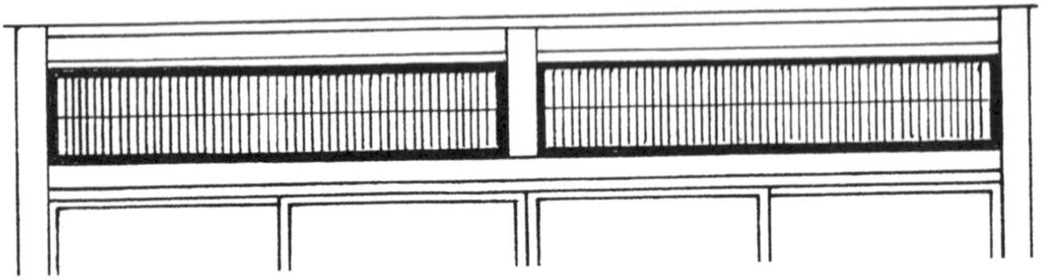

筬欄間

室內鴨居（門楣）上方小壁的裝飾板，於桃山時代隨著書院造[17]的普及而誕生。起初是用於寺院住持居住的丈室或大名宅邸，為縱向細格的造型，稱作筬欄間，接著發展出縱橫棧條組成的格子欄間或組子欄間、雕刻出花鳥風月的彫刻欄間或透彫欄間等，從各具巧思的設計可見到工匠精湛的手藝。

蠟燭（ろうそく）

以捻線、*紙縒（紙捻）為芯，裹蠟或石蠟油凝固而成的燈材。古時用的是將松脂以竹葉包成長條狀的松脂蠟燭，或是將含油量高的松根前端烤黑、泡油，下部用紙捲起的紙燭，還有將紙搓成棒狀、浸蠟凝固的脂蠟。奈良時代由中國傳入的蠟燭用於大型寺院，是蜜蠟製成的珍稀品。

到了戰國時代，自漆樹、荏胡麻、野漆等取得的木蠟所製成的和蠟燭逐漸普及。和蠟燭是將捲入*燈芯的紙縒當作燭芯，塗上用油煮過的木蠟，等乾燥後再塗上一層，重複塗覆製成。因為燭芯炭化會變硬，必須用專用的芯切（燭芯剪）持續剪掉燒過的芯。江戶時代各地紛紛投入生產，京都、會津（福島縣）、越前（福井縣）、越後（新潟縣）等地成為產地。不過，對一般庶民而言仍是奢侈品，只在特殊情況使用，平時都是用油皿點燈油照明。會津等地以漆蠟為材料，製作出燭身彩繪著菊花等圖樣的繪蠟燭，用於祭祀或法事，也是有名的伴手禮。

棉線燭芯沾石油精煉的石蠟油製成的西洋蠟燭在明治時代傳入日本，被廣泛使用且普及至各地，用於各種照明器具，如室內用的*燭台、*提燈、*手燭、*龕燈（強盜）、攜帶式的懷中燭台等。後來即使煤油燈與*ガス灯（煤氣燈）變得普遍，仍會兼用蠟燭。在使用電燈的現代，人們還是會準備蠟燭以備不時之需，也用作供奉神佛的供燈。

繪蠟燭　和蠟燭

第4章

耕種

「耕種」的民具也就是農具，最具代表性的為鍬（相當於中文的鋤）。彌生時代初期已有木鍬，到了中期開始使用鐵刃，古墳時代出現木板銜接鐵刃的風呂鍬，在鎌倉時代發展為用一片鐵板構成鍬面的金鍬。日本有句古諺是這麼說的：「地隔一里，鍬差千里」，各地使用的鍬依地形或土質、用法的不同，鍬柄與鍬面的角度、形狀也不同。此外，為了增進粗耕效率，人們也會使用將鍬面改良為三叉或四叉的堅硬股鍬（叉鋤）。

鍬是以身體為中心，用畫圓弧的方式挖土。相對於此，主要用於深耕的鋤（相當於中文的鏟）是將鋤面垂直插入土中。鋤面與鋤柄幾乎呈一直線的小型鋤稱為江州鋤、關東鋤，而鋤面斜接長柄的大型鋤稱為踏鋤。

人們開始利用獸力後，出現了用於碎土的犁，而水田整田時所使用的馬鍬（P242）也變得普遍。依土質或耕地特性衍生出各種形狀的犁。稻穗從耕種到收成的過程中，有各式各樣的輔助農具。

至於佔了農務大半時間的除草工作，水田的話會使用套在手指上的草取爪（P225）或帶著尖銳長齒的雁爪（P224）進行除草。日本近世末期，近畿、中國地區出現了在長柄上裝數根爪齒的農具，改良後變成在木框前端裝設回轉齒的田打車（P231）。有了這個器具，除草及中耕[1]時便可站著進行，大大地減輕勞力負擔。

耕田也有特殊的農具，為因應地域的特性，提高生產力，使務農更有效率，投身農業的前人發揮智慧，經過日夜努力改良與發明，才有了這些便利的農具。

居於都市的工匠對農業技術的發展也有很大的貢獻。例如，讓生產力顯著提升的先進農具龍骨車（P246）、踏車（水車）、脫穀用的千齒扱（P230）、篩選用的千石通和唐箕（P235）等，將這些農具發明、製作並販賣的人，就是大坂職人兼農具商的白眉。

龍骨車的記載最早在延寶七年（一六七九）出版的《難波雀》中出現，而元祿三年（一六九〇）出版的《人倫訓蒙圖彙》中提到：「大坂天神橋的兩又四郎做出這個器具」。根據文政五年（一八二二）出版的《農具便利論》記載，踏車（水車）是在寬文年間（一六六一～七三）由大坂農人橋的京屋七兵衛、京屋清兵衛製作，後來傳至日本各地。

關於千齒扱，江戶時代（一六〇三～一八六八）的作家井原西鶴在其著作《日本永代藏》中早已提及：「排列尖竹，命名為後家倒[2]，古代是由兩人一起操作將稻穗去殼，毫不費力，而且單人使用也很順手」，從這段描述便知千齒扱是元祿以前發明出來的器具。而正德三年（一七一三）出版的《和漢三才圖會》中如此記載：「近年以鐵為齒，名鐵稻扱」，由此可知當時人們已開始使用鐵製的千齒扱。

有關以粗孔的通（簁）與細孔的篩提升篩選效率的千石通、唐箕，是千石通較早出現，處理量多的稱為萬石通。

各地會使用不同的箕（P243）篩分稻穀、稻殼和稻稈，或是將糙米和塵屑分開，當中效率最好的就是唐箕。唐箕的用途廣泛，可篩出未熟的稻穀等，在中國明朝末期的《天工開物》中寫作「風扇車」。雖然日本現存的實物屬明和四年（一七六七）的產物，不過一般認為唐箕是以明和八年（一七七一）的刊物為指導書，在上方[2-3]製造而廣為流傳。弘化三年（一八四六）出版的《浪花買物獨案內》中，將在大坂農人橋西側盡頭買賣唐箕的農具商京屋惣兵衛記載為「唐箕、水車、萬石通工房」，可見製造的同時也進行販賣。尤其是江戶時代中期後的文政年間（一八一八～三〇），掛名京屋的農具商紛紛在農人橋一帶開店。

京屋不僅製作技術純熟，用材更是講究。水車（揚水車）會與水接觸，必須選用透氣性佳、木紋細的木材。因此，將檜木分區使用，心材用來做水車，剩下的邊材則用來做唐箕，絲毫不浪費半點材料。

近代農具技術的革新之一，要提到足踏脫穀機（P220）的發明。明治時代末從西日本快速流行，遍及全國。回轉滾筒表面整齊排列著倒V字形的銅線齒牙，靠著加設的連動踏板，只要抓對角度就能邊踩踏板，邊用雙手拿著稻束脫穀，大大地提升了脫穀效率。而且，比起日後出現的動力脫穀機，人力脫穀機的破壞力較低，不會弄傷稻穀，農家採稻種時仍習慣使用腳踏式脫穀機。

麻切庖丁（あさきりぼうちょう）【切麻刀】

夏季時，會用連根拔起的方式，收成生長至二公尺左右的大麻。將大麻切根去葉時會使用這種刀刃細長、刃長約五〇公分的*庖丁，有些地方是用*鎌（鐮刀）。

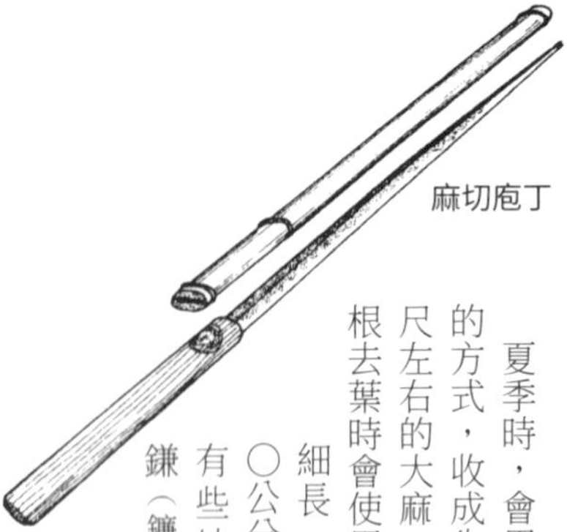

麻切庖丁

足踏脫穀機（あしふみだっこくき）【腳踏式脫穀機】

讓收割後曬乾的稻穗脫穀時使用的腳踏式回轉型脫穀機。古時是用扱管、*扱箸，江戶時代中期出現了效率較佳的*千齒扱，到了明治時代末期，高效率的足踏脫穀機問世。將圓筒形的滾筒橫放，倒V字形的銅線或鐵線齒牙交叉排列於滾筒表面，用腳踩踏連結滾筒的踏板使其轉動後，放入綁成束的稻穗進行脫穀。這種脫穀機發源、製作於山口縣、廣島縣，靠著傑出的效率迅速普及至各地，但在昭和三〇年代後半，隨著農業的機械化逐漸不被使用。

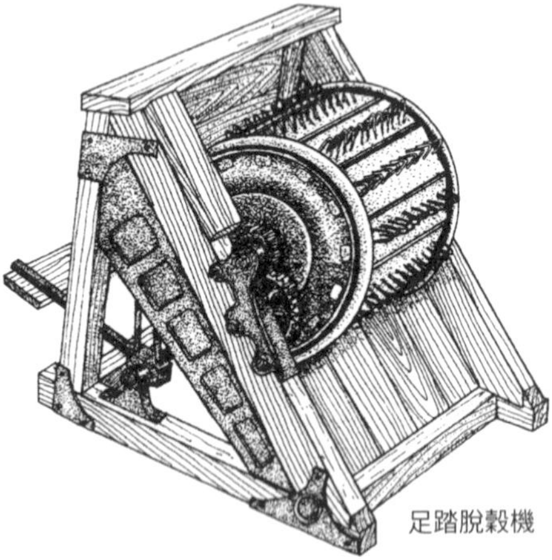

足踏脫穀機

畔切（あぜきり）

春天插秧前，為了防止土崩或漏水，必須築出堅固的畔（田埂），此時派上用場的工具之一就是畔切。分為長庖丁形的刃，水平接上長柄的畔切鎌，還有刃面寬的畔切庖丁。先用畔切除草，再以名為畔叩的*木槌敲壓，最後用名為畔塗鍬或畔付鍬的平鍬鏟土壓實。

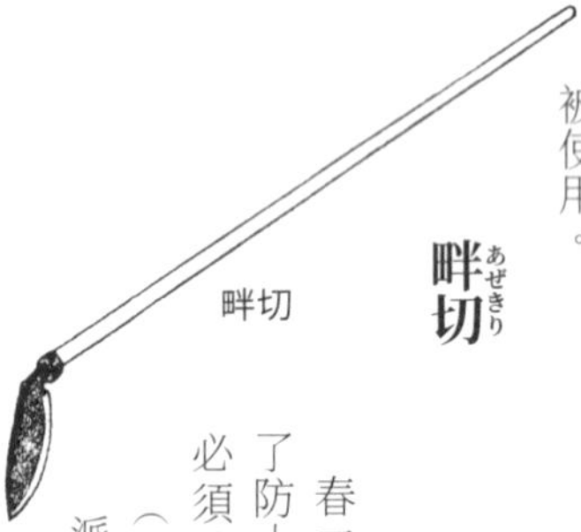

畔切

板箕（いたみ）

側面與底部皆以杉木或檜木薄板製作，主要用於篩選穀物的*箕，屬廣島縣、山口縣等中國地方的山區至日本海沿岸特有。放入已脫穀的穀物，抓握側板的孔洞，上下甩動篩出殼與籽實。

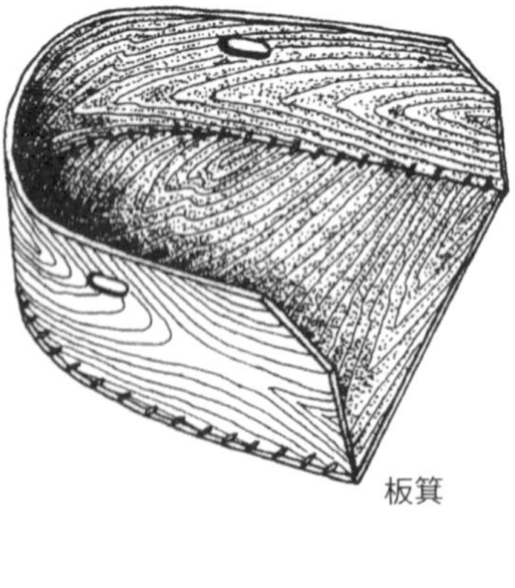

板箕

稻刈鎌（いねかりがま）【割稻鐮】

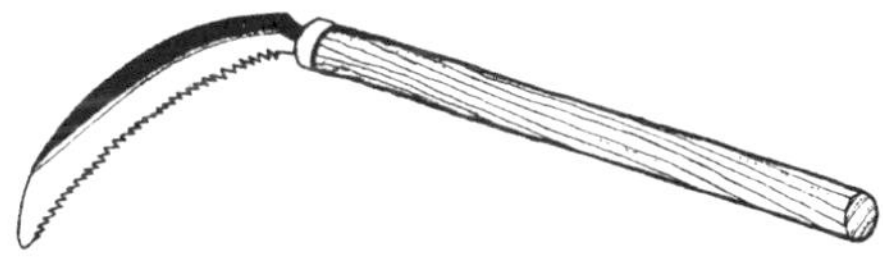
稻刈鎌

主要用於割稻的薄刃鐮，多為單刃，也有雙刃。有些地方會拿長時間割草、刀刃已變薄的*鎌（鐮）來代用。也可作為割麥使用，但有些地區是用寬刃的薄刃鎌來割麥。昭和時代初期，窄刃加鋸齒的鋸鐮在播州（兵庫縣）、越前（福井縣）量產並銷售至各地，不過普及程度因地而異，而且不少地方仍繼續使用傳統的鎌。

畝立（うねたて）

堆田壟用的一種引鍬（倒拉鋤）。略厚的鍬面前端嵌入鑄鐵刀刃，接上長柄呈銳角，使用時往後倒拉出田壟，也用於麥田的中耕或培土。長柄頂端通常會加上棒狀握柄，並依照深耕或淺耕調整長柄與鍬之間的角度。亦稱引鍬、溝切、筋切、ナカヒキ（nakahiki）等，也有雙頭的樣式。

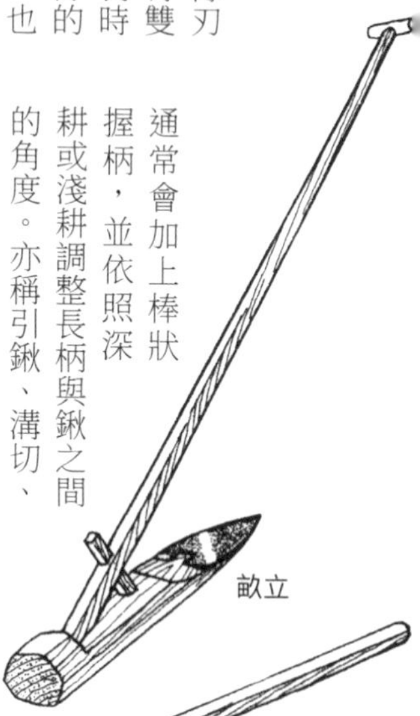
畝立

柄振（えぶり）

水田插秧前，用來整地的工具。亦寫作杁，有各種稱呼，如イボリ（ibori）、エンブリ（enburi）、シロナラシ（shironarashi）、ノロヒキ（norohiki）、スルチャー（suruchaa）等。長方形的木板接上長柄呈T字形，木板下方被削成波浪狀或是嵌入數根爪齒的*杷（耙）狀，也有木板高約一五公分、寬約一九〇公分的大型樣式。曬稻穀時也用來鋪平稻穀，同樣形式的工具也作為製鹽之用，用來掃集鹽田的砂土或鋪鹽。另外，知名的青森縣八戶市民俗藝能「沿步利」[3]，在祈求豐收的儀式中表演者演出時就是拿著杁作為採物（祭儀道具）。

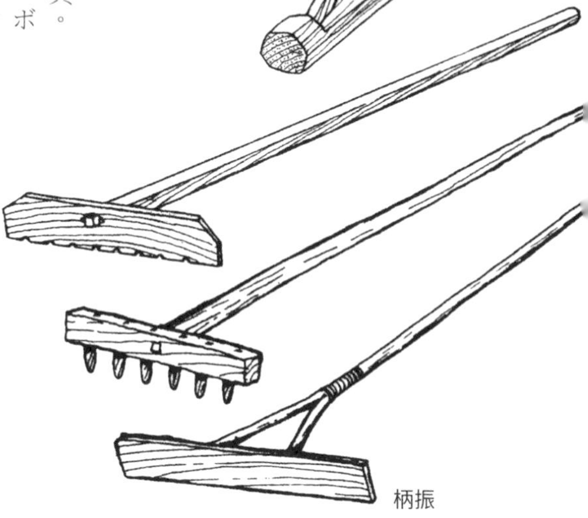
柄振

大足（おおあし）

下水田時穿的一種*田下駄（田木屐），用來踩踏苗床的稻株或綠肥作物，或是讓泥土浮上田面，抹平田土。

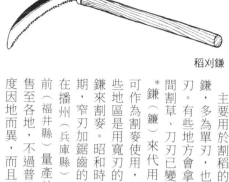

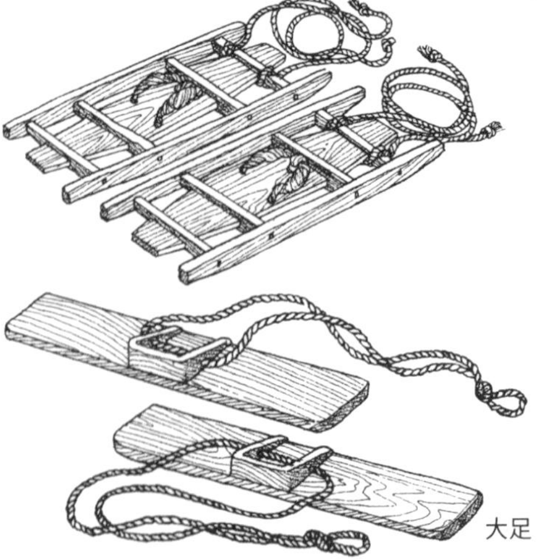
大足

一般是在長方形木框間插入橫木，再加上穿入鼻緒[2-5]的腳板。大小依地方或田地狀態而異，形態也略有差異，基本上長度超過九〇公分的大足是排水不良的濕田所使用的耕具，持續使用至昭和二〇年代。

穿上後，用手拉著連接腳板的*繩抬腳移動。在福島縣、茨城縣、靜岡縣、滋賀縣等的低濕地帶，通常是用橫長的大足，稱做ナンバ（nanba）。分為木框加腳板的款式，或是薄板中央有放後腳跟的圍框，穿入*紐後像穿*草鞋那樣牢牢綁在腳踝的設計。穿上後，左右腳必須朝外大幅擺動才能前進，所以要用前端加小木板的T字*杖或*柄振支撐身體。

案山子（かかし）【稻草人】

泛指保護結實的農作物不被鳥獸啃食的裝置或威嚇道具。除了常見的人形，還有用聲音達到嚇阻作用的*御札、*鳴子、名為豬威的竹筒，以及燃燒獸皮或人類毛髮產生臭味的「嗅がし」（kagashi，據說為案山子〔kakashi〕的語源）。有些地方是稱作威し（odoshi）、シメ（shime）。

案山子

柿枝折（かきえだおり）

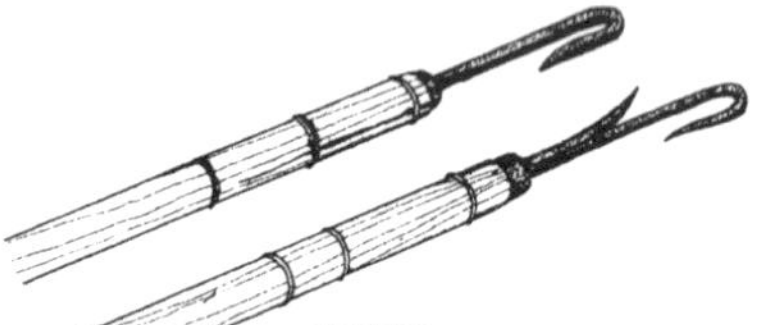
柿枝折

折下柿樹的舊枝，讓能夠結實的新枝得以生長、延展的工具。在長約三公尺的竹竿或杉木棒的前端加上U字形鐵爪，利用鐵爪勾折柿枝。

鎌（かま）【鎌】

用於收割稻等穀物、割草除枝等，用途廣泛的刃具。刃形有弦月形、竹葉形、柳葉形等，下部接握柄。在東日本是地金（軟鐵）背面黏合刃金（鋼）鍛造而成的單刃，但在西日本多是地金中間夾著刃金鍛造而成的雙刃。鎌的原型據說是繩文、彌生時代用於割穗的石刀。彌生時代後，出現了鐵製鎌，到了近世，將刃柄插入握柄，套上金屬環以目釘接合，成為現代所見的形態。

近世之後，隨著新田開發與農業技術的進步，鎌迅速普及開來，依用途或地區製造出各種款式，如播州鎌（兵庫縣）、越前鎌（福井縣）、土佐鎌（高知縣）、信州鎌（長野縣）、越後鎌（新潟縣）等，形成多處產地。因為鎌小巧輕便的特質，讓各產地製造出來的鎌可以透過行商銷往各地。

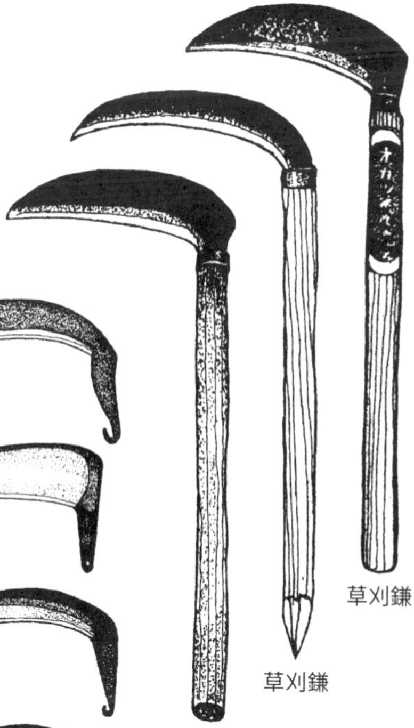
草刈鎌
草刈鎌
木刈鎌

各種鎌刃

割稻、割草是用小型的薄刃鎌，造林除草是用中厚刃的下刈鎌，斬斷樹枝或劈柴是用厚刃的木刈鎌、鉈鎌。最常使用的*稻刈鎌、草刈鎌，握柄的長度是以手肘至拳頭的長度為基準，而木鎌、鉈鎌等其他鎌的握柄會再長一些。由於長期使用會變鈍，作業時必須攜帶*砥石（磨刀石）不時地磨刃。結束農務回到家時，鎌通常會被插在吊於倉庫簷下等隨手可及之處的稻草束，或是木板上有刻痕的鎌掛。

此外，鎌也被認為帶有信仰、咒術意涵，像是立在屋頂或高竹竿上、避免颱風來襲的風切鎌，另外也會放在產房入口驅魔或立在墓前等。

叺（かます）

裝米、麥、雜糧、薯類、肥料、鹽等物的袋狀容器。將草繩編成的*筵對折，左右兩端以細繩縫合。也用於捆包或運送礦石、玻璃片、金屬片等工業製品的材料，還可搬運小魚或是木工及土木工程用剩的碎木等。

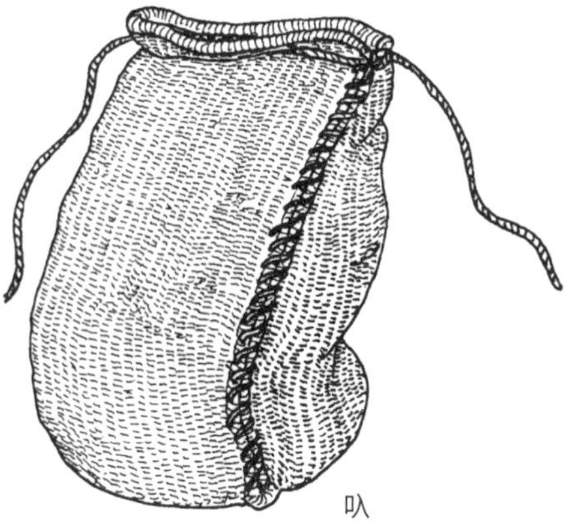
叺

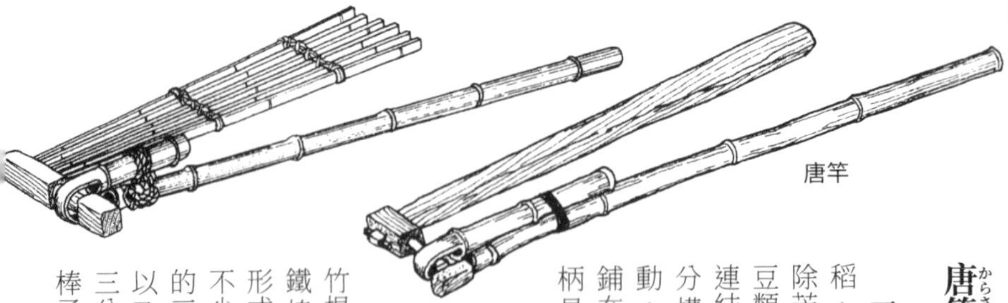
唐竿

唐竿（からさお）【連枷】

一種脫穀用具，用於稻、麥的脫粒，以及去除芒刺、小米等雜糧或豆類的脫粒。由握柄、連結處、打棒這三個部分構成，手持長柄揮動，使打棒旋轉，擊打鋪在*筵上的穀物。握柄是用桂竹條或木棒製成，長的達一．七公尺左右。打棒分為單棍、將數根細樹枝對折綁成束、裁切過的孟宗竹棍或木棒，或是數根鐵棒排成一排捆好的形式等。單棍的類型也不少，有長度約是握柄的三分之一的短粗棒，以及長度約是握柄的三分之二、比柄略粗的棒子等。連結處有裝在握柄、插入打棒，讓軸棒能夠旋轉的類型，或是軸棒與打棒一體成形的、以*繩搓合連接的形式。一般用法是手持長柄，旋轉打棒，但在奄美群島至沖繩地區是將短棒當作握柄，長棒當成旋轉的打棒。古時亦稱連枷，名稱因地而異，另有振棒、打棒、フリウチ（furiuchi）、くるり棒（kururibou）、めぐい棒（meguibou）、クルマボウ（kurumabou）等稱呼。

皮箕（かわみ）

以水胡桃、檜木、山櫻等樹皮製作，要用來篩選穀的*箕。凹折樹皮，將具彈性的樹枝或篠竹縫綴於邊緣，常見於日本中部山岳地帶至東北地方的山區。

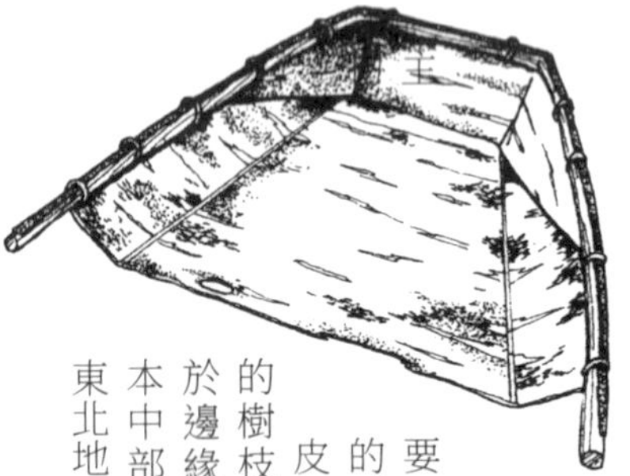
皮箕

雁爪（がんづめ）【爪耙】

用於水田除草、中耕的農具。前端尖銳的細長刃爪向內大幅彎曲，根部接上短握柄，分為三爪、四爪、五爪，亦稱蟹爪。過去必須蹲在田裡使用，直到近世後期出現了可站立操作的*田打車，經過不斷改良、於明治時代後期普及後，雁爪逐漸不被使用。

雁爪

黍刈鎌（きびかりがま）【割蔗鐮】

收割砂糖黍（甘蔗）的專用*鎌（鐮）。造型獨特，刃尖彎曲且分叉，利用接近握柄的根部切除甘蔗前端不要的部分，再將甘蔗套入雙刃間，削掉蔗葉。

黍刈鎌

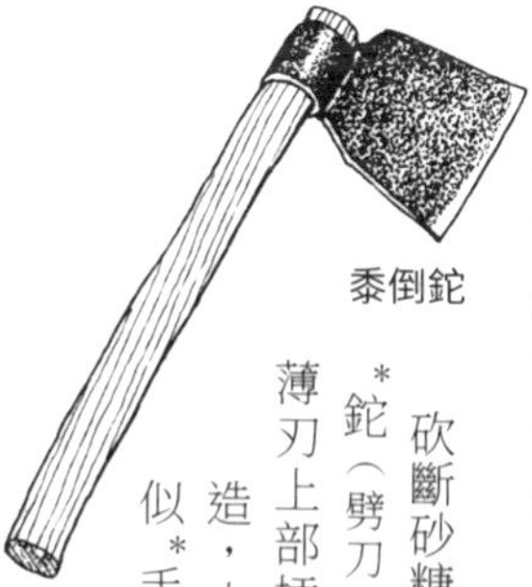
黍倒鉈

黍倒鉈（きびたおしなた）【斬蔗刀】

砍斷砂糖黍（甘蔗）的*鉈（劈刀）。為在梯形薄刃上部插入握柄的構造，古時還有將類似*手斧的刃尖插接彎柄的樣式。

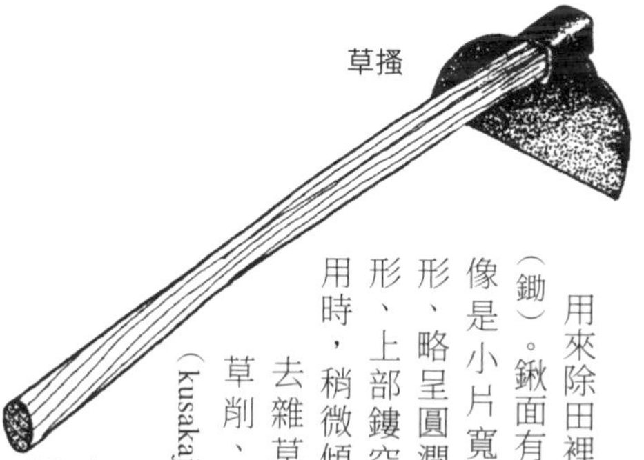
草搔

草搔（くさかき）【除草鋤】

用來除田裡雜草的*鍬（鋤）。鍬面有各種形狀，像是小片寬薄的半圓形、略呈圓潤的三角錐形、上部鏤空的等。使用時，稍微傾斜刃尖削去雜草，故又稱草削、草かじり（kusakajiri）或ホー（hoo）。有用兩手抓握的長柄形，還有刃小柄短、以單手操作的*手鍬（手鋤）式草搔，稱為手搔。除草之餘也用於中耕。

草取爪（くさとりづめ）

去除水田雜草與中耕的工具之一。將形似琴爪（義甲）的鐵爪套在指上，在稻株周圍一邊拔草、一邊攪土。

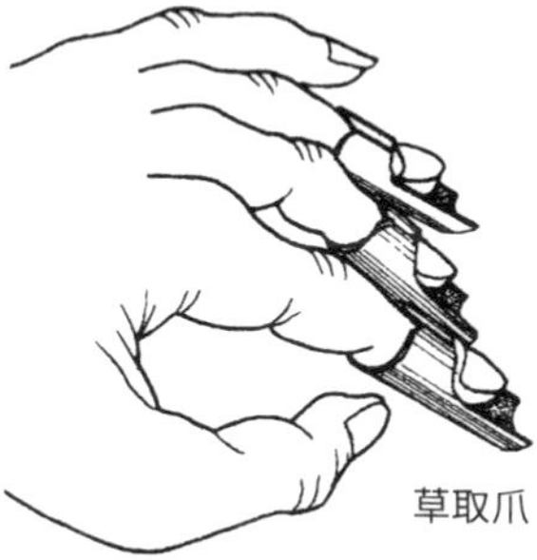
草取爪

有些地方是用裁短的竹管，隨著*雁爪（爪耙）的出現，以及可站立操作的*田打車普及後，逐漸消失。

塊割（くれわり）

初步犁耕後，用來敲碎土塊的一種*木槌。頭部有粗圓筒狀、半圓筒形、方形，有些會在敲擊田土的槌面做刻痕。與長握柄的銜接方式有T字形與直線形，材料是用富彈性的木棒或竹竿，亦稱ツブテコワシ（tsubutekowashi）。

鍬（くわ）【鋤】

用於田地的翻土、碎土、中耕、培土、堆田壟、壓實田埂、除草，以及挖薯類等作物的採收工作，用途廣泛的代表性農具。鍬面的形狀、握柄的角度與長短都相當多樣。基本用法是手持木柄，將鍬面插入土中、拖翻土壤。自繩文時代已有的這樣工具，當時是木柄配上石鍬。彌生時代有了將木頭削成板狀的平鍬、利用叉木做成的股鍬。古墳時代出現了在平鍬前端銜接鐵刃的鍬，但那時鐵仍相當貴重，直到製鐵技術發達的鎌倉時代後才普及至民間。當時利用牛馬拖行的*犁

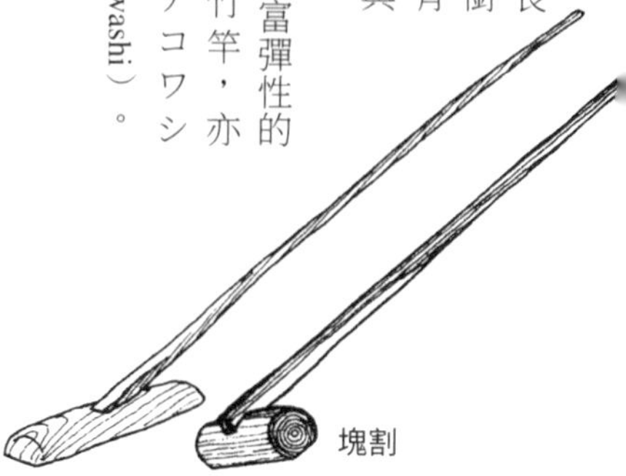
塊割

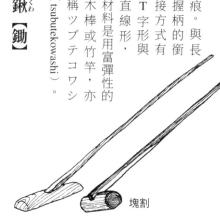

也自中國傳入日本，與鍬兼用。到了江戶時代，製鐵技術更加進步，出現了往來村落與市鎮之間的鍛冶職人與定居村落的野鍛冶（或稱農鍛冶），因應不同的地形或土質、使用目的製造出各式各樣的鍬。

　當中最廣為使用的是風呂鍬，亦稱平鍬、台鍬，也有稱作黑鍬的樣式。黑鍬是握柄塗黑的大型風呂鍬，原是愛知縣知多半島大野的土木、治山、治水技術者集團「黑鍬組」使用的工具，後來作為農具普及，主要用於開墾或壓實田埂等。具有二叉至六叉鐵齒（或稱刃、爪）的股鍬，在江戶時代後期至明治時代以*備中鍬、萬能之名流傳開來。明治、大正時代製造出用一片鐵板構成鍬面的平鍬，稱作金鍬，被廣泛使用。另外，還有用於開墾或荒地翻土、窄身厚刃的*唐鍬，以及在金屬鍬面上做出一至二處鏤空，防止泥土附著、減輕重量的窗鍬等。

　鍬刃在使用過程中會磨損，通常修好後會繼續使用。而鍬的修理稱為先掛，雖然野鍛冶也會製作新鍬，但大部分的時間都在修理舊鍬。鍬柄有時是農家自製，但多數是由棒屋、鍬柄屋、台木屋等專業職人製造販售。

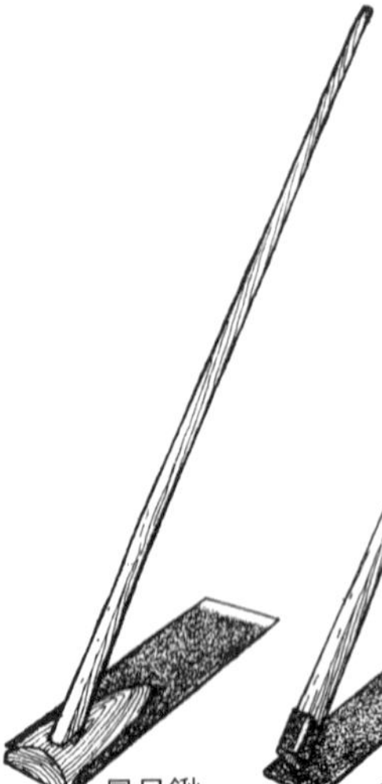

風呂鍬

金鍬

風呂鍬

肥搔（こえかき）

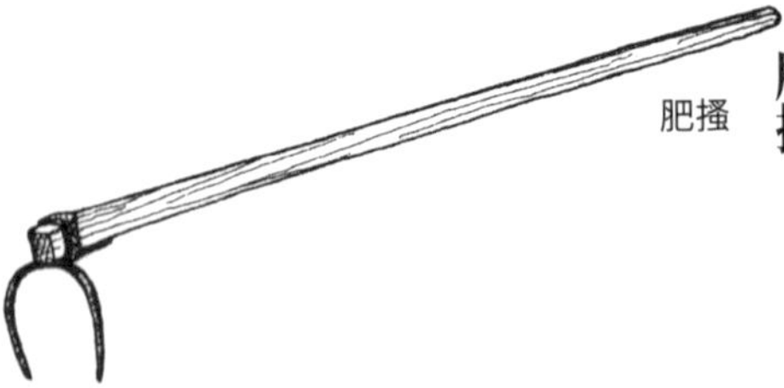

肥搔

　用來堆攏肥料的農具。名稱因地而異，如二本雁爪、三本熊手、堆肥萬能、萬鍬、クマシダシ（kumashidashi）等。形態也各不相同，多為雙叉至三、四叉的細齒*鍬（鋤）形，也有稱作金杷、*熊手、肥打的*杷（耙）形。明治時代之後從西方傳入具有三至四根長鐵刃的草叉，同時被酪農當作肥搔使用，用來堆攏牧草。

扱箸（こきばし）

　讓稻、麥等穀物脫粒的脫穀用具。將兩根細棒或剖半後斜削上部內側的竹筒垂直立起，夾入穀穗抽拔使其脫

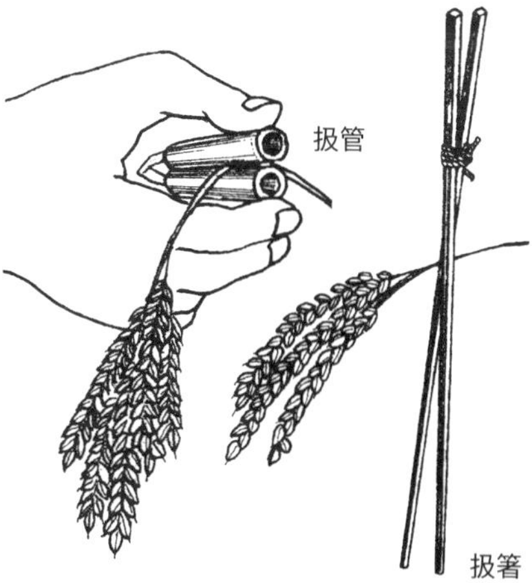

穀。也有一邊用*紐綁住固定，用手拿著抽拔的樣式。有些地方則是用兩根裁短的細竹，以拇指及食指夾住抽拔的扱管。在江戶時代時代前期，隨著效率極佳的*千齒扱普及而消失。

牛蒡掘（ごぼうほり）

將深埋土中的牛蒡拔出的道具。在長約一公尺、前端削尖的圓鐵棍上裝短握把的T字形掘棒，還有將櫟木圓棍切掉一半後接上鐵棒，或是接合雙叉鐵棒的樣式。使用方法是將掘棒插入牛蒡旁，先弄鬆土再拔出牛蒡。

牛蒡掘

砂糖車（さとうぐるま）

榨取甘蔗汁的大型機具，在奄美諸島（鹿兒島縣）與沖繩稱作精糖車，在讚岐（香川縣）稱作搾車。以樟樹等樹木做成厚木台，裝上粗木框，再將裝有齒輪的圓柱形機關縱向擺進框內。在其中一個齒輪機關上接粗軸木、插長槓，讓牛或馬拖拉，帶動齒輪轉動。將甘蔗插入兩個齒輪機關之間，利用齒輪的壓力榨出汁液。榨出的甘蔗汁會沿著木台的溝槽流進盆桶，然後倒入大鍋攪煮，煮成黏稠的果糖。

從中國傳至沖繩的砂糖車，起初只有兩個木製齒輪機關，經過日本獨自改良開發後，變成三個一排的形式。如此構造讓壓榨過一次的甘蔗能夠直接軋入第二個齒輪機關間，達到自動壓榨兩次的成效，大幅提升榨汁的生產效率。此外，齒輪機關也從容易磨耗的木製發展為石製或鑄物。

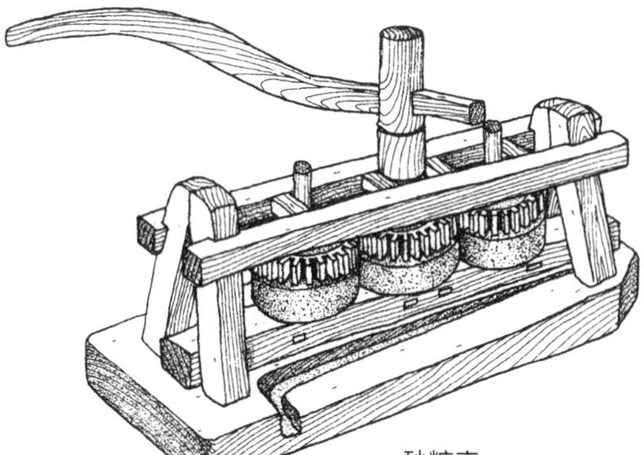
砂糖車

杷（さらえ）【杷】

主要用於整地的工具，亦讀作「さらい」（sarai），也寫作欋、杈。長柄前端接上嵌入數根木齒的橫木，呈T字形，柄多為竹製。也有在木板下部刻出波浪狀的*柄振形，有些地方將杷與柄振視為同物。此外，不少地方是稱作コマザラエ（komazarae），還有橫木和齒皆為鐵製的金杷，或稱廣島、手馬鍬。同樣形式的工具也應用於海邊，像是聚攏、翻動進行日曬乾燥的小魚乾或沙丁魚乾。

杷

漏斗（じょうご）

開口上寬下窄的喇叭形道具，用途分為將穀物裝入*俵或袋，以及將少量的穀物或酒、油等液體移入*壺或*德利（窄口壺）、瓶。前者多是用竹篾密編而成，為避免穀物受損或卡在縫隙內，有時會貼一層廢紙，有段時期曾出現杜拉鋁材質的製品；後者多為鋁等金屬製的小形漏斗，過去還有將木材刨挖成盆狀，底部開出一個小孔的樣式。

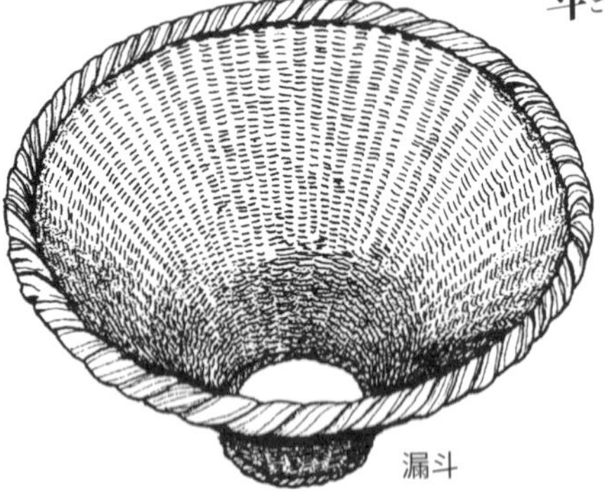
漏斗

鋤簾（じょれん）

用於田地的培土或覆土、挖溝渠或掘井、打撈河川工程的砂石等，是用途相當廣泛的工具。形態也各有不同，像是在寬面平鍬狀的鐵框編入竹條或嵌硬木板、鐵板的樣式。或是竹編部分以鐵絲取代的、在一體成形的薄鐵板上鑽出數個大孔的、在*塵取（畚箕）形鐵絲骨架上鋪鐵絲網的，還有在橢圓球體的鐵框上將細鐵條縱向等距排列、再綁鐵絲或鋪上鐵絲網的樣式，有的也會在前端部分做出銳角呈尖頭等。通常是像*鍬（鋤）一樣接上長柄，為補強多會將鐵絲纏在柄上。也

鋤簾

有將本體倒過來接在柄的前端，以舀取方式使用的工具，有些地方將此稱作*土入。某些地區也會將鋪鐵絲網的*淺蜊搔（花蛤耙）等採貝類用具稱為鋤簾。

水車（すいしゃ）

一種用於精碾米、麥等穀物的裝置，利用流水的力量使車輪轉動，帶動車軸讓*杵上下移動，精碾安置在地面下之石臼中的穀物。也有用來粉碎瓷器原料的原石以取得坏土的水車。另外，也有將齒輪組合成以水平方向回轉的水車，在輪盤上設置*挽臼（碾臼），將米、小麥、蕎麥等磨成粉，這種構造也用於碾磨作為線香原料的杉葉。

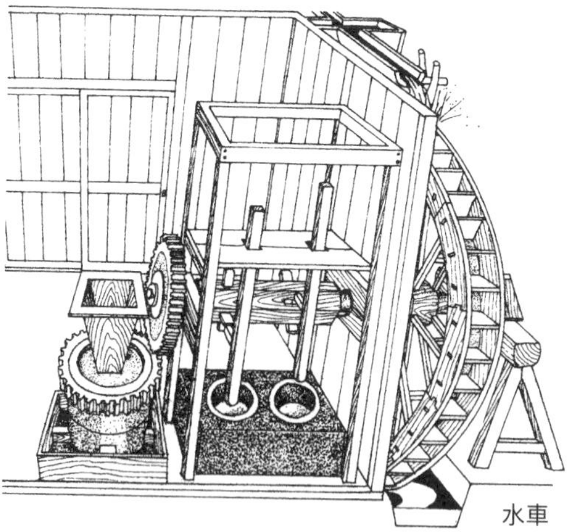
水車

水車的形式依設置的地形而異，像是從車輪上方引水轉動的上掛式、從中段引水轉動的胸掛式、水於下方流動的下掛式。有的水車是由村里聚落共同設置、一起管理使用，也有精米業者等個人私有的水車，還有架立數根杵的大型水車。如今水車雖已不常見，仍存在於部分地區。此外，還有利用人力灌溉水田的*揚水車，亦稱踏車、水車。

鋤（すき）【鐽】

用腳踩入土中翻土的器具，類似今日常見的鏟子。因日文發音相同，為了與*犁區別，通常稱作「踏鋤」。這是彌生時代就出現的農具，古時是用一根木頭做成一體成形的柄與鋤面，後演變為在前端加上U字形鐵刃。在關東地區，有種將其他木材做成的握柄斜插於鋤面的大型鋤，稱為*踏鍬，直到近年仍廣泛使用。

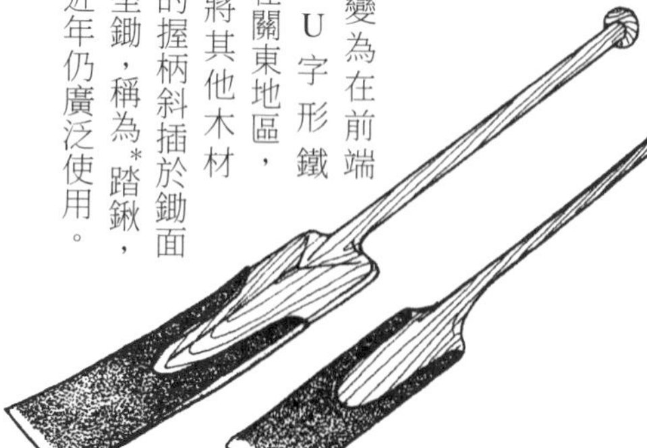
鋤

犁（すき）

利用牛馬之力拖行、進行翻土的農具。於奈良時代自中國或朝鮮半島傳入日本。「すき」（suki）原指人用腳踩踏翻土的*鋤（鐽），為了做出區別，將鋤稱作「踏鋤」，犁稱為「唐鋤」。

犁是由接觸土壤的犁床（犁底）、削尖前端並接上鑄鐵刃的犁先（犁鑱）、推土的犁篦（犁壁）、用手操作的犁柄或稱犁身（犁梢）、綁接牛馬牽繩的犁轅、連結犁柄與犁轅的犁柱（犁

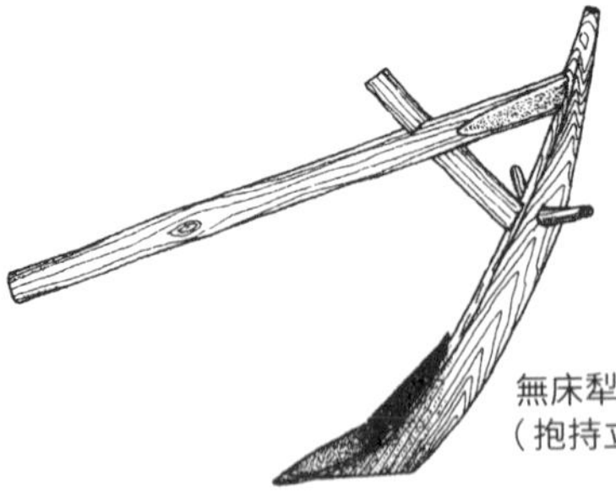

無床犁
（抱持立犁）

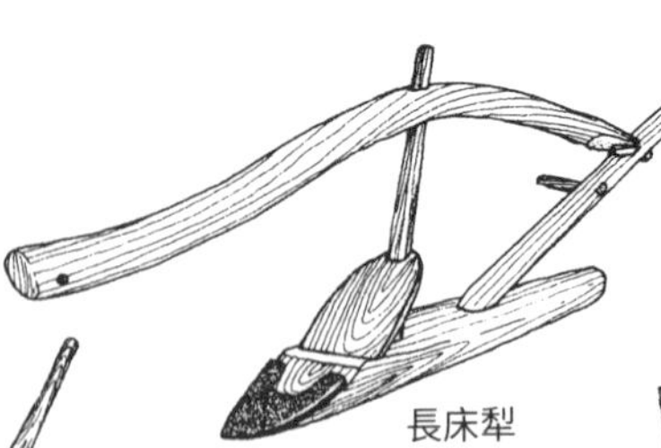

長床犁

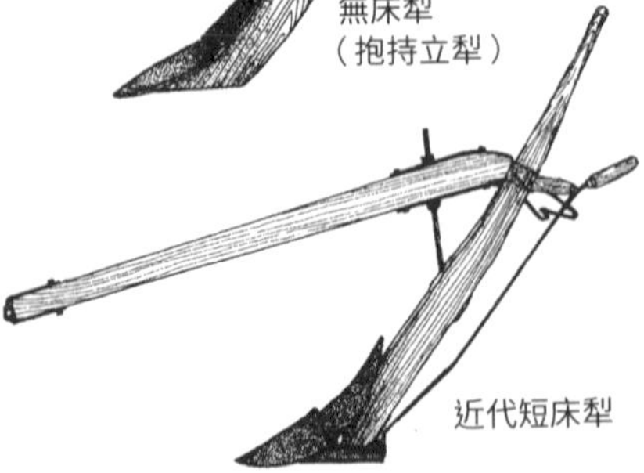

近代短床犁

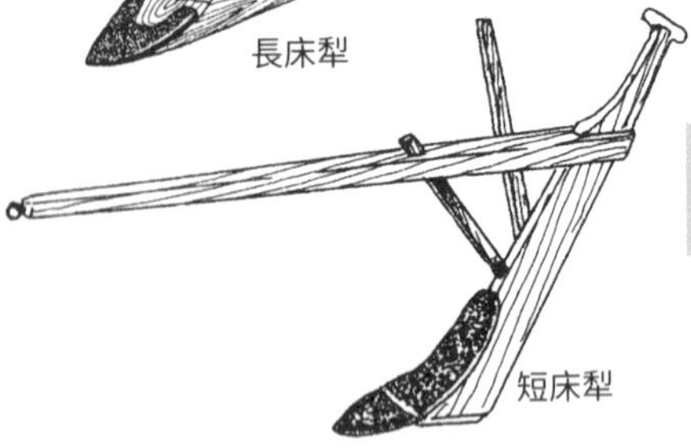

短床犁

箭）構成。中國式的犁分為長床犁（長曲轅犁）、短床犁（短直轅犁），以及幾乎沒有犁床的無床犁（無底犁）。

明治時代推行水田乾田化，推廣犁耕的馬耕教師到各地教學、傳授技術，讓犁的使用變得普遍。其中，無床犁之一的抱持立犁就是由九州的馬耕教師傳至東日本。明治時代後期出現了將長床犁的穩定性與無床犁便於深耕的機動性結合為一的近代短床犁，普及於全國各地，並且經過不斷改良，製造出各式各樣的犁，在動力耕耘機普及的昭和三〇年代以前為農民持續使用。

千齒扱（せんばこき）

主要用於稻和麥，有時也用於大豆的脫穀工具。亦單稱千齒，或稱稻扱、萬齒。在其他地方另有別稱，金扱、千扱、コバシ（kobashi）、カナクダ（kanakuda）等。在厚實的四角形台木上植入一排前端尖銳的長齒（或稱穗），加立腳、架踏板。操作時邊用腳踩踏板，邊將穀穗放進齒間抽拉脫粒。這是江戶時代中期的發明，流傳至各地後，進行了各種改良。齒的部分起初是用竹片或木條削成，江戶時代末期改成鐵齒且普及開來，更在倉吉（鳥取縣）等地形成了產地。

齒寬約一公分，數量為二十根至近三十根，稻穗用的齒目（齒間的距離）約一．五公厘，麥穗用的齒目較寬，約三公厘。千齒扱的效率遠勝以往用來脫穀的扱管或*扱箸，使得原本靠脫穀作業打零工的後家（寡婦）工作機會銳減，故亦稱後家殺、後家倒。

竹千齒

千齒扱

雖然在大正時代隨著效率更好的*足踏脫穀機（腳踏式脫穀機）普及而愈來愈少見，不過至今仍有農家使用此物進行稻種的脫粒。

田植繩（たうえなわ）【秧繩】

用來做記號，讓秧苗種得筆直整齊的*繩。以往人們都是用目測方式插秧，明治時代末期，因為推行縱橫保持等距的正條密植，發展出各種農具，而田植繩便是其一。用繩子在田面標出固定間隔的記號，將秧苗插在記號處。分為用兩條繩子縱橫劃線做記號的方式，以及用一條繩子搭配有等距標記、組成L形的細長薄板，薄板的邊角上釘有*鎹（U形釘），稱為田植定規。

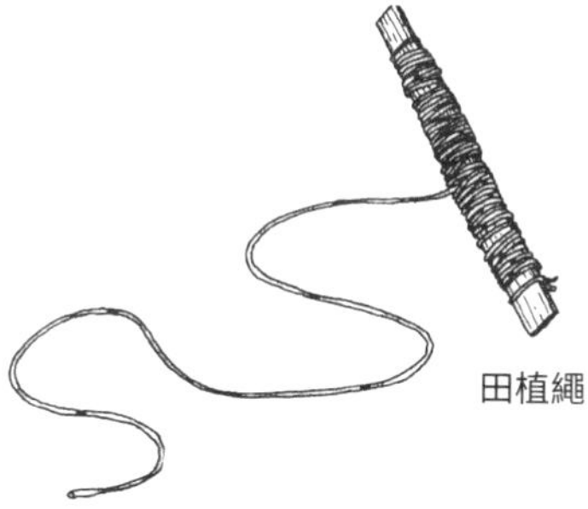
田植繩

田植枠（たうえわく）

為了正條密植秧苗，在田土劃線標記的工具。有梯子形的木框或組成三角柱形或六角柱形的框。另有將等距嵌入長竹齒的長方形木板接上握柄、呈T字形的筋引，也是一種劃線標記的工具。在田面上滾動做記號的六角柱形框，據說是明治二十年（一八八七）發源自山形縣遊佐町，從織機捲線器發想的。因效率良好，在大正時代普及至各地，亦稱コロガシ（korogashi）。

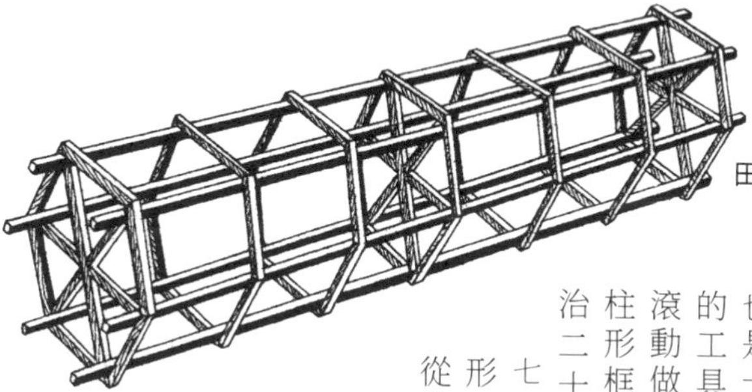
田植枠

田打車（たうちぐるま）【豐年車】

用於水田中耕、除草的工具之一，亦稱除草機，還有田車、田打轉車、コロガシ（korogashi）等稱呼。中耕、除草的農具早期有*草取爪、*雁爪（爪耙），到了明治時代末期，關西地區製造出在舟形框或木板上植竹齒、斜接長柄，站立操作的工具。這種工具大幅提升了工作效率，一天就能完成八反步（一反步約三百坪）範圍的中耕及除草，被稱作八反取、八反步，普及至各地。

此外，還有另一種形態的田打車，是將嵌有放射狀鐵

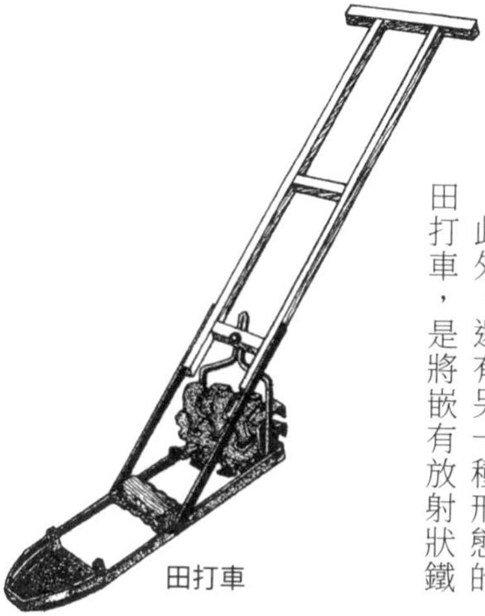
田打車

爪的木筒橫放，與木框組合，以推拉方式使其轉動。不過，鐵爪容易傷到秧苗，使用時必須格外小心。為了修正這個缺點，於是有了在類似八反取、在舟形框內加回轉爪的田打車。這種形態普及開來後，各地陸續出現各種形態的改良式田打車。像是單柄的、梯狀木框的上端有把手的、雙層車台的、本體尾部加旋轉葉片的，還有雙台並排，一次可操作兩台的形式。昭和三〇年代後，隨著除草劑與動力農機具的普及而逐漸消失。

田打鍬（たうちぐわ）【田打鋤】

即使利用牛馬之力的犁耕變得普及，在牛馬無法下田的濕田地帶，還是使用*鍬（鋤）。通常是用*備中鍬或風呂鍬（平鍬），但在鹿兒島縣的奄美群島或沖繩是用這種造型獨特的田打鍬，寬鍬面的前端銜接形似帽簷的鐵刃，以近直角的角度接上長握柄，柄後有傾斜的支撐木。稱作ミングェー（mingwee）、トチミン（tochimin）等。之後出現了鐵製鍬面的金鍬，第二次世界大戰後，隨美軍傳入日本的鏟子（scoop）也被做成鍬形使用。

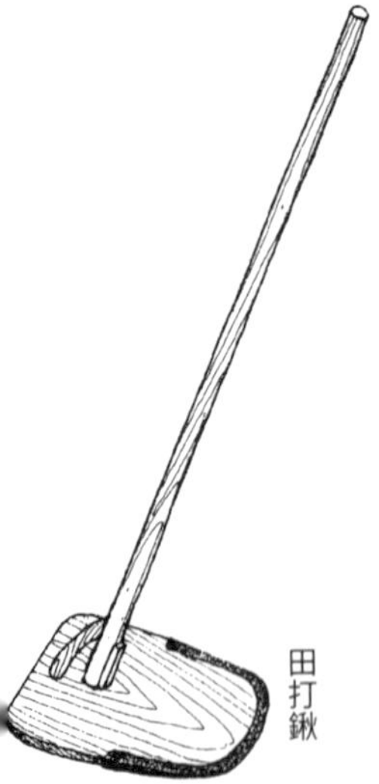
田打鍬

田下駄（たげた）【田木屐】

在排水不良的濕田進行農務或踏苗床時穿的鞋具總稱。踏苗床用的較大，多半稱作*大足，而田下駄通常是指濕田用的。在明治時代實施水田乾田化之前，田中整年都有水的濕田遍布各地，水深及胸的深田也不少。進入濕田工作必備的田下駄，直到昭和二〇年代仍為部分地區使用。形態因地而異，像是木板上只加鼻緒[2-5]，或是木板加上放腳的木框、木框上釘放腳的板子、將竹或木製輪樏加上穿鼻緒的腳板、用竹子編成簾狀的*樏等。

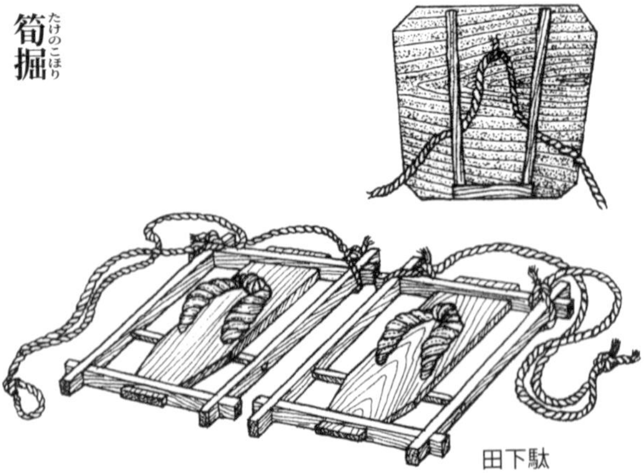
田下駄

筍掘（たけのこほり）

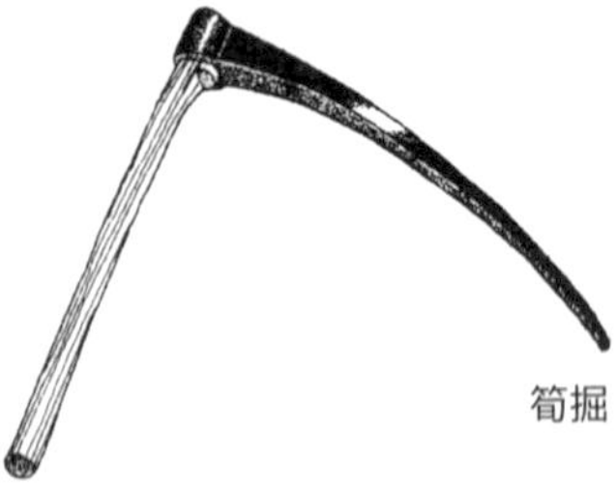
筍掘

挖竹筍的專用工具。從土裡挖出剛冒尖的竹筍時，為避免折斷，必須使用刃形適合深掘的工具。京都近郊是用刃面窄且長的*鍬（鋤）形工具，其他地方是用*唐鍬（唐鋤）形的窄鍬，或是棒子前端接上平鏟狀或細長鑿狀鐵刃的掘棒等。

種壺（たねつぼ）

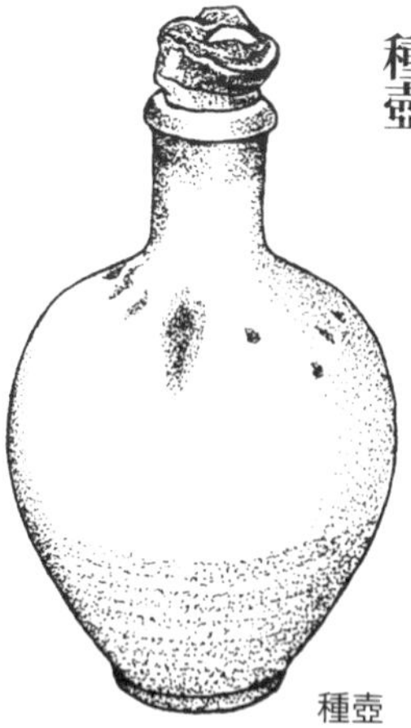
種壺

保存稻種或蔬菜種子的陶瓷*壺，雖不是特別燒製的容器，但通常是用不易被鼠、蟲啃食的窄口壺。

種蒔機（たねまきき）【播種機】

播種用的機器。明治時代後，開發出各種機器，如水稻直播機、苗床專用的秧苗播種機。當中最常使用的是麥、豆類、菸草等作物用的播種機，尤其是麥用的播機器，種類更是多樣。這種小型農具多為自製，通常只短暫流傳於一段時期，不過當中還是有持續使用的樣式。在直徑約一〇公分、高約三五公分的馬口鐵製圓筒上加提把的種蒔機便是其一，將種子裝入筒內上下搖晃，筒下的孔就會掉出一定數量的種子。另外，還有在窄底的木箱裝上兩個小輪、上部接握柄的種蒔機，只要將握柄往前推，箱底的回轉筒就會轉動，使箱內的種子以等間距落土。

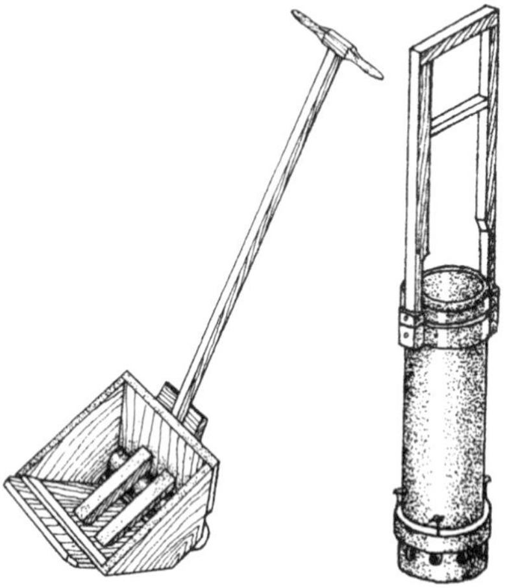
種蒔機

俵（たわら）【稻草包】

用來裝運或保存米、麥、薯、豆等農作物，或是稻種、鹽、木炭、海產等的容器。將稻草編的*菰縫成圓筒狀，一邊縫上棧俵當作底，裝入米等物品後，再縫上作為蓋子的棧俵，最後以草繩捆綁固定，防止內容物外漏。俵的容量直到近世時期都是因地而異，無統一標準，關東是三斗五升（約六三公升）、北陸及東海地區是四斗

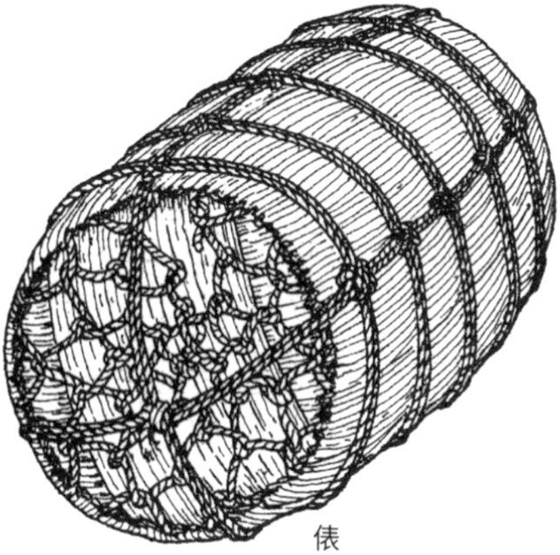
俵

（約七二公升）、九州是五斗（約九〇公升），各地區以這個量當作年貢米的單位。明治時代以後制定出全國通用的規格，四斗俵與五斗俵便成為一般基準。

裝米的米俵是農家的象徵之物，扛得起米俵代表是可獨當一面的男人。在日本各種習俗中也能見到，像是小正月（元宵）的供品，或是在俵中放入舊神札綁在新居屋頂夾層的樑柱，作為鎮宅之用。棧俵也被當作供品台，擺放*流雛等。*炭俵是用蘆葦或茅草編製，縫成方形或圓形，左右塞放樹枝填充，以*繩捆綁固定。

茶摘籠（ちゃつみかご）【茶簍】

茶摘籠

採茶葉用的*籠，多為圓筒形的圓籠，有些地方是用橢圓形的籠。使用時，放在茶樹之間或是單手抱著摘茶葉。此外，也有加上*紐綁在腰間的小型籠，亦稱作茶びく（chabiku）、ボウラ（boura）。

茶篩（ちゃぶるい）

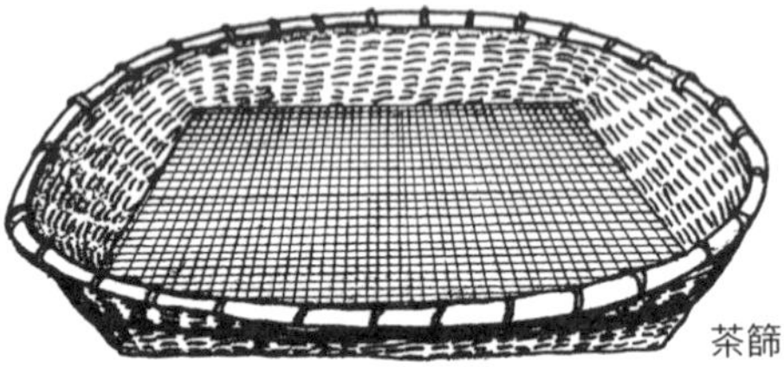
茶篩

經過蒸菁、揉捻且乾燥後的荒茶（半成品），利用這種竹篩進行篩選，使成品大小一致。亦稱茶通，作工比篩選穀物的篩更加細緻。通常是方底圓口，直徑多為六〇公分左右，也有塗柿澀液強化的樣式。以篩孔大小分為粗孔的一號（或一番）至細孔的十六號，依製茶種類（番茶、煎茶、玉露、抹茶）區分使用，現在也有金屬網製。

茶焙籠（ちゃべろ）

南九州特有的自製製茶用具。為直徑約九〇公分、高約四〇公分的無底短圓筒形*籠，搭配中央呈圓錐狀隆起的蓋子。先在黃土地面的土間燒炭生火，撒稻草灰減弱火勢後擺上茶焙籠。將用*焙爐炒過、放入名為バラ（bara）的淺籠揉捻過的茶葉，移入茶焙籠的蓋子上加熱烘乾。這樣的步驟重複約四次即完成。以前家家戶戶都有此物，有些人家還會貼和紙。儘管現在已很少見，因為焙好的茶葉香氣與茶味佳，至今仍被使用。

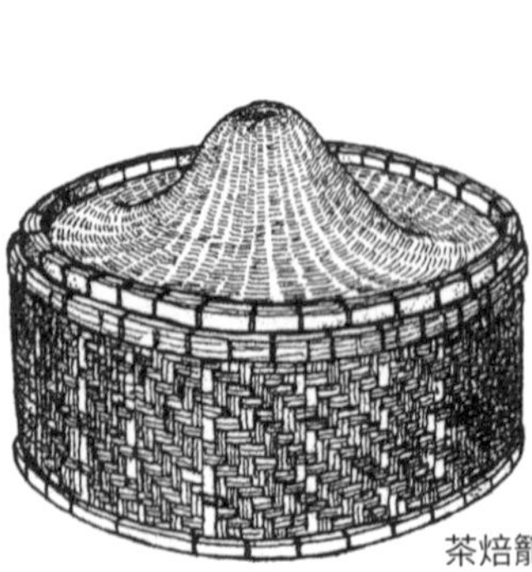
茶焙籠

土入（つちいれ）

種麥時，用於土入（覆土）的工具，直接以此命名。麥子發芽後，進行二至三次的踏麥與培土，接著再進行土入。形態分為將鐵框編入鐵絲或鋪金屬網的*鋤簾狀容器接在握柄前端的鍬狀，以及將柄倒接的鋤狀。容器部分多是像切半的橢圓體，有個內凹空間，前端做出尖角。以此物挖取麥壟間的土，在麥株上搖晃，讓土從孔洞撒落。在盛行種麥的武藏野台地[4]，通常是稱作踏込鋤簾。

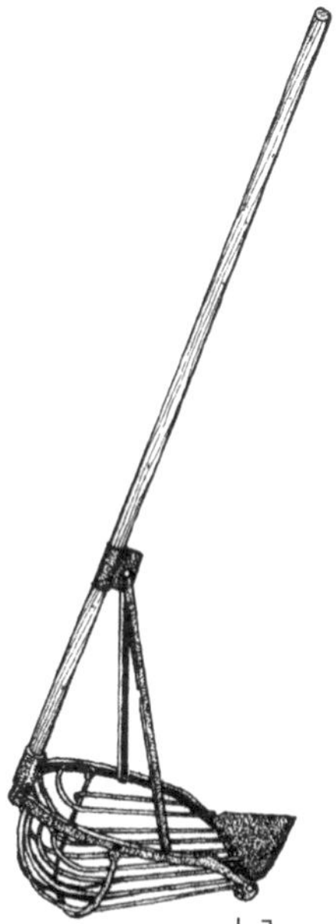
土入

鶴嘴（つるはし）【十字鎬】

略帶彎弧的鐵刃兩端如鶴嘴般細長尖銳、中央插入握柄呈T字形的工具，用於碎石田的翻土、開墾時樹木的斷根、敲碎岩盤層。也有近似*唐鍬的單刃形式，以及一邊為平刃的樣式。近年來多用於土木工程。

鶴嘴

手鍬（てぐわ）【手鋤】

泛指單手使用的短柄小型*鍬（鐽），適用於火耕田或位在坡地等不利活動的田。也用來採收或種植薯類等。小型的*草搔也算是一種手鍬。

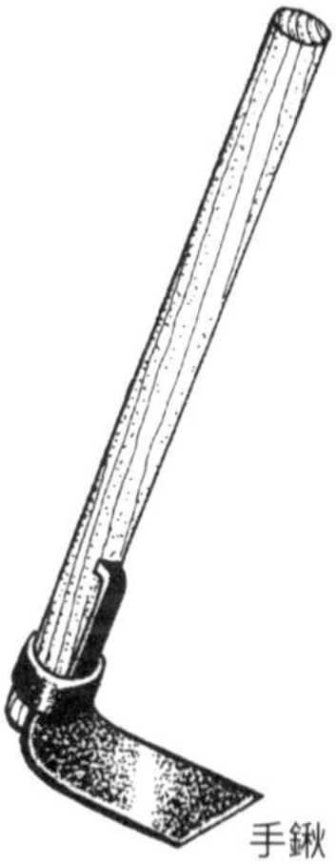
手鍬

唐鍬（とうぐわ）【唐鋤】

用於火燒田的整地、碎石田的翻土或開墾、移除殘幹，以及植樹、採收大蔥或山藥等作物的金屬鋤，也用於土木工程。鍬刃厚實，依用途分為方形或長方形，刃尖也有各種形狀，如圓蛤形、銀杏形等。另有山鍬、トンガ（tonga）、チョンガ（chonga）、トウゲ（touge）、イシグェー（ishigwee）等稱呼。

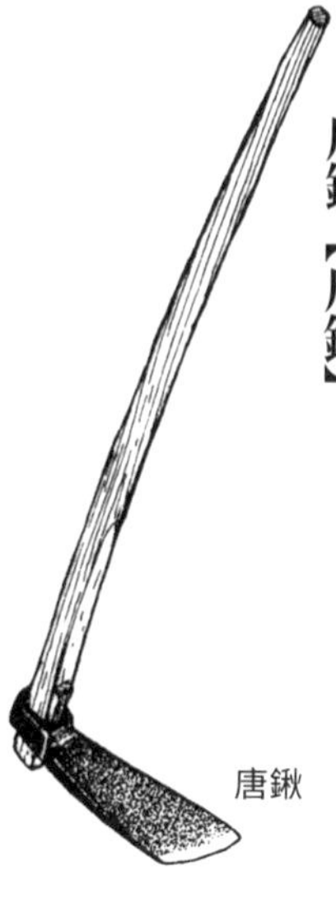
唐鍬

唐箕（とうみ）【扇車、風鼓】

以人力驅動、藉由風力來篩選穀物的大型農具。江戶時代自中國傳入日本，比以往用*箕篩選的方式更有效率，廣為流傳至各地。

搖動手把，帶動安裝於箱中的四片

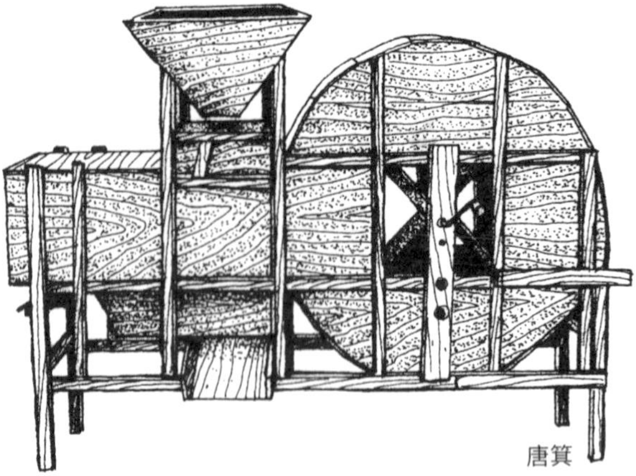

唐箕

扇葉產生氣流，從前方上部的*漏斗適量倒入已脫穀的穀物，藉由風力進行篩選。內部裝設上方有開口的篩選板，飽實的穀粒會順著篩選板往下掉，從桶狀的篩選管掉出，而重量不足的屑粒或秕（空殼穀）會從另一個篩選管掉出，細小的塵污則自出風口吹出。

　手把和漏斗的形狀、篩選管的裝法等皆因地而異。東北地區的唐箕體積小、無篩選管，飽實的穀粒會直接落地，亦稱為半唐箕；中部地方山區的唐箕則是以X形立腳支撐只有扇葉的圓形框，上部只放漏斗的簡易形。對農家而言，唐箕能節省大量勞力，儘管昂貴仍受重用。後來隨著動力篩選機的普及，昭和三〇年代逐漸淘汰。

斗桶（とおけ）

　主要用來計量米等穀物的圓筒形一斗（約一八公升）*枡。也有方形，稱作*斗枡。一斗常被當作一種大概的基準量，所以除了獲得認證的正規圓形斗桶，也有橢圓形的樣式。斗桶是以竹箍固定的結桶，但正規的斗桶不使用竹箍，而是以鐵環固定口緣與底部，薄板接合處也以鐵板補強，左右兩側有握把。除了計量，也常放在篩選脫穀的*唐箕篩選口、承接落下的穀粒，或是將稻穀鋪在*筵上曬乾時，也會拿來粗略計量。

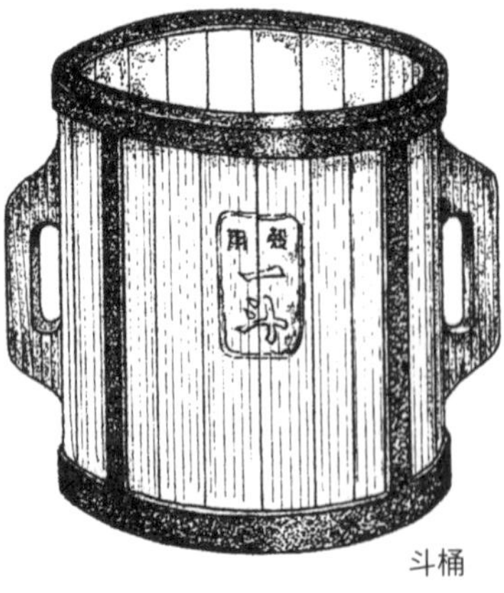

斗桶

通（とおし）（簁）【篩】

　篩選穀物等作物的用具，在底面編有孔洞的淺*籠內，倒入欲篩選的作物，透過來回搖晃的方式進行區分。孔洞大小不一，依用途分開使用，像是篩出籾（稻穀），留下稻草屑等殘渣的籾通；篩出米，留下稻殼、稻皮的米通；篩出屑米，留下米的小米通等。粗孔為通，細孔為篩，但一般人經常混為一談。

　除了竹製，有些地方是藤蔓編製或曲物形式。竹製多是用竹篾以壓二編

（二條在上，二條在下）的鏤空網代編法編出四角孔，也有六角孔與少部分的三角孔。藤蔓編製的通是將木防己或木通等藤蔓植物纏繞竹條等做成圍邊，分為底面也是用蔓編成的粗孔，以及用麻線等編成的細孔，兩者皆是四角孔。還有用稻草或藺草做成圍邊的同形物。曲物通是將杉木或花柏等薄木板彎折成邊框，加上用藤蔓或麻線等編成的四角孔底面，還有用絹線或馬毛編成的極細孔樣式，也作為粉通（粉篩）之類的烹調用具使用。近年來多為金屬網底面，也有側框同為金屬製的金通。

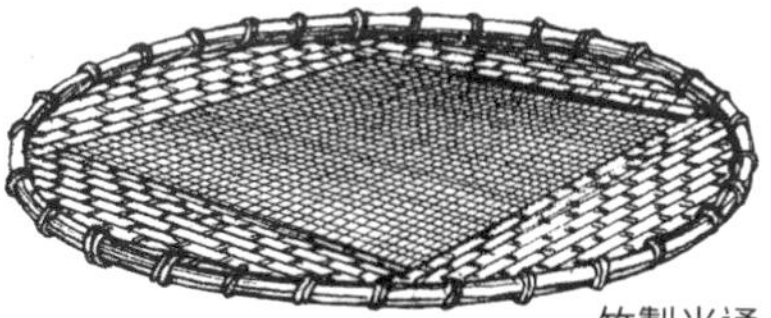
竹製米通

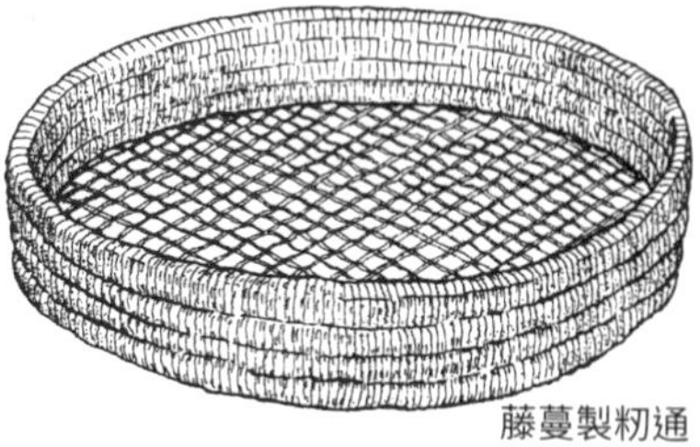
藤蔓製籾通

斗搔（とかき）

用*枡計量米或豆等穀物時，先裝得很滿，再用這種圓棒抹平表面，使內容物和枡的邊緣齊高。亦稱斗棒、斗搔棒、枡搔。在沖繩稱作トーカチ（tookachi），也會使用竹筒。一邊斜切的竹筒トーカチ（tookachi）也被當作從*俵內舀米做檢查的差（又稱刺）使用。此外，慶祝長輩過八十八歲米壽的「トーカチ祝」（tookachiiwai）是在*笊（笊籬）或高膳等器物內裝滿米，將竹筒較短的那一面削皮，寫下壽星的名字插在米上，以色紙裝飾。

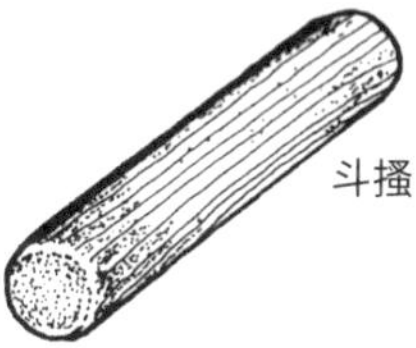
斗搔

斗枡（とます）

用來計量米等穀物的正方形容器，容量為一斗（約一八公升）。分為在側板兩面的上部做出一左一右的把手，以及在左右兩側面的開口邊緣另加把手的形式。

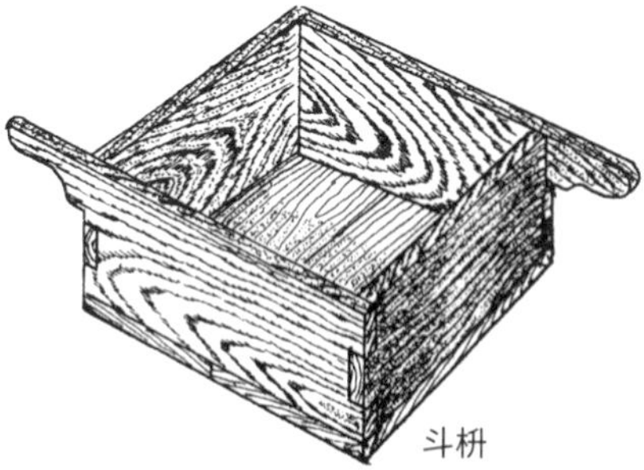
斗枡

鉈鎌（なたがま）【鉈鎌】

刃比*鉈（柴刀）薄，但比一般的*鎌（鐮）來得大且厚實。多為長柄，用來切除樹枝或雜木。同形之物還有用於上山工作或造林的木鎌、造林鎌。

鉈鎌

均板（ならしいた）

均板

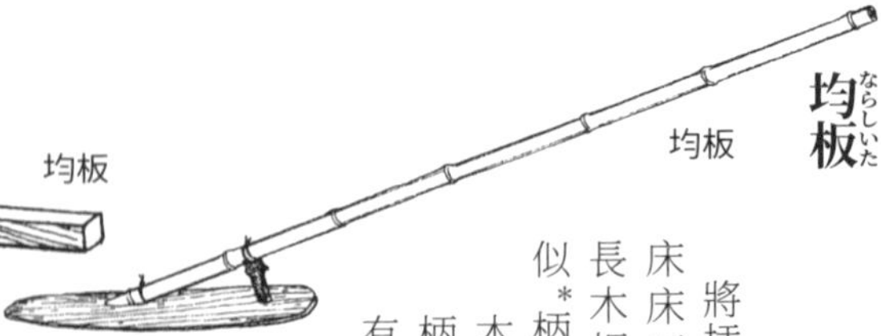

均板

將插秧前的水田泥土或苗床床面抹平的工具。多為長木板加T字形長柄、形似*柄振的樣式，也有將長木板轉為縱向、接上長柄的樣式。尺寸多樣，有些均板長度超過一公尺。長度較長的均板，底邊為直線，而較短的均板則會做出波浪狀切痕。名稱因地而異，如柄振、タナデ（tanade）、シロナラシ（shironarashi）、ノロヒキ（norohiki）、スルチャー（suruchaa）等。

平抹水田時會用尺寸較大的均板，一般是長約一四〇～一六〇公分的厚板，讓牛或馬拖行，有些地方是多人一起拉動操作。另外，也有在木板上加裝*馬鍬（割耙）拖拉，或是將馬鍬的齒牙嵌入木棍或竹棍拖行。這種大型的均板稱作均棒、馬鍬板、ナラメイタ（narameita）、マーカ（maaka）等。

鳴子（なるこ）

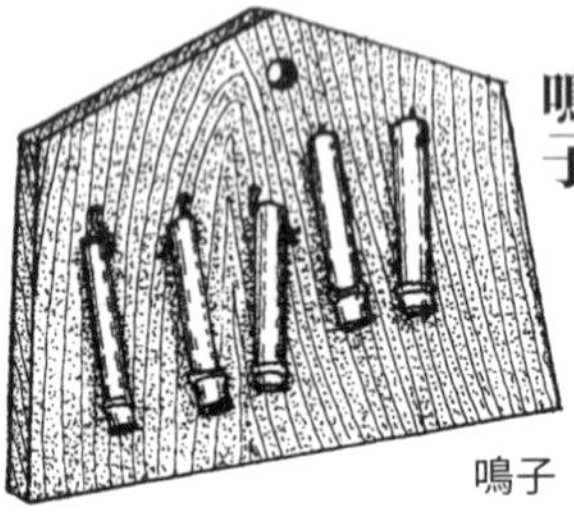

鳴子

為避免農作物遭鳥獸破壞，利用聲音威嚇驅趕的裝置。形態分為在小木板上用*紐綁數根裁成適當長度的細竹管，以及將竹管吊在木板下的形式。播種、結實期間，將數個鳴子保持間距地掛在田中的*繩上。當鳥獸碰觸到繩子或木子時，受到震盪的竹管彼此或竹管與板子相互撞擊就會發出聲音。亦稱引板，有時也用於防盜。

苗代鏝（なわしろごて）【木抹刀】

抹平苗床床面的木製*鏝（鏝刀），讓稻種埋進田泥中時也會使用。在寬一〇公分、長約五〇公分且前端略窄的杉木板接上彎木或ㄈ字形握把。據說這是明治時代後期推行以溝區分的短冊形（長方形）苗床時，仿照左官鏝製作出來的工具，亦稱田鏝、均鏝、ナデイタ（nadeita）、スリコン（surikon）。有些地方是用長約一六〇公分的圓棒，或長方形木板接上T字形長柄的*柄振。

苗代鏝

稻架（はざ）

稻子收割後，用來曬乾稻穗的工具總稱。形態因地而異，像是將稻束掛在立木或圓木柱上，交疊成圓柱形；或是用竹竿交叉組成立腳，中間隔一段距離，上面架竹竿，最後捆綁固定；還有利用等間距直線種植的樹幹或等距設立的圓木柱，加上綁成梯子狀的

橫木；以及將圓木交叉組成立腳，綁上數層橫木棍，並於層與層之間綁二～三層橫繩，為防止鬆脫再綁上縱繩等。亦唸作「はさ」（hasa），還有稻木、稻杭、稻掛、ハセ（hase）、ハデ（hade）、ハッテ（hatte）、イネカ（ineka）、ホギ（hogi）、ウシ（ushi）等稱呼。如今多是用機器曬穀，但經過日曬的稻米更美味，所以仍有農家是用稻架曬穀。

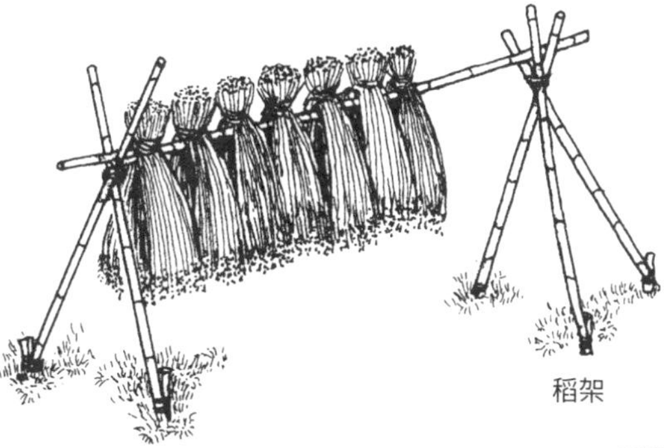

稻架

備中鍬（びっちゅうぐわ）

泛指具二～六叉鐵齒（刃）的股鍬。彌生時代已有木製股鍬，古墳時代則出現鐵製股鍬。到了江戶時代被稱作備中鍬，據說在關東地區是從文化、文政年間（一八〇四～三〇）開始普及，稱作萬能或馬鍬。

對於濕度高的土壤或黏土質的田地，若用平鍬翻土，鍬面容易沾附泥土，但備中鍬是齒狀刃，所以不易沾土，適合深耕。基於這個理由，備中鍬作為黏土質土壤的翻土工具普及於各地。多用於買不起牛馬、無法犁耕的小農，或是梯田等不易犁耕的小田。三叉的稱為三本鍬、三子、三本萬能、三本馬鍬，四叉的稱作四本鍬、四子、四本萬能、四本馬鍬等。鐵齒的前端有尖角形、方形、形似銀杏葉的撥形，尖角形主要用於田地的深耕，撥形主要用於水田的翻土。

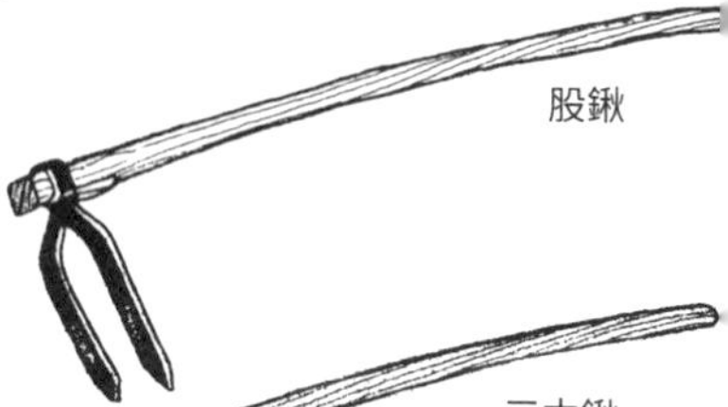

股鍬

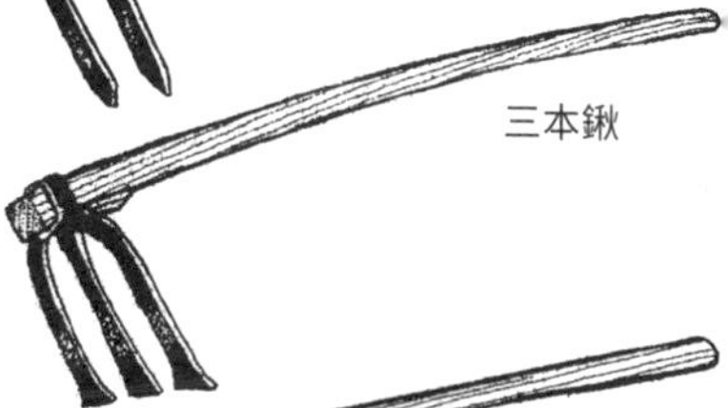

三本鍬

四本鍬

フィラ【農鏝刀】

沖繩、奄美群島特有的小型農具。雖然名稱依地區而異，都出於篦（hera）的系統，如ヘーラ（heera）、ヒラ（hira）、ピラ（pira）、フィーラ（fiira）、フィーラー（fiiraa）等，漢字寫作鉼。各島使用的樣式略有差異，將刃寬三～五公分左右的鏟後方凹折，插入V字形的叉木或握柄，全長二〇～三〇公分。以蹲

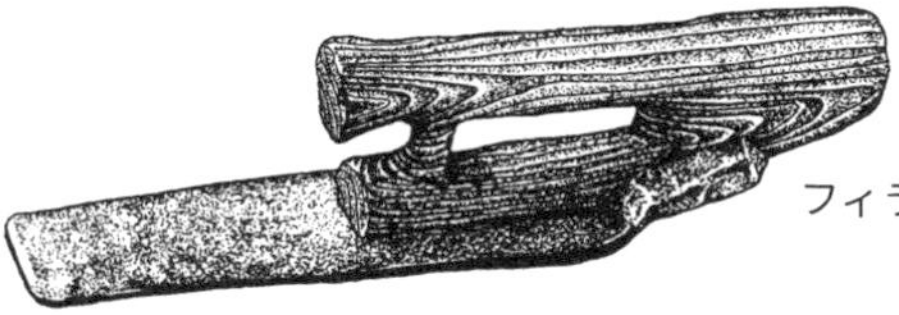

フィラ（fira）

姿使用，手握柄往前推。比起翻土或收成，更常用於除草，在盛行栽種粟子的時代經常使用。

奄美群島還有刃尖呈銳角，柄有角度的樣式，也用於種植或收成。另外，沖繩本島中南部有名為ウズンビーラ（uzunbiira）的小型農具，同樣是篦系統的稱呼。寬一四公分、全長約四五公分，握柄與前端較薄的鏟狀木板一體成形，直到昭和時代初期都用於水田的翻土。

掘串

掘串（ふぐし）

用於豆類的播種、薯類的種植或採收，以及除草等的小型農具。除了將木棒或竹竿前端削尖的原始形態，還有在棒子前端加尖銳鐵刃，或是為了方便插入土中而接上T字形短柄，有的則是插入金屬籤等。如今在沖繩、奄美群島仍被使用，名稱依地區而異，有意指叉串的グーシ（guushi）、意指花蛤耙的アサンガニ（asangani）、意指短矛的ティブク（tibuku），或是篦系統的ンーピィラ（nnpira）等。也被當作在珊瑚礁捕魚的工具。基本用法是握住握柄往前推，也有用手抓握，類似*手鍬（手鋤）挖鏟的方式。

踏鍬（ふみぐわ）

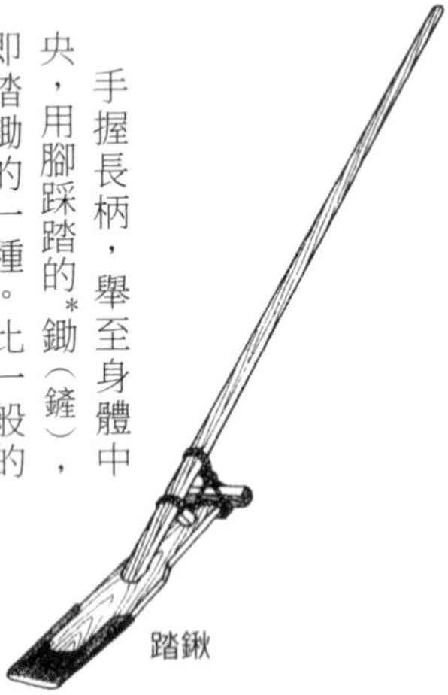

踏鍬

手握長柄，舉至身體中央，用腳踩踏的*鋤（鏟），即踏鋤的一種。比一般的鋤來得大，又稱踏鍬（フンガァ）、鑄鍬（インガ）、柄鍬（エンガ）等，主要用於關東地區的麥田耕作，也用於中耕或堆田壟。大正時代初期隨著三本萬能（三本鍬）、耕耘機的普及而逐漸消失，但在地勢傾斜或耕耘機不易操作的田地，直到昭和四〇年代仍被使用。

寬約一八公分、長約八〇～九〇公分，前後皆窄的鍬面前端鑲嵌鑄鐵刃，後方加上供腳踩踏的橫木。木板鍬面的中央鑽孔，將下方略粗、一八〇～一九〇公分左右的長柄以二〇～二三度的角度斜插，根部立一段支撐木，用藤蔓或*繩捆束。總重超過四公斤的超大型農具，通常由男性操作。透過腳踏手推的方式翻土，邊往後退邊犁耕田地。

振馬鍬（ふりまんが）

犁耕後用於碎土的一種*馬鍬（割

振馬鍬

耙），但不靠牛馬拖行，而是以人力操作。主要用於田地，分為單人式與雙人式。小型的單人式為鳥居形握柄，操作時抓住握柄以搖晃的方式碎土，故亦稱手馬鍬。雙人式則是在田字形木框中嵌入鐵叉，兩側連結鳥居形握柄，操作時由兩人面對面拿著，像往左右拋一樣地搖晃，而拋的動作在日文中稱為「放る」，故亦稱放馬鍬。

焙爐（ほいろ）

製茶器具，用來揉捻蒸菁過的茶葉。為一八〇×九〇公分的長方形，高度及腰，架上木框中重疊鋪張和紙的助炭。分為在側面抹黏土固化、設置於土間的形式，以及把鐵板嵌入木框、將中央形成的空間鋪灰做成火床的移動式。在火床擺炭生火，灑些稻草灰，維持火力並降低火勢，上面架數根鋼筋，擺上金屬網，再擺助炭。助炭的紙易焦損，必須經常修補，於是明治時代中期出現方便省事的鐵板鐵焙爐，但因茶葉會混入鐵的成分，後改為在鐵板上鋪和紙的方式，到了大正時代變成使用馬口鐵板。

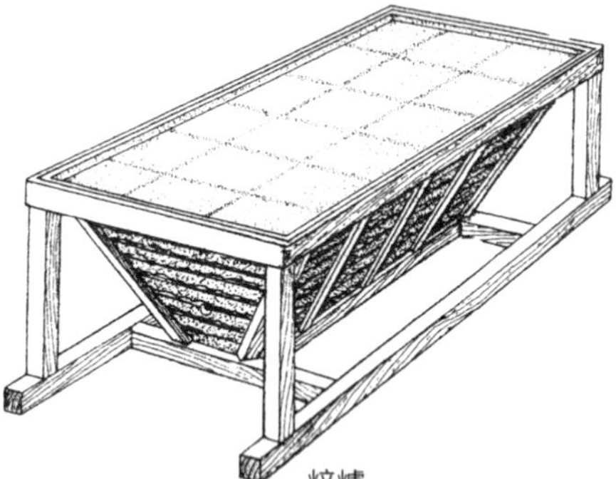
焙爐

穗拶（ほみしり）

以前的人採收稻、麥、小米或稗等作物，只拔取或割取穗頭。儘管拔取未用特殊器具，割取時倒會使用小型的石刀。將半圓弧的側面削薄當作刃，上部挖洞綁*紐，套入中指，以四指持握，用拇指壓切穗頭，後來變成在板子間嵌入薄鐵刃的道具，稱作穗拶。彌生時代後出現了鐵製*鎌（鐮），並成為割稻工具，但採收麥或小米等作物仍是用穗拶。沖繩有一種短柄嵌入小鐵刃的自製粟刈鎌（小米鐮），稱作イラナ（irana）或イララ（irara），直至近代仍被使用。

穗拶

豆打棒（まめうちぼう）

天然叉木做成的敲打棒，用於大豆等豆類、蕎麥等雜糧的脫穀。分為單手用與雙手用的長柄形式。通常是將叉木裁成

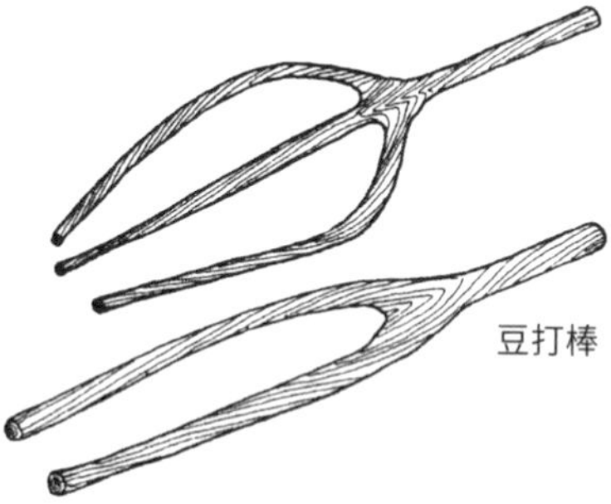
豆打棒

適當的長度，除了雙叉，也會使用三叉、四叉的樹枝。另有二叉、マトリ（matori）、マドリ（madori）、マトゥリ（matwuri）、マタボウ（matabou）等稱呼。

豆通（まめとおし）【豆篩】

放入用*豆打棒、*唐竿等脫穀的大豆等豆類，篩選出殼與籽實。形態多樣，有拿*目籠接上竹竿的或是粗孔的*箕形篩等。使用後，殼或莖會留在篩內，籽實則從孔洞掉出。

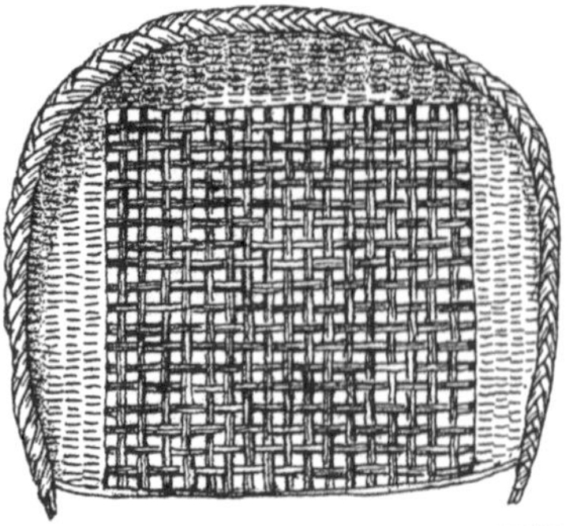

豆通

馬鍬（まんが）【割耙】

田地犁耕後，用來碎土的工具。亦讀作マグワ（maguwa）、マガ（maga）、マーガ（maaga）。水田引水後，進行插秧前，讓牛馬拖行馬鍬進行碎土、整平。在木台嵌入十根左右的齒牙，裝上鳥居形握柄，綁上以*綱連接、讓牛馬拖行的橫棒。也有圓弧狀的握柄，在近畿地區多是用齒牙與長柄斜接於台木、橫棒較長的形式。馬鍬出現於平安時代，當時已有鐵製齒牙，也有木齒和竹齒。引水耙田是插秧前的重要工作，做完一次後，必須等待數日且反覆進行。為提升效率，人們想出各種改良馬鍬。

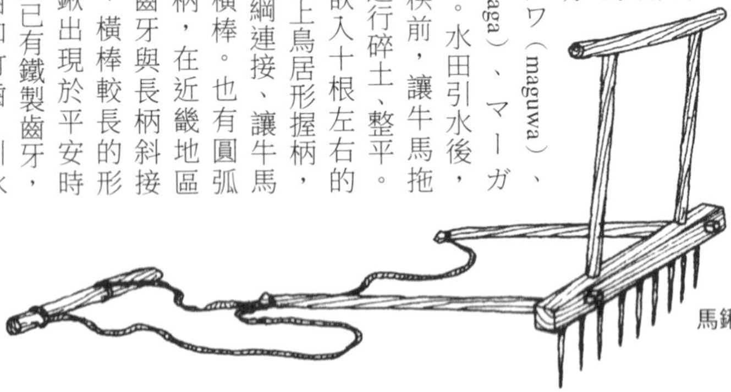

馬鍬

萬石通（まんごくどおし）

篩選米或麥的用具之一。主要用來去除糙米中的屑米、精米中的碎米或米糠。亦單稱萬石或萬石卸，也有比較小型的千石通、千石卸。萬石通是千石通的加大版，效率更好。萬石、千石都是取自能夠大量處理的名稱。

過去是用鋪張細竹篾或鐵絲網的木框，以*繩懸掛搖晃的搖板篩選，江戶時代創造出萬石通後，因為效率極佳，迅速普

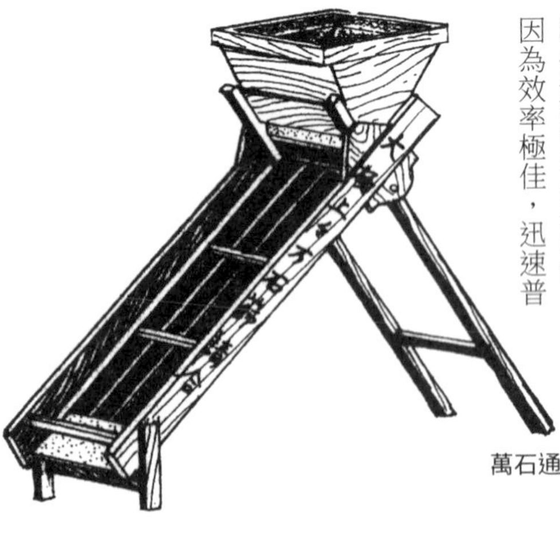

萬石通

及至各地。分為加立腳斜放的金屬網木框，以及上方斜放網框的箱形構造，兩者皆是上部有開口，倒入的米通過金屬網後，細小的屑米或米糠會順著孔洞落下。還有裝設二、三層細孔的金屬網，篩選分類更仔細的樣式。

箕（み）

用於篩選已脫穀的穀物、近距離搬運的農具。是農家的必備農具之一，「箕」是日本全國共通的稱呼。通常是單邊有開口的*塵取（畚箕）形，在奄美、沖繩群島是將竹篾以網代（斜紋）編法編成的圓箕，稱作ミーゾーキ（miizooki）。

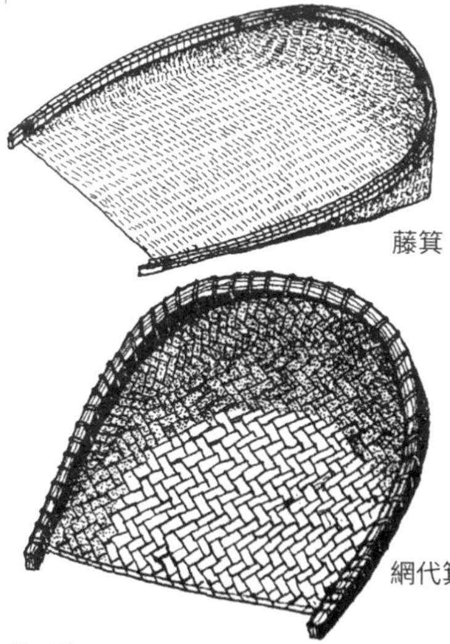

依材料分為*皮箕、竹箕、藤箕、櫻箕、*板箕等。竹箕是將做成帶狀的竹篾以網代編法編成的箕，亦稱網代箕，常見於近畿至中國、四國地區；藤箕是以細竹篾為緯、山藤薄板為經編織而成，廣泛用於全國；櫻箕是以細竹篾為緯、山櫻樹皮為經編織而成，常見於九州一帶與關東的部分地區；東北地區則是將色木槭、獼猴桃等樹木裁成細條編成箕。此外，阿伊努族用來篩選小米、稗、黍等作物的箕稱為muy，為木頭削製而成。

倒入欲篩選的穀物後，兩手持握、上下甩動，藉由產生的氣流讓細小塵污、稻草屑飛出箕外或集中至前方，飽滿的籽實則留在後方。不時稍微使力撐開箕面，將集中在前方的稻草屑等雜物彈出箕外，這樣的動作稱為篩分（サビル，sabiru）或簸出（ヒダス，hidasu）。有些地方為了與其他用途的箕做出區別，而將這種篩選穀物的箕稱作穀箕。

塵取形的箕有精粉用的粉箕、篩選蠶繭的繭箕、製茶用的茶箕等，還有用粗竹篾粗編，搬運砂土或堆肥的小型箕，稱作手箕、砂利箕、肥箕。這些箕通常左右邊緣有握孔。隨著農作業的機械化，近年已很少使用穀箕，但篩選、取放少量的穀物時還是會用。

此外，箕也被用於節慶活動或儀式，像是當作正月新年或十五夜（中秋節）盛裝供品的容器，或是在父母厄年[5]出生的孩子會被放進箕裡假裝丟掉，諸如此類的習俗存在於日本各地。

麥打台（むぎうちだい）【打麥台】

讓麥脫穀的平台。長椅狀的框架上用竹片排成*簀子狀，將綁成束的麥穗放在上面敲打，使其脫粒。亦稱麥打棚、麥叩台、麥叩棚，在其他地方另有別稱，如打棚、ムギカチダイ（mugikachidai）、ウツダナ（utsudana）、トボシダナ（toboshidana）、ウチバンコ（uchibanko）、ウチド（uchido）、アヤミダイ（ayamidai）、サナ（sana）

等。還有接近方形的短台、將一根彎木裁半加立腳，沿著彎弧釘上細木條的形式。脫穀時必須綁緊麥穗，所以還會使用以*繩連接圓棒或細竹的道具，稱為卷棒、卷竹。因為麥比稻容易脫粒，即使後來*千齒扱變得普及，人們還是常用麥打台，直到*足踏脫穀機（腳踏式脫穀機）普遍前，各地仍持續使用。

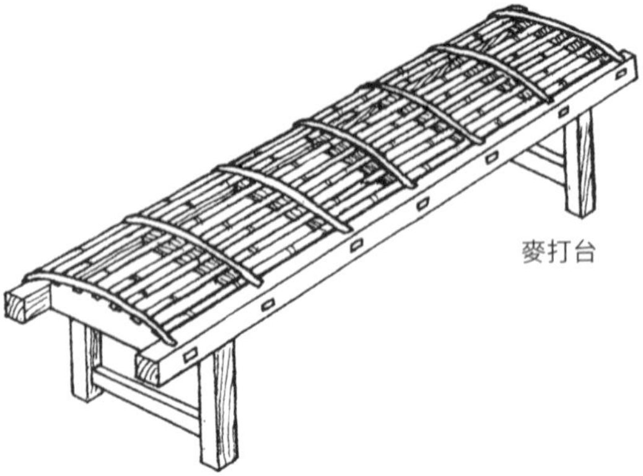
麥打台

蟲箒（むしほうき）【蟲帚】

用來掃落稻上害蟲的*箒（帚）。多為稻草製，也有用箒草（地膚）捆成束的樣式。以箒在稻葉上撒水、掃除，或是用竹竿擊趕。在不使用農藥的時代，驅除農作物的害蟲是相當重要的工作，當時人們試過各種方法，例如在葉子上塗甜柿汁誘蟲再用箒掃除、在田裡撒油再驅蟲落地並使其窒息而死、用細長的*笊（笊籬）掃除，或是使用玻璃製捕蟲器等。

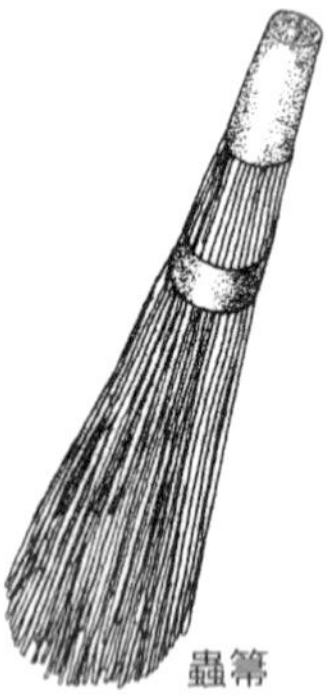
蟲箒

籾殼燒（もみがらやき）【燻炭器】

製作炭化稻殼（燻炭）的工具。在馬口鐵製的四角錐形基座中央接上長煙囪，基座與煙囪的下半部開出許多小氣孔。將籾殼燒埋入用一俵（約六〇公斤）左右的稻殼堆成的小丘上部，如此燃燒稻殼的方式能使稻殼被燻黑，但不會變成灰。將炭化稻殼撒在播完種的苗床，或是鋪在養蠶的蠶座上去除濕氣。

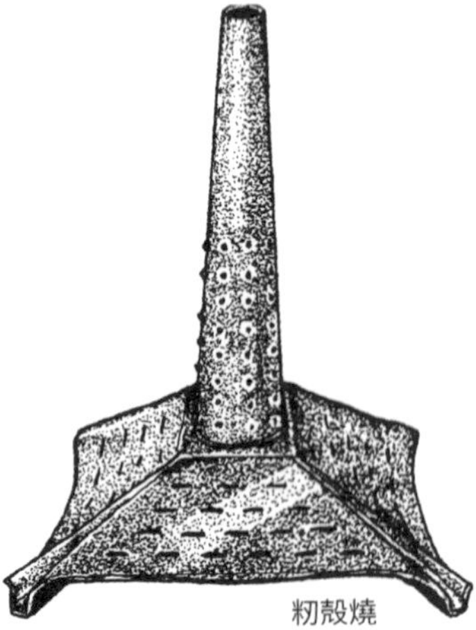
籾殼燒

籾摺臼（もみすりうす）

讓稻穀去殼成為糙米的摺臼（磨臼）。起初是用豎杵與豎臼搗碎、脫穀，平安時代起開始使用木製摺臼。是由中央隆起呈山形、刻有溝痕且中心有孔洞承接上臼芯棒的下臼，以及配合下臼的上面進行刨挖、刻有溝痕的上臼所組成，上臼的上部刨挖成研磨缽的形狀，有放稻的小孔。上臼的

籾摺臼

左右有把手或綁*繩做出的提耳，使用時抓住此處，藉由來回轉動半圈進行脫穀。可一人獨自操作，但多半是兩人面對面操作。這樣的木製摺臼稱為木摺臼、*挽臼（碾臼）。

江戶時代中期，效率更好的土製籾摺臼（土礱）自中國傳入，稱作土摺臼、唐臼，普及於各地。將混入鹽的土塗覆在*竹籠或*桶的桶身上夯實，並在下臼與上臼相接的面嵌入數根櫟木等硬木或竹齒。大型的籾摺臼會以叉木作為推動臼的遺木，由數人合力轉動臼。

籾叩（もみたたき）

脫穀後用來敲折稻或麥的芒刺，或讓豆類或小米等雜糧脫粒的工具。形態因地而異，像是前端粗壯、把手部分較細的彎木，還有將粗木棍或剖半的木棍，接上握柄做成木槌形，又或將木棍部分打橫、加上握柄的形式等。也有在槌面刻溝槽的樣式，稱為鬼齒。還有將數根裁短的竹棍捆綁起來，接上木柄或竹柄的形式，使用時垂直捅刺。

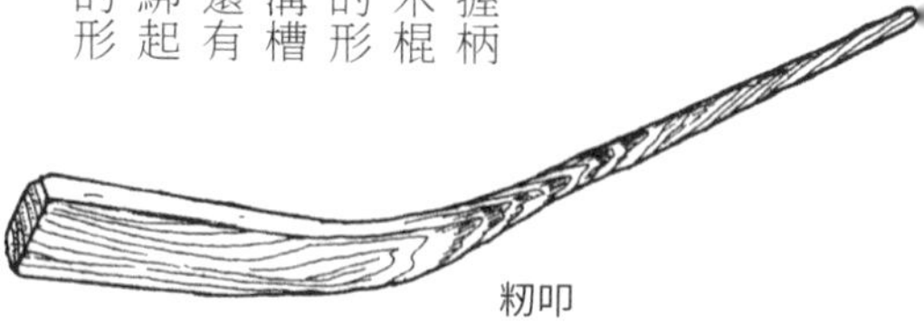
籾叩

山芋掘（やまいもほり）

挖掘野生山藥的工具。山藥又稱自然薯，故亦稱自然薯掘。由於山藥深埋於土中，為避免折斷必須用長棒挖出，構造上是鑿狀鐵刃接上約一五〇公分的長柄。

山芋掘

揚水車（ようすいしゃ）

引水灌溉水田的水車。田地位置高於水道時，必須汲水灌溉。為此，前人試過各種方法，像是用綁*繩的釣

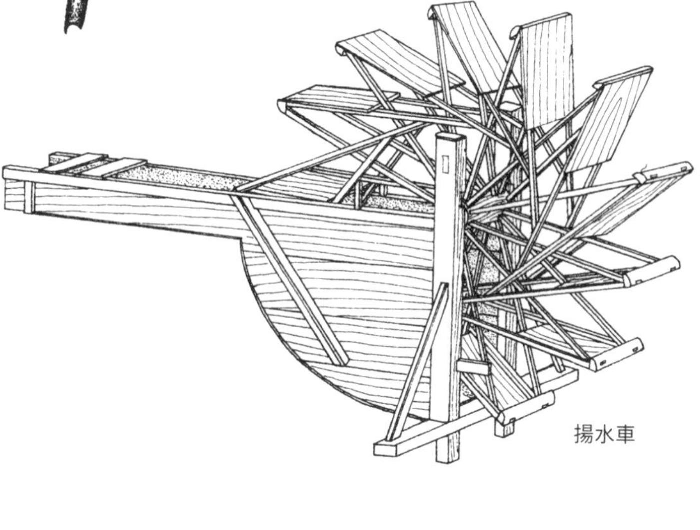
揚水車

瓶（汲水桶）等*桶形容器汲水後，以拋擲方式送進田裡等。中世時期，中國傳入名為*龍骨車的木製汲水機，江戶時代中期在大坂發明出腳踏式揚水車，普及至各地。將輪軸接上放射狀扇片的水車設置在水道上，透過腳踩踏扇片前端的方式使水車轉動，汲取的水藉由裝在水車田側的導水管流入田裡，亦稱踏車、水車。另外還有在水車外輪部分裝竹筒或*枡形容器，自動汲取流水的樣式。

龍骨車（りゅうこつしゃ）

用於灌溉水田的一種木製*水車。等間距設置的板葉如履帶般轉動汲水，流進導水管再注入田中，據說是中世時期自中國傳入日本的工具。板葉的轉動分為人力操作把手的手拉式與腳踏轉軸的腳踏式。整體細長、撥水送水的形態使人聯想到與水有關的龍，故命名為龍骨車。

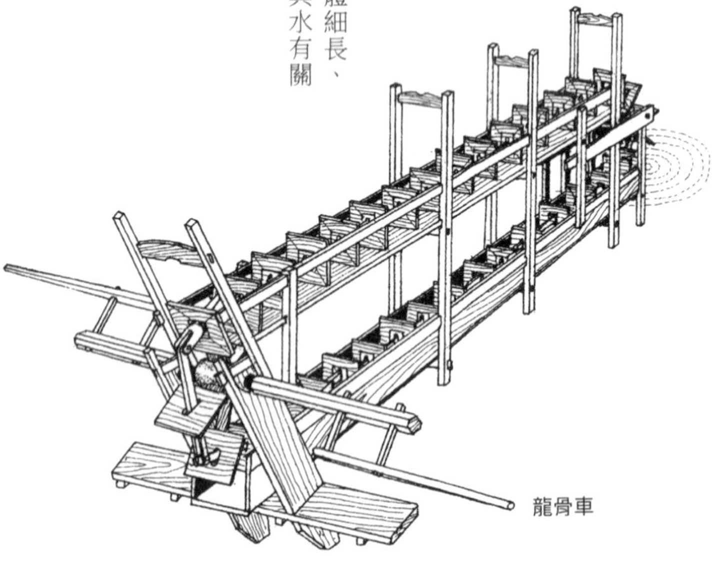
龍骨車

第5章

飼養

關於「飼養」，吉田兼好的《徒然草》中曾提到「飼養馬牛」，日本古時主要飼養的牲畜是馬和牛，從古墳時代的埴輪[2-42]已可見其蹤影。馬大幅提升了人類的移動能力與戰鬥能力，而牛儘管數量不多，但自彌生時代（西元前十世紀～三世紀中期）已開始飼養，牛乳被加工成酪、蘇[1]、乾酪（起司）等乳製品。奈良時代（七一〇～七九四）起，人們用牛車搬運貨物，也當作貴族的交通工具。

到了鎌倉時代（一一九二～一三三三），將馬牛用於農耕已成常態，再加上二毛作[2]的普及使生產力大為提高。繪卷《一遍聖繪》和《松崎天神緣起》中都有出現以牛代耕的田園風景。而日本人常說的「西日本牛，東日本馬」其實是明治、大正時代的農村景象，從古代到中世時期一直是「西日本牛馬，東日本馬」。農具也是如此，犁在古時稱作「牛鍬」，也有馬鍬。

人們為了保護並有效利用牛馬，想出了合適的裝備。例如，草編的牛沓與馬沓（P250）、為牽引牛馬身上的犁或馬鍬所使用的首木（P347）、控制馬行動的轡（馬銜）或面繫（馬羈）、防止牛馬在勞動中吃掉農作物或草木的口籠（嘴套）等。此外，用於飼養的道具也相當多，像是裝飼料的飼葉桶（P252）、切牧草的押切（P250）、裝水的大木槽等。

畜力耕作的農耕與養蠶原為一體，中國古代的農業就涵蓋了養蠶。日本宮中的儀式活動也是如此，天皇會下田引水插秧，而皇后會揀選蠶和蠶繭。

說起七夕就會想到，牛郎與織女一年一次在銀河相會的浪漫愛情故事。這是在中國後漢時期傳入日本的傳說，自古以來中國人認為牛郎掌管農事，織女負責養蠶、紡織與裁縫。

日本的養蠶歷史也相當悠久，除了《古事記》和《日本書紀》提及外，《魏志倭人傳》亦有記載。養蠶多為手工作業，因此養蠶器具講求簡單方便，都是用現有的工具養蠶。到了近世才出現專用器具，除了桑切庖丁（P254），還有蠶座[3]、掃立[4]、調桑[5]、給桑、保溫、上簇[6]、蠶種等，因應以上各種用途的工具相當完備。

當中最重要的是讓蠶吐絲營繭的簇（P258）。起初是將萩（胡枝子）的樹枝倒掛，讓幾隻蠶停在上頭，但萩枝不好取得。後來蠶農想到以繩取代，在草繩之間插入數根圓棒，這樣就能讓蠶停在上面營繭。不過，這種方式結成的繭不是單顆而是黏成一團的玉繭[2-45]，無法製成上等的絹織物。

於是，蠶農又想出草編的波形簇，能夠養大量的蠶，而且蠶會分散在波與波之間，結好的繭不會黏在一起，品質大幅改善，蠶繭的產量大增。但也因為如此，原先的養蠶空間已顯得狹小，蠶農便將寄棟造（廡殿頂）的二樓改成養蠶場。可是，二樓相當黑暗，為使室內變亮，只好拆掉屋頂的一部分，改裝障子。形狀改變的屋頂看起來像是武士戴的頭盔，故稱「兜造」。也就是說，製作波形簇的想法促成養蠶業的發達，民家的屋頂形狀也因養蠶規模擴大而改變，形成特殊的民宅樣式。

養蠶也造就出新的信仰。日本東北地區遵從馬娘婚姻譚的習俗，在桑木刻上馬頭與女性的頭，做成一對代表養蠶神的「御白樣」（P397）。用名為「おせんたく」（osentaku）的布罩住御白樣，雙手捧著神體，邊念祭文邊舞動進行祭祀。

養雞也相當有歷史。埴輪中就有類似雞的出土物，至少在古墳時代已將雞當成家禽飼養。相較於野鳥，雞在日文中被稱為「庭鳥」，近世以前多採行放養的飼育方式，不過有時還是會將幾隻品質好的雞隔離豢養在雞籠。

養雞可知時辰，也會吃光散落在庭院的穀粒，產下的蛋還可供食用，需要時雞蛋、雞肉也能拿到市場賣了換錢。據說江戶時代（一六〇三～一八六八）已經開始賣水煮蛋。到了明治時代（一八六八～一九一二）開始建雞舍飼育，養雞成為一種職業後，西洋品種的雞的數量逐漸多於土雞。

牛沓（うしのくつ）

牛沓

穿在牛蹄上的草編*草鞋，亦稱牛草鞋。用來保護牛蹄，防止牛走在泥濘或冰上時滑倒。

馬沓（うまのくつ）

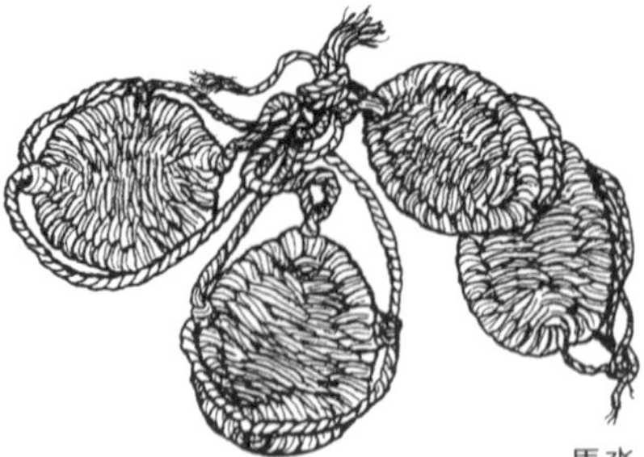

馬沓

穿在馬蹄上的草編*草鞋，亦稱馬草鞋。具有保護馬蹄兼止滑的作用。明治時代初期軍馬開始穿用馬蹄鐵，之後普及至一般用途，自從明治時代末期出現具有防滑釘的冰上蹄鐵後，馬沓逐漸不被使用。

馬鈴（うまのすず）

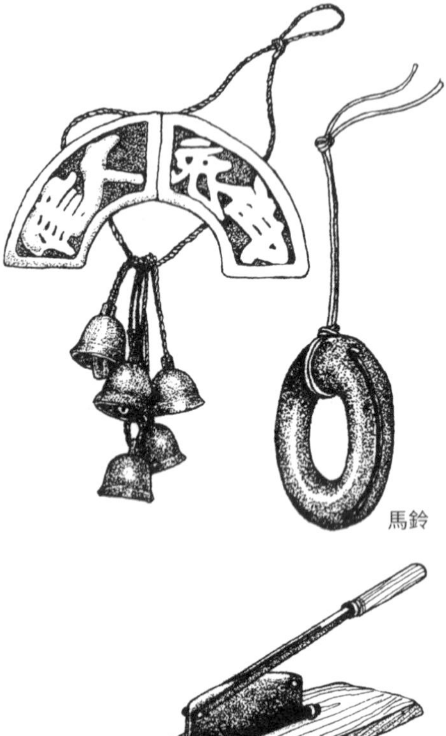

馬鈴

拉馬車或*馬橇的馬身上所繫的金屬鈴，馬鈴亦讀作「ばれい」（barei）。古時馬被視為神明或貴人的騎乘物，而馬鈴具驅魔之意。後來偏重於裝飾性質，明治時代後，常繫在拉馬車或馬橇的馬身上，也成為趕熊或狼、通報警示的必備品。材料有鐵、銅、黃銅，分為單一的吊鐘形或甜甜圈形，以及數個吊鐘形或桃形的小鈴。甜甜圈形與桃形的馬鈴內有放小鐵珠或銅珠等物，搖晃時會發出聲音。

押切（おしぎり）【鍘刀】

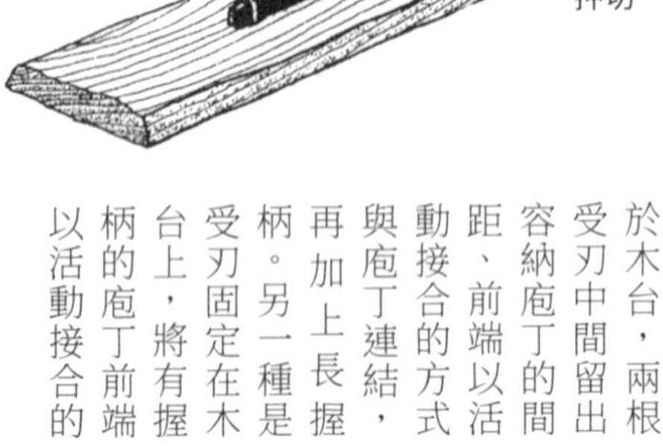

押切

主要用來切碎當作牛馬飼料的禾草或乾草的工具。形態分為兩種，一種是將薄刃的大型*庖丁刃面朝上固定於木台，兩根受刃中間留出容納庖丁的間距、前端以活動接合的方式與庖丁連結，再加上長握柄。另一種是受刃固定在木台上，將有握柄的庖丁前端以活動接合的方式與受刃連結。兩種的用法都是將牧草放在庖丁與受刃之間，手壓握柄鍘切。押切的用途廣泛，也用於切齊茅草或麻等，明治時代後期至昭和二〇年代被視為農家的必備品。

面繫（おもがい）【馬羈】

駕馭馬時，為了安裝*轡（馬銜），套在馬頭、繞過雙耳的細網或皮革製的馬具。轡自古以來為武士使用，到了明治時代才普及至民間，以前的人只讓馬裝面繫，接上*手綱（韁繩）。如今在沖繩已很少見到的棒締頭絡、ウムゲー（umegee）便是面繫的一種，為依照馬的臉型做成左右一對的木板，上部的孔穿入連接左右的*綱，中央的孔穿入套在馬頭的頰綱，下部的孔穿入連接手綱的綱。

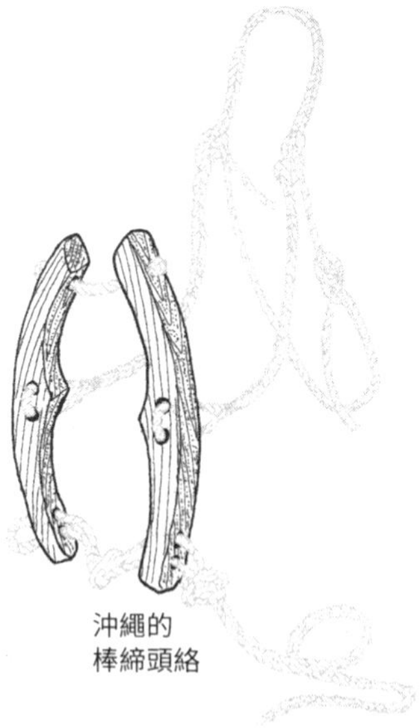

沖繩的棒締頭絡

蠶網（かいこあみ）

餵蠶吃桑葉時，清除蠶糞或殘渣時用的網。放在*蠶籠（蠶箔）上擺些桑葉，蠶會從網孔鑽出來食葉。將蠶連同網子移入別的籠，處理掉積在舊籠的蠶糞或殘渣。網子和籠差不多大，網目略粗，約四～五公分。尺寸多樣，短邊約八〇～一〇五公分，長邊約一四〇～一七〇公分。多為稻編細繩製，也有白茅製，稱作繩網。還有價位高的琉球藺（七島藺）製，稱作琉球網。稚蠶是用棉線或麻線編製，以柿澀液染色的線網。網孔二～五公厘，尺寸也很多，短邊為三〇～五〇公分、長邊為六〇～八〇公分，依稚蠶的大小區分使用。長大的稚蠶與蠶網一起拿起，分別移入兩個籠。藉由擴大蠶的活動範圍、促進成長，這個作業稱為分箔，線網稱作分箔網。

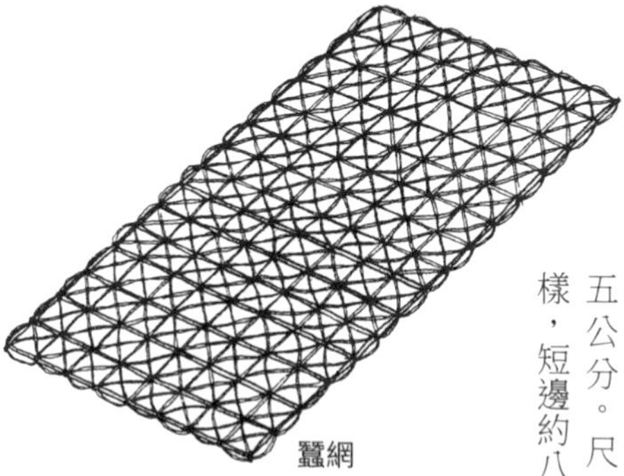

蠶網

蠶籠（かいこかご）【蠶箔】

飼育蠶用的*籠。形狀因地而異，有方形、圓形、橢圓形，亦稱養蠶籠、蠶箔、簸，還有コノメ（konome）、カイコズ（kaikozu）等稱呼。古時是用櫸樹或水胡桃樹皮製成的淺底木箱，稱作板露地，東

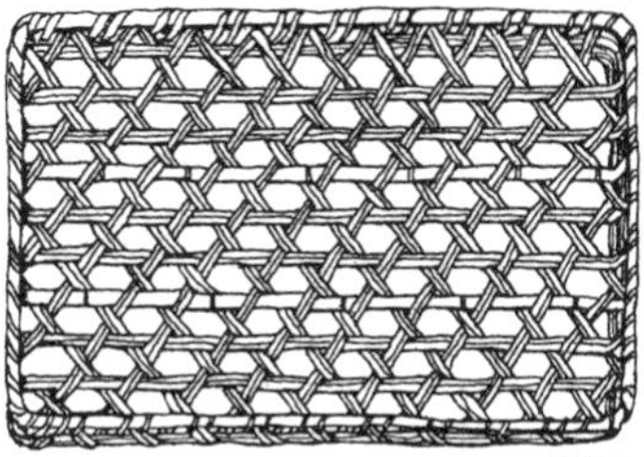

蠶籠

北地區主要是用稱為藁座的藁（禾稈）編容器，明治時代後期開始普遍使用竹籠。為六角孔編的平底籠，多為長方形，東北地區也會使用圓形籠。尺寸多樣，在蠶籠中鋪上稱為蠶座紙的紙後，放入蠶，插入置於室內的組裝蠶架。明治、大正至昭和時代初期之間，日本的養蠶業相當盛行，有些蠶農甚至得用上四百至五百個蠶籠。

回轉簇（かいてんまぶし）【迴轉簇】

供熟蠶營繭的一種*簇。以往是用樹枝或竹子、禾稈製成的各種簇，第二次世界大戰末期創造出木框的方格簇。在約五五×四五公分的木框內隔出一五〇～一九〇個左右的棋盤狀方格，十個成一排，立在長方形木框上，集中吊掛熟蠶。蠶為了尋覓棲身處會不斷往上爬，當上部的方格爬滿蠶後，回轉簇的構造會因蠶的重量而使簇迴轉。後來變成瓦楞紙製，用起來更方便，遂成為主流。紙製的簇用畢後可折疊收納。

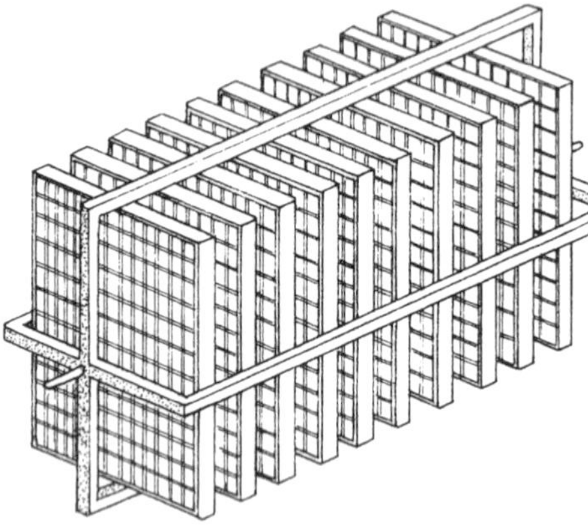
回轉簇

飼葉桶（かいばおけ）

盛裝用來餵牛馬的牧草或其他飼料的容器。有用木頭刨挖而成的槽狀、用板材做成的箱狀，但通常是用結桶，故統稱飼葉桶。

飼葉桶

蛾輪（がりん）

讓蛾各自在*種紙（蠶種紙）上產卵的框。是明治七年（一八七四）為了預防蠶微粒子病[7]而發想出來的用具，亦稱蛾框。明治三十三年（一九〇〇），日本政府規定必須使用分為二十八格的種紙，蛾輪便普

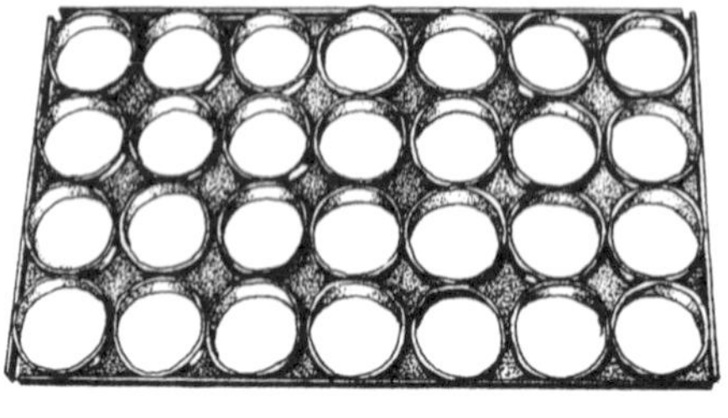
蛾輪

及開來。分為在金屬框內排列二十八個環狀的蛾框，以及將一個大框分成二十八格的形式。一格放入一隻完成交配的雌蛾，使其產卵。

カルトン【紙蠶盆】

一種厚紙板製的蠶盆，將長大的熟蠶放入盆中後，再移入營繭的*簇。古時是用木頭刨挖而成的蠶盆，大正時代末期，輕便的厚紙板變得普及。日文的厚紙板一詞來自法語的「carton」，而夾收畫紙、素描紙或是當成畫板的厚紙也是這個名稱。

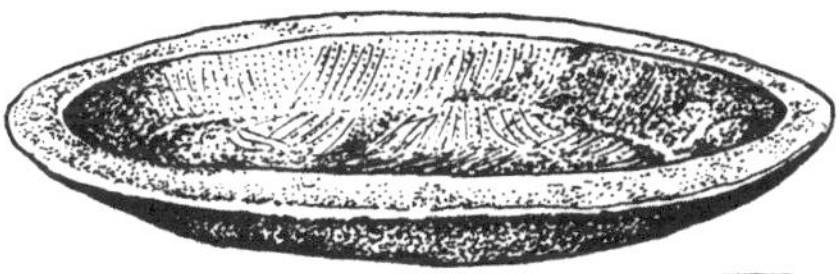
蠶盆

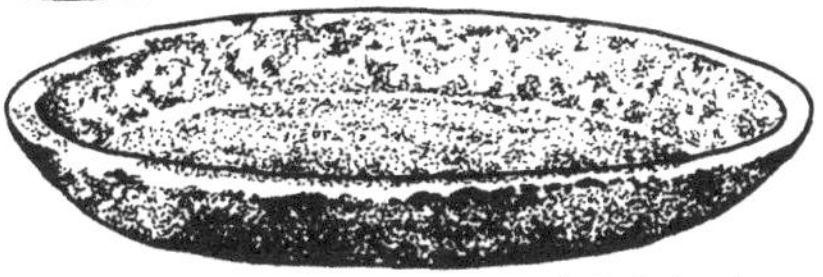
カルトン（karuton）

給桑台（きゅうそうだい）

養蠶用具之一，餵蠶吃桑葉（稱為給桑）、清除蠶糞或殘渣（稱為除沙）時，將插在蠶架的*蠶籠（蠶箔）逐一取出，放在上面進行作業。為折疊桌形式，亦稱桑給台、籠置台。

給桑台

口籠（くつご）【嘴套】

包覆牛馬的口部，避免牛馬在勞動中啃食農作物、草木或咬傷人。用紫藤、木通、山葡萄等藤蔓植物，或是椴木樹皮、竹繩或稻草繩等編成的籠狀物。另有クチゴ（kuchigo）、クチカゴ（kuchikago）、クチモッコ（kuchimokko）等稱呼。

口籠

轡（くつわ）【馬銜】

套在馬嘴上、用來駕馭馬的鐵製器具。由含在口中的銜、接在兩端的遊金（亦稱銜鐶、鐵鐶）構成。遊金與*面繫（馬羈）、*手綱

轡

（轡繩）連結，控制馬的方向。古墳時代已為貴族使用，也用於武士階級。一般的農耕馬、拉馬車或馬橇的輓馬要等到明治時代以後才開始使用轡。

桑切庖丁（くわきりぼうちょう）【桑葉切刀】

桑切庖丁

薄刃的大型*庖丁，用來切碎餵蠶的桑葉。蠶孵化後會經歷不吃桑葉、準備脫皮的「眠期」與吃桑葉發育成長的「齡期」，通常齡期和眠期之間會經歷四次脫皮。成為五齡蠶後，便開始吐絲結繭。蟻蠶至脫皮兩次的三齡蠶都算是稚蠶，四齡及五齡蠶為壯蠶，吐絲結繭的蠶為熟蠶。昭和三〇年代，餵壯蠶期的蠶吃帶枝桑葉的條桑育很常見，但在此之前，熟蠶前的蠶都是配合生長狀態吃切碎的桑葉。因此得將數片桑葉疊放在形似砧板的桑切台上，用桑切庖丁切碎。於江戶時代中期普及至各地，到了盛行養蠶的明治時代中期，開始在箱形容器的一端加框，固定桑切庖丁的前端、以鍘切的方式切桑葉，這樣的桑切機取代了桑切庖丁。除了切桑葉，也會用來切年糕或烏龍麵、蕎麥麵。

桑給篩（くわくれぶるい）

桑葉要配合蠶的生長時期切碎，而桑給篩是用來裝切好的桑葉，進行餵食使用的道具。餵食三齡以前的稚蠶時，要去除混在碎葉裡的葉梗或較大片的桑葉。是以細竹篾編成的六角孔編*籠，為單手可拿的大小，不過還是依桑葉的大小分為數種尺寸。另外，有一種與篩碎葉的穀物篩同形的大型篩，稱作桑篩。

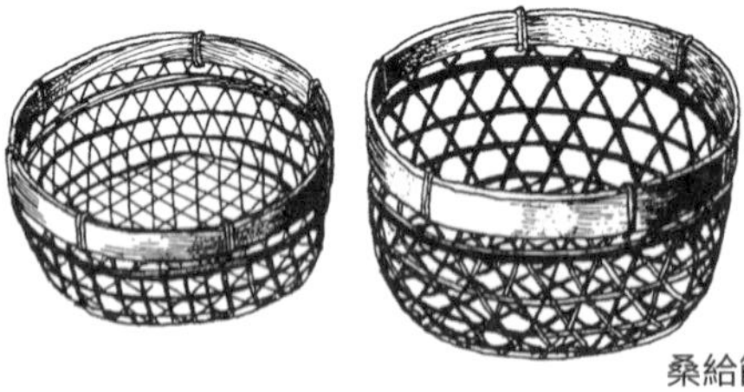
桑給篩

桑扱器（くわこきき）

用*鎌（鎌）等割下桑枝後，拔取桑葉的養蠶工具之一。古時是用草刈鎌（割草鎌）或*庖丁切下桑葉，明治時代中期發展出在木台上垂直立起支柱，上端裝有分叉鐵刃的桑扱器，遂普及開來。到了大正時代，出現可單手從另一隻手上的桑枝拔取桑葉的U字形手扱式桑扱器，因為方便、有效率被廣泛使用。

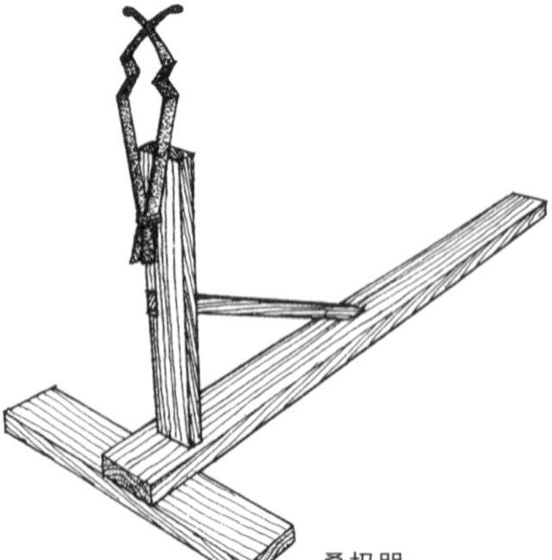
桑扱器

桑爪（くわづめ）

摘取桑葉的養蠶工具。將鐵爪套入雙手的食指，抓住桑葉的根部以摘取桑葉。比起用*鎌（鐮）或*桑鋏（桑剪）截枝取葉，用桑爪比較不費力，主要為女性使用。

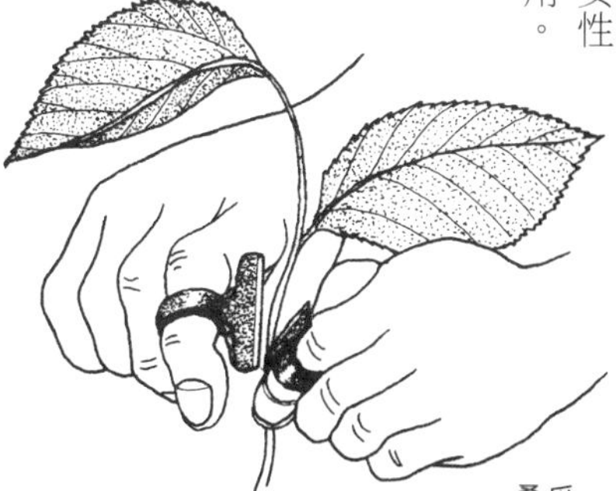

桑爪

桑鋏（くわばさみ）【桑剪】

連枝剪下餵蠶用的桑葉，或是修剪桑樹的長柄*鋏（剪）。為了催芽，必須經常修剪桑樹，此時就會使用刃短而厚實的桑鋏。

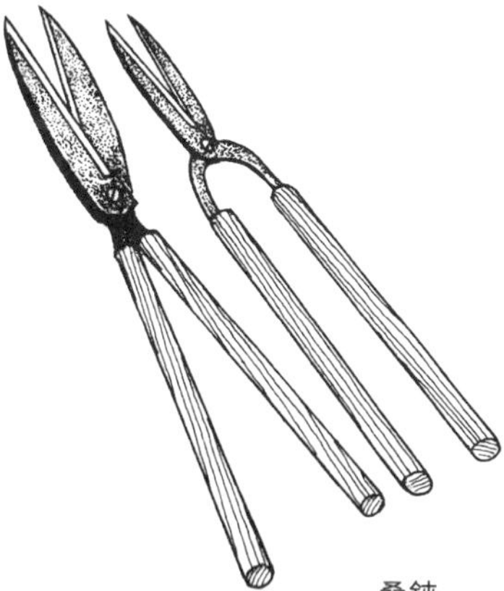

桑鋏

催青箱（さいせいばこ）

促進蠶卵孵化，鋪放*種紙（蠶種紙），調整溫度與濕度的箱形容器，亦稱催青器。快孵化的蠶卵會呈現青色，稱作催青，故以此命名。以炭火或煤油燈為熱源保溫。據說最初是明治十八年（一八八五）用於日本農務局蠶病試驗場，隨後普及開來。隨著養蠶規模的擴大，孵化的蠶會配發專業的種紙屋，加上共同孵化的發展，蠶農逐漸不再使用催青箱。

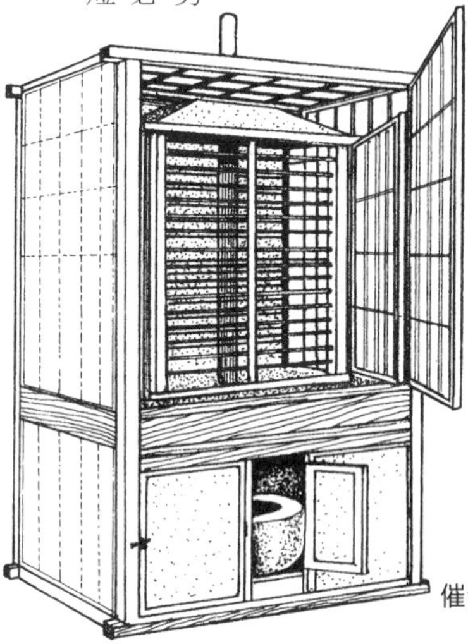

催青箱

巣箱（すばこ）【蜂箱】

養蜂採蜜的人工蜂巢。日本現代的養蜂產業主要飼養明治十年（一八七七）由海外輸入的西方蜜蜂，在那之前都是用原生種的日本蜜蜂，大多僅止於供自家用的規模。除了以板材組成的箱形，也會利用天然原木。天然木巢箱是切下內部中空或接近中空

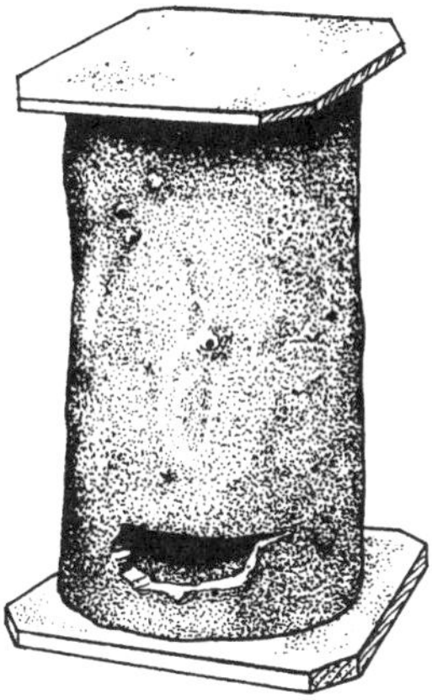

天然木巢箱

的樹幹，削整空洞的部分，上下釘板子，於下部挖洞作為蜜蜂的出入口製成。大小通常是高五〇～七〇公分、直徑約三〇公分。放在視野開闊、日照適宜之處或大樹下等場所。有些地方會將天然木巢箱稱作意指空洞的ウト（uto）、ウド（udo），或是ハチネッコ（hachinekko）、ミツバチネッコ（mitsubachinekko）。

手綱（たづな）【韁繩】

騎馬或駕馭拉馬車、馬橇的輓馬時，接在*轡（馬銜）上、用手拉持的*綱。通常是草繩或麻繩，而武士和貴族騎馬時則是用絹或麻布搓捻而成的繩，依身分使用固定的材質與顏色。

手綱

種紙（たねがみ）【蠶種紙】

長三六．四公分、寬一二．七公分的紙，將完成交配的雌蛾放在紙上產卵。有用*蛾輪分成二十八個框供蛾各自產卵，以及在大型蛾框內放約八十隻蛾一起產卵的作法。放置一晚後，取走產完卵的蛾，在種紙上記錄化性[8]、品種、記號、編號、製造年月日、製造業者名等，經檢驗後進行販賣。出現專門業者的時間點雖已不可考，但在江戶時代，信濃、上野、下野、武藏、相模等各地皆有種紙商人，並廣為販售。幕末至明治時代初期，制定出詳細的檢驗規定，在嚴密的品質管理下出口至歐洲。

種紙

雞籠（とりかご）

放在庭院養雞用的*籠，將六角孔編籠倒放，罩住數隻雞進行飼養，特別用於品質好的雞或鬥雞。

雞籠

雞の水くれ（とりのみずくれ）【雞用飲水器】

裝水餵雞的陶製容器。吊鐘形上蓋的底部有一個開口，周圍是出水的溝

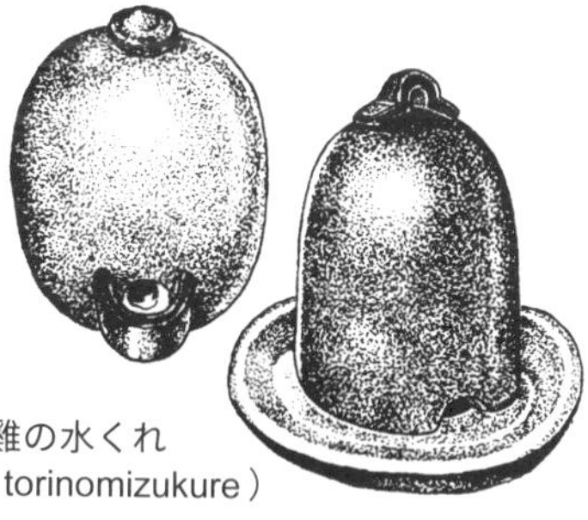

雞の水くれ（torinomizukure）

槽，或是在一處做出水口。倒放容器、從開口注水，擺正後，內部的水因氣壓而流滿溝槽或出水口，但不會溢出。等到水被雞喝完、內部也沒水時，再補水。

貓（ねこ）づぐら【稲草貓屋】

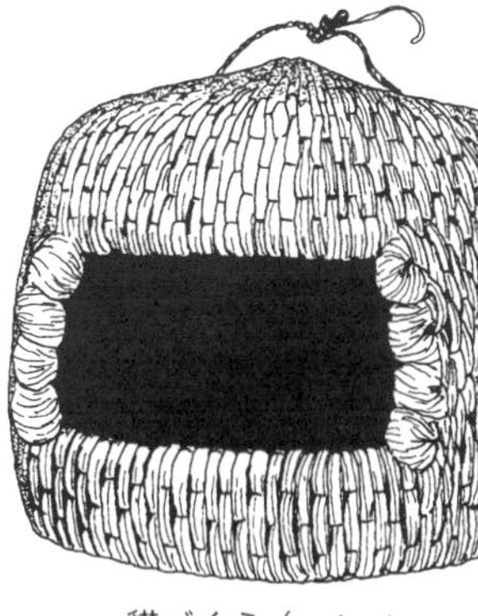

貓づぐら（nekodugura）

作為家貓貓屋的草編容器。留出開口做成出入口，形似日本多雪地區常見的雪洞，主要用於東北地區。

掃立箒（はきたてぼうき）【掃立帚】

將剛孵化的蟻蠶從*種紙（蠶種紙）掃入鋪了蠶座紙的*蠶籠（蠶箔）或蠶箱，開始餵桑飼育。這個作業在日本稱作掃立（收蟻），使用鳥羽束成的小*箒（帚）。先將種紙翻面，以帚柄輕拍，再用羽毛的部分掃落黏在紙上的蟻蠶。

掃立箒

伯樂鋏（はくらくばさみ）【伯樂剪】

長約三〇公分，修剪馬鬃的*鋏（剪）。伯樂是古時為馬治病、鑑別優劣的人，相當於今日的獸醫，此為伯樂使用的工具之一，故得此名。

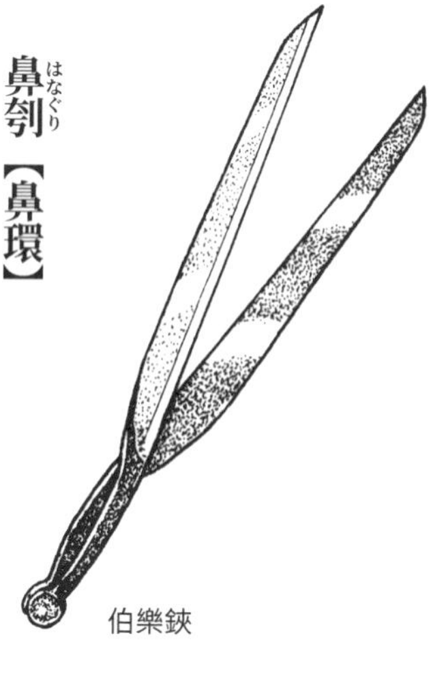

伯樂鋏

鼻刳（はなぐり）【鼻環】

為了控制牛的行動，在牛鼻上打洞、穿入拉繩，鼻刳即為固定繩結的木環。亦稱鼻縻、鼻木、ハナゴ（hanago）。還有用鐵環或彎木插入橫棒固定的樣式，也有黃銅製，昭和四〇年代出現塑膠製品。

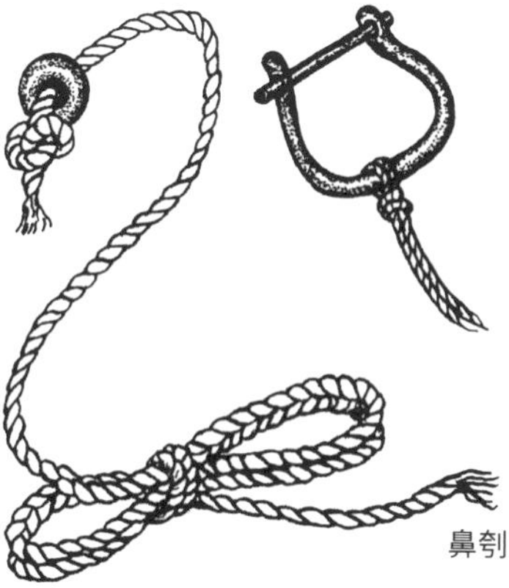

鼻刳

簇（まぶし）【蠶簇】

讓熟蠶營繭的器具。從*蠶籠（蠶箔）取出熟蠶、移入簇的作業稱作上簇，這表示蠶將進入營繭的階段。古時的簇是用萩（胡枝子）等樹枝捆成粗朵（樹枝束），稱為粗朵簇。另外，還有茅草、松葉、油菜籽殼、麥稈、竹篾等各種材質，後來多為稻草製。稻草簇經過多次改良，變化出不少樣式，如筏簇、百足簇、島田簇、改良簇等。之後出現了瓦楞紙製的*回轉簇（迴轉簇）成為主流。

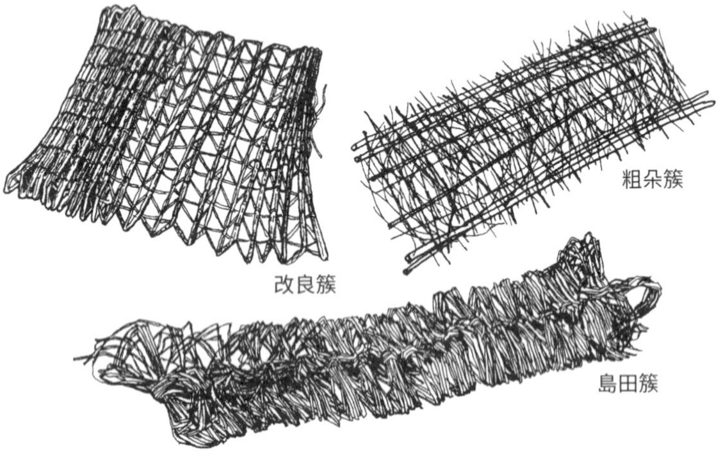

改良簇

粗朵簇

島田簇

鞭（むち）

駕馭牛馬的工具。一般用於讓牛馬拉農具或拉馬車、*馬橇、牛車時，以鞭拍打其臀部。通常是竹或皮革製，也會使用大黃鱔藤或胡頹子枝等。貴族與武士騎馬時用的鞭，甚至會施以蒔繪等精緻作工。

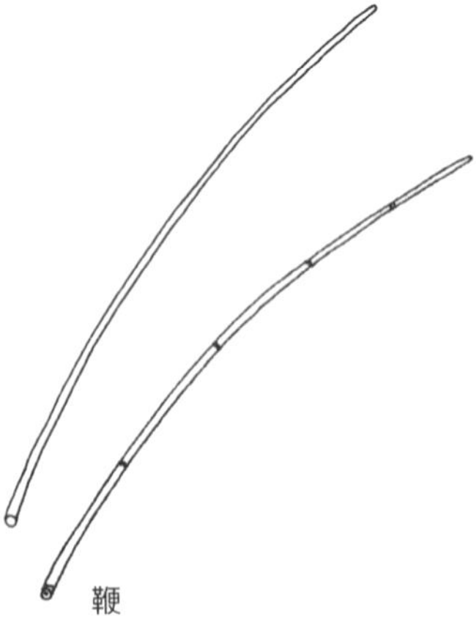

鞭

第6章

捕獲

本章的日文原文「とる」（toru），對應的漢字有取、採、捕、獲、穫，對象包含山菜、果實、蔬菜、鳥獸、五穀、水產、海草等，涵義極為廣泛多樣。

由於日本是四面環海的國家，糧食以海中的魚貝等海鮮為主，而且從列島中央南北走向的山脈流往大海的河川也多，當中棲息了許多魚類，內陸漁撈也很盛行，因而發展出豐富的捕魚用具。

最常見的捕魚方式是釣魚與撒網捕魚。江戶時代（一六〇三～一八六八）之後，竿釣變得普遍，使用釣具有鉤、線、竿、餌、沉子、浮標，這些稱為「釣魚六物」。

內陸水域的漁網以抄網類、掩網類居多，另外還有引網（曳網）類、建網（定置網）類、刺網類等。具代表性的抄網有四手網（P288）、手叉網、待袋網等，是將張了網的框架沉入水中，待魚入網或見到魚影後撈起的漁網。掩網是將投網或張了網的圓錐框從魚的上方蓋下撈捕。而以船隻拖曳的帆曳漁則使用大型的引網，另有地引網（P275）等。建網是用於魞（魚滬）等捕魚設施。設在水中的刺網是利用網眼困住魚。

這些漁網原本是用禾稈、葛蔓、麻、苧麻、蠶絲、棉線編製，當中以麻和禾稈佔大多數。漁夫過去會用網針自製漁網。漁網是由網片、綱、浮標、沉子構成，網眼的大小依魚種或網的種類、機能而異。綱是用來做出網形，材料多為苧麻或禾稈。古時的浮標是用桐木、漆樹、檜木等木材或樹皮製成。綁在漁網下端的沉子是用來讓網迅速下沉，或搭配浮標調整網的浮沉狀態，而沉子沒有特定的材料，舉凡石頭或貝殼、素燒土器、鉛或鐵等有重量之物皆可。

其餘比較特殊的捕魚方式有鵜飼或魚筌、圍網漁法、魚梁、簎漁、川干[1]、徒手抓魚、毒魚和鰻搔（P269）等。一般的鵜飼是讓鸕鶿下水捕魚，也有讓鸕鶿趕魚入網等使用其他漁具的方式。魚伏籠（P266）是上部縮窄的圓筒形籠，上部有開口，罩住水中的魚後，從開口處伸手抓魚，可說是筌的原型。魚筌和釣魚都是最原始的捕魚方式。經過不斷地改良，口徑、籠身作法等依目標魚類變化出多種樣式。有種魚筌是順流橫放，籠底收合、開口加上防止魚逃出的「返」（kaeshi），另有ドウ（dou）、モンドリ

（mondori）等稱呼。此外，還有在竿子或繩的前端加簎（P286）、銛（魚叉）、鉤、鎌（鐮）等刺魚或鉤魚的器具，以及利用章魚鑽洞的習性進行捕捉的蛸壺（P277）。

除了捕魚之外，人類從原始時代就開始狩獵。狩獵大型野獸時是用槍和弓箭。之後鐵砲（P279）傳入日本後，成為主要的獵具。

日本東北地區有一群專門從事狩獵的人，稱為又鬼獵人。他們獵熊、山豬、鹿等動物，將肉或皮毛提供給村里居民。

獵熊時是用平槍或鐵砲射擊躲在洞穴冬眠的熊。有時也會進行圍獵，將山腰的熊趕往山頂，派射手埋伏射殺。

獵山豬時，先派狗追趕或挖地洞、以餌引誘等，再用槍或鐵砲擊獲。或是在山豬行經之路設置機關射殺，有時也會在樹上用鐵砲射擊為水窪而來的山豬。山豬常對山村田地的作物造成嚴重損害，因此人們會架設豬垣（鹿垣）或豬穴等防禦施設。

鹿也和山豬一樣會破壞農作物。過去鹿被當作武器材料而廣泛使用，加上其習性及棲息場所適合武士進行戰鬥訓練，所以會進行大規模圍獵，或是用狗追獵。此時也會使用鹿笛，發出類似母鹿在發情期的叫聲引誘公鹿。

小型鳥獸的獵捕也很盛行，有將取自樹皮的黏鳥膠沾在小鳥身上，當作獵捕工具，以及使用相當簡單的獵具，像是用禾稈等捲成的環圈（P289），用來扔向小動物進行追捕。也常利用霞網（P272）等捕網進行狩獵，不過當中有不少已不符合日本現行法規的獵具。

另外，還有各種獵捕大小動物的陷阱。多年來人們費心思索、用心改良狩獵的方法與道具，如今看來依然覺得那些都是絕佳的發想創意。

淺蜊搔（あさりかき）【花蛤耙】

主要用來耙挖花蛤、蛤蜊、蜆等棲息在沙泥中的貝類。在十多根長鐵叉的根部接上鋪鐵絲網或纏金屬絲的木框或鐵框袋籠，*籠的正面上部垂直接上杉木或桂竹的長柄。使用時，雙手持長柄，斜靠在肩上，將綁在籠框的*紐繫在腰部，邊往後拉邊耙挖沙泥，將其中的貝類掃入籠內。分為腰部至胸部泡在水中操作的方式，以及在船上使用*轆轤拖曳的大型作業。因形狀另有鋤簾、馬鍬、腰卷籠、コシマキタブ（koshimakitabu）、ガッタ（gatta）等稱呼。捕撈貝類的工具還有貝搔和貝掘，貝搔為長柄前端接橫木呈T字形，下面接上以鐵板做出有間隙的齒刃，而貝掘形似*手鍬（手鋤），有數根齒刃，單手拿著挖貝，在潮間帶拾貝時也會使用。

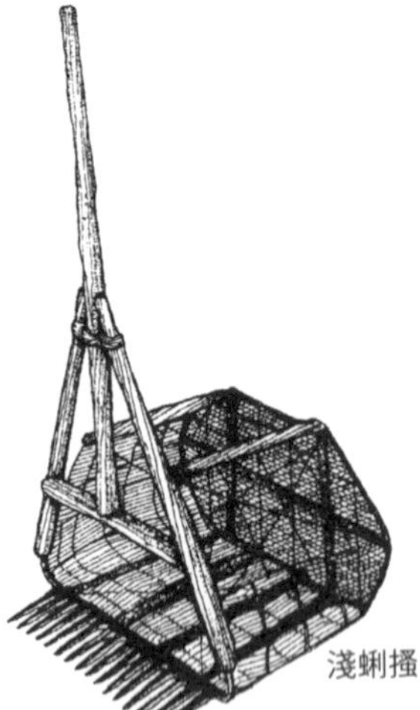

淺蜊搔

貝掘

足桶（あしおけ）

主要用於寒冷時期，在水中進行海苔養殖或摘採水芹等作業的桶狀鞋具。通常是在橢圓形桶的底部加*下駄（木屐）或*草履等。也有在內部的橫棒綁*繩的樣式，穿上後邊拉抬雙腳邊移動。在橡膠靴普及後，逐漸不再被使用。

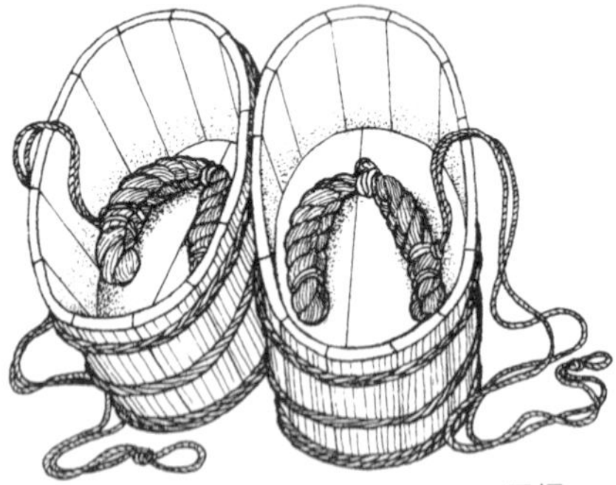

足桶

鮑鉤（あわびかぎ）

以見突漁法[2]捕獲鮑魚時所使用的工具。大小、形狀各異，基本上是前端具有尖銳的鐵製大彎鉤，接上富彈力的竹或木、鯨骨後，再接上長竹竿。

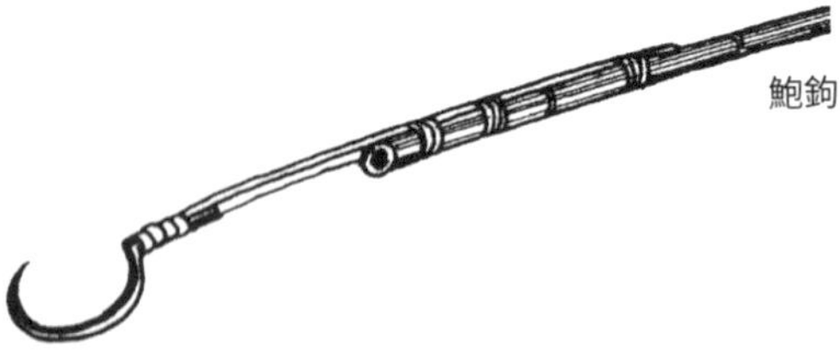

鮑鉤

飯蛸壺（いいだこつぼ）【短爪章魚壺】

主要用於日本西部、南部，捕捉短爪章魚使用的小型*蛸壺（章魚壺）。多為底部有小排水孔的素燒圓形壺，也有無底的吊鐘形。也會使用鮑魚、紅皺岩螺、千手螺等貝殼或是加上重石的竹筒。

飯蛸壺

烏賊籠（いかかご）

主要用來捕獲花枝，保持間距綁在幹繩上垂掛，再加上錘石，沉入海中的延繩形*籠。通常是以竹或鐵絲做成骨架，鋪上網子，為直徑一公尺、高五〇公分以上的大圓形籠，也有三角錐形、筌形、橫長的圓筒形等，形狀因地而異。設置一至四個讓花枝等進入的漏斗狀開口，籠內放帶枝葉的樹枝，靜置一日至數日，藉以捕獲為產卵而進入籠內的烏賊，故亦稱烏賊巢。

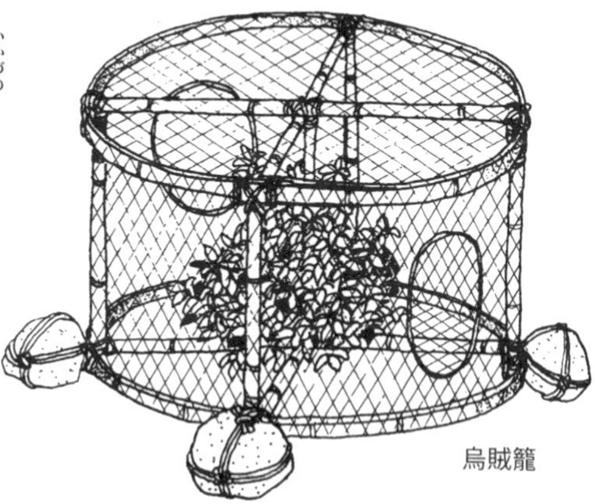
烏賊籠

烏賊角（いかづの）【烏賊鉤、傘鉤】

釣魷魚、烏賊的*釣鉤。昭和三〇年代後半，在機械捕魚的方式普及之前，有些地方或漁場持續使用各種形狀的烏賊角。烏賊鉤是在當作沉子的鉤軸前端裝上彎折成銳角的尖鉤，再綁到*釣糸（釣線）上。讓以為在水中晃動的鉤軸是獵物的烏賊受騙上鉤被釣起，所以這也算是一種*擬餌鉤。

鉤軸原是用牛、鹿、山羊角或鯨骨與鉛接合而成，故稱「角」，後來變成用陶器或瓷器與鉛接合而成。此外，還有用牛骨或馬骨與鉛接合而成、鉤軸整體纏繞紅或黑色棉線，或是竹製軸棒前端加鉤，上端接鉛錘的樣式，也會在鉤軸纏繞半乾的魷魚。鉤尖主要是金屬線製，也有黃銅製，將數根至數十根排成放射狀的細銅線或鐵絲纏緊鉤軸。還有用來釣深海烏賊的兩段式。另外，釣棲息於海底的烏賊時會使用形似天秤的裝置，在鉛與陶瓷器的錘加上弧形支架，懸掛左右加鉤

烏賊角

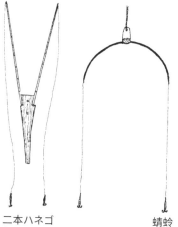

蜻蛉

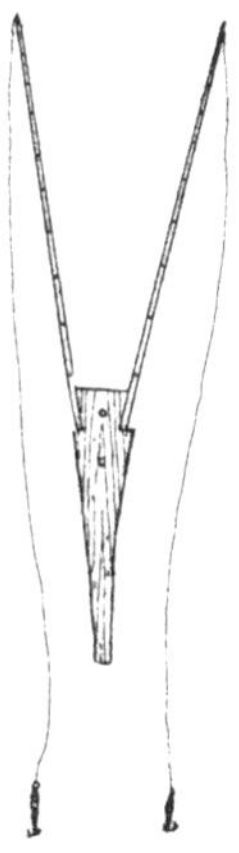
二本ハネゴ
（hanego）

的*天蠶糸（柞蠶絲）。弧形支架過去是用竹子或鯨鬚等物，之後變成金屬線製，這樣的裝置被稱作蜻蛉、山手、ソコッポリ（sokoppori）等。還有中央多加一根支架，共懸掛三條柞蠶絲的，或是一條柞蠶絲加五、六個鉤軸的樣式。

使用具鉤軸的釣線組成的漁具也很多，像是將釣線用線軸捲起來操作的，或是接上木柄、長約一公尺的川竹製一本竿，以及在五〇公分左右的桐材握把前端加上兩根川竹竿，做成八字形的裝置。前者稱為一本ハネゴ（hanego），後者稱為二本ハネゴ（hanego）。有些地方也會使用長約四六公分、一端加工成線軸狀的桂竹竿。

生簀（いけす）【魚槽】

裝入捕獲的魚後，放進水中延續生命的*籠或設備。通常是用竹編的圓形籠，亦稱生簀籠、生筐，大小依魚的尺寸而異。在靜岡縣，作為鰹魚誘餌使用的沙丁魚會裝在稱作イキョウ（ikyou）、イッキョウ（ikkyou）的大型生簀籠。鹿兒島縣錦江灣沿岸則是用長邊三三五公分、短邊二五〇公分、高約二三〇公分的方形大型生簀籠，也是用來存放活的沙丁魚，稱作テゴ（tego，意即籠）。將數個生簀綁在一起，前方接上稱作ハナカゴ（hanakago）的瀝水用三角籠，用船拖到漁場後，將沙丁魚撒入水中當誘餌。中型以下的圓形生簀多有內蓋，又稱胴丸籠。也有箱形生簀，而做成船形的稱為生簀船。箱形生簀皆有蓋，側板有縫隙或多個孔洞，方便換水。這些生簀主要用於捕捉章魚、鮑魚、蠑螺、蝦類。昭和四〇年代後，合成樹脂製品變得普及，竹製生簀因而驟減。

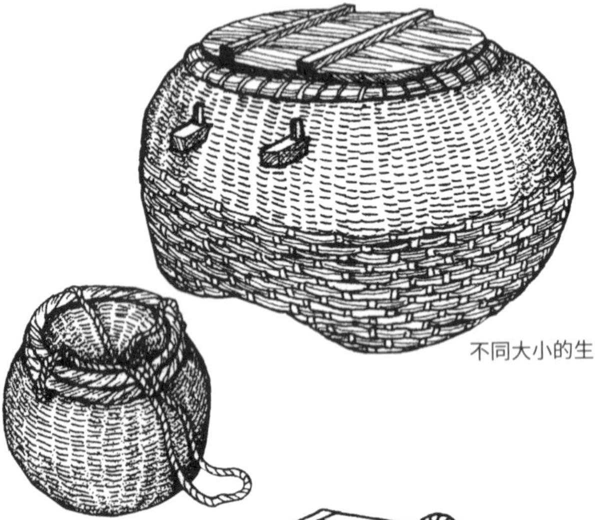

不同大小的生簀

生簀船

磯桶（いそおけ）

以自由潛水的方式下海捕魚的海人（女性稱為海女，男性稱為海士）所使用的*桶。綁上*綱，一端繫在腰上，使其漂浮於海面，放入捕獲的鮑魚或蠑螺等，或是抓住桶子暫作休息。

磯桶

磯金（いそがね）

磯金

泛指用來採鮑魚、蠑螺、九孔、海膽等磯岩生物的鐵製篦或鉤。大小、形狀因地而異，最具代表性的是海人（女性稱為海女，男性稱為海士）進行潛水捕魚時，從礁岩挖取鮑魚等貝類的鐵篦，亦稱起金。鐵篦的前端上翹，好讓鐵篦插入礁岩與貝類間，利用槓桿原理挖起貝類。

鼬挾（いたちばさみ）【鼬夾】

捕獲鼬鼠或貂的陷阱，在切短的竹筒加上彈簧裝置。筒內吊掛誘餌，當獵物進入筒內叼扯誘餌時，觸動彈簧就會被困住。此外，還有用野茉莉等具彈性的樹木做成弓，以弓弦固定雙層竹筒的裝置，是自古使用的形式。

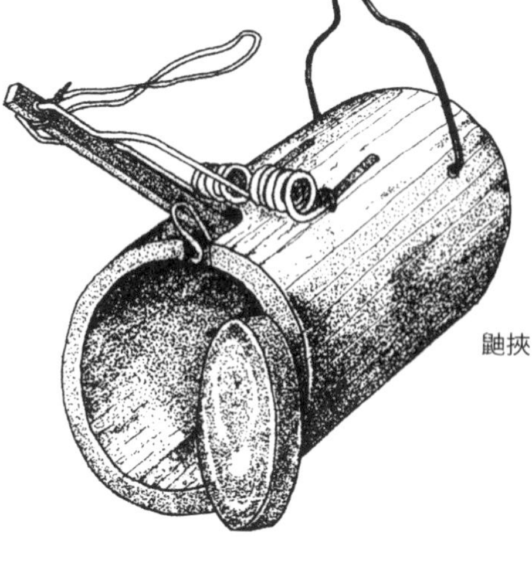

鼬挾

糸巻（いとまき）【線軸】

纏繞手釣或拖釣的*釣糸（釣線）的框，亦稱釣糸枠或手枠，也單稱枠（框）。用檜木、花柏、杉木或竹組成四角框，中間加上數個隔板，纏繞粗細不同的*天蠶糸（柞蠶絲），或是在框的中央或筒形的中心插入軸木的旋轉式，也有利用四角木板捲線的樣式。

除了釣魚使用，還有用來纏繞風箏線的框、薄板或厚紙製，或是將木頭削成圓筒形的縫線軸。

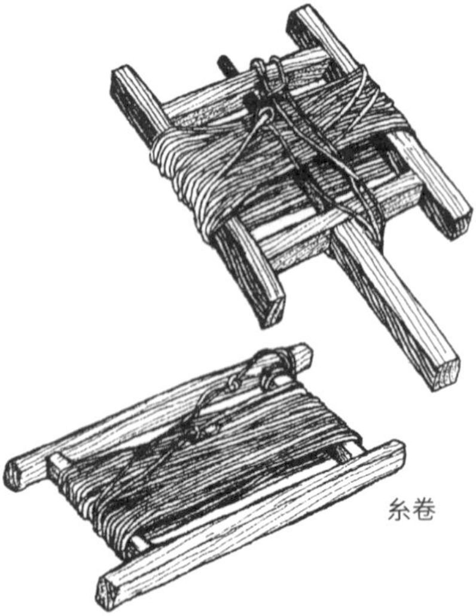

糸巻

錘（いわ）【沉子】

接在漁網下緣（腳網端）的錘石。因為古時是用石頭，故讀作與岩相同發音的「いわ」（iwa）。亦寫作沉子，也稱為「おもり」（omori）、「しずみ」（shizumi）。貝殼也是自古使用的材料，奈良、平安時代有了鑽孔的素燒土製錘，後來也出現上釉的陶製錘。大小依使用的漁網而異，也有鐵製，昭和三〇年代後多為鉛製。

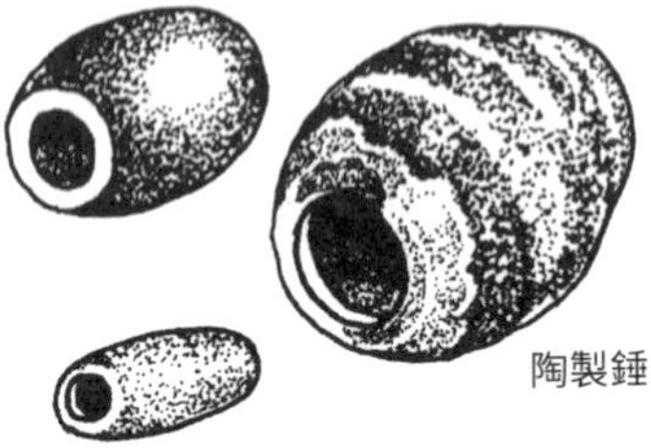

陶製錘

魚伏籠（うおぶせかご）【捕魚籠】

用來捕捉棲息在沼澤或水塘、水田等處的魚。編法因地而異，通常是下部寬廣的圓錐形，無底、上部有小開口。捕魚時拿在手上，看到魚後，插入水底，將手伸入上部的開口，用手抓魚。

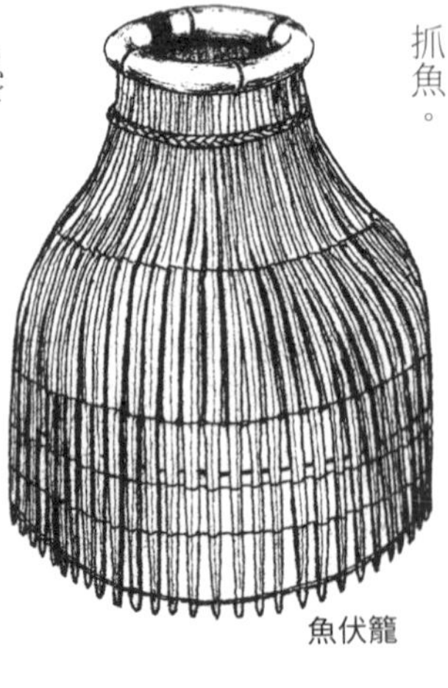

魚伏籠

鵜籠（うかご）

裝入鸕鶿後放上鵜飼船，載往漁場捕魚的圓形*籠。也有開口略為窄縮，加上木製蓋板的樣式。

鵜籠

浮子（うき）【浮標】

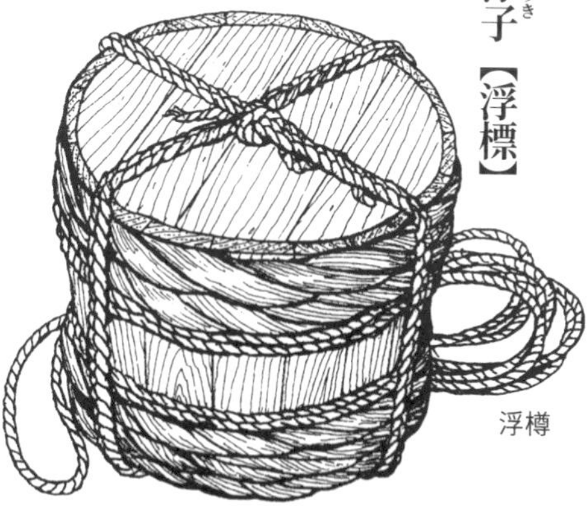
浮樽

用途廣泛的漁具，像是吊掛設置於海中的漁網或延繩、兼具標示位置之用，或是當作提醒某處為暗礁或沙洲、危險區域的浮標（亦稱ブイ〔bui〕），還可用來綁在*釣糸（釣線）做記號，觀察魚上鉤的情況。漁網的上緣稱作浮網端，綁在此處的浮子一般稱作「あば」（aba）。起初是用桐木、鹽膚木、杉木等浮力強的樹木或竹筒製成的小型*樽，名為浮樽。後來改用纏繞*紐或網的中空玻璃製浮玉，近年來多為合成樹脂製。為了明確標示位置，通常會立旗幟等標識物。對於不用船的海人（女性稱為海女，男性稱為海士）來說，浮樽是用來吊掛掛裝漁獲的「すかり」（sukari）網袋，或是抓住暫作休息。綁在釣線的則有棒浮子、玉浮子、系浮子等，形狀多樣，近年以顏色鮮艷的塑膠製居多。

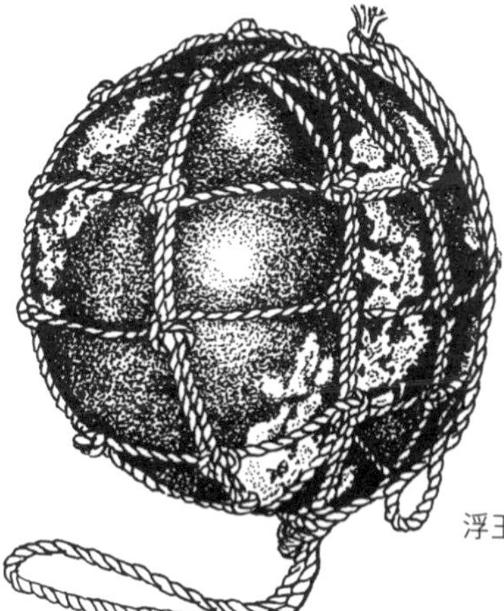
浮玉

筌（うけ）

利用魚類、蝦蟹等生物的習性，放於河川、湖沼、溝渠、沿海，進行捕捉的裝置。通常為竹製，還有蘆葦、樹枝、線網或玻璃製，近年也出現金屬網製、合成樹脂製。

若要捕捉溯河而上的獵物，會將橫筌置於水流中，陷阱口朝向河川下游，反之則朝向河川上游。將材料編成簀狀，做成圓筒形，尾部束起綁好，為避免獵物逃出，開口會插裝可拆式漏斗狀的「返」（kaeshi，或稱こした〔koshita〕），圓筒形笊編筌分為尾部編攏、尾部保留小口，塞草或布等物、

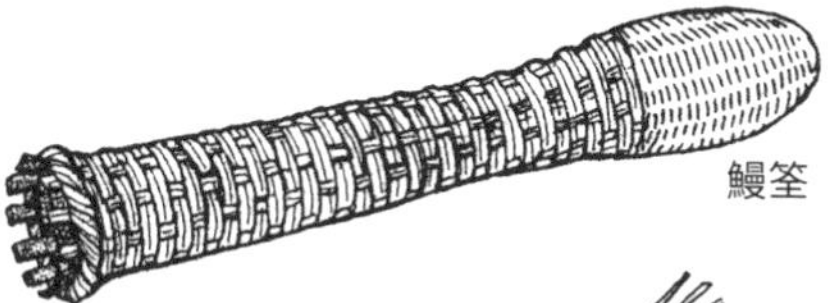
鰻筌

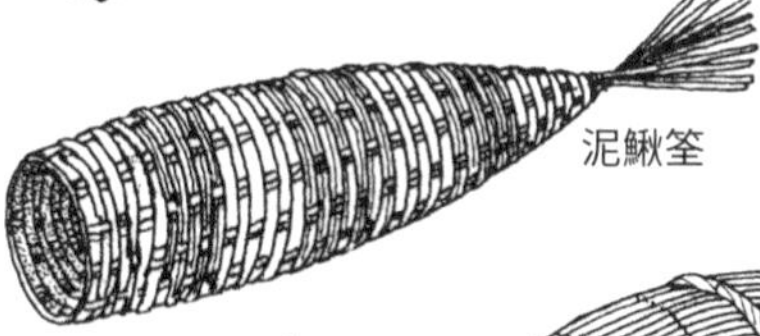
泥鰍筌

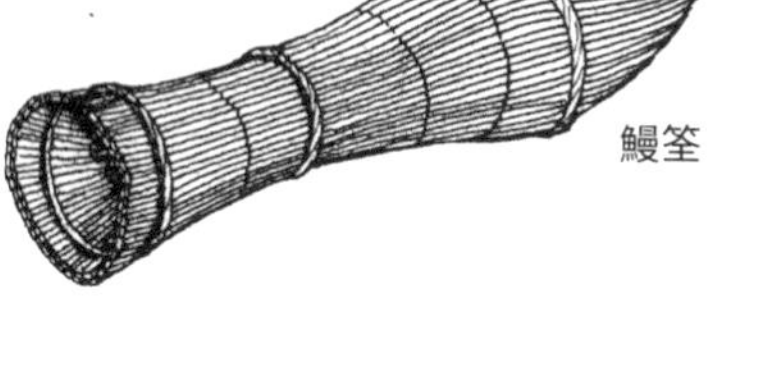
鰻筌

前後插漏斗返的形式。

筌的尺寸多樣，包含捉泥鰍用的小型筌、捉澤蟹用的大型筌。捉鰻魚是用細長圓筒形的筌，也有竹棍做成的筒筌。還有割開粗竹的一側做成喇叭狀，套竹環固定，誘捕鯽魚、鯰魚、鯉魚等的筌，以及設置在鋪有ハジ（haji，一種竹簀）或網的誘導設施前方的籠狀筌，還有側面插裝漏斗狀陷阱口，上部有可拆式蓋，用於捉蝦蟹的籠筌。此外，將籠的上部編成網狀、中央挖陷阱口的捕貝籠，還有在有陷阱口的金屬骨架上鋪網的蟹籠、竹或鐵絲網製的烏賊籠等都算是一種筌。筌亦稱ウエ（ue），稱呼因地而異，如ウゲ（uge）、ドウ（dou）、ド（do）、モジリ（mojiri）、モジ（moji）、モンドリ（mondori）、ムジリ（mujiri）、ヒビ（hibi）、ヤナ（yana）、カゴ（kago）、テボ（tebo）、ツツ（tsutsu）、ツボ（tsubo）、ツッポ（tsuppo）、アミ（ami）、ゴキ（goki）等。

鵜竿（うざお）

鸕鶿捕魚時，鵜匠用來拍打水面驅趕、集中魚群的工具。通常是在五～八公尺長的竹竿前端綁上數根羽毛，也會綁草或樹皮、獸皮。也有不使用鵜竿進行鸕鶿捕魚的地方，有些地方則用*叉手網等與網漁相同的竿。

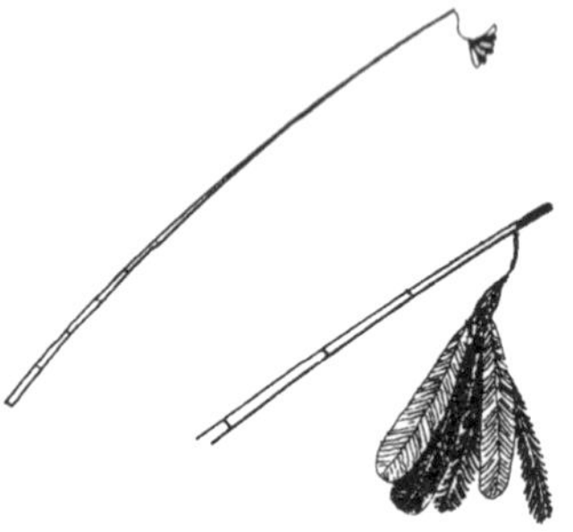
鵜竿

打瀨網（うたせあみ）

沉入海中深處，讓船拖曳捕撈魚蝦的一種船引網。因為是將左右加袖網的袋狀網沉至海底用船拖行，故亦稱底引網。傳統漁法是揚起大*帆，利用風力與海流拖動，江戶時代中期施行於大阪灣，之後逐漸普及至各地，隨著船隻規模變大，出現了三帆或三帆以上的船。近年隨著機械船的增加，拖網漁船的大型底引網也變多了。

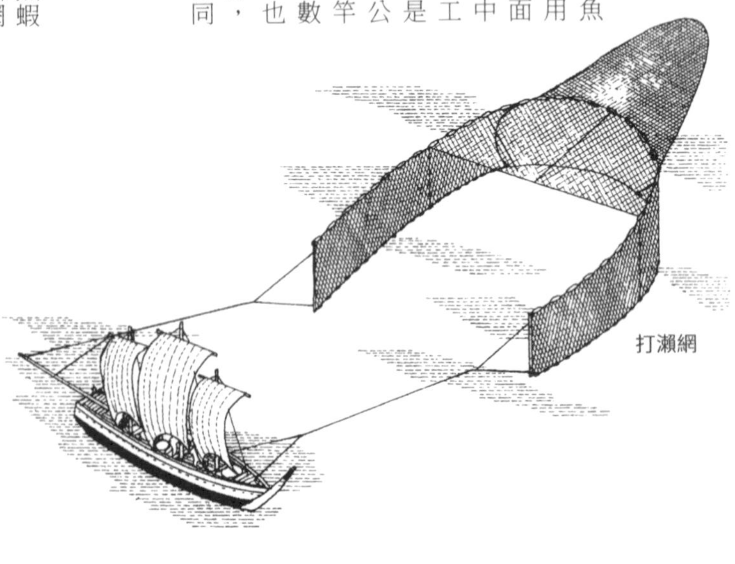
打瀨網

鰻掻（うなぎかき）【鰻魚鉤】

鰻掻

捕捉鰻魚的工具。在長二～四公尺左右的竹棍或木棒前端加上鐵製長鉤，鉤尖向上大幅度彎曲，有二或三根銳爪。亦稱鰻掻鎌、鰻鎌，用前端的鉤挖出潛伏在水底泥中的鰻魚。主要用於河岸的淺灘或河口附近的河川。分為船上用與水中步行用。

鰻筒（うなぎづつ）

捕捉鰻魚的筒狀*筌。主要是用桂竹或毛金竹，將長約二尺（約六〇公分）的竹筒中間挖空，底部的竹節鑽小孔用以排水，筒口插入錐狀的「返」（kaeshi）沉入水中。鰻魚進入筒內就會被返困住。也有用木板做成的四角筒，近年還有聚氯乙烯（PVC）製品。

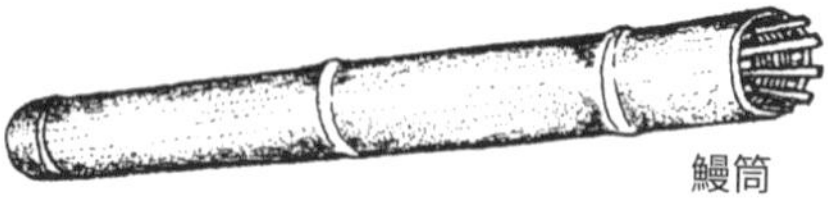

鰻筒

餌箱（えさばこ）

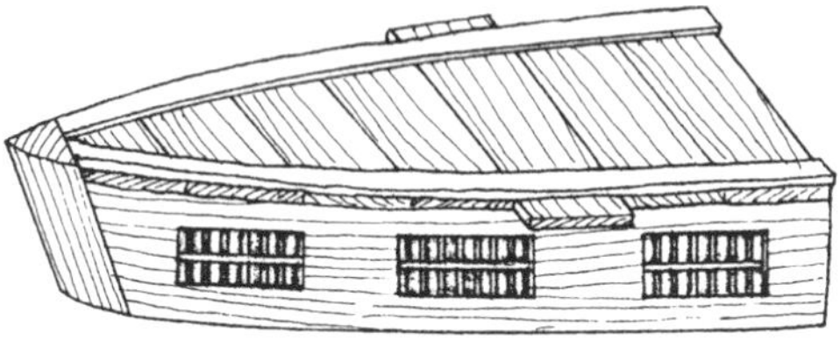

餌箱

裝蚯蚓或沙蟲等釣餌的箱子。多為木製方形，也有做成船形或竹籠。除了餌箱，還有裝家畜或小鳥飼料的餌入、鷹匠2-54隨身攜帶裝老鷹飼料的餌入等。

魞（えり）【漁滬】

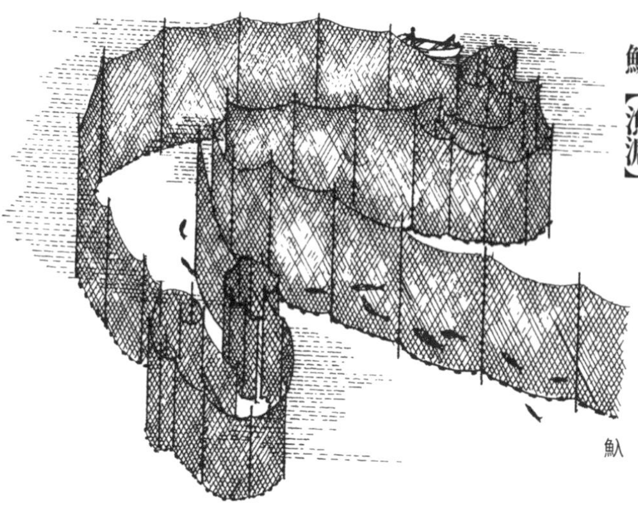

魞

設置於湖沼或河川、淺海，利用魚的習性進行捕捉的定置型裝置。其規模依設置的場所或地區而異，大規模的魞全長可達一三〇〇公尺。雖然形態也有些許差異，基本上都是用竹簀。

立於水中呈一直線的簣，前方再插簣圍成左右對稱的圓弧，兩側的尾端部分設置小圍柵。由於魚有沿著障礙物洄游的習性，游入小圍柵後就會被困在裡面。

焰硝入（えんしょういれ）

焰硝入

裝狩獵用焰硝（火藥）的容器。以前的火繩槍或雷管槍是用七〇%的硝石混合各一五%的硫磺與木炭粉製成火藥，裝入*瓢簞或竹筒、桐木或櫸樹刨挖而成的附蓋容器隨身攜帶。

追込網（おいこみあみ）【驅趕網】

用來驅趕捕獲魚群，設置在海中的敷網或*建網。在日本最為人所的是沖繩縣糸滿市的追込漁（驅趕漁法），規模較大時，由數十位戴上蛙鏡的漁夫從海潮上游跳入海中，用綁了錘石與林投樹葉纖維的脅網，將魚群趕入袋網。

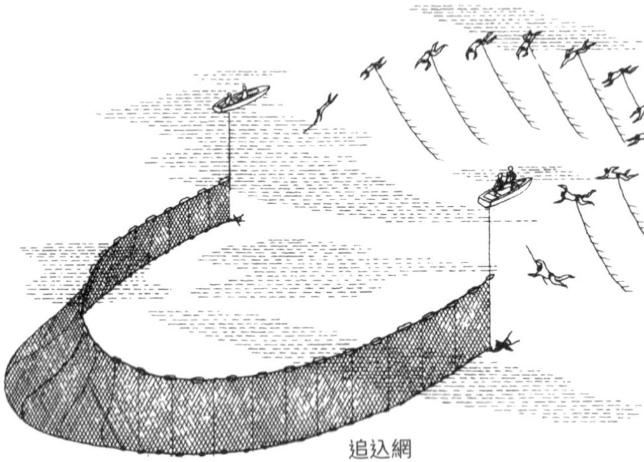

追込網

大敷網（おおしきあみ）

一種大型定置網。從沿岸至海面搭起長長的袖網或垣網，前方設置袋網，利用袖網將魚群誘導入袋網。因為袋網的開口大，進入袋內的魚容易脫逃，現在多是使用改良過的定置網，如*大謀網等。

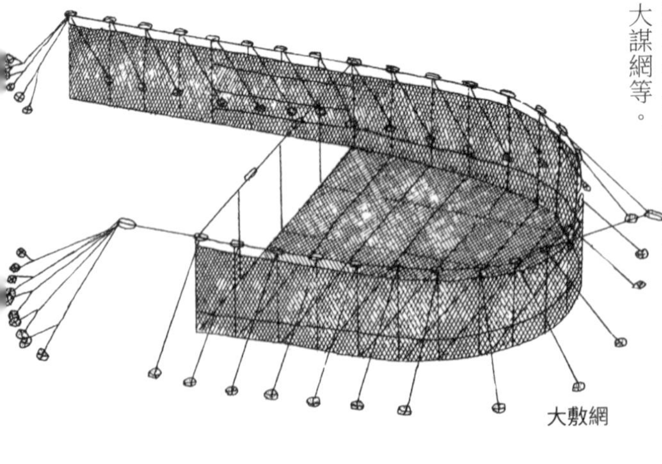

大敷網

沖箱（おきばこ）

漁夫用來裝釣具帶往海邊的道具箱。有套蓋、內匣，分為有隔板的箱形與小抽屜形。將*釣鉤、*天蠶糸（柞蠶絲）、*錘、*網針、*護符等分類收納。有時也當作枕頭，翻船時也可作為*浮子（浮標）使用。

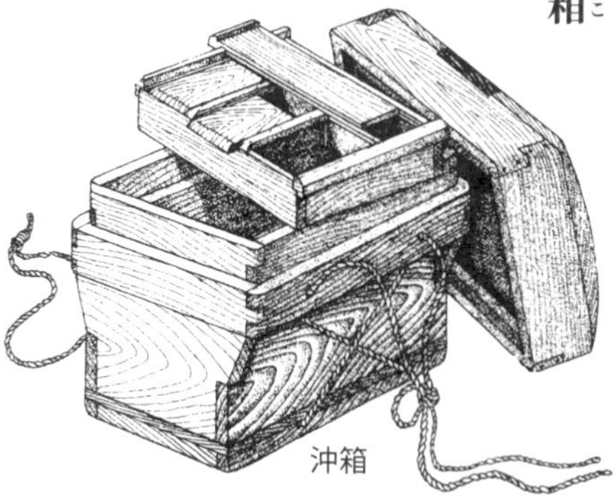

沖箱

壓（おし）【壓石陷阱】

捕捉熊、貂、鼬鼠等野獸的獵具之一。將格框或木板放在獵物行經的通道，一側架高，掛在支柱上，擺上岩石或木棍等物，下方放肉片當作誘餌。當獵物鑽進下方叼扯肉片時，綁在支柱上的*繩會隨之鬆開，讓支柱垮掉，獵物便被壓住無法脫身。

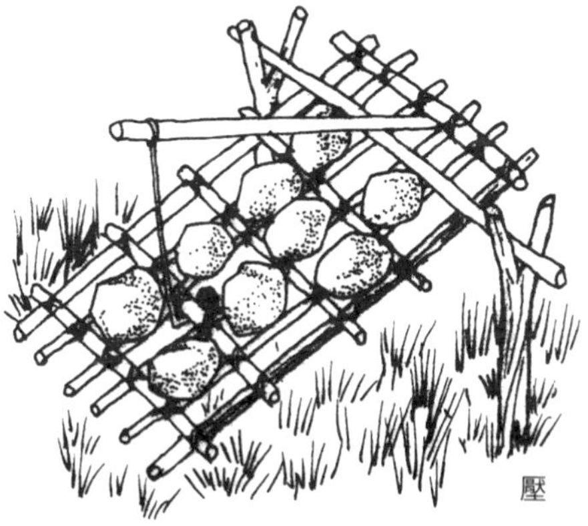

壓

牡蠣筏（かきいかだ）【蚵架】

養殖牡蠣的筏狀設備。日本的牡蠣養殖始於江戶時代的瀨戶內海，當時是在海中立竹子，讓牡蠣自然附著。大正時代末期始開發出現代所見的養殖法，讓蚵種附著在用*繩串連的牡蠣或扇貝殼上（蚵串），吊掛於竹筏。竹筏的大小約為二五×九公尺，綁上*浮子（浮標）與*錨（碇），設置於淺海。

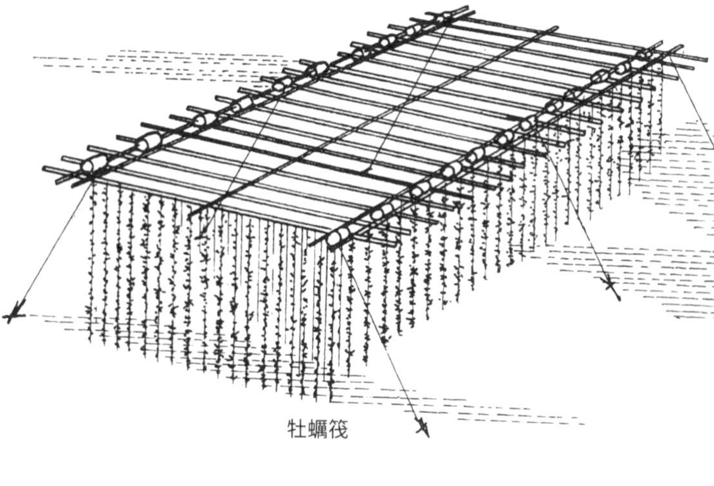

牡蠣筏

神樂桟（かぐらさん）【收網機】

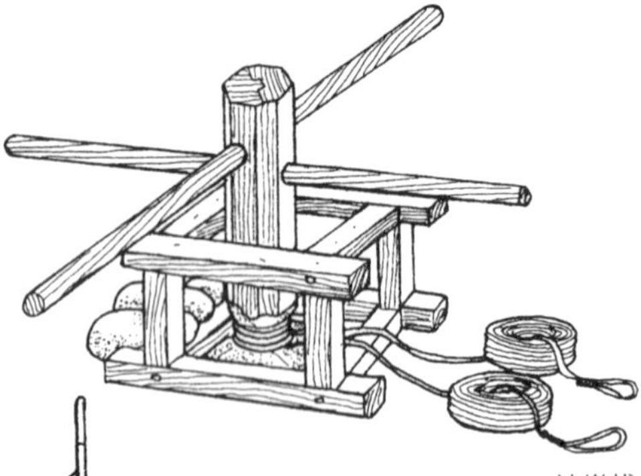

神樂桟

將漁船或*地引網（地曳網）等向岸邊捲起的收網機，亦稱*轆轤、卷轆轤。用粗角材組成櫓狀框台，在中央設置名為卷胴的粗壯轉軸，邊旋轉邊捲起纏繞於船或網底部的*綱。卷胴的上部交叉插入兩根木棍，以人力轉動。為保持框台穩定，下部放大石等重石壓住。

霞網（かすみあみ）【霧網】

捕獲小鳥的陷阱網。將河灘或草叢去除二～三間（約三．六～五．四公尺）左右的草木後，兩側架立約一間半（約二．七公尺）的細竹，垂直鋪設以〇．一公厘以下的絹絲編成帶有一公分小孔的霞網。有時也會設置放了媒鳥[3]的囮籠。昭和二十二年（一九四七）自法定獵具中除名，三年後被禁用。

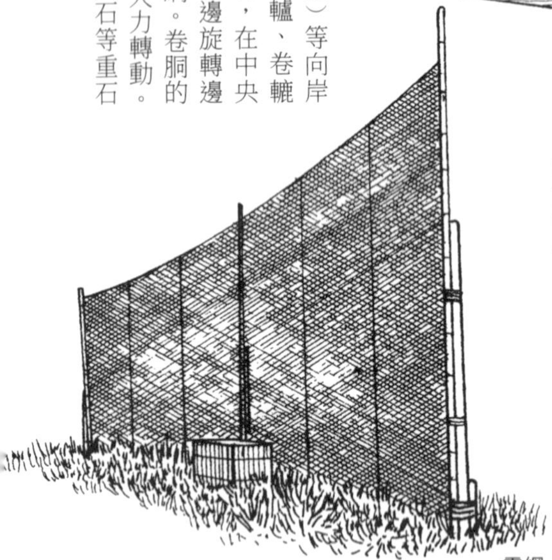

霞網

潟板（がたいた）

潟板

九州有明海北部使用的特殊捕魚用具。潮間帶退潮時，放在泥灘上邊滑行邊捕捉大彈塗魚等魚類。以紅楠或杉木做成長六尺（約一八〇公分）、寬一尺一寸（約三三公分）、厚五分（約一．五公分）的木板，前端微翹。板上放*桶，後方擺用禾稈等製成的膝墊，單腳屈膝於膝墊上，手抓住桶子，另一隻腳在泥灘上往後蹬，使潟板向前滑行。發現大彈塗魚時，一手甩竿，用裝在*釣糸（釣線）上的*釣鉤鉤起放入桶內。亦稱跳板、滑板、押板、潟スキー（gatasukii）等。

鰹角（かつおづの）

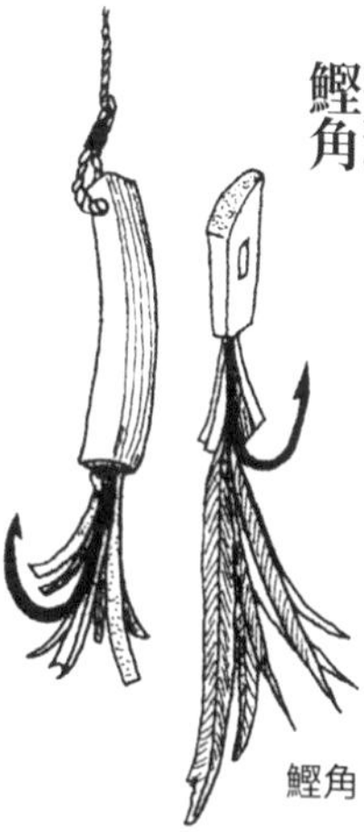
鰹角

以一本釣（一支釣）的方式釣鰹魚用的*擬餌鉤。將鹿、牛、水牛角、象牙或小動物的腳骨、貝殼等加工，前端固定*釣鉤，周圍加河豚皮或鳥羽等綁成穗狀，上方鑽孔，綁上道糸（母線）。雖然也有市售品，但漁夫通常會花心思自製，製作出各種形狀。

蟹筌（かにうけ）

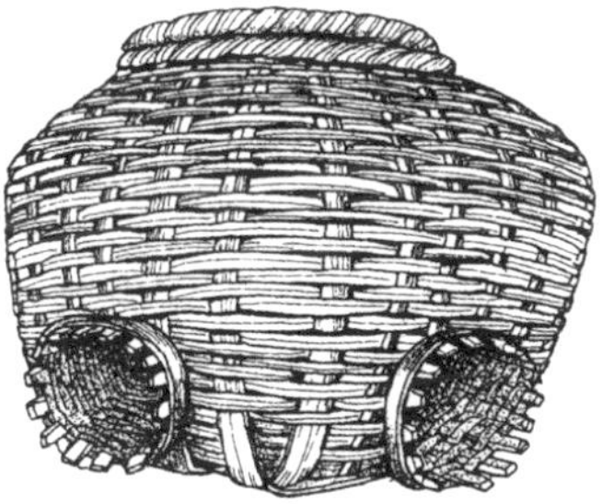
捕澤蟹用的蟹筌

捕蟛蟹用的*筌。捕捉絨螯蟹或澤蟹等河蟹的筌，多是用粗竹篾或細竹條編的簾做成橢圓錐狀，也有莫蓙目（蓆紋）或六角孔編的圓筒形。體積偏大，分為開口有返（kaeshi）或無返的形式，依設置場所區分使用。通常是擺在淺灘，開口朝向上游，以小石堆成堰，將水流導向筌口。捕捉海蟹是用竹篾編成六角或四角孔的饅頭形，上部開口插入返的*籠，又稱蟹籠、蟹テボ（kanitebo）等。近年多為金屬線編製。

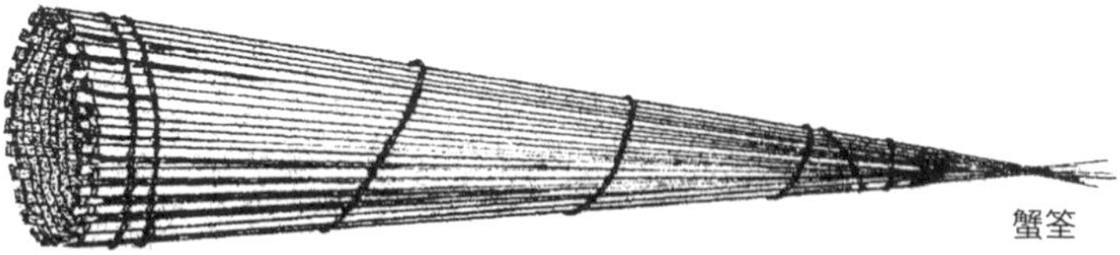
蟹筌

擬餌鉤（ぎじばり）

釣魚時用來代替真餌的*釣鉤。針對不同的目標物，各有特殊的設計，像是釣紅點鮭或櫻鱒，主要是用加鳥羽的毛鉤，釣鰹魚是用角鉤，釣軟絲或花枝是用餌木等。餌木是將木頭削成魚或蝦的形狀，以油漆等顏料上色，尾部加釣鉤。有些也會加雞毛等做成魚鰭。綁上釣線拋入海中，用*浮子（浮標）和沉子調整操弄，讓餌木像真魚或蝦在水中漂浮，誘使烏賊上鉤。

餌木

各式毛鉤

括罠（くくりわな）【圈套陷阱】

一端固定於樹幹等處，另一頭設置在鳥獸行經的通道。一旦獵物碰觸到，裝置就會鬆開，以麻繩或金屬線做成的圈套會卡在獵物的頸部或腳上。形態多樣，如彈翻式、拖曳式等，多用於捕捉野兔。材料有馬毛、金屬線、*天蠶糸（柞蠶絲）、麻、*繩、鋼索等。

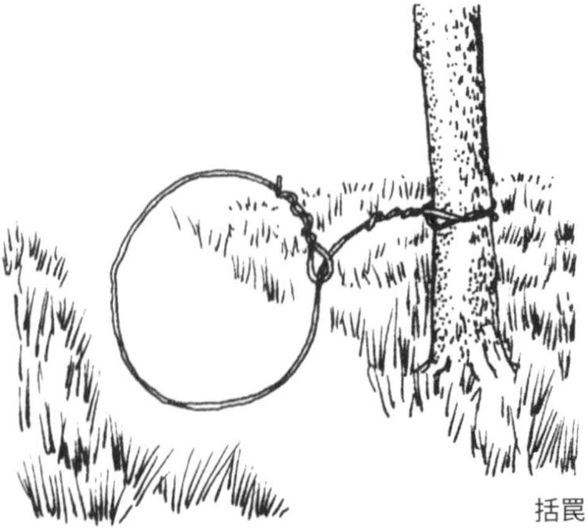
括罠

昆布捩（こんぶねじり）【昆布竿】

採收昆布的工具，亦稱捩、昆布竿、ネリボー（neribo）、マッカ（makka）等。主要用於北海道與東北地區的漁具，形態分為將三～五公尺的竿子接上一～二公尺、前端細且向外展開的叉棒，以及在竿子前端插入簪狀橫棒的樣式。從船上握住竿子上端的柄木，邊轉動邊纏捲昆布，以扭斷的方式採取。也有竿子上部為叉木的樣式。採收昆布的方式還有用*鎌（鐮）割取，或是在竿子或*繩的前端加木製或金屬鉤，勾取漂浮於海面或漂流至岸邊的昆布。

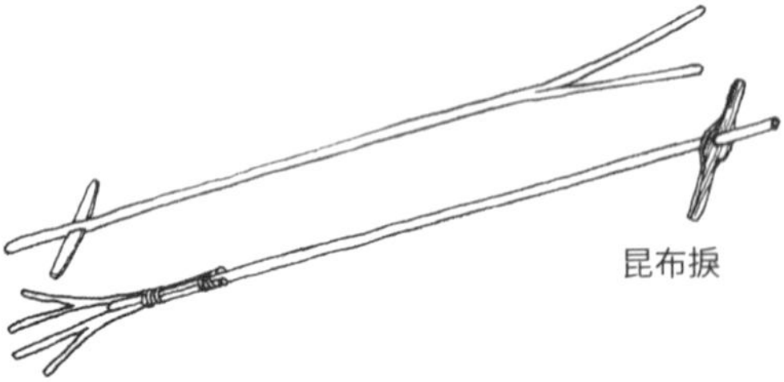
昆布捩

榮螺突（さざえつき）【蠑螺叉】

在船上使用*箱眼鏡（水面窺視鏡）觀察海中，以見突漁法[2]捕獲蠑螺的漁具。長竿的前端有三～四根呈放射狀的細棒，用以夾捕蠑螺。

榮螺突

刺網（さしあみ）

泛指撒入海中，拉開如垂幕，讓沙丁魚或鱈魚等魚類、龍蝦或鮑魚等被網孔纏住而遭捕獲的漁網。受困於網

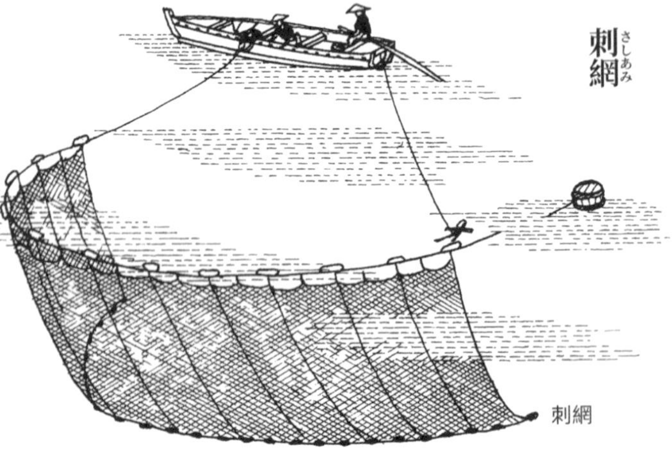
刺網

孔的魚像是插在網上，故稱刺網。分為設在接近海面上層的浮刺網或流刺網、設在中層的中刺網、設在近海海底的底刺網等。

叉手網（さであみ）

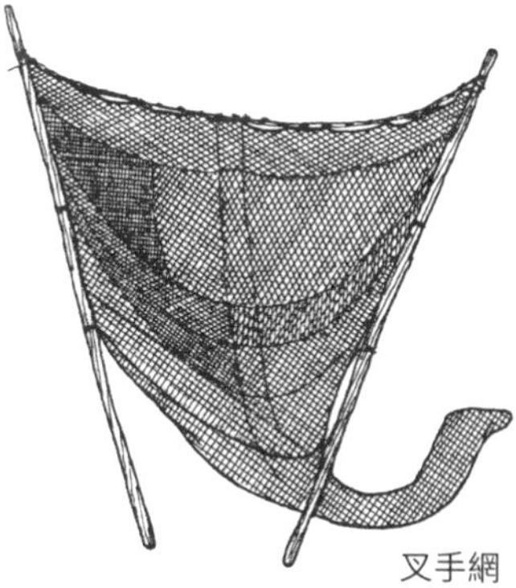
叉手網

主要用來撈捕小魚的一種抄網。亦單稱叉手，也寫作小網。兩根竹竿的前端打開呈扇形，中間張起袋狀網。分為兩根竹竿分開拿與交叉綁在一起的形式。後者形態多樣，像是在接近手把處綁橫棒，或是前端也綁橫棒的，還有手把處接上一根握柄的形式等。通常是站在淺灘或河岸插入水中，也有立在水中、將魚趕入網內的用法。

四艘張網（しそうばりあみ）

鋪設於海中的敷網，由四艘船各持一角，同時間拉網撈捕魚。相同形式的還有二艘張網、八艘張網。主要用來捕撈竹莢魚、鯖魚、鰹魚。

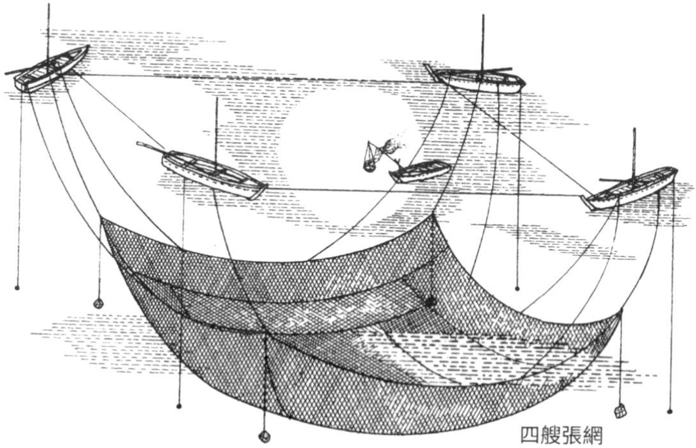
四艘張網

地引網（じびきあみ）【地曳網】

將大海或湖沼中的魚群圍住、拖往沙灘的一種引網（拖曳網）。左右接上

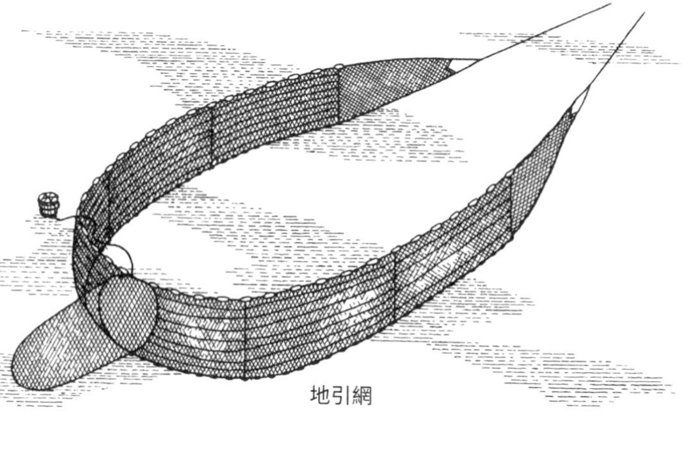
地引網

綱網或引網等長型袖網，前端有引綱（拉繩）。網的中心通常會加袋網，也可不加。大型的稱作大地引網，常見於千葉縣九十九里濱[4]或熊本縣天草市。

集魚燈（しゅうぎょとう）

夜晚捕魚時，為了誘集魚群或烏賊，設置於船上或水中的照明燈具。古時是手舉*松明（火把），或是放進棒子前端的鐵框或鐵籠內燃燒。明治時代出現了以煤油為燃料的馬口鐵製*カンテラ（煤油提燈），被當作集魚燈使用，後來電石燈[5]、附玻璃燈罩的煤氣集魚燈變得普及。現在都是使用以電池發電的電燈。

作為集魚燈的煤油提燈

潜航板（せんこうばん）

用來拖釣鰹魚、鰤魚幼魚、宗太鰹等的裝置。以桐木等製成的薄板，中央前方連接來自船隻的道糸（母線），尾端綁上*擬餌鉤。被船拖行時，木板前端會因為水阻沉入海中，故得此名。一旦有魚上鉤，前後互相拉扯的力量會讓木板反轉、浮上海面，由此判斷魚是否上鉤。大小、形態不一，依需求分開使用。

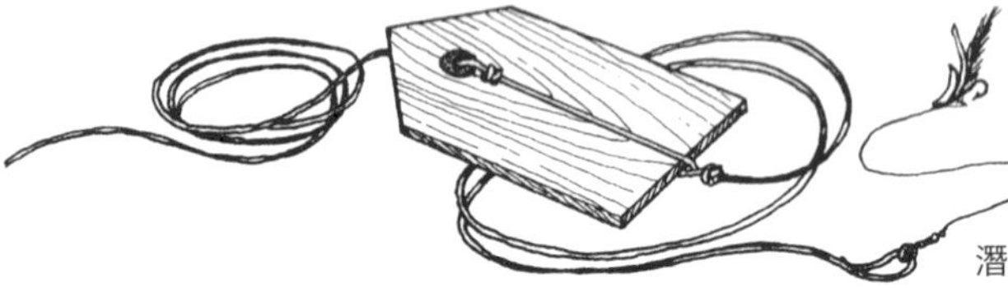

潛航板

大謀網（だいぼうあみ）

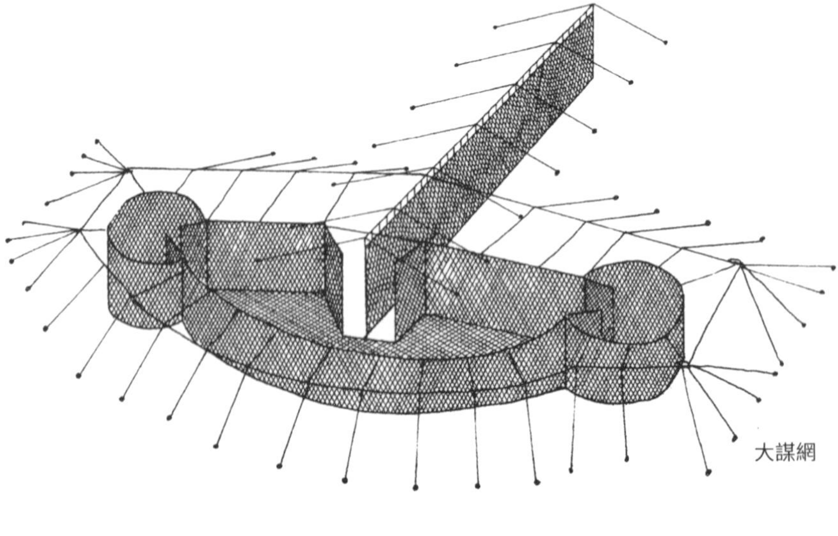

大謀網

將*大敷網改良後的一種大型定置網。從沿岸至海面搭起袖網或垣網，阻斷魚群的通道，將魚群誘導入設置於前方的橢圓形袋網內。主要用來捕捉鰤魚、馬加鰆、鮪魚等洄游魚類。為明治時代末期由宮崎縣的漁夫將大敷網、袋網改良而成，之後作為捕鰤魚的定置網普及至日本各地。

蛸壺（たこつぼ）**【章魚壺】**

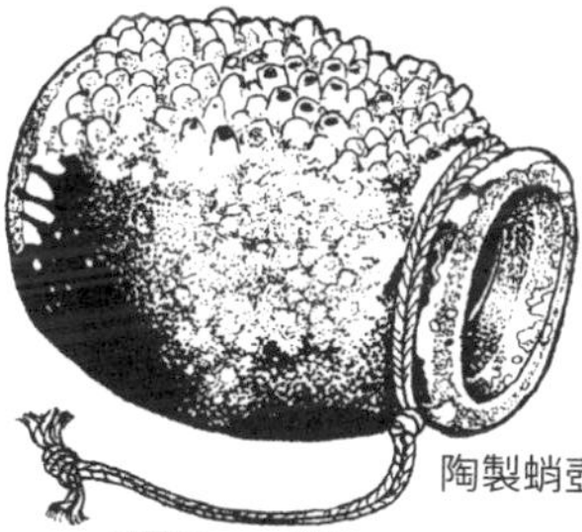
陶製蛸壺

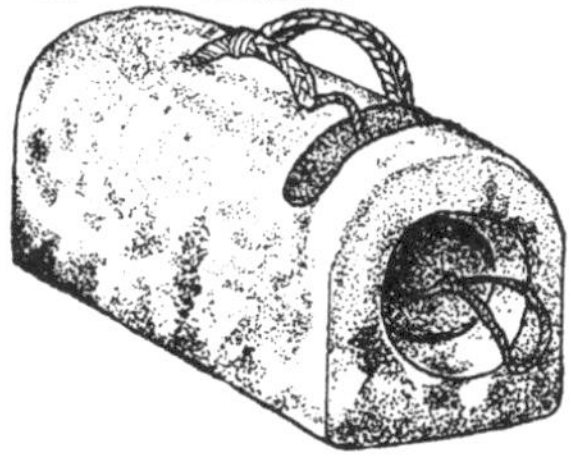
混擬土製的半圓形蛸壺

利用章魚喜歡鑽洞的習性捕捉章魚的漁具。因為捕章魚通常是用陶壺，故得此名。分為底部有鑽孔的太鼓形、筒形、半圓形。有些地方就地取材製作成素燒土器，近年也出現了混擬土製。在沖繩是將天然珊瑚礁穴當作蛸壺，在北海道是用箱子捕捉北太平洋巨型章魚。此外，捕捉短爪章魚時，是用小型的*飯蛸壺或紅皺岩螺、鮑魚等的貝殼。

蛸曳（たこひき）**【章魚鉤板】**

蛸曳

捕捉章魚的*釣鉤。在長約五～六寸（約一五～一八公分）的細長木板上捆綁二～三根前端彎曲的尖鉤，以及串入魚肉片等誘餌的竹籤和錘石。會將數個置於海底，任船隨海浪漂流，當手上的*釣糸（釣線）感覺有鉤到東西時，用手拉起確認。

建網（たてあみ）**【定置網】**

泛指為了阻斷洄游魚類的通道，在沿海至岸邊之間搭起長網當作垣網，誘導魚群進入袋網的定置網。是沿岸的主要捕漁方式之一，同形的漁網很多，如各地使用的*大敷網、台網、枡網、坪網等，大型的建網則有鮪大網、鰊（鯡魚）建網、鱈建網。

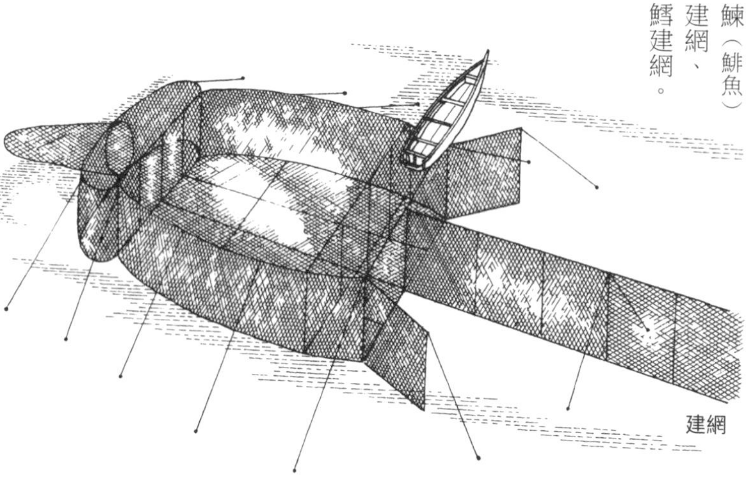
建網

彈丸（たま）【子彈】

彈丸

一般是指槍彈、炮彈。在使用火繩槍或明治時代製造的村田步槍[6]等舊式*鐵砲狩獵的時代，獵人多是自製彈丸。將鉛放在*鑄皿以火燒熔後，倒進鐵製的專用*鑄型（鑄模）製成彈丸。將羚羊角的前端挖成方便一次取出一顆彈丸的形狀，做成收納彈丸的彈丸入，放進麻布袋或皮革袋，掛在腰間隨身攜帶。

攩網（たもあみ）【撈網】

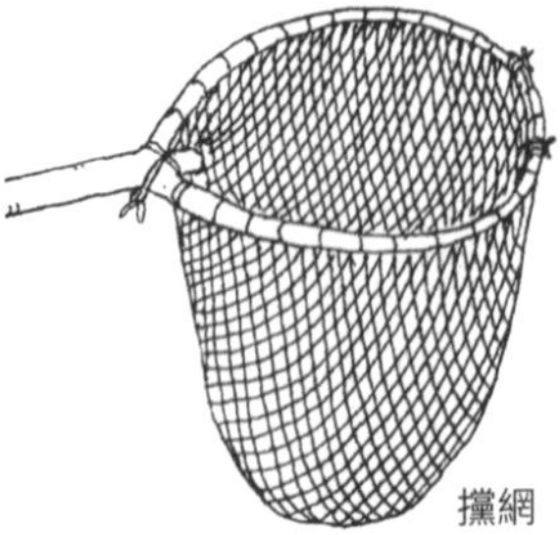

攩網

用來撈取網獲的魚，或是*生簀（魚槽）裡的魚，亦單稱攩（tamo／tama）。切下左右分枝近乎對稱的松樹或榧樹枝，將分枝彎成環狀，固定乾燥後加上網。近來多是用不鏽鋼環。大小多樣，有單手用到二～三人共同使用的尺寸。同形物有用來捕捉蝴蝶等昆蟲的網，即以細竹為柄、用金屬線做成環，再加上細孔網的捕蟲網。

繼竿（つなぎざお）【並繼竿】

將數根短竹竿依序插接成一根*釣竿。不使用時，拆開組成二～三根短竿，裝進布袋收納。是為了方便帶去釣魚所設計出來的竿，多有塗漆加工，短竿的根數、樣式各不相同。

繼竿

釣糸（つりいと）【釣線】

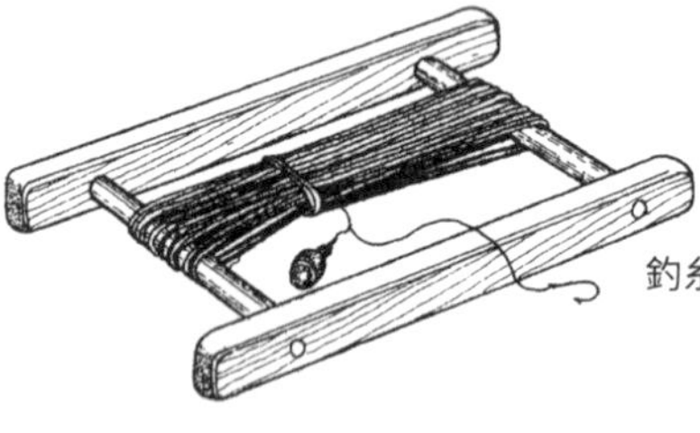

釣糸

垂綁於*釣竿前端的竿釣、拿在手上操作的手釣，還有將*繩加上具大量釣鉤的支繩後放入海中的延繩釣等漁法使用的線。除了在前端加*釣鉤，也會綁*浮子（浮標）或*錘（沉子）。古時是用葛、藤纖維捻成線或麻線等為材料，中世末期主要是用塗柿澀液補強的麻線。到了江戶時代中期，*天蠶糸（柞蠶絲）變得普及後，釣糸前端會先綁接柞蠶絲才加釣鉤，後來竿釣所使用的釣糸一律改用柞蠶絲。

釣竿（つりざお）

讓加上*釣鉤的*釣糸（釣線）垂入

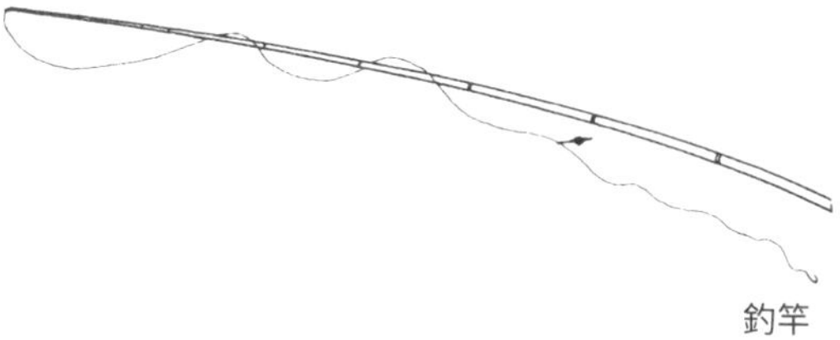

釣竿

水中釣魚的竿。多是用布袋竹、龜甲竹、毛金竹、桂竹、矢竹、川竹等做成的竹竿，竹子須煮沸、乾燥並脫油，加熱調整彎度、經過研磨才能使用。分為一根竹子做成的延竿（獨龍竿）、將數根粗細不同的短竿依序接成一根的*繼竿（並繼竿）。延竿與並繼竿近年已多改用碳纖竿。

釣鉤（つりばり）

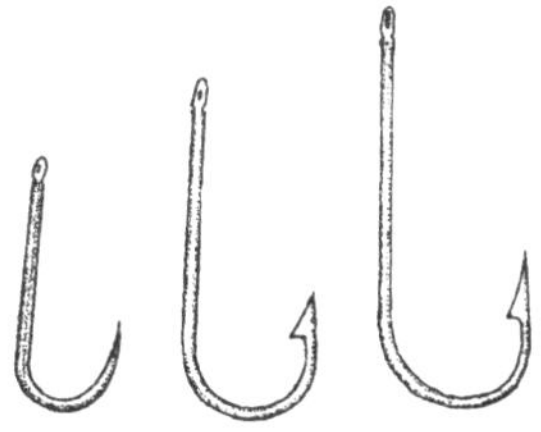

不同大小的釣鉤

綁上*釣糸（釣線）或*天蠶糸（柞蠶絲）垂入水中，鉤住魚嘴或魚身後，將魚拉出水面的鉤，亦寫作釣針。通常是在し字狀彎鉤上穿餌，誘魚食餌上鉤。鉤尖分為內側有無倒刺或逆鉤等小鉤的形式。繩文時代是用鹿角或獸骨加工的鉤，到了彌生時代出現金屬鉤，當時都是漁夫親自用金屬線加工製作而成。江戶時代出現稱為釣鉤師的專業職人，明治時代末期在播磨（兵庫縣西南部）發展機械製鉤，成為一大產地，進而銷往各地。釣魚使用的釣鉤，形態、大小依地區或魚種而異。

天蠶糸（てぐす）【柞蠶絲】

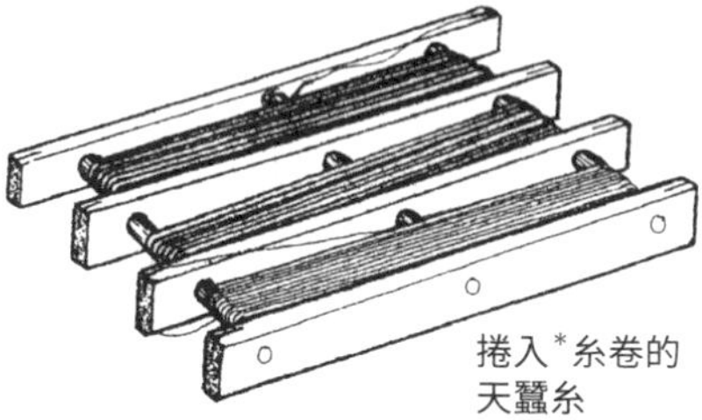

捲入*糸卷的天蠶糸

一種釣魚用的*釣糸（釣線）。天蠶糸是用楓蠶的蟲液製成，割開蠶腹取出絲腺，浸泡醋酸、進行拉絲，經水洗後變成五尺（約一五〇公分）左右的半透明細絲。原是江戶時代用來捆包從中國送往長崎的藥品的*紐，因為強韌富彈性，被當作釣線使用。起初普及於大阪灣沿岸一帶，之後由阿波（德島縣）堂浦的一本釣（一支釣）漁夫傳入瀨戶內海一帶，透過越前黑目（福井縣坂井市三國町黑目）的人們推廣至東日本各地。如今常見的是以膠質固化絹線表面的人造天蠶糸。

鐵砲（てっぽう）

日本戰國時代由葡萄牙人傳至種子島，因此當時鐵砲亦稱作「種子島」，經織田信長的活用，正式作為武器使用。江戶時代後，也被當作獵熊或山豬等大型野獸的狩獵用具。起初是從槍口倒入火藥、塞鉛彈與紙彈，燃燒火繩，點燃側面火皿的點火劑，沿著火口引

鐵砲

爆火藥，射出*彈丸（子彈）的火繩槍。使用火繩槍時，除了槍體本身，還得攜帶裝子彈的皮革袋、裝火藥的桐木筒或皮革*焰硝入、*火繩等，而且火容易因風雨熄滅，發射子彈得花不少時間。為了解決這些缺點，經過不斷改良，在明治時代製造出可直接裝彈的村田步槍[6]。

天草掻（てんぐさかき）【石花菜刮耙】

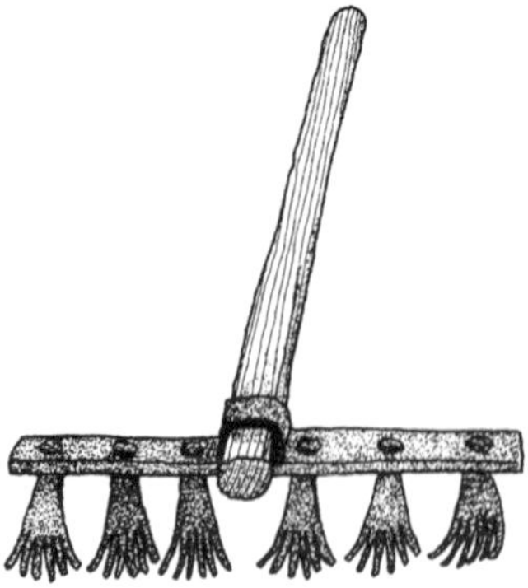
天草掻

刮取春夏生長於岩礁的天草（石花菜）的工具。形態有*熊手造型的鐵板、將插入數十根金屬線或竹籤的橫棒加上木柄或竹柄，呈T字形的形式。

投網（とあみ）【手拋網】

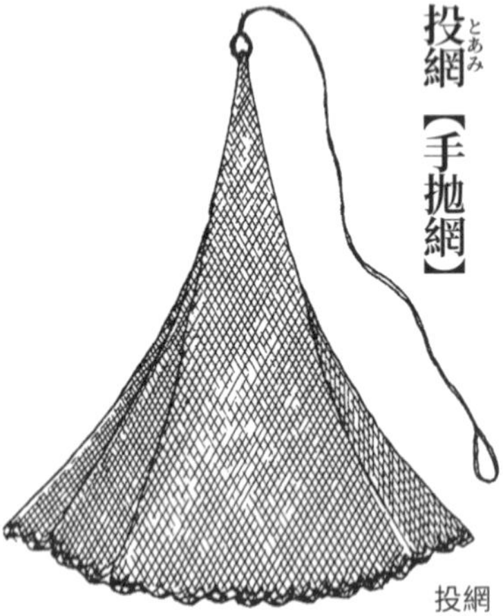
投網

找出可能有魚的位置後，抛入水中用網包覆捕獲所使用的漁網。呈圓錐形，下緣的腳網端接上小*錘（沉子），上部連著手繩。一手拿繩，讓投網以圓形張開的方式抛出，網沉入水底後，再輕輕拉起手繩。用於河川或湖沼、淺海，站在水中或從船上、橋上抛網。

虎挟（とらばさみ）【捕獸夾】

主要用來捕捉鼬鼠等小型野獸或山雉等野鳥的鐵製*罠（陷阱）。設置於獵物行經的通道，當獵物觸及踏板或誘餌時，裝置的彈簧支點會彈開，立刻夾住獵物的頸部或腳。

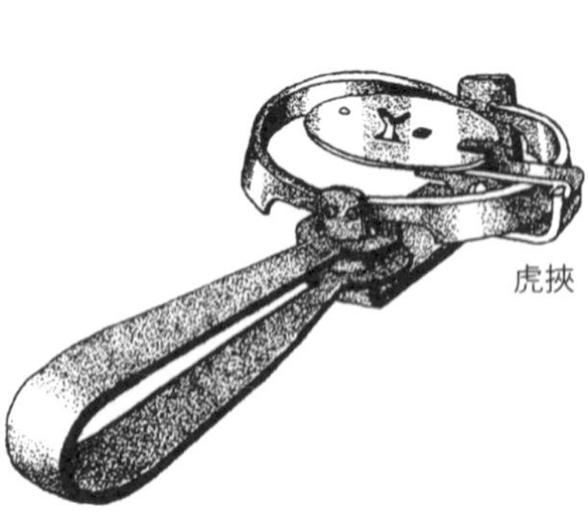
虎挟

縄籠（なわかご）

收納延繩釣用的*釣鉤的容器。延繩釣是將幹繩以一定間距接上掛著釣鉤的支繩，放入海中釣魚的漁法，為了防止支繩與釣鉤交纏打結，每條幹繩所用到的釣鉤必須逐一掛在繩籠的邊緣。邊緣通常會綁上掛釣鉤的禾稈束或*襤褸。容器形態因地而異，有淺籠、淺底曲物、結桶或方形箱等，亦稱繩鉢或單稱鉢。

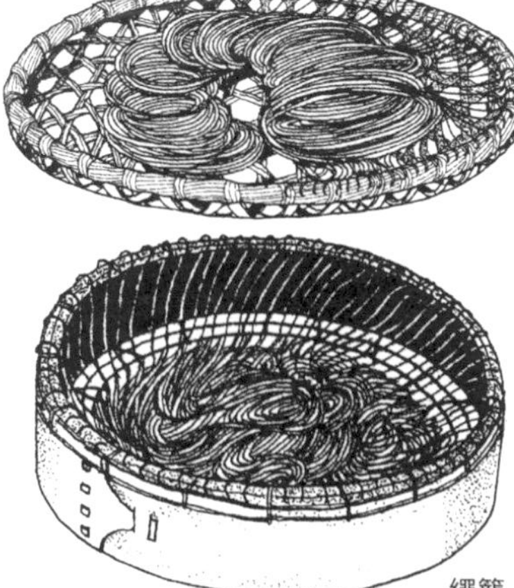

繩籠

海苔切庖丁（のりきりぼうちょう）【海苔切刀】

為製作乾海苔，用來切生海苔的*庖丁。刃面寬的大型雙刃刀，將生海苔放在海苔叩台上，雙手持刀剁切。在東京灣沿岸，為了提升作業效率開發出改良過的庖丁，像是在柄木的前端加上二～三片刃，做成T字形的飛行機庖丁，或是將六～八片刃排成一列固定，中間加直立握柄，上端連接自樑上懸掛的橡膠管，利用橡膠的彈力剁切海苔的突庖丁等。如今都是用機械動力操作的海苔切機。

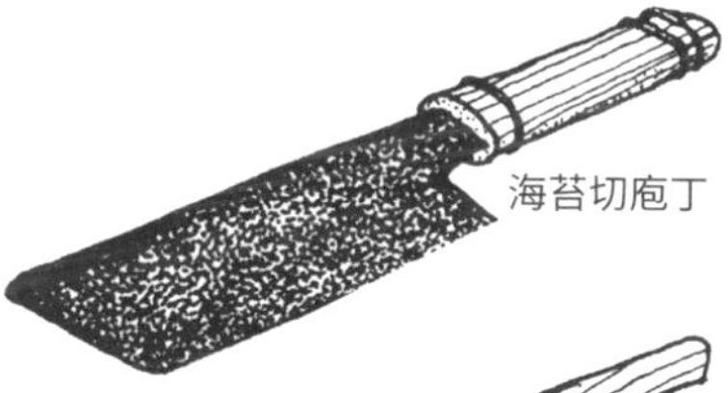

海苔切庖丁

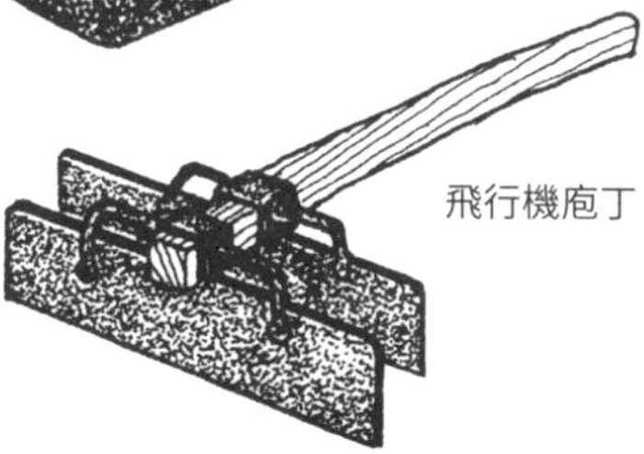

飛行機庖丁

海苔下駄（のりげた）【海苔木屐】

將*海苔篊插立於淺灘時，為步行於水中進行作業所穿的*下駄（木屐）。在櫟木木框的四角豎起支柱，呈現上部略窄的梯形，上面裝上下駄。為了抑制浮力，將底部的木框綁上重石，也有架橫棧的樣式。雖然支柱也是櫟木製，但為減輕水的阻力，也會用更細的鐵棒作為支柱。通常是在水面達腹部至胸部的深度下進行操作，使用高度一～五尺（約三〇～一五〇公分）的下駄。有些地方採海苔是用鐵製的橢圓形底環加上略低的鐵製支柱，或是底板有齒的高下駄。之後也出現了利用舊輪胎做成包覆腳背的涼鞋式，以及只有一根支柱的下駄。

海苔下駄

海苔簣（のりす）【海苔簾】

生海苔用*海苔庖丁（海苔切刀）切碎後，鋪在簾子上日曬，製成乾海苔。東京灣沿岸是用將蘆葦以麻線與棉線編織，兩端加上竹片，

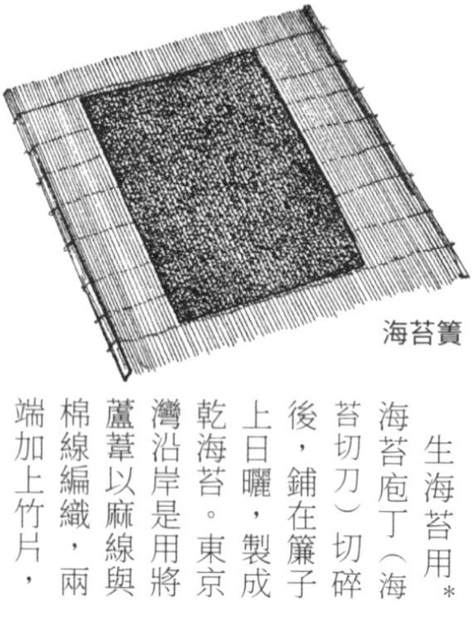

海苔簣

做成長三七公分、寬三一公分的*葦簀。將海苔簀置於海苔付台，擺上符合規格的木製海苔框，以專用的海苔付枡舀取*樽內的生海苔，均勻地倒在簀上。然後放到設置好的海苔曬台，排列日曬。在廣島灣是用竹片編的簀，九州也有細竹枝做成的簀。

海苔採笊（のりとりざる）【採海苔簍】

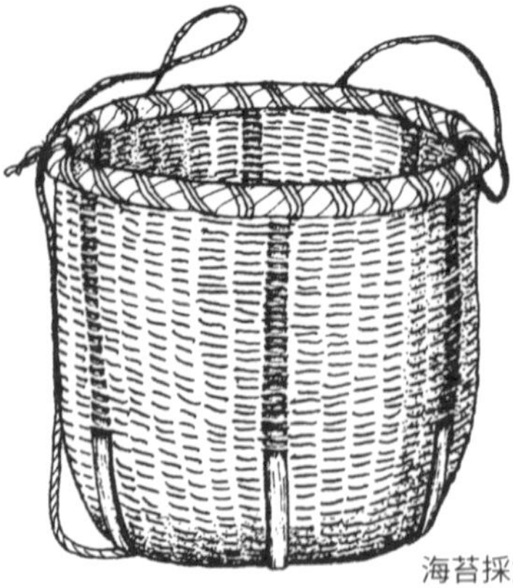
海苔採笊

從*海苔篊採海苔時所用的*笊（笊籬）。東京灣沿岸是用竹編的圓形深笊，另外還有附把手的*籠、木製的*桶或*盥等，使用的容器依地區而異。

海苔採舟（のりとりぶね）【採海苔船】

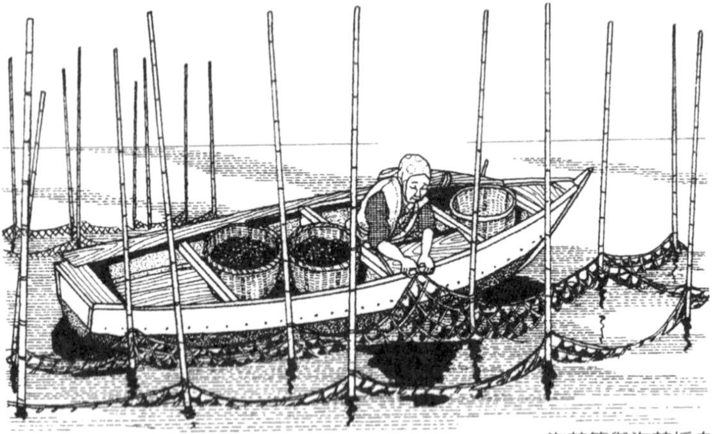
海苔篊與海苔採舟

用於海苔的養殖及採收的船。適合在*海苔篊之間移動的單人小船，東京灣是用長四．五公尺、寬約八五公分，為便於由後方推進，為艫（船尾）底板（敷板）向上翹的船形，稱為海苔採傳馬或ベカ（beka）。三陸地區[7]是用長四公尺、寬約八〇公分，船尾船頭前端皆窄的小船，稱為海苔採團平、カッコ（kakko）等。另外，有些地方是用方形的田舟，如清水灣（靜岡縣）與知多灣（愛知縣）。

海苔篊（のりひび）

讓海苔孢子附著成長，設置於水中的人工養殖裝置。初秋時，設在潮差顯著、腹地遼闊的淺灘沿岸或河口附近，入冬後進行採收。海苔養殖始於江戶時代中期的東京灣品川外海，當初用的篊是以麻櫟、枹櫟、青剛櫟、栗樹等樹枝捆成束而成。明治時代開始使用耐久性佳的桂竹或孟宗竹，有些地方是用川竹枝，將竹枝橫擺成為橫臥式篊，或以竹片編成的*簾吊在支柱上的簾篊。樹枝做的篊亦稱粗朵、柴，名稱因地而異，例如川竹枝做的篊在三河灣[8]稱作モヤ（moya），在廣島灣稱為メンチク（menchiku）。昭和時代初期出現了用棕櫚或椰子等纖維編的網，吊在竹柱上使用，如此生產性高的網篊隨後普及至各地。戰後化學纖維製成的網變得普遍，此後成為主流。

箱眼鏡（はこめがね）【水面窺視鏡】

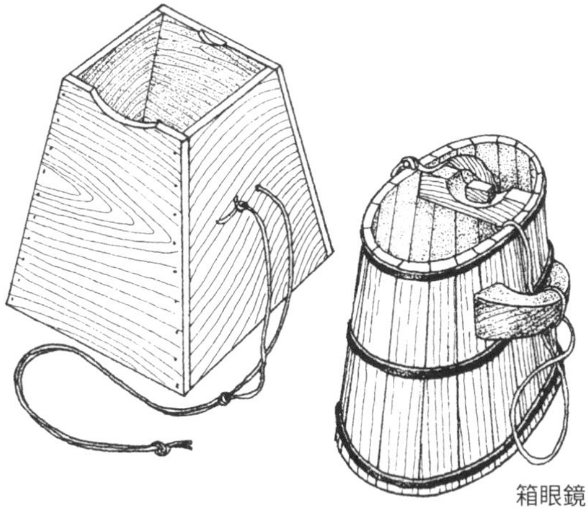

箱眼鏡

底部加玻璃板的箱形或桶形眼鏡，亦稱水眼鏡、玻璃眼鏡。在沿岸等處，用來觀察海中的鮑魚、海膽、魚類等，以目視叉魚的見突漁法捕捉。形態多樣，如手持式、插入橫棒用嘴咬住，或是穿入皮帶戴在頭上，固定於臉部的款式。在尚未普及的明治二〇年代以前，人們試過各種方法，像是在海面上滴大型鯊魚的油脂或吹噴*糠（米糠）等。

沙魚壺（はぜつぼ）

主要用於西日本，捕捉斑紋舌鰕虎魚、白帶高鰭鰕虎魚的*壺。為素燒的雙口壺，開口之間有穿繩的孔。將沙魚壺綁在支繩上，而支繩保持間距綁在約二〇〇〇公尺長的幹繩上，沉入海中進行捕魚。

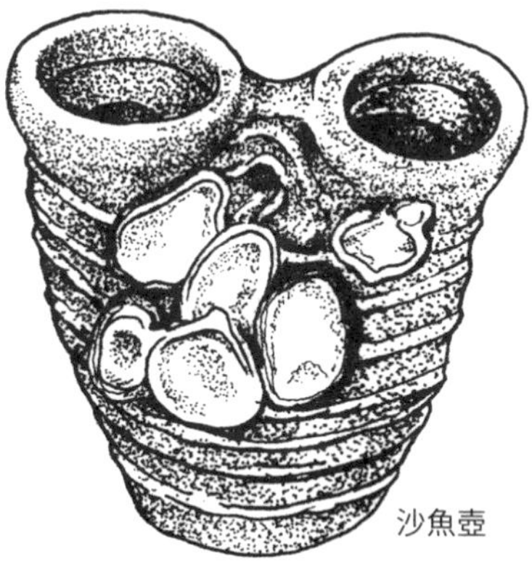

沙魚壺

鮠瓶（はやびん）

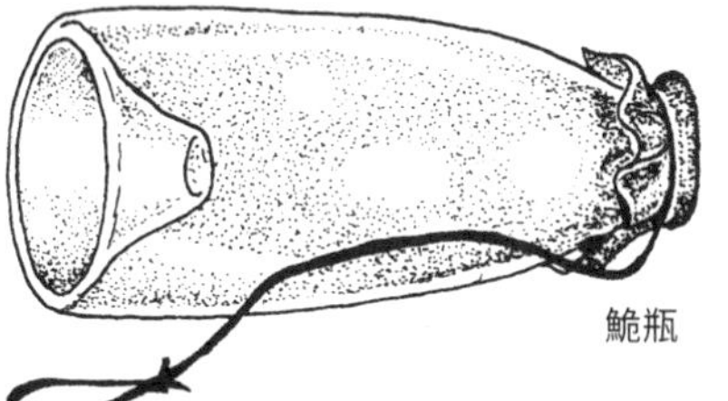

鮠瓶

捕捉鮠（珠星三塊魚）、平頜鱲（溪哥）等稚魚的玻璃製小型*筌，亦稱玻璃筌，另有天目、ビードロ（biidoro，葡萄牙語的 vidro）、コウロン（kouron）等稱呼。開口內側有漏斗狀的返（kaeshi），魚一旦進入瓶內就無法逃出。瓶內放蠶蛹或用米糠揉製的餌，尾部的洞塞禾稈或包布綁好，由此處取出捕獲的魚。使用時將瓶子沉入水流較緩的河底。由於玻璃易碎，後來出現了賽璐珞材質的鮠瓶或合成樹脂製。

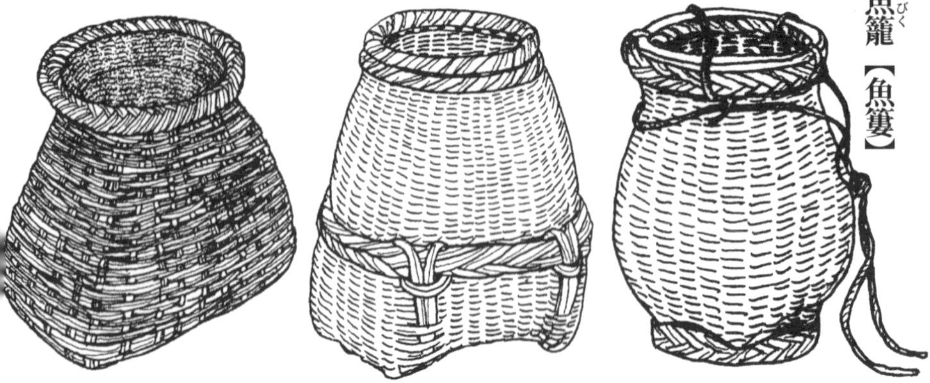

各種魚籠

魚籠（びく）【魚簍】

泛指用來裝漁獲的*籠，大小與形態依用途或地區而異。捕鰹魚時作為誘餌的沙丁魚所用的大型生筐（*生簀），還有名為胴丸、裝鰻魚等魚類的窄口圓筒形生簀籠都算是魚籠的一種，但通常是指小型的樣式。底部有圓形、橢圓形或方形，籠口小，籠身多半有收窄處以綁*紐繫在腰上。有些河釣用的魚籠作工細緻，內部有二、三層放餌的內籠。此外，用於農作業的*腰籠，在不少地方也與魚籠同發音，稱作ビク（biku）。

罧

在河川、湖沼捕捉鰻魚、鯉魚、鯽魚或蝦時，加上*錘（沉子）沉入水中的樹枝或竹枝束，或是指這樣的漁法。靜置於水中一段時間，待魚蝦將其當作棲息處後，用抄網等網具捕撈。也用來捕海中的烏賊等。這是古時在各地施行的漁法，稱呼依地區而異，如笹伏、付、シバアケ（shibaake）、キリコミ（kirikomi）、ネヤ（neya）、カイツケ（kaitsuke）、ササブテ（sasabute）等。

罧

二眼鏡（ふたつめがね）【潛水鏡】

潛水捕魚用的潛水鏡。用木頭刨挖成貼合眼眶的形狀，鑲嵌玻璃，左右用線連結，以扭轉的方式調整間距，綁上橡膠繩配戴。自明治時代中期左右開始使用，如今多為橡膠製的單面鏡。

二眼鏡

ぶったい【三角簾】

放入水淺的河底，將躲在小石或水藻間的小魚或蝦，用腳趕入其中捕獲。將竹片編成約一公尺見方的竹簾，單邊交疊組合，插入竹棍定形，開口的兩側以*紐綁在竹柄上。

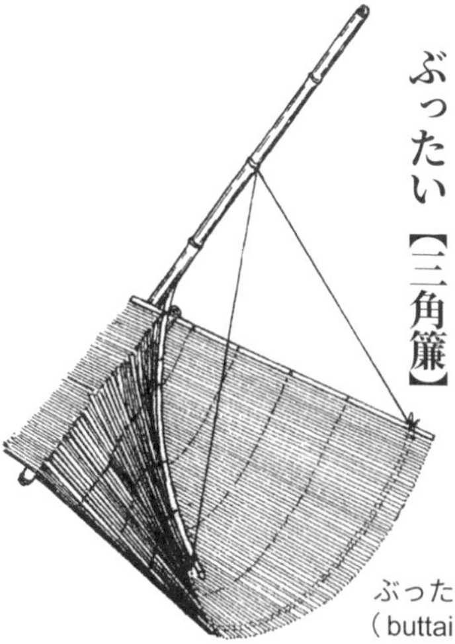
ぶったい
（buttai）

振棒（ふりぼう）

為了讓養殖海苔的竹篊或木篊立在水中，用來在灘底挖洞的工具。以櫟木等硬木做成Y字形或V字形的棒子，前端加上鐵製尖角。雙手抓住左右的木柄，單腳踩踏中央的交接處，拔起後立刻插立海苔篊。配合水深準備七〇～二五〇公分之間各種長度的振棒。另有踏込、ユリボウ（yuribou）、ブリ（buri）等稱呼，還有一根粗棒加踏橫板的樣式。

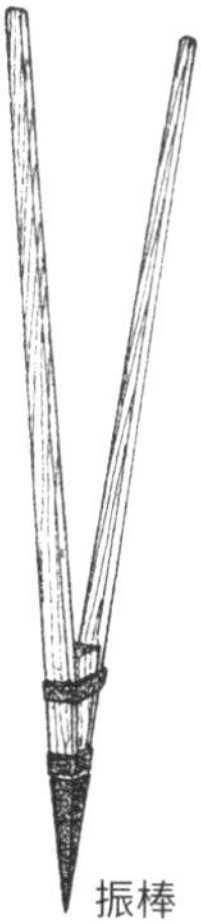
振棒

蛇捕（へびとり）【捕蛇棒】

用來捕捉可當作胃腸藥、強精藥的蝮蛇或龜殼花等毒蛇的工具。在木棒或竹竿前端加上金屬線繞成的環圈，當蛇頭鑽入環內時，拉起棒上的金屬線勒住蛇頭。或是用前端分叉的棒子壓住蛇頭。

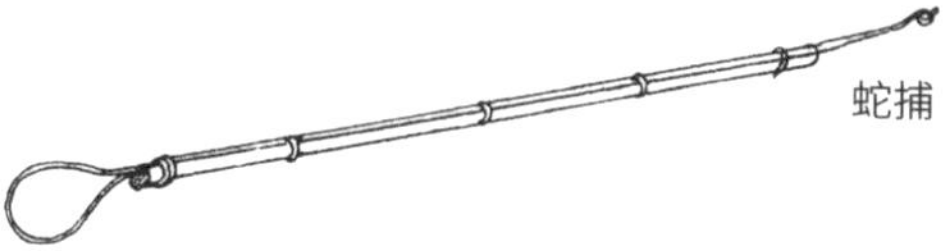
蛇捕

棒受網（ぼううけあみ）【舷提網】

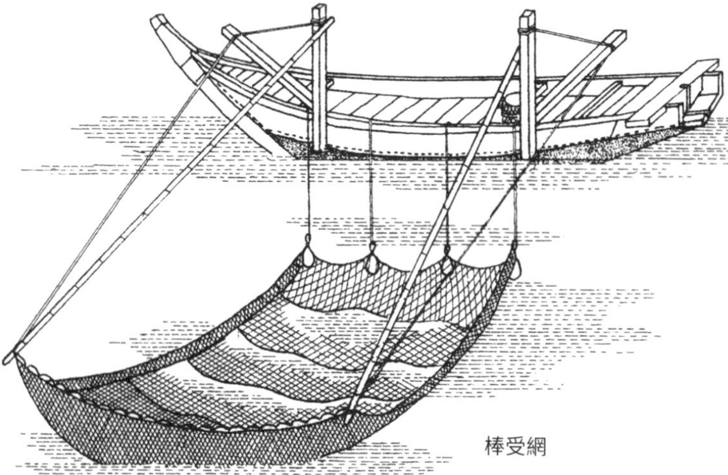
棒受網

從船隻的左舷伸出兩根粗木棒在海中張網，撒餌誘魚，待魚群聚集後，拉網捕魚的大型抄網，亦稱謀計網。主要用於捕撈沙丁魚、竹莢魚、秋刀魚等。

藻刈鎌（もかりがま）【割藻鐮】

泛指割採海帶芽等海藻類，或是長在河川、湖沼、溝渠內水草的長柄大鎌。割採藻類或水草不僅能消除船隻行進的障礙物，也成為田地的肥料，因此有些地區會視為居民的共同作業，定期實行。割海藻用的*鎌（鐮）一般稱為藻切鎌，為了方便在船上使用，通常會加上四公尺左右的細長竹竿。

銛（もり）【魚叉】

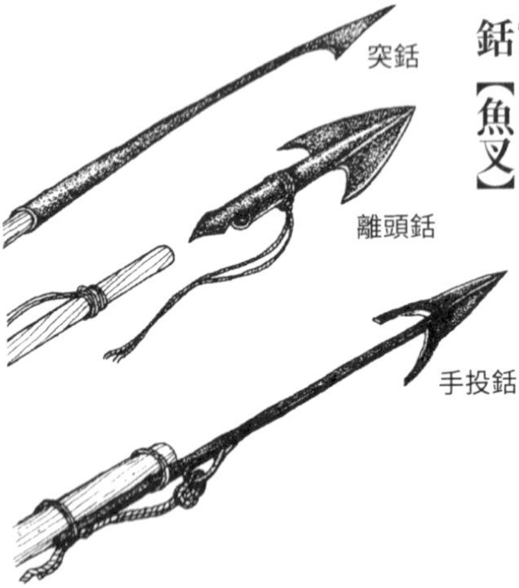

為捕獲鮪魚、鯨魚等大型魚類或海洋生物，用來拋擲、插刺的漁具。銛包含用來插刺獵物的鐵製銛尖（亦稱銛頭）、櫟木或欅木製的長柄、稱作矢繩的手曳麻繩。亦稱突銛、突棒，而使用這種漁具捕魚的方式稱為突棒漁法。從出土的骨角製銛尖可知，這是繩文時代就已開始實行的漁法。

銛尖上有銳利的倒刺，一旦插中獵物就會牢牢卡住。通常左右兩側都有倒刺，也有單邊的樣式，前者因為形似燕尾，又稱燕銛。銛尖分為將基部插入長柄前端的洞或溝，以及在基部插入長柄的形態。此外，還有可將插中獵物的銛尖拔離長柄的可拆式離頭銛，以及銛尖與長柄連結的固定銛。離頭銛的矢繩是綁在銛尖上，而固定銛是綁在握柄。主要是用一本銛，也有在長柄前端裝雙叉或三叉鐵架再插上銛尖的二本銛、三本銛。捕鯨地區是用捕鯨炮發射銛，為了加以區分，當地人將用手投擲的銛稱作手銛、手投銛。

簎（やす）

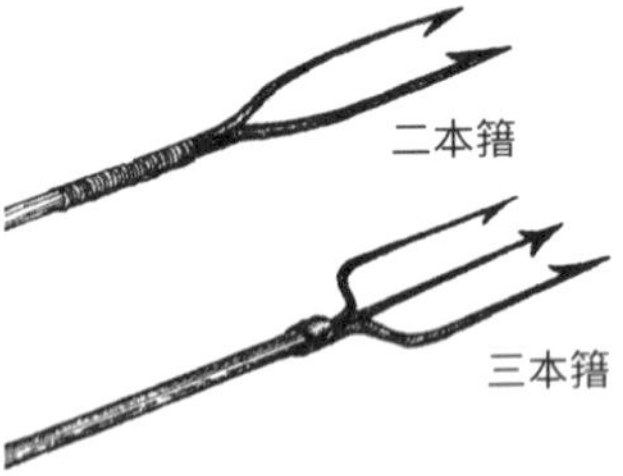

在木柄或竹柄的前端加上一根或二至四根鐵製尖叉的漁具。手握長柄，叉刺捕獲水中的目標物。古時是用鹿角或魟魚骨製成尖叉。形狀多樣，分為前端有銳利倒鉤與沒有倒鉤，依尖叉的數量又分為一本箍、二本箍、三本箍、四本箍。

簗（やな）【魚梁】

簗

主要設置於河川的捕魚裝置。在河中立木樁、搭竹簀或堆石滬，營造出誘導魚的水流，使魚流入簗內。捕捉溯流而上的魚時，面向下游設置上簗，捕捉順流而下的魚時，則面向上游設置下簗。通常會將竹簀斜搭在捕魚處，讓魚躍上竹簀，也有用簀圍成柵或使用*筌的作法。主要用來捕捉香魚、珠星三塊魚、鱒魚、鮭魚、鰻魚，大規模的簗會由擁有在河川捕魚權利的共同體一起設置。

槍（やり）

長柄接上尖銳鐵製槍頭的武器兼狩獵用具。日本早在舊石器時代已開始使用，當時是用黑曜石等石頭磨成尖鋒，也有將木頭或竹子前端削尖的木槍、竹槍。捕獵熊或羚羊等大型野獸是用柄長六～七尺（約一八〇～二一〇公分）的長槍。槍頭分為斷面呈三角形、有血槽的樣式，以及斷面平整的平槍。

槍

弓矢（ゆみや）【弓箭】

日本自繩文時代已開始使用的武器兼獵具。將箭搭在弓弦上，朝目標物射出。弓分為用一根木頭或竹子製成，或是將加工過的木頭接合木頭或竹子製成。鎌倉時代以前使用的木材以梓木為主，後來也有用野漆、衛矛、櫸樹或竹子。

弓矢

箭矢是由主幹的矢柄（箭桿）、前端的鏃（箭頭）、尾端的羽（箭羽）、矢柄末端搭弓弦的筈（箭筈）構成。古時矢柄的材料除了細竹，還有蘆葦、柳樹等，後來節間長且節低、粗細適宜的矢竹成為主要材料。矢竹又稱作篦（no），故矢柄亦稱篦。鏃在繩文時代多為黑曜石製成的石製鏃，也有竹製，之後鐵製成為主流。狩獵通常是用前端分叉的箭矢，也會使用半月形的箭矢。為了方便搭弦，有的會直接在矢柄尾端的中央挖溝當作筈，或是另外製作木或竹、角製的筈插在尾端。至於在箭矢射出後用來保持穩定、避免搖晃的羽，古時是用兩根鵰、鷹等大型鳥類的羽毛，後來也出現用三根、四根的樣式。

隨著*鐵砲的普及，逐漸不被使用的弓矢，在江戶時代變成娛樂用具，並出現將射箭當作遊戲的矢場（射箭場）。如今在日本是作為武術之一的弓道，持續地傳承。弓矢除了實用性，古時人們也相信其具有消災解厄的咒力，是一種信仰的象徵物，用於流鏑馬[9]等占卜神事、相撲的弓取式[10]、正月新年神社授與的*破魔矢、破魔弓，或是在舉行新居上樑儀式時加在樑上等。

此外，還有用來剖木破石的箭矢。尖端是尖銳的*楔，分為木矢與鐵製的金矢，插入木頭或石頭的裂縫，接著靠槌或玄能（大金鎚）敲開。

四手網（よつであみ）

用來在海中、湖沼、河川捕魚的漁網。為日本各地在船上或岸邊施行的漁法，有好幾種設置方式。基本上是將竹竿交叉成十字，綁上用綱繩固定四角，張開呈方形的網後吊入水中，待魚群聚集後，拉網捕撈。

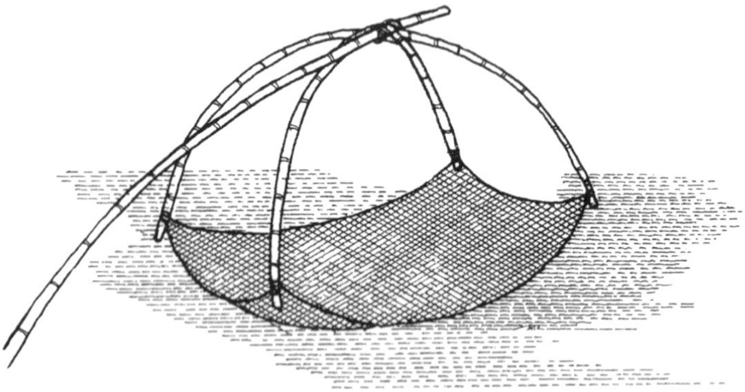

四手網

若布採（わかめとり）

用纏捲方式採收若布（海帶芽）的工具。形態因地而異，像是在竹竿或櫟木棒的前端，以十字交叉的方式綁上松樹枝或竹子，後來也開始使用各種鐵製工具，例如握柄前端插接直徑一五公厘、長約六〇公分的鐵棒，再接上螺旋狀鐵棒，下部加S形的刀刃，邊切邊扭斷海帶芽。另外，還有在櫟木棒前端綁上刃長三～六寸（約九～一

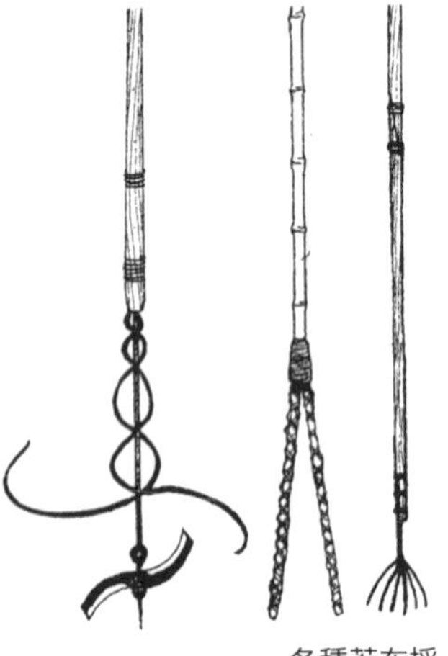

各種若布採

八公分）左右的細刃*鎌（鐮），再捆束於四公尺左右的長竹柄，這樣形式的工具稱為若布鎌。

輪（わ）っぱ【環圈】

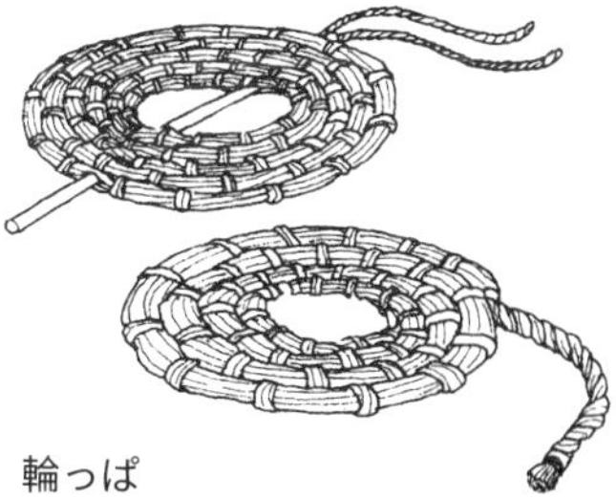
輪っぱ（wappa）

用來威嚇、捕捉小鳥或野兔等獵物的工具。將山葡萄或藤蔓、稻草捲成環狀，朝獵物丟擲，將其趕入洞穴進而捕獲。有些地方稱作ワラダ（warada），還有棧俵（俵蓋）形、藁苞（稻草束）形的樣式。

罠（わな）【陷阱】

泛指捕捉鳥獸的裝置。除了在箱中放誘餌，當獵物進入箱內觸及誘餌，入口就會閉合的箱罠，還有*括罠（圈套陷阱）、*壓（重石陷阱）、*虎挾（捕獸夾）等。通常箱罠用於捕捉鼬鼠、貂等小型野獸，括罠用於捕捉兔、鼬鼠、山豬、鹿等野獸與雉雞、鴨、鵪鶉、山雉等野鳥，壓則用於捕捉熊、狐、狸。另外，為保護作物不被山豬或熊破壞，並將其捕捉，在豬垣（防獸牆）旁挖洞設置地洞陷阱是繩文時代就行之有年的做法，可說是最簡單原始的罠。

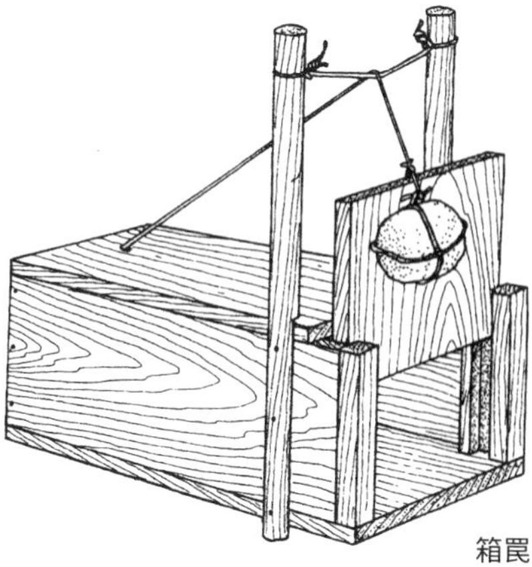
箱罠

第7章

製作

本章的日文原文「つくる」（tsukuru）除了有「製作」之意，也包含以自身的想法製作新物的「創造」。是身處相同生活環境且擁有團體意識的一群人，經由共通的經驗及智慧產生出來的成果。與生活有關的民具其實都有這樣的共通點，實現者也就是製作者，其本領、技藝構成民具的根基，為人們的生活帶來莫大支持與幫助。

居住是人類生活的基本，工匠、番匠等木工的技藝左右著房屋的品質。主要使用的工具有鋸、鉋、鑿、鐵鎚、墨壺（墨斗）、曲尺（角尺）等。日本古墳時代的出土文物中已有鋸的存在，正倉院也有相關收藏，由此可知鋸是古代就開始使用的工具。鉋分為槍鉋（P334）與台鉋（P305），槍鉋是前端接上三角刃的長柄鉋刀，用於削平木面。到了江戶時代（一六〇三～一八六八）具有鉋台的台鉋變得普遍，槍鉋逐漸消失。此外，也會使用手斧（P319）削切木面，這是介於斧和槍鉋之間的工具，削切效率相當好。鑿在鎌倉時代（一一九二～一三三三）以前都採雙刃，後來演變為單刃，即今日所見的形狀。

用來畫直線的墨壺，一端放入真綿[2-53]等蓄墨材吸附墨汁，另一端則是捲繞墨線的線輪，將墨線穿過放有蓄墨材的墨池，線的前端綁上小針，稱為仮子或輕子。放在欲加工的材料上拉直再放開，表面就會留下直線。

測量長度的曲尺，古時是用刻上刻度的木板，之後變成金屬製，正面的刻度是一般長度，背面分為正面長度的雙倍與正面長度乘以圓周率的刻度，可兼作量尺、計算尺與三角板。墨壺和曲尺使我們了解到工匠絕妙的智慧。

屋頂骨架完成後，圍起房屋的四周，堆砌隔間用的牆壁。負責砌牆的水泥匠，日語稱為左官，過去曾有塗大工、壁塗大工、泥工等稱呼。左官的工具也相當多，最重要的是鏝刀。一般的砌牆程序是下塗、中塗、上塗與最後修飾，各階段使用不同種類的鏝刀。技術出色的左官能夠熟練地操作鏝刀，塗完灰泥再用鏝刀畫出浮雕般的風景、肖像或吉利圖樣，尤其是在大分縣和愛媛縣，這種畫在白色牆面或戶袋的鏝繪很常見。使街景看起來更加賞心悅目的鏝繪，當中隱藏著前人的精湛技術與美感。

為了讓製作出來的工具可以長久使用，讓自己能使用習慣、熟悉的東西，日本人想方設法，而當中最佳的解決之道就是塗漆。除了房屋主柱或生活用具，就連裝飾品、平時攜帶的各種材料的袋子也都塗上了漆。自繩文時代前期的遺跡中就已發現塗漆的木器或土器，青森縣三內丸山遺跡也找到塗了各種漆的物品，數量十分可觀。在如此的背景下，人們開始種植漆樹。採集漆液的漆搔鎌（割漆刀）和漆桶都是很簡易的工具，塗漆的漆篦（P299）、漆刷毛也是如此。使用簡樸的工具製作出堪用數百年的物品，再次令人見識到日本人絕妙的智慧。

日常生活包括吃喝、穿著等各種行為，使用的用具也相當多樣。像是鍋、釜、鐵瓶（鐵壺）等煮沸器具。而製作這些器具的鑄型也是工藝的結晶。人們發明設計出製作這些用具的工具，生活中的民具種類和數量也隨之增加。

用來縫製、改造衣服的工具也不少。發現了楮樹、椴木、藤、麻，以及絹、棉等材料後，人們創造出紡織工具，不斷進行改良。好比織具，從地織機發展為高織機的過程中，製作出許多精巧的附屬品。同時，為了讓織物色彩豐富而施行染色，當時多以野生草木為原料，稱作草木染。紺（深藍）與紅是原始色彩的象徵，被當作染料的蓼藍和紅花也各自擁有特有的技術及用具。

經過整線、染色、機織所完成的布，再以多種裁縫工具製成衣物。衣物與前文提及的鑄物製品都不光是「製造」，也會被回收改造並重新利用，達到有效的活用。為使生活更舒適美好，人們創造並使用各式各樣的用具，而製作那些用具的工具也非常重要，那些工具讓「技藝」得以充分發揮。

藍甕（あいがめ）【藍染缸】

藍甕

將藍玉[1]放入容器中加水溶解發酵，做成藍染染料的藍液保存，過程中使用的陶製*甕就稱為藍甕，大小分為一石五斗（約二七〇公升）、一石八斗（約三二四公升）、二石五斗（四五〇公升）等。紺屋（染坊）會將數個藍甕埋在土中，四個成一組，中央挖出稱作火穴或火壺的洞。以*木槌敲碎藍玉放進甕裡，加石灰、麥麩、灰汁（木灰水）攪拌，蓋上木蓋靜置一天後，加溫水使其發酵。使藍液發酵還原的步驟稱為「建藍」，染匠會根據色澤或沉澱狀態、以手指沾取試味道等，確認發酵程度。藍液的發酵需要適度的高溫，為自用而製作時一般會選在夏季進行。至於紺屋，每到氣溫低的季節就會在火穴燃燒大鋸屑或稻殼促進發酵。完成發酵的藍液每天得用竹竿等物攪拌，以保持狀態。

揚枠（あげわく）【揚框】

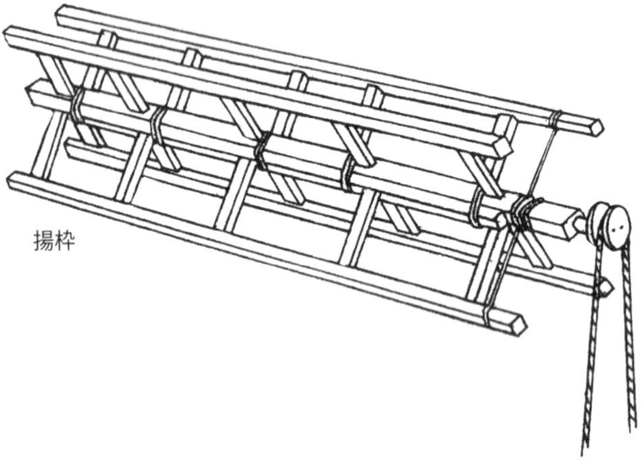

揚枠

捲繞生絲製*綛（絲束）的大型木框。軸木接上四根框木的長方形框架，尺寸多樣，大型的揚枠長約二公尺、直徑四五公分餘。用*座繰（坐式繅絲機）或*踏取（腳踏式繅絲機）繅製的生絲，為了方便保管或搬運，會以揚枠捲製成大綛，且考慮到取用的便利性，採用將其中一根框木做成可抽出的設計。蠶農將此物安裝在緣廊高處，軸端的輪與放在地板上的糸揚車穿入帶狀的*繩，藉拉繩轉動，纏捲生絲。邊用腳踩控制糸揚車，邊用手拉繩使其轉動，也有在軸端加方向盤狀的手把，綁掛繩子，可坐著拉繩轉動的形態。

糸揚車

網針（あばり）【網梭】

編織或修補漁網的針。將竹片做成前端削尖的舟形板，在舟形部分雕出中針，尾端削成U字形，左右做出突角。將網線纏繞於中針至尾端之間，穿過網眼進行編網，此時還會使用配合網眼大小的目板（尺板），讓編織的網線搭在目板上。將各種大小的網針與目板收進竹筒製的網針入或道具箱。繩文時代的出土物中有鹿角製的網針。近年出現金屬及塑膠製品。

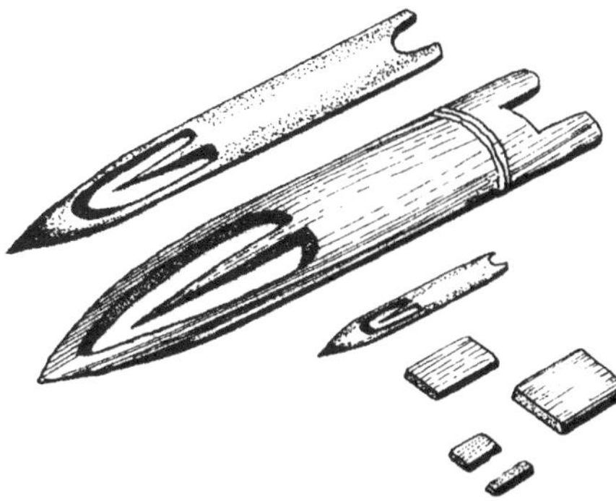

網針與目板

編針（あみばり）【編織針】

主要用於毛線編織物的針。據說編織物是在江戶時代初期傳入長崎，直到明治時代才逐漸普及。編針的粗細、長度不一，依毛線的粗細、編法分開使用。像是兩端皆尖或一端削尖而另一端為圓球的棒針、一端或兩端削成鉤狀的鉤針、收尾用的縫針狀綴針（毛線針）等。多為竹製，也有象牙製、鋼鐵製，近年也出現塑膠製品。

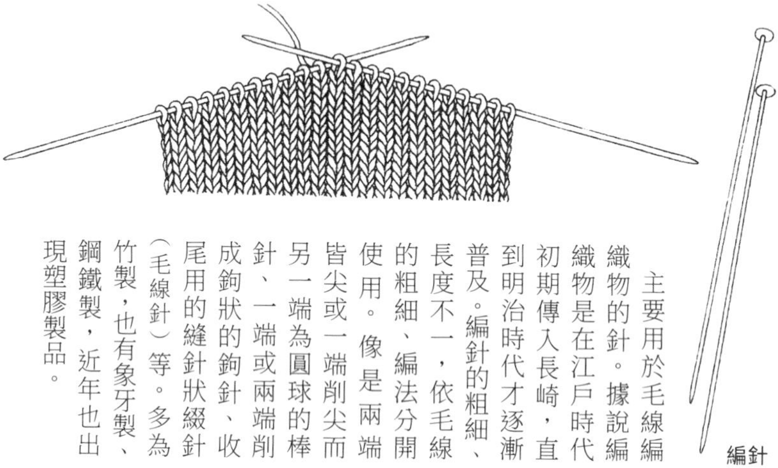

編針

鑄型（いがた）【鑄模】

鑄造是製作鐵、銅、鉛等金屬器物的方法之一，燒熔作為原料的金屬，倒入器物的模型中，待其凝固成形。而鑄造用的模型稱作鑄型，由外型與中子構成，具有倒金屬熔液的縫隙。

配合製作的器物有各種形態，依材料分為石型（石模）、金型（金屬模）、砂型（砂模）；依製法分為挽型（泥土

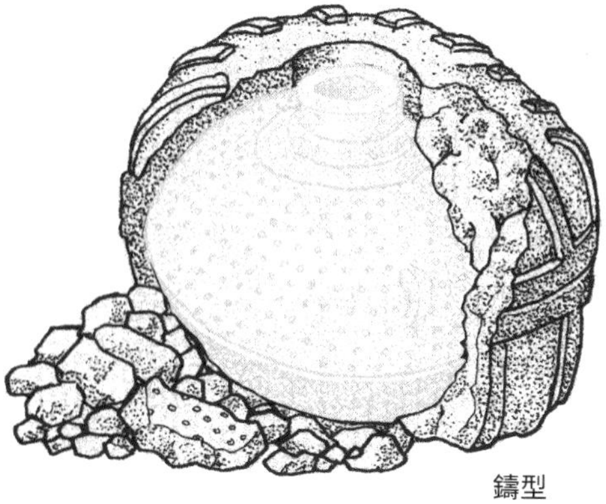

鑄型

模）、込型或寫型（整體模）、蠟型（蠟模）；依製法或形態分為燒型（烘烤模）、乾燥型（乾砂模）、膚燒型[2]、生型（濕砂模）等。使用鑄型製成的鑄物相當多，如*鍋、*釜、*鐵瓶（鐵壺）、*五德、*火鉢（火盆）、*梵鐘、犁先（犁鏟）等，主要是用惣型法製作。惣型法為重複使用同一個砂型，挽型、乾燥型（或膚燒型）的作法，如今多是各個製品各自使用一個模型的生產方式。

鑄型也用來製作獵槍的*彈丸（子彈）或漁網的*錘（沉子）等。將金型接在鉗狀鐵柄的前端，鑄型上有注入鉛熔液的澆道。另外，鑄型也用於製造陶瓷器。以往燒製陶瓷器都是將黏土壓在素燒模上整型，但也有將黏土溶成泥漿倒入模型的鑄込法，此時用的模稱作鑄込型（澆鑄模）。明治時代後期石膏製的模型快速普及，用來量產*碗、*鉢（缽）、*皿等食器。

鑄皿（いざら）

獵人製作獵槍的*彈丸（子彈）、漁夫熔鉛製作漁網的*錘（沉子）時使用的湯杓狀器具。鐵製皿接上木柄，將熔化的鉛注入*鑄型（鑄模）的澆道。

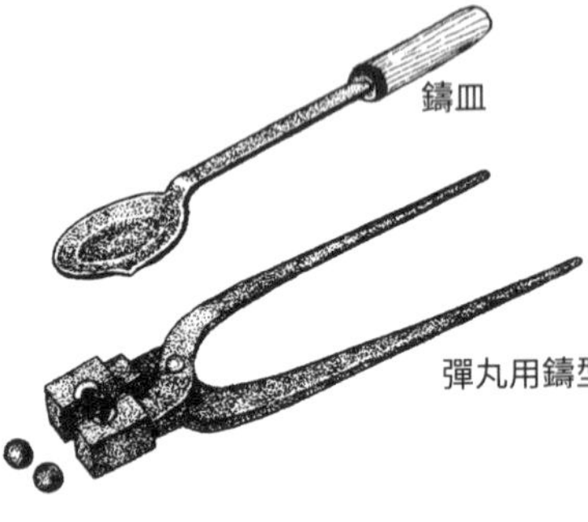

鑄皿

彈丸用鑄型

板圖（いたず）

造屋木匠、造船木匠、指物師等工匠，畫在木板上的設計圖。現代的設計圖是用製圖板、描圖器或電腦繪製，但以前的人只在薄板上用墨水畫出基本外形或重要部分的簡圖。若是船隻或佛壇等作工複雜的物品，則會將各部分繪成圖，以木板或紙描摹當作*型紙（紙型）使用。

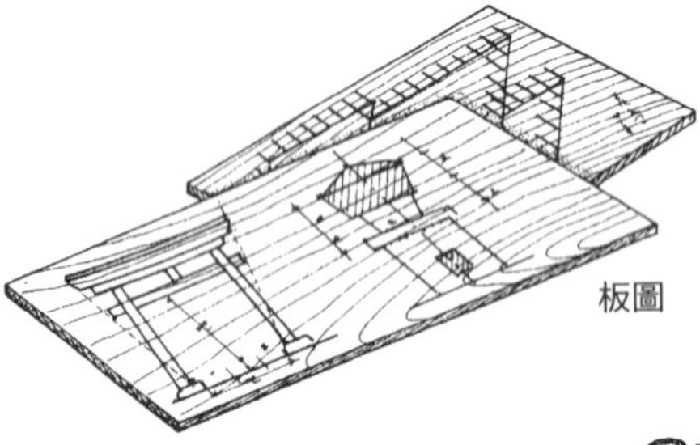

板圖

板挾（いたばさみ）【木板固定夾】

彎折杉木或檜木薄板做成曲物時使用的製作工具。將薄板彎曲成想要的形狀，在交疊處塗飯糊黏合，使用板挾夾住定形，以樺樹皮接合後拆掉。通常曲物師會用檜木或杉木自製，有些地方稱作萬力。

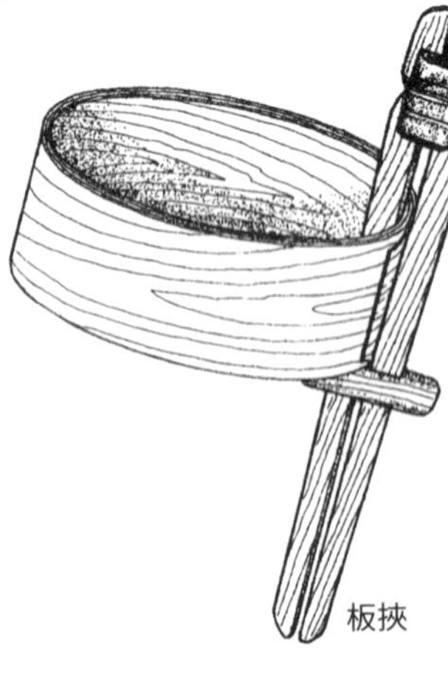

板挾

糸切糸（いときりいと）【割泥繩】

要將用*轆轤成形的陶胚底部與台面的黏土分離時，以這種禾稈捻成的細繩割開。直徑約一公厘的細繩一端接上直徑約四公厘的*繩，在愛知縣瀨戶地區稱作シッピキ（shippiki）。

糸切糸

糸繰枠（いとくりわく）【繅絲框】

捲繞從蠶繭抽出的生絲時所使用的木製框，有四根框木組成的四角形與六根框木組成的六角形。直徑一三公分至三〇公分左右，大小不一，通常六角形的框較大。裝在*座繰（坐式繅絲機）或*踏取（腳踏式繅絲機）上使用。亦稱糸枠、糸取枠，也單稱枠。在東北地區或北陸地區是用根曲竹編成的籠形框架。也會用來捲繞掛在*綜割的上漿生絲，套在*牛首上使用。

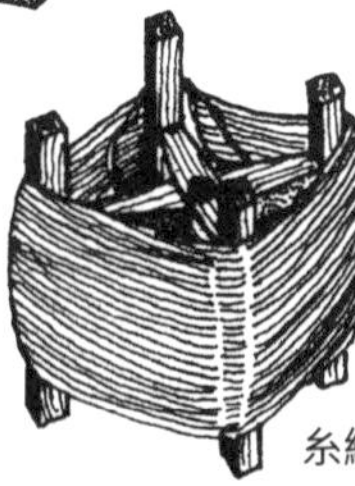
糸繰枠

糸車（いとぐるま）【紡車】

用來捻線或是將織機用緯線捲入管軸的手轉輪，亦稱糸撚車、糸繰車、管卷車、紡車等。由T字形木台、竹片組成的轉輪和鐵製*紡錘構成，將轉輪裝在台上的支柱。支柱分為一根與兩根，前者是在轉輪的一根側骨上鑽洞插入棒子，手握棒子轉動。而後者是在轉輪的軸木裝上連動式把手進行操作。木台另一端的前方有兩根綁繩的小支柱，將紡錘掛在繩上，轉動轉輪時，轉輪與紡錘之間的*紐會帶動紡錘轉動，使捻線或緯線捲入套在紡錘的管。因為是坐著操作，木台做成略為向正前方傾斜的形式。

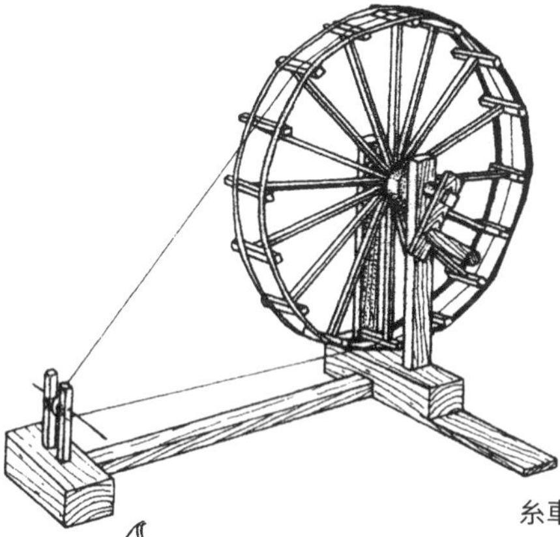
糸車

糸取鍋（いととりなべ）【抽絲鍋】

煮繭抽生絲的*鍋，有馬口鐵製、黃銅製、鐵製、鍍琺瑯等材質，亦稱繭煮鍋、繅糸鍋。

放在糸取竈上的糸取鍋

擺放糸取鍋的小型移動式土製*竈（灶）稱作糸取竈。形態多樣，像是側邊用木板圍成方框的播鉢形*七輪（炭爐）或圓形*火鉢（火盆）等，燃料是用薪柴、炭、練炭（蜂窩煤）。

糸鋸（いとのこ）【線鋸】

細長帶狀的薄鋼板接上細齒鋸身的一種*弓鋸（弦掛鋸）。將木或竹、金屬等材質的板子鋸出曲線，或是進行鏤空雕花等細膩工法的專用鋸，因鋸身細如線，故得此名。明治時代中期自西方導入機械糸鋸，當時是用縫紉機改造而成。有些職人會利用*時計（時鐘）的發條或洋傘的傘骨當成鋸身。概分為木工用與金屬加工用，鋸齒依用途有數種大小。

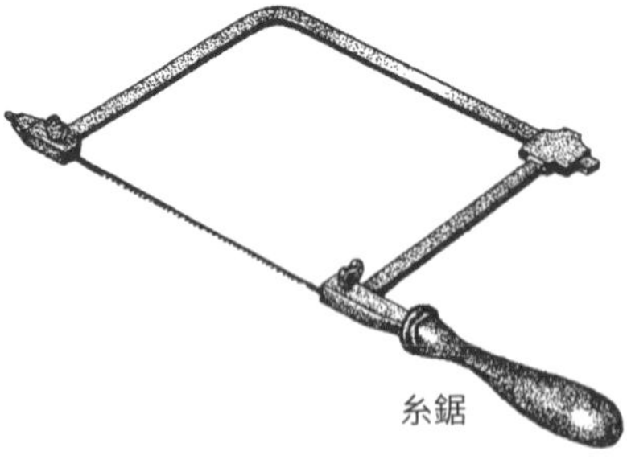

糸鋸

牛首（うしくび）

將紡好的絲或上漿生絲捲繞在*糸繰枠（糸枠）的台子。用法是將糸繰枠套入木台支柱上部的橫木。

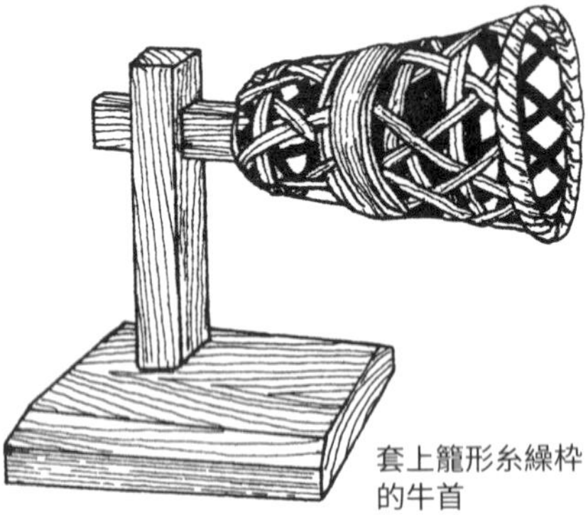

套上籠形糸繰枠的牛首

打板（うちいた）

敲槌製紙原料的楮樹纖維時使用的板。多為欅樹等硬木製的厚板，長四尺（約一二〇公分）～五尺五寸（約一六五公分）、寬一尺二寸（約三六公分）～一尺六寸（約四八公分）、厚約五寸（約一五公分），也會使用表面平滑的石板。將楮樹纖維放在打板上，用長二尺（約六〇公分）、粗一寸八分（約五四公分）左右，用握把部分削圓的欅樹等硬木製打棒或叩棒（有些地方是用稱作槌的長棒）敲打成糊狀。這個作業基本上由一人進行，有時也會由二～四人面對面共同進行。此外，有些地方是雙手各持短打棒敲搥。

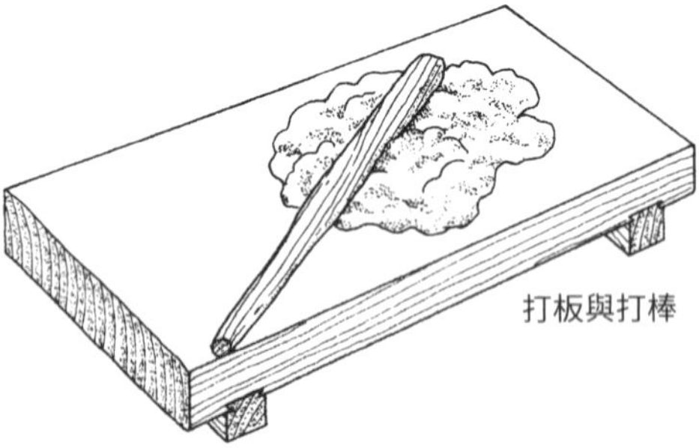

打板與打棒

漆掻鎌（うるしかきがま）【割漆刀】

為了採收漆液，在漆樹上劃出溝痕的小型*鎌（鐮），亦稱漆鉋。將鎌刃垂直裝入木柄，刃尖分叉，一側是深

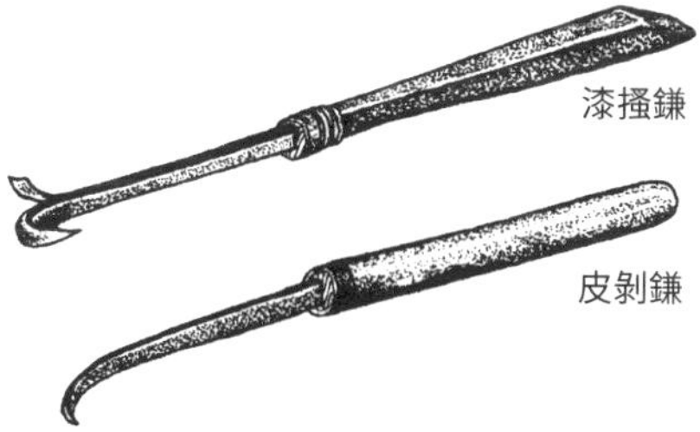

彎的U字形，另一側朝上微彎。U字刃稱作鎌口，微彎刃稱作目刺、アイ（ai）、アヤ（aya）、ハリ（hari）等。先用專用的皮剝鎌（剝皮鎌）削除漆樹的粗皮，再以鎌口於樹幹上劃出溝痕，緊接著用另一邊的目刺削切，讓溝痕深入漆樹的形成層，使漆液更容易滲流。

漆樽（うるしだる）【集漆筒】

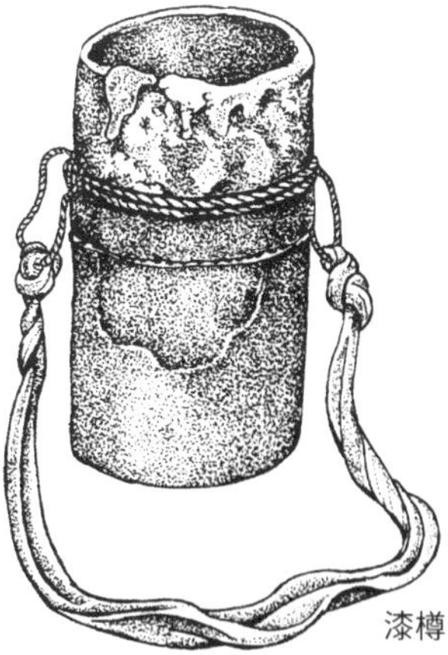

用*漆掻鎌（割漆刀）在漆樹上劃出溝痕，盛裝刮取滲流的漆液時使用的容器。以厚朴樹皮做成筒狀，或是竹筒加上杉木或檜木底板，筒身中段繞綁提繩。使用稱為取箆或掻箆、前端微翹的小型薄鐵箆刮取漆液，裝入漆樽內。

漆刷毛（うるしばけ）【漆刷】

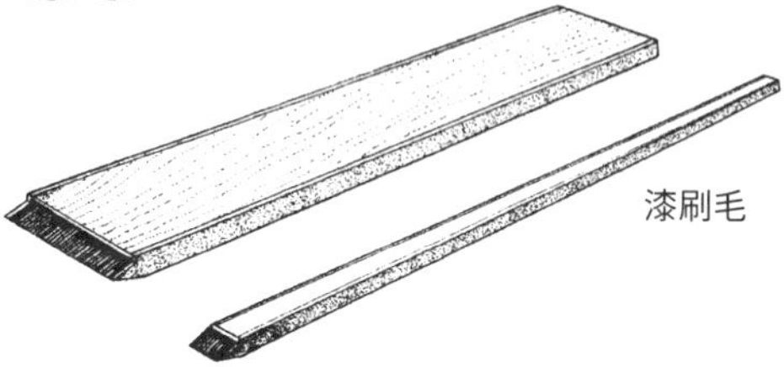

塗漆用的*刷毛，分為下地塗（打底）用與上塗（收尾修飾）用。前者依下地的種類，如柿澀下地、膠下地（膠液加砥粉）、漆下地等區分使用。這些刷子是用禾稈、獸毛或女性的頭髮製成。而漆刷毛通常是指後者，即上塗用，作法是將女性頭髮用灰汁（木灰水）清洗脫脂後仔細梳整、塗糊漆固化，夾入長方形檜木薄板中。樣式有刷毛與刷毛板等長的本通、刷毛約莫一半的半通，以及四分之一左右的山刷毛。當刷毛前端出現摩耗，漆塗師會拉出刷毛板內的刷毛，修齊後繼續使用。

漆箆（うるしべら）

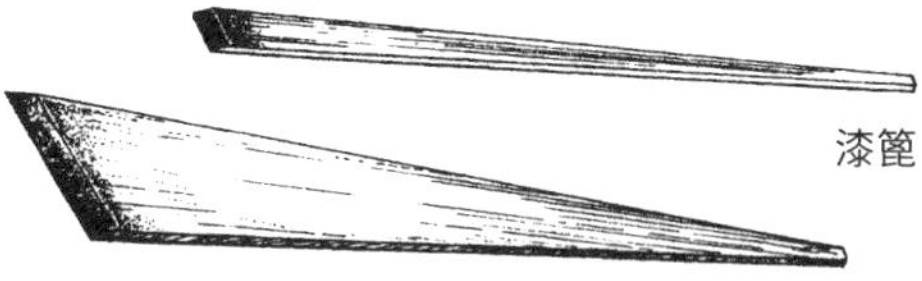

塗漆用的箆，與*漆刷毛（漆刷）同為最重要的塗漆工具。製作調整下地（底漆）的木屎漆[3]、拌合漆和顏料、塗下地等時所使用的縱長薄板狀箆，依用途分為木屎箆、合箆、付箆、引箆等，各自使用適合的材料，如檜木、榆樹、衛矛、厚朴、竹子等製作。上塗（收尾修飾）是用水牛角或鯨鰭製成的箆。

大割庖丁（おおわりぼうちょう）

分切製作木杓的木材或製作*樽的

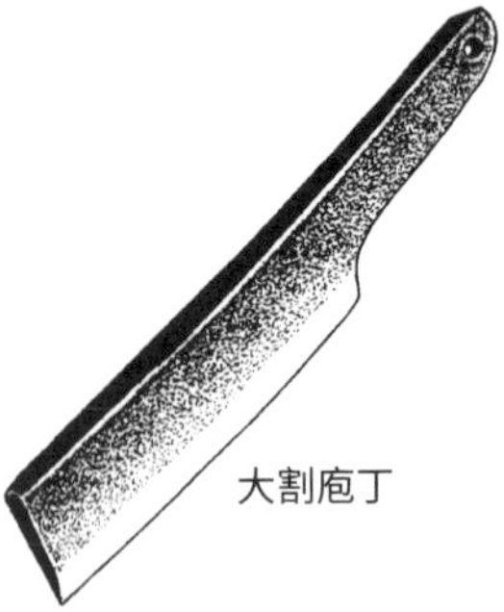
大割庖丁

樽丸、柿葺屋頂的木羽板時使用的刃具，亦稱大割鉈，有些地方稱作*山刀。以刃抵住木材，用*木槌敲打刀背，切開木材。

大鋸（おが）

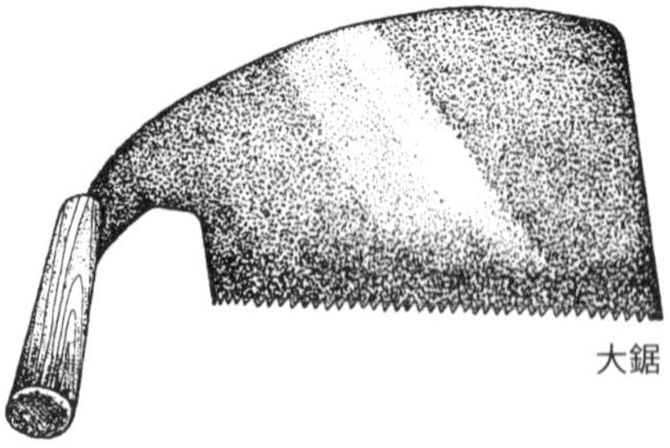
大鋸

將木材鋸成木板的大型縱挽鋸（縱開鋸），亦稱木挽鋸。*鋸原本是橫切木頭的工具，為了取得木板或角材，再用*斧或*楔等物縱切，最後以削斧、*手斧、*槍鉋等修飾形狀。

中世時期自朝鮮半島或中國傳入縱切的挽鋸（拉鋸），是在H形木框的一側接上帶狀鋸身，另一側綁繩撐開的鋸。操作時，由兩名鋸木師傅前後拿著，一推一拉鋸切木頭，鋸齒從中央分為左右相反的方向，形成互相推切的形狀，當時人們將此物稱作大鋸。江戶時代出現了大型板狀鋸身上刻有鋸齒的單人用挽鋸，這種新型的縱挽鋸遂普及開來。因與其他鋸子一樣都是刻有鋸齒的前拉式，故稱作前挽大鋸，亦單稱前挽，後來所謂的大鋸均是指這種鋸。大型的大鋸，光是鋸身就超過五公斤，如今都是以機械製材，能夠熟練操作的工匠寥寥無幾。另外，用鋸子鋸出來的木屑稱作大鋸屑，也是由此而來。

筬（おさ）【緯梭板】

織機的主要部分，用來將緯線推向織口（打緯）。將細薄竹篾等間距排列固定，上下架橫木、捲纏織線。竹篾的間隔稱作羽（亦寫作齒）。將經線用、有溝的筬通穿入羽之間，插入筬柄裝在織機上。經線數量依織線材料（絹、麻、棉等）而異，織布使用的筬，羽數須配合經線數。作工精細，排立超過二百片細竹篾的筬，需要特別的技術且費時費事。如今幾乎無人製作，多是使用金屬製。

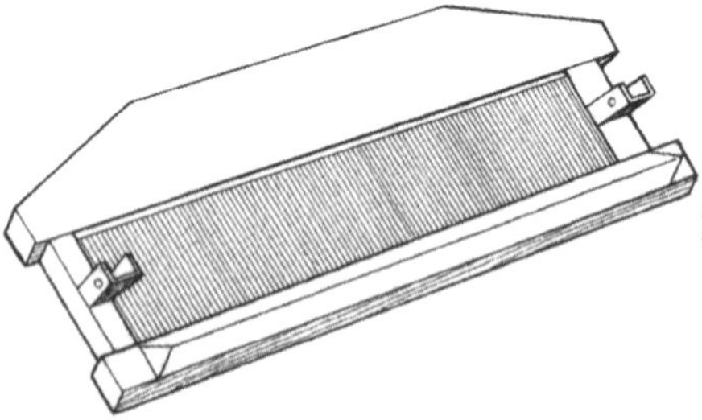
筬

斧（おの）

採伐林木、切割木材的雙刃刃具，亦讀作「よき」（yoki）。將握柄以直角插入長方形斧刃的柄孔中，概分為切斧（木馬斧）、割斧、削斧。切斧是橫向砍木，進而伐木、斷木的斧，刃較薄，容易砍入木頭；割斧是縱向劈木，柄孔部分較厚，由縱向來看，刃尖如*楔般呈現尖銳的銳角；削斧是削切木材側面的斧，刃尖寬、內側深凹做出柄孔。斧刃內凹的程度、刃形依地方而異，有鷹羽、刃廣、蛤刃等，大型的削斧稱作鉞。*鋸變得普及之前，木材的採伐或初步加工都是使用這些斧，對在山地工作的人來說，斧是不可或缺的工具。小型的斧也是木工工具，一般家庭會用來劈木柴。

割斧

削斧（鉞）

苧引金（おひきがね）

將蒸煮過的麻剝下麻皮後，刮除外皮、取得麻纖維的工具。將麻皮放在稱作苧引板、苧引台的木台上，一手拉麻皮，另一手用苧引金刮去外皮，留下纖維。通常是將橫長的鐵刃嵌入薄板下端，有的也會用削過的竹子或空罐頭代替。此外，有些地方是稱為苧扱箸的工具，形同脫穀用的*扱箸，將兩根竹片綁住一端，或是將竹片彎折成鑷子狀。

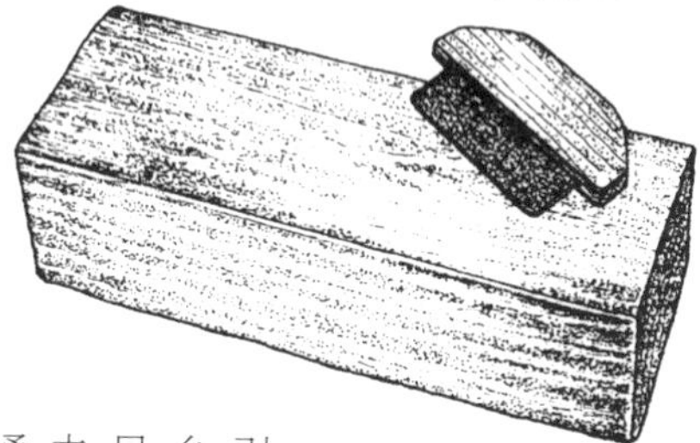

苧引金與苧引台

苧桶（おぼけ）

將麻纖維撕開、捻成麻線後，用來盛裝麻線的容器。各地使用的容器不同，如曲物、結桶、*籠、*笊（笊籬）、刳物、箱等，亦稱オゴケ（ogoke）、オンケ（onke）、オウミカゴ（oumikago）、ウミオケ（umioke）、ハリコ（hariko）等。捻線作業稱為績苧，將捻好的麻線放進苧桶，防止麻線交纏打結。

苧桶

掛矢（かけや）

掛矢

敲釘木樁、建構或拆解建築物的大型*木槌。槌體是以櫟木做成圓筒狀的樽形，握柄則以櫟木或色木槭等製成。在混凝土的建築工地則是用大型的*金鎚（鐵鎚）。

鍛冶鏟（かじせん）

鍛冶鏟

鐵匠製作*鉈（柴刀）、*鎌（鐮）、*鋸等物時，鍛冶專用的*鏟。鍛冶鏟的刃尖鍛合了高碳鋼，硬且堅固，用以在將鉈等刃具淬火前，削除多餘的鐵。兩側的把手裝上握柄，用來推削。刃分為單側與雙側，有削除平整部分的平鏟、削除曲面或高低落差的鏑鏟等。

鎹（かすがい）【U形釘】

兩端彎曲成ㄈ字形的一種鐵釘。主要用於補強木造建築的接合處，釘在兩塊建材之間。分為兩側垂直彎曲的平鎹、可改變彎曲角度的手違鎹。尺寸不一，依使用場所分開使用。

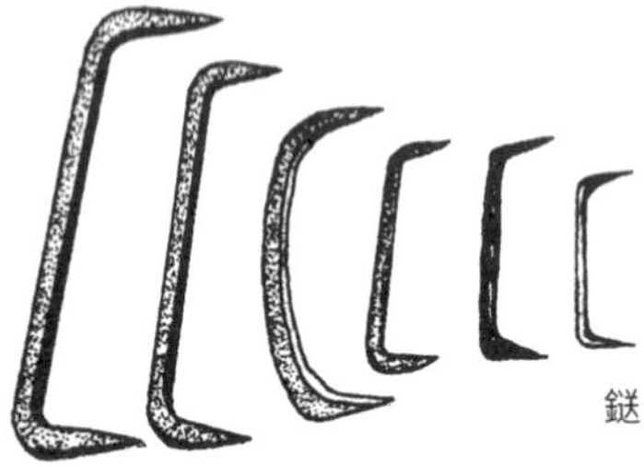
鎹

綛（かせ）【絲束】

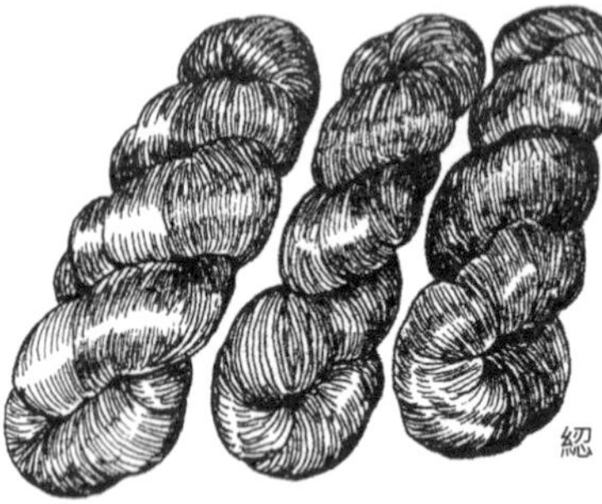
綛

將一定長度的絲捲繞成環狀扭成一束，以這種方式整理絲、計算絲的數量。用工字形或日字形的木製綛框或*揚枠（揚框）捲繞成綛，有時也會將綛框單稱為綛。

型紙（かたがみ）【紙型】

型紙

分為描摹*著物（和服）或西服、木製品或金屬製品等手工藝品形狀的型紙，以及雕出染布或紙圖樣的型紙。

前者是薄板或和紙貼合而成，通常會依部位分開製形，用篦或墨等物擦拓至素材上後，沿著圖樣裁剪或削切。

後者是將數張楮樹纖維製成的手抄和紙黏合、塗上柿澀液，使其硬化做成地紙，再雕刻出各種圖樣。使用型紙染色的織物有京都友禪染、江戶小紋之類的小紋、浴衣的中形2-55、沖繩的紅型等。這些圖樣得運用特殊的雕法，像是雕出曲線的突雕、雕出條紋的引雕、雕出小紋的錐雕，以及各種花卉形狀的道具雕等。三重縣鈴鹿市的白子、寺家地區自古以來就是型紙的盛產地，以伊勢型紙之名廣傳各地。

型定規（かたじょうぎ）

杉木薄板製的尺，放在組成*桶或*樽的長條木板上，計量曲面及木板接合處的角度。亦稱型板，有些地方稱作カマ（kama）。製作桶的桶屋會依製作的桶、樽的大小備齊多種尺寸的型定規。

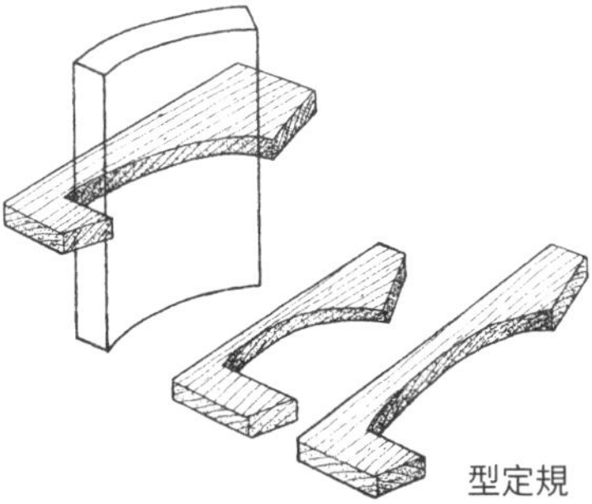

型定規

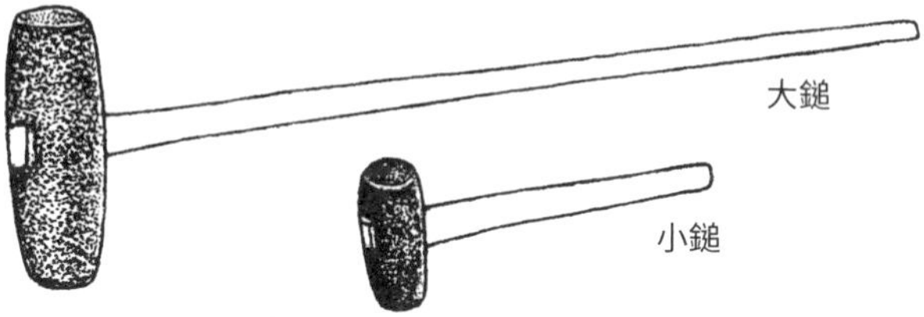

大鎚

小鎚

金鎚（かなづち）【鐵鎚】

木匠或製作木工、金工等工藝品時所用的槌。鎚體為鐵製，故得此名，也因敲打發出的聲音而俗稱「とんかち」（tonkachi）。形態、大小多樣，依職種選用適合的樣式，像是斷面為方形或圓形而兩端平整的、一邊呈圓形或前端變細的，或是一邊前端漸薄且做出分叉，可兼作*釘拔使用的類型。

大金鎚又稱玄能。鎌倉時代末期，禪宗流派之一曹洞宗的高僧玄翁，用大金鎚敲碎會帶來災禍的怪石「殺生石」，故取玄翁之名稱為「玄能」，亦寫作源翁。鎚體為軟鐵，兩端鍛合鋼，斷面有圓形、橢圓形、四角形、六角形、八角形，分為兩端的面皆平整，以及一面為球面的形式。握柄為櫟木製，插入鎚體柄孔的部分削成長方形，手握部分則削成橢圓形。尺寸亦分為大、中、小、豆（迷你）。

另外，鐵匠打鐵的大金鎚稱作大鎚，也稱向鎚。打鐵時，師傅使用小鎚，一～三名協助的先手（助手）則拿大鎚敲打。先手亦稱小僧，順利完成助手的工作是他們的基本修業。

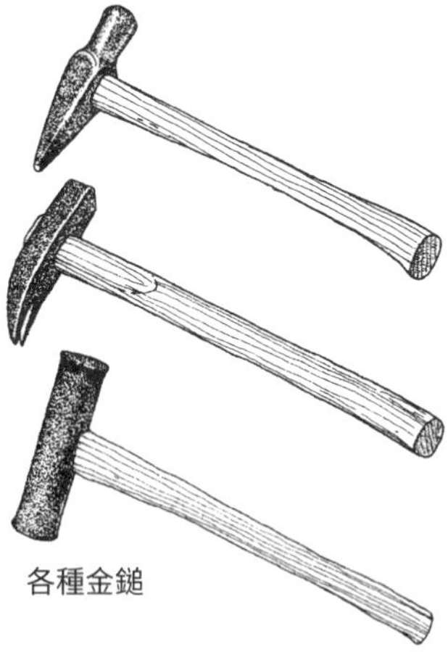

各種金鎚

金床（かなどこ）【鐵砧】

為鐵匠、蹄鐵匠、研磨師、金工職等鍛鑄金屬的職人所用，放置材料加工的鐵製台。形態依職種而異，如方形或一側前端做得圓而尖的類型等。

鐵匠用的金床較大，亦稱金敷。

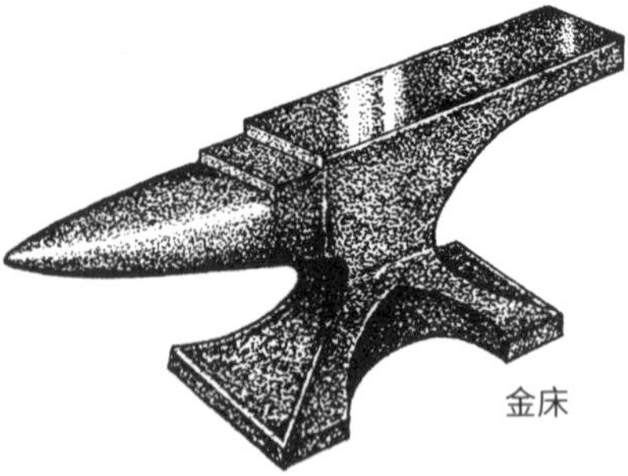

金床

曲尺（かねじゃく）【角尺】

將長短不同的*物差（尺）以垂直角度接合、黃銅或鋼鐵製的L形金屬尺。亦稱矩、指矩、曲矩，尺上刻有尺、寸、分的單位刻度。測量長度的同時，也能測得直角度。正反兩面皆有刻度，長邊稱作長手（長枝）、短邊稱作妻手（短枝），當長手垂直平放時，妻手在右側的狀態為正面，反之為反面。正面刻度是一般的長度單位，稱作表目，背面刻度分為表目×$\sqrt{2}$的角目、表目÷圓周率的丸目。刻度基本上是採日本尺貫法的寸目，但在施行公制之後，也有刻公分（cm）的樣式。曲尺反面將一尺二寸分為八等分、稱為門尺或魯班尺的刻度，有時是用「財、病、離、義、官、劫、害、吉（本）」[4]的文字表示，但鮮少使用。對木匠或手工藝職人而言，測量長度或角度、標記構件尺寸的曲尺是基本且重要的工具。

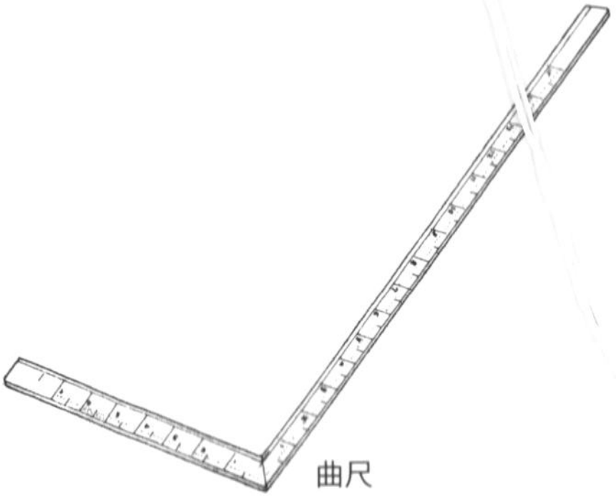

曲尺

紙裁庖丁（かみたちぼうちょう）【裁紙刀】

裝裱師用來裁紙的工具。為了將薄紙或濕紙等數張重疊的紙裁切整齊，使用這種寬面而刃薄的雙刃庖丁，亦單稱紙裁。

紙裁庖丁

萱叩（かやたたき）

鋪草葺屋頂時，敲整萱（茅草）的工具。將厚木板的敲擊面刻成鋸齒狀，

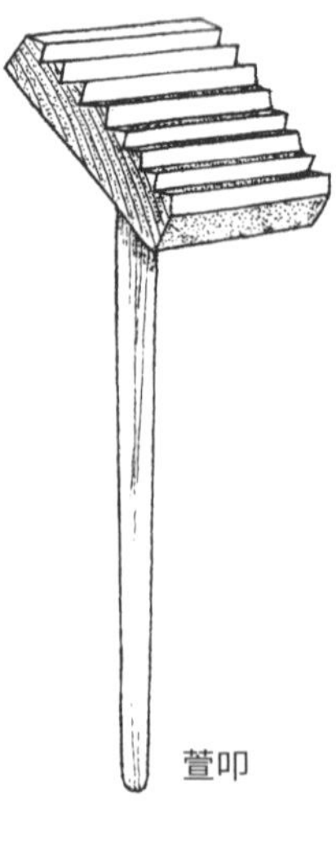

萱叩

手持握柄，擀壓鋪在屋頂的茅草。分為雙手用的長柄與單手用的短柄，依需求選用。亦稱屋根叩，有些地方稱作ガッキ（gakki）。鋪草葺屋頂的工具還有修齊茅草的*屋根鋏（屋頂剪），以及屋根針用來戳刺縫合茅草的細繩、剪斷細繩的小型*鎌（鐮）等。

鉋【鉋刀】

平鉋

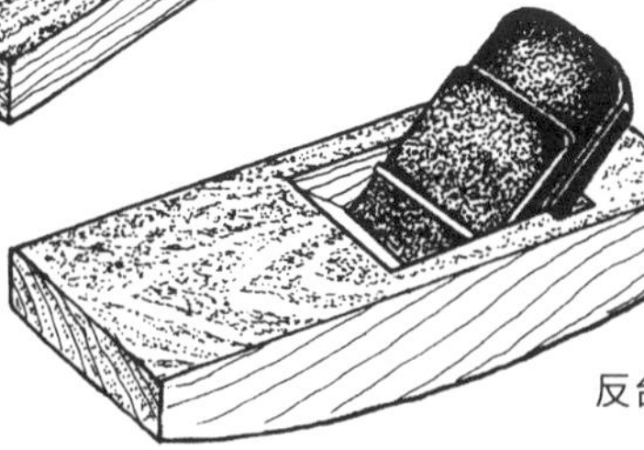
反台鉋

鉋削木材表面，使其變平滑的工具。今日常見的長方形木台鑲嵌刃的鉋稱作台鉋，據說是室町時代中期自中國傳入日本。在那之前，人們都是用木柄前端接槍形刃的*槍鉋，或是在前端內彎的握柄插入寬鐵刃的*手斧。中國與歐洲國家的鉋是往外推的推式鉋，日本起初也是使用這種形式，但沒多久就改成往內拉的拉式鉋，延續至今。而為防止木材產生逆紋而加上壓鐵、現在很普遍的合鉋，是明治時代由日本開發出來的樣式。

鉋的種類非常多，當中最具代表性的是稱作台鉋的長方形木台鉋，依鉋削程度又分為鬼荒仕子鉋、荒仕子鉋（粗鉋）、中仕子鉋（中鉋）、仕上鉋（細鉋）等。另外，還有形態與刃形不同的多種鉋，如際鉋（榫肩鉋）、面取鉋、名栗鉋、內丸鉋（內圓鉋）、外丸鉋（外圓鉋）、反台鉋（翹鉋）、脇取鉋（剮邊鉋）、決鉋、底取鉋、荒突鉋等，依鉋削部位或作業程序區分使用。木台的主要材料是櫟木等硬木，以槌敲打鉋頭或鉋尾，調整刃突出的程度。

此外，木工師傅將放在*轆轤上轉動的木塊削成*椀或*盆等器物的棒狀刃也稱作棒鉋、削鉋。製作鑄物的鑄物師用來削切中子模的成形篦，或是製作陶瓷器時，削切半乾胚體的刃具亦稱鉋。

菊割【剖竹器】

將桂竹、孟宗竹等粗竹剖成等寬竹片的工具。在左右皆有把手的鐵環內，中心有四～十幾片略高的刃，等間距排列成放射狀，依刃的片數稱為四割或六割。

菊割

木槌

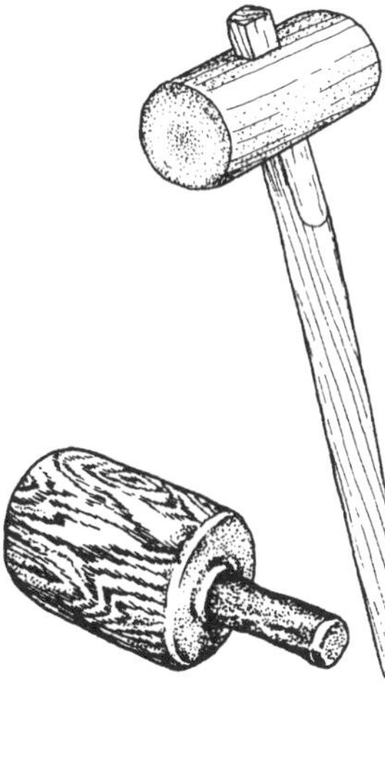
木槌

槌體、握柄皆以櫟樹等硬木製成的槌。形態分為在圓筒形槌體中心垂直插接橢圓形長柄的槌，以及用一塊木頭做成粗圓筒形的槌體與直立在中央的握柄的槌。前者亦稱小槌，用於組裝木工藝品或雕刻等各種加工作業。後者又稱橫槌，用來敲軟禾稈做成手工藝品或是豆類等作物的脫穀，對農家來說尤為日常必備的工具，自製品相當多。

砧（きぬた）

砧

將織好的布折疊，以舊布等物包覆後，放在木台或表面平整的石頭上，用這種*木槌敲打，使布變得柔軟有光澤。通常是一體成形的橫槌形，也有橫杵形的砧。

錐（きり）

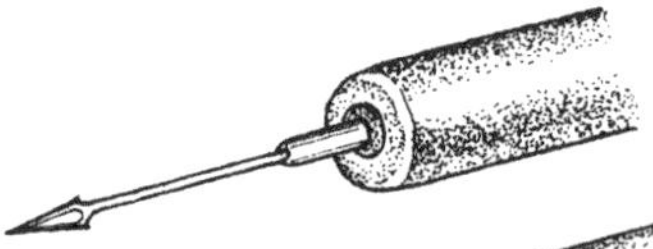

三目錐

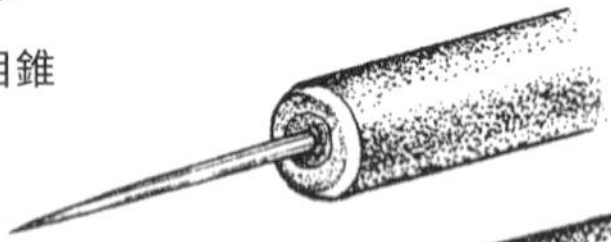

四目錐

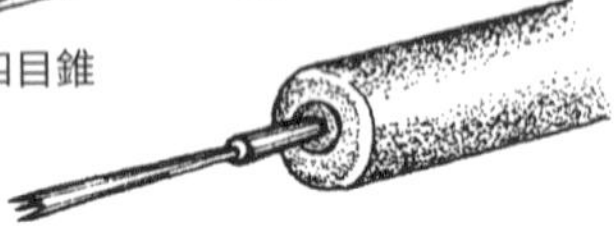

鼠齒錐

用來在木、竹、金屬、骨、角等鑽出圓孔的工具。將有尖銳刃尖的細鐵軸插接在長柄木上，使用時用分為雙手搓轉柄木的揉錐以及以單手轉動的*舞錐。揉錐除了常見的三目錐（刃尖呈三角錐狀）、四目或四方錐（鐵軸斷面為四角形），還有壺錐、劍錐、鼠齒錐、匙錐、三股錐等刃尖形狀各異的錐，依鑽孔材料或用途區分使用。明治時代傳入以螺栓接合的西式建築技法後，開始使用錐刃呈螺旋形、軸棒插接橫木，能夠鑽出大口徑深孔的螺旋錐。有別於揉錐及舞錐，螺旋錐只能單一方向轉動。另外，還有握住ㄈ字形軸棒轉動的繰子錐、轉動軸上齒輪的手迴錐等各式各樣的錐。

切出小刀（きりだしこがたな）

共柄的切出小刀

手握部分較窄的薄鋼板，前端鍛合銳利斜刃的刃具，亦單稱切出或小刀。分為柄與鋼板合一的共柄，以及另接木柄的樣式。形態、尺寸多樣，依用途區分使用。也有逆刃的切出小刀，用於製作竹篾等。用法是將兩根切出小刀的刃尖朝相反方向插在木台上，調整間隔後，放入竹篾抽拉，使竹篾達到均一的寬度。

切斧（きりよき）【木馬斧】

*斧亦讀作「よき」（yoki），許多地方將樵夫砍伐山中樹木的斧稱作「切

切斧

斧」。先在山側（欲讓樹倒下的方向）砍出受口，再砍另一頭的谷側以將樹木伐倒。為刃尖展開如撥片的窄身斧，為方便砍出缺口，通常會做成刃尖銳利的薄刃。鎌倉時代*鋸普及以後，砍谷側伐倒樹木時改用鋸，但要砍出受口時仍會用切斧。如今都是使用電鋸。

釘（くぎ）

敲入木材或其他構件之間，幫助接合的零件。現在常用的金屬製平頭釘屬於機械量產的洋釘，而日本原產的和釘斷面呈現四角形，每一根都是由鐵匠鍛造而成。和釘概分為家釘與船釘，家釘主要用於建築，釘頭為四角形以及單側彎折形，而造船用的船釘釘頭多是單側彎折形。釘和釘時，先用稱作*鑽鑿的專用工具鑽洞，插入和釘後，再用玄能敲釘。家釘的釘頭通常會加上飾片將釘頭藏起，這時會用到前端細、有十字刻痕的鋼棒，即所謂的釘締來打平釘頭。

除了鐵釘，還有用於*簞笥（斗櫃）等家具或日用品、以溲疏削製成的木釘，以及用來釘杮葺屋頂的木板、結桶的長條木板接合處的竹釘。

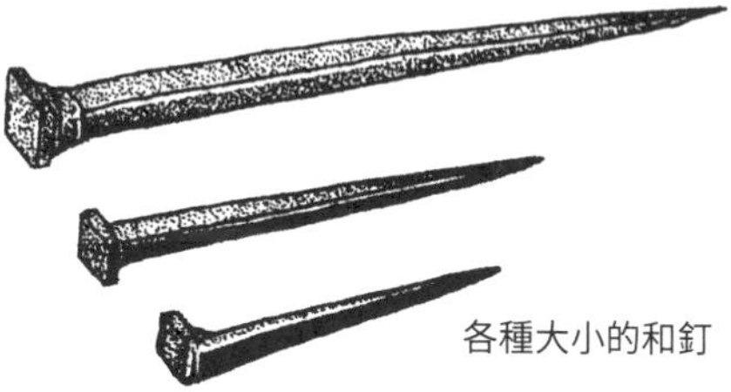
各種大小的和釘

釘拔（くぎぬき）

圓口的鉗形工具，用來夾拔釘入某處的*釘。相傳地獄的閻魔大王會用此物拔掉生前說謊的亡者的舌頭，故又稱閻魔，古時亦稱萬力。明治時代後開始使用洋釘，於是人們改用前端薄且彎曲的鐵棒，以中央缺口夾住釘子再利用槓桿原理拔釘的釘拔，也就是鐵撬，在日語中稱為バール（baaru，源自英文的 bar），或是錘體另一側有相同造型的*金鎚（鐵鎚）。

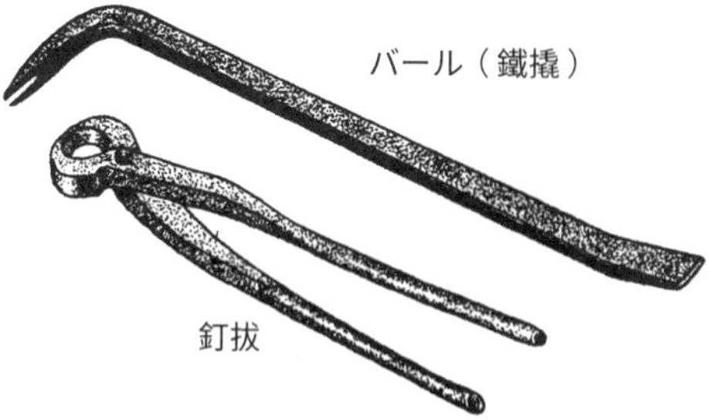
バール（鐵撬）
釘拔

絎台（くけだい）

縫紉物品時，用來對齊接縫處的裁縫道具。在細長底板的一端立桿，桿的上端接針插。針插下方掛著線，線的前端綁上金屬扣件，用來夾住布的一端，可邊拉布邊用*縫針

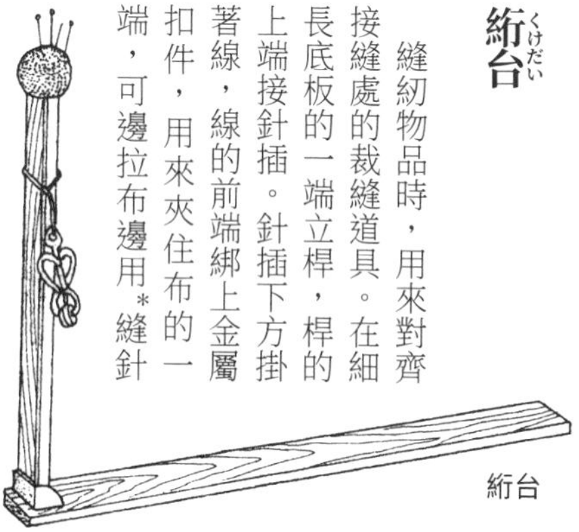
絎台

進行縫紉。古時是將掛針插入布的一端，掛在掛線上將布攤開。底板用膝蓋壓著。立桿分為折疊式與插接式，也有插立在*針箱（裁縫箱）上的樣式。

絎篦（くけべら）【骨筆】

縫製和服時，用來標記長度的篦。外形為前端呈圓弧狀的縱長形，握住尾端壓在布上，以磨擦的方式留下記號。通常是象牙製，現在也有塑膠製品。

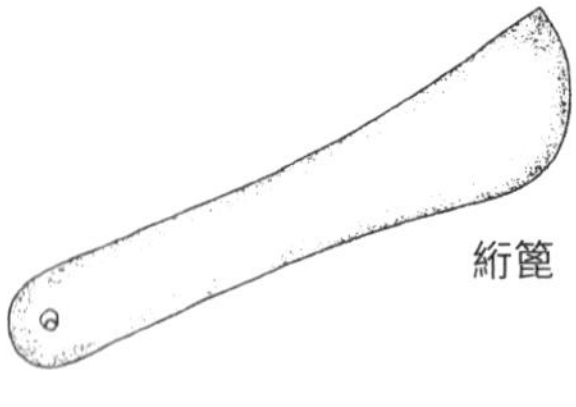
絎篦

楔（くさび）

前端削薄的木製或金屬製工具，用於各種構件的組合、固定或分割。分為兩側削切的V字形、只削切一側或將方形前端削切的樣式。以*金鎚（鐵鎚）或*木槌敲釘，用來組裝建材或*大八車及*山車、接合鍬面與鍬柄、砍倒樹木、分割木材或石材、固定搬運木材的*鐶。另可作為拉門或推門的門檔。

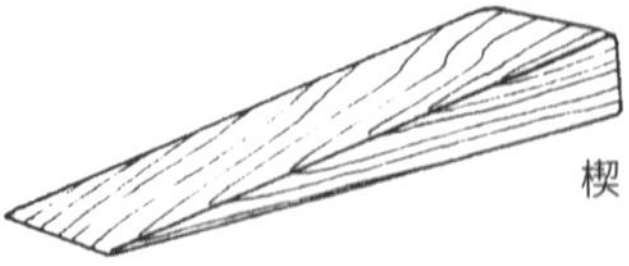
楔

組台（くみだい）

用來編組紐（結繩）、製作竹工藝品等物的台。編組紐的組台依編法分為丸台（圓台）、高台、足打台等。製作竹工藝品的組台則有圓木切成適當高度的圓片狀，或是用木板拼接而成的，亦稱編台。

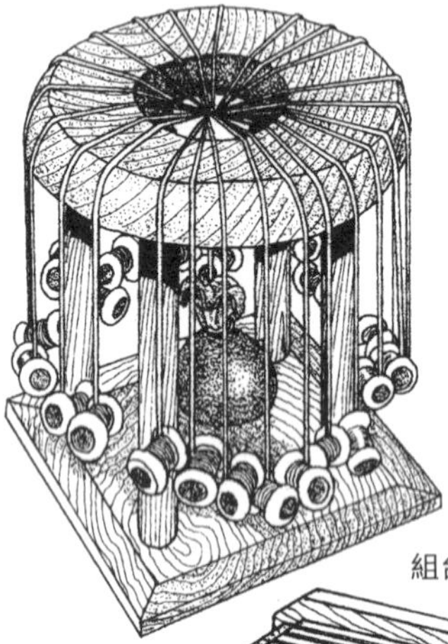
組台

毛羽取機（けばとりき）【剝繭衣機】

蠶在*簇內營的繭會有一層毛羽（繭衣），毛羽取機即是用來去除蠶繭毛羽的工具。江戶時代已有簡易道具，主要為手工作業。到了大正時代，製造出用轉盤轉動兩根棒子、捲取毛羽的箱形毛羽取機。之後經過改良，有了用橡膠帶與布帶組成轉軸，效率更佳的手轉式或腳踏式毛羽取機，這種機器一直使用至昭和三〇年代。

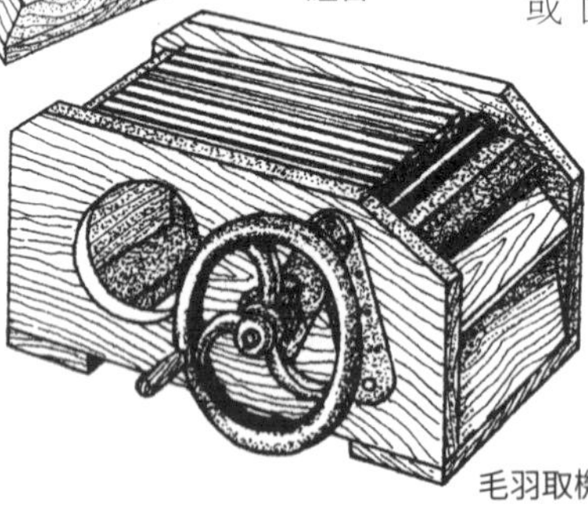
毛羽取機

罫引（けびき）【劃線刀】

在平整的木材表面割劃線條的工具，用於精密的加工。在棹（桿）的一端嵌入小片的鐵製罫引刃，將棹插入作為尺規的厚板中，板上類似*楔的工具，用來固定在需要的長度，將厚板靠在木材側面上推拉，罫引刃就會在木材表面劃出線條。亦稱筋罫引，還有稍微大一點、可直接割劃薄板的割罫引。筋罫引又分為多種樣式，像是在厚板左右插入兩根棹，先用一邊的棹劃線，再將厚板倒置，用另一邊的棹劃不同長度的線的二本棹罫引（雙腳劃線刀），以及在大面積上劃線的長棹罫引、棹上嵌入兩根L形刃並以螺絲固定的鎌罫引，還有在數根棹上嵌入罫爪，用於指物或建具（門窗）加工的鑿罫引等。指物或建具的加工，線的長度必須準確，有時也會用鋼鐵製的刃具沿著*曲尺等尺劃線，稱作白書。

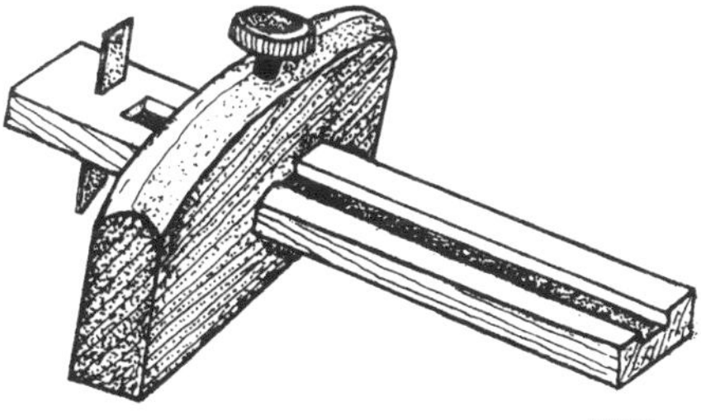
罫引

劍鳶（けんとび）

*鳶的一種，在插入鳶口柄孔的握柄前端，釘入長約五公分的劍形尖刃。刃尖略為勾起，用來推頂移動浮在水面的木材。

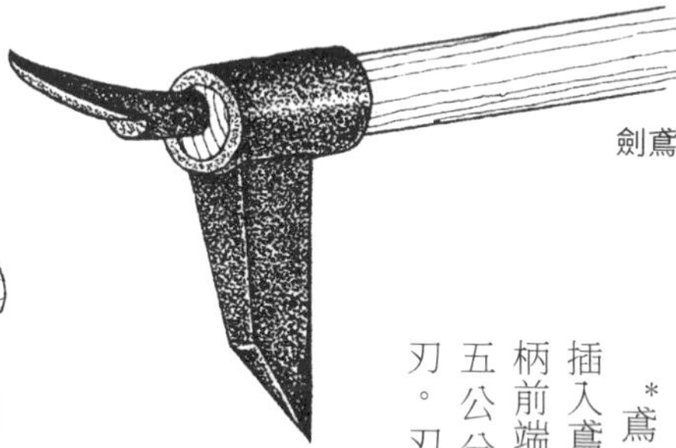
劍鳶

鏝（こて）【鏝刀】

塗抹灰泥、泥、砂漿[5]、水泥等的左官（水泥匠）工具。在木板、鐵板或鋼板上直立短支柱再接上木製握柄，近年還有不鏽鋼板材質。鏝刀的形狀或握柄接法各不相同，分為荒鏝、中塗鏝、仕上鏝、撫鏝、引鏝等，大小依用途而異。用於和服製作或皮革加工的鐵製燒鏝，有時也單稱鏝。

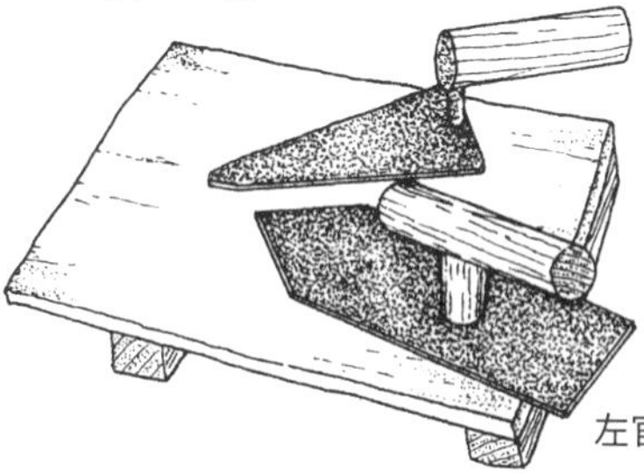
左官鏝

燒鏝

菰編台（こもあみだい）

編*菰的工具，由左右的立腳與架於上部的桁（橫木）、捲繞經線的菰槌構成。大部分是自製品，立腳多為剖半的叉木，將桁插入上部的榫孔組裝而成。桁上有刻痕，標明掛細繩的位置。在每條作為經線的細繩兩端皆綁上菰槌，並將細繩捲在菰槌上，前後交錯地掛上桁的刻痕。接著放上作為緯線的禾稈，每條經線改變前後位置掛放，持續重複這樣的動作，直到

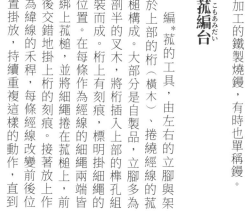

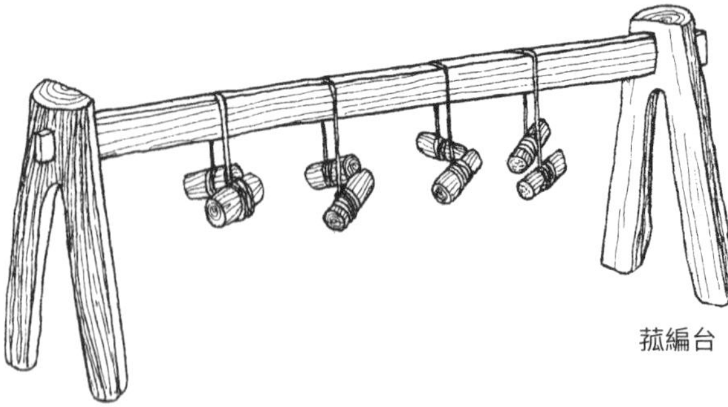
菰編台

編成需要的長度。為了方便捲繩，菰槌是用切成適當長度、中央削細的圓木，亦稱槌子，有些地方稱作アミコ（amiko）。與菰編台同形之物亦用來編米俵、*炭俵、*簀子、*脛巾、*編衣等物，桁上的刻痕依經線數量而異。

紙縒（こより）【紙捻】

將撕細的和紙搓捻成的*紐。除了用來綁髮，做成文件、帳簿及和綴本[6]的綴紐、*羽織的紐，過去也是夏季*襦袢或*紙衣等衣物的原料。江戶時代有段時期曾以紙縒製作*蚊帳，稱作紙帳。而且，江戶時代的紙縒加工也很發達，製品如最後再做塗漆加工的*德利（窄口壺）、水筒、*煙草入（菸草袋）、*印籠、*盆、*膳、*行李等。

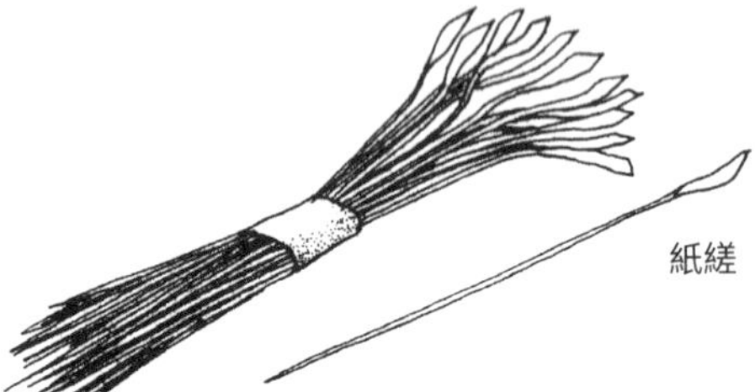
紙縒

座繰（ざくり）【坐式繅絲機】

從蠶繭抽取生絲的工具。這個作業稱作繅絲（抽絲），因為是坐著操作，故得此名。亦稱糸繰器（繅絲器），有些地方稱作ゼンマイ（zenmai）。裝在基台的齒輪有連動轉軸，前端嵌接穿入*糸繰枠（繅絲框）的軸木，藉由旋轉將生絲捲上框。

起初只是一塊板子加軸木的簡易構造，經過不斷改良後，變成利用三個齒輪轉動、效率佳且旋轉穩定的形態。將繭放進擺在專用小爐上的*糸取鍋（抽絲鍋）內煮，用禾稈等物綁成的口立箒（索緒帚）為浮在水面的繭拉出絲頭，勾在鍋緣。左手捻絲、右手轉動齒輪手把，讓生絲捲繞在糸繰枠上。另外，還有裝設四個齒輪，下部有和齒輪連動旋轉的軸木，在生絲通過的上下斜置兩根橫擋的複雜形式。下部軸木的中央有刻上波紋溝的圓筒軸，將竹片做的上橫擋根部卡進溝內，使生絲穿過前端的U字槽。當圓筒軸旋轉時，竹片橫擋會隨著溝左右擺動，讓生絲平均地捲至糸繰枠上。下橫擋是細角棒，根部釘在基台上，前端有金屬線製的小鼓形轉軸。鼓形轉軸捲生絲的同時會進行拉搓，省去用手捻絲的步驟。右手操作生絲，左手轉動手把，使效率大幅提升。由於構造上需要支撐兩根橫擋的木板，便做成箱形，亦稱箱座繰。到了明治時代出現在下部裝腳踏板，坐著操作的*踏取（腳踏式繅絲機），使抽絲更有效率。

實繰（さねくり）【軋棉機】

去除棉籽的工具，亦稱綿繰，有些地方稱作綿引、綿繰轆轤、ミクリ（mikuri）等。短邊的厚木條接上長薄板呈T字形木台，上面立兩根支柱，將一對一端刻有螺旋溝的圓棒上下並排，插入支柱間。轉動接在下棒前端的手把，將曬乾的棉花塞入圓棒之間，棉籽就會往前掉，只剩棉絮留在後方。

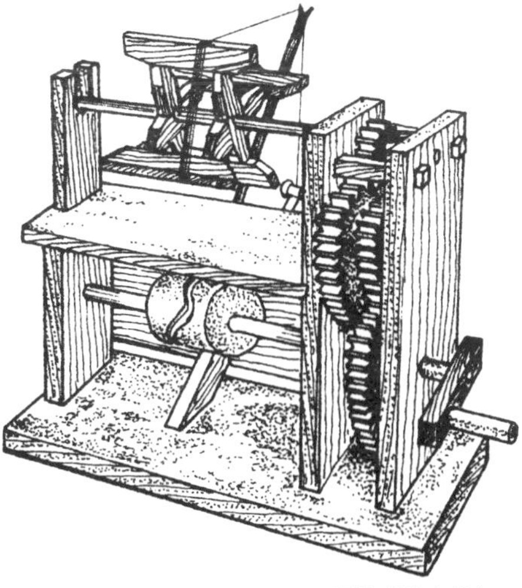
座繰（箱座繰）

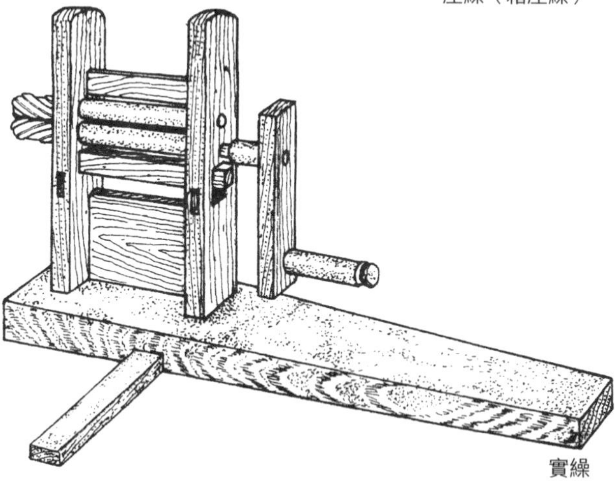
實繰

鹽釜（しおがま）

製鹽工具之一，倒入取自鹽田的高濃度鹽水後，將其煮乾、析出鹽粒的大釜。使用的材質依地區、時代而異，除了土釜、石釜，還有鑄鐵釜、鍛造釜等。明治三十八年（一九〇五）施行專賣制後，多是使用鐵釜，昭和四〇年代因離子交換膜電透析製鹽法的出現而消失。

鹽釜

仕込桶（しこみおけ）【釀造桶】

釀酒廠釀造酒醪[7]的大桶，直徑約七尺（約二・一公尺）、深約五尺（約一・

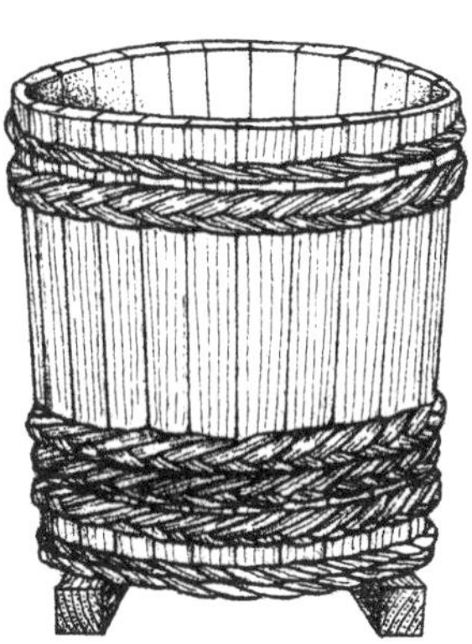
仕込桶

五公尺），儲藏清酒也是用相同的大桶。釀酒廠使用的*桶與*樽相當多，像是以腳踩方式洗米用的踏桶、將洗好的米搬到*甑炊蒸的桶、將麴與蒸米加水製作酛（酒母）的*半切桶、倒入熱水後置於仕込桶內促進發酵的暖氣樽等，倘若細分，共有四十種桶與樽。

暖氣樽

地機（じばた）【地織機】

組成機台的手織機當中，構造較簡單的形式。主要組件有：捲經線的千切、穿入經線上下移動進而讓緯線通過的*綜絖、將緯線推向織口（打緯）的*筬、捲起織布的千卷、足繩與互有連結的招木。將緯線用大*杼（梭子）穿入往前推，再用筬推向織口。千卷不固定在織機上，而是綁在織布者腰上的腰墊，讓織布者用身體拉緊經線進行織布。使用一片綜絖，經線的上線吊掛固定於織機上，綜絖上下移動時，僅下線上移，做出緯線的通道。織機上部架著轉軸，而綜絖吊在延伸出來的橫木上，透過轉軸另一側的招木上下移動。織布者靠著拉扯勾在單腳上的足繩，來移動招木。與大杼併用、用於打緯的筬，中世時期以前並不存在，這是和*高機（高織機）在構造上的明顯差異。地機概分為兩種，一種是坐板低，前方高且傾斜的西日本型，另一種是機台未傾斜的東日本型。地機的稱呼依地方而異，如居坐機、腰機、ネマリバタ（nemaribata）、ヒキバタ（hikibata）等，多半是高機普及後，為了做出區別才有的稱呼。雖然現在已很少見，有時製作*裂織、藤布織等古代流傳下來的織物仍會使用地機。

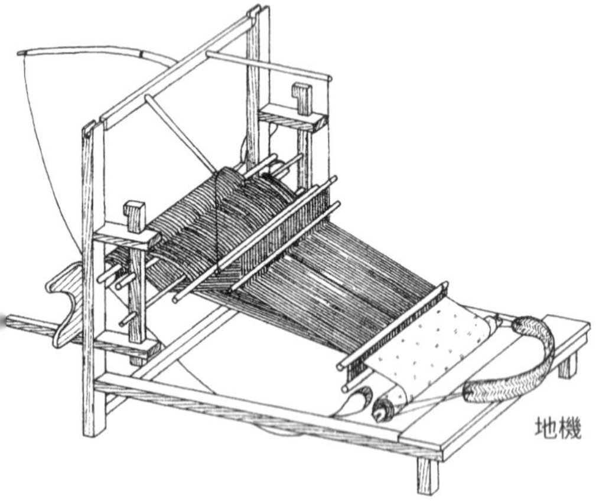
地機

縞帳（しまちょう）

貼了數種*縞（條紋）圖案碎布的冊子。將自己織的或買來的縞織碎布貼在廢紙或*半紙上裝訂成冊，當作樣品集。分為織布時當作參考的自製品，以及染坊、織物業者、和服店等供客人訂購時的參考樣本。有些除了縞織，也會一併貼上*絣織等其他織物的碎布。

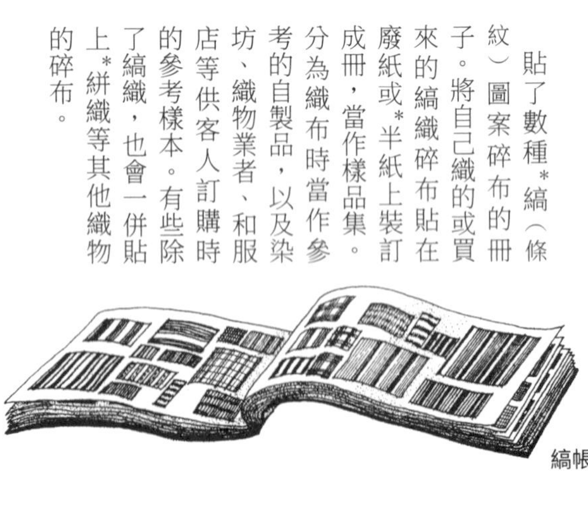
縞帳

正直鉋（しょうじきかんな）

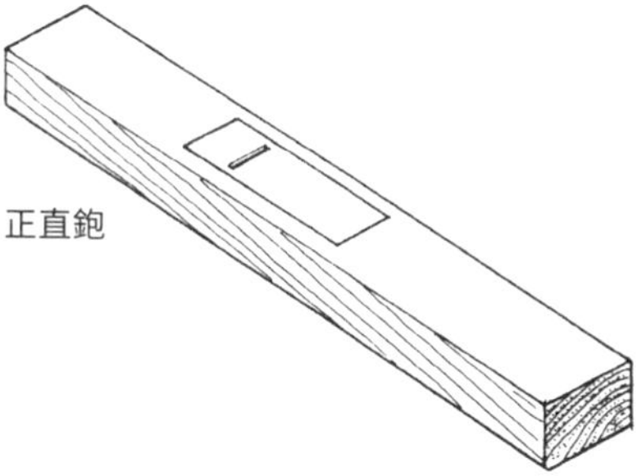
正直鉋

與一般的*鉋（鉋刀）相反，鉋台底面在上、刃尖朝上，將木材擺在鉋台上推鉋。亦稱正直台，意思是無論誰操作、不管操作幾次，都能削出相同的平面。為了保持穩定、防止木材移位，用櫻木或色木槭等較硬的木材製成細長有厚度的大型木台，在中央處鑲嵌直刃的鉋刃。也有在木台中嵌入台鉋的樣式，用於製作以削面接合而成的*桶或*經木等。

醬油立（しょうゆたて）

醬油立

用來取出自製醬油的無底圓筒形*籠。將醬油立插入醬油樽中，用*櫂刮攪籠中的醬醪[8]，再以*柄杓等舀取從籠孔滲出、積在籠中的醬油。古時多是取味噌樽的液體當作醬油使用，因此有時會將有底的圓筒形*笊（笊籬）壓入樽內，直接取用滲出的液體。

漉桁（すきげた）【抄紙框】

手工抄紙的工具之一，以杉木或檜木做成的木框，由上桁（上框）與下桁（下框）構成。下桁鋪放專用的漉簀（抄紙簾），上桁以嵌套的方式壓住並固定漉簀。綁上*紐，懸掛在裝有紙漿的漉槽（抄紙槽）上方。上桁的左右架兩根握棒，手抓握棒舀取適量紙漿，前後搖動使其均一，多餘的紙漿會沿著邊框流回漉槽，將漉桁放在架於漉槽前後的棒子上。這是製作和紙的獨特流漉法。打開上桁取出漉簀，倒置於板上、拿掉簀，留下濕紙。

漉簀分為用細芒草編成的萱簀、用細竹篾編成的竹簀，後者通常是用毛金竹。寬一寸（約三公分），萱簀以二五根芒草編成，竹簀則以四五～五〇根竹篾編成。編線是用放進番茶煮韌的絹線，古時曾用過馬尾毛。

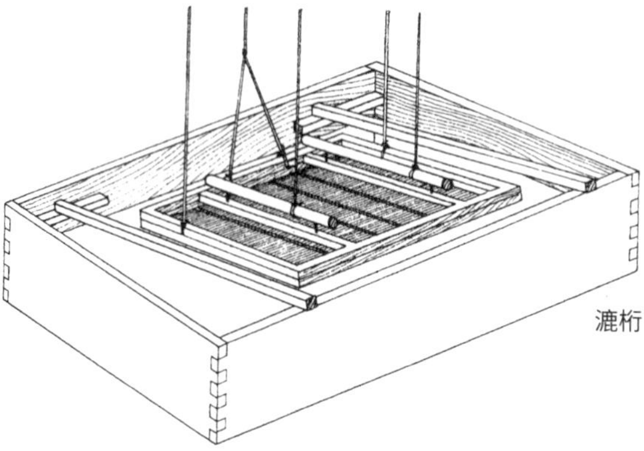
漉桁

墨差（すみさし）

墨差

造屋木匠、造船木匠、石匠等工匠，用墨水在材料上畫直線、做記號或寫字的工具。也用來壓住穿入*墨壺（墨斗）的墨線，使其吸收墨汁。將竹片的一側削成薄片，前端斜切、刻劃細痕，另一端削成細圓的筆形。用前端吸收墨壺的墨汁，古時也有木製品。

墨壺（すみつぼ）【墨斗】

木匠或石匠等工匠以墨水畫直線時使用的工具。前端是塞綿吸收墨汁的墨穴（墨倉），後端是以細軸棒捲繞墨線的糸車（線輪）。墨穴的前後均有讓墨線穿過的洞，線的前端綁上帶針的仮子或輕子（墨簽）。用*墨差將墨線壓入墨穴的蓄墨材，使其吸收墨汁，拉仮子至需要的長度。將仮子的針插在材料上、固定好墨線後，用手指捏起墨現再放開，就能畫出直線。古時是前窄、尾部分開的船形，捲墨線的部分也很小巧簡單。到了近世，出現作工精緻、施以各種雕刻，並將糸車加大，整體變圓潤的大墨壺，但在關西地區多是使用方形的樣式。

墨壺

炭火アイロン（すみびアイロン）【燒炭熨斗】

內部放炭火，藉由熱度消除布等織物的皺折或拉平縫線的工具。明治時代隨著服裝西化傳入日本，取代了原本的*火熨斗，但在大正時代出現電熨斗後，逐漸不被使用。外形與電熨斗相似，不過用來裝炭火的部分體積較大且高，上面是可開合的蓋子，蓋上有排煙用的彎管及握把。

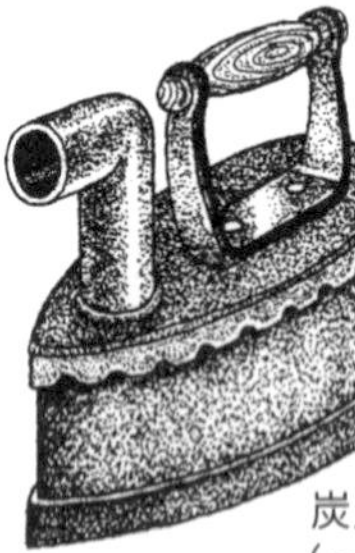

炭火アイロン
（sumibiairon）

鏟（せん）（銑）

泛指左右插入木柄的單刃削刀。製作*桶、*曲物、*下駄（木屐）的職人或木工師傅等使用的木工鏟，刃尖的角度多呈銳角，握住向內彎曲的左右握柄，拉往自己的方向削切木材。

鏟

刃的形狀依用途而異，有筆直的平鐽、內側削切為曲面的內鐽或外側為曲面的外鐽，還有削除曲面的刳鐽。鐵匠用的*鍛冶鐽是以向前推的方式削鐵。竹工藝的加工則是朝自己的方向拉或推，或是用腳固定握柄的一側，將竹材抵在刃上削切。

剪定鋏（せんていはさみ）【園藝剪】

修剪植栽、果樹、盆栽等的*鋏（剪）。將兩把刃交叉呈X字形，用鉚釘或螺栓固定的洋鋏（西式剪）。形態分為兩種，一種是左右刃形相同，另一種是一邊為圓弧形寬刃，另一邊為圓弧內凹的窄刃。前者有橢圓環狀的大握柄；後者是外側內凹以持握的柄，通常柄的基部有彈簧，尾端有卡扣。同形物也被當作製作竹工藝品的工具，而鐵皮、馬口鐵等鐵板的加工是用刃尖翹起的專用剪。此外，也有用雙手持握的長柄剪定鋏，稱作刈込鋏（樹剪）。

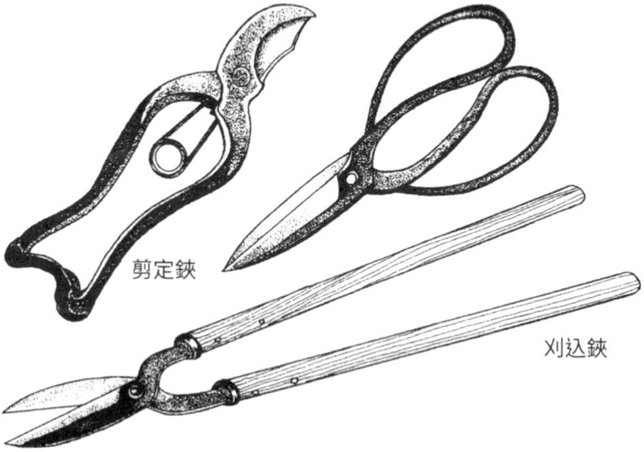
剪定鋏
刈込鋏

千枚通（せんまいどおし）【針錐】

將前端逐漸變尖細的細長圓針插入握柄前端的一種*錐，主要用來在重疊數張的紙上戳出穿入*紙縒（紙捻）或*紐的洞。

千枚通

綜絖（そうこう）

織機的主要組件之一。穿入經線上下移動，做出緯線的通道。古時稱作綜，另有綾、綾取、掛糸、畔、遊び（asobi）等稱呼，過去都是家庭自製。使用架了三根橫棒的木台，從上下的橫棒往中間的橫棒掛繞數條經線，最後抽掉中間的橫棒，貼和紙固定，防止上下線移位。

操作時，上棒繫*紐，吊掛在織機中央，下棒綁紐連結踏木。分為吊掛一片的片綜絖與吊掛兩片的二枚綜絖。*地機（地織機）是用片綜絖，將經線

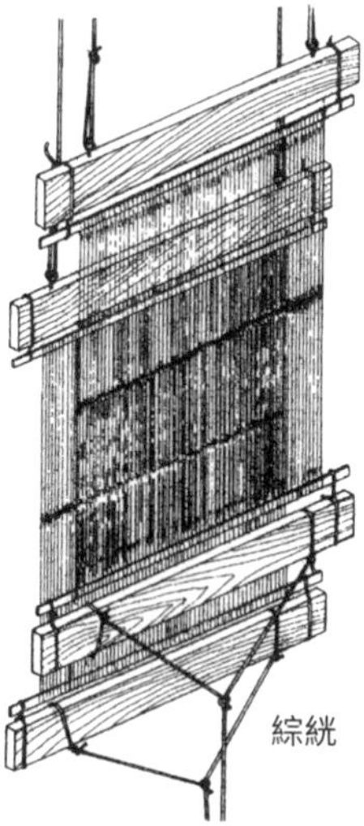
綜絖

的上線固定於機台上部，用單腳勾住連結招木的*繩、上下移動，使經線的下線上移做出通道。另一方面，*高機（高織機）是用二枚綜絖，經線的上線與下線各自穿入兩片綜絖後，分開吊掛，與踏木連結。平織是用兩片綜絖，綾織則需要用到三片以上的綜絖。

鏨（たがね）

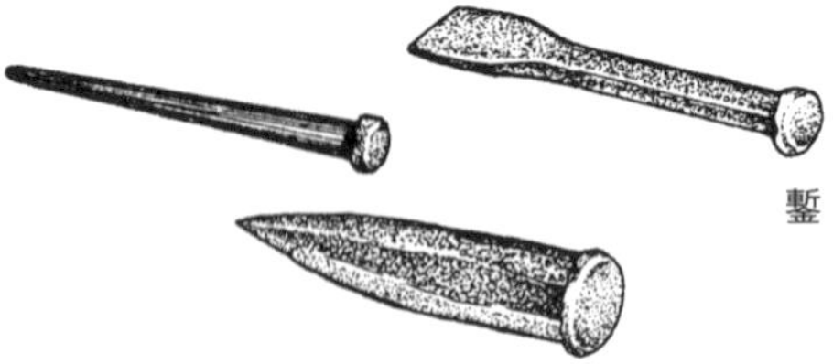

鏨

用於礦山或採石場、石材或金屬加工的一種刃具。將棒狀的前端削成刃，刃尖抵在加工物上，用*木槌或*金鎚（鐵鎚）敲打鏨的頂端。在礦山是用來挖坑道、採礦石或煤礦，還有鑿洞放爆破用的火藥。在採石場是用來插入裂縫，分割削切石頭。工藝用的鏨，刃尖形狀依加工物而異，像是石材的雕刻或削切、雕金師和錺[9]職人均使用不同的鏨。另外，也用於刻字在刀或*庖丁（廚刀）等打製而成的刃具、鑄物上。

高機（たかばた）【高織機】

坐台高、結構上為水平組裝的一種手織機。主要組件有：捲經線的緒卷（亦稱經卷）、穿入經線上下移動進而讓緯線通過的*綜絖、將緯線推向織口（打緯）的*筬、捲起織布的千卷（布卷）、用*紐與綜絖連結，以腳踩踏使其上下移動的踏木。緒卷、千卷裝在織機上，有送線、捲線的裝置。穿入緯線的*杼（梭子）是用小船形的投杼。綜絖為兩片以上，踏木則有二至四根。一般的平織是用兩片綜絖和兩根踏木，若是複雜的綾織，綜絖和踏木的數量也會增加。

形態多樣，依地區或時代而異，起初用於絹織物，部分地區會兼用*地機（地織機）。到了江戶時代中期，各地紛紛推廣絹織物的生產，使得高機變得普遍。此外，還有將絹織物用的高機改良作棉織物用、長度較短的高機，稱作半高機或半機。在奈良、三重、京都、兵庫也有使用傾斜式高機的地區，稱作大和機。

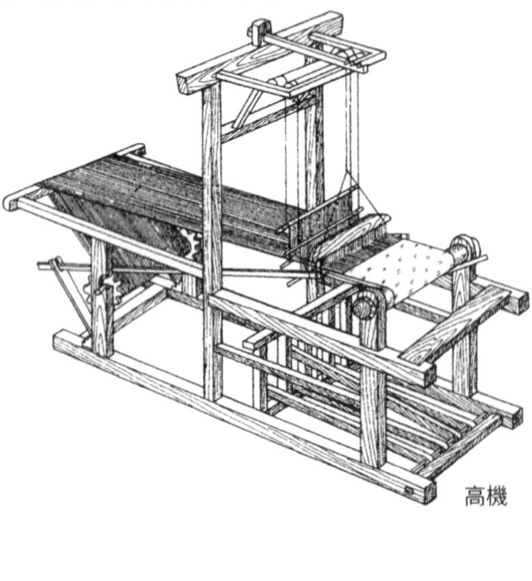

高機

竹鏟（たけせん）

製作竹工藝品用的單刃*鏟，刃身分為近乎平整、與製作桶的鏟同形，

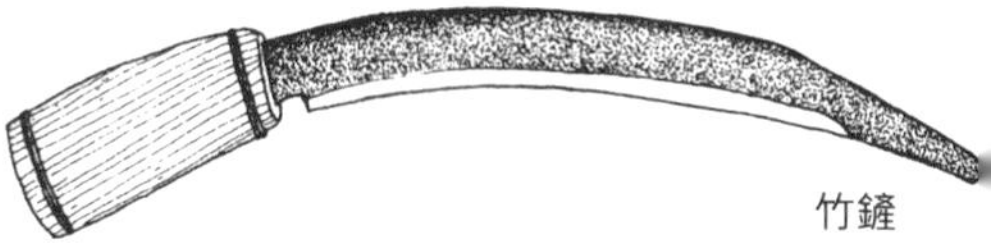

竹鏟

以及內凹的U字形。前者用於削切插入編孔補強的粗竹片前端，或是削竹子的表皮；後者用於削除粗竹片彎曲部分的竹簣。刃兩側延伸的鐵柄是用來插接木柄的，有時不裝木柄，而是放在地上用腳固定使用。

竹割鉈（たけわりなた）【劈篾刀】

製作竹片、竹篾的刃具，為竹工藝最重要的製作工具。形態依地區或職種有些許差異，概分為兩種，刃尖削切的斜刃形與刃尖尖銳的庖丁形。前者亦稱竹鉈、竹割，後者又稱竹割庖丁、竹庖丁、竹出刃。另外還有鼻付鉈形或小刀形，有些地方會用*鎌（鐮）製作竹片。竹子會順著纖維縱裂，因此刃不需要太鋒利，基本上是雙刃，

竹割鉈

有時刃只用來劃出割痕，再用內側流線形、與柄銜接的金屬部分割開。也有單刃的*鉈，用於削切粗竹片、削除竹節，或進行稱為「磨き」（migaki）的刮青處理等。

叩（たたき）【叩鎚】

石工工具之一，接上握柄呈T字形，長方形、上下對稱削薄的*金鎚（鐵鎚）形刃具。輕輕敲打、慢慢削切加工石材的表面。

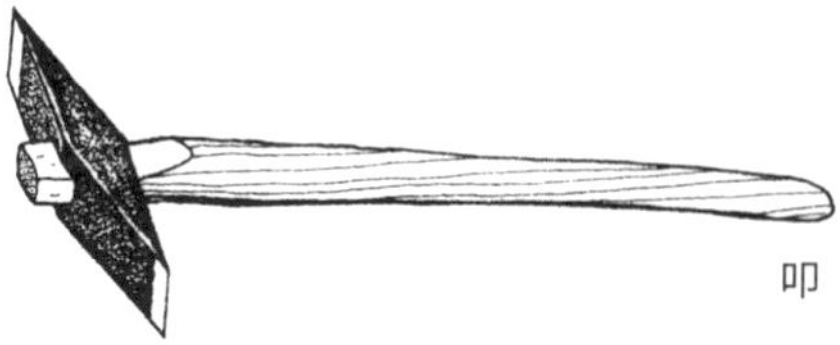

叩

叩板（たたきいた）【敲擊板】

陶器的成形方法中，不使用*轆轤的敲製法（日文稱作「叩」）所用的工具。由削出握柄的方形厚板（敲擊板）與中央垂直削出握柄的丸木（擋板）成對使用，將搓成棒狀的陶土捲繞、做出雛形，內側放丸木，外側用叩板敲打成形。以這種方法完成的陶器，表面會留下叩板的痕跡。

叩板

疊針（たたみばり）【榻榻米針】

榻榻米職人專用的粗長*縫針，用來將縱橫交疊、以麻線綁好的稻草疊

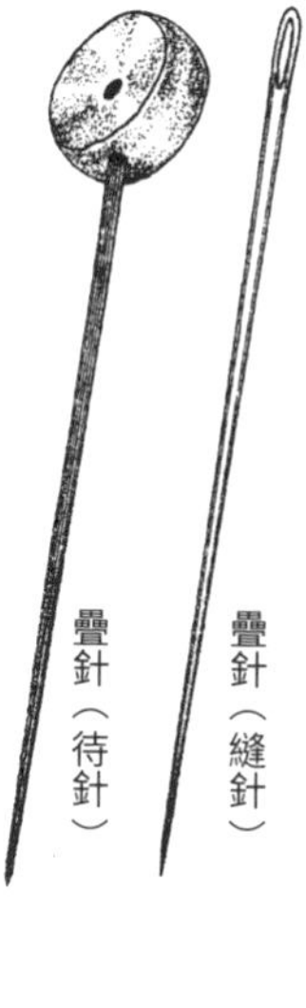

疊針（縫針）

疊針（待針）

床（榻榻米內層）縫上藺草編的疊表（榻榻米表面）。先以黃銅針頭的專用待針暫時固定疊表，再將針錐形的柄待針刺入疊表，邊拉平表面邊縫合。

疊庖丁（たたみぼうちょう）【榻榻米切刀】

榻榻米職人專用的*庖丁，用來切斷疊床（榻榻米內層）的框或是修齊疊表（榻榻米表面）的邊。將形狀獨特的寬面薄刃庖丁緊靠專用木尺，握住短柄，以推拉的方式進行切割。

裁板（たちいた）【裁布台】

製作和服的木台。將*曲尺單位長二尺五寸～四尺五寸（約七五～一三五公分）、寬一尺～一尺三寸（約三〇～三九公分）、厚一寸～三寸（約三～九公分）的長方形木板左右加上高約八寸的立腳。將布放在木台上進行做記號、裁縫、用*火熨斗熨燙等製衣步驟。多為白木形式的厚朴或柳木製，有些會在立腳之間和邊緣做小抽屜，收納線、*絎篦（骨筆）、*鋏（剪）、*鏝（鏝刀）、*物差（尺）、*絎台等物。

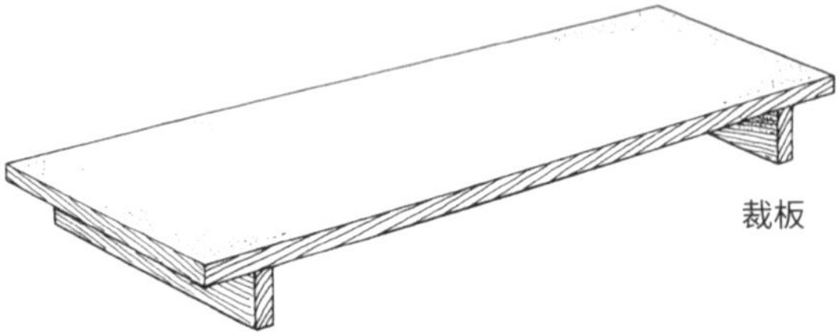

裁板

裁鋏（たちばさみ）【布剪】

明治時代開始使用的裁布*鋏（剪）。以往是用彎曲成U字形的鑷狀鋏，即所謂的和鋏（日式剪），因為不適合西服的曲線剪裁，故改良成左右刃交叉為X字形、以鉚釘固定的洋鋏（西式剪），握柄有角度且一邊的握把加大，不論是剪裁西服與和服均適用。

裁鋏

矯木（ためぎ）

做成箭矢的矢竹、*釣竿材料的各種竹，或是做他用的竹材彎曲時，用來矯正的工具。為前端刻有斜溝、下半部削圓的角棒，一手拿著竹子放入斜溝，將彎曲的部分以炭火加熱，再利用槓桿原理施力扳正。

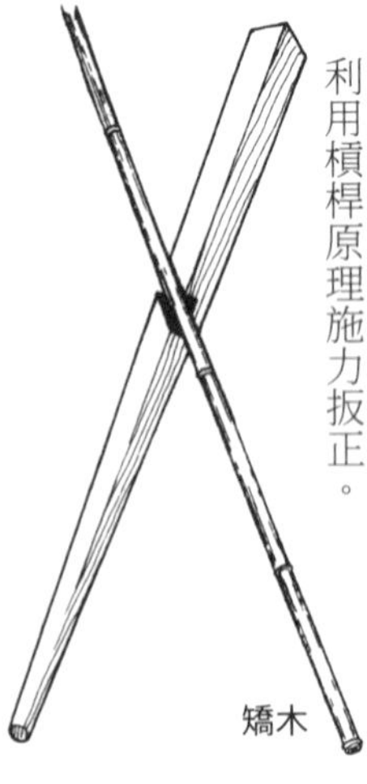

矯木

彫刻刀（ちょうこくとう）【雕刻刀】

用於木工雕刻的單刃刃具。共有兩

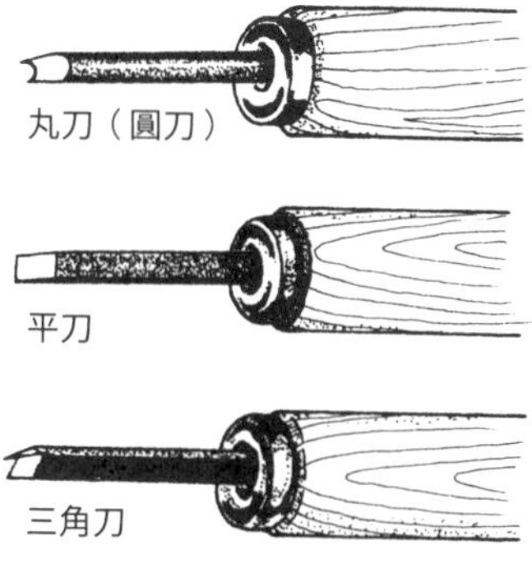

種握柄，一種是將刃莖（接柄處）插入兩片板子間接合的握柄，另一種是握柄同為鐵製的共柄。刃尖種類多樣，像是在雕刻面雕出均等深度的平刀、雕出圖案的圓弧狀丸刀（圓刀）、用於藥研雕[10]等雕出V字形三角溝的三角刀，還有用於浮雕、藥研雕、線雕等，斜而尖的斜刀等。佛師、刻印師、建具（門窗）或*型紙（紙型）雕刻師等職人會用依工作需求而特別訂製彫刻刀，而且為了方便使用，通常還會再自行加工。

蝶番（ちょうつがい）【鉸鏈】

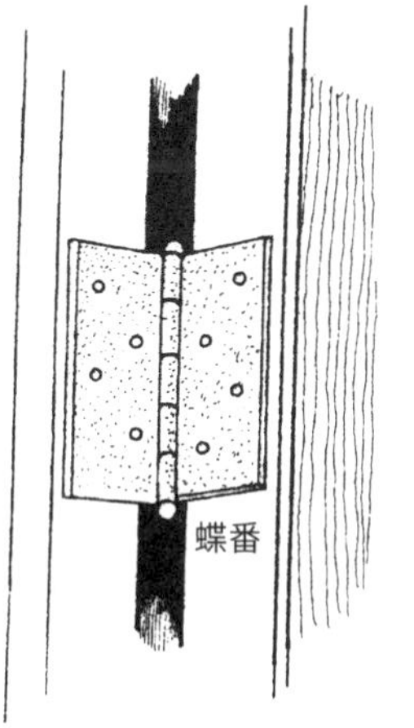

裝在門或蓋子上的五金零件，亦讀作「ちょうばん」（chouban）。以軸棒連接的兩片金屬片，一片裝在框架或物件上，另一片裝在門或蓋子上，將兩者連結就能自由開合。

手斧（ちょうな）

在前端朝內側大幅彎曲的握柄上裝鐵刃的木工用具，亦寫作釿。用法比照*鍬（鋤），將刃尖朝向前方、往下砍，以削刮木材。分為削刮柱或木板以修齊寬度或厚度、做出平面的木工用手斧，以及刨挖木鉢、*臼、*椀等物的工藝用手斧，握柄與刃形依用途略有差異。據說*鉋（鉋刀）是室町時代中期的產物，在那之前都是用*槍鉋與手斧削平木材表面。如今仍會使用手斧刨挖臼或木鉢。

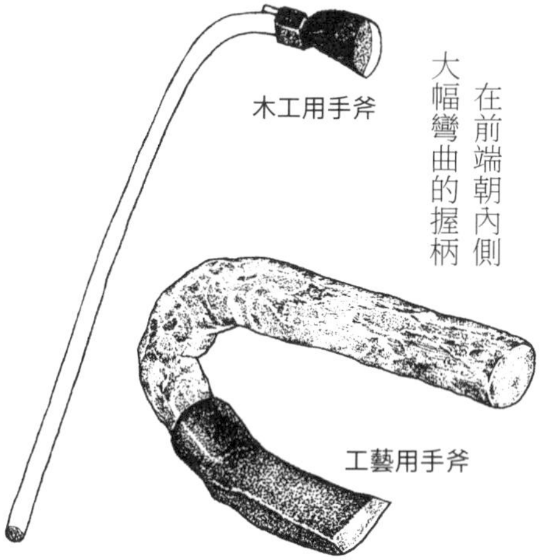

鐔鑿（つばのみ）

銜接握柄的金屬部分延伸出來、呈鐔（護手）形的*鑿（鑿刀）。分為左右兩側皆有的兩鐔與單側的片鐔。上面有接合板的釘孔，或是釘入大釘的下孔等。一般為造船木匠釘船釘之用。和叩鑿一樣，柄尾鑲有稱為冠的鐵環（鑿環），使用時以*金鎚（鐵鎚）或玄能敲打嵌入，只要反方向往鐔的敲即可拔出。刃尖為細尖的槍形，分為單刃與雙刃，有刃尖形如叩鑿、多為木工使用的切鏨鑿，以及平頭角形刃、可去除孔內鑿屑的打拔鑿等。

紡錘（つむ）

將纖維捻成手紡線的工具。一根細長的鐵軸棒加上可輔助轉動的圓盤，軸棒前端呈鉤狀，將纖維勾上後，旋轉紡錘捻線。

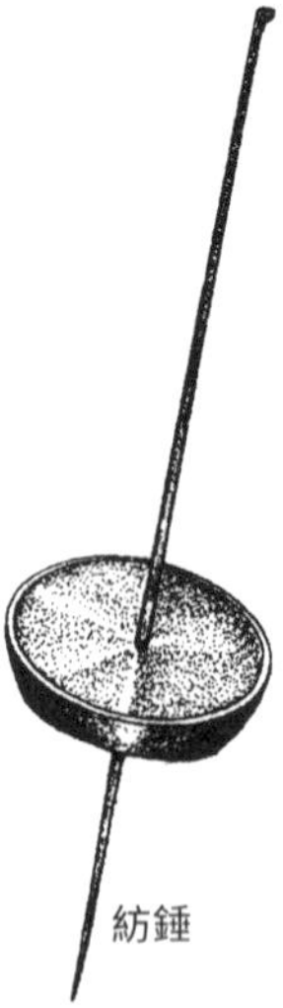
紡錘

砥石（といし）【磨刀石】

研磨刃具的石頭。日本的刃具是將高碳鋼充分淬火的硬質刃具，要將刃磨利必須使用上等的砥石。日本各地很早就開採上等的天然砥石，亦可說是造就日本刃具文化發達的原因。原料是沉積岩（又稱水成岩），分為顆粒粗的荒砥（粗磨）、顆粒中等的中砥（中磨）、顆粒細的仕上砥（精磨）。冠上產地名的砥石在各地廣為流通，如長崎的大村砥、熊本的天草砥、京都的丹波青砥、愛知的名倉砥與三河白砥、群馬的沼田砥等。京都的山城砥又稱本山砥，作為重視銳利度的*剃刀、*切出小刀、*鑿（鑿刀）等刃具的仕上砥為人所用。如今以氧化鋁、碳化矽為主要原料的人造砥石相當普及。

砥石

胴付鋸（どうつきのこ）【夾背鋸】

胴付鋸

用於接合處等細部加工的單面鋸，因鋸身薄，而在鋸背鑲嵌金屬補強。雖屬橫挽鋸（橫斷鋸），也會拿來斜向鋸切，鋸齒的形狀分為齒尖削出刃角的上目，以及齒尖無刃角的尖銳茨目。

鳶（とび）

亦稱鳶口。長柄前端接上鳶嘴形的鐵刃（稱為鳶先），將刃尖敲入木材或是倒插在木頭下部，利用槓桿原理移動或反轉。分為大鳶、中鳶、小鳶，從事山地工作的山師會小心地使用專屬於自己的鳶。大鳶是將長五寸（約一五公分）左右的刃垂直接在長四尺（約一二〇公分）、直徑一寸二分（約三．六公分）左右的長柄上。柄孔大而堅固，將粗柄插入長方形或橢圓形的柄孔。刃長的又稱鶴、略小的稱為きり

鳶

ん鳶（kirintobi）。消防隊使用的＊火消鳶口（消防鉤），刃尖細小。

還有在長柄插入柄孔的前端敲入劍形刃的＊劍鳶。使用這些鳶的人過去統稱為鳶職，而現在變成專指在高處從事建築工作的人。

鉈（なた）【柴刀】

鼻付鉈

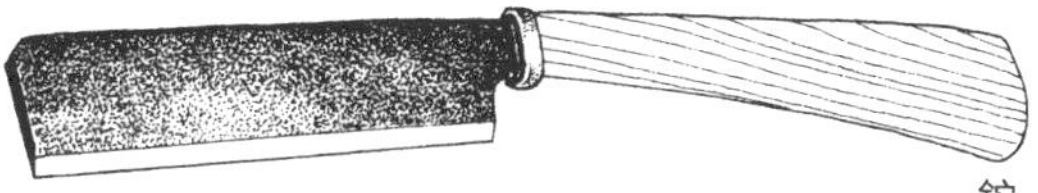

鉈

單手持握，砍木條、砍樹枝、砍柴等的刃具，主要用於山地工作。東日本多為單刃，西日本多為雙刃。形態依地區而異，概分為兩種，一種是前端呈直角的刃身，另一種是刃尖突起的鼻鉈、鼻付鉈、鳶鉈等，兩者的分布相當複雜。有時會直接插在腰間帶上山，通常是插入藤蔓編成的鉈入、掛在腰間，刃尖無突起的鉈多是插在木製的鉈鞘隨身攜帶。鉈也用於劈柴或削切木棒的前端，還有大割鉈等用於木工或竹工藝的鉈。

繩綯機（なわないき）【搓繩機】

據說是明治時代末期發源自佐賀縣的搓草繩機械。基本上，搓繩是將稻草的一端用腳趾夾住，以雙手搓揉成繩狀。搓繩的工作原本得徹夜進行，自從繩綯機出現後，效率大幅提升。木製框架下部的腳踏裝置連結齒輪、帶動機關轉動，上部有搓繩、捲繩裝置，將稻草插入兩個喇叭狀的接收口進行搓捻。後來有了以機械動力轉動的樣式，一直使用至昭和三〇年代左右。

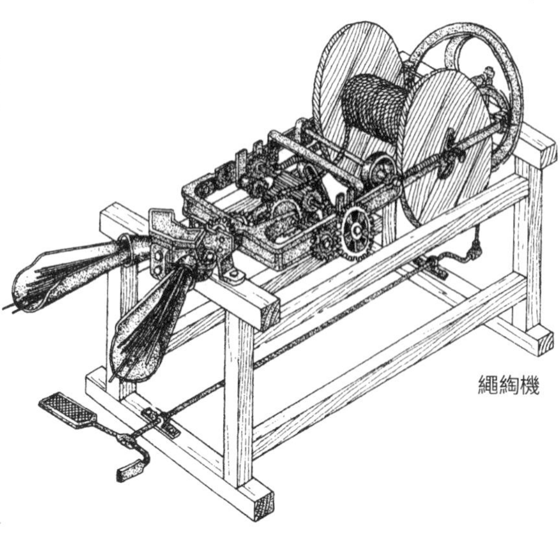

繩綯機

乳鉢（にゅうばち）【研鉢】

乳鉢與乳棒

將藥的原料或顏料磨成細小顆粒的小鉢形容器。搭配乳棒（研杵）一起使用。為避免混入容器的成分，通常是瓷製，也有玻璃製或瑪瑙製。乳棒為形似研磨杵的短圓棒，材質與缽相同。

縫針（ぬいばり）

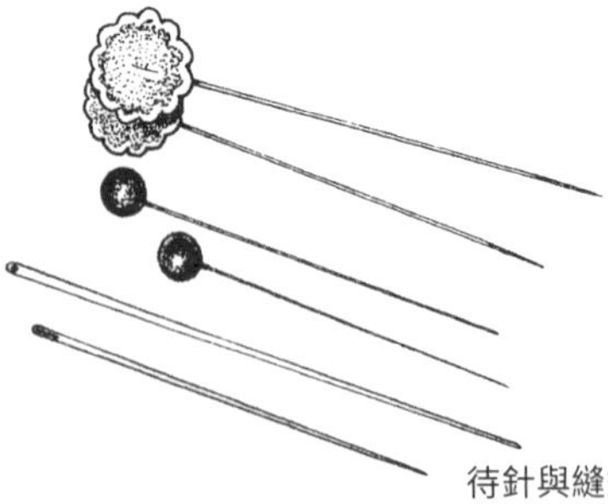

待針與縫針

用於穿線縫布的鋼針，前端尖銳，針頭有穿線孔。依布料或縫線的材質分為絹針、木綿針、紬針等，又依平縫、暗縫、疏縫等縫法，分別使用不同長度的針。還有縫*蒲團（棉被）用的蒲團針、*刺子用的刺子針、縫紉機用的車針，或是針頭有球狀物、當作布標或暫時固定用的待針（珠針）等。此外，也有配合不同職種需求的專用針，像是皮革加工用的革針、*疊針（榻榻米針）等。

古時是用削尖的獸骨或角、竹子當作針，平安時代開始在京都製造鋼製的針，到了室町時代以「御簾屋針」之名普及至各地。後來在以富山針之名打響名號的富山縣冰見市、滋賀縣大津市、兵庫縣濱坂市等地皆形成產地。

女紅是女性的重要工作，針也被視為重要的工具。日本有各種和針有關的習俗，例如讓出征士兵帶上戰場的*千人針、供養舊針的針供養[11]等。

鋸（のこぎり）

薄鋼板的下緣或上下皆刻有細鋸齒（亦稱刃或目），用來切斷物品的工具，也單稱「のこ」（noko）。多用於木材加工，也有切斷竹、石或金屬的鋸。概分為橫挽鋸（橫斷鋸）與縱挽鋸（縱開鋸），橫挽鋸又稱挽切，縱挽鋸又稱鑼。兩者最大的差異在於鋸齒的形狀，橫挽鋸是小刀狀的齒目正反交錯排列，每個鋸齒前後有稱為ナゲシ（nageshi）的側刃，且齒尖削出稱為上目的刃角。齒尖無刃角的鋸齒稱為茨目。正反齒目一左一右交錯排列的設計讓鋸切時不會卡鋸，稱為目振、齒振，也就是俗稱的開鋸路（アサリを出す）；縱挽鋸的鋸齒沒有側刃，形如銳角的*鑿（鑿刀）狀。依齒型、鋸齒的切削角度或鋸身的形狀而有各種大小的鋸，像是山鋸、穴挽鋸、*兩刃鋸、*胴付鋸（胴突鋸、夾背鋸）、畔挽鋸、挽迴鋸、突迴鋸、底迴鋸、欄間挽鋸、*弓鋸（弦掛鋸、弓形鋸）、*糸鋸（線鋸）等。

鋸

日本鋸的最大特徵是，使用時將鋸齒立起，往靠近自己的方向拉就會切斷，與中國或西方國家的鋸是截然不同的用法。此外，鋸身根部為細尖的莖部，通常是將莖部插入握柄，但像造船木工使用的船手挽割鋸是將握柄斜裝在莖部。

據說鋸出現於古墳時代，起初主要用於骨、角、貴重金屬的加工，飛鳥、奈良時代隨著佛教建築的快速興起，木工用的鋸變得普遍。當時的鋸是橫向切斷木頭纖維的橫挽鋸，鋸身為前端收尖的薙刀形。而縱向切斷木頭的縱挽鋸尚未出現，為了取得板材或角材，必須使用*斧或*手斧。室町時代從中國傳入雙人合力使用的*大鋸，為H字形的縱挽鋸。由於大鋸的傳入與普及，製材、製板變得更加容易，連帶使得台鉋也變得普遍。此後，日本不斷進行改良，創造出日本獨有、具各種機能及形態的鋸。

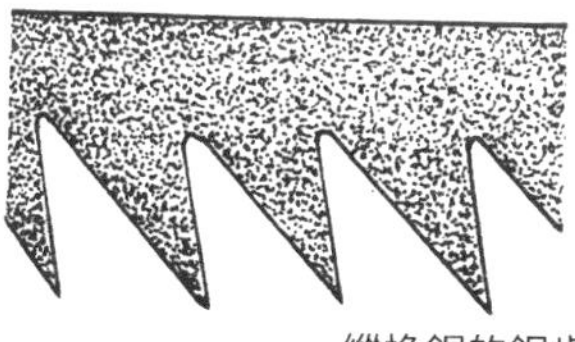
縱挽鋸的鋸齒

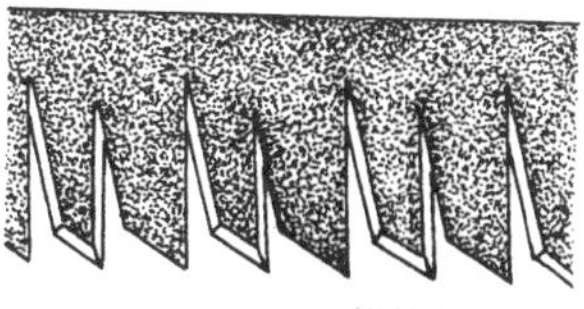
橫挽鋸的鋸齒

鑿（のみ）【鑿刀】

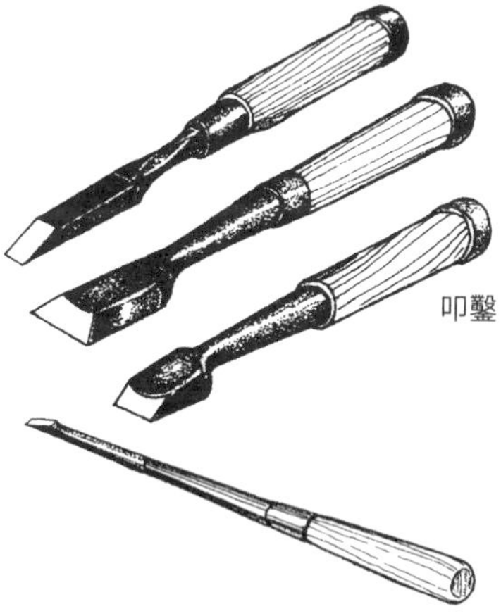
叩鑿

仕上鑿（押鑿）

在需接合的構件鑿榫孔、削出凹凸的工具，也用來削切細節。鐵刃裝上木握柄，刃身由刃尖、細長的頸部、插握柄的莖部構成。依用法分為叩鑿與仕上鑿。前者是將刃尖抵在木材上，用*金鎚（鐵鎚）等物敲打柄尾，柄尾鑲有稱作冠的鐵環（鑿環）；後者用於叩鑿挖鑿過的部分，或是*鉋（鉋刀）無法處理的細節。因為是以手握柄，單靠手臂的力量壓削，又稱押鑿、突鑿，刃身薄且鑿柄、頸部和刃尖都很長，刃尖更加鋒利，柄尾通常沒有冠。

鑿的刃寬必須配合榫孔或凹凸的大小，所以形狀、尺寸相當多樣。叩鑿又分為用來鑿挖深而小的孔、身厚刃窄的向待鑿，以及用來鑿挖淺而大的孔、身薄刃寬的追入鑿等，光是追入鑿就得準備約十支不同大小的區分使用。仕上鑿也有薄鑿，或是刃尖斷面呈三角形，用於處理邊角的蟻鑿，還有鏝鑿、鎬鑿、鎌鑿、*鏟鑿等多種樣式，木匠或指物師、佛師或*仮面（面具）、*欄間的雕刻師會各自依需求選用適合的鑿。

糊刷毛（のりばけ）【漿糊刷】

糊刷毛

用途廣泛的*刷毛，像是裝裱師或張子[12]職人用來塗漿糊貼合紙、染坊在布上塗防染糊、洗和服的洗張屋對以*伸子針撐開的布進行上漿。尺寸形狀多樣，通常是寬面的短毛平刷。一般家庭也會拿來貼換障子紙或修繕。

刷毛（はけ）

在木柄上嵌入毛，用來塗漿糊或塗料、撫平紙張的工具。和刷毛的種類多樣，從最早使用的*漆刷毛（漆刷）到*糊刷毛（漿糊刷）、畫刷毛（畫刷）、膠刷毛、張物刷毛、染物刷毛、水引刷毛、撫刷毛、白粉刷毛、料理刷毛等。江戶時代末期，隨著西式建築傳入塗裝刷毛（油漆刷）等洋刷毛。握柄多是白木形式的檜木製。至於毛的部分，古時是用麻線、禾稈、棕櫚皮等，後來依用途等不同的需求，開始嵌入馬、山羊、羊、豬等動物的獸毛，近年也有使用尼龍等合成纖維的油漆刷。兩片木板的上部中央窄縮為握把，下部嵌毛為常見形態，但有長板形的漆刷毛，也有刷毛呈圓形的白粉刷毛和染物刷毛，而油漆刷的握把通常是往單邊延伸的形式。

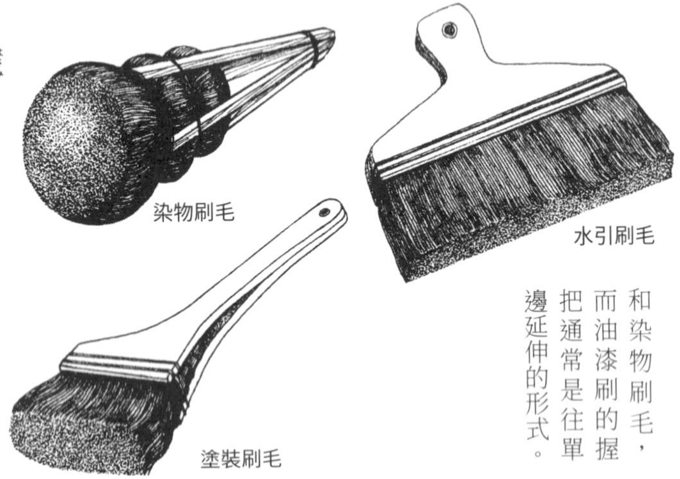

鋏（はさみ）【剪】

泛指用一對刃進行剪裁物品的刃具。形態概分為兩種，一種是中央彎成U字形，左右刃相對的鑷狀和鋏（日式剪）；另一種是將同形的兩根刃交叉成X字形，以鉚釘或螺栓固定，發源於中國及西方國家的支那鋏（中式剪）、洋鋏（西式剪）。和鋏用於剪髮、剪線、裁布或紙。雖然裁布有時會用裁庖丁，但通常是以和鋏在布邊剪出缺口，再用手撕開。不過，明治時代以後普及的洋服，必須在布上剪出曲線，和鋏變得不適用，於是有了融和日式及西式設計的*裁鋏（布剪）。X字形的鋏有插花用的花鋏、修剪植栽或果樹的*剪定鋏（園藝剪）、長握柄的*屋根鋏（屋頂剪）或刈込鋏（樹剪）等。

挟（はし）【鐵鉗】

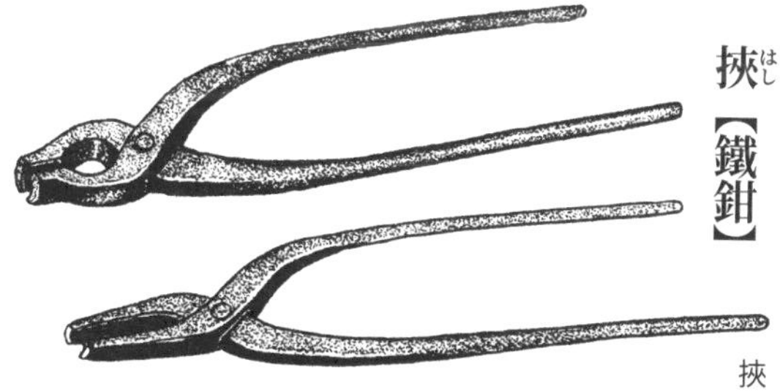

挟

特指鐵匠從火床取出加熱過的鐵加工物、放在*金床（鐵砧）上敲打時，用來夾住固定的鐵鉗。長握把為特徵，配合加工物使用鉗口形狀、尺寸不同的挟。

針箱（はりばこ）【裁縫箱】

收納*縫針、針插、線、*鋏（剪）、*指貫（頂針）、*絎篦（骨筆）等裁縫用具的箱子，亦稱裁縫箱。形態多樣，像是將小型*籠或*行李重疊貼上數張紙並塗漆的一閑張[3-34]、黏貼*千代紙的小箱、有小抽屜的漆塗箱或是施以鎌倉雕[13]的精緻作工樣式。近年也有合成樹脂的賽璐珞材質與塑膠製。

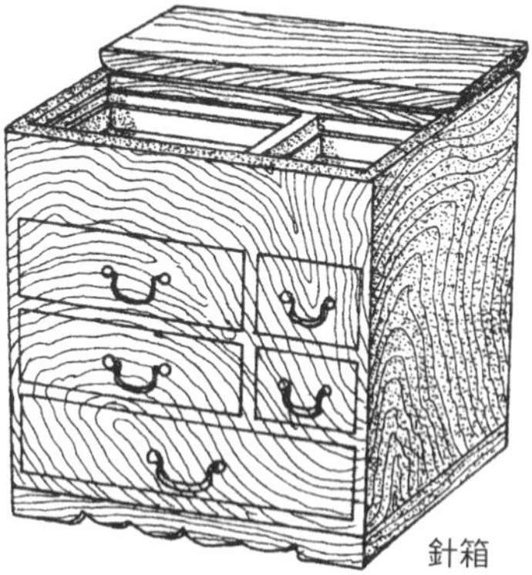

針箱

馬連（ばれん）【拓擦板】

馬連

進行木版印刷時，在*版木（木刻板）上拓擦紙張的工具。將數張刷塗膠礬水、塗柿澀液的和紙重疊貼合，包布後經過多次塗漆，做成圓形的當皮（芯），最後用桂竹皮包覆。

版木（はんぎ）【木刻板】

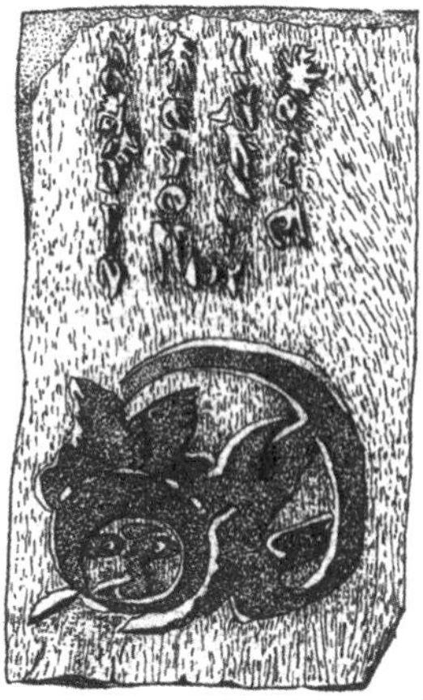

版木

木版印刷中用來雕刻文字或圖案的木板，亦稱彫板、形木，主要的材料是弦向[1-29]切面的櫻木，雕刻細緻的圖案時則使用黃楊等硬木。

杼（ひ）【梭子】

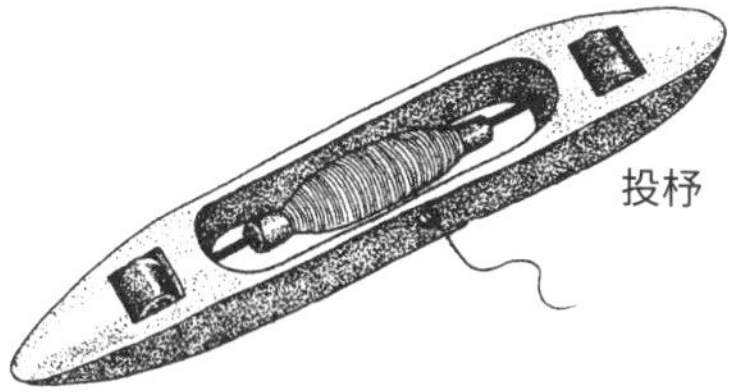

投杼

織機中用來穿緯線的工具之一，在中央挖空的凹槽放入捲繞緯線的管軸。*地機（地織機）使用的杼，在穿入緯線後，會再將緯線推向織口（打緯），因為尺寸較大，故稱大杼、打杼等；*高機（高織機）使用的杼是左右對稱、前端尖圓的船形小杼，因為是以投擲的方式穿入緯線，亦稱投杼。此外，還有用櫟樹等硬木製作，為防止兩端摩耗，而鑲嵌象牙或黃銅或是嵌裝滾輪，提升操作效率的樣式。

引盤（ひきばん）

製作真綿的工具，亦稱盤掛、真綿掛、真綿引等。真綿是用玉繭2-45或屑繭製成。將用灰汁（鹼液）煮過的玉繭或屑繭用水浸泡，去除附著的灰汁或塵污，再放入裝了水的*盥等容器，用手指展開成真綿。引盤是掛真綿的四角形木框，會擺在盥內，迅速重複製作步驟。形態分為斜靠在盥緣的木框，以及木框後方有可斜立的左右支腳的框架。

引盤

籤通（ひごとおし）

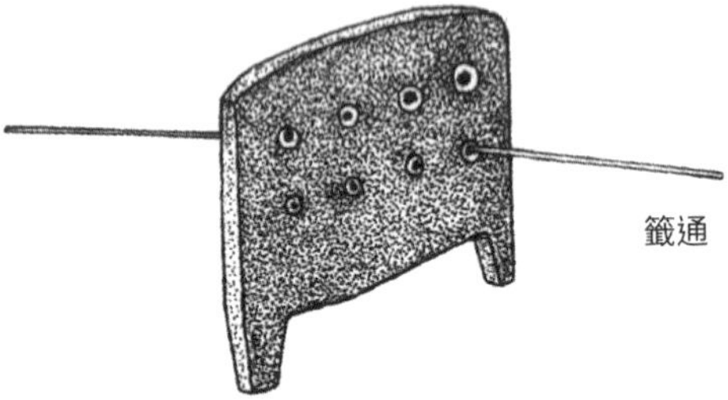

籤通

使用*竹割鉈（劈篾刀）等工具將竹子裁細後，用來將竹篾削至粗細均一的竹工藝道具。製作出作工精細的*籠或*笊（笊籬）使用的竹篾、竹條。將有厚度的鐵板配合竹篾的粗細鑽出大小不同的孔，釘在木台上。孔洞的內側斜削成刃狀，竹篾插入後就會削成均等的粗度。工匠也會依各自的需求製作適用的工具，像是在竹割庖丁（竹割鉈的一種）的刃尖接上各種尺寸的溝刃。

肥後守（ひごのかみ）【折疊刀】

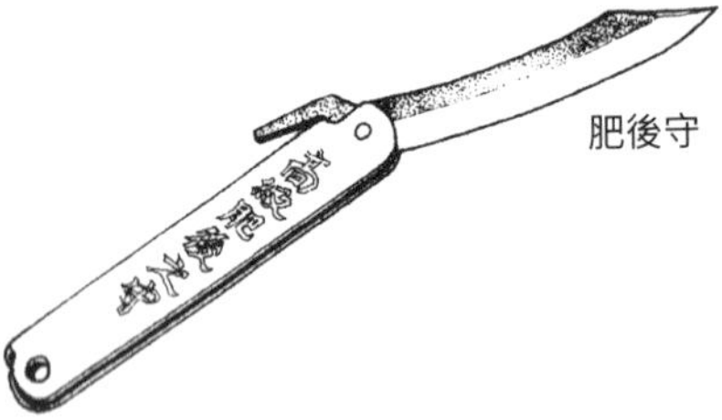

肥後守

可將刀刃折疊收入握柄溝槽的雙刃小刀。明治三〇年（一八九七）左右，刃具產地兵庫縣三木市的人從南九州帶回兩把刃具，自行改良接上尾部後，做成折疊式小刀，取名為肥後守，在南九州獲得好評成為暢銷商品。可將刀刃收入握柄的設計因方便攜帶，進而流通至全國，可用於裁紙、削鉛筆、削切工藝品等，用途相當廣泛，但之後隨著西式的削鉛筆器及美工刀的普及，逐漸不被使用。

火熨斗（ひのし）

裝入炭火後置於布上，利用熱度燙

火熨斗

平皺折或製衣收尾的工具。多為黃銅製、底部平整的圓筒形容器，側面有短筒狀的柄，嵌入木柄使用。後來因為*炭火アイロン（燒炭熨斗）的出現與電熨斗的普及，而被淘汰。

鋲（びょう）【鉚釘】

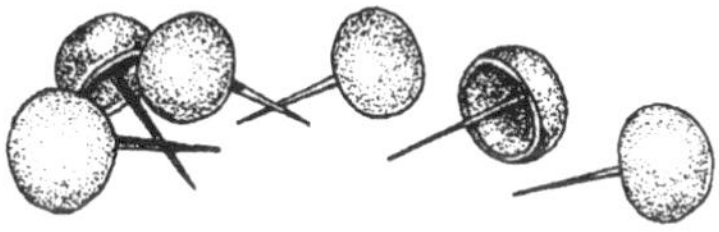

鋲

釘帽大的鐵釘，用來釘裝*簞笥（斗櫃）等家具、日用品或建具（門窗）的裝飾性金屬零件。也作為皮革家具或*太鼓等物的固定零件，或是*鞄（皮包）等物的皮革加工、*鋏（剪）等鐵製品的接合或組裝，依用途分為多種大小。還有固定*茣蓙（蓆）等敷物（墊子）的長腳釘、暫時固定紙張的圖釘。

鞴（ふいご）【風箱】

將金屬放入熔爐進行冶煉、精煉、鍛造、鑄造時，用來提高火力的送風裝置。種類繁多，有袋鞴、箱鞴、皿鞴、板鞴、踏鞴、天秤踏鞴等。古時是用獸皮製成的袋鞴，進入中世時期後都是用箱鞴。箱鞴是在箱子裡裝兩組進氣閥與排氣閥，將接上橫桿的棒子垂直插入箱板，手握橫桿以推拉活塞的方式產生氣流，設在爐側的出風口就會送風。通常是鐵匠、焊補師、金銀工藝師在使用，也被木工藝師或石匠用來製作其他工具。腳踩踏板造風的踏鞴是主要用於鑄造及製鐵的大型鞴，但到了近世，製鐵用踏鞴的踏板支點從邊緣移至中央，成為形如天秤、效率更佳的天秤踏鞴。

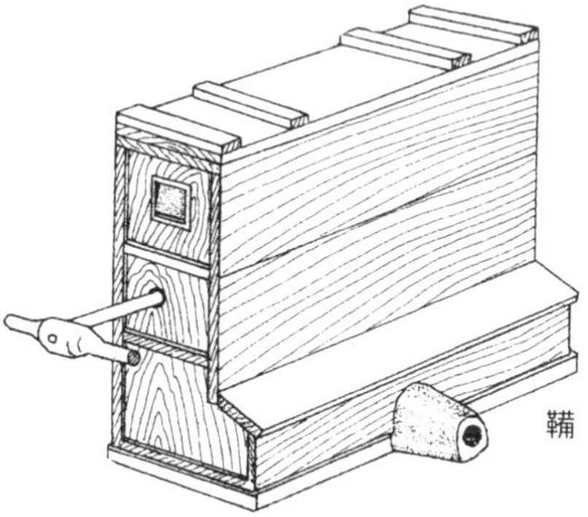

鞴

踏取（ふみどり）

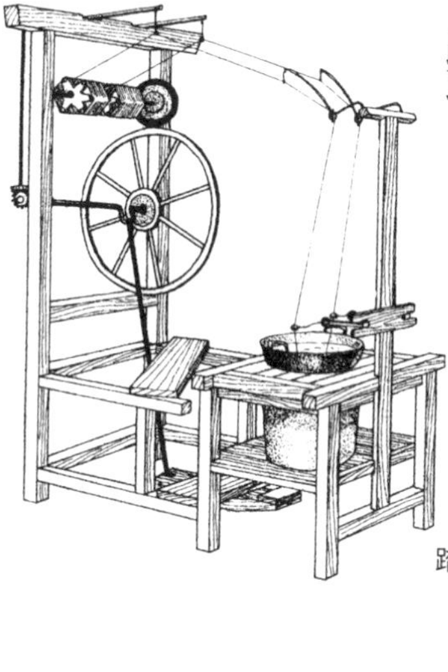

踏取

腳踏式抽絲機。組裝框架，擺*火鉢（火盆）及*系取鍋（抽絲鍋），裝上和齒輪連動的曲軸，踩踏板驅動機關，將生絲抽出、捲到穿入輪軸棒的*糸繰枠（繅絲框）上。因為能夠雙手併用，可以放兩個糸繰枠同時抽絲。效率遠勝*座繰（坐式繅絲機），可抽出品質好的絲。明治時代中期開始普及，持續使用至大正時代。還有裝上凳子的，或是將放糸取鍋的框台與齒輪框台分開，前後組裝的樣式。

綜割（ふわり）

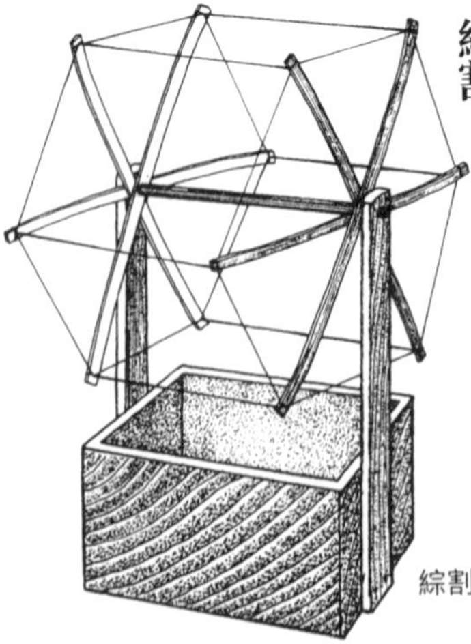
綜割

掛上*綛（絲束），藉由轉動，將織線捲到*糸繰枠（繅絲框）或管軸上的工具。以三根竹片或細長板為一組，左右成對，裝在兩端插著竹籤或釘之短橫木的芯棒上，相對的竹片前端綁線連結。其中一對竹片為活動式，在竹片折收的狀態下掛上織線，擺到左右架立支柱的綜割台上，以等距拉開竹片呈六角形。接著轉動綜割，讓織線捲到套入*牛首的糸繰枠或*紡錘的管軸上。綜割轉動時始終維持六角形，這個形狀使人聯想到蜻蜓的翅膀，故亦稱蜻蛉（蜻蜓），也稱浮車。相同用途之物還有一種稱為舞羽的裝置，在台子中央立一根支柱，擺上十字形木框，四角插立短竹籤，掛上綛，藉由轉動捲到糸繰枠上。

規（ぶんまわし）

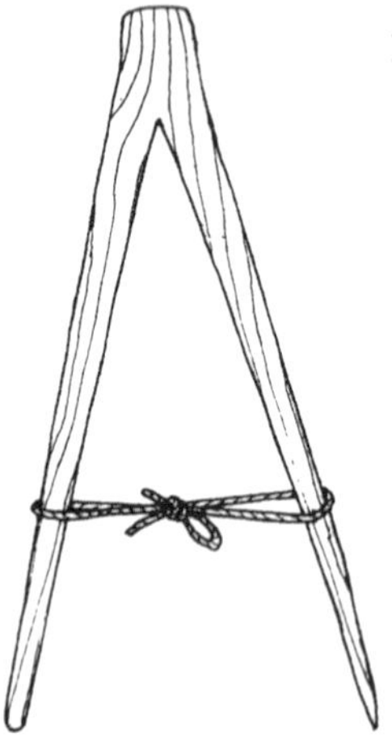
規

畫圓的工具，相當於現代的圓規。古時是用有彈性的叉木，或將剖半的竹子上端綁住，一邊的前端削成尖針狀，另一邊綁上筆。透過調整套住兩邊的*紐的高度，畫出所需大小的圓形。十七世紀，荷蘭人將鐵製圓規傳入日本後，被數學家等學者使用。部分職人也會使用以細竹製作、具西式圓規構造的規。

經台（へだい）【整經台】

用來整理織機使用的經線長度與數量的工具。為組裝式的結構，用上下兩根橫木連結兩根等距排列、插著細短椿的角棒，上部放十幾根捲線的管軸，拉出二～一二根線，掛在角棒的短椿上進行整經。兩根角棒間隔約二公尺，高約一．八公尺，可以立放或置於地面使用。

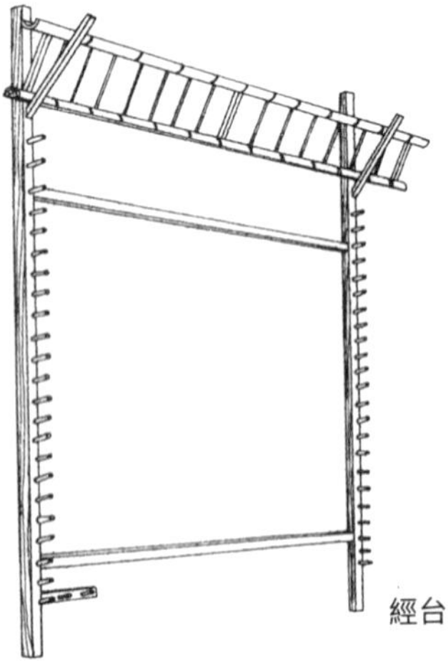
經台

乾板（ほしいた）

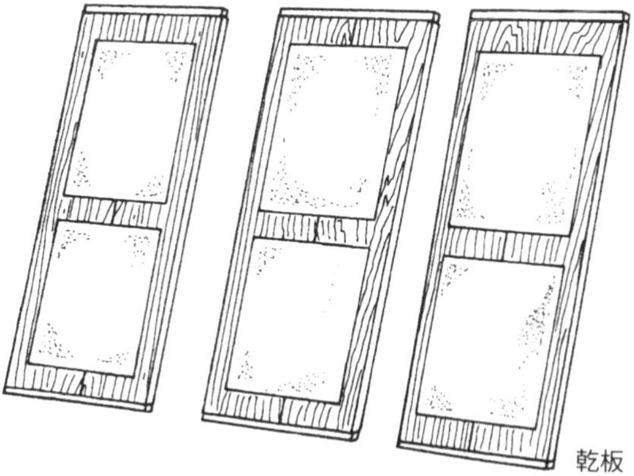

乾板

曬乾手抄和紙的板子，有些地方稱作紙干板、紙付板。雖然現在都是用電熱乾燥的金屬板，但在過去是將和紙鋪在長約二・五公尺、寬約三六公分的木板上曬乾。將*漉桁（抄紙框）瀝過且擠乾水分的和紙，鋪在乾板的正反面。材料主要使用楓樹與櫸木，也有七葉樹或松木製。

舞錐（まいぎり）

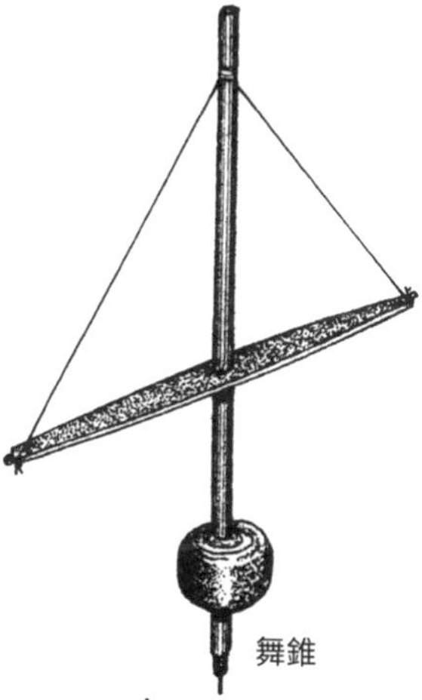

舞錐

為插入*釘或*鋲（鉚釘）、竹籤等物，用來鑽孔的*錐，亦稱轆轤錐、回錐、手轆轤。由前端有刃的軸棒、接在軸棒下部的飛輪、插入軸棒的橫木，以及穿過軸棒上部、吊接橫木的*紐構成。軸棒多為細竹或木製，也有銅或黃銅製。飛輪是用*轆轤刮削而成，材質為木製或金屬製，橫木為竹或櫻樹等木材，紐是用風箏線或皮革。將刃立在要鑽孔的位置，將橫木下壓使軸棒轉動，而吊接橫木的紐會產生反作用力拉起橫木，呈螺旋狀纏繞在軸棒上。重複這樣的動作進行鑽孔。不同於必須雙手使用的揉錐，因為單手就能操作，常用於木工藝、竹工藝、金工、貝殼工藝等精巧的加工作業。舞錐的作用原理，和古代已開始使用、如今在祭神儀式上用來生火的火鑽相同。

簇折機（まぶしおりき）

簇折機

製作供蠶營繭的*簇的機器。蠶簇經過各種改良，製作工具也幾經變革。在江戶時代末期普及開來，且於部分地區持續使用至昭和時代初期的島田簇是用木台加上四根細棒的簡單構造製成；明治時代末期發明出上部鋪塞稻草，用兩根手把操作折疊，最後完成的簇會自動往下掉的二角式簇折機；此外，大正年間（一九一二～一九二六）用稻草在細長竹篾上連續接縫出三角形的改良簇（亦稱千頭簇），是用框台上嵌入鐵針編桁的簇折機製成。然而，第二次世界大戰後，以厚紙板組成格狀的*回轉簇（迴轉簇）迅速普及，人們不再使用簇折機。

突丸鑿

丸鑿（まるのみ）**【圓鑿】**

主要用於木工雕刻，刃尖呈圓管狀的*鑿（鑿刀）。分為握柄有金屬連結環、柄尾有冠（鑿環），以*金鎚（鐵鎚）敲打的叩丸鑿，以及沒有冠、用手壓削的突丸鑿。叩丸鑿又稱掘鑿，突丸鑿亦稱剜鑿、蓮華鑿，尺寸及刃尖的曲面依用途而異。另外還有用於石工雕刻，或是製作竹工藝時，削除粗厚竹片彎曲部竹篾的丸鑿。

萬力（まんりき）**【虎鉗、台鉗】**

泛指綁束物品、夾壓施以重力的工具。例如穿入螺旋軸連結左右，以手把轉動螺旋軸夾壓物品的鐵製萬力，現在仍被使用。此外，有些地方是指用來夾壓曲物接合處的*板挾，或是為了拖拉伐木，而釘在切面、掛上鋼繩的*鐶。古時也將*釘拔稱為萬力。

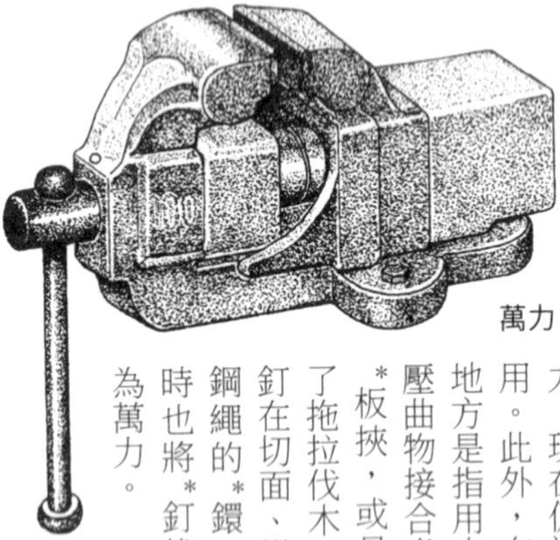

萬力

水糸（みずいと）**【水平線】**

在建築工地等場所，用來標示水平的線。設置數個基準點後，利用將木材挖溝倒入水的水準器取得水平後，拉線導出遠距離的水平。若要取得垂直線，則是使用吊掛倒三角錐形黃銅錘的錘重（線錘），俗稱下振。

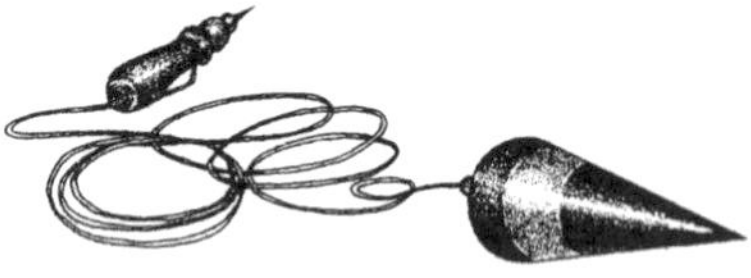

水糸

蒸桶（むしおけ）

縱長形大*桶，用於炊蒸抽取麻線的麻，或是和紙原料的楮樹樹皮。將麻或楮樹樹皮切齊綁好後，排立於擺在*竈（灶）上已加水的大鍋內，將蒸桶蓋上燜蒸。不同於其他種類的桶，

蒸桶

這種桶是底部朝上使用。為了便於上下移動蒸桶，在底部加裝綁上吊繩的吊手，搭設木架以利用滑輪升降。

筵機（むしろばた）【織蓆機】

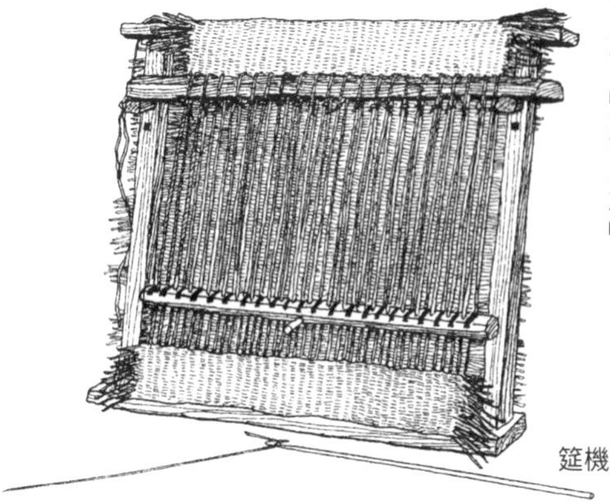

筵機

織*筵的大型工具。將井字形粗框以打*楔的方式裝在大型基台上，將相當於經線的細繩纏繞在上下的木框，中間擺入穿細繩的雙排孔筬木。硬木製的筬木，中央插接一根短握把。抓住筬木的握把，上下轉半圈做出經繩的通道。使用稱作差し（sashi）或イサシ（isashi）的細長竹片，插入相當於緯線的禾稈或藺草、香蒲、薹草，邊用筬木壓緊邊進行編織。

目通（めとおし）

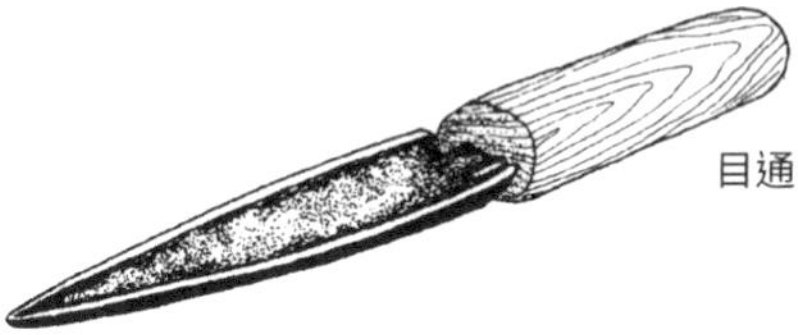

目通

編*籠或*笊（笊籬）的竹工藝工具。主要用於捲邊收尾，為了穿入捲邊用的竹篾，將目通插入編孔做出縫隙。為前端細尖的薄鐵篦，再接上短握柄。分為中央有淺溝凹槽，以及兩端有厚度的樣式。亦稱緣卷、緣通，有些地方稱作クジリ（kujiri）、イグリ（iguri）等。

目貫（めぬき）

裝訂重疊的紙張時，用來鑽孔的工具，亦稱目貫通。商家製作*大福帳或賣掛（應收帳款）帳等帳本時，以目貫鑽孔，穿入*紙縒（紙捻）綁定。比起相同用途的*千枚通，目貫的刃較短，前端大幅窄縮。另外，裝在刀劍握柄處的裝飾金屬配件也稱目貫。

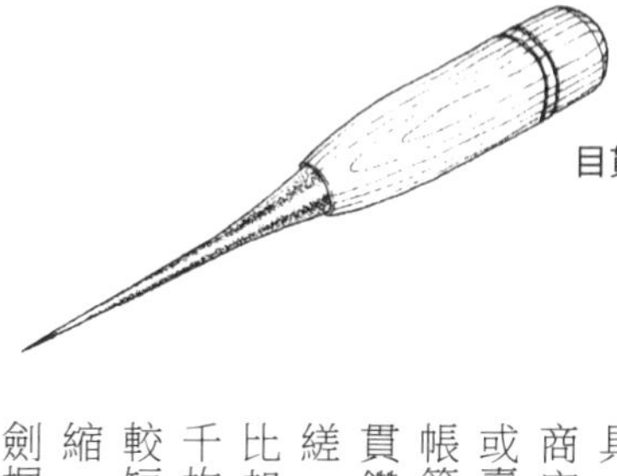

目貫

目分（めわけ）

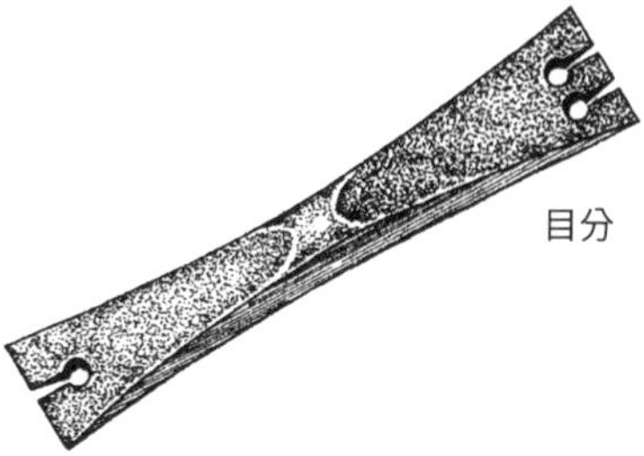

目分

調整*鋸齒間隙的工具，主要使用者為木匠或木工職人。亦稱目振、目付，有些地方稱作メハジキ（mehajiki）。四角形前端的中央挖出溝及圓孔的薄鐵篦，分為接上木握柄，以及另一側也有不同大小的孔，中央部加厚當作握柄的樣式。

物差（ものさし）【尺】

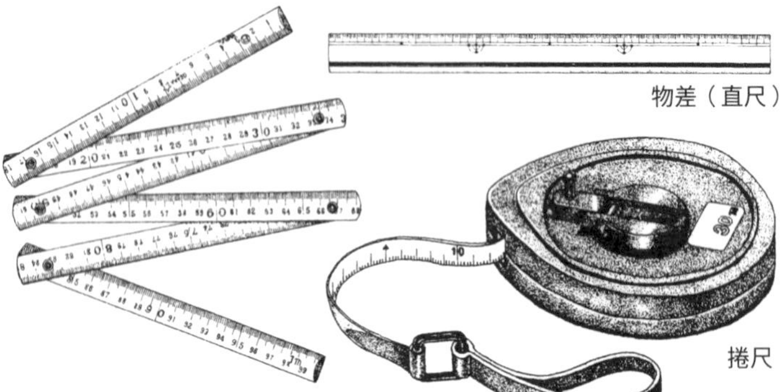

物差（直尺）

捲尺

折尺

泛指測量物件長度的工具。使用不易因溫度、濕度伸縮的竹或鐵製成細長板子，在上面刻出刻度，近年多為塑膠製。還有木匠或木工職人等工匠使用的*曲尺、收在圓形容器的布製、皮革製或鋼鐵製的帶狀捲尺，還有以栓釘連結數根尺，配合需求折疊收放的折尺等。

刻度的長度單位分、寸、尺、丈是沿用古時的十進位尺貫法，但基準長度依地區或時代而異，明治二十六年（一八九三）施行度量衡法後，以一〇公尺的三三分之一為一尺（三〇・三公分），成為全國共通的基準。這裡的一尺是指曲尺的一尺，另外還有和服剪裁用的吳服尺、鯨尺。吳服尺的一尺是曲尺的一尺二寸（約三六公分），鯨尺的一尺是曲尺的一尺二寸五分（約三七・五公分），吳服尺在江戶時代中期幾乎已被淘汰，而鯨尺仍持續使用至今。因古時是用鯨鬚製成，故取名為鯨尺。過去曾用過各種單位，像是直徑八分（約二・四公分）的一文錢是*足袋（分趾鞋襪）的尺寸基準，職人也會依工作需求自製物差。此外，將四根手指的寬度稱作束、指尖到手肘稱作肘、雙手張開的長度稱作尋等，利用身體概量長度也是自古延續下來的習慣。

常與物差混淆的定規，原是當作畫線或角度、裁斷物品時的輔助工具，如三角定規（三角尺）、雲形定規（雲尺）、丁字定規（丁字尺）、直角定規（角尺）等。物差還有像三角定規一樣，加上長度刻度的樣式。

燒印（やきいん）【烙印棒】

燒印

以火加熱，在木製工具或木箱、木材上烙印的鐵棒。烙印模接在細長鐵柄的前端，加上木握柄，亦稱印判。用途廣泛，像是烙上象徵所有權的屋號或家印，烙上製作者名、製作所名、商標名，或是烙印在許可證、執照等木牌上。也會烙印在牛馬的臀部，標示生產者與生產牧場。

藥研（やげん）【藥碾、藥船】

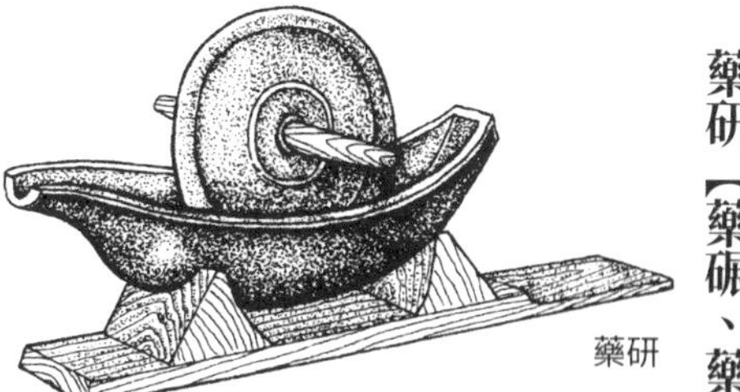
藥研

主要用以磨碎中藥的工具。由中央有V字溝的船形容器與握把貫穿中央的圓盤狀藥研車構成。放入中藥材，雙手抓住握把、前後移動藥研車磨碎藥材。多為鐵製，也有木製、陶製、石製，也用於製作煙火的火藥等。此外，深挖而成的V字溝稱作藥研堀、周圍尖銳的刀鍔稱作藥研鍔、金石文等深挖的石雕技法稱作藥研雕，這些都是由藥研的形態聯想而來的詞彙。

鑢（やすり）【銼刀】

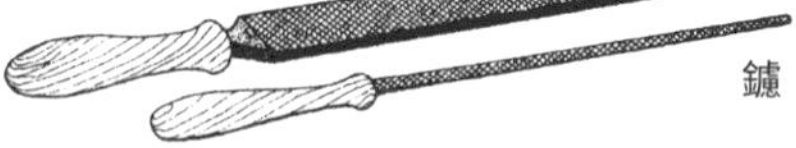
鑢

用*鏨在鋼鐵板上鑿刻多道細紋，淬火使其硬化的削磨工具。用途相當廣，如磨利鋸齒、削平金屬飾件或唐木工藝品、骨角工藝品等精細作品的面、削除邊角等。依形狀分為板狀的平鑢、棒狀四角形的角鑢、半圓形的甲丸鑢、圓形的丸鑢等。依紋路的形狀分為鬼目、波目、單目、複目、三段目、山葵目，依紋路的粗組分為荒目、大目、中目、細目等。此外，還有將不同粗細的鑢紋貼在紙上製成的紙鑢（砂紙）。

鋏（やっとこ）【鉗】

主要用於板金、金屬線加工的工具。是一種小型金*鋏（剪），同形的大型鋏為鍛冶用具的*挾（鐵鉗）。夾住加工物定形或彎折，也被當作釘拔使用。明治時代初期傳入日本的西式鉗子變得普及，但鋏仍為人所用。

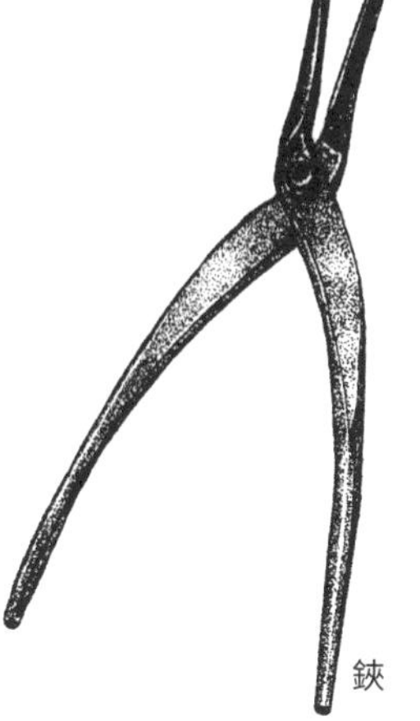
鋏

屋根鋏（やねばさみ）【屋頂剪】

用來修整草葺屋頂的大型*鋏（剪），形態與用雙手持握的刈込鋏（樹剪）相同，刃面比一般的刈込鋏來得寬大。刃的彎翹程度有大有小或是幾乎沒有，依地區或用途有多種形狀及尺寸。此外，用於插柄的

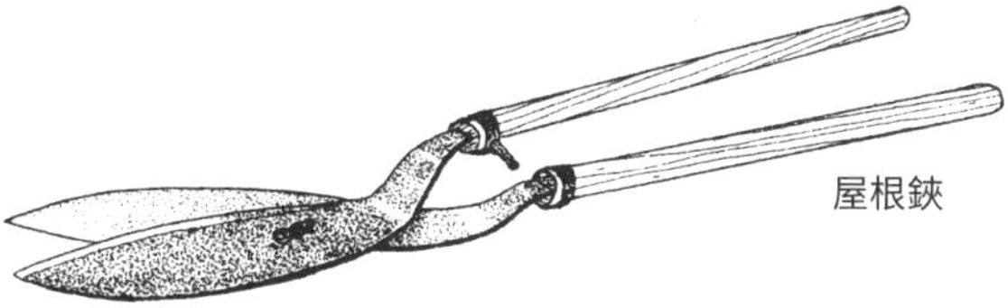
屋根鋏

刃莖也有各種形狀，像是彎曲的蛙腿形等。

山刀（やまがたな）

山刀

上山時，掛在腰間隨身攜帶，用來砍斷樹枝、分解動物等獵物、削切木或竹做成各種工具等的刃具，用途很廣。兼具*庖丁與*鉈（柴刀）功能的尖刃，刃長二十幾公分，通常是裝在木鞘內攜帶。秋田縣阿仁地區的又鬼獵人2-27稱此物為ナガサ（nagasa），在九州的奄美群島或沖繩是稱作ヤマガラシ（yamagarashi）、ヤーナギ（yaanagi）、ヤマナジ（yamanaji）等。

槍鉋（やりがんな）

切削木材表面，使其平滑的刃具。刃尖上翹的柳葉形尖刃，由於形似*槍的槍頭，故得此名。十六世紀中期，現在使用的*鉋普及之前，修整木材表面是用槍鉋和*手斧。古時寫作鐁，讀作「かな」（kana），據說是因為台鉋的出現才改稱槍鉋。如今已很少見，但仍會用來加工木鉢或*臼等須刨挖曲面的木工藝品。

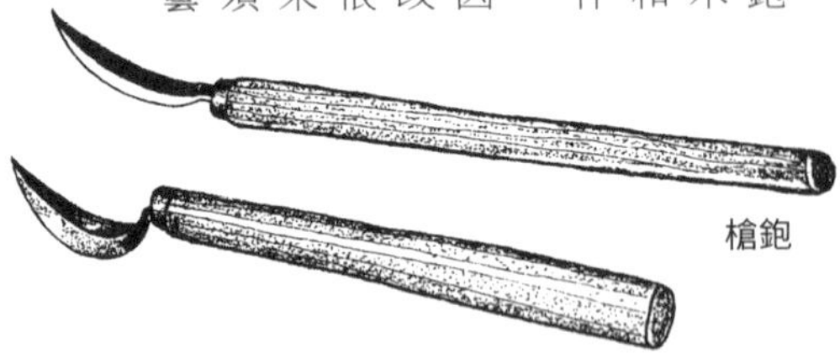
槍鉋

指貫（ゆびぬき）【頂針】

指貫

做女工時套入手指，用來按壓*縫針頭。黃銅或皮革製，表面有許多按壓針頭的小凹洞。將略寬的凹洞面朝上，套入持針的中指中節。

弓鋸（ゆみのこ）【弓形鋸】

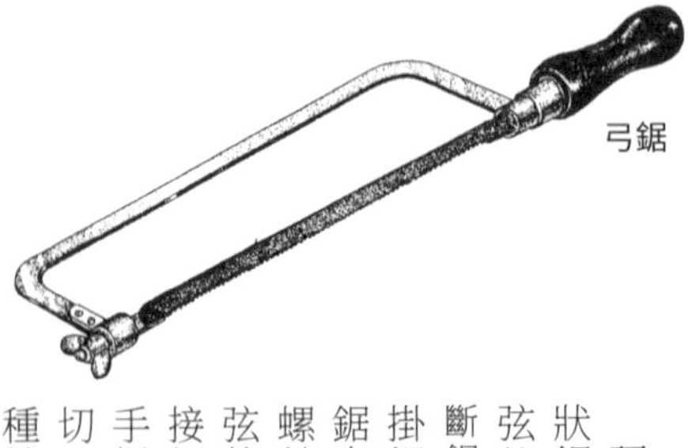
弓鋸

硬且薄窄的帶狀鋸身接上鐵製弦的橫挽鋸（橫斷鋸），亦稱弦掛鋸、釣掛鋸。鋸身以弦兩端的螺絲等物鎖緊，弦的一端接在連接鋸身的握柄，手抓握柄進行鋸切。經常用於各種精細的加工，如竹、角、象牙、玳瑁、珊瑚等。鋸身很硬、可切金屬的稱作金鋸，鋸身極窄的為*糸鋸（線鋸）。

蘭引（らんびき）【兜釜式燒酎蒸餾器】

於江戶時代傳入日本，蒸餾燒酎等液體的器具，據說蘭引（ranbiki）的語源是葡萄牙語的「alambique」。多為上下一組的陶器，將發酵過的酒醪7

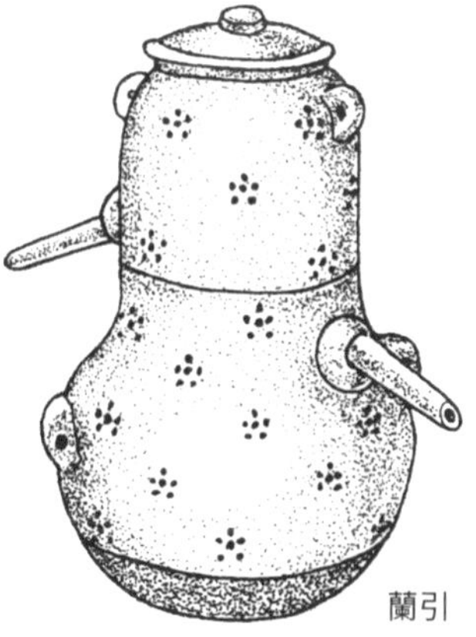

蘭引

倒入圓廣的下部，在上部的容器倒冷水、蓋上蓋子加熱，汽化的酒精接觸到裝了冷水的上部底部後，冷卻形成液體附著於底部，再沿著底部的球面匯集至中央往下滴。從向外伸出的漏斗狀管子倒出完成蒸餾的酒。

兩刃鋸（りょうばのこ）【雙刃鋸】

在鋸身短邊中央接握柄，形似*羽子板的*鋸，一邊是縱挽鋸（縱開鋸）的鋸齒（鋸目），另一邊是橫挽鋸（橫斷鋸）的鋸齒。自明治時代中期左右開始普及，一把鋸子就用於縱開與橫斷相當方便，不光是木匠等職人，也是一般家庭常用的木工工具。

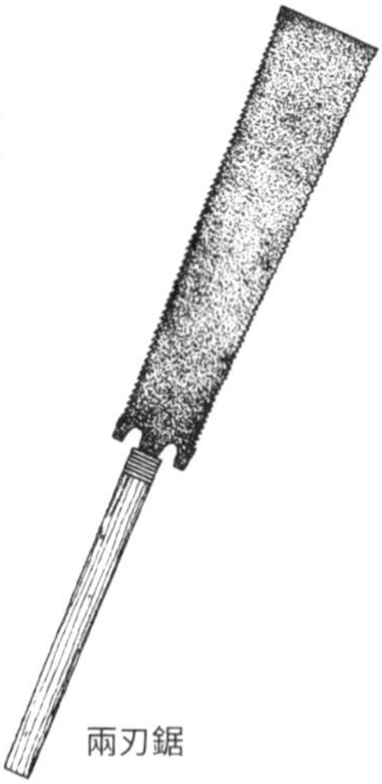

兩刃鋸

轆轤（ろくろ）

利用旋轉塑形物品的裝置，分為陶瓷器用與木工製品用。陶瓷器用的轆轤有兩種，一種是將立在基台的軸棒放上轉台，靠近轉台邊緣的部分鑽洞，以棒子按壓，轉動轉台、塑形黏土的手轆轤；另一種是軸棒下方也裝轉板，以立腳連結上方的轉台，用腳踢轉板轉動轉台的蹴轆轤。手轆轤還有需要助手幫忙推轉台，或是在稍遠處設置另一個轆轤，兩個轆轤的軸棒用*繩交叉綁接，由助手推動轉盤、使塑形轆轤轉動的樣式。

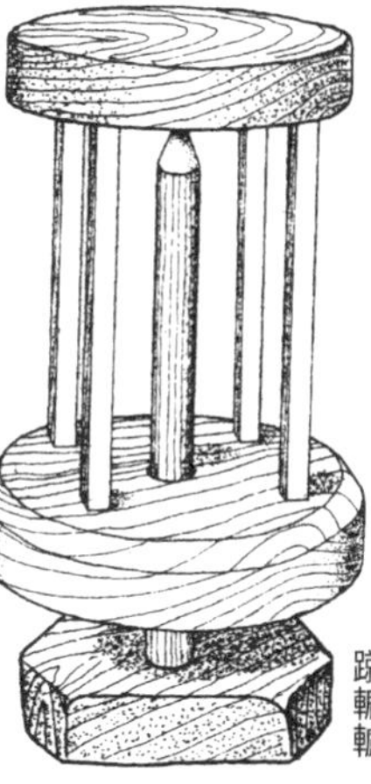

蹴轆轤

木工製品是用軸棒橫置的轆轤，將粗削的木塊插在軸木前端的鐵爪，一人雙手交互拉扯捲在軸棒上的麻繩，另一人用稱為鉋棒的棒狀木地鉋削木塊。這稱作手引轆轤、木地轆轤，用於製作*椀、*鉢（鉢）、丸盆、*茶筒、*木芥子（人形木偶）等圓形的木工品。如今兩者多為電動式。

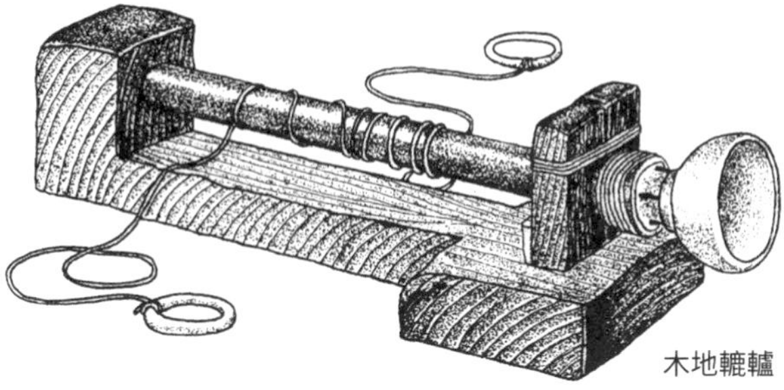

木地轆轤

此外，套入和傘柄的圓筒形傘槽、*舞錐的飛輪等也稱作轆轤。

綿打弓（わたうちゆみ）【彈棉弓】

彈棉的弓狀工具，而彈棉指的是打散棉團，使棉纖維變得柔軟蓬鬆。亦單稱棉打，因為撥弦時會發出聲響，也以ビンビン（binbin）為名。起初是用竹弓搭棉線弦，到了江戶時代，自中國傳入木弓搭鯨鬚或牛筋弦的大型弓，因效率佳而普及至各地。弓的中央以彈性好的竹子懸掛起來，一手壓弓，勾住裝在*籠或墊子上的棉團，另一手持小槌撥弓，藉由振動打散棉團。江戶時代中期後，隨著棉花栽培的普遍，出現了專業的綿打屋，還有帶著綿打弓四處工作的職人。

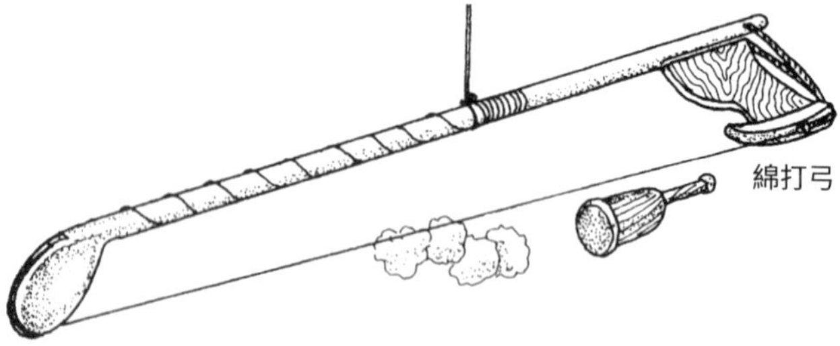

綿打弓

草鞋作台（わらじつくりだい）【草鞋床】

編*草鞋、*草履的工具，將二～三根掛芯繩的棒子以略為後傾的角度接在薄板前端。基本上都是各家自製，因此樣式很多。像是將一塊木頭削成前端較厚的木板後，做成棒狀，或是接橫木並豎立起棒子的T字形等。操作時，坐在薄板上壓住台子，手指勾住棒上芯繩的一端，邊拉邊進行編織。有些人是伸長雙腳，將芯繩套在拇趾上編鞋。另外，製作雪鞋或*爪掛也會使用木型等用具。

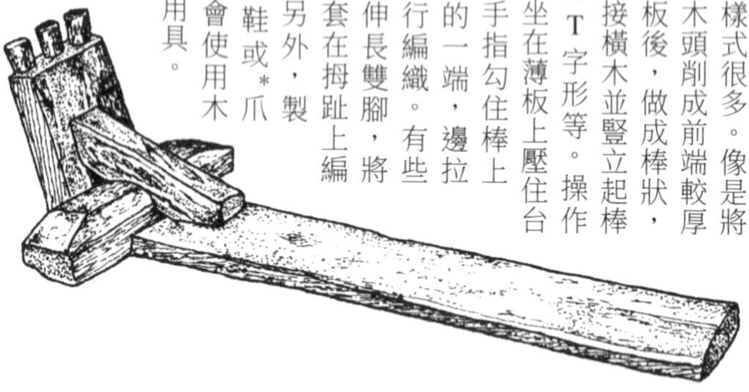

草鞋作台

藁選（わらすぐり）

製作*繩、*草履、*草鞋等藁製品時，用來先處理掉稻草上枝葉的工具。大部分是自製，形態多樣，像是手形的叉木、在厚板上刻出梳齒、握柄前端插入數根細棒，或是將釘了一排*釘子的橫木做成T字形等。一手拿著綁成束的稻草，另一手用藁選除去枝葉。

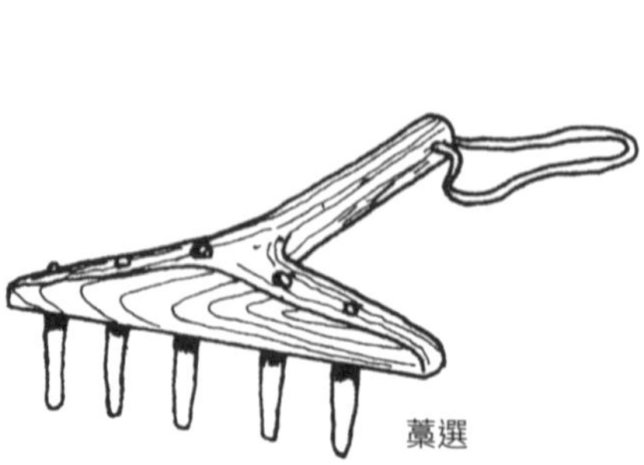

藁選

第8章

運輸

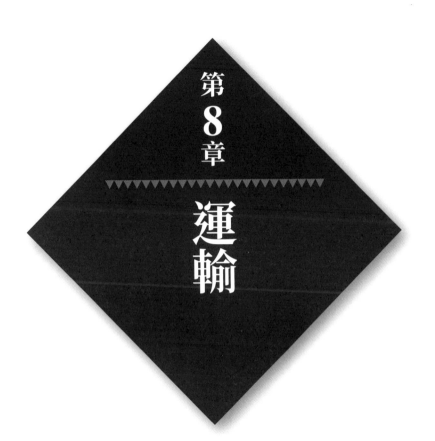

「運輸」不單指運送物質資源，也包含人的移動與文化的傳播交流。目的地不只鄰近區域，甚至跋山涉水，到達遙遠的國度。

人力運物的方法很多，像是用手提拿、背負、肩扛、掛在腰間或放在頭上等。用手提拿時，使用包覆物品的風呂敷（包巾）、信玄袋（P353）等各式各樣的袋類、買物籠等各形態的籠類；背負時，使用背負繩（背繩）或背負子（背架），以及減輕背部壓力的背中當（背墊）等；肩扛時，使用天秤棒（扁擔），通常是將貨物吊掛在棒子兩端，一人以肩扛起中央的部分搬運，也有將貨物吊掛在中央，由兩人分別扛運棒子兩端的方式。另外，在伊豆七島（伊豆大島、利島、新島、神津島、三宅島、御藏島、八丈島）一帶，使用的不是以肩扛運的天秤棒，而是放在頭上的反天秤（P356）。

載運貨物的車也就是荷車，自古便已存在，長久以來都是以牛拖拉，但當時路況不佳，所以並不普及。到了江戶時代（一六〇三～一八六八）隨著商品流通的繁盛，在江戶、大坂、京都等都市開始以人力拉車運送物資。最具代表性的為江戶的大八車（P356）、大坂的輊車。大八車的原名是代八車，意指運載量等同八個人搬運。大正時代（一九一二～一九二六）腳踏車變得普及，出現了用腳踏車拖拉的兩輪拖車。

人力載運人的工具是輿（轎）和駕籠（P344）。輿是讓人坐進有頂蓋的箱內，底部接上兩根轅，以肩扛起或抬至腰間搬運。起初只有天皇和皇后使用，平安時代（七九四～一一九二）擴及貴族，自鎌倉時代（一一九二～一三三三）起，上級武士也開始乘坐。到了江戶時代，人們的移動變得頻繁，駕籠也普及於庶民之間。駕籠的形態多樣，依乘坐者的身分或使用場所而異。江戶的四手駕籠、京都與大坂的四路駕籠採周圍有垂簾的設計，而構造簡單的山駕籠是將竹編坐籠懸掛在棒子上，沒有任何遮蓋物，作為翻山越嶺或旅行的交通工具。

另一方面，提到載運人的工具，就會想到人力車，這是在明治時代（一八六八～一九一二）初期由西洋馬車得到靈感創造出來的。又稱人力、力車、俥等，車夫抓住前方的梶棒拉動車子，機動性良好。

至於河川及海洋，在人的移動、物資的流通與文化交流上也扮演著重要的角色。人們自古就利用河川將山村物資運往河口的聚落，於是河口便發展成物資集散的鄉鎮，並且透過海運將物資送往各地。包含今日舉辦「早市」之地，也是因此發展出來的鄉鎮。關於將山村物資運往河口的工具，一開始是用一根木頭刨挖而成的丸木舟（獨木舟）。後來發展為構造船的川舟對河運大有貢獻，運送物資時也會使用筏。裝載建材等用於各種用途的的木材，藉由河川運送的筏，同時會裝載山村生產的各種物資，送往河口的村落或鄉鎮。

最具代表性的川舟是「高瀨船」（P357），原為平安時代貴族的遊船，近世初期開始用於京都市區與大坂之間的物資輸送，這條用於運輸的河川因而被命名為高瀨川[1]。另外，大型的高瀨船也用於關東的利根川水系，將東北地方的年貢米運往江戶市區之際發揮了極大的作用。中國地方及九州輸送年貢米時是用外形近似高瀨船的平田船（P366），各地也創造出各種川舟，廣泛用於河運。

古代已有的海運在寬永十一年（一六七一）出現了劃時代的轉變，富商河村瑞賢開通了自東北日本海沿岸經津輕海峽至江戶的「東迴航路」，隔年又開通了自日本海沿岸經下關至大坂的「西迴航路」。尤其是「北前船」[2-4]開始在西迴航路航行後，迅速帶動東西物資的交流。

例如，山形的最上紅花被運往京都，使京都友禪染擁有鮮豔的紅色，蝦夷地（北海道）或奧羽（東北地方）的沙丁魚乾等被當作肥料運往河內國（大阪府東部）、大和國（奈良縣），促成棉業的發展。舊棉衣也被運往奧羽做成「菱刺」或「裂織」（P128），豐富了當地的衣著。此外，伊萬里燒或九谷燒的瓷器、伏見人形（伏見人偶）也得以流通至各地。京都的祇園祭也隨之傳至奧羽各地，現在仍持續舉辦盛大的夏季祭典。北前船讓東西文化充分交流，使日本海成為文化主流的表日本[2]。另一方面，透過太平洋岸的樽迴船等航路，將攝津（大坂）、伏見（京都）、灘（神戶）的酒等上方[2-3]物質送往江戶。

無論大船小船都會供奉船的守護神，也就是船靈。一般是用女性毛髮、男女一對的人偶、一二文錢和二個骰子當作神體，安置在船梢。

淦取（あかとり）

積在船底的海水或雨水稱作淦，淦取即是用來舀出積水的船具。尤其是雨水，倘若放著不管，會導致船板腐爛。積留的污水被稱作淦（aka）是仿傚佛教中將供佛的功德水稱為閼伽（aka）。多為板製且有深度、形似*畚取（畚箕），通常上部會有把手，單手持握使用。在沖繩多是以一根木頭削切而成。

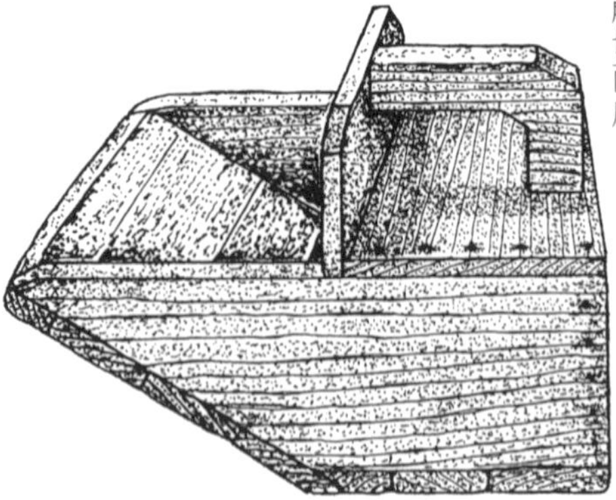
淦取

鐙（あぶみ）

掛在馬鞍兩側，讓乘者踩踏的用具。分為鐵環的輪鐙與包覆腳尖的壺鐙。也有可放置整個腳的壺鐙，是武士騎馬打仗時，為了穩住下半身所用的樣式。

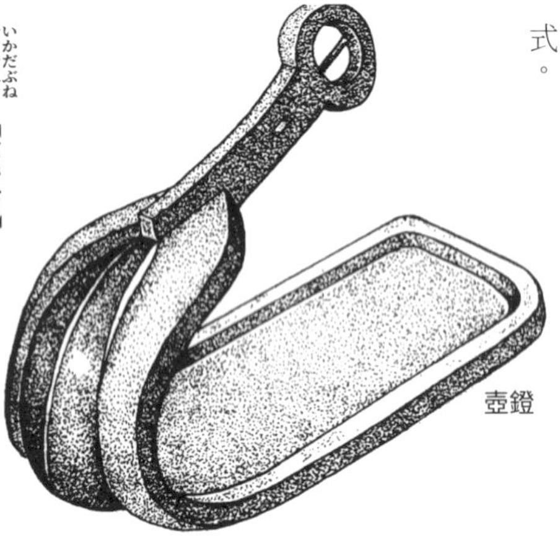
壺鐙

筏舟（いかだぶね）【筏船】

將數根浮力大的杉木、桐木或竹子等排列、捆綁做成船。形態分為架放橫木，用葛等捆綁的，以及穿入橫木連結的筏舟。以*櫂（槳）或*水棹操作，用來在沿岸採收海藻或進行小規模的捕魚，也作為渡越湖沼、河川或搬運貨物的工具。

筏與筏舟

碇（錨）

投入水中讓船隻停泊的錘，有石製、木製、鐵製。石碇是使用造型方便綁*繩的天然石，有時是用一顆大石或數顆石頭；木碇是將樹枝當作鉤爪，和錘石一起用繩綁住、拋入海中。形態多樣，像是柄與鉤爪一體成形的，或是削切樹枝後挖洞後插入柄木的形式等；鐵碇於室町時代（十五世紀前葉）開始為人所用，直到江戶時代初期（十七世紀中葉）才變得普及，裝設於一般商船。多為四爪碇，也有二爪碇，重量依船隻大小、載運量而定。儘管鐵碇變得普遍，多數的小型漁船仍持續使用木碇。

四爪碇

息杖【拄杖】

將重物用*背負子（背架）等綁起來背在身上搬運時，途中暫作休息的拄杖。休息時若將重物卸下，重新背起時會造成很大的負擔，所以會直接背著休息。這時候為了減輕背部的負擔，將此物墊在背架下支撐。亦有荷杖或荷棒（nibou／ninbou）等稱呼。

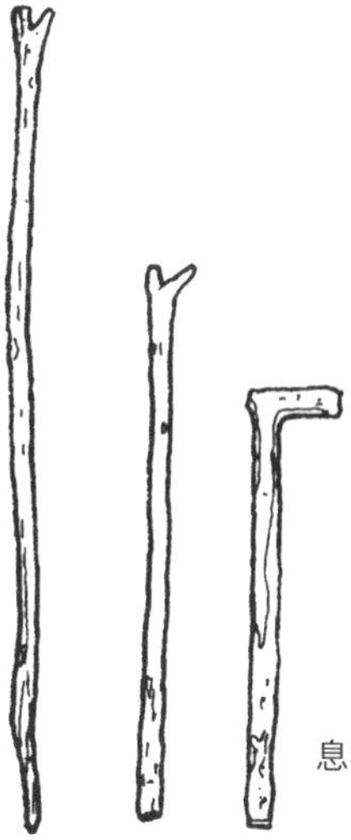

息杖

一輪車【獨輪推車】

在貨架上裝一個小車輪的小型手推車，一般稱作貓車，或是簡稱貓。將適度彎曲的原木剖半，在比較平直的部分架放數根棧條做成貨架，翹起的彎曲部分則削細做成手把，再用木板削成圓形車輪，裝在板架的前方。為了保持平衡，貨架採用前窄後寬的設計。後來出現了橡膠輪胎的鐵製一輪車，木製品因而被淘汰。

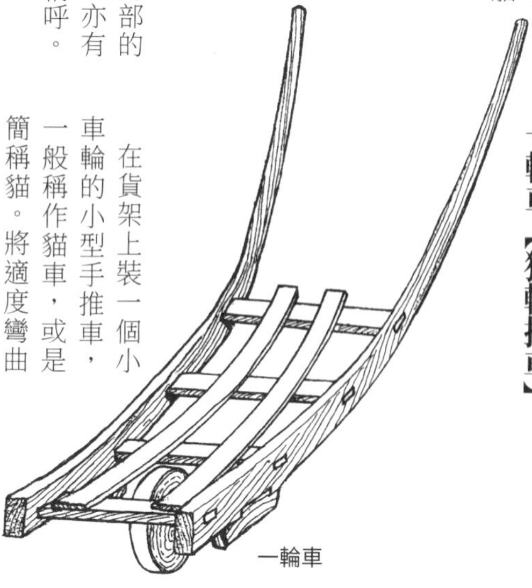

一輪車

兔樽（うさぎだる）

裝祝賀酒的*酒樽。這是將左右相對的側板做成長角狀，中間插入橫板作為提把的一種*角樽，由於本體部分渾圓，看起來就像兔子豎起耳朵，故稱作兔樽。多為黑漆或朱漆的漆器。

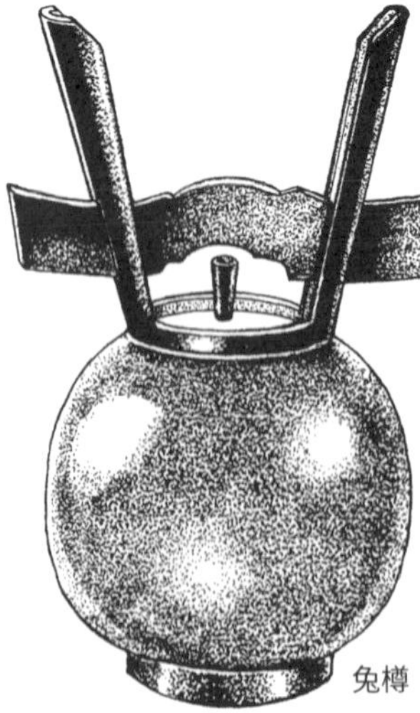
兔樽

靫（うつぼ）【箭筒】

裝箭矢、繫在腰間攜帶的筒狀器具，主要為武士用於戰場或狩獵場。相同用途的器具還有*箙，但箭矢暴露在外，容易讓箭羽受損。靫能將箭完全收納，箭羽不易受損，而且在戰場上，敵人也看不出剩下幾支箭矢。主體是細長的竹籠，外側使用猴、熊、虎等動物的毛皮包覆，在*鐵砲尚未出現的鎌倉、室町時代被廣泛使用。

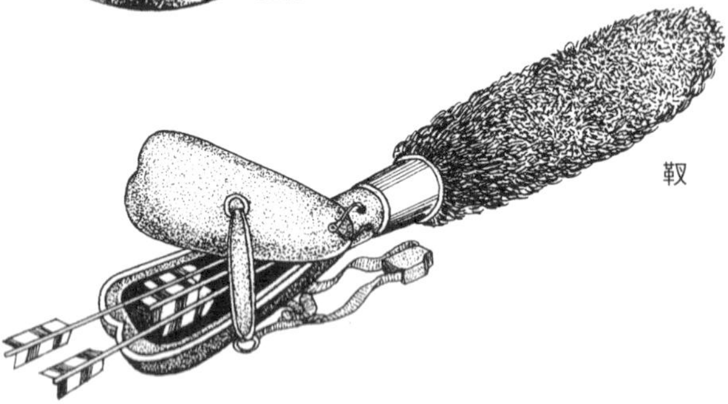
靫

箙（えびら）

戰爭或狩獵時，裝箭矢、綁在腰間或背上攜帶的器具。比起相同用途的*靫，箙的構造顯得簡易，像是為了防止箭倒下，在背板與底板間加上簡單的外框，或是做成箱形等，形態多樣。狩獵用的狩箙多是簡易的竹編樣式。另外，在東北、關東、四國等地區，人們為養蠶用的淺底竹籠，也就是*蠶籠取同樣發音，稱為「ebira」。

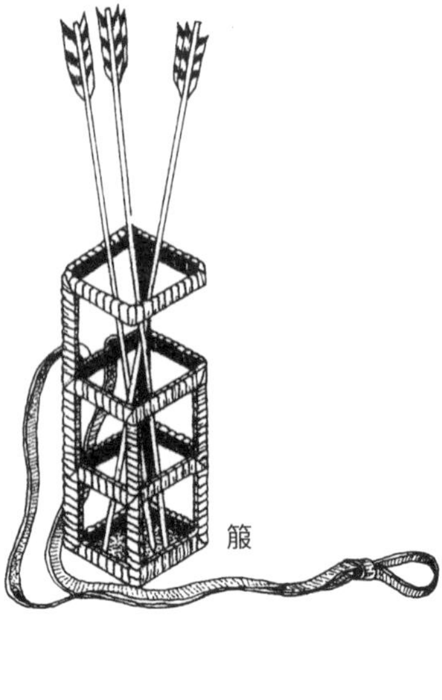
箙

家船（えぶね）

指在日本西部、南部，特別是廣布於瀨戶內海或九州西部海岸的海上生活者及其船隻。他們在陸地上沒有土地或房子，將小船當作住處兼工作場所，邊在海上移動邊從事漁業，有時會做買賣，以家庭為單位在船上生活。構造、大小依地區略有差異，近代的家船是長九～一二公尺、寬約一・

五~二公尺的二丁櫓手划和船。在船上有進行叉魚的魚突場，船內分為存放魚獲或薪柴等物的表間與設置*竈（灶）、*神棚（神龕）、收納架等以作為起居場所的火床間（亦稱胴間），還有左右隔開，右為殿間、左為櫓間或中間的休息場所，船尾是工作用的艫間，罩上遮風擋雨的草編屋頂。直到昭和四〇年代仍可見到這樣的家船。

家船

笈（おい）

修驗者（山伏 2-30）、行腳僧、六部 3 等背在身上移動，用來裝佛具、食器、衣服等物品的用具。分為縱長箱形具四個支腳、隔成二~四層櫃的箱笈，以及背板加兩根立腳的板笈。箱笈的上層安置信奉的佛像，下層放其他隨身物。有些會在箱的表面釘上以金銅板工藝製成的佛塔、輪寶等裝飾。

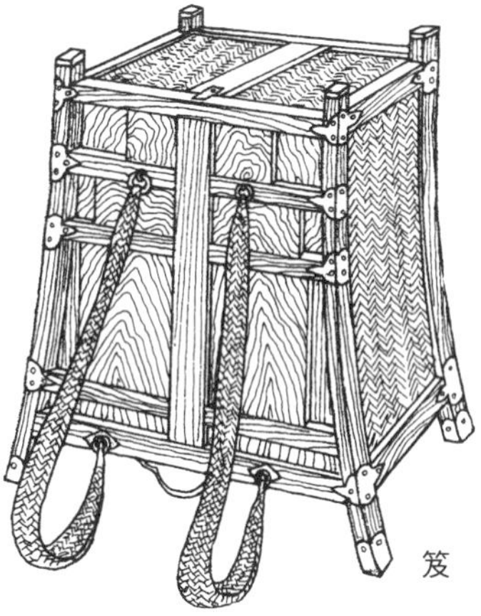

笈

岡持（おかもち）

用來盛裝並搬運食物或食器的附蓋淺底容器，兩側有兩根長柄，中間插入方便提握的把手。有圓形或橢圓形的桶形、長方形或正方形的箱形，也有竹籠。插秧或收成期間，用來運送供多人用餐的食物與食器。還有縱長的櫥櫃形式，供餐廳外送使用。

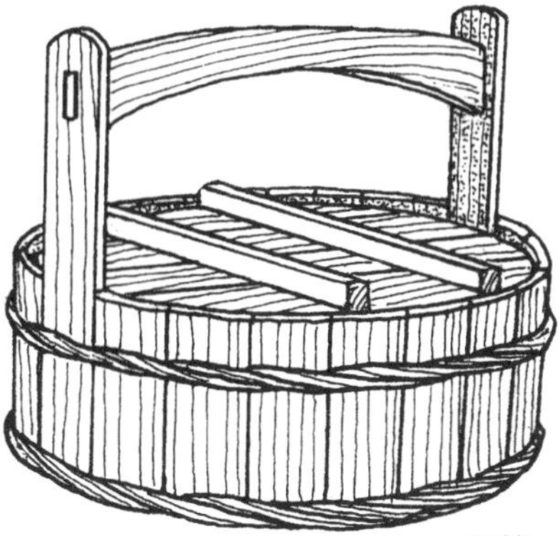

岡持

櫂（かい）【橈】

以手持握，撥水讓船前進的工具。

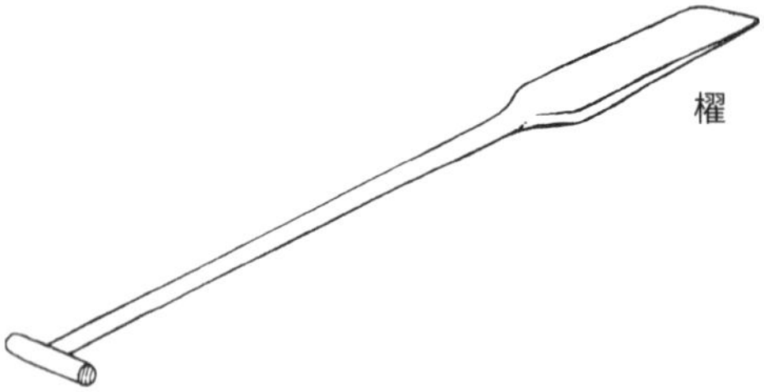
櫂

包含河船用來掌舵的舵櫂。通常是將一根木頭的上半部削成圓棒狀，下半部削成扁平的板狀，在棒子頂端接橫木或短柄的樣式也很多。材料多為櫟木，也有杉木或冷杉製。長度或粗細依地區、船隻而異，有時一艘船會準備兩根大小、形狀不同的櫂區分使用。

買物籠（かいものかご）【購物籃】

購物用的手提*籠，多為方形竹籠，也有用藺草或藤編成的提籠。昭和三〇年代之前是日常用品，後來因塑膠袋的出現而逐漸不被使用。

籠（かご）

泛指用竹篾或木條、稻草、藤蔓、草、樹皮等編製的容器。用於收納、保存、搬運物品，大小及形態、編法依用途、地區而異。收納、保存用的籠有*飯籠、*茶碗籠、*行李，搬運用的籠有*腰籠、*手提籠、*背負籠（背籠）、*配達籠、*捨籠等。

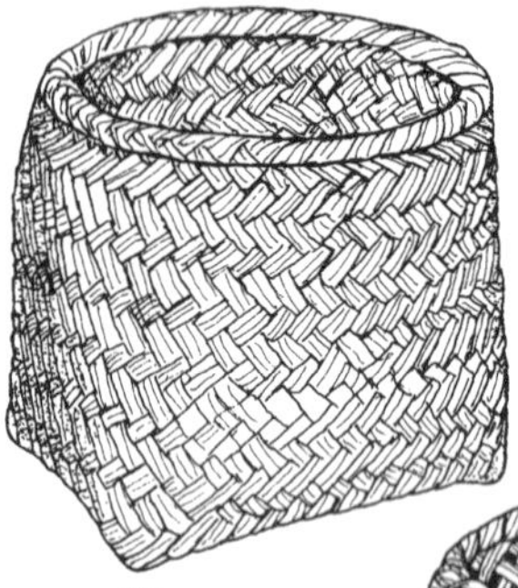
籠

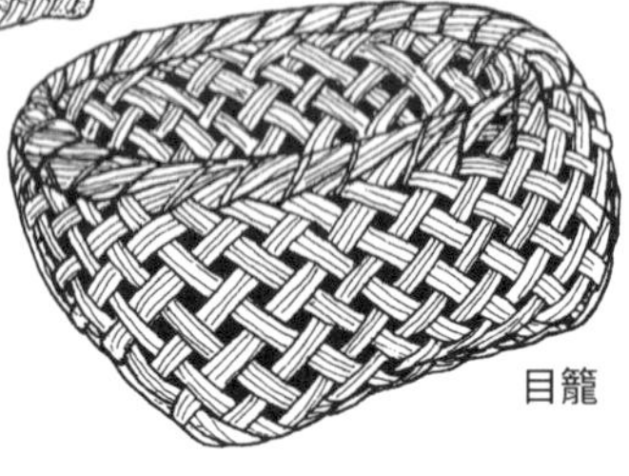
目籠

買物籠

駕籠（かご）

前後以人力抬運，供人乘坐的工具。由有頂蓋的籠部、架在籠頂的轅組成。出現於中世時期，在近世變得多樣化，配合公家、僧侶、大名、一般武士、庶民等不同身分，製造出各式各樣的駕籠。公家、僧侶、大名等特殊身分者乘坐的駕籠為木製漆器，作工精緻，有小拉門，為了有所區別，稱作乘物；而上級武士及其家眷乘坐的權門駕籠、御留守居駕籠、御忍駕籠，同樣是作工講究的樣式；一般平民使用的是籠形台座罩上*莫蓙（蓆）的四手駕籠、町駕籠，以及籠台只加外框，以竹棍當轅的山駕籠、宿駕籠。另外，護送罪犯時，套在犯人身上、稱為唐丸駕籠的六角孔編籠是比較特別的駕

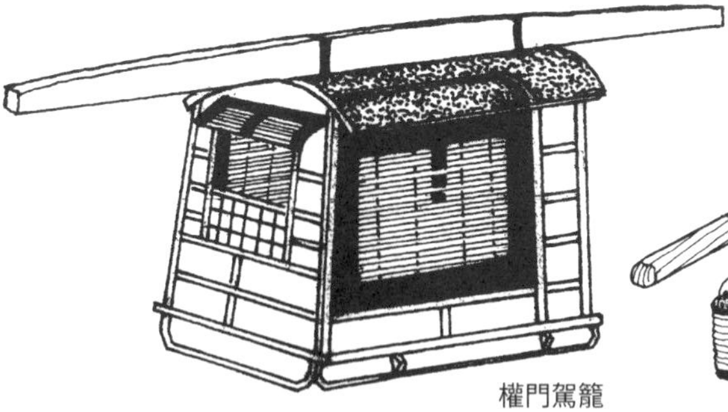
權門駕籠

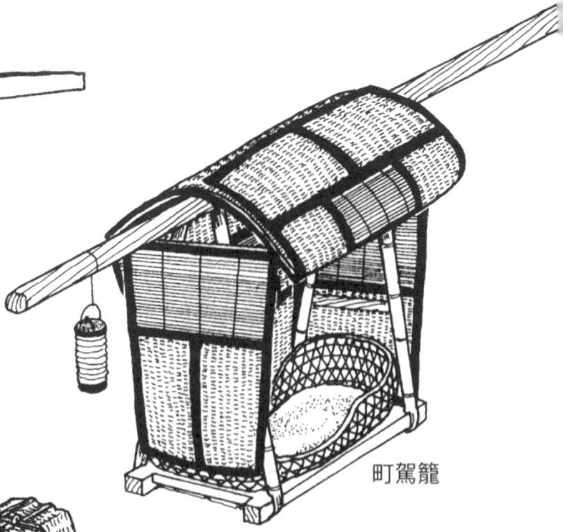
町駕籠

籠。明治時代初期出現人力車後，駕籠很快就被淘汰了。

肩當（かたあて）**【肩墊】**

肩上扛重物搬運時，墊在肩膀減輕負擔並防止衣物磨損的布。拉*橇或*荷車而將繩搭在肩上時也會使用。作法是將數片布重疊，施以*刺子並鋪棉，縫成長方形。

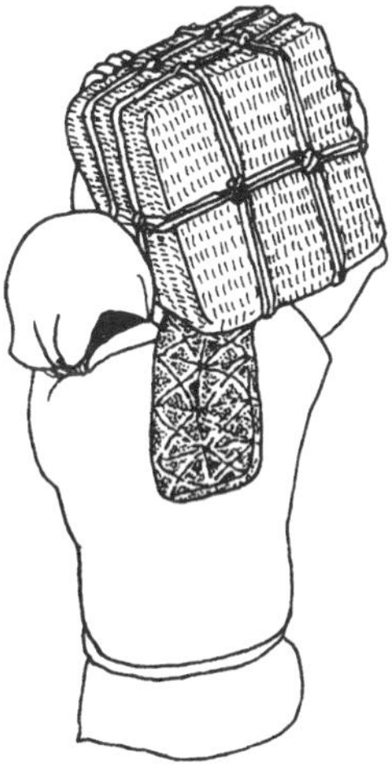
肩上墊肩當扛運物品

擔股（かつぎまた）**【柴擔】**

將鹽膚木或合歡樹等Y字形的叉木剖半，或是用兩根同形叉木做成的搬運用具。組裝時，下半部朝左右打開，叉木上端斜向交疊綁牢，開叉部分架上橫棒捆綁固定當作台木。常見於三重縣、紀伊半島[4]、四國山地、九州山地，主要用來搬運切成木炭尺寸的原木。將物品放在台木上的Y字開叉處，以肩扛台木，雙手握住打開的下半部。稱呼依地方而異，如カタゲウマ（katageuma）、カタギマタ（katagimata）、キモチウマ（kimochiuma）、キモチマタ（kimochimata）等。

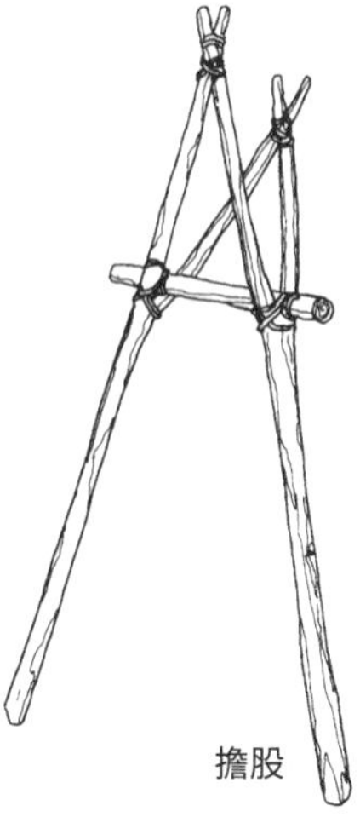
擔股

鞄（かばん）**【包】**

用來裝文件、帳簿、書籍或文具等物，隨身攜帶的用具。有布製與皮革製，分為縫接長帶、掛在肩上的肩掛鞄與手提鞄。皮革製的有金屬扣件或插扣。普及於明治時代後，大正、昭和時代多為學生及上班族使用。近年來各種設計的背包、手拿包、肩背包、*手提袋等變得普遍，鞄的使用程度不如以往。

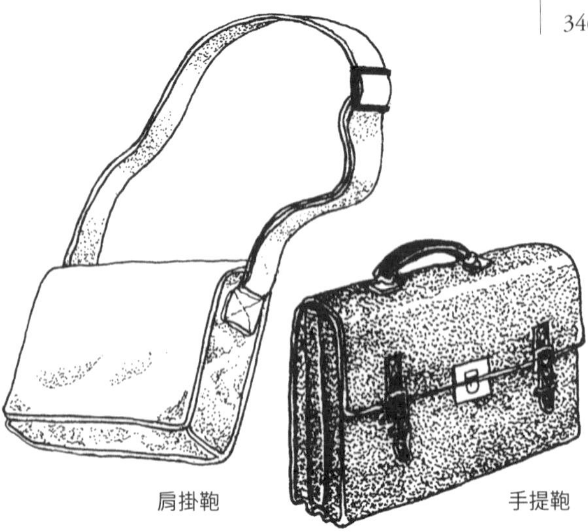

肩掛鞄　手提鞄

鐶（かん）

穿環的鐵*楔，釘在木材的切面，環的部分穿入藤蔓或*綱。配合木材尺寸選用適合的大小，為防止楔鬆脫，在前端削切細痕。古時是在木材上鑽洞、穿入拉繩，到了江戶時代才開始使用鐵製的鐶。亦稱轆鐶，其他地方另有別稱，如トチワ（tochiwa）、テカン（tekan）、キマワシ（kimawashi）等。也有接在上部吊掛重物，或是釘入門柱中栓馬的鐶。

此外，*簞笥（斗櫃）的把手、*蚊帳的吊環等所用的金屬環也稱作鐶。

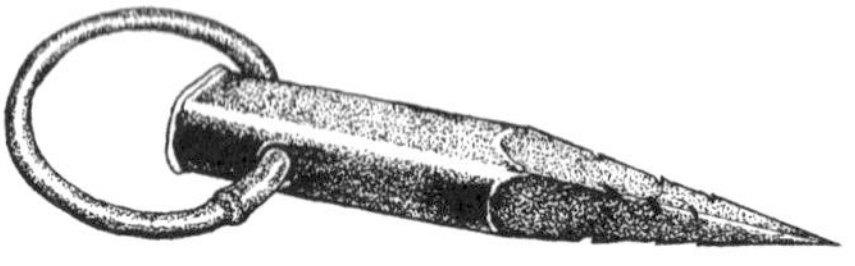

鐶

牛車（ぎゅうしゃ）

讓牛拖拉、搬運貨物的車。奈良時代用來搬運米或木材等重物，往返於奈良、京都等都市與木津、大津等外港之間。江戶時代中期後，普及至各地。和馬車一樣分為二輪車與四輪車，第二次世界大戰以前是用裝上鐵製輪圈的木製車輪，昭和二〇年代改用橡膠輪胎。

平安時代有被貴族作為代步工具的雙輪屋形車，為了與裝運貨物的牛車做出區別，稱作「ぎっしゃ」(gissha)。形態多樣、作工細緻，依官位分為唐破風形頂蓋的唐車（唐庇車）、用撕細的檳榔葉鋪成頂蓋的毛車（檳榔毛車）、側面是使用網代（斜紋）編法的檜木薄板編成的網代車（文車），還有左右窗接上小庇（屋簷）的半蔀車等。

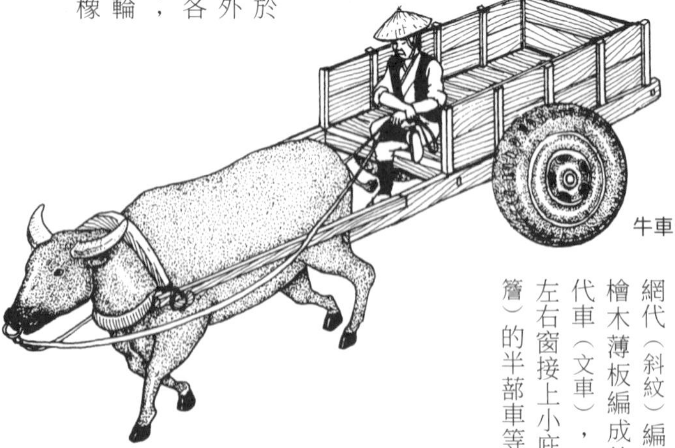

牛車

首木（くびき）【軛】

掛於牛頸、綁上拉繩的棒子，用來拖拉*犁等農具，或是綁接牛車的轅。形態分為一根削出圓弧的彎木，在中央雕出溝槽、穿入頸繩的樣式，也有和*鞍併用的樣式。馬用的首木為頸圈形式。明治時代西式馬具傳入日本、經改良後，從北海道普及開來。用布包覆稻草或稻殼等物，外圍套上彎木。北海道將布包稱作ガラ（gara），彎木稱作ワラビガタ（warabigata），但許多地方是將兩者合稱為ハモ（hamo）。

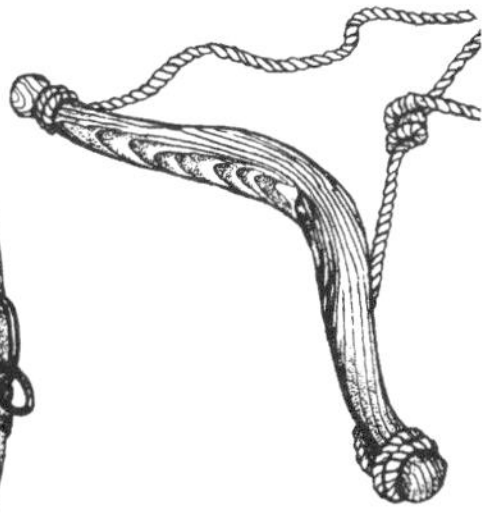
牛用首木

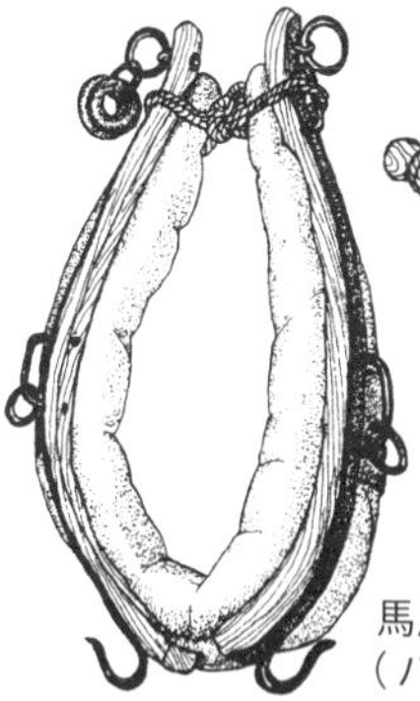
馬用首木（ハモ〔hamo〕）

鞍（くら）

置於牛、馬的背上，掛上拉繩拖拉農具、車或*橇，用來載運人或貨物工具。語源與意指置物或座位的「座」（kura）相同。除了牛鞍和馬鞍，還有騎乘用的乘鞍、搬運貨物用的荷鞍或馱鞍、牽引用的輓鞍、耕作用的田鞍或耕鞍等多種用途的鞍。構造上分為前框（前輪）與後框（後輪）皆為拱形、以橫棒連結的雙橋鞍，或是只有前框是拱形而後框為平板的單橋鞍、單一拱形框無後框的獨橋鞍。古時已有乘鞍，從出土的埴輪[2-42]可知是始於古墳時代。平安時代受到中國唐鞍的影響，創造出大和鞍。自古以來，馬在日本被視為神的坐騎，乘鞍是神或貴族使用之物，因此多是塗漆並施以蒔繪的豪華樣式。荷鞍、田鞍比乘鞍小，輓鞍通常作工牢固，但形態依地區而異。鞍會搭配鞍當（下鞍）、胸掛（前掛）、尻掛（尾掛）、腹帶等一起使用。

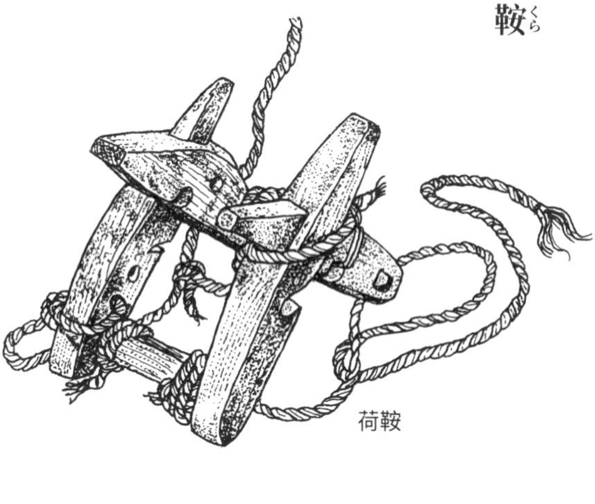
荷鞍

桑籠（くわかご）

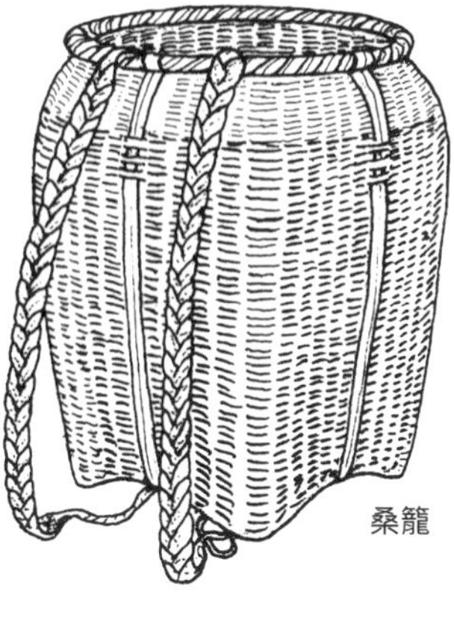
桑籠

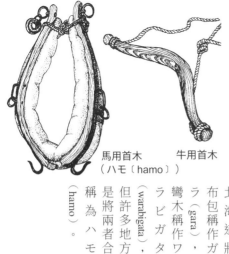

將養蠶用的桑葉從桑摘籠移出，進行搬運的大型*籠，亦稱儲桑籠。有裝上*背負繩（背繩）背在身上，以及吊在*天秤棒（扁擔）搬運的樣式。多為莫蓙目（蓆紋，又稱笊編）的竹編圓籠，有些地區是用四角孔或網代編（斜紋）、莫蓙目混合六角孔編的雙重編籠。

肥負子（こえおいこ）

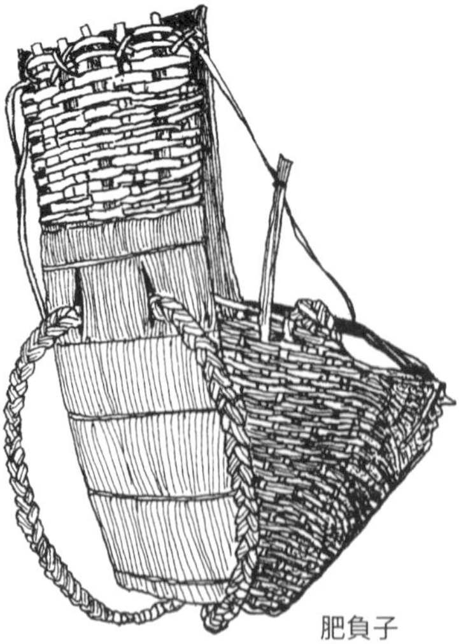
肥負子

搬運堆肥的*背負籠（背籠），亦稱背負畚。多為寬口窄底的研磨缽形，依地區分為粗竹篾粗編的竹籠、將*背負子（背架）形的木框做成編籠，或是用毛漆樹、杜松等樹枝做成開口與縱向骨架，再橫繞草繩或藤蔓植物等製成的籠。堆肥運至田地後，為了能夠直接彎身傾倒，靠背的部分會編得比較高，以免弄髒身體，通常會加上稻草或布編成的*背中當（背墊）。其他地區另有別稱，如負子、トリノス（torinosu）、タガラ（tagara）等。

肥笊（こえざる）

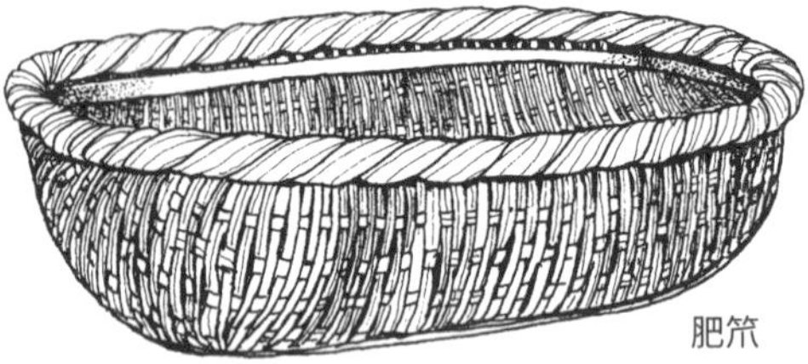
肥笊

一種竹製*笊（笊籬），主要用於搬運撒在田地的肥料或灰，也用來撒混合肥料的種子或稻殼。關東多是用稱作タカザル（takazaru）的深底圓笊。使用時，一手拿著連接笊與身體的*繩，抱住笊、倚在腰間搬運。中國地方或北九州多為淺底的橢圓笊。

肥擔桶（こえたご）【水肥桶】

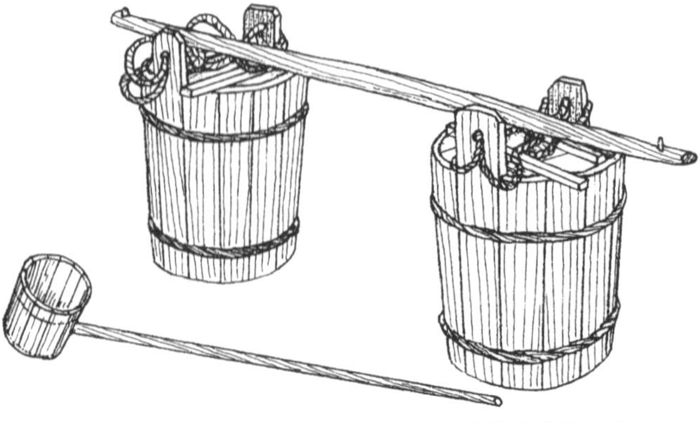
肥擔桶與肥柄杓

將排泄物運往田地施肥的*桶，亦稱肥桶。主要是用杉木薄板製成的結桶，左右相對的兩塊側板高起呈長角狀，穿入*繩，以*天秤棒（扁擔）吊掛，通常是一次扛兩桶。大部分無蓋，為避免液狀的排泄物濺出，桶內會放板子，或在蓋子上加橫棒，棒的一端加長超出桶緣方便取下。若會經過陡坡或路程遙遠，多半是背一個桶。用一種橢圓形桶，嵌入密封*樽時所用的鏡蓋，蓋上有孔可倒出排泄物。

輿（こし）【轎】

載運人的工具。貴族的代步工具之一，奈良時代至平安時代初期為天皇專用。平安時代末期開始被上皇、公卿，甚至家臣或僧侶使用，室町時代至江戶時代之間，有一定家世或身分地位的武士也能使用。一般而言人是坐在屋形的輿中，由數人以肩扛起或用手抬起底部的轅。天皇即位或外出參與大嘗祭[1-17]等儀式時，會乘坐蓋頂中央有金銅鳳凰的鳳輦，或是略為簡便、蓋頂有蔥花形寶珠的蔥花輦，另外還有以檜木薄板編成網代編（斜紋）並塗漆的網代輿、全以原木板組成的板輿等，形式、裝飾豐富多樣。同形之物還有*神輿（神轎）及葬禮時搬運*棺桶的*龕。

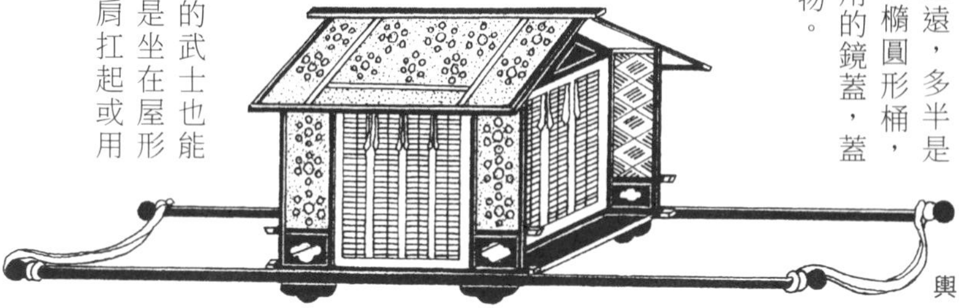

輿

腰籠（こしご）

泛指裝零散小物，繫在腰間攜帶的小型*籠。裝種子或小型蔬菜、山菜、海藻等收穫物，或是裝割下的雜草等。在河邊釣魚時，裝魚的*魚籠（魚簍）也是一種腰籠。多為竹製，有些地區是用木通、木天蓼、紫藤、色木槭、香蒲、稻草等各種天然材料製作，近年也出現了塑膠製品。形狀多樣，像是上部窄縮、圓筒形、橢圓形、方形等，名稱依地區而異，如腰てご（koshitego）、腰びく（koshibiku）、ホボロ（hoboro）等。

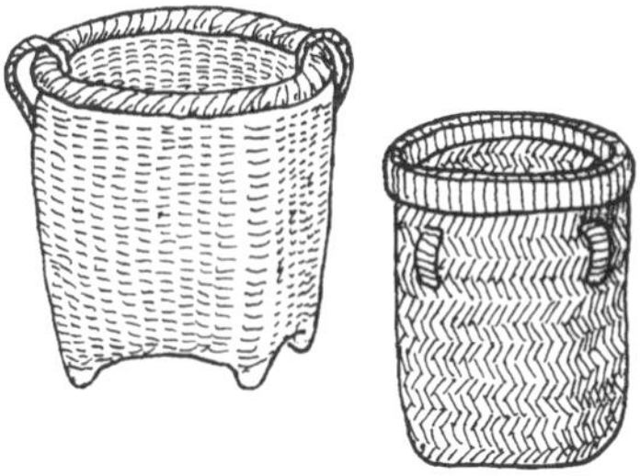

腰籠

木葉籠（このはかご）【落葉籠】

一種大型*背負籠（背籠），主要為農家用來搬運製作堆肥的落葉。通常是用兩條粗竹篾編成的六角粗孔*籠，大一點的高度甚至超過一公尺。同形

木葉籠

之物是用來搬運割下之雜草的小型籠，亦稱草刈籠。

菰樽（こもだる）

用*菰包覆的*酒樽，亦稱菰冠。祭祀儀式或慶祝宴會時，盛裝祝賀酒的酒樽，會以繪有銘柄（品牌）或鶴松等吉利圖樣的化妝菰（裝飾性質的菰）包覆。多為容量為七二公升的*四斗樽。

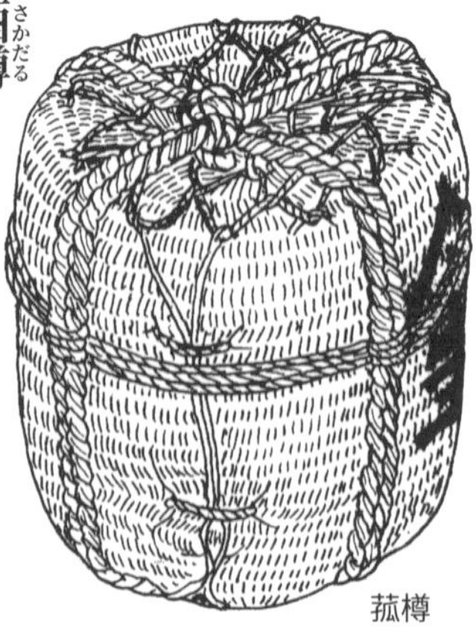

菰樽

酒樽（さかだる）

用來運送清酒的*樽，常見的容量為四斗（約七二公升），稱作*四斗樽。古時用來裝液體的容器為陶製的*甕或壺、曲物*桶，室町時代出現了排組杉木或檜木薄板，再以竹箍固定的結桶、結樽之後，便開始製造大型容器。江戶時代在大坂（攝津）、神戶（灘）、京都（伏見）發展出蓬勃的釀酒產業，大量裝有清酒的四斗樽以大型迴船運往江戶，這種船稱為樽迴船。為防止液體滲透，酒樽是將弦向[1-29]切面的厚板（樽丸）用大小不同的竹箍牢牢固定，再蓋上鏡蓋，即使船上搖晃，結構上也很堅固耐撞。運至江戶用畢的空酒樽，在關東地區轉用為釀造容器，因而促進酒、味醂、醬油、味噌、醃漬物等釀造業的發展。

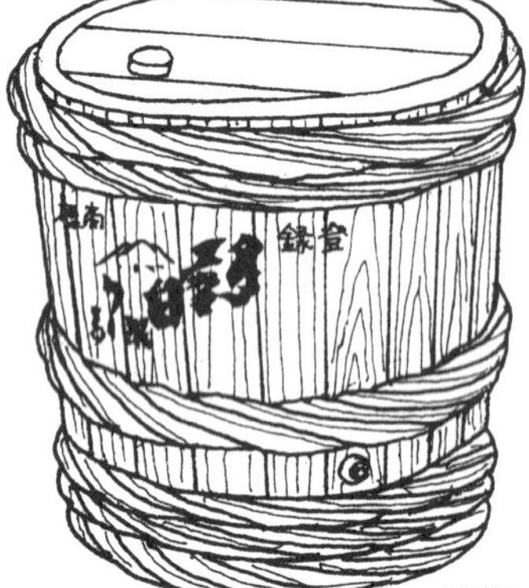

酒樽

魚籠（さかなかご）

用來盛裝婚禮或上樑儀式等慶祝宴會上，款待客人的鯛魚等魚類的*籠，放在魚籠中作為賀禮帶到現場。多是竹編的長方形或橢圓形籠，形態依地區而異，分為有蓋及無蓋。將魚擺在鋪了杉葉或檜葉的籠內，雙手拿著攜帶。

魚籠

指樽（さしだる）

四角的箱形指物，為盛裝祝賀酒的搬運容器之一。一般是長一尺（約三〇公分）、寬三寸（約九公分）、高八寸（約

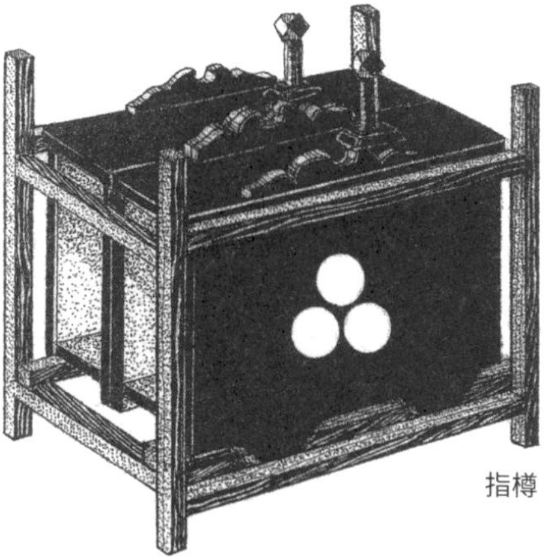
指樽

二四公分）的大小，常會在窄面上塗朱漆，其餘則塗黑漆，也有加上家紋的豪華樣式。和*角樽一樣是兩樽成對使用，放入專用木框中，以*天秤棒（扁擔）扛運。有些武士旅行時也會攜帶。

刺（さす）

將*天秤棒（扁擔）的兩端削尖，各插入綁成束的稻草、木柴或割下的雜草等，扛在肩上搬運。亦稱尖棒，各地另有別稱，如山朸、トンガリボウ（tongaribou）、トンギリオウコ（tongiriouko）、ツキトオシボウ（tsukitooshibou）等。多以杜松等材料自製。而以桂竹製成的刺，稱作刺竹。

刺

鱶舟（サバニ）

於沖繩、奄美群島使用的小型漁船。船體為自船尾延伸的平緩曲線，接近船首時卻突然變窄的獨特設計。也被當作搬運農作物或貨物，往返於島嶼之間的海上運輸工具。古時沖繩是用松木、樟樹、錐栗，而奄美群島是用一根紅楠原木所刨挖成的*丸木舟（獨木舟），亦稱マルキンニ（marukinni）、クイブニ（kuibuni）、マーキーサバニ（maakiisabani）。明治時代之後，將宮崎縣飫肥杉的厚板拼接成圓木後刨挖製成的「合舟」，以及用板材釘合的

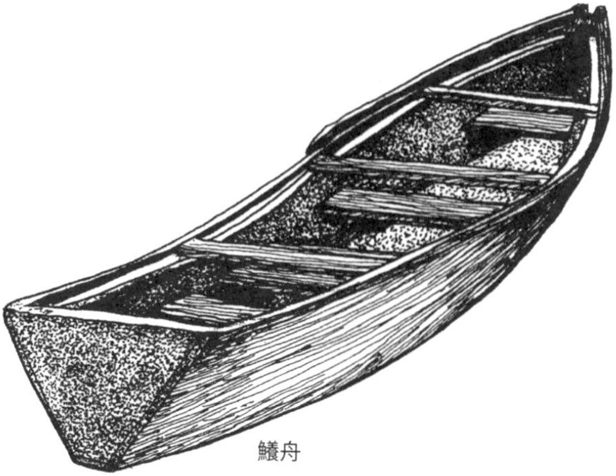
鱶舟

「接舟」數量增加，遂成為阻水性佳、敏捷好操作的船。近距離的移動以*櫂（槳）划行，前往近海時則揚*帆航行。近年來玻璃纖維製、具機械動力的艤舟也變多了。

柴橇（しばぞり）

將三～五枝根部彎曲的柴（雜木）重疊，根部用紫藤等藤蔓或*繩綁成橇狀後，將處理好的柴束堆疊上去，進行搬運。這是在山中應需要臨時製作的工具。

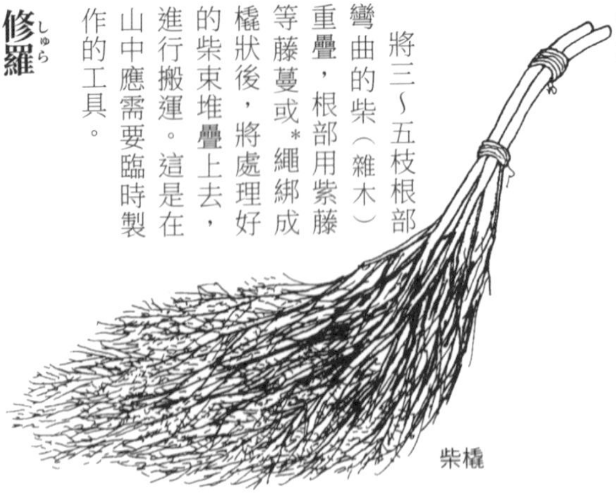
柴橇

修羅（しゅら）

擺放石材或巨木等體積龐大的重物，以拖拉方式搬運的*橇。被當作土橇或雪橇使用。形狀不一，除了將U字形分叉的巨木削成橇狀，也有二本橇（雙橇）或梯子形、格子形等。為搬運重物，使用的材料必須堅固牢靠、滑動性佳，因此常用櫟樹、櫸樹、山毛櫸。

另外，將圓木棒或角材沿著谷澗鋪排成一條通道，利用斜坡讓木材滾落的裝置亦稱修羅。有些地方的發音為シラ（shira）、シラシ（shirashi）、スラ（sura），古時在林業盛行的奈良縣吉野地區又稱滑板、滑道。

修羅

背負籠（しょいかご）【背籠】

泛指裝入貨物、背負搬運的*籠。許多地方讀作「せおいかご」（seoikago），東北地區是稱イジコ（ijiko）、スカリ（sukari），九州地區是稱カガイ（kagai），宮崎縣的高千穗地區是稱カルイ（karui），奄美群島或沖繩是稱テ

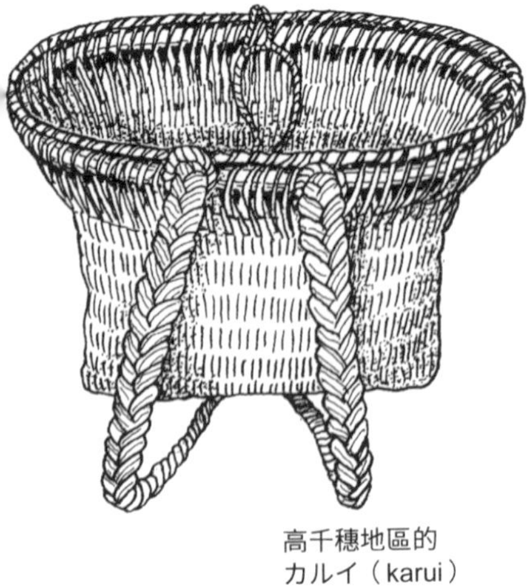
高千穗地區的カルイ（karui）

奄美群島的
ティル（tiru）

ィル（tiru）。材料、形態依地方而異，多為竹製，也有用色木槭等樹木，或木天蓼、紫藤、木通、木防己、山葡萄等藤蔓植物，及菰、薹草、藺草、稻草等製作。一般是將兩條*背負繩（背繩）背在雙肩搬運，不過在奄美群島、沖繩，以及過去北海道的阿伊努族都是用一條背負繩掛在前額搬運。

背負子（しょいこ）【背架】

將貨物捆綁起來運送的木框，用於搬運收穫物或鹽、炭等各種產物與物資。將左右縱木之間加上橫木做成梯子狀，綁上*背負繩（背繩），亦寫作背負梯子（讀作 shoibashiko／seoibashiko），另有背負枠、負子、背板、オイダイ（oidai）、カルイ（karui）、カルコ（karuko）等稱呼。通常以背負繩背在雙肩，有些地區則是用一條背負繩掛在前額。還有將一根木頭彎曲做成左右縱木的樣式，但極少見。有些會在縱木的下部加上當作貨物架的爪，有些則沒有，前者常見於西日本。大小依地區或用途、使用者而異，靠背的部分會纏捲草繩，或裝上*背中當（背墊）緩衝壓力。

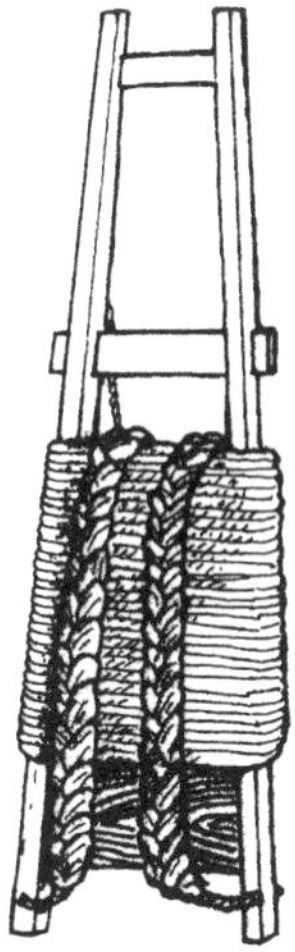

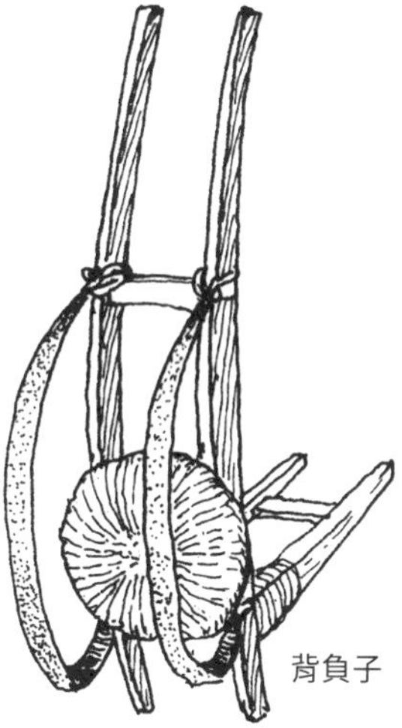

背負子

信玄袋（しんげんぶくろ）

有硬底，上部開口穿入*紐，以抽拉方式束緊袋口的布製*手提袋。以前的人旅行等出遠門的時候，會用大一點的信玄袋裝行李背掛在背上。

信玄袋

頭陀袋（ずだぶくろ）

原本是沿路乞食野宿、進行修行的頭陀僧，用來裝經卷、衣物、布施物等物品，掛在胸前攜帶的袋子。佛教

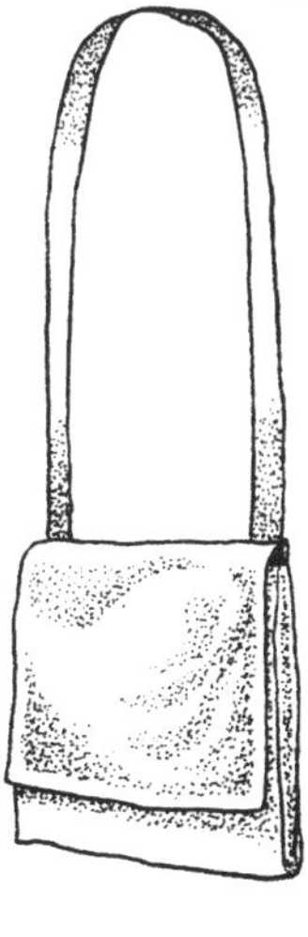

頭陀袋

葬禮在日本變得普遍後，出現視往生者為出家僧侶的風俗，會將其生前的愛用物品、*數珠（佛珠）、穀物、錢等裝入頭陀袋一起下葬。亦稱三衣袋、スミ袋（sumibukuro），與往生者穿的經帷子一樣，由多位女性用漂白棉布縫製，縫線不打結。因為可裝各種物品，後來變成無固定形狀、任何東西都能裝的布袋總稱。

炭俵（すみだわら）

塞入木炭，捆包運送的*俵。將茅草、蘆葦、禾稈等用細繩編出形狀，底部與開口塞放適量的木柴填充固定。有方形與圓形，通用的規格是八貫（約三〇公斤）俵與四貫俵。

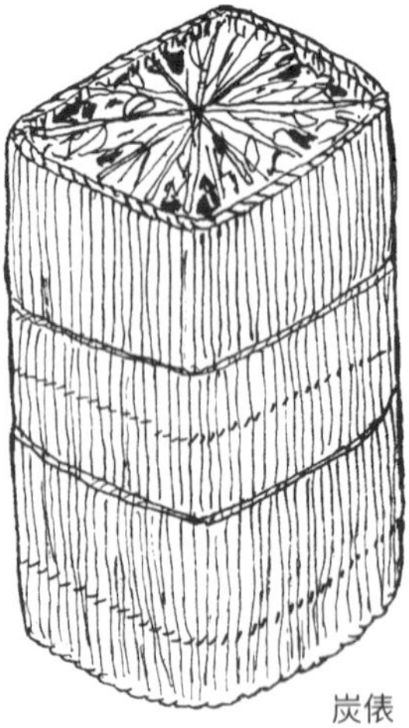
炭俵

背負繩（せおいなわ）【背繩】

背負貨物的*繩，亦稱負繩，也讀作ショイナワ（shoinawa）。有多種用法，像是將一條繩子捆住貨物綁好後從肩膀繞至胸前背負，或是用兩條繩子綁接*背負籠（背籠）或*背負子（背架）後以雙肩背負等。北海道阿伊努族與奄美群島、沖繩的人會用一條繩子綁接籠或捆束的貨物，掛在前額搬運。通常背在肩膀或掛在前額的部分會編得比較寬。大部分是稻草製，也有麻或棕櫚製，很多會編入碎布，有些地方則使用藤蔓。另有荷繩、連雀、連尺、連索等稱呼，使用此物四處兜售商品的商人稱為連雀商人。連雀商人或以此繩搬運貨物維生的人會群聚在一處，這樣的地方被稱作連雀町。

此外，使用*橇、*荷車或山中搬運伐木的木馬時，用來牽引的繩稱為肩繩、引繩、引綱、肩綱。為減緩繩子對肩膀的壓力，會編入稻草或碎布加寬，或是先放*肩當（肩墊）再掛繩。

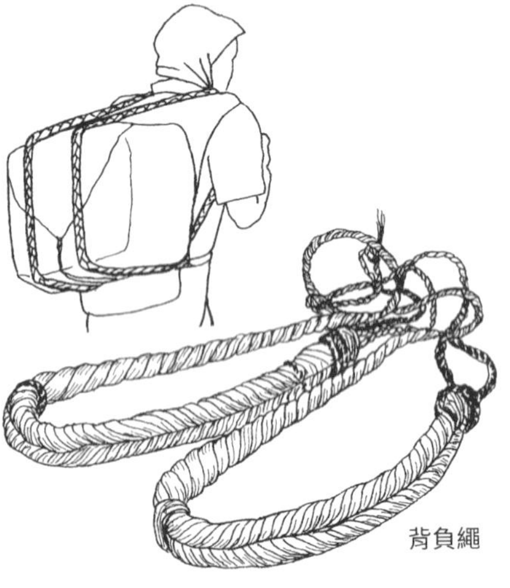
背負繩

背負袋（せおいぶくろ）【背袋】

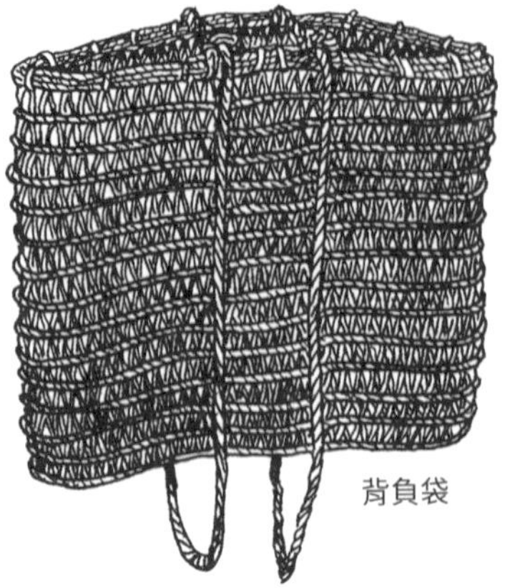
背負袋

用禾稈或棕櫚細繩編成袋狀，背負搬運的*籠。綁上*背負繩（背繩），裝入*鐮（鐮）或便當、作物或採集物等進行搬運。

背中當（せなかあて）【背墊】

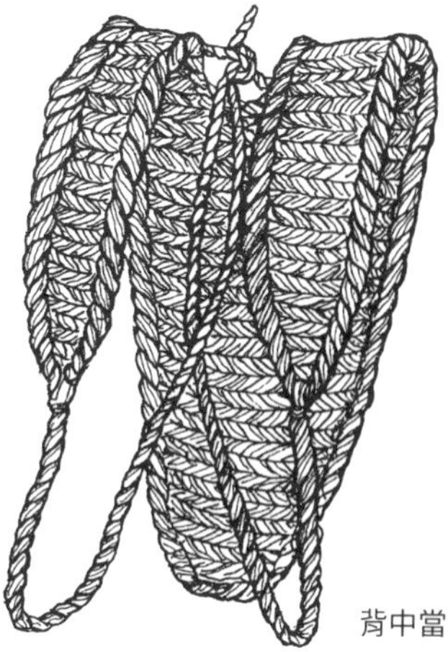
背中當

背重物搬運時，墊在背部減緩壓力之物。通常是單獨使用，有些也會編在*背負子（背架）或*背負籠（背籠）上。主要為禾稈製，也有香蒲製，混編碎布的也不少。形狀多樣，依地區而異，有橢圓形或圓形、甜甜圈形、將縱長的上部與左右肩墊編在一起的樣式等。另有セナコージ（senakooji）、ネコゲラ（nekogera）等稱呼。山形縣庄內地區的背中當稱為バンドリ（bandori），具有下半部近乎圓形、上半部編成長方形的獨特造型，而用來搬運嫁妝等喜慶用品的稱作*祝バンドリ（祝背墊），會施以作工精緻的裝飾。

千石船（せんごくぶね）

江戶時代的大型商船。日本船的起源是以一根木頭刨挖而成的*丸木舟（獨木舟）；之後進化成刨挖多塊木材、進行接合的複材刳舟；到了室町時代中期，有別於中式船與西式船、日本獨特的構造船技術大抵確立，即為使用接合寬板、橫架多根船梁的大板構造，或稱作構造船。甲板全為單層，舳（船頭）如鳥嘴般細尖，艫（船尾）則稍微展開呈方角形，也就是所謂的和船。這種技術能夠造出大船，使得江戶時代的國內海運繁榮昌盛。具代表性的船是於瀨戶內海發展出來的*弁財船，當中可載運約一〇〇〇石米的大型船俗稱千石船。千石船的大小不一，大型的船體全長約二五公尺、寬約七．五公尺、深一．五公尺，

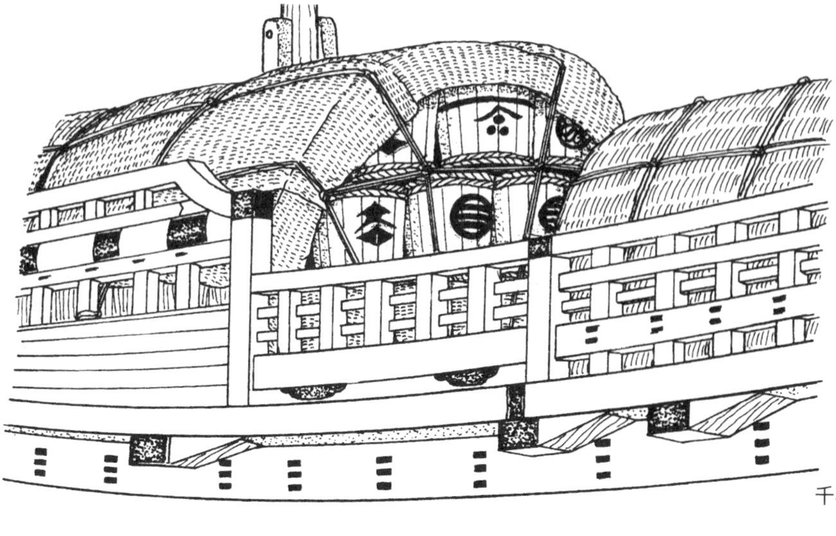
千石船

以今日標準來說，相當於裝載量一〇〇～一五〇噸左右。

橇（そり）

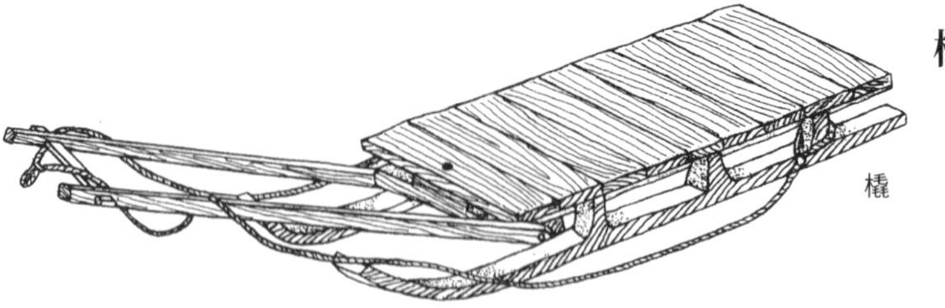

橇

裝載貨物或人，在雪地、土地或冰上拖曳的搬運工具。通常是在雪地上拖曳的雪橇，過去也常用在地面上拖曳的土橇。分為人力拖拉的橇與馬、牛、犬拖拉的橇，近年也出現了動力驅動的橇。有以一根木頭製成的一本橇（單橇）、利用叉木做成的*股橇、木柴束成的*柴橇等，最常被使用的是將兩塊往上翹的木板擺成左右一對，連結做成橇台的二本橇（雙橇）。至於人力拖拉的橇相當多樣，從小孩玩耍用的小型引橇、手押橇，到搬運堆肥或米俵等貨物的橇都有，尤其是大型橇，有搬運伐木等重物的木馬、搬運木材或巨石等重物的*修羅。雪橇在東北地區發展出多種形態，像是不使用時可將長手木（轅）折疊收入橇台的款式、單人或雙人拖拉的大型橇，還有供大型商店接送客人或醫師出診時乘坐，設置了座位的客橇等。獸力拖拉的橇，以*馬橇最為常見，自明治時代初期於北海道開始使用，普及至東北地區後發展出各種樣式。

反天秤（そりてんびん）

兩端往上翹的*天秤棒（扁擔），為伊豆群島的新島或式根島所使用的獨特器具，中心部置於頭頂，前後吊掛*桶或*籠等物進行搬運。

大八車（だいはちぐるま）【排子車、大板車】

人力拖拉的大型*荷車，亦寫作代八車。自江戶時代初期起，以江戶為中心開始為人使用。名稱由來眾說紛紜，像是運載量等同八個人搬運，或是源於自古車多的滋賀縣大津的八町。還有一說源於車台的長度，因為長一〇尺（約三公尺）的稱為十大、九尺（約二・七公尺）是大九、八尺（約二・四

吊掛籠的反天秤

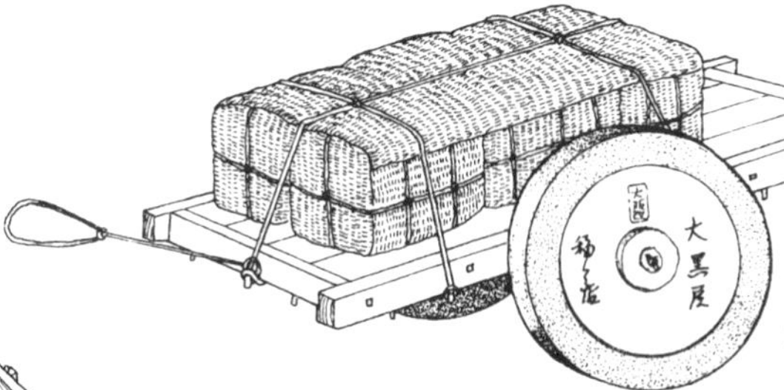

大阪的軽車

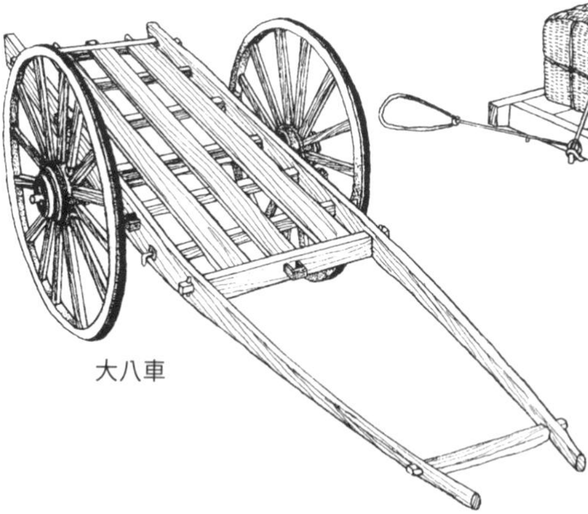

大八車

公尺）是大八、七尺（約二・一公尺）為大七。大八車的車輪直徑三尺五寸（約一・〇五公尺），具有放射狀輪幅[5]，而在大阪是用圓木片做成小車輪的荷車，一直使用至明治時代，稱為軽車（ベカ車〔bekaguruma〕）。普及至各地後，大八車被用來搬運各種物品，如米等收穫物、石材、木材等。大正時代後，因馬車或*牛車的使用增加，加上卡車的普及而逐漸減少，但第二次世界大戰後，各地仍持續使用。

高瀨船（たかせぶね）

江戶時代後常用於河運的船。揚起*帆，以*櫓和*水棹划行。在京坂地區，京都高瀨川[1]的搬運船廣為人知，關東地區的船運則仰賴利根川水系。即使同樣稱作高瀨船，構造或大小仍依地區而異，京都的高瀨船是舳（船頭）往上翹，船底平整呈箱形，並以大板接合的小型構造船，全長四二尺（約一二・六公尺）、寬約六、七尺（約二公尺）；利根川水系的高瀨船則為全長八九尺（約二六・七公尺）、寬一七尺（約五・一公尺）左右的大船，船頭部分設有稱為世事間的船員休息室。

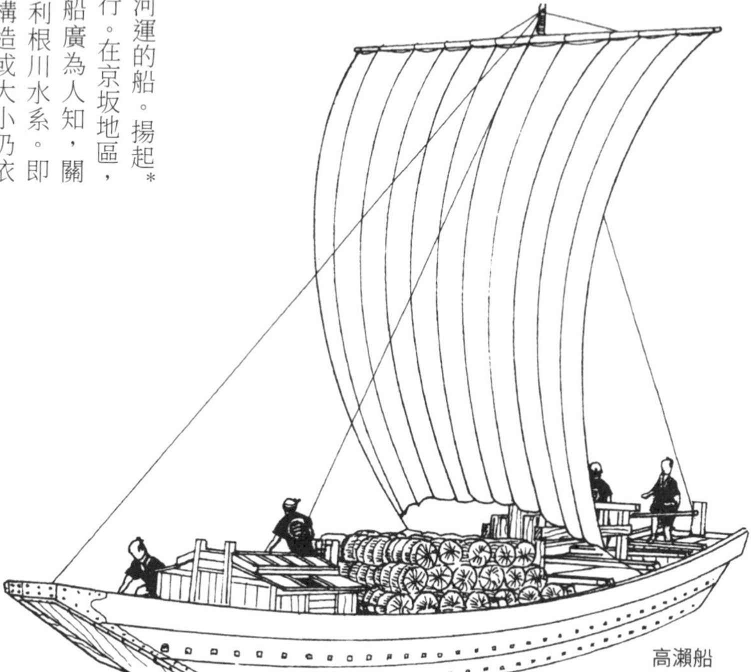

高瀨船

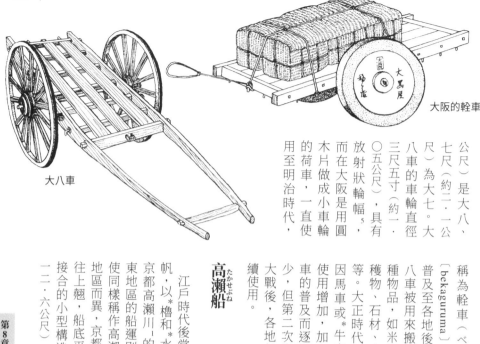

田舟（たぶね）

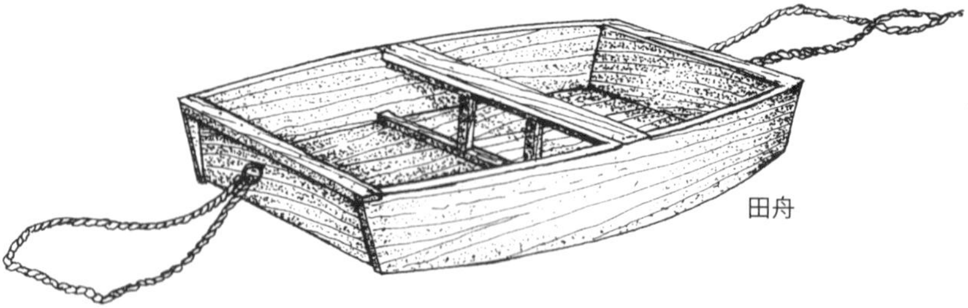

田舟

裝入覆土用的土、秧苗或收割的稻子，在排水不良的濕田裡以人拖拉的小型舟。頭尾形狀相同或中間略寬的長方形箱形舟，底部平整，前後稍微往上翹。有些地方的田舟是指人坐在其中以棹划行，往來於濕田、溝渠或河川的舟。在明治時代推行乾田化之前，日本濕田廣布，因此普遍用於各地。

盥舟（たらいぶね）【盆舟】

盥舟

將杉木薄板用竹箍固定的結桶形橢圓舟。高度像是將*桶對半切開的盥形舟，故又稱半切。在新潟縣佐渡的小木岬與石川縣的能登半島，當地人會在海濱坐上盥舟，使用磯見漁法[6]捕魚。一般大小是直徑四尺～五尺（約一・二～一・五公尺）、高一尺六～七寸（約四八～五一公分）左右，後方的船緣有用*綱綁成的環，套入*櫂（槳）後，以畫八字的方式划動。能登半島的盥舟前後皆架上橫木，操作時的穩定性更好。

豬牙舟（ちょきぶね）【猪牙舟】

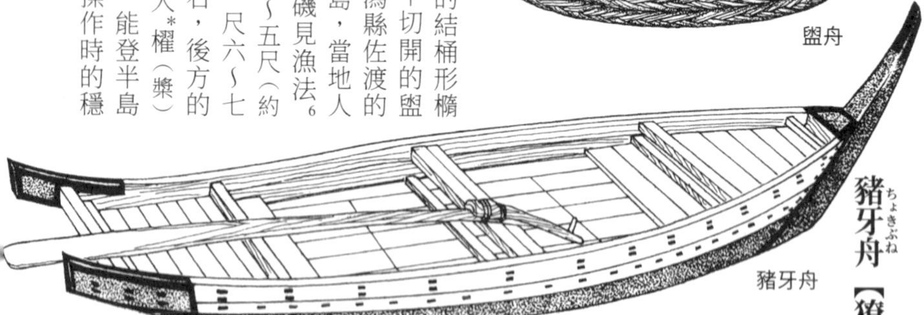

豬牙舟

簡稱為豬牙的小型和船，製造於江戶，主要用於關東。船身窄、船頭細尖，輕盈且船速快為一大特徵。用於沿岸捕魚或搭船遊覽，曾是隅田川上讓尋芳客前往吉原的山谷船。千葉縣銚子一帶有長二四～三〇尺（約七・二～九公尺）、寬四尺（約一・二公尺）左右的三人舟，出近海以前是用*櫓划行，進入外海時則揚*帆航行，進行一本釣（一支釣）、手釣或延繩捕魚。

葛籠（つづら）

葛籠

裝衣服等物的附蓋*籠。除了收納也用於搬運，因此易受損的邊角會以皮革補強。原本是用防己科的藤蔓編製，後來變成使用竹或檜木薄板進行網代（斜紋）編，糊紙後塗柿澀漆或漆，在江戶時代稱作萬年葛籠。杞柳或篠竹製的*行李可說是此物的簡便縮小版或是普及版。直到大正時代仍持續使用，如今只剩部分場合會用，像是裝運相撲力士的和服與纏腰布的明荷等。

苞（つと）

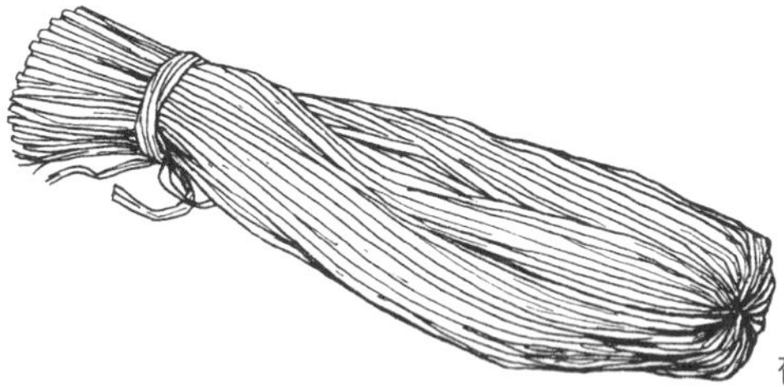

苞

主要用來包覆食品的稻草束，亦稱藁苞、卷藁，用於保存、包裝、搬運食品。除了拿來包薯類、麻糬、飯糰等食物，或是打包宴會料理，也常用於納豆的發酵或豆味噌的熟成等食品加工。另外，懸掛在*圍爐裏（地爐）、插魚串等物進行煙燻的*弁慶，以及吊掛在屋簷等處、用來插*鎌（鐮）的稻草束也都是苞的一種。

綱（つな）

綱

將禾稈、麻、棕櫚等植物纖維搓捻成長條，比*繩粗且牢固之物。用於捆綁、連結或牽引等多種用途。比較特殊的，是用獸毛或女性為祈願獻出的黑髮搓捻而成，獻納給神佛的毛綱。此外，也用於各地的宗教性活動大綱引（大拔河）或運動賽事的拔河。

角樽（つのだる）

角樽

一種結樽，用來裝下聘、上樑儀式、祭祀儀式等祝賀儀式的酒。將左右相對的長方形側板加長，中間插入橫板當作提把的手樽（柄樽）之一。由於外形看似一對角，故稱為角樽。多為塗朱漆或黑漆的杉木或檜木製，也有不加工的白木款式。白木的柳樹製品，稱作柳樽。插在鏡蓋注酒孔的木栓很長，以粗箍固定也是特徵，還會加上家紋或屋號。下聘時贈送一對角樽的風俗流傳開來後，稱作「樽入」或「酒入」。通常是用一升（約一．八公升）或二升的小型樽，有些家庭會訂做五升等大容量的角樽。

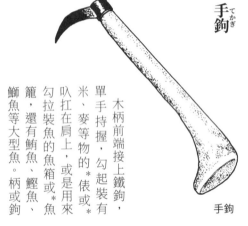

手桶（ておけ）

裝入水或熱水，以單手提搬、具把手的*桶，亦稱手提桶。排組花柏、杉木或檜木的徑向[1-6]切面薄板，以竹箍固定的結桶，後來也出現了金屬線材質的箍。將左右相對的兩塊側板加高做成長角狀，上部插入橫板當作提把。直徑、深度皆約一尺（約三〇公分），容量一斗（約一八公升）是標準大小，也有在桶緣加把手的小型手桶。後來因*バケツ（提桶）的普及，讓手桶變成只會在掃墓等特定情況下使用。近年也出現仿造水桶外形的塑膠製品。

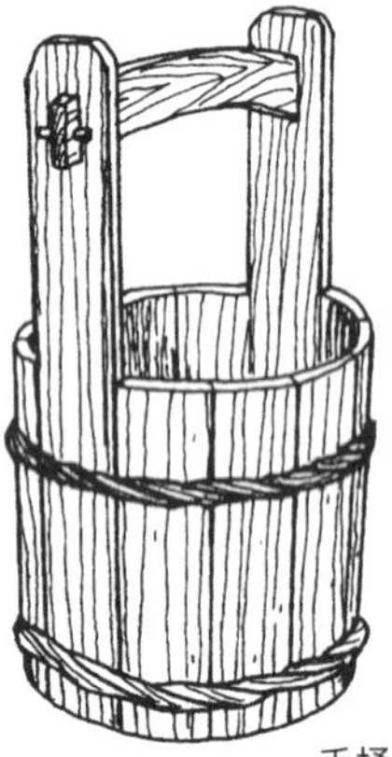

手桶

手鉤（てかぎ）

木柄前端接上鐵鉤，單手持握，勾起裝有米、麥等物的*俵或*叺扛在肩上，或是用來勾拉裝魚的魚箱或*魚籠，還有鮪魚、鰹魚、鰤魚等大型魚。柄或鉤的長度、形狀依用途而異。

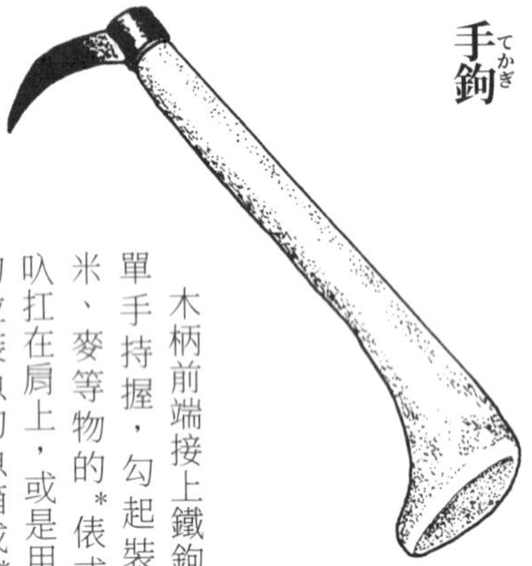

手鉤

手提籠（てさげかご）

泛指有提把的*籠。裝入小型蔬菜或果實等作物、山菜或海鮮等採集物、食品或日用品，以手提搬運。多為桂竹、篠竹、根曲竹等竹材編製，也有用木通、紫藤、山葡萄等藤蔓植物，或是藺草、稻草編製的籠。亦稱手籠，另有テボ（tebo）等別稱。

手提籠

手提袋（てさげぶくろ）

用來裝外出的隨行物品，手提攜帶的布袋，亦單稱手提。使用者多為女性，裝入*財布（錢包）或化妝用具等

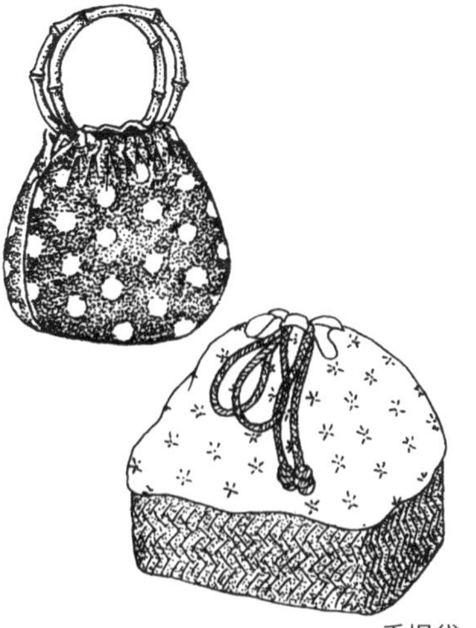

手提袋

隨身小物。穿和服時，多是搭配用錦紗（綴綢紗）、縮緬（綴綢）、更紗（印花布）等和服布料製成的樣式。常見形態是墊放芯紙、做出方形或圓形的底，在染色竹或白竹編的*籠上縫接布料做成袋狀，袋口穿入組紐（結繩）束緊。還有各種搭配洋服也適合的形態，像是做成長方形，加上一對竹根或藤製提環或板製提把，又或是將細布帶縫在袋上作為提帶等。

天秤棒（てんびんぼう）【扁擔】

以肩扛起中心部，前後吊掛*桶或*籠、*畚等物搬運的棒子。亦稱擔棒，在西日本許多地方是稱作朸。削成略為扁平的圓木棒，且為了防止吊掛貨物的*繩滑落，而在前後接近尾端處嵌入稱作ツク（tsuku）的突起物，或是稍微做出彎弧。富彈性的糙葉樹是最適合的材料。有些家庭會為常用的*水桶或肥桶準備專用的天秤棒，也會在前後綁上掛貨物的繩鉤。一般的長度是五尺五寸～六尺（約一六五～一八〇公分）左右，但多數情況是配合使用者的身形或搬運的貨物來選用不同長度的天秤棒，例如叫賣魚或蔬菜水果的小販是用較短的樣式。另外還有，中央吊掛裝石或砂土的畚等重物、前後由兩人扛起的粗長天秤棒，以及在伊豆群島的新島、式根島，用頭頂住中央搬運、形狀特殊的*反天秤。

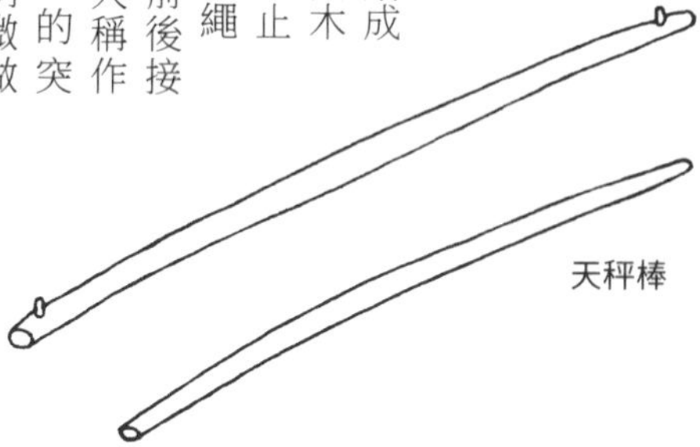

天秤棒

傳馬船（てんません）

簡稱為傳馬的小型和船，用於在港內或河川搬運、載渡貨物等作業，也用於海岸邊的見突漁法6-2。尺寸從長一八尺（約五．四公尺）、寬三寸五分（約一公尺）的小型船，到長四〇尺（約一二公尺）、寬一〇尺（約三尺）的大型船都有。寬

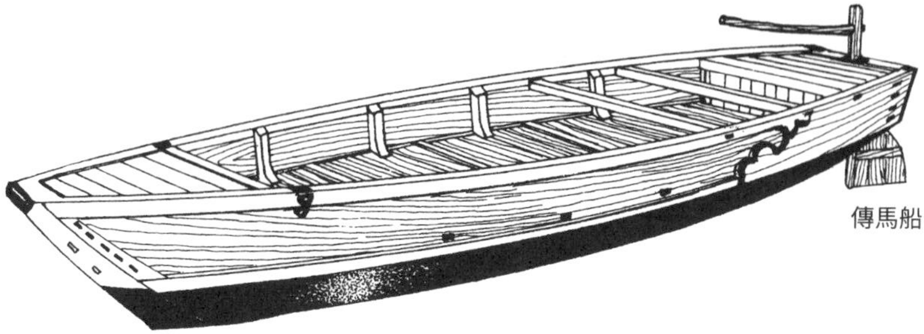

傳馬船

且圓弧狀的船形為共通特徵，大多沒有甲板。由於*千石船那樣的大型和船無法駛入水位淺的港內，因此會裝載傳馬船，以便在港內搬運貨物，或作為上陸用的艀（駁船）。

豆腐籠（とうふかご）

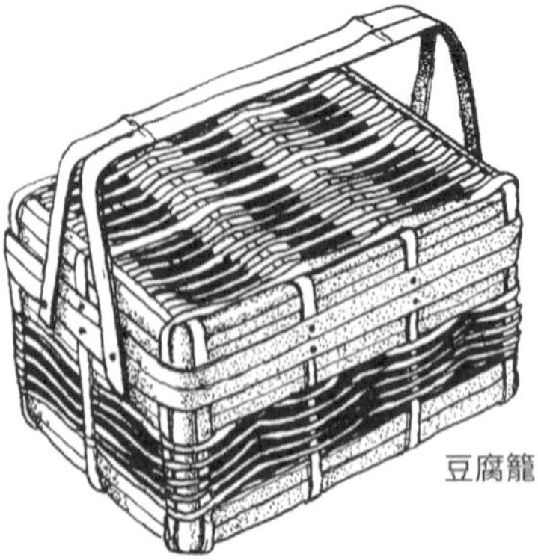

豆腐籠

買豆腐時，用來裝豆腐的一種*手提籠。有些地方會將易碎的豆腐與其他物品分開，裝在專用的*籠。在九州各地皆使用附蓋的方形手提籠，岩手縣北部則是用無蓋的六角形籠。

胴亂（どうらん）

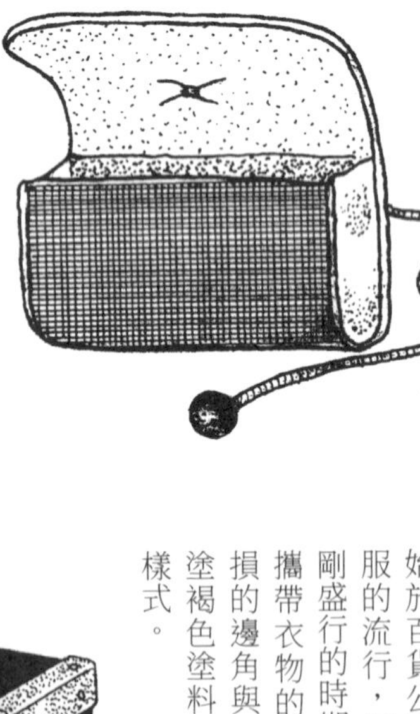

胴亂

原本是用來裝子彈的容器，後來變成裝藥、菸草、錢、印章等隨行物品。為接上*紐掛在*腰帶的方形袋，除了皮革製，還有錦紗（縐綢紗）、更紗（印花布）等布製品。此外，採集植物用的長方形或圓筒形器具也稱作胴亂。

トランク【行李箱】

攜帶用的皮革製大型*鞄（包）。主要用於旅行時，裝入衣物或必需品，手提搬運。明治二十年（一八八七）左右，日本人見到造訪橫濱的外國人使用此物後，便進行仿製，大正時代開始於百貨公司販售，因為堅固加上西服的流行，逐漸普及開來。在行李箱剛盛行的時期，有人對以往用來收納、攜帶衣物的*行李進行改造，在易受損的邊角與四周貼皮革，加上提把、塗褐色塗料，做成類似皮革行李箱的樣式。

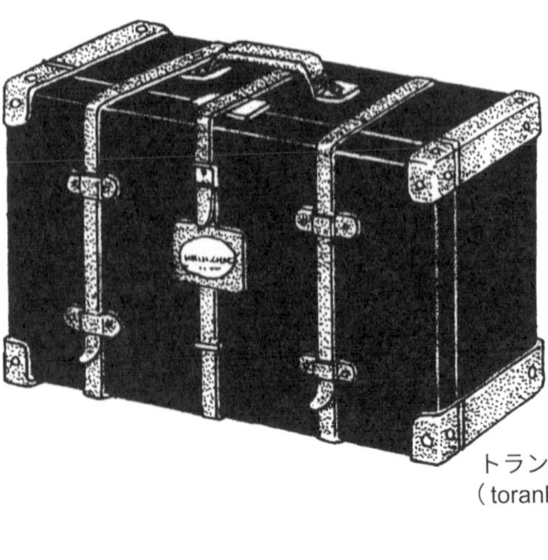

トランク
（toranku）

苗籠（なえかご）

取出苗床的秧苗，移植至水田時所用的*籠。兩籠一組稱作一荷，吊掛在*天秤棒（扁擔）的前後扛運。多為竹製的六角孔編大型圓淺籠，通常是用兩條繩子綁掛在天秤棒上，也有接上彎曲成十字的兩根竹條當作吊環的樣式。苗籠當中有一種用藤蔓或細枝、竹條做成二～三個環，並以藤蔓或竹條等交叉或粗編成蜘蛛網狀之物，稱為苗輪。

苗籠

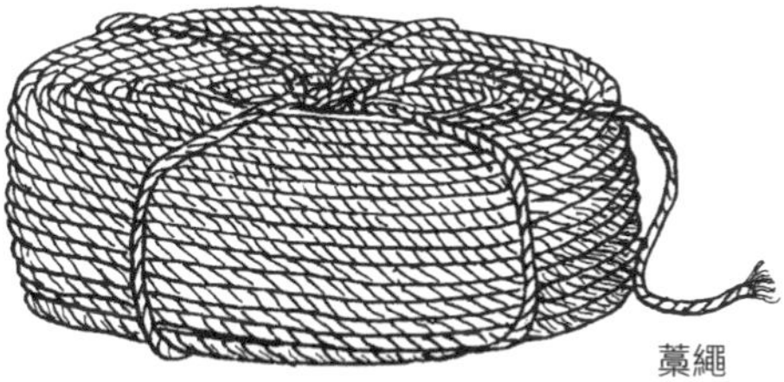
藁繩

繩（なわ）

將稻草或麻、棕櫚等植物纖維接合搓長，用於捆綁、連結、牽引等多種用途之物。依材料分為藁繩（草繩）、麻繩、棕櫚繩等，粗細種類豐富，依用途而異，用於農務、漁業、林業、工藝、建築、運輸等多方面。尤其是藁繩，經常被當作*注連繩、注連飾等象徵神域結界或神靈依附物的宗教用具。比較特殊的繩有以竹絲捻成的竹繩，主要作為船的拉繩、*井戶（井）的釣瓶繩使用。做得更粗、更牢固的繩稱為*綱。

荷車（にぐるま）

載運重物的車，一般是指人力拖拉的車，而用馬拖拉的車為馬車，用牛拖拉的車是*牛車。荷車在平安時代已存在，當時只限部分情況使用，主要都是牛車。荷車使用需求的增加發生在江戶時代，因為當時街道整備完成，有大量物資運往江戶。以往都是使用牛

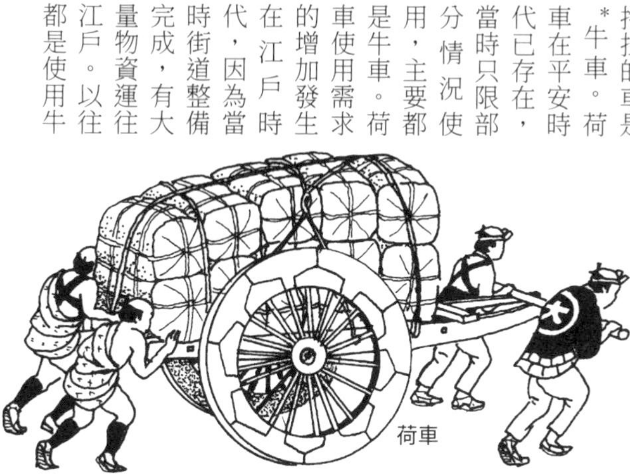
荷車

車，在出現以人力拖拉的*大八車後，江戶市區的運送變成以荷車為主流，大坂（大阪）則是輕車。不過，這些車適用於都市間的搬運，江戶時代末期才開始在各地的農村使用，後來也製造出女性或小孩也拉得動的小型荷車。大正時代出現裝橡膠輪胎的*リヤカー（兩輪拖車），逐漸成為荷車的主流。

荷馬車（にばしゃ）

堆放重物，讓馬拖拉的*荷車，也有供人乘坐的馬車，單稱馬車時，通常是指荷馬車。馬自古就被用來載運貨物或人，幕末的安政年間（一八五四～六〇），荷馬車只用於北海道，直到明治時代初期才開始正式使用，北海道的開拓使導入俄羅斯的技術，做出適合北海道使用的荷馬車後，於明治二〇年代普及至大眾。因為當時受到歐美影響，馬的體型變大，加上道路也在進行整備。

荷馬車分為二輪車與四輪車。四輪車的前輪小、後輪大，容易轉換方向，也就是所謂的台車。原本是用嵌鐵環的木製車輪，第二次世界大戰後變成橡膠輪胎。昭和三〇年代後，隨著汽車的普及而逐漸消失。

另外，還有附頂蓋、供數人乘坐的乘合馬車（共乘馬車），相當於現在的電車、公車或計程車，明治時代初期在橫濱開業，往返於東京之間。明治五年（一八七二）因鐵道運行而廢止，但在東京卻變得盛行起來。當市營電車鋪設完成後，荷馬車在明治時代末期完全消失，但在鄉下地方仍相當普遍，以接駁鐵道車站的形式持續了很長一段時間。由於運行時會吹*チャルメラ（嗩吶），俗稱トテ馬車（totebasha），在交通發展緩慢的鄉下地方，直到昭和三〇年代仍可見到。

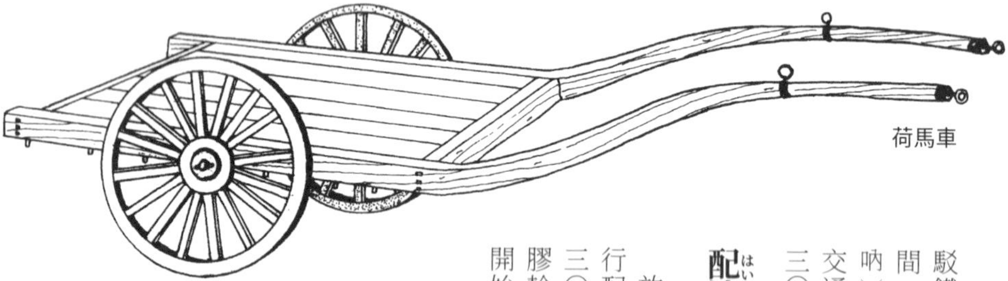

荷馬車

配達籠（はいたつかご）

放在腳踏車的置物架，裝入商品進行配送，作工牢固的方形竹籠。明治三〇年代，在坐墊後方裝置物架的橡膠輪胎腳踏車變得普及後，配達籠也開始流通於各地，主要用於商店，農

配達籠

家搬運作物時也會使用。亦稱自轉車籠（腳踏車籠）、御用籠，為了方便裝卸貨，左右邊緣有開洞，綁上一條*背負繩（背繩）就能背在肩上搬運。昭和四〇年代後，隨著汽車的普及逐漸不被使用，如今偶爾能見到，但多半是塑膠製的籠。

挾箱（はさみばこ）

多為武士遠行時使用，裝衣物或盔甲等物，插入橫棒由侍從扛運的附蓋木箱。箱的前後有供橫棒穿入並壓住蓋子的*鐶。大部分是漆器，江戶時代開始加上象徵地位的定紋等圖樣，用於參勤交代[7]的大名行列。挾箱出現之前，人們是用稱為挾竹的工具，將竹竿的前端對半剖開，中間夾入折疊的布或書信等物，或是將折好的衣服用兩塊板子夾住，夾入竹竿扛運。

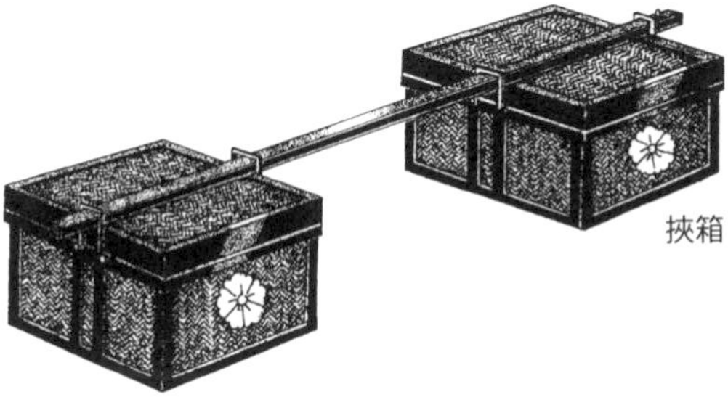

挾箱

馬橇（ばそり）

讓馬拖拉的大型雪橇。俄式橇於明治時代初期傳入北海道後，便開始生產製造，迅速普及開來，在開拓的原野時對搬運伐木有很大的貢獻。之後用途變廣，也用於搬運其他貨物與載人，東北地區等本州[8]也開始使用。基本形態是將橡木或色木槭製的滑板前端彎曲，底部釘鐵條，豎立四～五根束木（短柱），上面組裝貨物架。另外還有各種形態的橇，像是將厚滑板大幅彎曲上折、捲纏春榆或槐樹等幼木組成的札幌形柴卷橇，以及將薄滑板的前端彎成九十度、釘橫板連結，使用大量金屬配件的函館形金橇等。此外，將粗短的滑雪板形的底座以粗橫木連結，只將圓木前端載起拖行的バチ橇（bachisori）是木材專用的搬運橇，若將兩個橇組在一起，就能夠搬運整根圓木，這些*橇的拉繩是用厚實的鐵鍊。也有載運人的馬橇，例如用於官廳或大牧場的高級乘用橇，以及相當於共乘馬車的乘合馬橇。這些馬橇在昭和三〇年代隨著汽車的普及而快速消失。

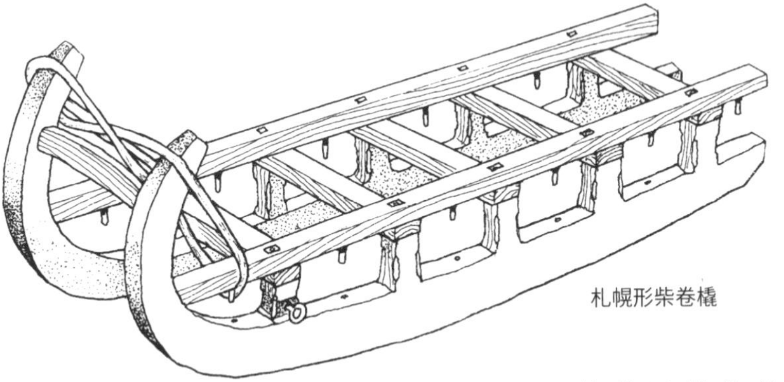

札幌形柴卷橇

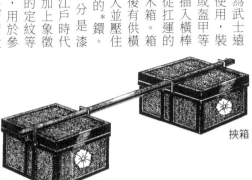

紐（ひも）

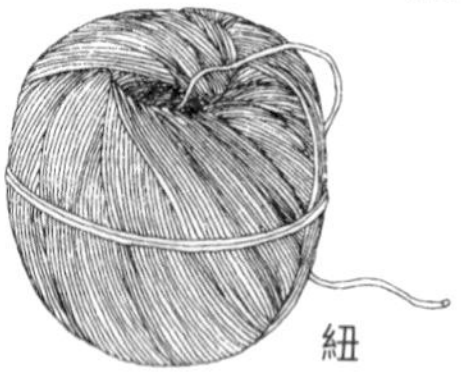

紐

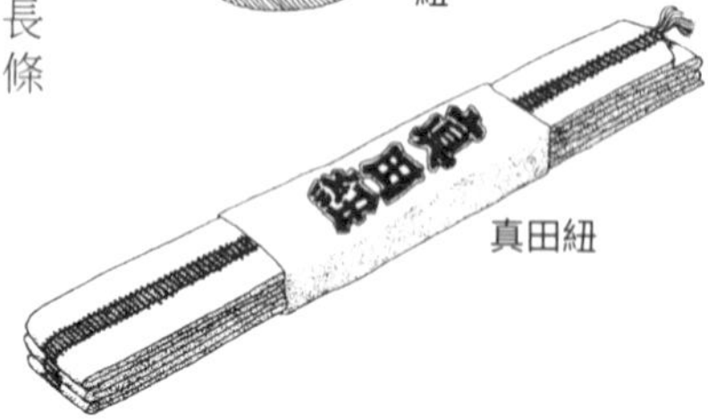

真田紐

泛指柔軟的細長條物，用來捆綁、接合或連結物品。材料多樣，有絲線、稻草、樹皮、藤蔓、草、紙、毛、皮革、布等，依材料特性以搓捻、組接、編織或暗縫的方式製作。搓捻基本上是將兩條材料相接，左右交叉搓合成一條長紐。具代表性的為草繩、麻繩、棕櫚繩等大大小小的*繩。用撕開的紙搓捻的紐稱為*紙縒（紙捻），用於裝訂書籍或和綴本[7-6]、綁髮髻的元結。組紐（結繩）是將三條以上的絲束以專用的組台結成長紐，斷面有方形與圓形。也有扁平帶狀的紐，真田紐就是其中之一，是以經緯線織成窄幅的織紐。組紐和織紐多用於帶締、羽織紐、直衣（貴族便服）的緒，以及刀柄的束糸或下緒、*卷物或*文庫等箱形物的綁繩。絎紐的形態有將布縫成表面看不到縫線的扁平狀，或是塞棉花做成圓繩狀，用於帶揚、帶締。

平田船（ひらたぶね）

亦稱構造船，以木板接合製成的船，材料多為杉木，船底平寬、淺底。主要行於河川或湖泊，輸送米、鹽、*酒樽、薪柴、砂石等物資，也用於渡運或在海灣內的漁撈。通常是三塊板接合而成的三枚接，也有五枚接，大小依地方或用途而異，從長約四公尺的小型船到一五公尺左右的大型船都有，船頭及頭尾的形狀也依地方而異。

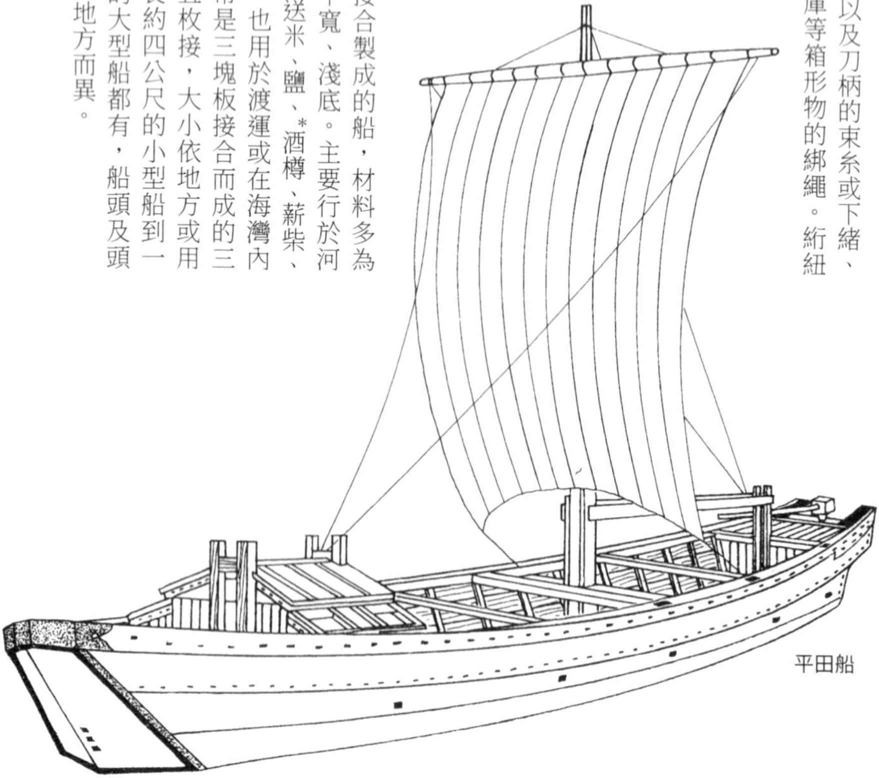

平田船

畚（ふご）【圓畚】

畚

多為用稻草做菰編的圓形搬運容器。直徑三〇～六〇公分、深度一五～三〇公分，大小深度依地區而異。主要是用來搬運地瓜或橘子等作物。分為左右編有提搬用的把手，或是將長*繩綁在把手扛在肩上、吊掛在*天秤棒（扁擔）前後扛運、頂在頭上搬運等，有時也會背在背上或綁在*背負子（背架）上搬運。同樣寫作畚但不同發音的「もっこ」（mokko，P371）也是一種搬運器具。

船磁石（ふなじしゃく）【羅盤】

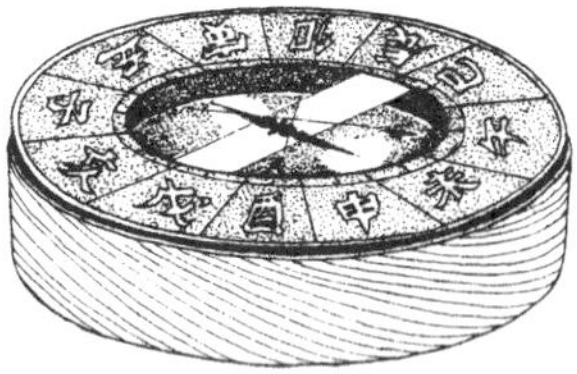
船磁石

為了得知航路或方位，裝在大型和船的測量儀器。相當於現在的羅盤，磁針周圍的木製圓形方位盤刻有代表方位的十二地支。

船簞笥（ふなだんす）

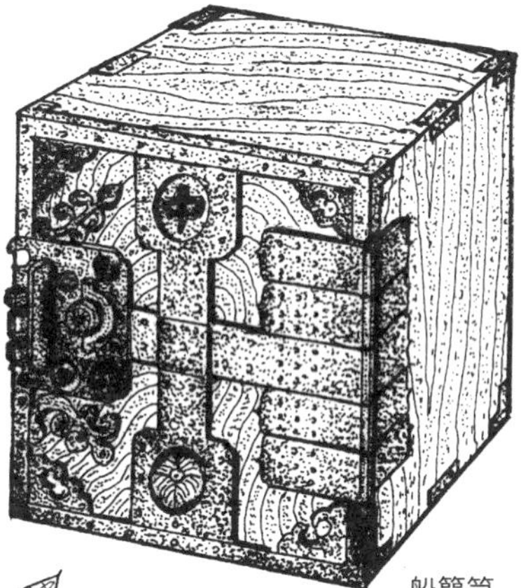
船簞笥

裝載於江戶時代蓬勃發展的*千石船等大型迴船上，用來收納航行時需要的帳簿、衣物等物的小型*簞笥（斗櫃）。為了承受船搖晃產生的撞擊，使用櫸木板材、做得堅固耐撞，通常會加上兼具補強效果的鐵製裝飾配件，這也是船簞笥的特徵之一。

風呂敷（ふろしき）【包巾】

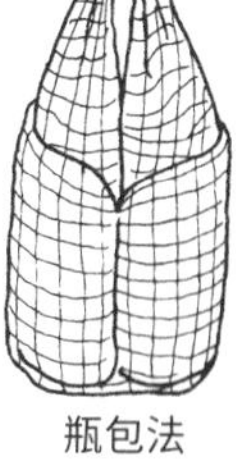
瓶包法

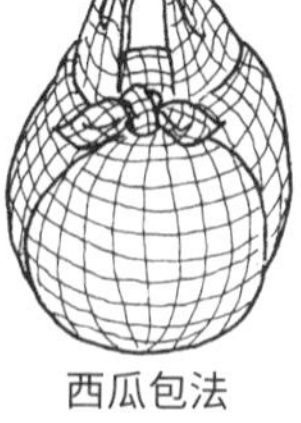
西瓜包法

四角包法

包覆物品以攜帶搬運的方形布，至今仍持續使用，有時也用來包頭，當作*頭巾。元祿年間（一六八八～一七〇四）市街上澡堂林立，男性與女性會將貼身衣物的*褌（兜襠布）、湯文字（*腰卷）等以布包好帶到澡堂，然後攤平在地板上，站在上面更衣，

故得此名。在此之前寫作平包、平裹，讀作「ひらづつみ」（hiradutsumi）。

無論方形、圓形、不定形、細長或粗短，各種形狀的物品都能包裹，是風呂敷的一大特徵，包法變化也相當豐富，如手包法、四角包法、雙結包法、西瓜包法、卷包法、瓶包法等。這些包法也會使用縮緬（縐綢）、錦紗（縐綢紗）、鹽瀨[9]等高級絹織物的風呂敷。而包裹體積大的重物時，多是用藍染棉布的風呂敷，尤其大風呂敷四角會用白線補強，並施以象徵所有者的獨特*刺子，如麻葉、菱形或名字等。此外，島根縣的出雲地區一項特別的習俗，當地人會用染上松、竹、梅、鶴、龜等吉利圖樣或家紋的特別風呂敷包裹新娘的嫁妝，這稱作*祝風呂敷。

弁財船（べざいぶね）

在瀨戶內海海域蓬勃發展的大型和船，因其優秀的航行性能與高經濟效益，而普及至日本全國，江戶時代中期後，成為當時國內海運興盛的代表性商船。寬廣收尖的船頭是弁財船的一大特徵，而發展於日本海一帶，構造上略有差異的船稱作北前形弁財船。起初是揚帆兼操櫓，規模擴大後，變成完全靠風力航行的帆船。江戶時代前期的前半至中期，裝載量多為三〇〇石左右，船體跟著擴大，隨著海運網路的發達，到了後期增加至一五〇〇～二〇〇〇石，如此的大型船統稱為*千石船。

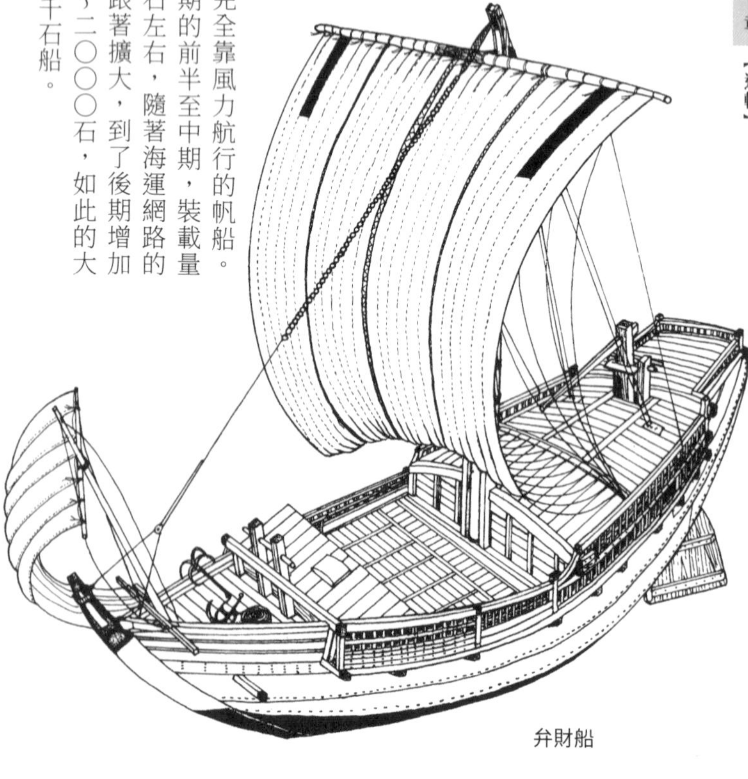
弁財船

帆（ほ）

展開於立在船上的*帆柱（船桅），利用風力推動船前進的布。古時是用*筵縫接而成的筵帆，江戶時代中期後，棉花的廣泛栽培使棉布帆變得普遍。起初是將兩塊棉布重疊，用粗捻線以*刺子的方式縫接、加強韌度，稱作刺帆。因一反的棉布寬約八寸（約

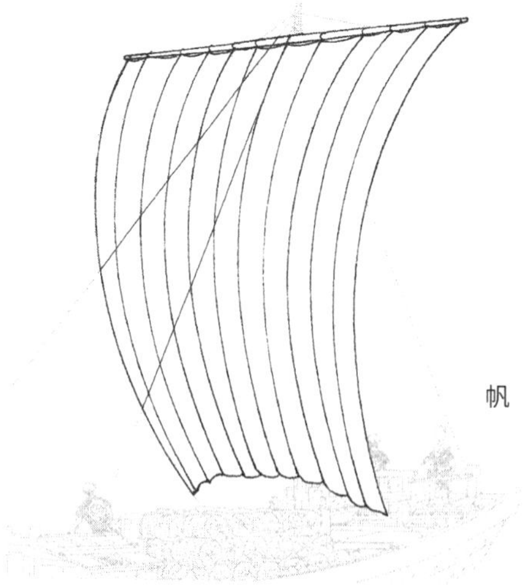
帆

二四公分），做成帆布太窄，故用三塊棉布縫接為一片帆。儘管棉布帆比筵帆好用，但製作費時，且重疊縫製處理後仍易破損。為了改善那些缺點，天明五年（一七八五）播州（兵庫縣）高砂的船夫工樂松右衛門做出堅固的帆布，並命名為「松右衛門帆」，那是經緯線皆用粗線織成的厚韌帆布，促進了大型*弁財船的發展。堅固的帆布也用於農務、漁撈、林業、工藝、建築等多方用途。

行器（ほかい）（外居）

裝運婚喪禮、上樑儀式或祝賀生產等祭典儀式食物的木製附蓋容器。古時有一種習俗，喪禮用的食物要以有別於平常使用的爐火（稱為別火）烹調再送往喪家，而煮出來的食物與運送的容器皆稱作行器。原為不加工的白木曲物或結桶、刳物等，到了近世，開始使用施以梨子地[1-22]或蒔繪的漆器，加上金屬配飾的豪華樣式增加。有圓形與方形，通常是內側塗朱漆、外側塗黑漆，側面有四根彎曲的立腳，左右腳套入組紐（結繩）後，繞到蓋子上打結，再穿入*天秤棒（扁擔）由兩人扛運。

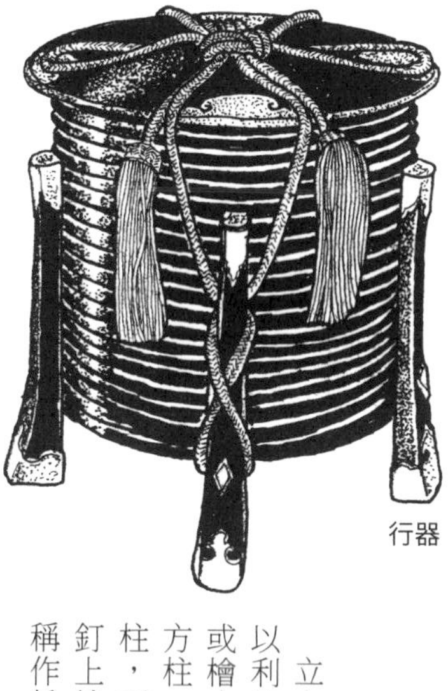
行器

帆柱（ほばしら）【船桅】

帆柱

立在船上的構造，用來展開*帆，以利用風力推動船前進。材料是杉木或檜木，小型船是圓柱，大型船則用方柱。單用一根木頭的帆柱稱為一本柱，而中心使用粗壯的杉木柱，周圍釘上檜木板材，以鐵箍帶束緊的帆柱稱作松明柱。松明柱是為補強分量不

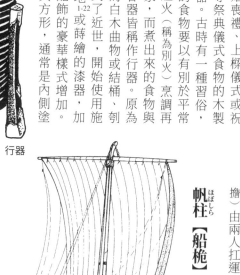

足的木材所設計出的帆柱形式，用於*弁財船等大型船。

股橇（またぞり）

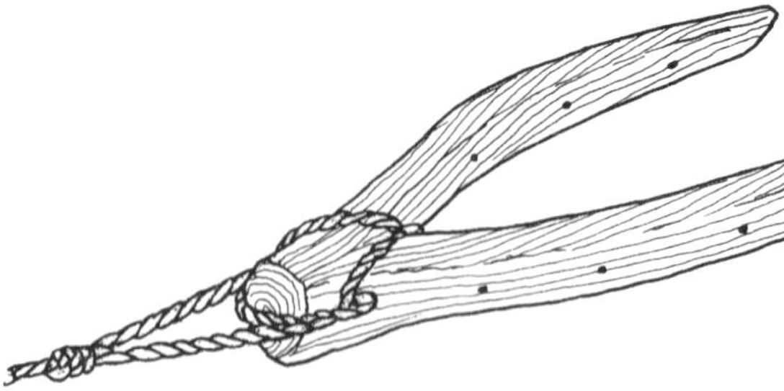

股橇

用於搬運巨木或巨石的*橇。以巨木的叉木削製而成的大型橇，岐阜縣小坂地區與新潟縣十日町市目前仍保留著全長約一七〇公分的大型股橇。昭和五十三年（一九七八）於大阪府藤井寺市道明寺挖掘出來的*修羅也可說是一種股橇。

丸木舟（まるきぶね）【獨木舟】

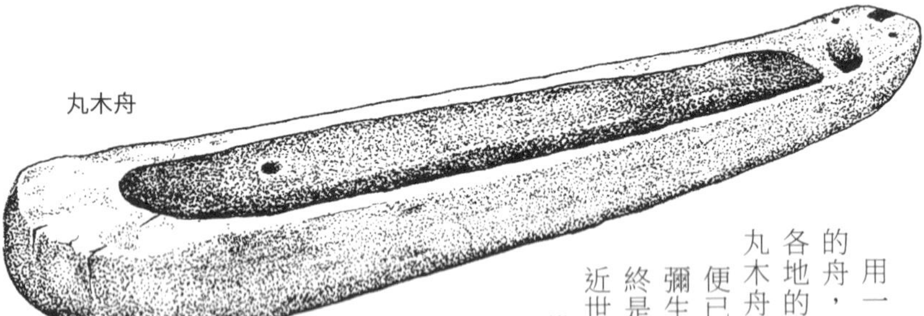

丸木舟

用一根木頭刨挖而成的舟，亦稱刳舟，根據各地的挖掘資料可知，丸木舟於繩文時代前期便已開始使用。直到彌生、古墳時代，始終是舟的主流，即便近世之後接合板材的構造船技術變得發達，各地仍持續使用。直到近年，男鹿半島（秋田縣西部）與奄美群島的人們仍會與構造船搭配使用丸木舟。材料多為榧樹，不過北海道的阿伊努族是用連香樹，沖繩則是用松樹或樟樹等。丸木舟必須用巨木製作，隨著巨木的減少，出現接合兩種以上的木材刨挖而成的複材刳舟，有些地方也會將這樣的船稱作丸木舟。

水棹（みざお）

船夫以水棹操作船

插入水中讓船前後移動、操作航行方向的細長棒子，亦讀作「みさお」（misao）。長度是三〜四．五尋（一尋為雙手張開的長度，約一五〇～一八〇公分），漁船所使用的水棹以檜木或杉木為材料，前端再加上五金零件。也有竹竿，多用於河船，為防止裂損，前端會加上硬木。

畚（もっこ）

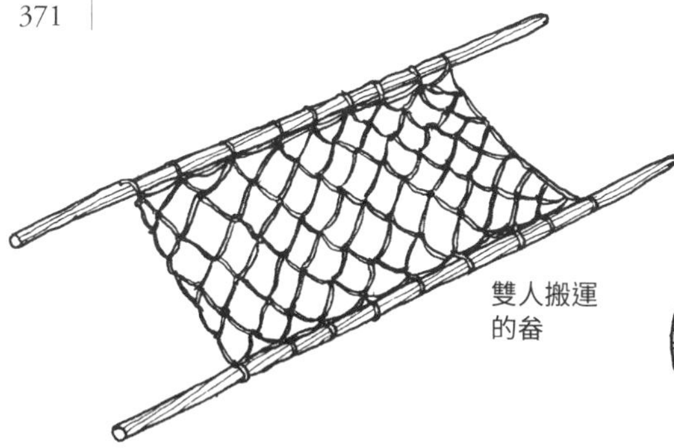
雙人搬運的畚

畚

泛指用*繩、藤蔓、竹篾粗編而成的搬運器具，用來搬運蔬菜、堆肥、泥土、砂石、石頭等。形態多樣，用繩或藤蔓編成鏤空網狀的畚，邊緣套入*紐背在肩或背上，或是吊掛在*天秤棒（扁擔）的前後扛運。尺寸較大的網畚則吊在天秤棒的中央，由兩人扛搬。也有左右插入竹竿或圓棒當作握柄，由兩人抓提、前後搬運的形式，或是做成袋狀，綁接在馬背上的木框左右。另外，還有在左右握柄加編粗竹篾的樣式，以及以稻草編成皿狀的畚，漢字雖同樣寫作畚，但發音為「ふご」（fugo，P367）。此外，有些地方會將在木架上用繩或藤蔓粗編而成的*肥負子也稱作「もっこ」（mokko）。

野猿（やえん）

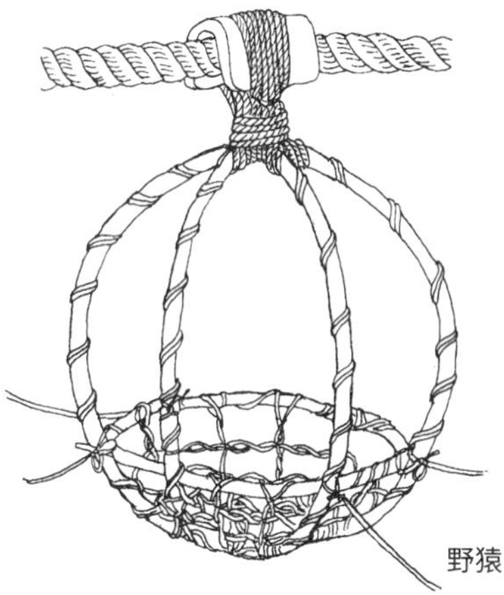
野猿

亦稱索道，在山區沒有道路通行的溪谷或未搭建橋的河川，用於搬運貨物或載人的裝置。綁在兩處定點，拉直懸空的*綱，吊掛放入貨物或供人乘坐的*籠，自古以來是用藤蔓或棕櫚繩搓捻而成的綱，後來改為鋼鐵製。將用藤蔓編製或木製梯子狀的籠加上吊繩，綁接穿入綱的吊鐶。也有用藤蔓做成一體成形的吊鐶和籠，明治時代後多是使用*滑車（滑輪）。搬運貨物時，以人力拉動連接籠部吊繩的引綱（拉繩），如果是載人，則由坐在籠內的人自行拉綱渡越。

屋形船（やかたぶね）

設置小屋的船，主要用於河船。原本多是貴族出遊時使用，到了江戶時代，武士與平民之間也興起搭船遊玩的風潮，大名甚至自己造船，做起租借的生意。有些會在屋簷垂簾、架設高欄，甲板上鋪*莫蓙（蓆）或紅絨毯。如今在東京的隅田川等處仍可見到，成為日本夏季風情的象徵。

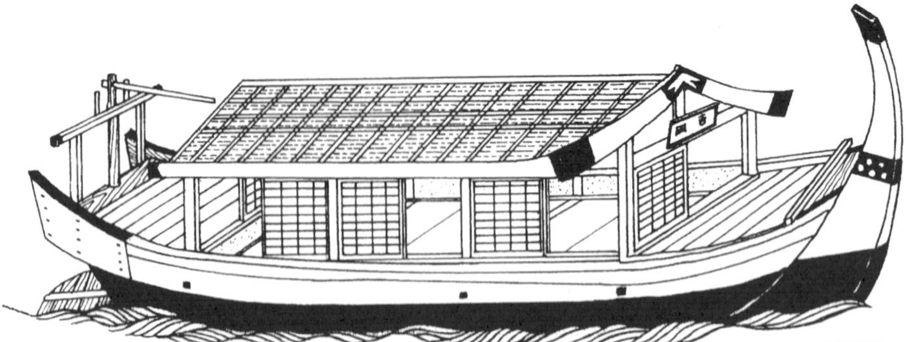

屋形船

油單（ゆたん）

塗了油的單層棉布或紙。平安時代為避免弄髒地板或*疊（榻榻米），人們會將油單鋪在*燈台等物的下方，後來搬運唐櫃、*長持、*簞笥（斗櫃）等物時，被拿來蓋在表面防塵擋雨，也被當作*合羽或*風呂敷（包巾）使用。之後也出現了不塗油的樣式，還有染印家紋、蓋在嫁妝上的油單。另外，裝蠶繭出貨的棉袋或麻袋也稱作油單。

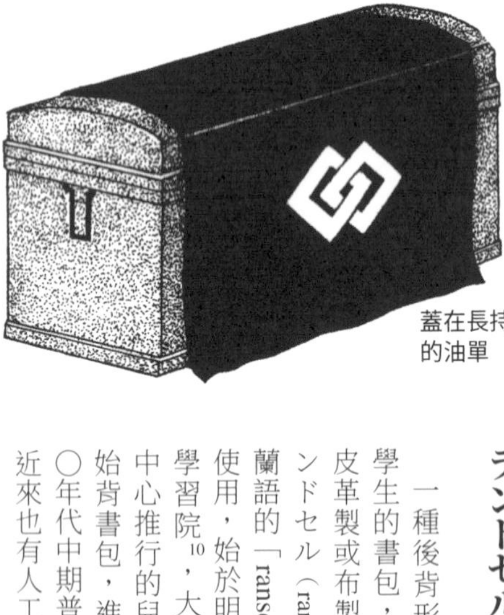

蓋在長持上的油單

ランドセル【後背包】

一種後背形式的*鞄，現今專指小學生的書包，以前是軍隊行軍時背的皮革製或布製背包，稱作背囊。而ランドセル（randoseru）的語源據說是荷蘭語的「ransel」。將後背包作為書包使用，始於明治十八年（一八八五）的學習院[10]，大正時代末期，以都市為中心推行的兒童制服西服化讓男童開始背書包，進而擴及女童，在昭和二〇年代中期普及至全國。除了皮革製，近來也有人工皮革製品。

後背包

リヤカー【兩輪拖車】

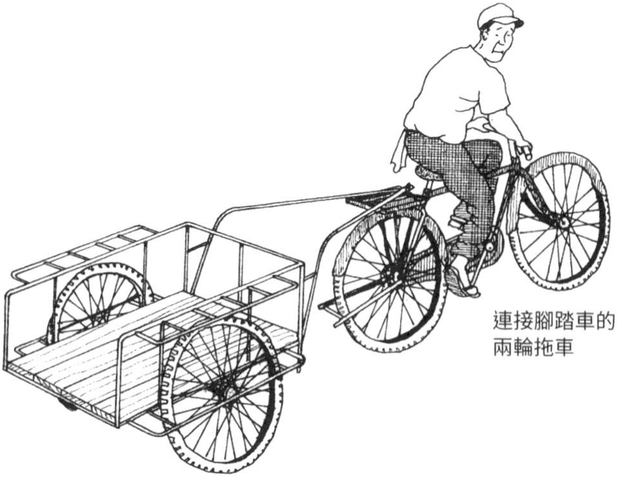

連接腳踏車的兩輪拖車

與腳踏車車尾的置物架連接，搬運貨物的雙輪*荷車。リヤカー（riyakaa）是大正時代初期日本自創的英語詞彙，意指後部的車（rear car）。以鐵管做出骨架，裝上橡膠輪胎，荷台嵌入板材或木箱。起初在都市流傳開來，後來有了將連接腳踏車的前端加寬、以人力拖拉的形態，進而在各地的農山漁村變得普遍。此外，大正時代末期以都市為中心，出現了改造兩輪拖車、讓人乘坐的人動車，第二次世界大戰後的昭和二十二～二十五年（一九四七～五〇）左右，腳踏車與座位一體成形的三輪車式人動車「輪タク」（rintaku，三輪計程車）相當流行，還有座位加裝在旁邊的邊車樣式。如今隨著汽車與輕便台車（推車）的普及，使用率不如以往，但近距離搬運貨物時仍經常使用，現在也有輕金屬製的便攜折疊式拖車與三輪車式的小型兩輪拖車等。

林檎箱（りんごばこ）【蘋果箱】

用於出貨、運送蘋果的箱。如今多為瓦楞紙箱，但直到昭和三〇年代以前都是使用木箱。寬約三〇公分、長約六五公分、高約三六公分，明治時代因為鐵路的發達，變成將東西由產地運往各地的容器。當初會在側面烙印品名等，後來改貼印刷的紙標。儘管如今已不常見，仍被當作特選品的出貨容器。木箱會配合搬運物，如橘子等水果或蔬菜、魚類、酒瓶等做成各種大小。

蘋果或橘子的空木箱常被一人住的年輕人當作書櫃或書桌，有時也會當成*卓袱台使用。

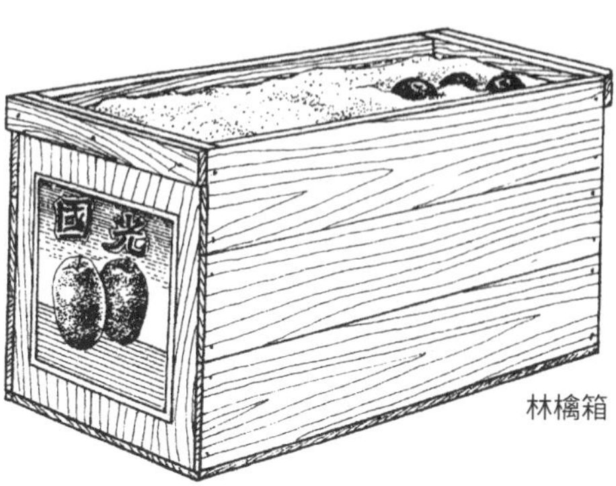

林檎箱

輦台（れんだい）

載運旅客渡河的台。特別是在江戶時代，因幕府的政策而無法搭橋的東海道大井川等處，常用於主要街道的渡頭。直接放置*駕籠的大名輦台是塗朱漆、架設大型高欄的大型輦台，由十六～二十人扛運四根棒子渡河；一般武士或富商乘坐的是鋪上兩人座的木板、架設朱漆高欄的中輦台，由八人扛運兩根棒子；最普通的庶民用平輦台是原木的白木梯子狀，或在兩根棒子上擺放淺底箱，由四～六人扛運。

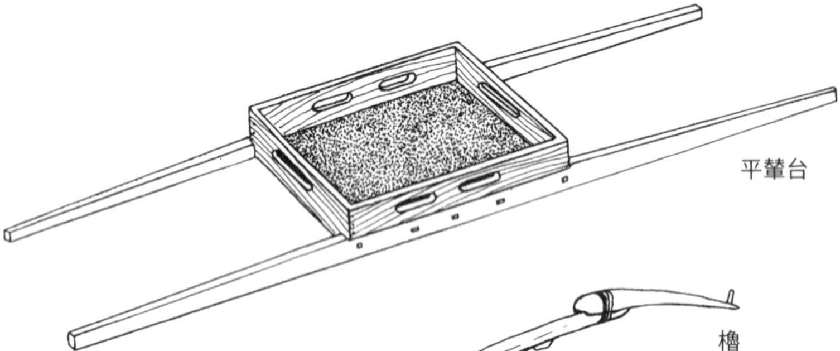

平輦台

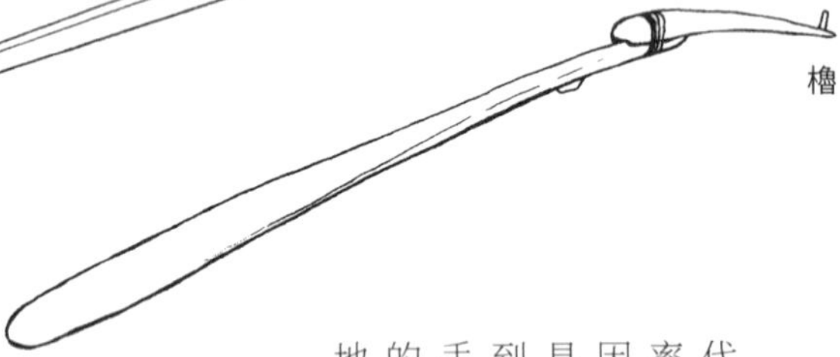

櫓

櫓（ろ）（艣）

撥水讓船前進的工具之一。奈良時代自中國傳入日本後才開始使用，效率大幅勝過以往的*櫂（槳）和*水棹，因而廣泛普及，櫂變成划船的輔助工具。起初是用一根木頭製成的竿櫓，到了近世，主要以錐栗做成櫓腕（把手）接上多以櫟木做成櫓羽（撥水板）的繼櫓增加，之後成為主流。長寬依地區或船的大小、形狀而異。

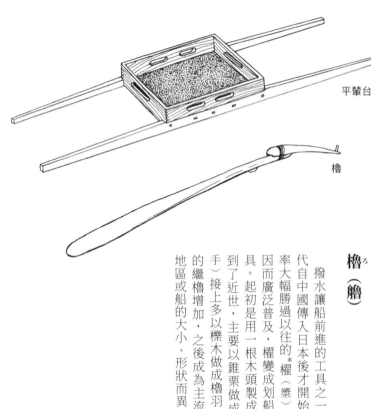

第9章

買賣

人們自古便進行「買賣」，原始形態為「市場」。日本最古老的市場是大和國（奈良縣）三輪的「海石榴市」，《萬葉集》中有句「海石榴市の八十の衢[1]」（海石榴市的多條岔路），既是各方物資集散的市場，也是歌垣[2]的場所。和銅三年（七一〇）元明天皇將藤原京[3]遷往平城京[4]後，市場也跟著搬移，設置了東西兩市。

平城京的東西市販賣許多商品，如絹、絁（粗綢）、布、絲線、麻、白米、紫米、糯米、麥、大豆、紅豆、豇豆、索餅、鹽、味噌、粗醬、醋、麻油、糖、酒、海藻、蔬菜、果實、薪柴、炭、藥、香、紙、筆、墨、木履、木工品、竹製品、鐵器等。這些商品直接作為肆標（肆即為當時的攤位）使用，兼具實物招牌的功能。天長十年（八三三），商家開始豎立販賣商品名稱的標示物，也就是所謂的看板（招牌）。而平安京設置的東西市，規模是平城京的兩倍。

另一方面，山民、漁民、農民、職人等會在地方上叫賣自己採收的作物或獵物、製品等。《日本書紀》中提到，欽明天皇時期（六世紀），山背國（京都府南部）的秦大津父曾至伊勢國（三重縣）行商。隨著時代演進，行商也變得活絡，中世時期有可一日往返的近距離行商，以及遠距離的大規模行商。

中世至近世出現了稱作「連雀商人」的行商。連雀指的是背運貨物的背負繩（背繩），因形狀或裝飾看起來像一整排的雀，故得此名。連雀商人使用連雀搬運貨物至遠方行商，為求經商的特權與安定，他們定居在戰國大名的城下町。而使用連雀從事貨運的人也居於此，於是各地出現連雀小路、連雀町等地名，其中最有名的是江戶的連雀町。

說到行商，不少日本人會想到賣藥商人。他們以富山賣藥、大和賣藥打響名號，兩者都是來自木地屋[5]或山伏[2-30]活躍的深山山麓。反魂丹（腸胃藥）、萬金丹是富山賣藥的招牌藥丸，全盛期曾以中部、關東為中心，叫賣一百二十種藥，除了大和賣藥的行商範圍，幾乎賣遍全國。

賣藥商人背著用深藍色大風呂敷包住的柳行李四處做生意。柳行李有五層，容量最小的最上層用來收納帳簿、矢立（P486）、算盤、硯箱（硯盒）、便當等物，有時也會放小燭台或廚子（P182）。第二層放致贈客戶的伴手禮，第三層是回收的舊藥，第

四、第五層放新藥，因為要展示給客人看，所以會整齊擺放約十帖藥，尤其是第五層配有桐木隔板，藥的種類看上去一目瞭然。

江戶時代（一六〇三～一八六八）隨著產業、交通的發達，都市有了驚人的發展。特別是稱作「三都」的京都、大坂、江戶，在十八世紀初已展現世界上數一數二的繁榮。大小店鋪林立的街景，洋溢著繁華的氣氛。店的日文原本寫作「見世」（mise），意即面向街道、陳列販賣商品的場所，而叫賣的行商則稱作「見世賣」。江戶時代除了使用看板作為店家的象徵，也廣泛使用暖簾（門簾）。店家將商品排列在店內的架上，無論大店小店，都會在店內一角設置結帳、記帳的帳場（櫃台）。

帳場以帳場格子（圍欄）隔開，內有帳場机（櫃台桌）、帳場簞笥（文件櫃）、當箱、錢箱、算盤、大福帳、印箱（印章盒）、錢皿、煙草盆、店番火鉢（火盆）等，大一點的店家還會放錢袋或千兩箱（P381）。買賣記錄的帳簿除了大福帳，還有賣掛（應收帳款）與買掛（應付帳款）帳、金錢出入帳、判取帳[6]、注文帳（訂單）、荷物渡帳（出貨明細），店的規模愈大，帳簿種類就愈複雜。

另外，江戶時代的主要流通貨幣有三種，江戶是金幣（大判、小判），大坂是銀幣（丁銀、豆板銀等），庶民之間是用錢（銅幣、鐵幣），因為價值經常波動，兌換時必須正確測量重量。負責兌換的人是兩替商，他們在商品的流通上扮演重要的角色。必備工具為兩替秤，竿棹兩端各有一個盤子，將測量物放入其中一盤，另一盤擺分銅（砝碼），當兩邊取得平衡後，分銅的重量即物品的重量，這種秤又稱天秤秤（天平秤）。天秤秤製造於大坂的堺，幕府為了統一分銅的重量，指派分銅座的後藤家製作，故亦稱後藤分銅。

江戶許多大店的店名不少取自店主的出身國名，如伊勢屋、伊賀屋、近江屋、越後屋等。特別是以行商起家的伊勢商人、近江商人，他們不僅活躍於商界，更涉足金融業或工業，一直是日本產業界的領導者。

通帳（かよいちょう）

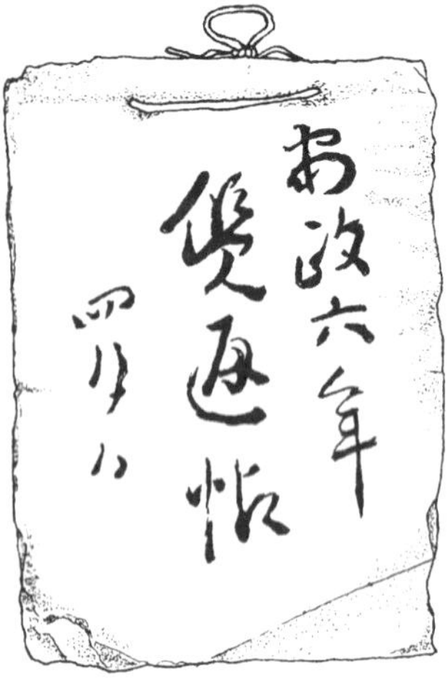
通帳

賒帳交易時，記錄日期、品名、金額等項目的帳簿，以作為日後付款的依據。店家會將寫上店名與顧客姓名的通帳交給客人，讓客人帶著通帳來消費。以前的店家一年有兩次清算期，分別是在盂蘭盆節和年末。後來採行月結制，一直實行至昭和三〇年代。

看板（かんばん）【招牌】

為了讓客人注意到商店的屋號（商標）或販賣品項等，所掛出的東西。雖發源於平安時代，但到了江戶時代，尤其是元祿年間（一六八八～一七〇四）之後，才隨著商業發達而變得普遍。依揭示場所分為，立在店門正面的置看板、掛在牆上的懸看板、吊在屋簷下的軒看板和裝在屋頂上的屋根看板等。夜間營業的店家會使用行燈看板、提燈看板，讓客人在黑暗中也能看到。設計也很講究，有些大型看板會施以金箔或蒔繪的裝飾。此外，為了讓不識字的客人一看就能明白，還有以商品本身做成的實物看板，或是用商品模型、仿製商品容器做成的模型看板。另外，也很流行字畫謎或諧音哏的趣味看板，像是澡堂的看板上畫有弓箭，是取「射箭」音近「泡澡」的諧音，日式饅頭店用「騎馬」暗喻「超好吃」。

軒看板

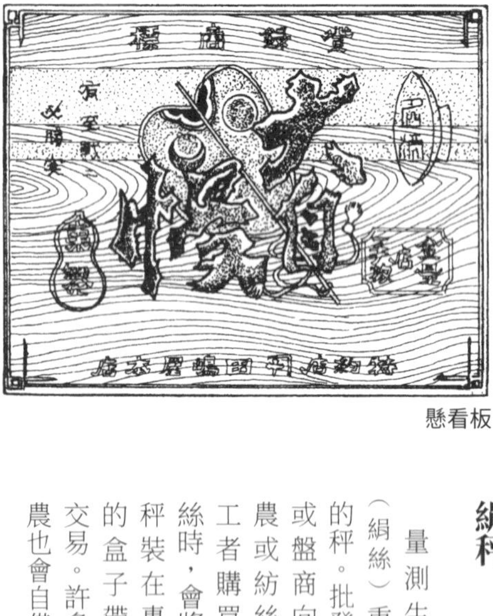
懸看板

絹秤（きぬばかり）

量測生絲（絹絲）重量的秤。批發商或盤商向蠶農或紡絲代工者購買生絲時，會將絹秤裝在專用的盒子帶去交易。許多蠶農也會自備。

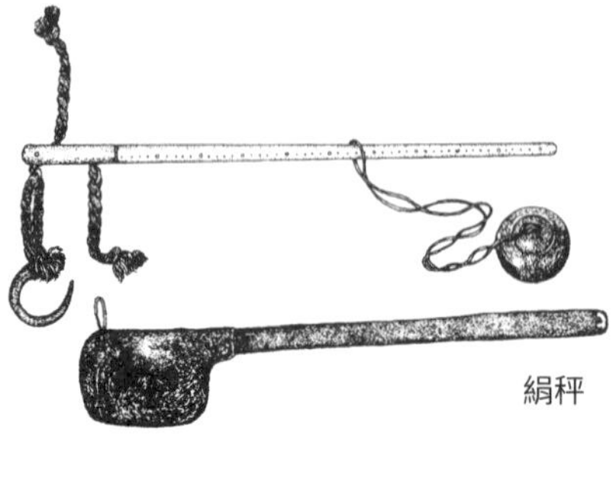
絹秤

巾著（きんちゃく）【束口袋】

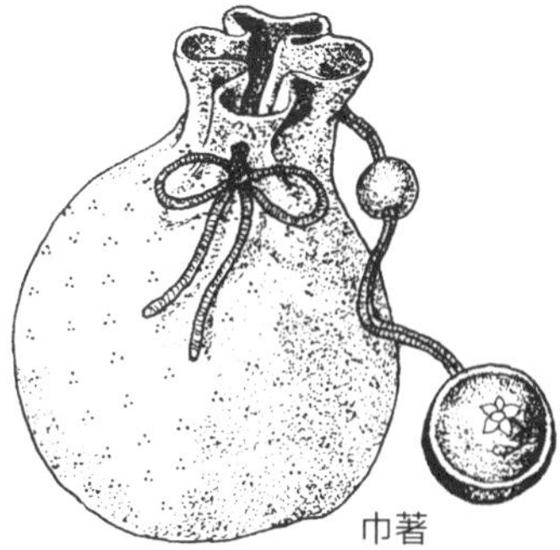
巾著

以*紐束緊開口，掛在腰間的袋子，主要用來裝錢。材料有皮革、羅紗（呢絨）、天鵝絨、縮緬（縐綢）等，多為圓形，形態大小豐富多樣。自室町時代已存在，江戶時代開始被廣泛使用後，出現了用高價素材製作或施以刺繡，設計講究的樣式。巾著也衍生出相關的詞彙，像是老跟在長官或老闆身邊的跟屁蟲稱作「腰巾著」，扒竊稱作「巾着切」等。

藥簞笥（くすりだんす）【藥櫃】

藥鋪與醫師用來分類、整理並收納藥品或藥材的專用*簞笥（斗櫃）。分為數十個相同大小的小抽屜，正面貼上寫著收納的藥品名或藥材名的紙。因其多格的外觀，又稱作百目簞笥。

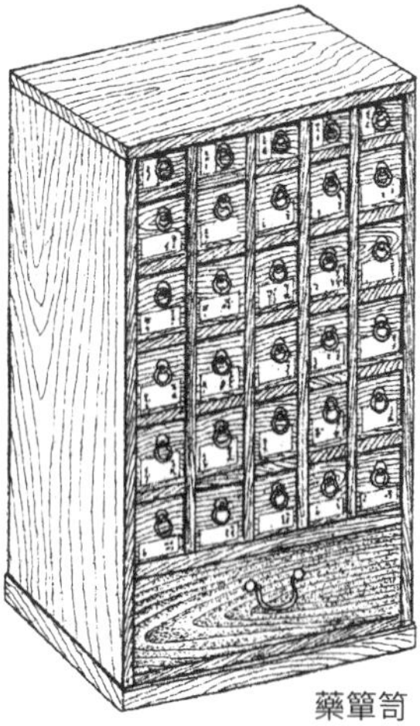
藥簞笥

財布（さいふ）【錢包】

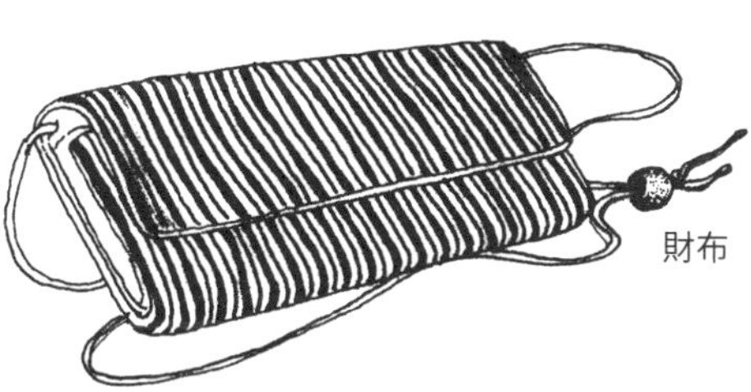
財布

裝金錢、紙幣的袋子。有布製與皮革製，以*紐垂掛在胸前或收進懷中。以前的人也會用*巾著、紙入（鈔票夾）、守袋，或是旅行時裝零錢的早道來放錢。明治時代之後，口金包、西式皮夾變得普及。

竿秤（さおばかり）（棹秤）【桿秤】

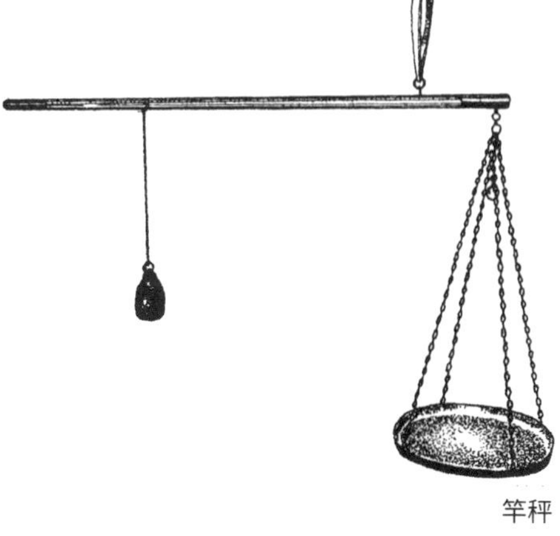
竿秤

有刻度的竿，用於測量重量。以竿上做成提把的*紐為支點，前端放秤量的物品，另一端懸掛*分銅（砝碼），移動分銅後取得平衡的刻度即物品的重量。分銅多為金屬製，有時也會用石頭。大小不一，從小型至秤量米俵等物的大型竿秤都有。測量輕物通常是將物品置於盤內吊掛，測量重物則多是將物品直接掛在竿上的鉤。

酒林（さかばやし）

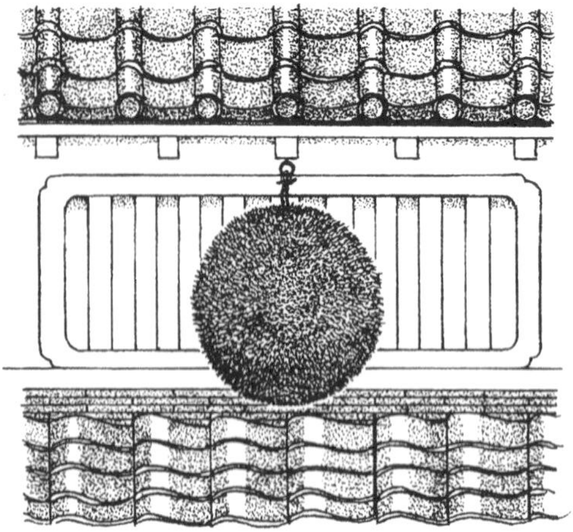
酒林

掛在屋簷下的杉葉束，為釀酒廠用來宣傳新酒開賣的手法。也會繼續掛著直接當作酒鋪的*看板（招牌）。自古以來人們認為杉樹能提升酒的味道及香氣。如今都是稱作杉玉的球形，但在江戶時代是將杉樹枝葉做成*箒（帚）形，稱作酒箒。

質札（しちふだ）【當票】

質札

庶民到質屋（當鋪）用衣物或貴重金屬製品等抵押品進行融資、換取資金時，質屋會給予相當於雙方契約的證券。支付本金與利息後，便是換回抵押品的憑據。

捨籠（すてかご）

裝入採收的蔬菜或水果，用來出貨的*籠。因為市場或商店通常用完就丟，故得此名。多為材料費低、製作省事的竹籠，通常是用竹子內層的竹篾粗編而成的六角孔編籠。至於枇杷出貨專用的枇杷籠，為防止運送過程中碰撞受損，作工較精細且附蓋。

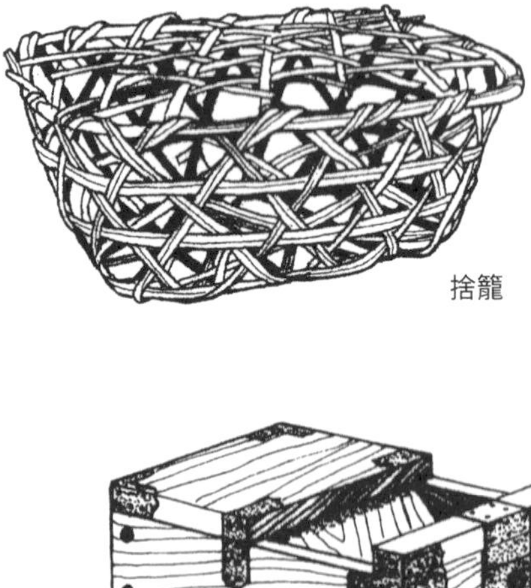
捨籠

錢箱（ぜにばこ）

裝零錢的木箱。江戶時代主要為商家使用。為附有鎖頭的硬木製長方體，有些會在邊緣釘上鐵板進行補強。箱頂有投錢的洞，或是做成方便投錢的漏斗形開口。

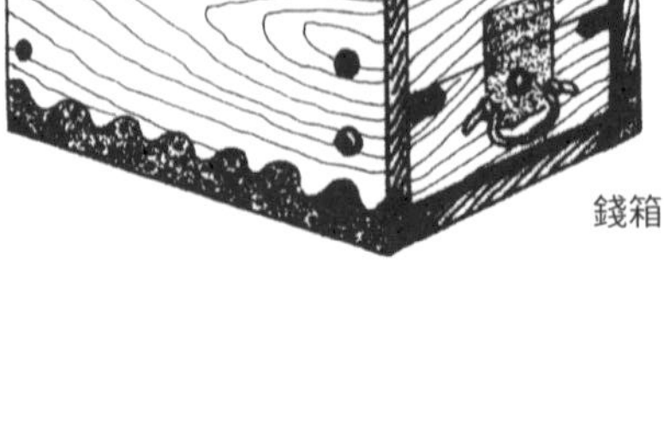
錢箱

錢枡（ぜにます）【錢幣盤】

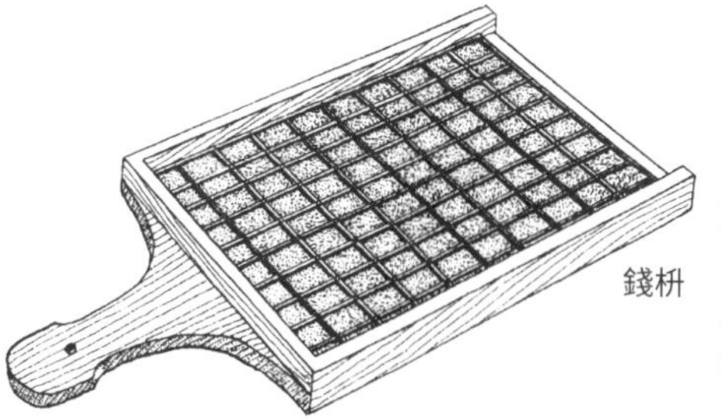

錢枡

計量硬幣數量的工具。為一片有柄的板子，表面配合硬幣大小做出格框。只要將零錢逐一放入格框，以五十、八十、一百個為單位，就能一次算出零錢的總數。例如，將一朱銀[7]排在八列十排的錢枡中，即八〇個＝五兩。對商家來說，是進行融資、兌幣時的必備計量器具，直到近年仍被使用。

千兩箱（せんりょうばこ）

江戶時代用來收納總額千兩的大判、小判、一分金等金幣的箱子。後來也有收納五千兩、一萬兩的樣式。換言之就是移動式金庫。材料是櫸樹等硬木，有些會在邊緣釘鐵板補強，也會在上蓋或橫板寫屋號或家紋、裝箱的年號。

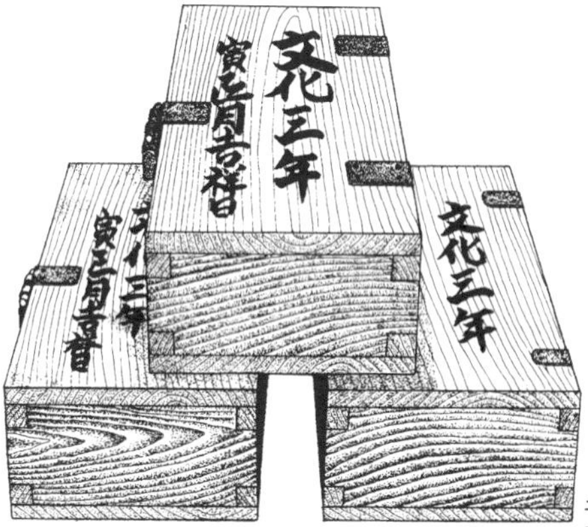

千兩箱

算盤（そろばん）

撥動排列成串的算珠進行加減乘除的計算工具。據說是室町時代自中國傳入日本，在江戶時代被廣泛使用。早期的算盤是上排二珠、下排五珠，之後上排一珠的算盤變得普及，如今則以上排一珠、下排四珠最常見。依使用目的製作出各種算盤，如長算盤、懷中算盤等。寺子屋[3-29]和學校會教導學生運用算盤計算的珠算，即使是電子計算機普遍的現代，仍有許多人學習珠算。

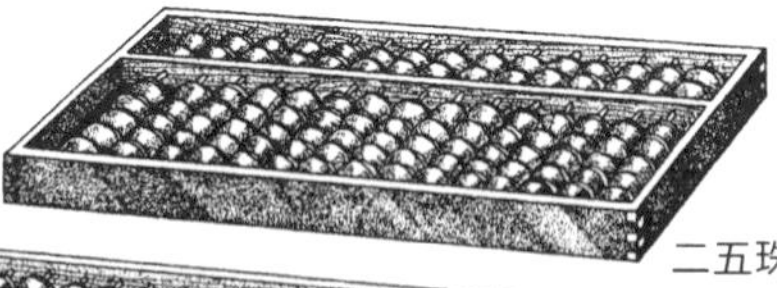

二五珠算盤

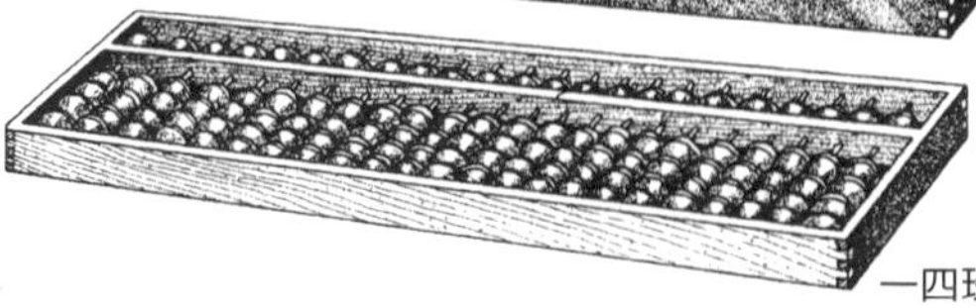

一四珠算盤

台秤（だいばかり）

有台座可放物品測量的秤。種類多樣，從秤量輕物用至重物用的都有。原先和*竿秤（桿秤）一樣是用*分銅（砝碼），後來出現了利用彈簧的指針式，秤出的重量一目瞭然，現在還有數位顯示的電子秤。

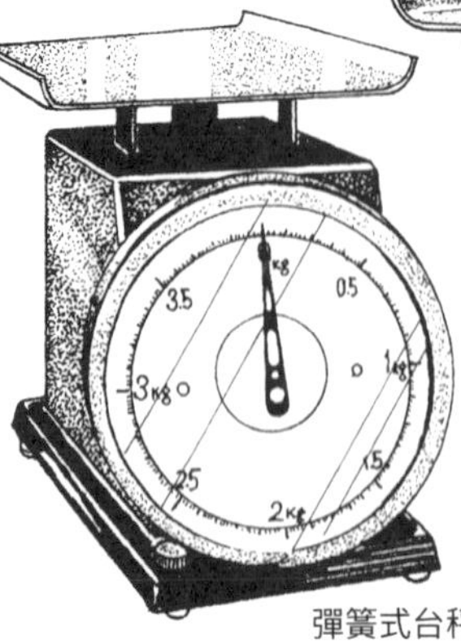

彈簧式台秤

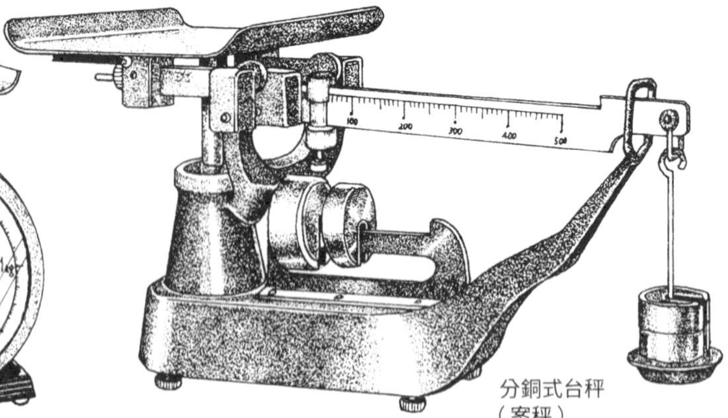

分銅式台秤
（案秤）

大福帳（だいふくちょう）

大福帳

商家使用的帳簿之一，又稱本帳、元帳、大帳，記錄每位顧客的應收或應付帳款、金銀出納的狀態，以便了解與顧客的交易情況。這是只有老闆或番頭（掌櫃）才能過目的重要帳簿，因此不同於其他帳簿，受到嚴密保管。起初各商家都是自製，後來出現相當於現代文具店的帳屋，便開始使用市售品。於每年正月十一日的開市日買新帳本，在封面寫上象徵吉利的大福帳。

帳場格子（ちょうばごうし）【櫃台圍欄】

商家用來圍住記帳、結帳的櫃台，為矮屏風形的木製圍欄，亦稱結界。做成活動式的折疊設計，分為單側折邊和雙側圍邊的款式，立在*帳場机（櫃台桌）前方。對商家而言，櫃台是相當重要的地方，為了妥善保管記錄交易明細的帳簿與金錢，必須有足夠的隱密性。

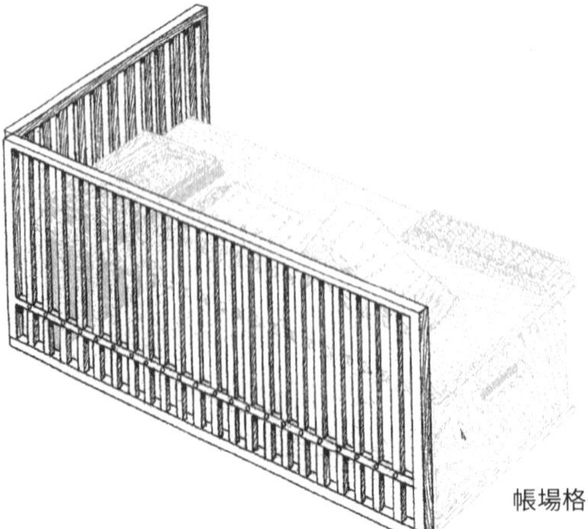

帳場格子

帳場簞笥（ちょうばだんす）【櫃台文件櫃】

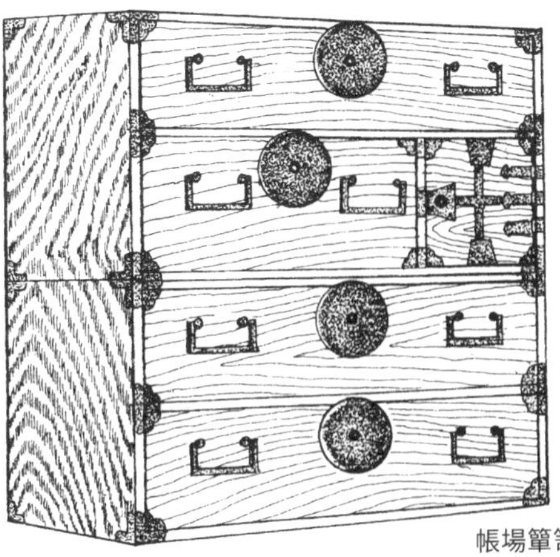
帳場簞笥

放在商家的櫃台附近，收納文件資料的小型*簞笥（斗櫃）。用來保管賣掛（應收帳款）或買掛（應付帳款）的帳簿、金銀出納帳、判取帳[6]、注文帳（訂單）、荷物渡帳（出貨明細）等記錄交易明細的各種文件、書信等重要的書面資料。尺寸形態多樣，設有防盜機關的樣式也很多。

帳場机（ちょうばづくえ）【櫃台桌】

商家等場所的櫃台，用來進行結帳、記帳的*机（桌）。用*帳場格子（櫃台圍欄）圍住，擺上*算盤、帳簿、*硯箱（硯盒）等物，旁邊放*錢箱。桌形為稱作文机的座机，通常是在長方形桌面的左右加上四根外彎的桌腳，或是鏤空成窗形的板腳。後來也出現附有小抽屜的設計。

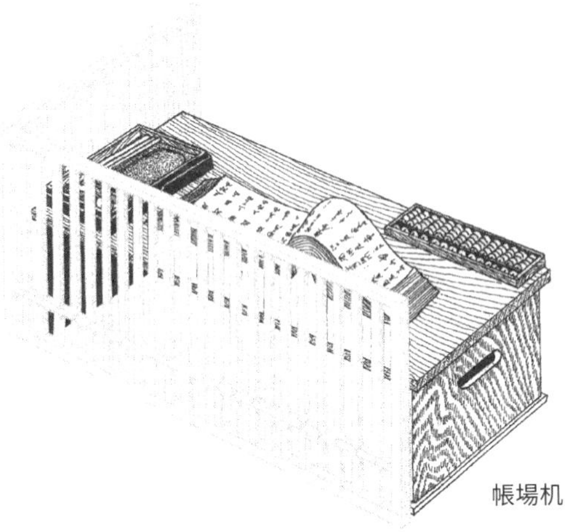
帳場机

天秤秤（てんびんばかり）【天平秤】

利用槓桿原理測量物品質量的工具。以中央為支點，竿的兩端掛秤盤，一邊放物品，另一邊放*分銅（砝碼），取得平衡後，計算分銅的數量便得知物品的重量。天秤秤主要用於兌幣，其他情況則常用*竿秤（桿秤）。江戶時代，秤與分銅為幕府嚴格控管。

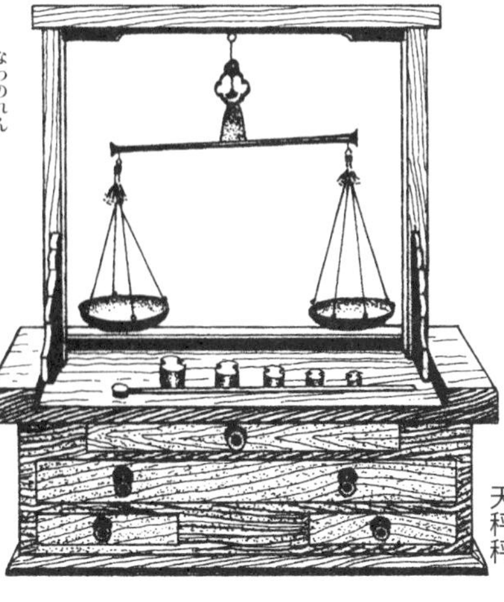
天秤秤

繩暖簾（なわのれん）【線簾】

亦稱繩簾，在橫竹上垂掛數條細繩

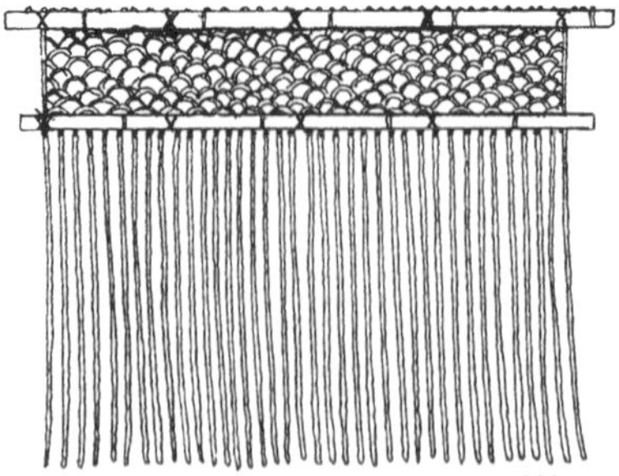

繩暖簾

的*暖簾。江戶時代後期，許多居酒屋會在店門前掛此物，「繩暖簾」遂成為居酒屋的代名詞。

暖簾（のれん）【門簾】

暖簾（noren）源自禪語的「のうれん」（nouren），原為掛在僧堂防風的垂幕。鎌倉時代開始用於民間，室町時代末期後更加上了店鋪的屋號或紋樣。在商業發展活絡的江戶時代中期，將深藍色棉布拔染[8]白色屋號等圖樣的暖簾大為流行。江戶許多店家是以店主出身地的國名當作店名，如越後屋、上總屋、伊勢屋等；大坂則是以鴻池、和田等商人的姓氏；或是販售的商品當作店名，如米屋、炭屋等。江戶商人是從日本各地聚集至江戶，而大坂商人即使出身別處也能很快融入當地，因而產生這樣的差異。

暖簾也是店家的重要象徵，由暖簾衍生出不少相關的慣用語，像是意指傳統老店的「暖簾が古い」（舊暖簾）、店家失去商譽的「暖簾を傷つける」（暖簾受損），新店鋪開張稱為「暖簾を上げる」（掛上暖簾）、歇業為「暖簾を下ろす」（降下暖簾），獨立開分店則是「暖簾分けをする」（分暖簾）。

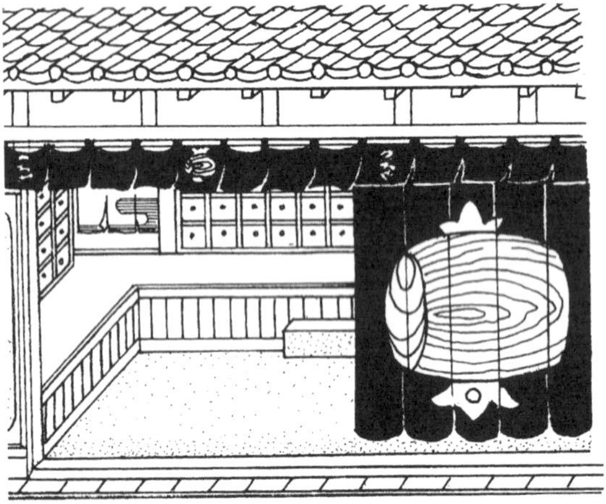

暖簾

計籠（はかりかご）

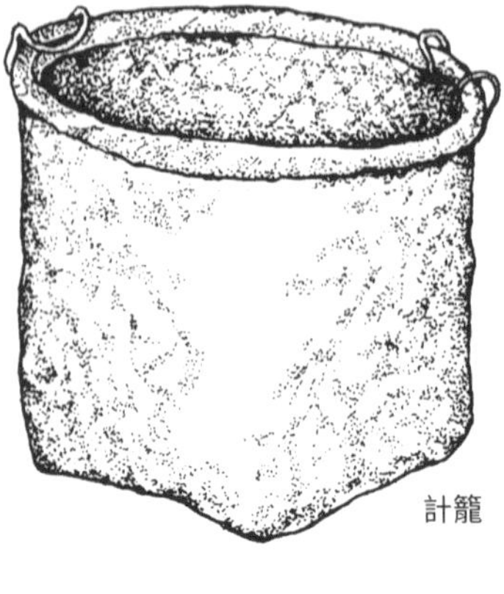

計籠

採收完茶葉後，用來秤重的*籠。尺寸依地區而異，不過批發商混茶時會使用貼上和紙、塗柿澀漆且重量固定的籠。此外，商店也有裝商品秤重的專用計籠，稱作風袋。

引札（ひきふだ）【傳單】

用於廣告新店開張、宣傳商品、開賣或特價資訊的紙張，以此吸引客人，故得此名，相當於今日的文宣、傳單。

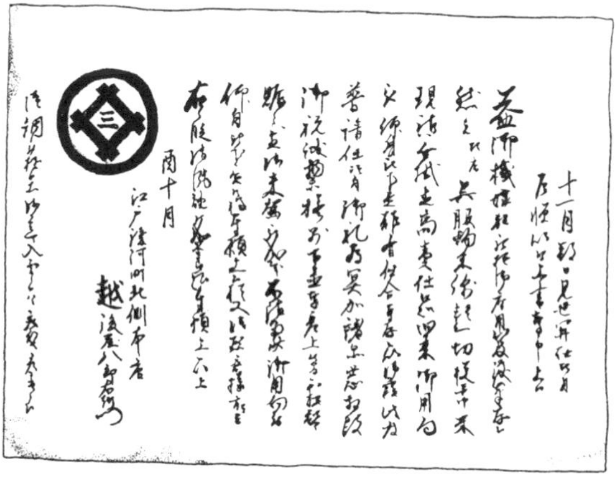

引札

通常採單色的木板印刷，起初只有文字，後來發展出加入插畫的多色印刷。天和三年（一六八三），越後屋在日本橋駿河町開店時發送、寫著「現金交易，不降價不賒帳」的引札很具代表性。在商品流通活絡的文化、文政年間（一八〇四～三〇），相當盛行使用引札。

符牒（ふちょう）【暗碼】

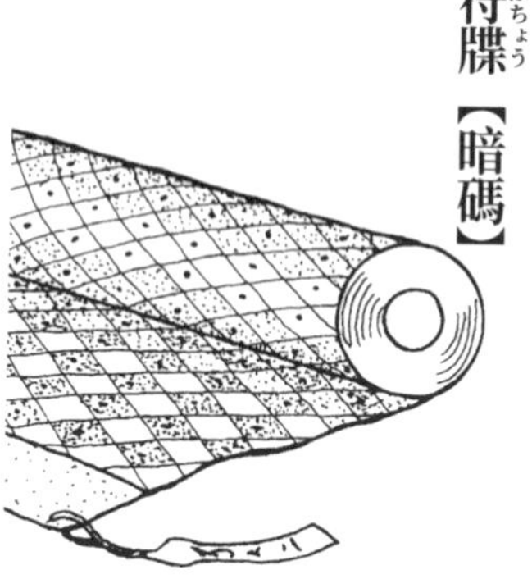

綁在布料上的符牒

寫上標示價格的記號，綁在和服布料等商品的小紙片。在已經設定好售價的狀態下與客人交涉時，為避免賣價低於進貨價，以特殊記號標示商品等級或進貨管道。這也成為同業之間才懂的行話。

分銅（ふんどう）【砝碼】

使用秤測量物品的重量時，當作基準的秤砣。除了中央內凹的繭形，還有釣鐘形等樣式。江戶時代被幕府嚴格控管，由御用的金工家族後藤家製造。此外，分銅也泛指測量垂直或水深的鉛錘。

招貓（まねきねこ）【招財貓】

舉起一隻前腳、採坐姿的貓像，為招來幸福的吉祥物之一，分為張子[7-12]與陶製品。人們相信具有攬客效果，因此店家會裝飾在門口，也被俗稱貓的藝伎[9]當作吉祥物。以前有些蠶農為了驅趕造成蠶損的老鼠，也會擺放招貓。此外，據說舉起右前腳是招客，舉起左前腳是招財。

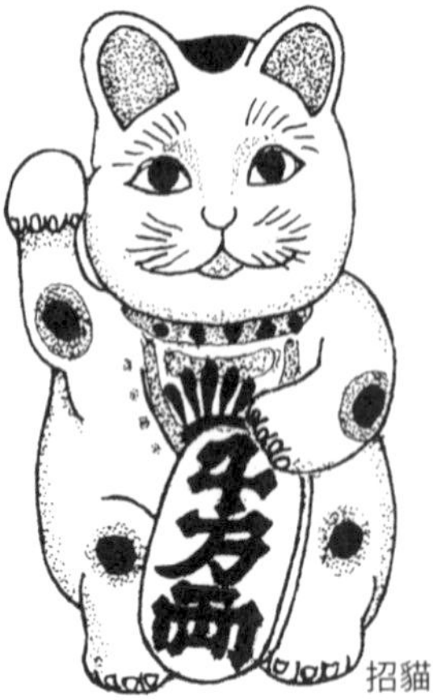

招貓

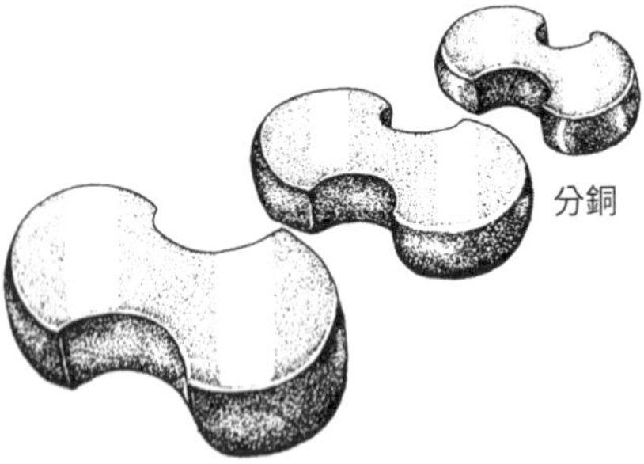
分銅

繭枡（まゆます）

計算蠶繭數量的*枡，分為木製與紙製。木製品為結桶，用的是比計量穀類的枡更輕薄的木板，有一斗（約一八公升）枡、一斗五升枡、二斗枡。紙製品為折疊式，採買蠶繭的商人會隨身攜帶。此外，有些地方會使用竹製的繭枡。不過這種計量方式誤差太大，所以後來改為秤量重量，一斗蠶繭約四公斤。

繭枡

屋台（やたい）【攤車】

具屋頂、用來販賣餐食的移動式攤台。一般是面寬六尺（約一八〇公分）、深三尺（約九〇公分），高為屋頂九尺、屋簷六尺，前面架*棚（棚架）擺放完成的料理。初期是以肩扛運的形態，後來改裝車輪。江戶時代末期以販售蕎麥麵、壽司、天麩羅為首，還有蒲鉾（魚板）、半平（魚糕）、糕點、麻糬、燗酒（溫酒）等飲食。到了近代擴及至人潮眾多的娛樂場所等處擺攤，出現賣烤雞串、關東煮甚至拉麵的屋台。

屋台

第10章

祈願

「祈願」所代表的精神世界，是與物質世界融合為一，為人們帶來生活動力的根源。祈願的對象是神。而神是靈魂，日本人相信靈魂棲宿於森羅萬象之中。舉凡山、海、河川、太陽、月亮、星星、樹木、花草、岩石，就連雷、雲等自然現象也是祈願的對象。

生活在社會中，有守護村落、地區或血緣、地緣的產土神（土地神）、鎮守神、氏神等神明，也有和職業有關的農業神、狩獵神、漁業神。關於被視為農業守護神祭祀的田神，農民相信是在春天下山化身為田神守護稻作成長，秋天收成後再返回山中，這種去來信仰為其特色。亥子神一類的留守神[1]也是如此。火耕的農民或山民所信仰的山神則沒有這種特色。從事狩獵的又鬼獵人[2-27]也會向山神祈求豐獵。漁民除了信仰保佑漁獲豐收的惠比須神，也將漂流的遺體視為大海的恩惠，稱以エビス（ebisu，音同惠比須）祭之。另外，漁民也深信船舶的守護神「船靈」。

居住空間中，稱為納戶的屋主寢室供奉著被視為家神的納戶神，廚房的竈供奉被視為火神的竈神或荒神。廁所被當作通往冥界的神聖場所，故有供奉便所神，而同樣被視為可通往冥界的井，也有供奉作為水神的井戶神。出生第七天舉行的七日祝，會由負責接生的產婆抱著新生兒去拜便所神與井戶神，祈求孩子健康成長。子安神、產神會保佑孩童的誕生、發育，三月三日是女孩的桃節句[2]，五月五日是男孩的端午節句。還有締結良緣的神，以及人生各階段的年祝[3]。

祭拜往生者時，為獲得庇佑而祈願。往生者死後經過一段時間會變成神，即所謂的祖靈。祖靈是家中的祖先，起初稱作御靈供奉於家中，而亡靈的個性會隨著時間經過而消滅，基本上在三十三回祭的弔上[4]就會昇華為祖先，變成守護子孫的家神，還會前往天空、山中或海上的冥界，成為守護現世的神。有時會與穀靈融為一體，化作新年的正月神（年神、歲神）降臨。人們會立門松（P400）當作神靈的依附物，綁上注連繩（P414）隔出祭場，設置歲棚進行祭拜。

中世時期以來，神道的神都具有強烈的個性。伊勢、八幡、諏訪、山王、白山、稻荷、金毘羅等諸神被請至各地分祀。同時也出現了各式各樣的神，像是被稱作活神的巫女或教祖、祭祀作祟冤魂的御靈或義民[5]、豐臣秀吉和德川家康等有權力具靈力的人神、引發瘟疫流行的惡神瘟神等。

不過，無論是民俗的神或神道的神，人們都是基於這些神的由來、起源所衍生出的神德或利益進行祈願，人類向神祈求神德、利益，同時也擴大了神威。比如說日本在進入被稱為入試戰爭的考試競爭時代後，祈求考試順利的神驟增便是一例。

將獻給神的紙或布帛夾在竹或木串上的御幣（P410）是祈願的表徵。念佛時先敲鉦，手持念珠誦唱佛經。以及寫有神佛名或繪有神佛圖像，貼在神佛祭壇或柱子等處的護符、隨身攜帶的御守（P398）。御守上會有神佛的名稱、種子字[6]、急急如律令等特殊文字，當中也有以木片或樹葉等為御守的例子，人們相信其具有超自然的力量。

至於祈願的紀念物，今日最廣為人知的就是繪馬（P396）。馬在古代是神明的坐騎，迎神時有獻供活馬的習俗，後來簡化成用土馬或木馬等模型馬，之後更簡化為馬的圖像，也就是繪馬。平安時代（七九四～一一九二）末期因應神佛習合的潮流，佛寺也開始獻納繪馬，中世末期後，除了馬也出現多樣化的圖案，如神佛像、神佛使用之物或眷屬[7]、神佛的依附物、祭場或祭具、祈願者敬拜的姿態、生肖等。當中描繪祈願內容的圖更是豐富，如實傳達出人們的祈求內容與心情。

人為了物質與精神層面的安泰而祈願。這時候，比起擁有深遠教理、進行大規模祭典儀式或修法的宗教組織，人們寧願選擇貼近生活、立刻就能訴諸煩惱的神佛進行祈願。也就是尋求現世的保佑。祈願的方法很多，如前兆信仰、占卜、巫術、加持祈禱、咒術等。

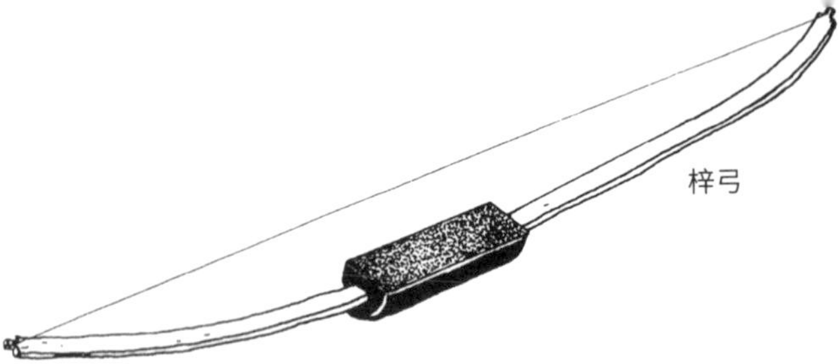
梓弓

梓弓（あずさゆみ）

用梓木（紫葳科梓屬）製成的弓，被當作召喚亡靈或神靈的採物[8]、咒具，巫女會邊敲梓弓的弦邊念咒文，讓亡靈附身到自己身上進行傳話。據說敲弓發出的聲音可引來亡靈。這種巫女稱作梓巫女。東北地區的口寄巫女稱為潮來，當中也有人會使用梓弓。

天兒（あまがつ）

放在新生兒枕邊，當作*御守（護身符）的人偶。將木棒組成T字形，代表身體和手腳，包上畫了眼鼻的白絹代表頭部。平安時代會讓人偶穿上美麗的衣服。天兒源自除穢消災的替身「人形」（hitogata），也是人形（ningyou，人偶）的原型。後來與犬筥、*犬張子併用，經常擺在幼兒身邊當作護身符，也是雛祭（女兒節）的擺飾。

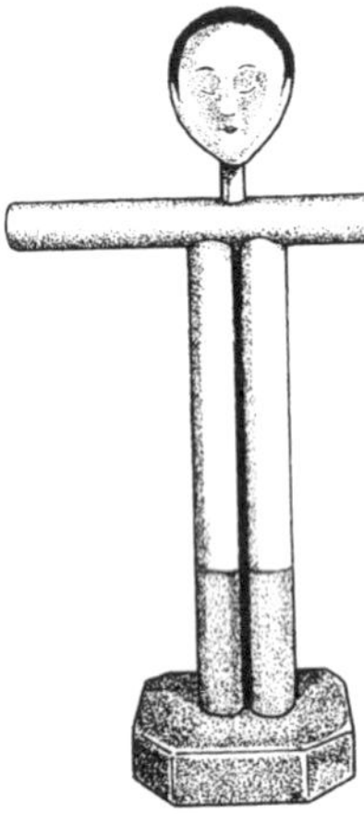
天兒

粟穗（あわぼ）、稗穗（ひえぼ）

粟（小米）和稗是關東至東北地區常見的作物。小正月（元宵）時會舉行祈求粟、稗豐收的儀式。通常是將鹽膚木切成三寸（約九公分）左右，去除表皮的當作粟穗，帶皮的當作稗穗，側面皆有切痕。插入細竹條的前端，綁成束立在院子裡。有些地方是立在雪中或堆肥上，或是一起綁成俵狀。許多地方會用正月十五日舉行的左義長祭[9]的火焚燒。

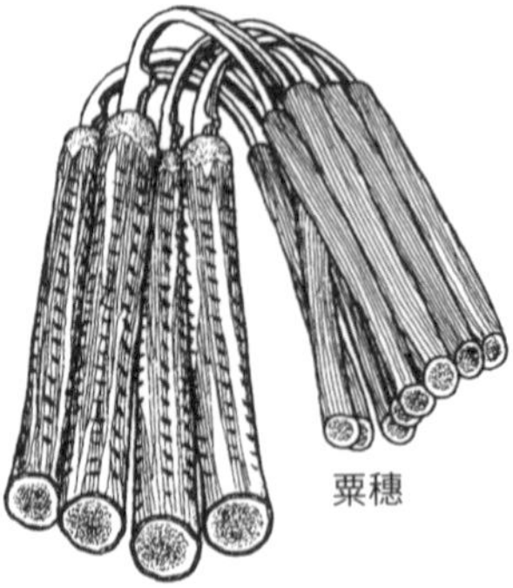
粟穗

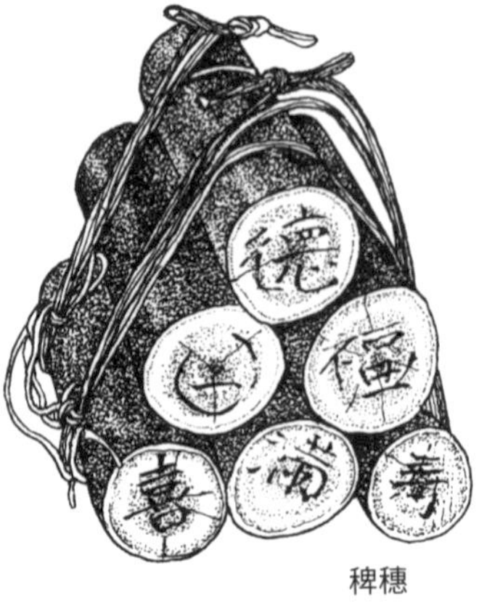
稗穗

阿波様（あんばさま）

漁民信仰的神。在關東、東北地區的太平洋側，被視為*船靈之母、驅除病厄的神等，包含各式各樣的信仰，

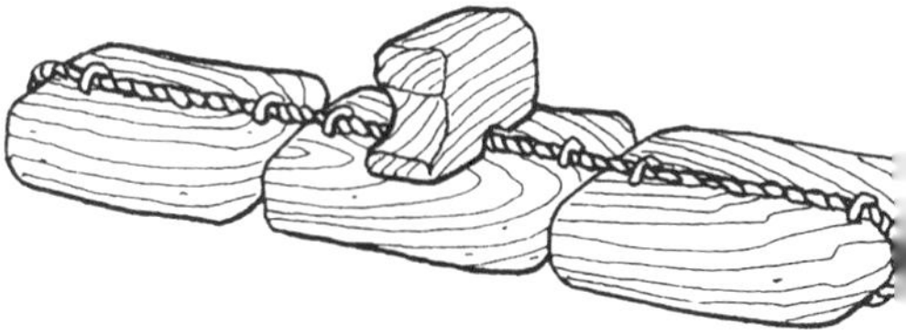
阿波樣

源自茨城縣稻敷市阿波的大杉神社。阿波指的是漁網的*浮子（浮標），在中國地區的日本海沿岸、四國地區的太平洋沿岸，浮子被稱作惠比須網端或網靈，是漁業之神*惠比須的依附物，進行初漁前，漁民會擺在在床之間（壁龕）祭祀，獻上神酒。

石敢當（いしがんとう）

驅魔辟邪的石碑，常見於沖繩至鹿兒島一帶。將平整的石頭刻上「石敢當」豎立。以前的人認為十字路口或三岔路是惡靈橫行的場所，於是在家門前立石敢當，即可防止惡靈侵入家中。另有一說是，石敢當是中國武將之名，而且古時還有刻上中國靈山「泰山」之名的「泰山石敢當」，故被認定是從中國傳入日本的風俗。

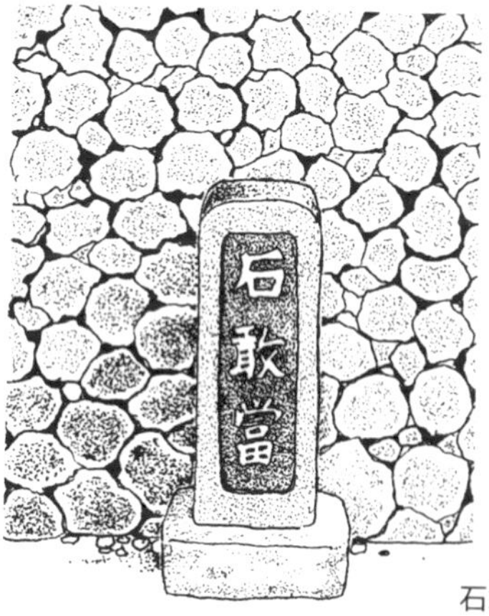

石敢當

板碑（いたび）

為往生的雙親祈求冥福、進行追善，或是為在世者祈福、進行逆修，以石板製作的*供養塔。亦稱板佛、平佛、青石塔婆、板石塔婆等。三角頂部的下方刻了兩條橫線，其下再刻上種子字[6]或佛像、銘文等。目前雖尚無明確起源說法，但根據刻銘多為鎌倉時代至室町時代之物，分布在以東京、埼玉為中心的關東地區，以及四國地區的東部。近世之後已鮮少製作。

板碑

稻荷狐（いなりきつね）

供奉在稻荷神社的狐狸雕像。稻荷神的信仰源自京都伏見的稻荷神社。起初是三峰（御山）與神杉（驗杉）的信仰者最多，後來變成田神，包含

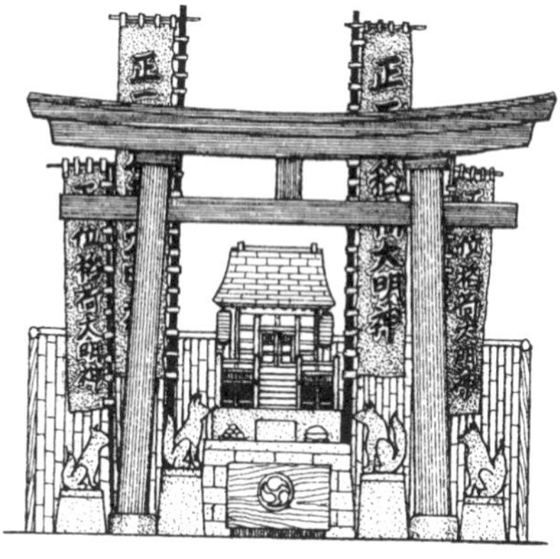
稻荷狐與稻荷神社

附近的田中神社在內，以御食津神成為食物禮儀的中心，如此信仰也普及至民間。稻荷的語源據說是由稻成（inenari）訛變為稻荷（inani）。

　平安時代起，受到真言密教或道教的影響，人們藉由代表田神預兆的狐狸進行附身傳達神諭。這種咒術性的信仰到了進世傳入民間，就連都市也將其視為招福除災之神。而且，江戶時代末期，江戶的町家和商家還有將稻荷神當作屋敷神，將之請入家中的風俗。稻荷神社內供奉石製或陶製的狐狸雕像與赤鳥居。狐狸被視為稻荷神的使者，而鳥居據說源自「通り入る」（通過進入）一詞，具有向神明許的願望會「通じる」（實現）的意涵。

犬張子（いぬはりこ）

　將狗的形象美化、抽象化的張子7-12，犬身繪有梅花、牡丹等圖樣。狗象徵安產、多產，自室町時代就被當作公家產室的*御守（護身符），稱作伽犬或犬筥，將犬形的紙糊筥（盒）擺在枕邊守護產婦。後來民間仿傚做出了犬張子，於江戶時代後期成為嫁妝之一，也被當作雛祭（女兒節）的擺飾。新生兒初次到神社參拜時，親戚也會贈送綁著波浪鼓的犬張子。另外，為防止幼兒鼻塞，以前的人會吊掛罩著鏤空*笊（笊籬）的小型犬張子，在江戶稱作笊被犬，關西稱作東犬。

犬張子　笊被犬

亥子槌（いのこづち）【豬子槌】

　舊曆十月亥日舉行的亥子祭中所使用的藁束（稻草束），亦稱藁鐵砲。因亥（豬）象徵多產，平安時代的貴族會在這一天互贈亥子餅。而將亥神視為*田神、作神的平民，當天會舉行慶祝稻作豐收的收割祭。那是將春天下山的神明送回山中的祭典，大人搗年糕，小孩用新收割的稻草做成亥子槌，繞圈敲打地面。有些地方是用綁*繩的石頭。關東地區是在稱作十日夜的十月十日夜晚舉行。

用稻草做的亥子槌敲打地面，稱作亥子搗

位牌（いはい）【牌位】

　刻上死者戒名、往生年月日的長方形木牌。加上基座，安製於*佛壇，當作供奉死者的象徵物。分為葬禮時放進墳墓的野位牌、擺在家中佛壇的內位牌、放在寺廟供奉的寺位牌。內位牌亦稱本位牌，通常上部有雲形或月形的雕刻並塗漆。還有將數片寫上戒名的小板收在佛龕造型的位牌箱中，待祭祀當日再取出的繰出位牌。

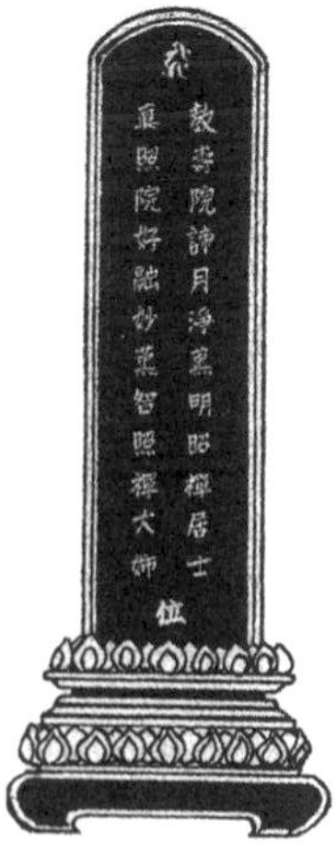

位牌

祝（いわい）バンドリ【祝背墊】

在日本東北、北陸、中部地區有些地方將*蓑或*背中當（背墊）稱作バンドリ（bandori），源於穿起來的樣子像是別名同為バンドリ（bandori）的鼯鼠。在山形縣的庄內地區，將扛嫁妝的人穿的背中當稱為祝ハンドリ（祝背墊）。用禾稈做成U字形的基底，再加上各種裝飾，有許多別具匠心的設計。慣例上會隨嫁妝一起放在婆家。

祝バンドリ（iwaibandori）

祝風呂敷（いわいふろしき）

包覆喜慶儀式禮品的*風呂敷（包巾）。上面通常會拔染9-8或彩繪吉祥的圖案，像是當作供品獻給神明的*熨斗、象徵益發繁盛的檜扇等日本古典圖樣，以及昭告聖君來臨的鳳凰、長命百歲的鶴龜、布滿福德八寶的寶盡、家紋或是寒冬中依然綠意盎然，發芽茁壯的「歲寒三友」松竹梅等。女性出嫁時，包覆嫁妝用的風呂敷亦稱嫁風呂敷。

祝風呂敷

祝棒（いわいぼう）

被視為聖物，用於小正月（元宵）咒術的木棒。以鹽膚木、栗木、柳樹、桑樹、接骨木等製成，形狀多樣，像是不去皮、加上*削掛等。祝棒具有咒力，被當作粥占的粥箸或*粥搔棒，或是祈求多產、拍打女性臀部的孕棒，也用於祈求五穀豐收的成木責或鳥追10。有些地方會將粥搔棒插在苗床或田地的進出水口，祈求驅除害蟲。

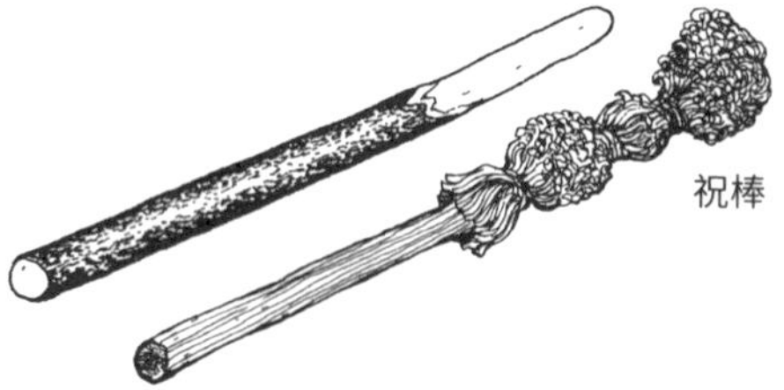

祝棒

岩田帶（いわたおび）【托腹帶】

孕婦在懷孕第五個月的戌之日會進行綁腹，這是用來綁托腹部的*帶。因為犬（戌）代表安產、多產，故選在戌之日。岩田帶這個名稱源自齋肌帶（ihadaobi），「齋」意味著「忌」，所以綁帶的那一天就等於進入產忌期。「岩田」二字則帶有祝福胎兒強壯健康地成長之意。通常是用親戚送的三尺三寸（約一公尺）紅白棉布或二反紅白布等。或是到保佑安產的神社求來岩田帶。此外，神社祭典儀式用的紅白布或丈夫的下帶（*褌）被視為具有特殊力量，有時也用作岩田帶。

岩田帶

魚尾（うおのお）

吊掛或釘在民家屋簷下，驅魔避邪的咒物。在日本，將蟹殼、蝦殼或貝殼、海馬、刺魨、鮪魚、鰤魚、青鯛的尾鰭或胸鰭視為咒物，掛在屋簷下是普遍的風俗，魚尾也是其中一種形式。不只在漁村，山村也看得到。

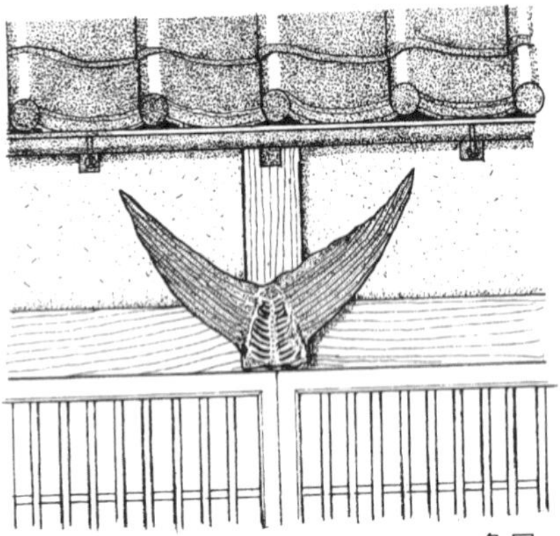
魚尾

鷽（うそ）

用厚朴或柳樹雕刻成鷽形的一種*削掛。鷽（灰雀）是一種類似麻雀的鳥，優美的叫聲聽起來像口哨，被視為*天神樣的使者。據說藉由替換鷽可將一年內說的謊言變成事實，或是將不幸的事全部轉換為好事。福岡縣的太宰府天滿宮於一月七日晚上舉行的鷽替是有名的祭祀活動，參拜者互相交換自己帶去的木製鷽。東京都江東區的龜戶天神社會在一月二四、二十五日舉行初天神，收集去年的舊鷽，讓信眾帶回新鷽。

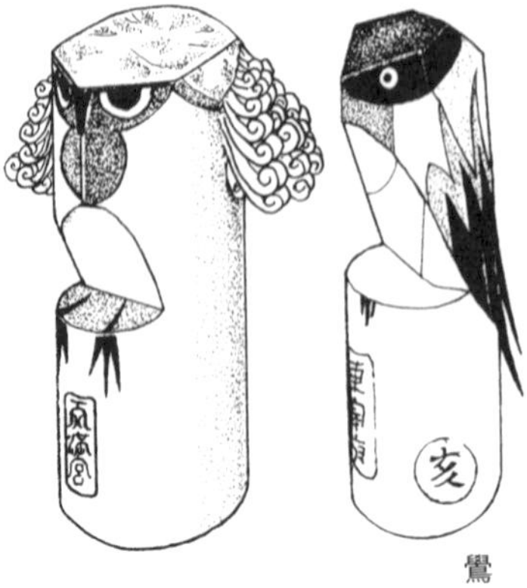
鷽

胞衣著（えなぎ）

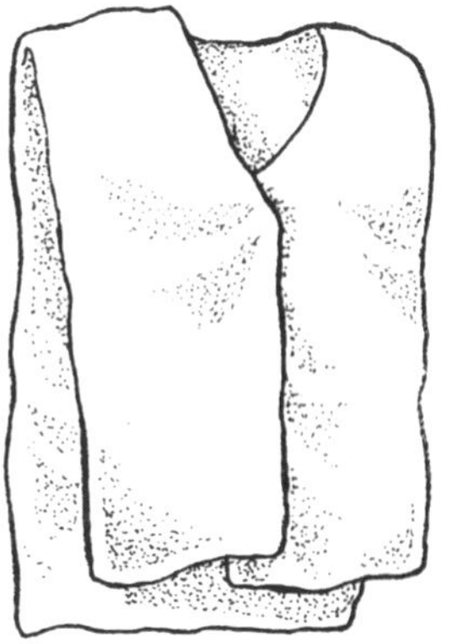

胞衣著

*產著的一種，胎兒一出生穿上的衣服。亦稱引上著物，因為是引上婆（產婆）接生出胎兒後，隨即以白棉布縫成，故得此名。多半無袖無衽，也有平袖、附衽的樣式，有些地方是指新生兒初次參拜時穿著的絹製附領外衣，稱作一身。胞衣著與往生者穿的*帷子在材質、形狀或快速縫製等方面，被認為有某種程度的共通性。

胞衣壺（えなつぼ）【胎盤壺】

埋藏胎兒出生後排出的胞衣（胎盤、羊膜）的*壺。繩文時代的遺跡中已有相關出土物。胞衣被視為胎兒的分身，因此得特別處理。通常埋藏在地板下、出入口的門檻下、墳墓、屋內或山野的吉位等。若是男孩，壺中會放*筆、*墨等物，祈求學業進步；若是女孩，會放針、線等物，祈求縫紉手藝精進。這樣的風俗存在於日本各地。另外，有些地方是放進*桶裡，稱作胞衣桶。

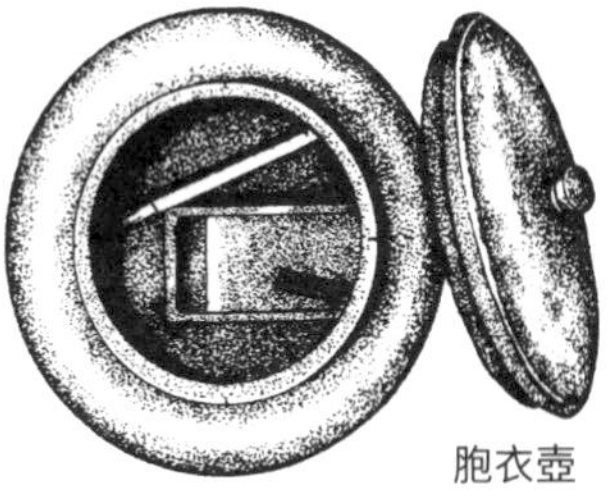

胞衣壺

惠比須（えびす）

來自異鄉、為人們帶來幸福的神。七福神之一，亦寫作惠比壽、夷、戎。7-12形態豐富，有木雕、石雕、張子、陶瓷製、金屬製，或是畫在掛軸上。一手拿*釣竿，一手抱鯛魚的福態相貌深獲民眾好感，受到廣大漁民信仰，全國漁村皆有供奉。也被農民當作*田神信奉，有些地方甚至視為*山神。還被當作市場神，都市的商人認為祂能帶來幸福與利益，在商界也擁有重要地位。

惠比須

惠方棚（えほうだな）

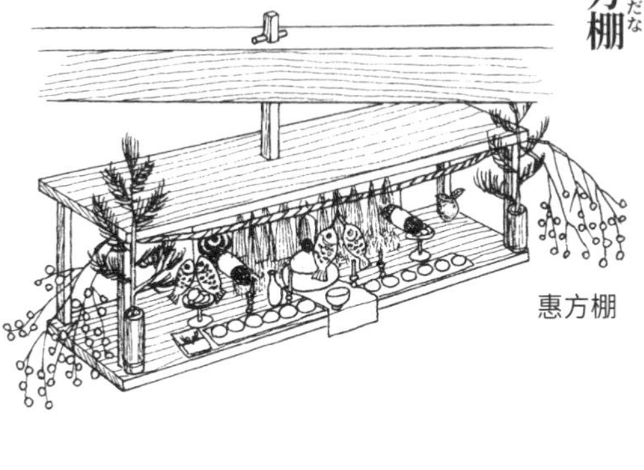

惠方棚

祭祀年神的*棚（棚架），通常是吊掛在起居室或廚房的天花板。用兩塊長方形木板做成底板與上板，在上板中央接軸棒、裝至樑上，讓棚可以旋轉。因為年神每年從不同的惠方（吉位）來，為了朝惠方膜拜，每年都要轉動棚、改變方位。在棚上綁*注連繩，放鏡餅、洗米（饌米）、神酒、鱓（鯷魚乾）、橘子、柿子、昆布等供品，獻上供燈。亦稱歲棚，形式依地方而異，像是設置在*俵上等，也有供奉在臥室或床之間（壁龕）的風俗。

繪馬（えま）

上面繪有圖畫，為向神佛祈願、答謝而獻納的木板，據考證，自奈良時代已存在。小繪馬是繪馬的主流形式，圖案種類繁多，如神佛像、神佛使用之物、與神佛關係深遠的眷屬[7]、神靈的依附物、祭場、祭具、祈願者敬拜的姿態、每年的生肖等。當中最豐富且大宗的是描繪祈願內容的圖畫，人類的煩惱千百種，透過圖畫能夠從中了解祈願者的心情。

小繪馬：祈求子女健康成長

扁額繪馬

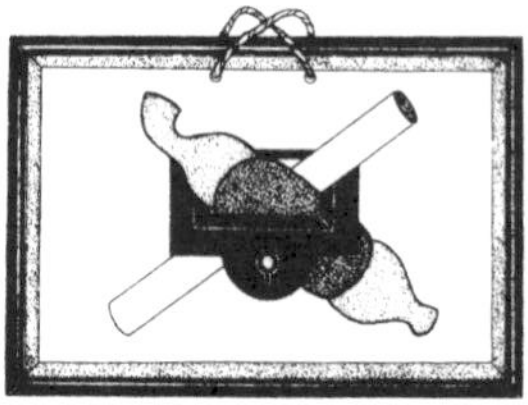
小繪馬：祈求戒菸成功

小繪馬：祈求眼疾痊癒

室町時代出現匾額式的大繪馬；桃山時代變得更豪華、具高度藝術性；江戶時代起，圖案更加多樣，有馬圖、神佛像或其眷屬圖、祈願圖、祭禮圖、參拜圖、武者繪、歌仙繪、船繪馬、藝能圖、物語繪、武道繪、*算額、生業圖、風俗圖、風景圖等。

繪馬的圖案代表著某個想要達成的理想狀態，反應了當時的人們對於生活中大小事追求物質與內心的滿足。

大草鞋（おおわらじ）

為祈求腳疾痊癒或好腳力，獻納給神佛的咒物。製作特大的*草鞋，供奉在對腳疾靈驗的神社或仁王像，這樣的習俗見於日本各地。當中也有鐵板製的草鞋。此外，大草鞋也被視為祛病消災的避邪物掛在村境的樹上，

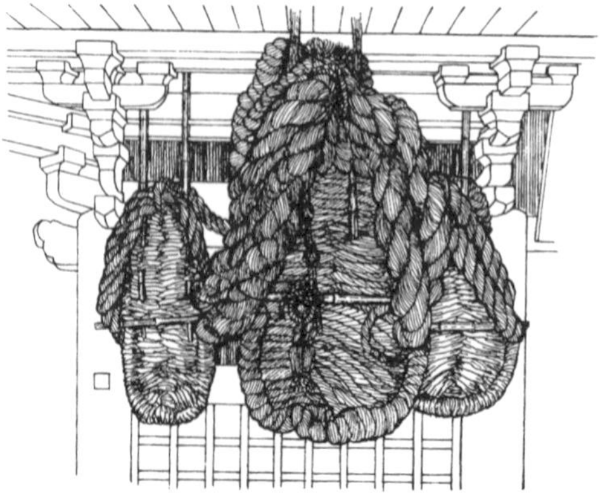
獻納的大草鞋

或是獻納給作為塞神（*道祖神）、安置於村境供奉的庚申像（青面金剛）。藉由其巨大的力量驅除惡靈。

押繪雛（おしえびな）

以押繪[11]做成的*雛人形（雛人偶）。在布中填充棉花縫好，貼在板子或底紙上做成人偶的模樣，再接上竹籤，插在木製或稻草台上，作為雛祭（女兒節）的擺飾。在長野縣的松本地區，曾為士族家庭做來當作慶祝女兒出生的賀禮，也是日後的嫁妝。押繪有花鳥人物等造型，用於*羽子板、裱框、小箱等。

押繪雛

御白樣（おしろさま）

在東北地區被當作養蠶神、農業神、家神信仰的神。通常由村中的望族供奉。多是用桑木做成一對男女的人偶，也有用一根棒子代替的形式。棒子前端雕刻出男女的頭或馬頭，罩上名為おせんたく（osentaku）的布，每年披覆新布。分為從頭包住整身或從頭套入的貫頭衣[2-1]。亦稱作オコナイ様（okonaisama）、オシンメ様（oshinmesama）。

御白樣

男蝶女蝶（おちょうめちょう）

在婚禮或元服禮（冠禮）等喜慶儀式上，夫婦或親子交*盃（杯）時所使用、具折紙裝飾的*銚子。將金紙與紅色奉書紙[12]重疊，下方的奉書紙稍微露出，折成一對代表男（雄）女（雌）的蝴蝶，以紫金牛和松枝裝飾。也有只用白紙折，或是用*水引裝飾的樣式。銚子是用長柄銚子或提銚子。前者多為黃銅製及錫製，後者為塗朱漆或黑漆的漆器。盃通常是用朱漆器。交盃時，由男孩持男蝶、女孩持女蝶斟酒，這對男孩女孩也稱作男蝶女蝶。

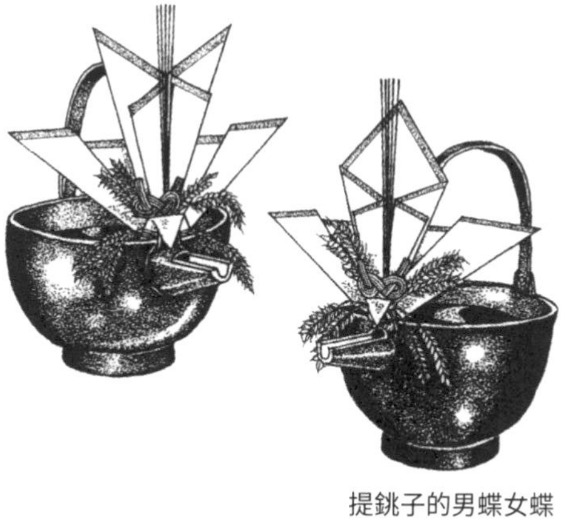
提銚子的男蝶女蝶

御祓解（おはけ）

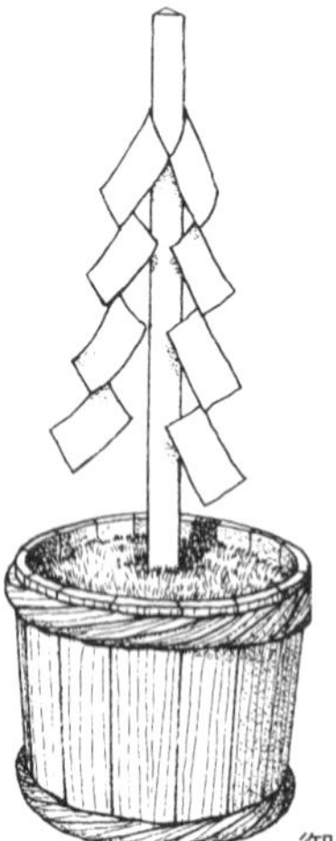

御祓解

進行祭祀時，豎立在頭屋（主祭者）或神主（祭司）家中，讓神靈依附之物。有各種形式，像是在帶葉的大竹上纏繞稻草，再加上在柳枝綁了紙垂[13]做成的小幣，或是用草或土做成土壇，再插上小幣等。應永三十四年（一四二七）的《二所參詣大事》中記載「御祓解即御廟」，所以後來也發展成屋形，稱作御仮屋，成為讓神明寄宿的御廟。

御札（おふだ）【神符】

由神社或寺院授與、尺寸略大的護符。安置於*神棚（神龕）或*佛壇，或是貼在門口或柱子上。有木札與紙札、字札與繪札的分類，字札上寫寺社名、神佛名、種子字[6]、真言，或是防火鎮火、免於竊盜意外等效用。繪札通常是畫*大黑、*惠比須、元三大師等神佛像、弘法大師等名僧，或是鴿子、烏鴉、狐狸等神使或眷屬[7]。另外，也有記錄祓禊（消災儀式）或唸經次數的御札。

御札

御守（おまもり）【護身符】

神社或寺院授與的小型護符，用於護身或消災解厄。將御守隨身攜帶，像是放在身上、縫在衣物上、掛在頸上或吊在腰間等。上面有神佛名、種子字[6]、急急如律令等特殊文字或記號。有時也會將木片或樹葉當作御守，被視為具有超自然的靈力。此外，也有山伏[2-30]或祈禱師自創的樣式。

御守

御神籤（おみくじ）

向神佛祈願，用於決定事情或占卜吉凶的籤。根據抽到的數字拿籤，以上面記載的吉凶判斷或和歌占卜個人運勢。分為大吉、吉、中吉、小吉、

御神籤

凶，或更細分至大凶、末吉、末小吉。吉籤當作護身符帶回，凶籤以非慣用手綁在神社境內的樹上藉以消災。

餓鬼棚（がきだな）【施孤棚】

盂蘭盆節時設在門口、緣廊、土間、屋簷下等處的一種精靈棚（*盆棚）。因生前罪孽淪落餓鬼道、必須忍受無止盡飢渴折磨的亡靈，或是無人供養的往生者會妨礙祭祖，於是特別設置祭祀餓鬼的*棚（棚架）。形態多樣，像是以四根一年竹架設的棚、釘木椿的板棚、吊棚，或是用*箕、篩、*籠等。餓鬼亦稱無緣佛[14]，餓鬼棚即為無緣棚。

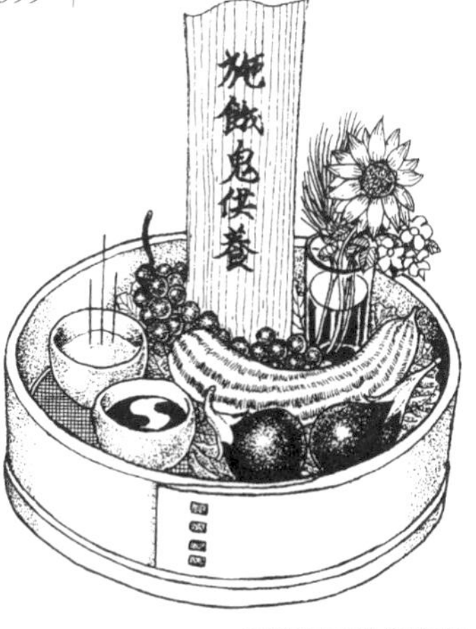

用篩設置的餓鬼棚

過去帳（かこちょう）

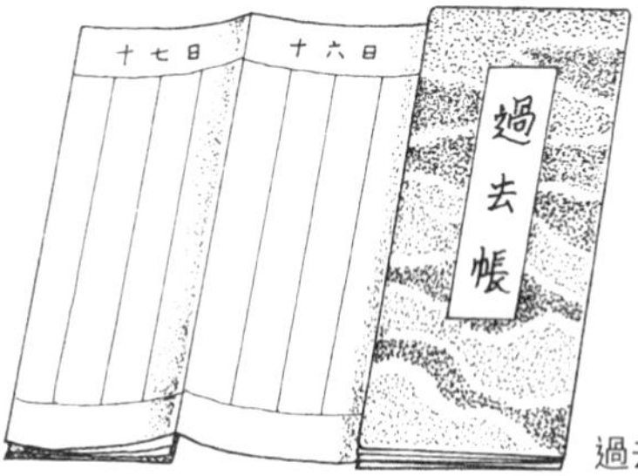

過去帳

記載往生者的戒名或法名、往生的年月日、俗名、與戶長的關係、享年等資料的簿冊。各家將此物供奉於*佛壇，在往生者忌日當天，持此物進行迴向。在檀那寺[15]是為檀家迴向的台帳，分為每年加寫使用的，以及每逢檀家忌日時，在早晚的勤行（修行）進行迴向的形式。過去帳的原形是比叡山的圓仁[16]記錄結眾者姓名的結眾名簿。

形代（かたしろ）【替身】

祭祀神明時，替代神靈之物。亦指當作人類替身的人形（hitogata）。藉由拿形代撫觸身體或吹氣，轉移罪孽、穢氣或災禍，最後流放至河川等處。自平安時代起，宮中每個月都會由陰陽師用人形進行七瀨祓[17]。*流雛正是源自三月第一個巳日（三月初三）舉行的上巳祓。另外，因為會用來撫觸身體，又稱撫物，或人形。

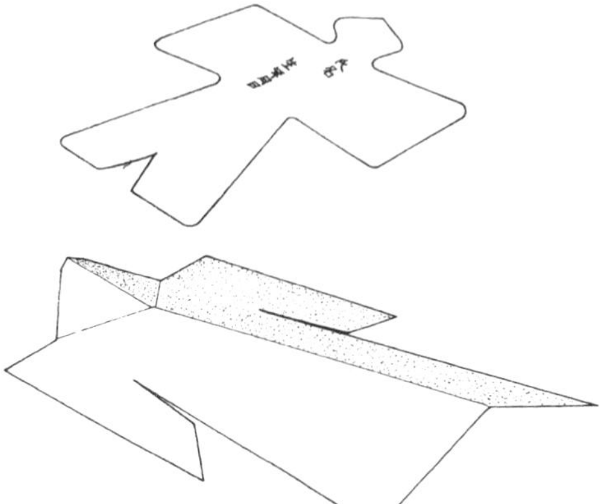
形代

門入道（かどにゅうどう）

小正月（元宵）時為了消除災病、驅魔避邪，而立在家門口的男女人

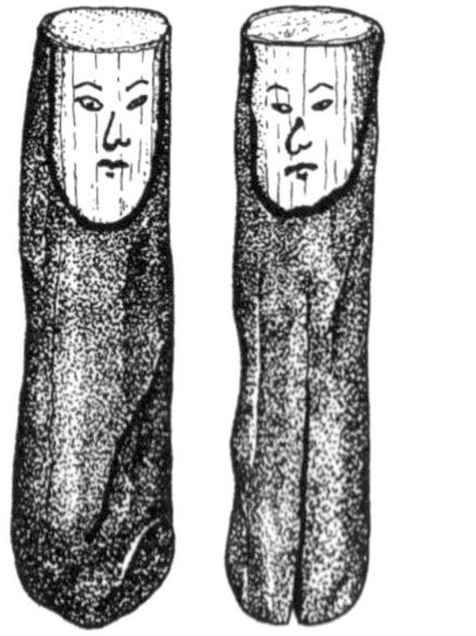
門入道

偶。分布於關東西部至日本中部地區，亦稱門男、カドノドウジン（kadonodoujin）、オッカド（okkado）。將直徑約一〇公分的鹽膚木切成長一五～二〇公分，去皮後用墨水畫上臉，或是切成長五〇公分左右，在表皮削出眼、鼻、口等。於正月十九日放進*圍爐裏（地爐）焚燒或獻納給*道祖神。因為是各家自製且立在門口，故稱為門入道，不過在村莊舉行儀式活動時，也會在十字路口、村境或道祖神前立人偶。

門松（かどまつ）

新年立在門口的松樹，有些地方稱作御松樣或門神樣。通常在十二月十三日的事始或年末，人們會到山中伐松為過年做準備，稱作「迎松」。門松被當作正月樣（歲神）的依附物，過去是在門口豎立大松，根部有堆成圓錐形的砂堆。如今在門口的柱子裝一對門松是都市的新風潮。除了松樹，也會使用竹、榊（紅淡比）、橡木、山茶、栗木、白花八角等常綠植物。有些地區不立門松。

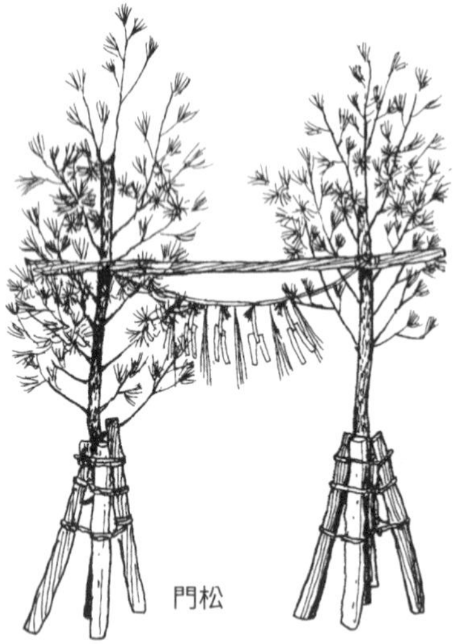
門松

鼎（かなえ）

即金瓮，原為烹煮食物的金屬製容器。一般有三根支腳，故亦稱足鼎。沒有立腳的稱作丸鼎。在中國古代用於炊事，後來變成烹煮獻神牲禮的祭器。而在日本，自古用於烹調神饌或給佛的供品，或作為獻供的容器。另外，設於宮中或將軍家大奧的御湯殿也稱作鼎殿。

鼎

竈神（かまどがみ）【灶神】

以*竈（灶）為中心，供奉在家中火源處的神。廣見於東北地區至沖繩的都市或農村。亦稱荒神樣，還有御釜樣、釜男、火神、ドックサン

竈神

（dokkusan）等。通常是在竈附近設置*神棚（神龕）供奉神札或幣束，東北的陸前地區（宮城縣）新居落成時，會請木工或水泥匠做木製或土製的大面具掛在竈前。近畿地區將荒神視為竈神，在竈的大釜上立荒神松祭拜。沖繩人是從海邊撿來三塊石頭，當作竈神的神體供奉在灶邊。

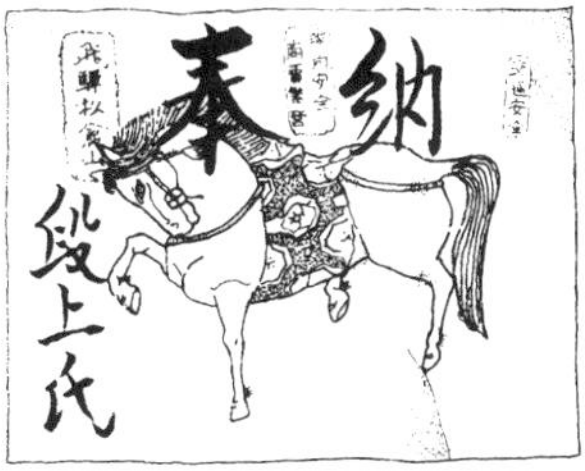

紙繪馬：御幣馬

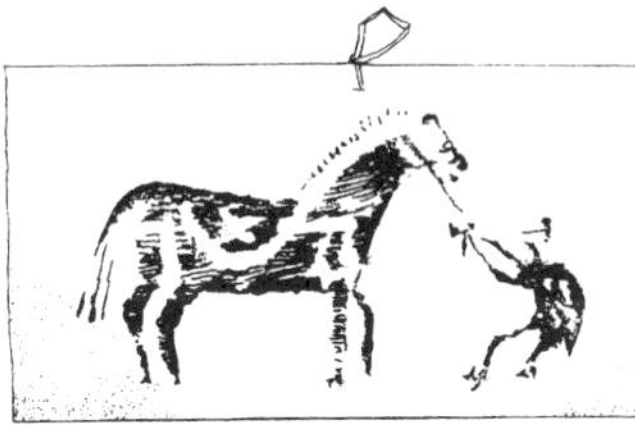
紙繪馬：河童拉駒

紙繪馬（かみえま）

畫在和紙上的*繪馬。岐阜縣飛驒高山的繪馬很有名，每年八月九、十日（舊曆七月）為了獻納給松倉山的馬頭觀音會舉辦繪馬市。因為是產馬地區，所以人們會祈求馬匹安泰，這裡同時是養蠶地區，由於蠶馬之間的關連[18]，也會祈求養蠶業的繁榮。背上馱*御幣或*千兩箱、米俵等吉祥物，雄糾糾氣昂昂的馬匹看來活靈活現。

神棚（かみだな）【神龕】

設於各家屋內，用於供奉神祇的分靈或神札，在家中進行祭祀的*棚（棚架）。分為設在客廳或客間等接待客人的「晴」場所，以及設在*圍爐裏（地爐）邊端或廚房等私生活的「褻」空間。原本並不是讓包含祖靈在內的神常住之處，只有祭祀時才會降臨，但佛教擴展開來後，開始設立佛壇，進行祭祀分立，後來隨著伊勢信仰的普及而有了神棚。

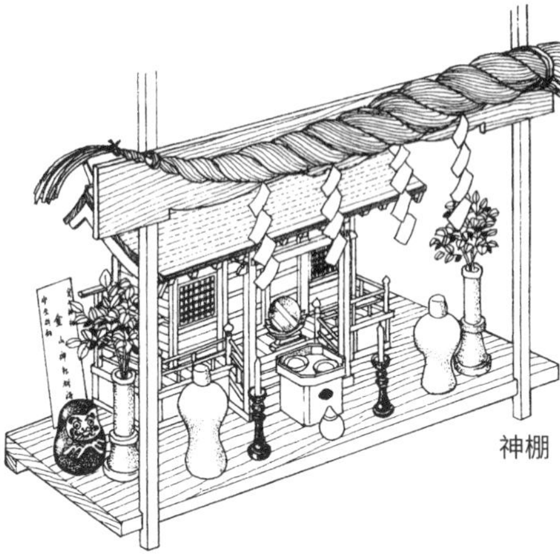
神棚

甕棺（かめかん）

收納遺骸進行土葬的甕形土器，壺形的稱作壺棺。在九州、四國等部分地區，直到近代仍有使用陶甕。回溯至繩文時代，當時多是用來埋藏小孩或嬰兒。東北地區挖掘出屬於繩文時代後期、納入成人遺骨的*甕與*壺。彌生時代前期末出現了成人用的大型甕棺。由此可知，後來變成配合被葬者而使用不同大小的甕。

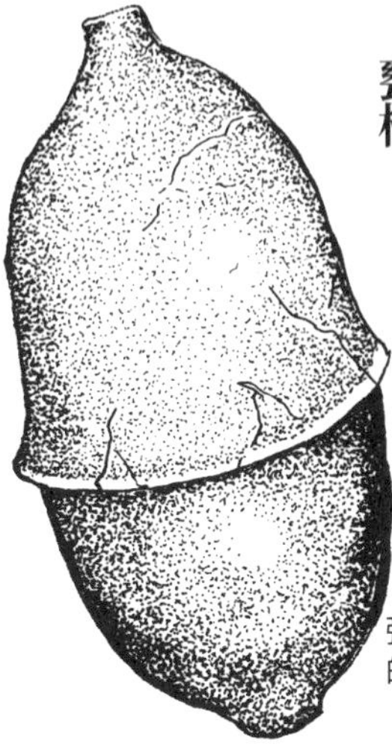
彌生時代的甕棺

仮面（かめん）【面具】

舞樂面

能面・翁

阿龜

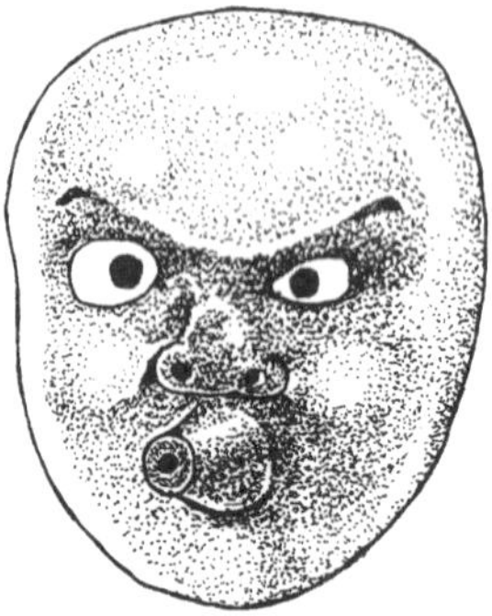

火男

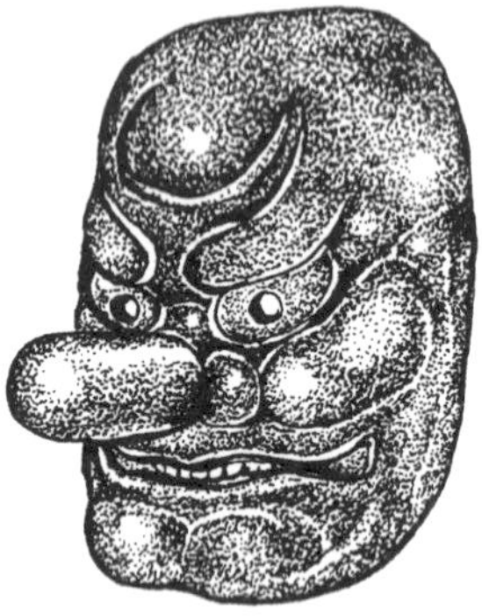

天狗

鬼

用於宗教儀式的變裝，仿造人類或動物的臉製成之物。形式多樣，有木製、土製、紙製、布製等。從原始時代的土面到古代的伎樂面、舞樂面、行道面，中世時期的能面、狂言面和民俗表演的神樂面，以及民間的鬼、天狗、老人、阿龜、火男等，變化相當豐富。每種都具有咒術意涵，戴上面具變身為諸神諸佛。還有狐狸或猿猴的動物面具、桃太郎和金太郎等故事主角的面具等，這些便宜的紙面具是孩童玩變身遊戲的玩具。明治時代中期後出現了賽璐珞材質，市面上也推出鞍馬天狗、月光假面等反映時代變化的各種英雄面具，在節日、祭典的攤販頗受歡迎。

粥搔棒（かゆかきぼう）

小正月（元宵）時，進行占卜一年豐凶（豐收或欠收）的粥占所用的棒子。亦稱粥棒、粥箸，將鹽膚木等前端有裂縫的樹枝放入煮好的粥內攪拌，從附著於裂縫的粥粒數量判斷吉凶。還有一個方法是將細竹管依作物的數量

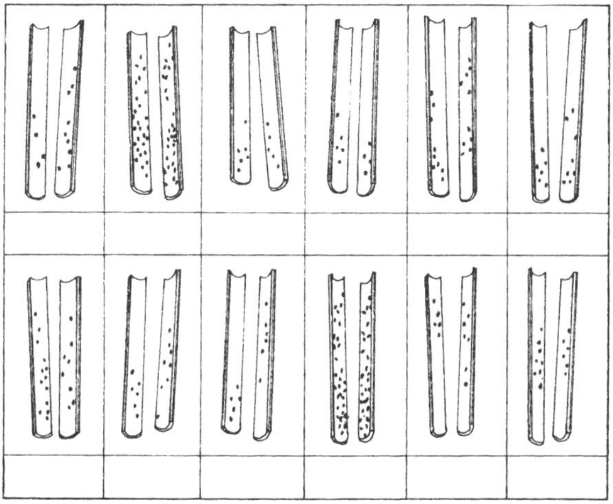

用竹管進行粥占

粥搖棒

放入粥內，從進入竹管內的粥粒或紅豆數量占卜豐凶，亦稱作筒粥神事。

烏團扇（からすうちわ）

正面畫烏鴉、背面畫*鳥居，被視為吉祥物的*團扇。東京都府中市的大國魂神社在每年七月二十日會舉行李祭，因為當天會授與烏團扇而廣為人知。原是當作驅除田中害蟲的護符，後來也變成插在入口屋簷下的除災咒具。也有折扇式的烏扇。另外，現在的李祭會供奉李子與小米飯，不過以前是在土用（立夏前十八天）初日舉行土用神事，祈求夏季疾病痊癒。

烏團扇

烏扇

龕（がん）

送葬時，將納入遺骸的棺木運往墓地的*輿（轎）。由四人扛轅搬運，有簡單的素木款式，也有加上鮮豔裝飾的樣式，龕頂上有寶珠。龕原本是指設在佛寺塔下的小室，因為會供奉佛像，故轉變為*廚子、*佛壇之意。村

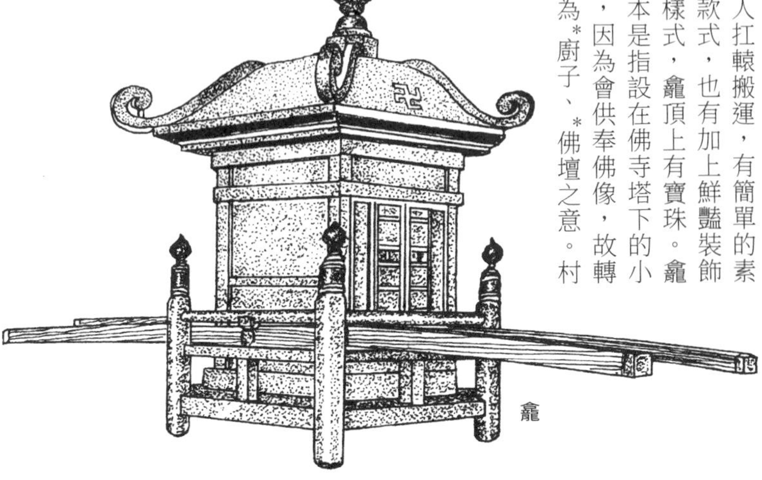

龕

中的共同墓通常有龕小屋，那裡除了龕，還收納了送葬隊伍使用的各種用具。有些地方也會將棺稱作龕。

棺桶（かんおけ）

埋葬往生者時，裝遺骸的*桶。以前一有人過世，就會立刻請桶屋製作，故亦稱早桶。結桶做的棺是近世之後才出現的產物，古墳時代以後已有石棺、*甕棺、木棺等，形態多樣。多為座棺，將往生者手腳彎曲放入棺內。生前腳不方便且事先交待者或富有的人多使用寢棺，如今寢棺已變得普遍。

棺桶

勸請繩（かんじょうなわ）

為避免異界惡靈入侵，綁在村莊出入口的大繩。通常是綁在進入村莊的道路兩側的大樹，拉開繩子，使繩橫跨道路。繩子中央插幣（御手座），接上寫有祈禱文的勸請板。或是依月份吊掛等量的爬藤植物葉子或各種農具的*雛形（雛型），有時也會綁篩或*箕。因為看起來像蛇，有些地方稱作蛇綱。以滋賀、奈良、京都為中心，普遍見於近畿地區。

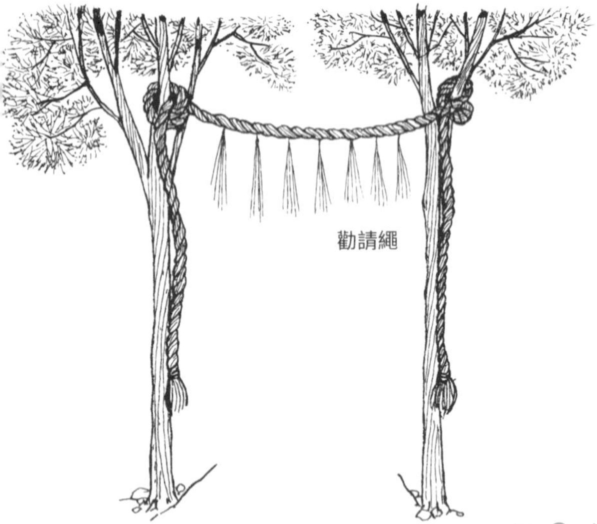
勸請繩

勸請箱（かんじょうばこ）

迎請神靈或佛靈所用的箱，亦稱神箱或筥。除了唐櫃形式，多為神殿形，大小依安置場所而異。安置在*神棚（神龕）、*神輿（神轎）或小宮。材料通常是檜木或杉木。

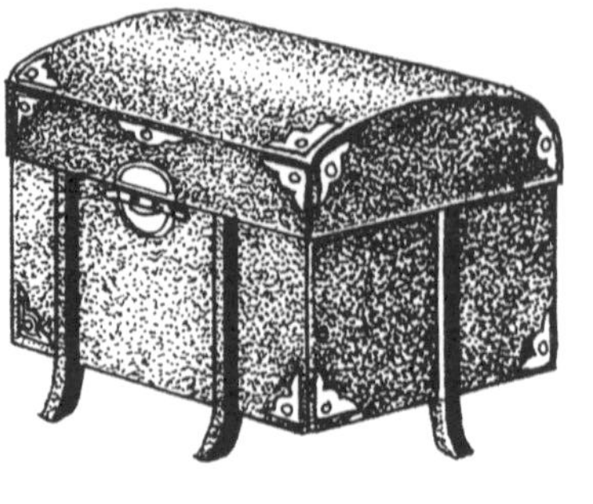
勸請箱

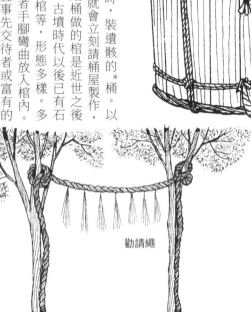

勸請帳（かんじょうちょう）

勸請帳

亦稱勸化帳，記錄用於建造或修復神社佛閣的社殿、佛像或鐘等物的募款之卷軸或帳簿。寫出建造或修復的理由，後述參與此項活動，即能夠獲得現生利益或往生淨土。有記錄結緣者姓名的交名帳，也有記錄名字或財物名稱及數量的奉加帳。能劇的《安宅》、歌舞伎的《勸進帳》中都有出現變裝為山伏[2-30]的弁慶朗讀假勸進帳的場景。

祈願石（きがんいし）

象徵靈魂，在許願時獻納給神佛的石頭。古時就有為了祈願獻上自己的靈魂，而在神社拜殿或鳥居供奉小石的風俗。京都嵯峨的車折神社、高知縣室戶的金剛寺至今依然盛行在石頭上寫許願文獻納。另外還有下述的風俗，耳朵不好的人會在扁平的圓石上鑽孔做成耳石，獻納給對改善耳疾有幫助的神佛。

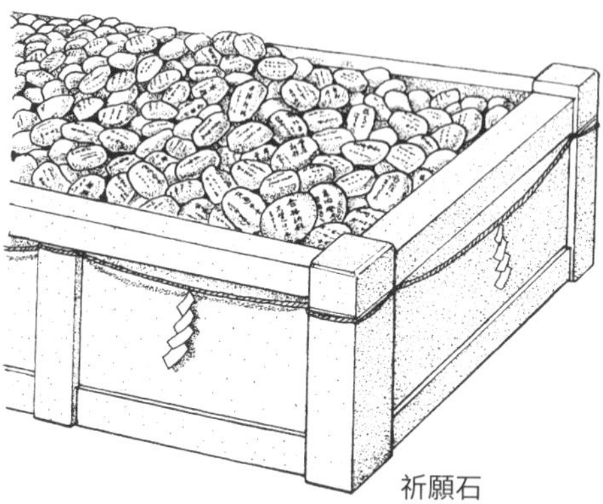
祈願石

切紙（きりがみ）【剪紙】

以*鋏（剪）或小刀切割出圖畫或圖案，用於祭典或新年的紙藝裝飾。進行祭神活動神樂的舞殿，圍在中央天蓋（*白蓋）四周的剪紙最精緻多樣。圖案依神樂曲目而異，有四季的花鳥風月或馬、鹿、五行的金木水火土等。新年與七夕的裝飾也會使用切紙。

此外，將奉書紙[12]等沿著折線剪開，以及寫在半切紙上的證書等亦稱作切紙。

切紙

食初膳（くいぞめぜん）

食初是指新生兒出生後一百天左右，舉行的初次與成人吃相同食物的進食儀式，食初膳即為儀式上使用的*膳。紅豆飯加整條魚，由產婆餵新生兒進食，只吃一粒飯也可以。此時是用母親娘家贈送的膳、*茶碗、*箸（筷）等食器。膳的形式依時代、地方而異，有挽物[19]膳、四腳膳、*箱膳等。有時也會在飯上擺一顆小石，讓新生兒舔石，藉以祈求孩子健康強壯。

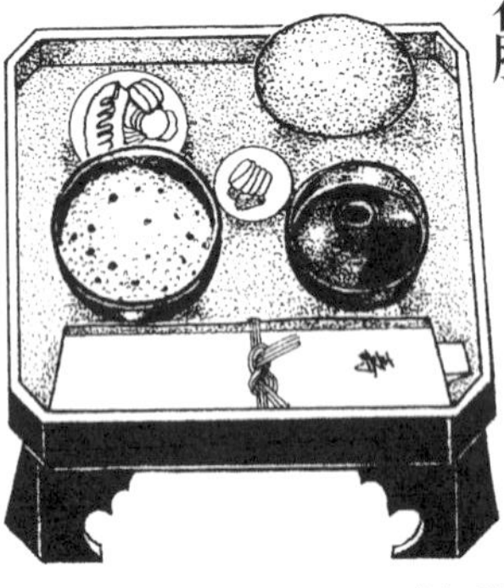

食初膳

括猿（くくりざる）

仿造用於祈求育兒、農耕、家宅平安等的咒具的猿。人類的近親猿猴自古就被視為神聖的存在，還有山王（日吉神社）的神使之說，庚申的申也成為庚申樣的象徵。將紅色四角布塞棉縫合，抓起當作腳的四角收攏綁好，再用另一塊白布塞棉縫成圓球當作頭。除了庚申樣，與猿猴有關的神社寺院都會授與括猿，通常是吊掛在屋簷，當成家的護符。

括猿

供養塔（くようとう）

為將功德獻給佛、法、僧三寶或師長、父母等往生者而建造的塔。範圍廣泛，像是招集多位僧侶舉行法會的千僧供養、將佛像或佛畫安置於堂宇入魂的開眼供養、念佛誦德的念佛供養、為往生者行善祈求冥福的追善供養，以及撫慰器物、動物或草木之靈的供養等，形式有*板碑、*五輪塔、千本供養塔，依供養對象還分為草木供養塔、鯨供養塔等。

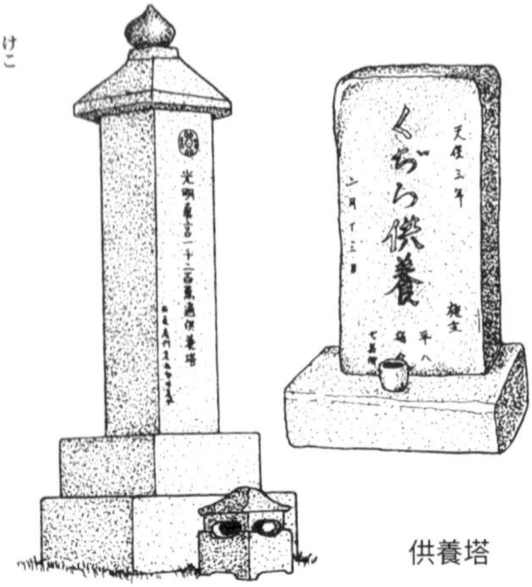

供養塔

華籠（けこ）

裝花的容器，用於供佛的獻花，亦寫作華筥。起初是實用的竹籠，後來開始講究裝飾性。有竹製、木製、金屬製、紙胎製等。正倉院收藏了竹製與銅線串珠玉的樣式，奈良時代還有鋪綾絹的竹編品。鎌倉時代出現了鏤空雕刻的銅製品加上金銀鍍金，以及塗漆紙胎等富有裝飾性的器物。

華籠

削掛（けずりかけ）

小正月（元宵）的裝飾物之一。將野漆、胡桃木、柳樹、鹽膚木等軟木的表層削薄，使其皺縮成花穗，放在家門口或*神棚（神龕）等處。亦稱削花、穗垂，被視為神靈的依附物，作為咒物使用，祈求作物如花盛開般豐收。有削成三層、五層、一二層、一六層等數層，以及花蕊長垂的樣式。也被當作祈求新娘懷孕的*祝棒。另外，阿伊努族舉行祭典儀式時，獻神用的木幣可說是最豐富多樣的削掛。

削掛

庚申塔（こうしんとう）

為了庚申供養而建造的*供養塔。所謂的庚申年是指干支紀年法中天干之庚與地支之申搭配在一起的年份，通常會在庚申年舉行盛大的供養並建塔。室町時代民間成立庚申講的組織，進行庚申待[20]，開始建造供養塔。庚申塔有刻上「庚申」二字的天然石，或是將庚申雕刻成青面金剛像（佛教）、繪成猿田彥神的畫像（神道），有些地方將其視為農神、蠶神信仰。

庚申塔

香爐（こうろ）

焚香器具。有金屬製、陶瓷製、木製漆器、玉製，主要分為三種，放在佛前或佛壇使用的居香爐（置香爐）、有長柄可拿著移動的柄香爐以及用長繩吊掛的釣香爐。各自施以雲形或蓮

香爐

花的鏤空雕刻，居香爐有加寶珠或*狛犬的爐蓋。喪禮用的香爐是在四方形箱子的一半放香，另一半放火種或板線香，上香時捻香焚燒。

蠶影樣（こかげさま）

養蠶業的守護神。在關東至中部地區的養蠶地帶普遍為人信仰。蠶影的本社是茨城縣筑波市的蠶影神社，各地皆有分祀的神社。根據養蠶起源傳說的描述，從前有個受到後母欺負的金色姬，搭乘桑木做的空穗船漂流至常陸國（茨城縣），其靈魂變成蠶，因此蠶神多是手持桑枝的女神像。在信仰興盛之處會成立稱為蠶影講的組織，固定派人前往本社參拜帶回御札（神符）。

蠶影樣

五月幟（ごがつのぼり）

五月端午立在門前的旗幟，分為鯉幟與武者幟。由於五月是插秧之月，女祭司負責舉行增殖穀靈的田植神事，將驅邪的菖蒲插在屋簷，並將菖蒲綁在頭上、泡菖蒲澡淨身，過去屬於「女節句」。江戶時代中期起逐漸變成「男節句」，又因菖蒲的日語發音與「勝負」相同，於是人們開始豎立象徵鯉躍龍門的鯉幟。綁鯉幟的柱子原是迎接季節神的卯月（舊曆四月）

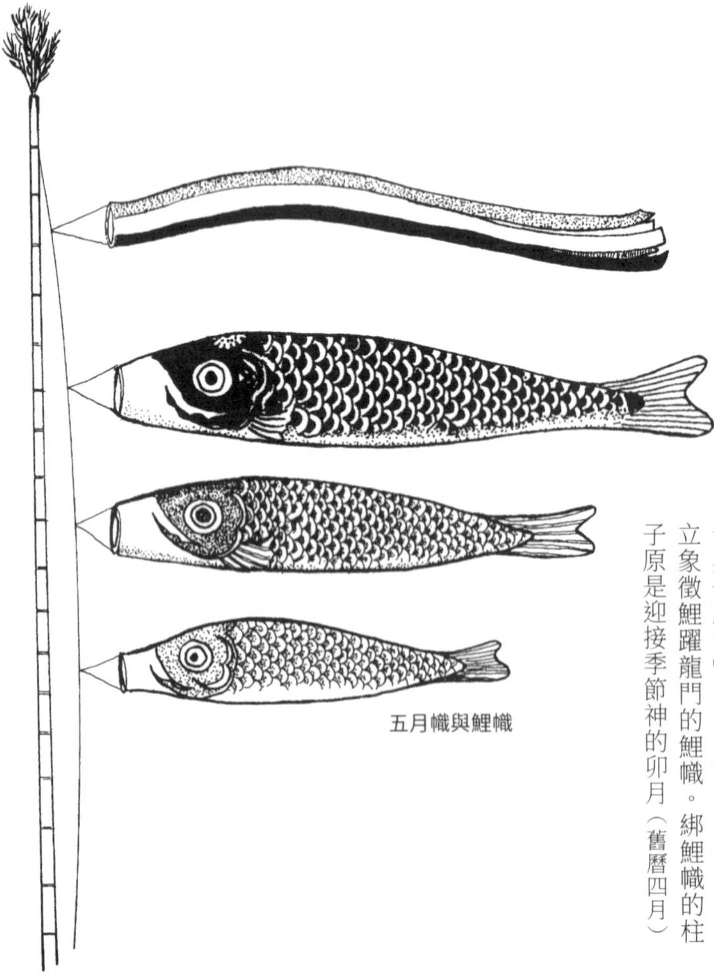

五月幟與鯉幟

八日的天道花[21]。上部的五色吹流原是驅除邪氣的續命縷，即藥玉的五色線。此外，菖蒲亦音同「尚武」，所以也有擺*武者人形裝飾的習慣。同時也會豎立拔染[9-8]武者或鯉魚登瀑圖樣的武者幟、驅魔的鍾馗幟等。還有座敷飾的風俗，將武者人偶和鯉幟、武者幟一起擺出來裝飾。

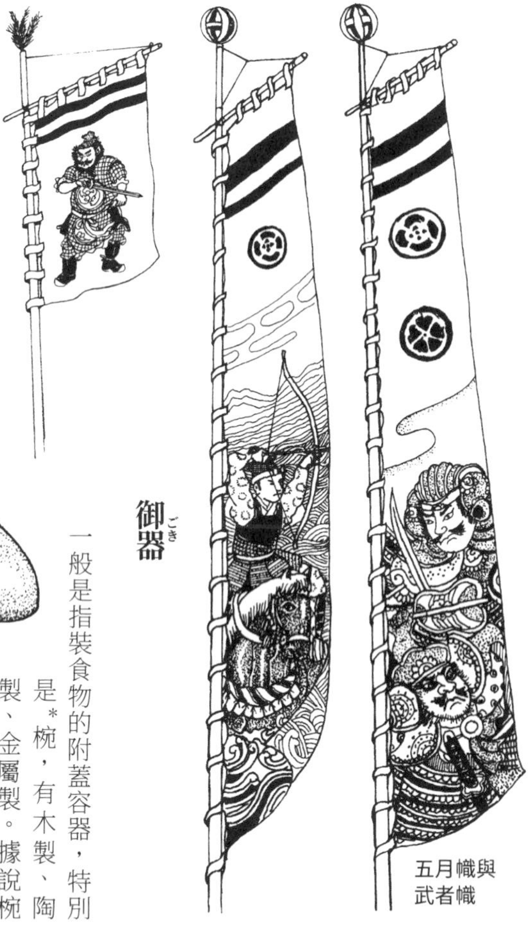
五月幟與武者幟

御器（ごき）

一般是指裝食物的附蓋容器，特別是*椀，有木製、陶製、金屬製。據說椀被稱作御器的緣由是合器（合子）。合器即附蓋的椀，主要用於婚喪喜慶等特殊場合。另外，供佛的食器椀亦稱御器。日語的蟑螂（gokiburi）是由御器嚙（gokikaburi）轉變而來，意思是咬御器的蟲。

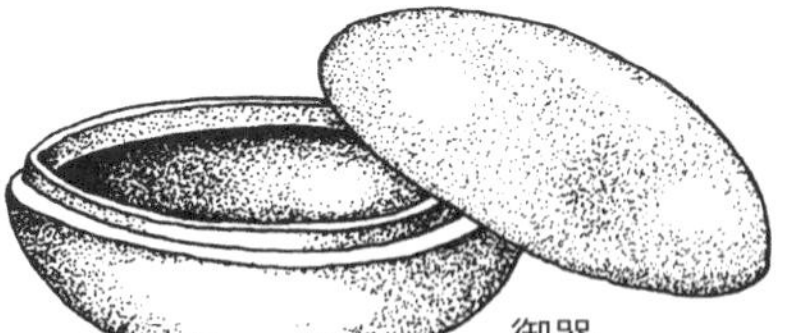
御器

後生車（ごしょうぐるま）

為死者祈求冥福及來世安樂的一種塔婆。在木製或石製方柱嵌入用木或鐵、石做的輪子，旋轉輪子進行祈願。亦讀作「ごしょぐるま」（goshoguruma），還有念佛車、願掛車、菩提車、輪迴車等稱呼。

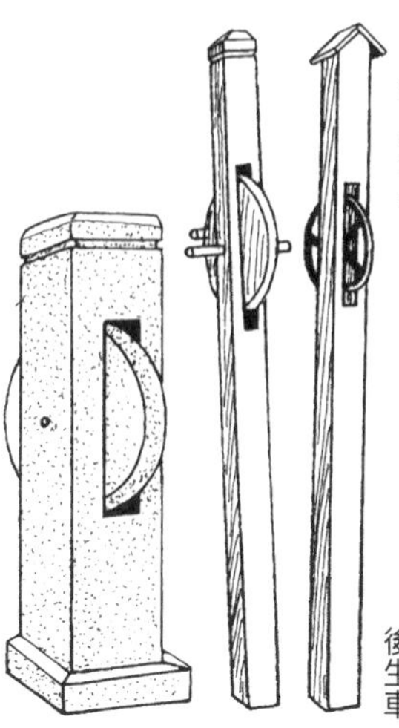
後生車

骨壺（こつつぼ）【骨灰罈】

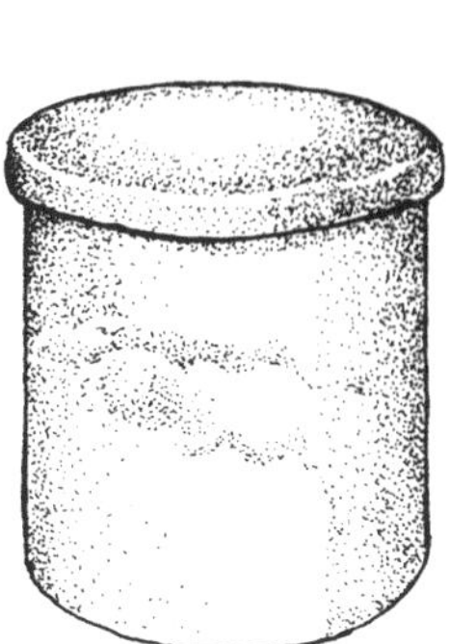
骨壺

納入火葬遺骨的陶瓷壺。中世時期是用陶製羽釜等當作藏骨容器，火葬變得普遍後，多是用陶瓷器製品。由本體與蓋子構成，通常會施以白釉。一般是直徑二五公分、高約三〇公分。也有分骨[22]用的小型樣式。另外還有大型的*甕，稱作骨甕。

護符（ごふ）

護符

藉由神佛的守護防止災厄、疾病苦難的咒符。畫上神佛的姿態或寫上名稱、經文、咒文、種子字[6]或符號等，用法有泡水喝、隨身攜帶、貼在門口或柱子上、安置於*神棚（神龕）或*佛壇等。泡水喝的護符多用於生病或身體不適的情況。隨身攜帶的護符稱作*御守（護身符），貼或安置的護符稱作*御札。變舊的護符通常會拿到神社寺院焚燒處理。

御幣（ごへい）

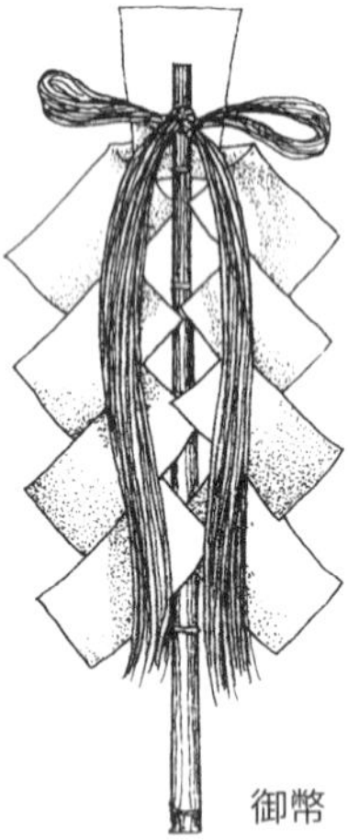
御幣

幣帛的一種，原是獻納給神明的御手座，被視為神靈的依附物，也被當作祓具。古時是用布帛，後來變成用竹或木製的幣串夾住金銀或白色、五色的紙獻呈。原是用四方形的紙，之後變成在兩側接上紙垂[13]。紙垂的形狀依流派而異，如伊勢流、白川流、吉田流等。

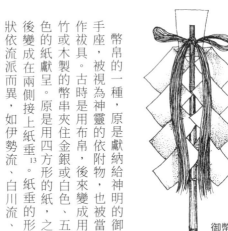

狛犬（こまいぬ）

建於神社的社殿前或參道等處的獅子像，亦寫作高麗犬。多為石製，也有銅製、鐵製、木製、陶製。雌雄一對，有時其中一隻有長角。通常是一隻張嘴、另一隻閉嘴的「阿吽」[23]形態，也有兩隻都張嘴的形態。因為是在中國唐朝時傳入日本，亦稱唐獅子。具有驅邪避魔，守護神明的作用。

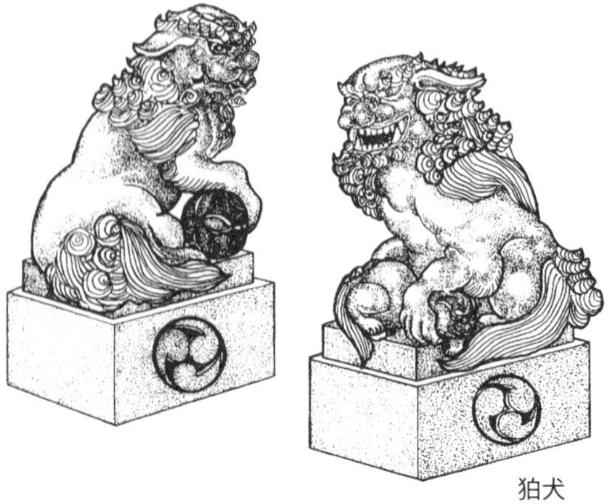
狛犬

護摩木（ごまぎ）

護摩修行時焚燒的木條。焚燒護摩（火供）是密教的重要儀式。設置護摩壇，在中央生火，淨化周圍，召喚不

護摩木

動明王，也就是愛染明王。將依規定大小切好的護摩木堆積燃燒，再將另外準備的護摩木、五穀、五香等當作供品，邊投入火中邊吟誦真言，供養現身的本尊。據說這麼做能夠從本尊身上獲得力量，達成施主的願望。

五輪塔（ごりんとう）

用五個石頭堆疊而成的塔，各自代表密宗五大的空、風、火、水、地。由上而下依序是寶珠形的空、半球的風、三角的火、球形的火與方形的地。據說這是構成世界的五大要素，塔形是大日如來的象徵。平安時代後期以後，變成往生者的供養塔、墓塔或舍利容器等，中世時期後半開始，以畿內為中心，用一個石頭做成的小型一石五輪塔也變多了。

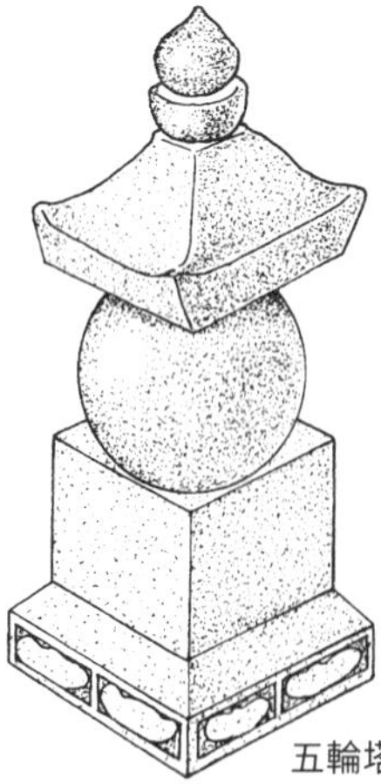
五輪塔

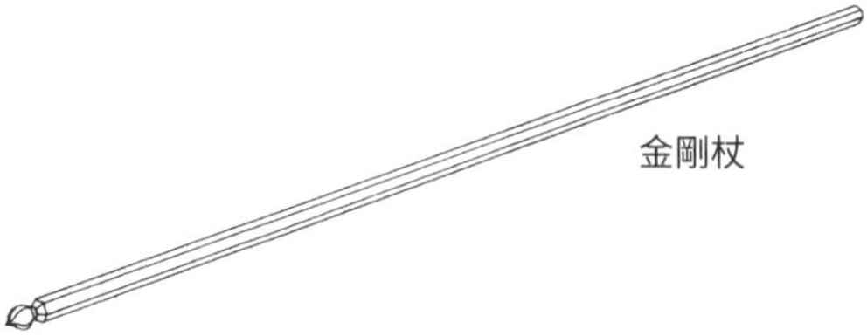
金剛杖

金剛杖（こんごうづえ）

山伏[2-30]進行山岳抖藪[24]時拿的*杖。引導的先達是拿檜杖，初次入山的新客是拿擔杖，而金剛仗是入山兩次以上的度眾所拿的杖。在民間，即將成年者初登靈山或巡拜靈場[1-51]用的杖，一般稱為金剛杖。金剛杖被當作驅除惡靈、守護佛法、利益眾生之物。通常是將櫟木削整為八角或四角形，長度做得比平常用的杖長。

金精樣（こんせいさま）

仿造男性生殖器的性神之一。據說對生殖力、夫妻圓滿、結緣、生產、性病等有效。以木、石、陶器、金屬等製作，供奉於*祠中或獻納。原形是繩文時代的石棒。被視為是塞神、*道祖神信仰。亦稱作金精大明神或金精權現[25]，主要見於東北地區。另外，人們也會將偶然類似生殖器的自然物視為信仰對象。

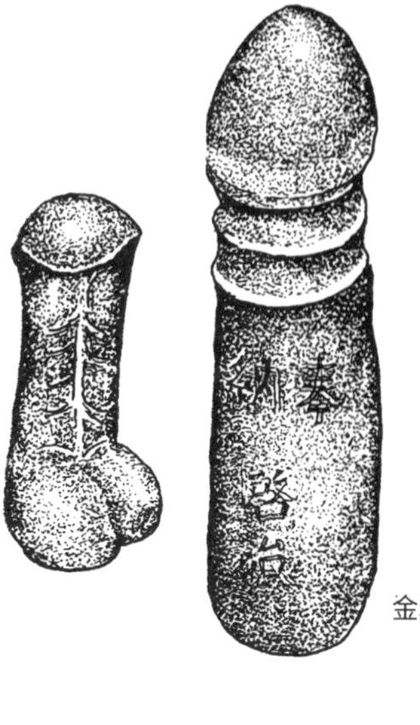
金精樣

金毘羅樽（こんぴらだる）

金毘羅樽

金毘羅神是廣受信仰的海上安全守護神，讚岐（香川縣）琴平的金刀比羅宮會將裝有初穗料[26]的*樽流放至大海，亦稱流樽。住在遠方的人或在瀨戶內海航行的人，會將賽錢（香油錢）或初穗料裝入酒樽，插上「奉納金毘羅大權現」的旗幟投入海中，而在附近航行的漁船就會撈起酒樽代運至金毘羅本社。這是金毘羅獨有的代參（代替參拜）方式。

賽錢箱（さいせんばこ）【香油錢箱】

讓參拜者獻納賽錢（香油錢）給神佛的箱子。賽錢原是撒在神前的米，稱為散米，或是將洗過的米用紙包覆的御捻。中世後期之後，隨著貨幣的普及，庶民也紛紛前往外地的神社寺院參拜，獻納錢的散錢便取代了米。天文年間（一五三二～五五）於鶴岡八幡宮社殿前放置的散錢櫃是最早的賽錢箱。江戶時代後散錢改稱為賽錢。

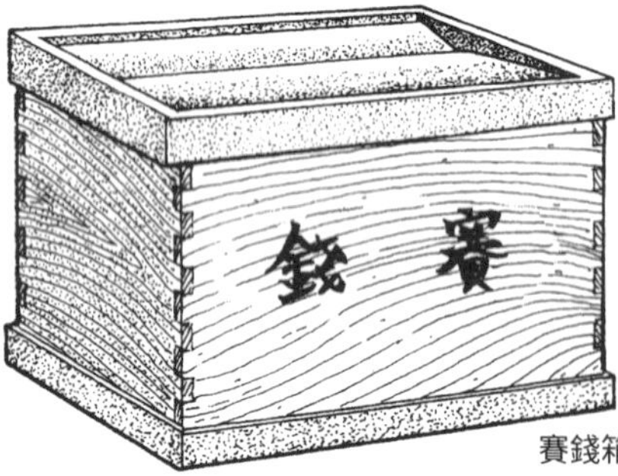

賽錢箱

幸木（さいわいぎ）

為祭祀年初來臨的年神所使用的裝飾。將六尺（約一．八公尺）左右的松樹、橡木或栗木等樹木的棒子綁上裝飾繩，平年綁十二條、閏年則綁十三條，並在*繩上吊掛魚、蔬菜等新年的食物，懸掛在家中供奉的荒神或氏神等。日本的中國、四國地區有另一種形式，是將一公尺左右的栗木、橡木或麻櫟對半剖開，綁上*注連繩等物，倚立於玄關入口的左右。

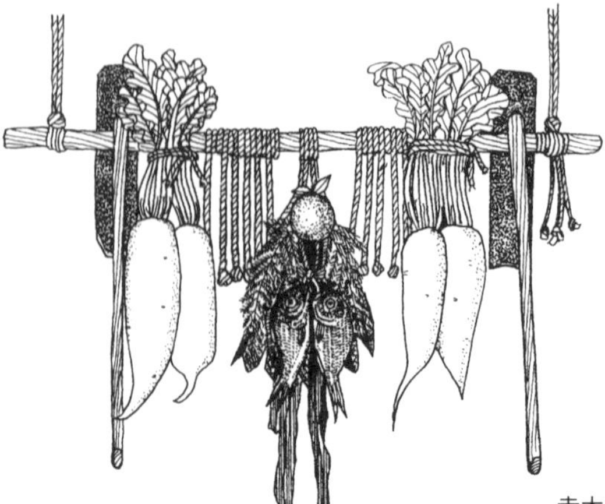

幸木

實盛さん（さねもり）【實盛】

廣布於中部地區以西的送蟲（驅除害蟲）*藁人形（芻靈）。亦稱實盛人形、實盛樣。鎌倉時代的武士齋藤別當實盛在木曾義仲追討[27]的加賀（石川縣）

篠原之戰中，因為騎乘的馬被稻株絆倒反遭殺害。傳說懷恨而終的他化身為害蟲，將稻子吃光，於是農村開始舉辦送蟲儀式。人們製作的實盛人形會在村中遊行，接著扛往河川或村境，將其送出。此外，有些地方在七月土用三郎（土用的第三天）會製作實盛人形與其妻小的人形一起送出。

實盛さん（sanemorisan）

三社託宣（さんじゃたくせん）

三社託宣

記載天照皇大神宮、八幡大菩薩、春日大明神三社神諭的*掛軸。寫上各自的神號與神諭，中央是天照皇大神宮（正直）、右為八幡大菩薩（清淨）、左為春日大明神（慈悲），掛在床之間（壁龕）裝飾，當作信仰對象。也有不寫神諭的三神畫像。或是中央為津島牛頭天王、右為彌五郎殿、左為居森殿等各種變化的形式。

獅子頭（ししがしら）【舞獅頭】

獅子舞用的彩色木雕獅頭。獅子舞是古時由中國大陸傳入的伎樂、舞樂、散樂[28]，原本是人類套上獅子的裝扮進行表演，到了中世時期改為搭配猿樂、田樂一起演出，即今日所見的形式。分為兩人合演與一人獨演，前者是兩人一前一後扮演一頭獅子，還有多人共同演出的形式。後者是一人獨自扮演獅子。

獅子頭

地藏（じぞう）

佛教的菩薩之一。站在現實世界與冥界邊境，拯救前往冥界的亡靈。這樣的神格又被擴大為站在現實世界邊境，守護從他界來到現世的未成熟靈魂，防止孩童被帶回他界，也被當作*道祖神信仰。地藏的樣貌在中世時期左右定型，右手拿錫杖、左手持寶珠，以這般姿態受到人們愛戴。

地藏

七福神（しちふくじん）

七福神

帶來福德的七尊神明。平安時代末期，*惠比須與*大黑（大黑天）被視為福神的代表。室町時代末期，由惠比須、大黑、毘沙門天（多聞天王）、弁財天（辯才天）、布袋和尚（笑佛）、壽老人（南極仙翁）、福祿壽構成七福神。江戶時代中期，七福神搭乘*寶船的畫像在町人之間相當流行，人們會在正月二日將畫像放在枕頭下就寢，相信這麼做能討個吉利的初夢。江戶時代後期有了到七福神分屬的神社巡禮參拜的風俗，稱為七福神參，至今依然盛行。

鴟尾（しび）

鴟尾

裝在宮殿、寺院的正脊兩端，驅魔防災的裝飾。因其形狀像鞋，又稱沓形。一般是瓦製，也有石製品。用於奈良縣的飛鳥寺，七世紀末至八世紀初為全盛時期。八世紀中期後逐漸衰退，零星見於唐招提寺等處，中世時期之後變化成鯱、鬼瓦。鯱是頭似虎、背上有尖刺的怪魚，名古屋城的金鯱相當有名。

注連繩（しめなわ）

標示出祭場，或是神聖空間與世俗

注連繩

空間境界的稻草繩，亦寫作標繩。通常會接上七條、五條、三條的垂束，也寫作「七五三繩」。作法與平常使用的繩不同，是以反方向的左捻製成。新年掛在神前或玄關的注連繩有多種形狀，如牛蒡締、中太、輪飾等，又稱注連飾。以裏白等山草、交讓木、柊樹、苦橙、馬尾藻等海草、紙垂[13]、稻穗、末廣（扇）、蝦、木炭等裝飾。

笏（しゃく）【手板】

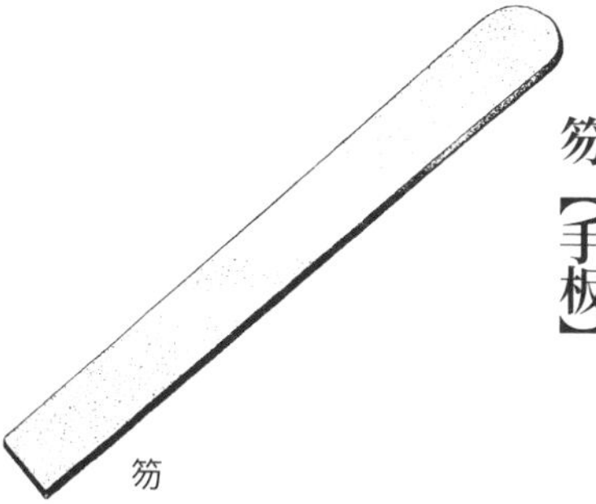
笏

原本是穿束帶[29]時，拿在右手之物，如今成為神職人員的裝束。起初是在背面貼上記錄儀式順序等備忘事項的紙片（笏紙），後來變成整理儀容的用具。根據《大寶令》[30]的規定，五位以上是用象牙製的牙笏，六位以下的官人是用木笏，但在《延喜式》[31]是五位以上用白木笏，禮服之外的情況用赤柏松、柊樹、榊（紅淡比）等製成的木笏。

錫杖（しゃくじょう）

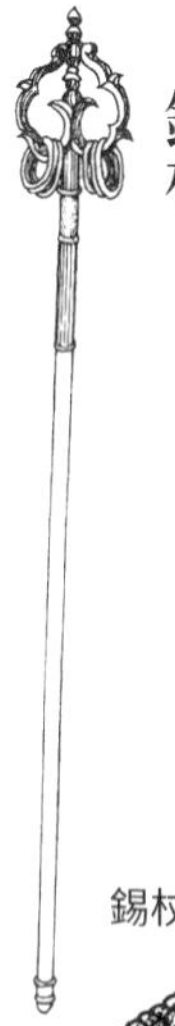
錫杖

僧侶所持的一種*杖，杖頭裝有金屬環並穿入小金屬環，行走時會發出聲響。藉搖晃產生的聲響趕走毒蛇毒蟲，或是知會民眾自己來到門前托缽乞食。短柄的稱作手錫杖，主要用於法會，邊搖晃邊吟誦梵歌。天台宗、真言宗常用此物。

數珠（じゅず）【佛珠】

數珠

拜佛念佛時，掛在手上的佛具。原是用來計算稱名[32]、唱誦陀羅尼[33]的次數。將數顆珠子穿入線或*紐中做成一圈，一般是串一〇八個珠子代表一〇八個煩惱，也有數量減半或四分之一的樣式。珠子的材料為欒樹、珊瑚、水晶等。手持數珠念佛二十萬遍能夠升天，念佛一百萬遍得以往生極樂世界。

用於百萬遍念佛的大數珠

撞木（しゅもく）

敲鉦的撞木

敲響鐘、磬、*鉦、木版、雲版[34]等樂器的木製槌形桴。槌頭多以鹿角製成。通常是做成T字形，故形狀相似之物會冠上撞木二字，如撞木杖、撞木鮫（雙髻鯊）、撞木反[35]等。京都的撞木町也是因為街道呈T字形而得此名。另外，撞擊釣鐘的撞木是橫向懸掛的圓木，抓住綁在前端的引綱（拉繩）用力往後拉，藉由反作用力撞出鐘聲。

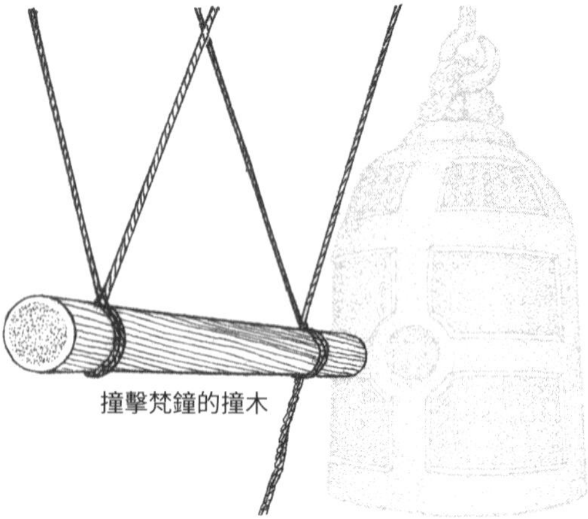
撞擊梵鐘的撞木

猩猩（しょうじょう）

外形仿造猩猩的張子（紙糊）人偶。紅衣配白袴，站在酒甕上，右手拿*柄杓，左手持*盃（杯）。擺在鋪了紅色紙的*竈（灶）旁等處，祈求幼兒免於感染天花的吉祥物。猩猩是自中國傳入日本的動物，懂人語、愛喝酒，行為超乎想像。其故事成為能劇、歌舞伎舞踊、長歌[3-24]、地歌的表演曲目。滋賀縣大津的山車人形就有仿造猩猩做成的張子人偶。

猩猩

精靈船（しょうりょうぶね）

將盂蘭盆節迎回家中的祖靈送回他界時流放的船。將*盆棚的供品用蓮葉或菰葉包好，以麥稈等物造船，插上寫有「西方丸」、「淨土丸」、「精靈丸」等文字的*帆，流放至河川或大海中。有些地方是送往十字路口或村境，有些地方的新盆[36]家庭會共同製作大型的精靈船，在村中繞行後再進行流放。送走亡靈的同時，也有驅除災病、害蟲、惡靈等消災解厄的涵義。

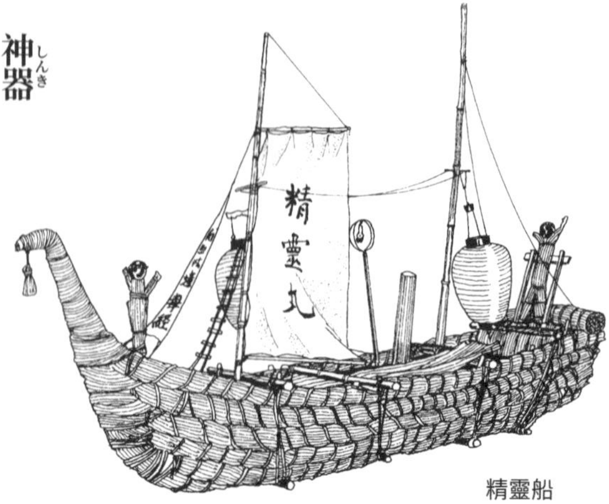
精靈船

神器（しんき）

用於神祭的神具。三神器是具代表性的神器，指被視為皇位繼承象徵的八坂瓊曲玉、八咫鏡、天叢雲劍（草薙劍）。玉為靈的表象，經歷代天皇繼承至今，鏡被安置在三重縣的伊勢神宮，劍則安置在愛知縣的熱田神宮供奉。

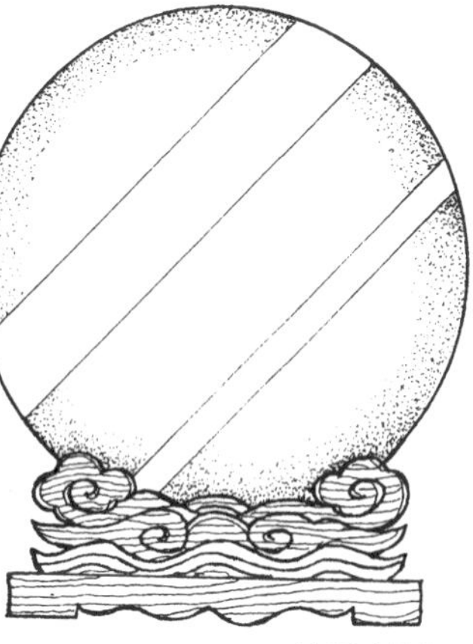

神器（鏡）

廚子甕（ずしがめ）

在沖繩，用來納入洗骨後的遺骨的*甕。即一般的*骨壺（骨灰罈），另有ジーシガーミー（jiishigaamii）等稱呼。埋葬後三～七年間會進行洗骨儀式，從腳依序放入甕內，最上面是頭蓋骨，安置於墓堂內。甕概分為御殿形與壺形，前者原為石製，材料是石灰岩、閃長岩、砂岩等，後來也出現陶製甕，主要為士族使用。後者自古為素燒土器，後來出現了陶製，加入裝飾的樣式也逐漸增加。

廚子甕

筮竹（ぜいちく）

與*算木一起用於易占的細竹棒。原本是用相傳過了百年會長出一百根莖的鐵掃帚的莖，後來以竹子替代。以五十根為一組，為方便使用，做成上粗下細的形狀。先收攏成束，再從中抽出求卦。

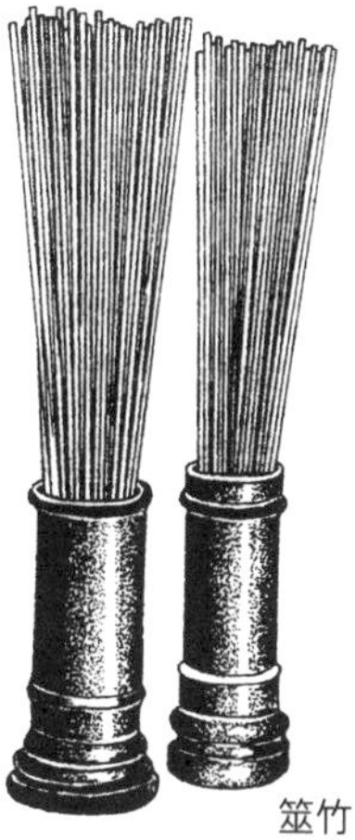

筮竹

背守（せまもり）

祈求孩子健康長大，防止惡靈從背後襲擊孩子，而縫在*著物（和服）背後的裝飾。也會使用碎布。以色線在稱為一身的*產著*衿（領）下縫一二針，留長線腳，最上面再斜縫二～三針，男孩縫的位置偏左，女孩偏右。背守也有袋子的形式，裝入神佛的*御守（護身符）或紅豆等物。

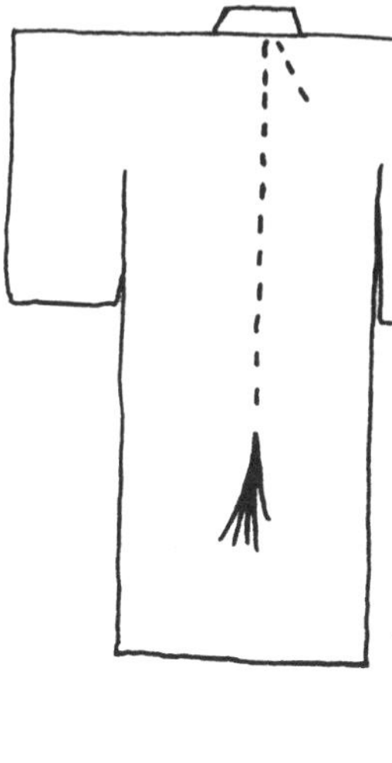

背守

線香（せんこう）

線香立與線香

在佛壇或墓前、寺堂焚燒的線狀香。古時已有將沉香木、丁香、檀香等香料粉碎製成的抹香，平安時代後，開始用香料加松脂等揉圓硬化的練香或線香。所使用的香料都來自南亞，到了江戶時代，以杉木或紅楠的樹葉、樹皮為原料的線香變得普遍。在供養佛或淨身時焚香，不只是香，燃燒產生的煙也有效用。人們也會以燃燒一柱線香來計算時間。

線香立（せんこうたて）

插立供佛的*線香所使用的陶瓷製、銅製、鐵製容器。裡面裝入灰，再插立線香。除了擺在家中*佛壇，也有做在墓前的線香立。寺院裡的大型線香立讓信徒能夠從周圍上香。到寺院參拜時，將線香的煙攬到身上祈求無病消災，搧往患部祈求痊癒。

千社札（せんじゃふだ）

到神社佛閣參拜時，寫下自己的出生地、姓名、屋號等，貼在社殿、堂宇、山門等處的紙札。江戶時代中期因為流行神信仰的興起，四處巡拜神社佛閣成為流行，稱為千社詣，而千社札也跟著普及。起初是手寫，後來變成木版印刷，又從單色墨印變成彩色印刷，更演變成較量設計新奇與否的競爭。

千社札

千人針（せんにんばり）

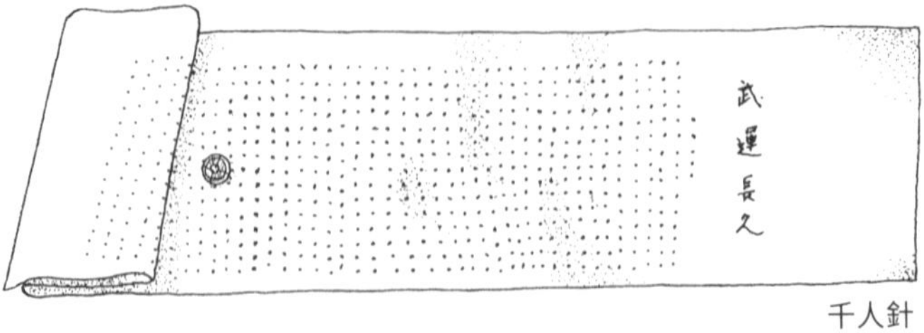

千人針

送給出征兵士，祈求免受彈擊的*御守（護身符）。日俄戰爭時，源自近畿地區之物。在白布上用紅線打一千個結，亦稱千人結、千人力。紅線的結會連接靈魂，達到驅魔避邪的效用。兵士們相信將此物帶在身上，可避免遭受彈擊。另外，因為「超越死線（四錢）」，超越苦戰（九錢）」的諧音，有時會縫上五錢與十錢的硬幣。

底拔柄杓【無底柄杓】

底拔柄杓

為祈求安產，獻納給神佛的無底*柄杓。被當作保佑孩子平安順利出生的咒具，高知縣土佐市的清瀧寺會讓信徒帶回獻納的無底柄杓，將其安置於佛壇敬拜，待平安產子後，連同新的柄杓一起帶回寺內獻納。另外，對於已經生了很多孩子想要避孕的人，也有獻納有底柄杓幫助達成心願的神社。

卒塔婆

卒塔婆

亦讀作「そとうば」（sotouba）。為了進行供養，建造於墓地或靈場[1-51]的板塔婆。原是日本人祭祀神靈時搭建的神籬，經佛教化變成木製卒塔婆。舉行亡靈成為祖靈的弔上[4]時，會在墓旁豎立帶枝葉的生木，稱為梢付塔婆。而將梢付塔婆加以塑形後，進而變成六角塔婆、角柱塔婆，後來成了扁平的板塔婆。材料有杉木、檜木、冷杉、松樹等。

蘇民將來

消除災病的咒具，以桃木、柳樹等樹木做成六角或八角柱的塔形。蘇民將來是出現在《備後國風土記》中的人物，相傳北海的武塔神迷了路，當地的富人巨旦將來拒絕讓祂留宿，但貧窮的哥哥蘇民將來卻熱情款待。於是，武塔神做了*茅輪（茅環）讓蘇民將來一家纏在腰間。後來全村皆死於瘟疫，只有蘇民將來一家逃過一劫。武塔神即素戔嗚尊[1-46]，與祇園的牛頭天王聯手消除災病，這樣的信仰廣為流傳。

蘇民將來

大黑【大黑天】

被當作福神信仰的七福神之一。在印度名為摩訶迦羅，是性格殘暴、住在天界的佛，而在中國被供奉於寺院的廚房中，到了日本被視為天台密宗

大黑

的比叡山守護神，供奉在各寺院的食堂。大黑與大國主命的信仰習合，成為受到庶民愛戴的福神，人們想像祂是肩扛大袋，手持小槌的福態容貌。

內裏雛（だいりびな）

內裏雛

仿造天皇、皇后模樣製成的*雛人形（雛人偶），男女成對。室町時代末期以後，在三月三日的桃節句擺雛人形做裝飾的風氣漸開，發展出各種雛人形，如寬永雛、享保雛、次郎左衛門雛、有職雛、古今雛。寬永雛的男雛是四寸（約一二公分）、女雛三寸（約九公分），頭與冠一體成形，女雛和男雛穿上以相同布料製作的*小袖，袖廣無手，下半身是紅色平袴。而享保雛是寬永雛的進化版，尺寸較大，從一尺二寸（約三六公分）到二尺（約六〇公分），以町家為中心蓬勃發展且掀起流行。

起初只有男女一對的雛人形，明和年間（一七六四～七二）後，流行於江戶的古今雛在文化、文政年間（一八〇四～三〇）變得豪華，加入許多雛道具，變成五層、七層、九層的雛壇。相較於江戶風格，上方[2-3]則是御殿式的「雛屋形」雙層擺飾。

內裏雛的擺法是男雛在左（面對時在右側）、女雛在右（面對時在左側）。與左大臣、右大臣及左近櫻、右近橘採同樣的相對位置。到了明治時代採用西式禮儀（右為上位），變成左右相反的擺法。

寶船（たからぶね）

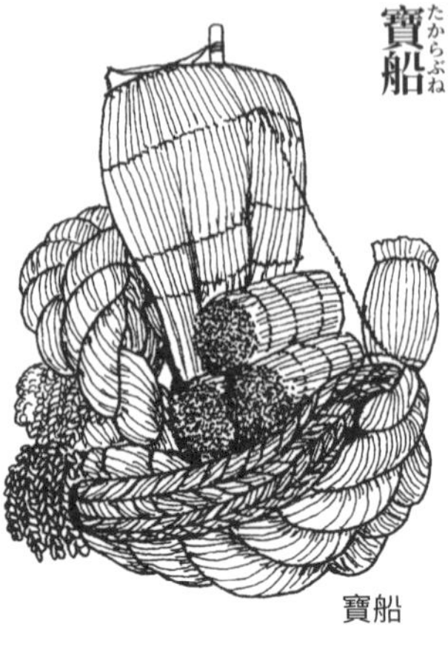

寶船

用稻稈等做成裝載米俵、財寶或*七福神的船形吉祥物。喜慶節日時擺在床之間（壁龕）等處裝飾。另外，為求新年能夠做個吉祥的初夢，江戶時代的人們流行將寶船畫放在枕頭下就寢。而在街上喊著「寶啊！寶啊！」

叫賣寶船畫的小販，也成為元日的特殊景象。有些神社寺院也會授與寶船。布滿寶船與七福神、寶珠、鶴龜等圖樣的紋樣，稱為「芽出度盡」。

山車（だし）

在祭典儀式時拖曳遊街，以山、鉾、人偶等裝飾的屋台。關東通常是稱作山車或屋台，關西則是壇尻或山。山車（dashi）的稱呼來自裝飾於中心的鉾飾「出し」（dashi），是作為神靈依附物的竿柱。原型是平安時代從神泉苑拖出、前往內裏的移動神座「標山」。最具代表性的山車為京都祇園祭的鉾。

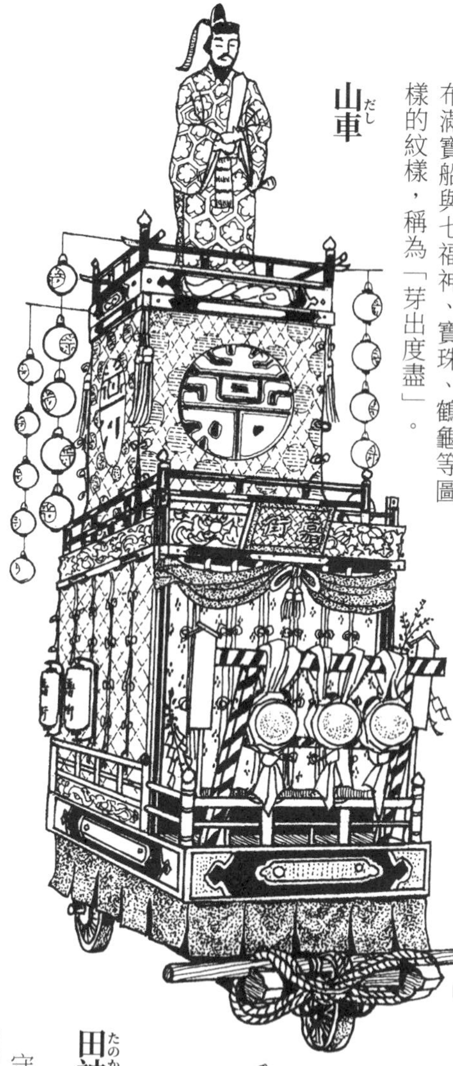

山車

七夕馬（たなばたうま）

用於七夕[37]活動的馬偶，多以菰或白茅製成，雌雄成對，有些地方則是做成一對馬牛，也會以稻草、麥稈製作。在院子裡的兩棵樹綁上繩子，將七夕馬擺成面對面的樣子，和茄子、小黃瓜等夏季蔬菜一起吊掛於繩上。也會懸掛在屋簷下。將七夕馬拖至田地或野外，帶回家後扔往屋頂或流放至河川中。這個風俗在東日本許多地方傳承延續。

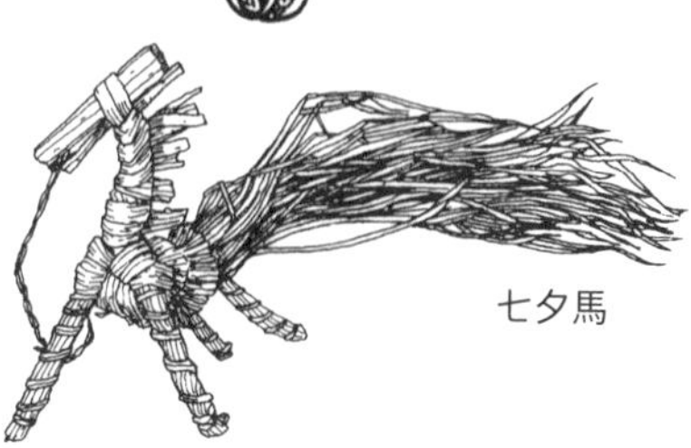

七夕馬

田神（たのかみ）

守護田地，帶來稻作豐收的神。人們認為祂是在春天下山化為田神守護稻作，秋收後返回山中的*山神。東北地區的田神是農神，山梨縣、長野縣是作神（sakugami），近畿地區也稱

田神

為作神（tsukurigami），兵庫縣至山陰地區是亥神，在瀨戶內海一帶是地神。此外，東日本的*惠比須、西日本的*大黑皆與田神融合。在鹿兒島縣至宮崎縣，田邊會立石像祭祀。

玉垣（たまがき）

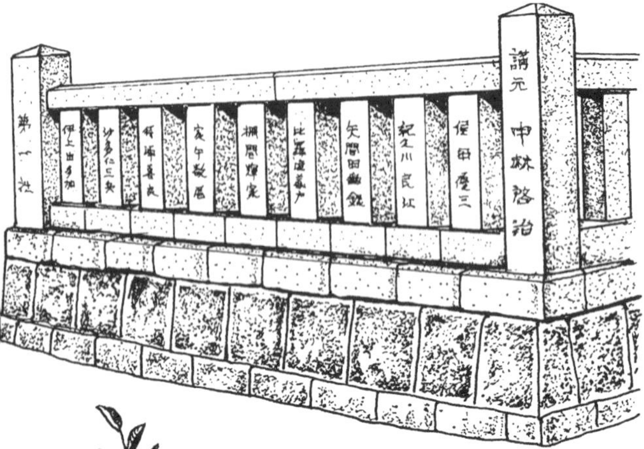

玉垣

建造於神社、神域或皇居周圍的垣（牆），亦寫作玉籬、玉檣。古時是用樹木圍成柴垣，也有木造、石造的形式。還有用不同材質、形狀的厚板排成的板玉垣、以帶皮木頭排成的黑木玉垣、縫隙大到可透視的透垣等。有時會圍二～三層，由內而外依序稱作瑞垣、玉垣、板垣。

玉串（たまぐし）

綁上棉花或苧麻、紙垂[13]的榊（紅淡比）樹枝。被視為神靈的依附物，神官或參拜者在神前敬拜時會獻供此物。通常是將枝端朝向神前，在宮廷是將樹葉的表面朝向神前，插入筒內。伊勢神宮是將葉端朝向神前。插立供奉是自古流傳的習俗。關於玉串的語義眾說紛紜，基本上是指依附神明御靈之串。

玉串

達磨（だるま）【達摩】

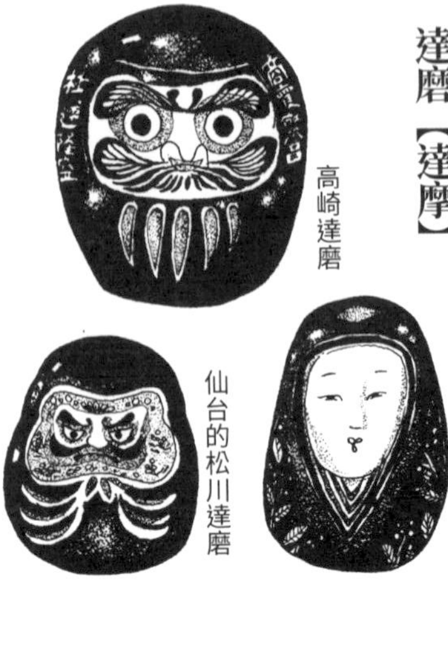

高崎達磨

松山的姬達磨

仙台的松川達磨

仿造達摩祖師坐禪姿態的吉祥物。達摩祖師是南印度香至國的王子，為宣揚《正法眼藏》[38]遠渡中國，在嵩山少林寺坐禪面壁九年，悟道成佛。相傳達摩曾與日本的聖德太子在大和國（奈良縣）的片岡以和歌贈答，並在該地圓寂。鎌倉時代禪宗傳入日本後，達摩受到庶民信仰。達摩的姿態是穿紅衣閉眼打坐，紅色被認為具有驅除天花的咒力。其外形與中國的不倒翁、福島縣會津地區的起上小法師有共通性，底部加重物做成不會翻倒的構造，成為象徵百折不饒的吉祥物。日本各地皆有不同特色的達磨，如張子[7-12]、木製品、陶瓷器、練物[39]等。除了鉢卷達磨、三角達磨、目無達磨，也有女性的姬達磨，種類繁多。

茅輪（ちのわ）【茅環】

以白茅做成的大環，在六月或七月晦日（每個月的最後一天）舉行消災的「夏越祓」時，豎立於神社鳥居或境內，亦稱菅拔（菅貫）。參拜者藉由穿過茅輪，消除罪穢或災厄。根據《公事根源》的記載，穿越茅輪時相傳會一邊誦念「做了水無月（六月）的夏越祓，方可延命千歲」。而茅輪的起源為《備後國風土記》中*蘇民將來的故事提到、在腰間纏繞消除災病的茅輪。

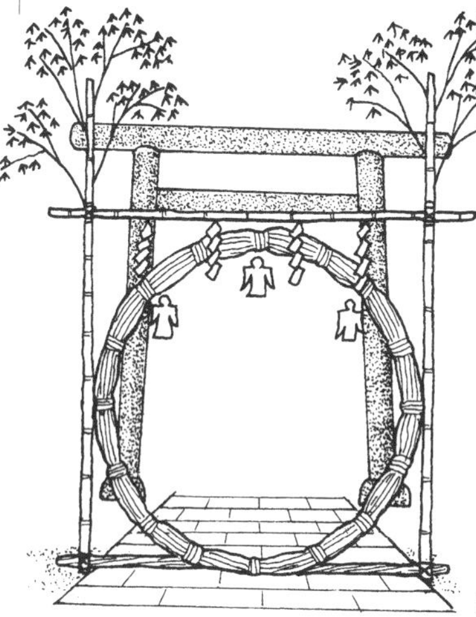
茅輪

角隱（つのかくし）

江戶時代後的女性頭飾之一。由於晴日（特殊節日）有包覆頭部的習俗，所以婚禮時用以包住新娘的島田髻。用以白絹為表、以紅絹為內裡的布帶蓋住瀏海，對折後繞到髮髻後方固定。因為新娘頭上有角[40]，這麼做可隱藏頭角，故得此名。另外，淨土真宗門徒的婦女參加報恩講時，也會戴使用黑布帛做的角隱。

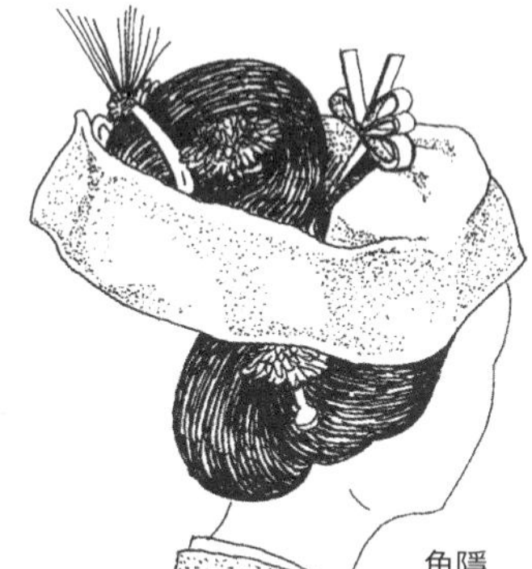
角隱

照照坊主（てるてるぼうず）【晴天娃娃】

吊掛在屋簷下，祈求天氣晴朗的紙製或布製人偶。起源為中國的掃晴娘，也就是手持*箒（帚）的紙人偶。箒被當作掃集靈體或幸福的咒具，也有掃集晴氣的作用。據說女性的靈力比男性強大，但在平安時代傳入日本後，人偶就變成坊主（和尚）的樣貌。「明天若是好天氣，就幫你加眼睛、鼻子和嘴」，這是日本獨特的許願方式。

照照坊主

天神樣（てんじんさま）

天神樣

參照神格化的菅原道真所做成的人偶。多為土偶或張子（紙糊）人偶，也有坐在牛背上的牛乘天神。菅原道真是平安時代中期的政治家，被左大臣藤原時平的讒言陷害，遭貶官失勢。而他死後發生的天災地孽，引發道真怨靈作祟的傳聞，且與雷神、瘟神融合，人們將道真的亡靈稱作「天滿大自在天神」，在各地建造天神社供奉祭祀。天神在古時是與地上神「國津神」相對應的天上神「天津神」，雖然是從天降臨的神，但因道真才學豐富，逐漸被當作學問之神崇拜。

道祖神（どうそじん）

道祖神

亦稱作塞神或道陸神，為守護村境、防止瘟神惡靈入侵，保佑行路安全的神。祭祀形態相當多樣，像是在天然石或加工石上刻「道祖神」的文字碑，男女成對或單獨的神像、石*祠、路口的辻燈籠或路標，有些地方是火祭的三九郎人形等。信州（長野縣）上伊那郡澤底的男女雙神像上刻有永正二年（一五〇五）的銘文，是有記銘之物中最古老的道祖神。通常以一月十五日的小正月（元宵）為祭日。

歲神棚（としがみだな）

迎接祭拜既是祖靈也是穀靈的年神時所使用的祭壇。不用常設的*神棚（神龕），而是另設當作祭壇的*棚（棚架），以*注連繩裝飾，供奉鏡餅、米、神酒、鹽等物。分為拜松形式與*惠方棚形式。前者是在床之間（壁龕）等處放米俵、*斗枡、*臼等為台座，立起松木作為年神降臨的依附物；後者是將棚吊掛在廚房或客廳的天花板，綁上注連繩，供奉十二燈十二餅，當中還有和祖先*位牌（牌位）一同祭祀的作法，形態多樣依地方而異。

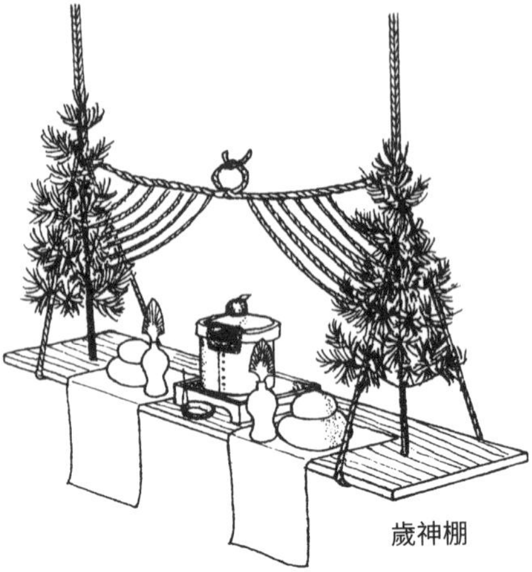
歲神棚

富籤（とみくじ）

江戶時代以後，盛行於神社寺院的籤。亦稱富札、富突、富興行。在木

富籤

札上寫數字，而市場會販賣寫了相同數字的紙札。特定的神社寺院在特定的日子會將木札放入木箱，用大錐從上方的洞插取木札，依照抽中的順序等決定中獎的籤。抽中籤的人帶著紙札前往神社寺院領取獎金。形式好比今日的彩券。

鳥居（とりい）

標示神社神域的門。神社有一座或多座鳥居，最大的鳥居設置於参道入口，代表神域的入口，稱作「一之鳥居」。在接近本殿、聖性逐漸提高之處設置一道道鳥居。基本形態是在兩根柱子上架笠木，下面插入貫連接柱。樣式豐富，依祭神性格或神殿的構成、神域氛圍而異。比較知名的有神明鳥居、明神鳥居、兩部鳥居、春日鳥居、山王鳥居、三輪鳥居、三柱鳥居、唐破風鳥居等。鳥居的起源眾說紛紜，像是鳥容易棲居、有鳥暫居之處、發音相似的通過進入（通り入る）。如今被視為聖域與俗界的結界。

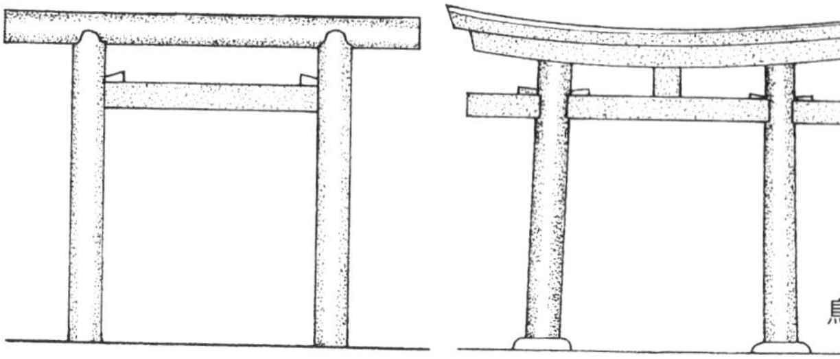
鳥居

土鈴（どれい）

土製的*鈴。以前的人相信鈴具有驅魔咒力，將其當作祭具或驅魔的配飾，也用於通報消息。古時是金屬製，江戶時代初期出現土製的鈴。據說起源是京都的伏見人形，於日本各地做出各種與神社佛閣有關的設計與形狀，樸素的音色受到民眾喜愛。

土鈴

流雛（ながしびな）

將人的穢氣轉移，作為替身流放至河川的人形。以人形為*形代（替身）的習俗自古就不分宮中或民間廣為流傳，平安時代會舉行

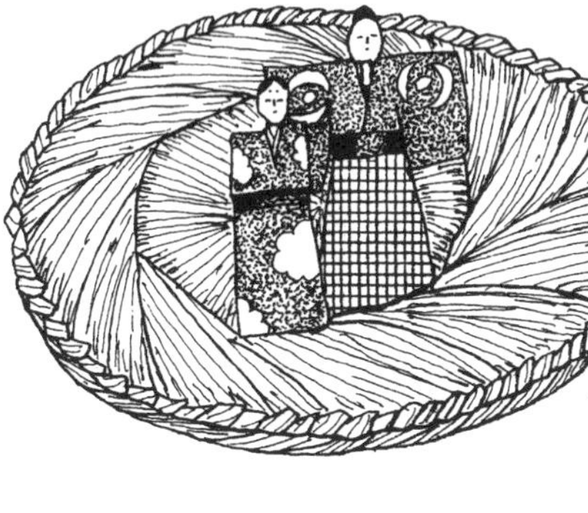
流雛

「七瀨祓」，將背負天皇災厄的人形流放至七處河海，鎌倉幕府也曾舉行類似的人偶祓。如此習俗衍生出在舊曆三月上巳日，製作*男雛女雛流放至河川的儀式。鳥取縣鳥取市用瀨町的流雛儀式特別有名，是將雛偶放在棧俵上流放。

納經帳（のうきょうちょう）

納經帳

為祈求現世、來世的福德，或是為往生者追善，抄寫經典獻納給神社寺院、靈場[1-51]的簿冊。平安時代後期以後，藤原道長的金峰山埋經或平家一門的嚴島神社納經等盛行一時，在中世時期則流行將抄寫的法華經獻納至全國六十六所靈場的六十六部納經。到了近世，掀起一股巡拜全國各地代表性的神社寺院，獻納法華經等經典至納經所的風潮，出現各式納經帳。

墓石（はかいし）

墓石

為供養往生者而建造的石造墓塔。石造*卒塔婆是墓地石塔的起源，早期的例子像是比叡山十八代天台座主良源的石塔。平安貴族的墓塔多為五輪石塔，在中世時期曾以關東地區為中心，大量建造*板碑，但風潮很快就退去。自江戶時代中期起，庶民開始建造石塔，形式有*五輪塔、板碑，從舟形光背[41]的佛像碑變成箱形，又變成方柱形，此後成為主流。

馬頭觀音（ばとうかんのん）

原本是將馬頭置於頂上，具忿怒形象的觀世音菩薩，在冥想觀世音菩薩身相之觀音信仰普及的過程中，馬頭觀音是變化最具異教色彩的觀音。除了是六觀音之一，也是八大明王之一（馬頭明王）。近世之後，因其名而被當作馬的保護神廣受信仰，人們在村境或山的鞍部建造刻有「馬頭觀世音」或「馬頭尊」的石塔，這個風俗主要見於中部、關東、東北地區。後來，為供養往生的馬或祈求旅途安全的石塔也增加。

馬頭觀音的石碑

花笠（はながさ）（花傘）

神靈的依附物。*笠除了實用之外，在古時被視為神的頭飾，因此成為招神的依附物。田遊[42]時，田植祭的年

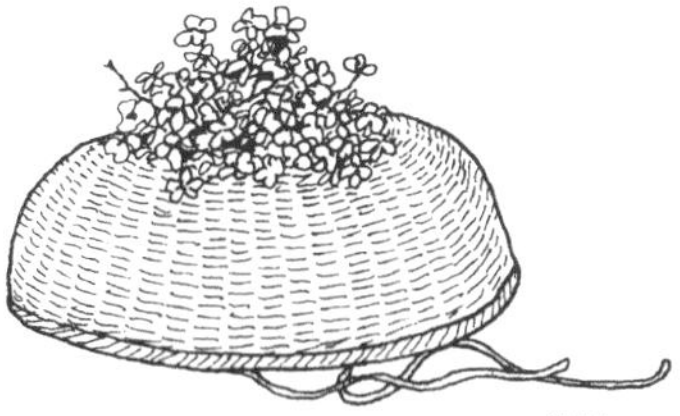

花笠

輕女祭司會戴上花笠，風流系統的藝能表演會在笠的周圍或帽頂用各種造花或色紙等物做華麗的裝飾。

笠接上長柄就成了*傘，稱作花傘、花籠、傘飾、傘鉾等，以各式各樣的花飾點綴，成為神幸祭的中心。

花傘

花立（はなたて）

放在神佛前，插入供花的瓶等容器。通常是一對，有銅製、陶瓷製，亦稱花活、花（華）瓶。家中的佛壇、神龕是用小型花立，寺院的須彌壇[43]是用大型金屬製。墓或路旁的神佛、神祠是將一節竹筒的竹節以下削除，插立於土中，或是埋入底部尖突的圓筒形陶器。近年多為圓形的塑膠製或嵌入墓石的不鏽鋼製。

花立

破魔矢（はまや）、破魔弓（はまゆみ）【破魔箭、破魔弓】

破魔矢一般是指新年由神社授與的除魔開運裝飾箭矢。江戶時代至明治初年，為慶祝男孩的初正月或初節句，有贈送兩把稱作破魔弓的裝飾弓與箭矢的習俗，後來被簡化為只送具驅魔作用的箭矢。另外，舉行上樑儀式時，也有在屋頂朝著鬼門（東北）方位立破魔矢與破魔弓的風俗。新年占卜一年吉凶的年占也會進行射箭比賽。

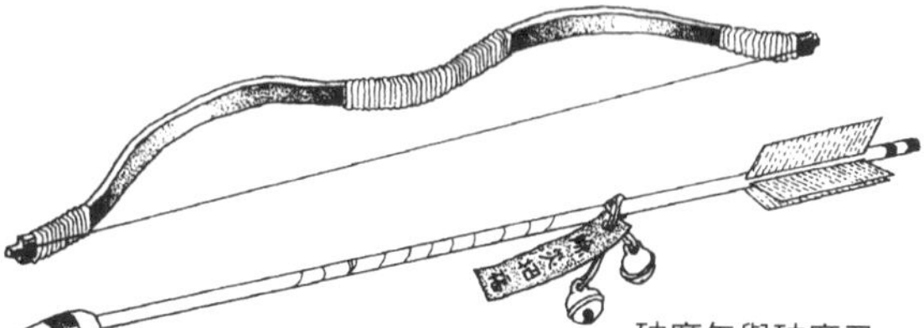

破魔矢與破魔弓

髯籠（ひげこ）

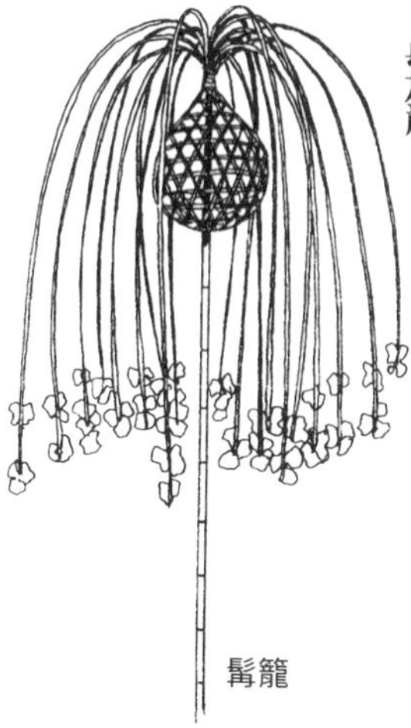

髯籠

作為神靈依附物的竹籠。由底部往上編，而編完*籠所剩下的竹篾刻意不編，使其自然下垂，像是長了髯（鬍鬚）的籠。在神道祭典中，髯籠被視為神靈降臨的象徵，綁在長竹或長木的前端，立於祭庭。也會綁在祭典*山車的鉾上或*五月幟的竿頂，亦被當作裝供品或禮品的容器。另外，各地舉行喪禮時，也會綁在長竹竿上為送葬隊伍點綴，或是插立於墓地。

雛人形（ひなにんぎょう）【雛人偶】

在一般稱為雛祭（女兒節）的三月三日上巳節句（桃節句）中，用來裝飾的人偶。「雛」原是仿人形態、用紙做成的替身人形，自古就有用雛轉移穢氣或災厄，流放至河川等處的習俗。如今仍持續如此習俗，更創造出各種人偶，像是以和紙加工並接上臉與服裝的紙雛、素燒後上色的土雛，還有土製或練物[39]塗胡粉[44]做成頭，再穿上紙衣或布衣的樣式等。室町時代末期，擺飾仿造天皇及皇后姿態之*內裏雛的風俗從貴族社會擴及武家社會，江戶時代誕生出作工精緻的寬永雛、享保雛。後來又加上右大臣和左大臣、左近櫻和右近橘、三人官女、五人囃子、*雪洞、*簞笥（斗櫃）、*長持、御所車與各種道具，變得相當華麗。如此的裝飾風俗也普及至民間，上方[2-3]的擺法是仿造宮殿的「雛屋形」，稱為御殿飾，而江戶的擺法則是現在常見的、以五層、七層、九層組成的段飾。

雛人形分為站姿的立雛與坐姿的座雛，也有*押繪雛、漆器雛等。此外，除了成對的人偶，也會擺放*御所人形或市松人形[45]等，有些地方仍保留古時的*流雛風俗。

段飾的雛人形

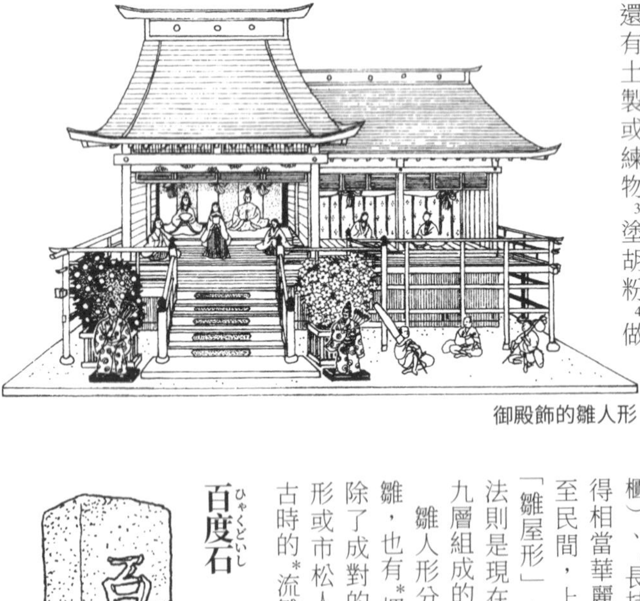
御殿飾的雛人形

百度石（ひゃくどいし）

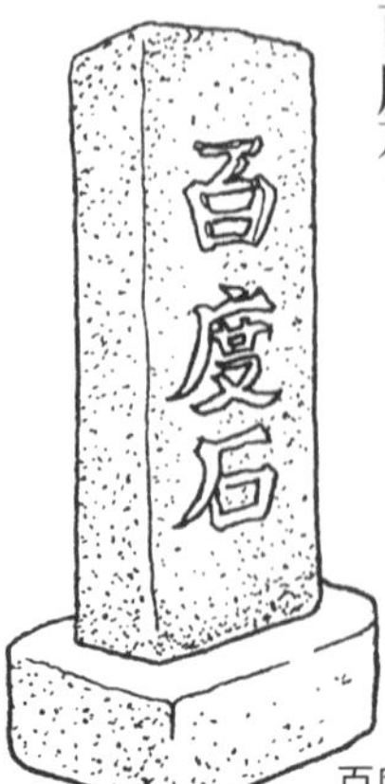

百度石

有種向神佛許願的方法稱為百度參拜。藉由百次參拜，傳達真摯心意，祈求願望實現。原本是連續百日參拜特定的神佛，後來簡化為一天參拜百次。在神社寺院境內的百度石與神殿、本堂之間往返百次進行許願。為了計算次數會擺石頭等物，或是有簡單的計數裝置。

白蓋（びゃっかい）

亦讀作ビャッケ（byakke），吊掛於神樂祭場天花板的圓形或方形物。請神儀式就是在白蓋下方進行的。在白蓋四周用*切紙（剪紙）拉出千道百道，讓眾神透過這些道鎮壓四面八方，也有只用白蓋的形式。另外，有時會在白蓋內放大量切紙，用力拉引綱大幅搖晃白蓋，使切紙飄落營造出神威降臨的氛圍。

白蓋

福杷（ふくさらえ）【福杷】

將惠比須和大黑面具、鶴龜、松竹梅、小判（金幣）、枡等，放在亦稱*杷（耙）的*熊手上做裝飾的咒具。福杷於大阪的今宮戎、兵庫的西宮戎等在新年初戎日舉行的十日戎[3-20]，以及東京鷲神社於十一月舉行的酉市[3-19]被當作吉祥物授與。以實用性來說，這是掃集落葉或灰塵、穀物的用具，同時也被視為具有掃集穀靈、帶來福氣的力量，因而成為咒具。人們將福杷帶回家後，許下五穀豐收、生意興隆或闔家平安等心願，供奉於家中。

福杷

福助（ふくすけ）

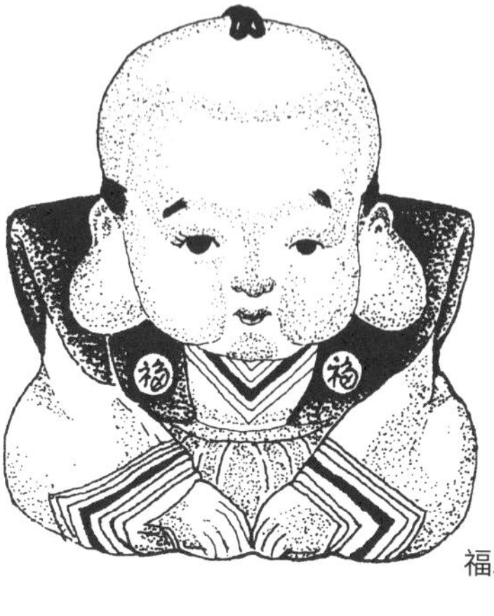
福助

用來招福的一種吉祥人偶。為童顏大頭、梳丁髻，身穿*裃呈現跪坐姿態的陶瓷人偶，或是擺在坐墊上的張子（紙糊）人偶。關於福助的起源眾說紛紜，其中一說是京都有間名為大文字屋的和服店，店主頭大又矮小，在他成為富豪後，回饋鄉里、布施幫助貧民，於是貧民為了報恩而製作了他的人像。

佛壇（ぶつだん）

原是用來安置佛像的壇，依材質分為土壇、石壇、木壇等。相當於後世的須彌壇[43]，但以狹義來說是指寺院的內佛堂，亦指家中用來安置佛像的*龕或*廚子。如今專指用於安置家中佛像、*位牌（牌位）的廚子或宮殿形之物。佛壇至少要準備*香爐、華瓶（花器）、*燭台，這稱作三具足。如果花瓶與燭台各有一對，就是共計五件的五具足。

佛壇

船繪馬（ふなえま）

船主或船員航海前會祈求航海平安，若安全返港，為表答謝所獻納給神社佛閣的*繪馬，圖案通常是畫自己的船。寬永年間（一六二四～四四）獻納至京都清水寺的末吉船圖、角倉船圖是歷史悠久之物。江戶時代後，日本海沿岸因為北前船[2-4]往來頻繁，沿岸各地經常獻納北前船圖繪馬，多是由大坂的繪馬師繪製。

船繪馬

船靈（ふなだま）

棲宿於船的神靈，被視為保佑航海平安、漁獲豐收的船舶守護神。神體為兩個骰子、錢、男女人偶、毛髮、五穀或紅白粉等，船下海前，趁著滿潮時，造船匠悄悄將神體安置於

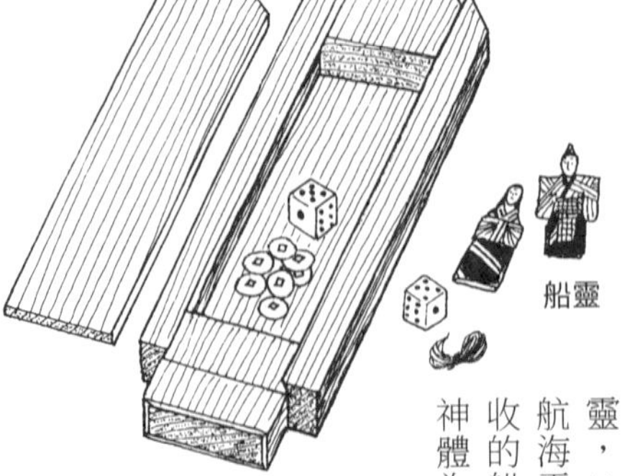

船靈

＊帆柱（船桅）基部的洞中。骰子的擺法基本上全國共通，且會一邊擺骰子，一邊唸以下具諧音的咒文：「天一地六、表三視情況、梶四幸福、艫櫂五五、中二貨多多」。

寶篋印塔（ほうきょういんとう）

原是納入寶篋印陀羅尼經的塔，後來被當作＊供養塔、墓碑塔建造。塔形是在方形的階梯狀基壇上安置方形塔身，再放方形頂蓋，四個角加上稱作山華蕉葉的裝飾，塔頂擺上相輪塔剎。多為石造也有金屬製，雖有木造，但只有小型。另外，塔在佛教是敬拜對象的初始形態，除了寶篋印塔，還有層塔、多寶塔、＊五輪塔、無縫塔等[46]。

寶篋印塔

奉公さん（ほうこう）【奉公人偶】

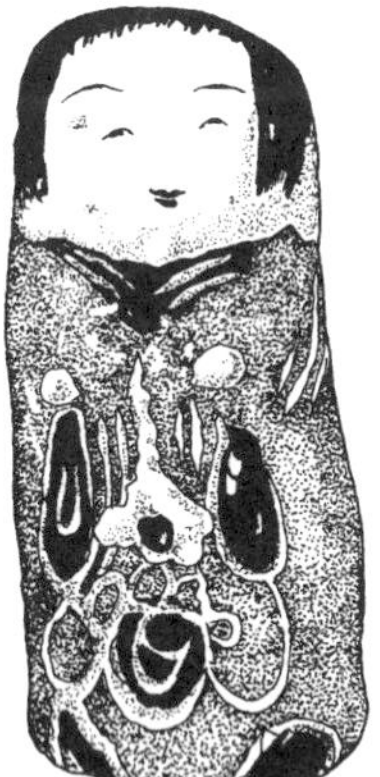

奉公さん（houkousan）

紅衣女童的張子（紙糊）人偶。衣服上繪有簡化的松竹梅及寶珠圖樣，髮型是稱作ショボ（shobo）的齊瀏海妹妹頭，呈手肘彎曲、雙手往前伸的站姿。據說當孩子發高燒時，買這個人偶讓孩子抱過後，流放至河海，孩子就會退燒痊癒。其他地方稱作ホウコサン（houkosan）、ショボショボ（shoboshobo）、オボコ（oboko）、ハコタ（hakota）等。

疱瘡棚（ほうそうだな）【天花棚】

送走疱瘡（天花）神的祭壇。疱瘡對孩童來說是非常危險的疾病，人們認為是疱瘡神搞的鬼，因此得疱瘡時必須送走疱瘡神。自從人痘接種普及後，遂演變成一種祈願儀式。祭壇有多種形式，最隆重的是用木條排成棚座，四角綁繩吊掛，插立＊御幣、擺上各種供品。也有在棧俵上擺赤御幣與赤飯（紅豆飯），置於神社境內或草叢祭拜的方式。

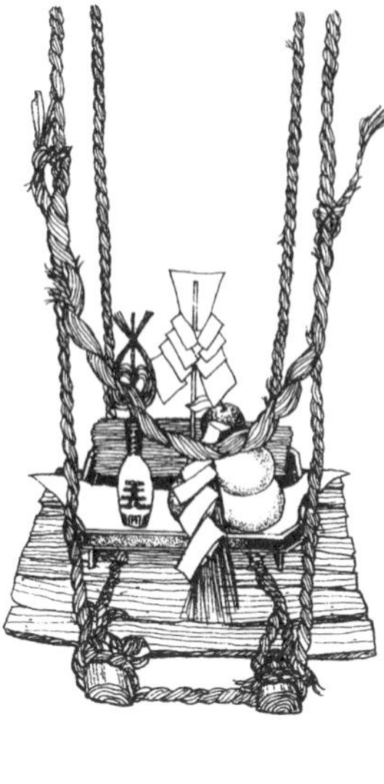

疱瘡棚

祠（ほこら）

祠

祭祀神的小社，亦寫作叢祀、秀倉、禿倉等。原是指放神寶等物的高床式建築物，但在中世時期變成規模不及神社的小社之意。如今雖是在神社境內，但通常是指比境內神社規模小且民間信仰特質強烈的小祠，或是無特定神社管理的路旁小祠、祭祀屋敷神的小祠。祭祀*道祖神的也是祠。

梵鐘（ぼんしょう）

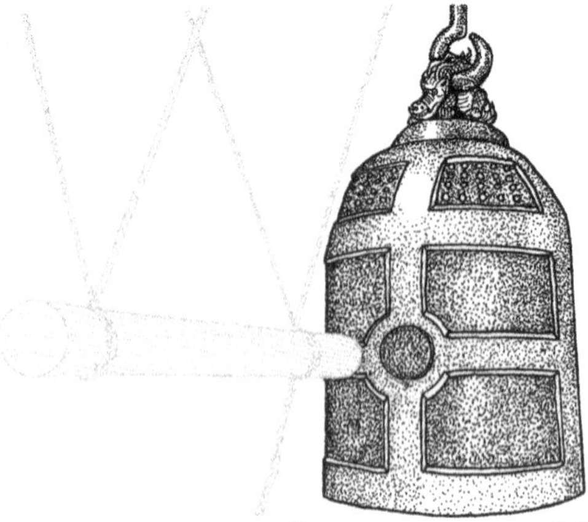
梵鐘

寺院用來報時的大鐘。通常頂端有雕成龍頭的釣手，接著是笠形的鐘身上蓋和圓筒形的鐘身，鐘身由上而下分為上帶、乳間、池間、中帶、草間、下帶、駒爪，還有與中帶十字交叉的縱帶，稱為袈裟襷。中帶上有兩個相對的蓮花形撞座。懸掛於鐘樓，以水平吊掛的撞木撞擊撞座、發出鐘聲。

盆棚（ぼんだな）

盆棚

祭祀盂蘭盆節迎來的亡靈所使用的*棚（棚架）。亦稱精靈棚，在緣廊靠近院子的那一端或屋外立棚架，搭起臨時的祭壇，有些地方是設在*佛壇前。特設的精靈棚通常是為了新的精靈，也就是過去一年以內的往生者。另外，還有稱為*餓鬼棚、外精靈、無緣佛等的特設祭壇，皆與祭祀家中祖靈的棚不同，多是設在屋簷下或井邊，也會擺放與盆棚相同的供品。

盆提燈（ぼんちょうちん）

盆提燈

盂蘭盆節時，放在精靈棚（*盆棚）前點亮的*提燈。七世紀時，畿內的神社寺院開始舉行盂蘭盆會。民眾相信往生者的亡靈，會在舊曆七月十五日前後回到人世，因此集中在這段期間進行盂蘭盆節的祭祀活動。江戶時代流行起風雅華麗的岐阜提燈，人們在盂蘭盆會點此燈慰藉亡靈，變得普及後被稱作盆提燈。還有接上立腳的*行燈式或燈籠式，樣式多樣。

梵天（ぼんてん）

舉行祭典儀式時，作為神靈依附物而豎立之物，也是頭屋（主祭者）或點綴神幸隊伍的標記。形式多樣，有*御幣形式、*花傘形式、扇鳥龍等組合的形式、*削掛形式等。另外，有些地方會立在盂蘭盆舞[2-26]或相撲的會場、劇場的樓台當作標記。基本上是用長竹或長木為柄的大型物，也有小型梵天。

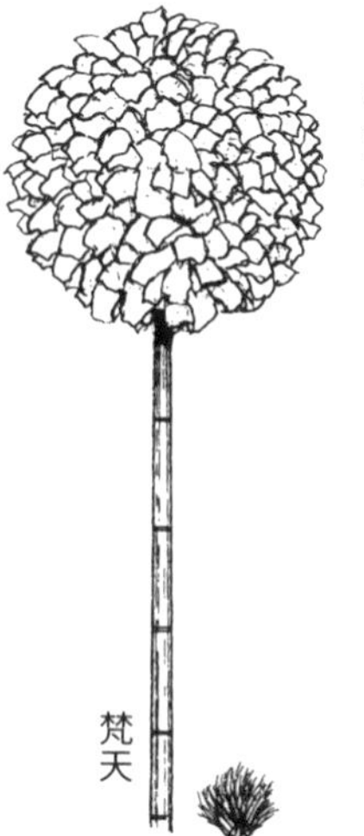
梵天

盆燈籠（ぼんどうろう）

盂蘭盆節時，為召回祖靈或精靈（亡靈），當作依附物立在院子裡的燈籠。也被當作迎火、送火。在有新佛[47]的家庭稱作高燈籠，許多地方是掛在長竹竿上。有些地方會在竹竿前端綁杉葉或幣，也有加盆花一起豎立的形式。

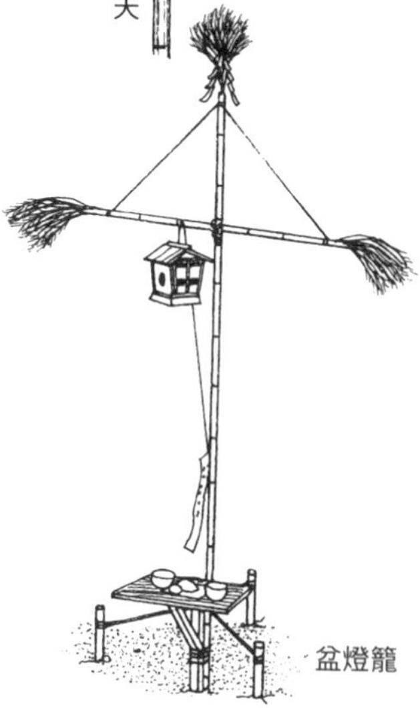
盆燈籠

萬祝（まいわい）

萬祝

漁夫的禮服。慶祝豐收的宴會稱作萬祝（間祝、真祝），船東在宴會上將有吉祥圖案的*半纏送給漁夫，後來這種半纏就稱為萬祝。文化、文政年間（一八〇四～三〇）始於千葉縣的九十九里濱[6-4]，後傳入東日本各地。材質多為藍染的棉布或絹布，繪有鶴龜、松竹梅、七福神等圖案。

繭玉（まゆだま）

繭玉

一種餅花。通常是在小正月（元宵）製作，有些地方是二月的初午日製作。將餅（年糕）或米的粉做成繭形，串在柳樹、燈台樹、小葉桑、山茶等樹枝上做裝飾。基本上盛行於東日本，預祝作物豐收的餅花與養蠶產生連結，也被當作祈求蠶平安健康之物。在西日本栽種棉花的地區，繭玉被視為棉花的象徵，用於祈求棉花的豐收。有時也會用農具或大判、小判（金幣）等物的仿製品做裝飾。

魔除團扇（まよけうちわ）

當作驅除惡靈咒具的*團扇。從祭神儀式必備的扇發展出來的團扇原本有圓形與方形兩種，後來圓形變成主流，也開始使用「團扇」這個名稱。五月十九日奈良的唐招提寺會舉行「撒團扇」的活動，當天拿到的團扇具有消除雷災、火難的效用，農家也會插在苗床祈求驅除害蟲。

魔除團扇

神酒口（みきのくち）

插在裝獻神酒的*德利（窄口壺）或瓶子口的*折紙。基本上是金色扇形，也有白紙的樣式。以削木或竹子做成寶珠形、火焰形，也有各種華麗加工的形狀。還有板製或黃銅製。通常是供獻一對，代表白酒與黑酒。白酒是用釀造好的原酒過濾而成的酒，黑酒是白酒加燒灰[48]，使其呈現灰色的酒，是古代基本的酒。

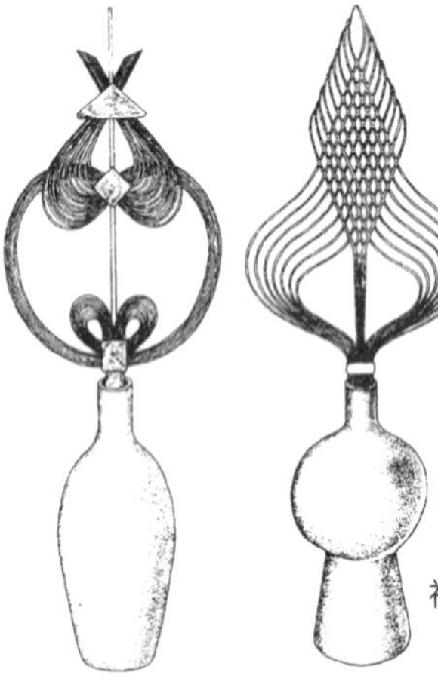
神酒口

神輿（みこし）（御輿）【神轎】

神輿

神乘坐的*輿（轎）。原是將神常在的移動神座「御帳台」簡化，由二〜四人抬舉四角的手輿，後來變成在基台底部左右穿入轅木，像鳳輦一樣扛運的形式。頂蓋上加鳳凰或寶珠裝飾的形式也變多。雖自江戶時代開始為孩童製作出小型神輿或樽神輿，不過扛神輿也算是長大成人的修練。

武者人形（むしゃにんぎょう）【武者人偶】

武者人形

五月五日端午的擺飾人偶。江戶時代後半，為了祈求男孩健康長大，開始流行擺武者人形做裝飾的風俗。最初的武者人形是神功皇后[2-51]與抱著御子（應神天皇）的武內宿禰。神功皇后雖為女性卻曾三度出征朝鮮半島，是驍勇善戰之人。後來桃太郎、牛若丸、弁慶、加藤清正、源為朝、豐臣秀吉等英雄或武將也被做成人偶。另外，除了在中央擺上象徵武將的盔甲，也會放毛槍[49]、薙刀、*弓矢等做裝飾。

木魚（もくぎょ）

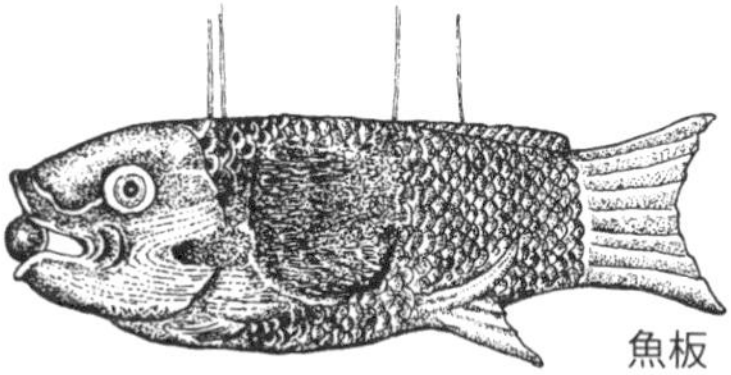
魚板

用木頭做成魚形的佛具。一種是做成細長的魚形吊掛在走廊等處，

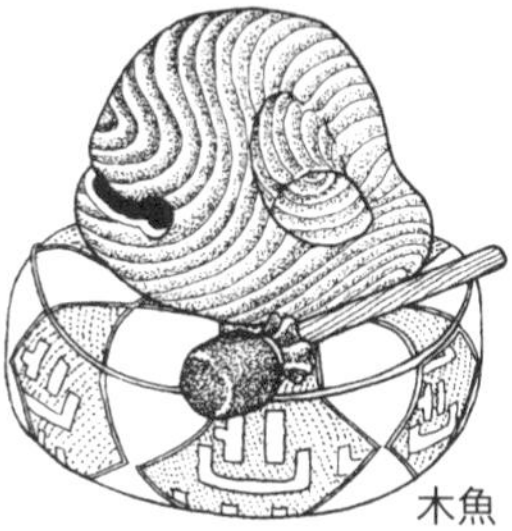
木魚

用於通知用餐或法事、集合群眾的木魚鼓、魚鼓、魚板；另一種是木製近球形，中間挖空，側面有細長開口，表面雕刻魚或龍的圖樣。將木魚擺在似坐墊的棉座上，以桴敲打出聲，用於唸經時調整速度。今日所說的木魚通常是後者。

燒嗅（やいかがし）

燒嗅

節分當天，將烤過的沙丁魚頭等腥臭味強烈之物插成串，插在門口，當作驅魔物。有些地方會一併插上柊樹葉，藉由腥臭味趕走魔物，以柊樹葉的刺防止魔物入侵。嗅がし（kagashi）是指*襤褸、毛髮、鳥羽或獸皮等燃燒會產生臭味的東西，也被立在田裡

保護作物不受鳥獸侵食。如今田中仍會見到的*案山子（稻草人），據說名稱便是由此而來。

屋根神（やねがみ）【屋頂神】

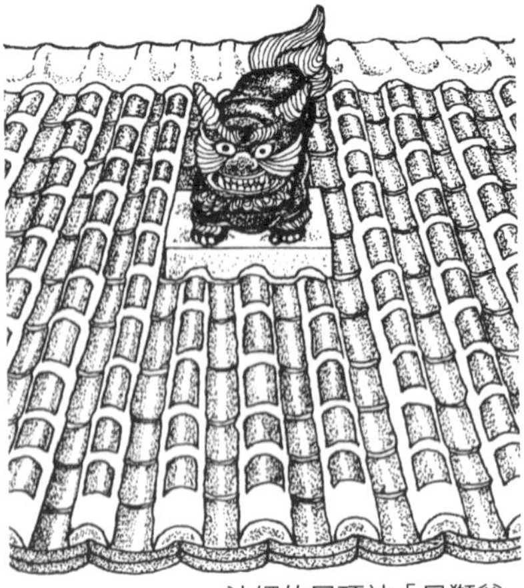

沖繩的屋頂神「風獅爺」

設置於屋頂的避邪像。以前的人相信十字路口，特別是三岔路，是惡靈聚集之處。因此，位於該地的住家屋頂或屋簷會擺置可驅除惡靈的鍾馗等神像。鍾馗在中國被視為降妖伏魔的神受到信仰，人們經常將瓦製的鍾馗像放在屋頂或門口上方，稱作「屋守（鎮宅）鍾馗」。而沖繩人是將シーサー（shiisa，風獅爺）當作驅魔防火的屋頂神。

山神（やまのかみ）

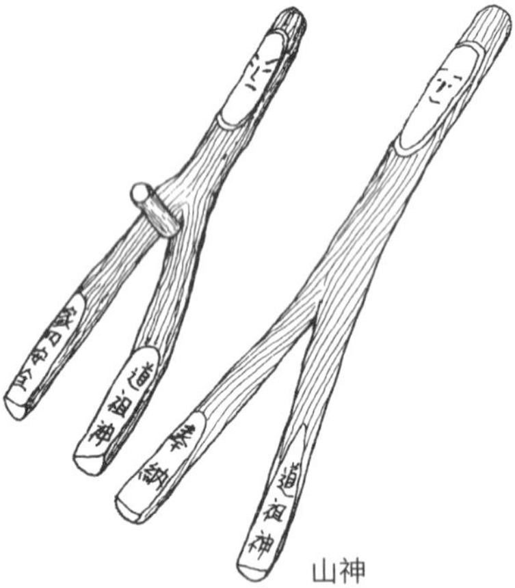

山神

獵人、樵夫、木匠等靠山謀生者的守護神。也是從事農耕的人所信仰的山神。據說山神會在春天下山化身田神，等到秋天收成完畢，再度返回山中變回山神。而且，多數人都深信山神是女神。有些地方認為祂是一年產下十二子的十二樣，或是協助生產獲得福德的男神，也被當作男女雙神。

山神通常被做成大小不一的石像供奉於小祠，有些地方會將山中的古木視為神體。祭祀方式相當多樣，由於山神是女神，所以會供奉仿造男性生殖器之物，因為山神長相抱歉，便供奉其貌不揚的鬼鮋藉此安慰。另外，有些地方會用松樹枝做成男體與女體，擺成交合狀，祈求豐獵、豐收。

湯立釜（ゆだてがま）

湯立釜

用於湯立儀式的*釜，有大釜、羽釜、深缽形土器釜等各式各樣的釜。大釜和羽釜等缽釜通常是有三根支腳的三足釜。湯立是在神前擺大釜煮熱水，巫女或神主（祭司）將竹葉浸泡熱水，撒在自己身上或周圍，恭請神上身傳達神諭的儀式，湯立神樂就是以此衍生的表演。另外，民間也會舉行*粥占儀式。

鈴（りん）【佛鈴】

鈴

在佛前唸經或參拜時，用來敲擊出聲，直徑約一〇公分的小缽形佛具。以銅合金的響銅製成。鈴（rin）來自於唐音的稱呼，使用始於禪宗，在密宗稱作金鋺。讀作レイ（rei）的時候，是指在鐘形本體的上方加柄、內部裝舌，手持柄搖晃出聲的密宗法具（金剛鈴）。據說那鈴聲能令佛菩薩歡喜。

六文錢（ろくもんせん）

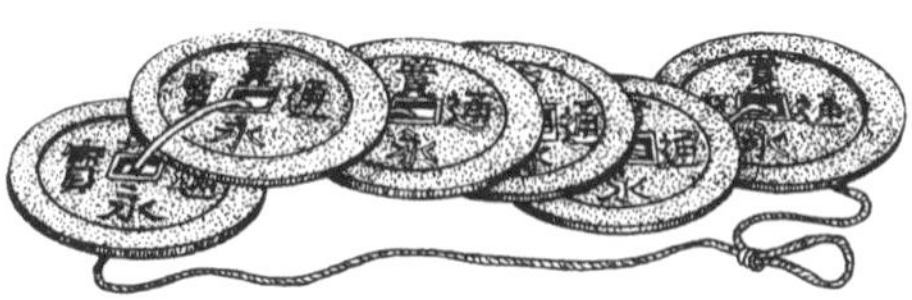
六文錢

納入棺材，當作往生者陪葬品的六枚錢幣，亦稱六道錢。用錢幣陪葬的風俗始於中國漢朝，日本在奈良時代也已開始。平安時代不普遍，直到中世之後有了今日的六道錢習俗。六代表六道[50]，這是讓亡靈渡冥河的船資。此外，下葬時也會納入僧侶給的血脈[51]，當作前往冥土的通行證。

藁馬（わらうま）【草紮馬】

馬被視為神靈的座騎，基於如此的信仰，送神時會使用藁（禾稈）做成馬形。這是自古廣為流傳的習俗，而且種類豐富多樣。過去在各地是用來祈求馬匹平安、豐收、孩童健康成長，出現於小正月（元宵）儀式或道祖神祭、野神祭、七夕、八朔、送蟲、送疱瘡（天花）神等各種活動。當中也有精緻小型化，當作鄉土玩具或民藝品傳承的樣式。

藁馬

藁人形（わらにんぎょう）【芻靈】

藁人形

立在可俯看村莊入口或周邊的小丘上的巨大人偶。用於防止瘟神入侵，祈求村內平安或豐收，多為稻草製，並讓藁人形配刀或持薙刀，有時會在胯下做出男性生殖器。常見於東北地區，亦稱鹿島樣、鍾馗樣、*道祖神樣等，擁有賽神的性格。有些地方會將小型的鹿島樣放進鹿島船流放，舉行送瘟神的祭典。

藁人形也具有「詛咒」的作用，將強烈怨恨的對象做成藁人形，邊念咒文邊用五寸（約一五公分）釘與鐵槌釘在神社的樹上進行咒殺。那是在丑三時（半夜二點～二點半）進行的儀式，又稱「丑刻參拜」。

藁蛇（わらへび）【草紮蛇】

用藁（禾稈）做成的蛇。蛇是水神的象徵，也被當作神的使者，舉行祭祀儀式時經常製作蛇體。而農耕儀式更是格外重視，最具代表性的就是大和（奈良縣）的野神祭。在五月五日這天會全村總動員，以藁製作巨大蛇體，孩童拉著蛇體在村中繞行後，掛在祭祀野神的大樹上。有些地方會同時供奉農具的模型或繪有牛馬的*繪馬。

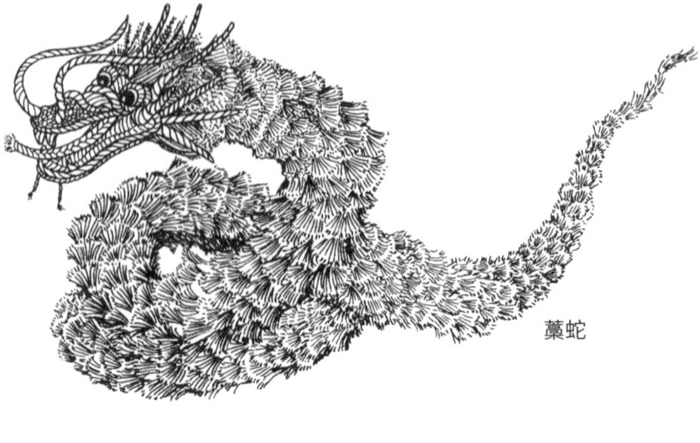
藁蛇

第11章

娛樂

「娛樂」是指從事喜歡的活動，令內心感到滿足，進而以從容及包容的心態面對生活。因此，人們自原始時代就開始思考各種娛樂方法，費心創造遊戲娛樂與相關用具。

遊戲的起源歷史悠久，隨著農耕社會的形成一起出現，據說源流是於年初舉行、祈求五穀豐收的年占。相撲或拔河等被當作占卜豐凶（豐收或欠收）的祭典儀式項目之一，再加上放鷹狩獵或賽馬、騎射、步射等競技，以及蹴鞠、騎馬遊戲的打毬（馬球）也都是古代就有的娛樂活動。室內遊戲則有雙六（P455）、圍棋、彈棋、投壺[1]、彈弓等，這些都要使用對應的用具。另外，貴族女性之間會玩各種物合[2]，如薰物合、貝合（P443）、草合、花合、根合[3]、歌合、繪合、物語合等。另一方面，宮中也會舉行雅樂[4]等各種樂器的演奏。

後來，貴族階層沒落，新的武士階層社會崛起，出現了拼鬥較勁的笠懸、流鏑馬、犬追物[5]等，孩童之間也盛行印地打等丟石子戰的遊戲。不過，到了室町時代（一三三六～一五七三）追求剛健的風氣衰退，公家之間流行起風流雅事，如華道（花道）、插花、稱為盆石與盆山的盆景藝術等。此時在庶民之間也開始出現玩遊戲的玩具。隨後，將棋也改變形式普及至民間，玩雙六也不必用盤，只用骰子決勝負。

同個時期，小孩玩的遊戲也蓬勃地發展。新年用振振[6]或毬杖玩耍，女孩用羽子板（P462）玩追羽根[7]，大人也迷上放風箏，武士之間甚至會比賽放風箏。踩高蹺的竹馬也始於這個時代。室町時代末期，女孩玩的手鞠變得流行，還出現許多新的遊戲，像是玩雛偶、打陀螺、捉迷藏、御手玉（沙包）、貝覆（貝殼配對）等。另外，比腕力、掰腳趾、脖子拔河[8]、夾膝蓋、手指角力、手指拔河等，不必使用道具就能玩的遊戲也愈來愈多，同時也都是培養孩子體力的比賽。這個時代可說是日本遊戲發展的巔峰期。

從桃山時代（一五六八～一六〇三）進入江戶時代（一六〇三～一八六八），世風丕變。以往僅流傳於貴族階層或武士階層之間的遊戲幾乎都流入民間，甚至開花結果，有了更多的發展。尤其是庶民的孩子開始玩許多遊戲，如唱遊的芋蟲滾滾、天神細道、露出蝸牛角，以及吹泡泡、松葉拔河、綾取（翻花繩）、折紙、放煙火、灸出[9]等。這些遊戲大部分都有相關的歌或故事，當中還有諷刺社會的內容。像是「天神細道」原是講述當時通關管制的嚴格，後來卻變成唱遊兒歌；伊呂波歌留多（P446）的「伊」（i）來自「一寸先は闇」（前景黑暗），也是比喻前途無望的社會。孩童的玩具多是用垂手可得的草木快速製成之物，他們從中學習溝通與智慧。

另一方面，庶民之間也開始關注文化，流行起各種興趣。家元制度[10]的展開促成其發展。除了被視為教養的君子四藝（琴棋書畫），能樂有金剛流或觀世流等，茶道有千家流（表、裏、武者小路）、遠州流、石州流等，特別是裏千家，藉由向町人階層（商人和工匠）或子女進行茶道指導，讓增加弟子人數大增而變得廣泛普及。

華道也是池坊專榮將立花[11]的思想背景融入於儒教之中，成為立花發展的基礎，立花於江戶時代前期發展成生花，成為町家子女教育的一環，出現諸流諸派。茶道與華道也引起庶民的關注，提高教養的同時也是人生的一種雅趣。歌舞伎、人形淨瑠璃或舞踊（舞蹈）也是如此，欣賞笛、太鼓、琴、三味線等管弦、打擊樂器演奏的風潮也變得普遍。

遇到特殊節日的晴日，人們會開心地盛裝打扮，前往喜慶活動的場所享用盛饌，祭拜神明，與神明一起欣賞神樂或扛神輿。當中最令人期待的便是緣日和祭典，以及聚集在現場的攤販或表演活動。人們最喜歡的莫過於覗機關（P462）。邊聽著特殊的「機關節」說明，邊透過鏡片觀賞色彩鮮豔的圖畫故事。

有些東西能讓人感受到季節的變化，好比金魚。江戶時代中期起，金魚成為庶民的愛好之物，還有賣金魚的攤販或沿路叫賣金魚的小販。聽著屋簷下的風鈴聲，玩賞金魚缸裡悠游的金魚成了夏季特有的景象之一。明治時代（一八六八～一九一二），上部略開，有波浪形圍邊且上色的球形金魚鉢（金魚缸）變得普及。

姊様人形（あねさまにんぎょう）【姊樣人偶】

一種紙人偶，穿上*千代紙等加工製成的衣服，再戴上模仿婦女髮型、以縮緬紙等製成的髮髻。活用*折紙技術，展現日本髮型之美。有些地方只有頭沒有身體，或是有畫出臉部表情等。材料種類豐富，除了紙，還有布、草、玉米莖、土、練物[10-39]等，或是組合多種材料做成。是女孩平日玩扮家家酒時常用的遊戲手偶。

姊様人形

綾取（あやとり）【翻花繩】

將繩線的兩頭打結做出環圈，纏繞或勾在兩手的手腕或手指，翻轉出花樣。可獨自一人玩，也可雙人交互進行。形狀有小河、船、魚、鼓等，最後將鼓拆開變成掃把。無法再翻出花樣時，就邊唱「文福茶釜長了毛，賣給收破爛的，卻被它落跑」[12]邊拉開線繩。

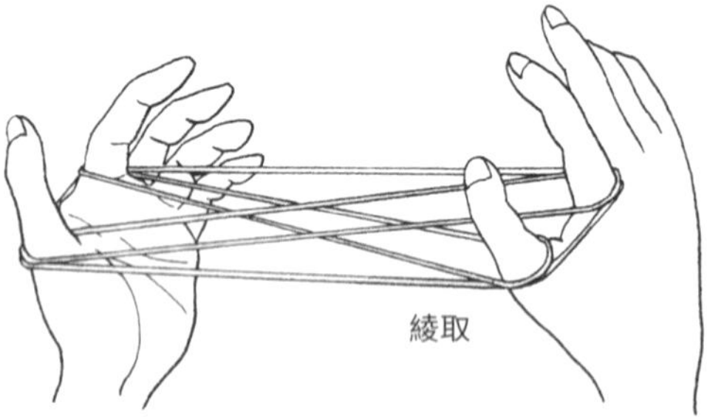

綾取

一弦琴（いちげんきん）

亦稱板琴、獨弦琴、須磨琴、一緒，原本是在長三尺六寸（約一公尺）左右的細長桐木板或杉木板上拉一根弦，撥弦彈奏的樂器。後來變成將一根木頭的背面挖空，加上底板。據說是古代自天竺傳入日本，但今日的一弦琴是江戶時代從中國傳來，寶曆、明和年間（一七五一～七二）由河內國（大阪府東部）金剛輪寺的覺峰律師推廣至民間。明治時代末期起衰微，如今相當少見。

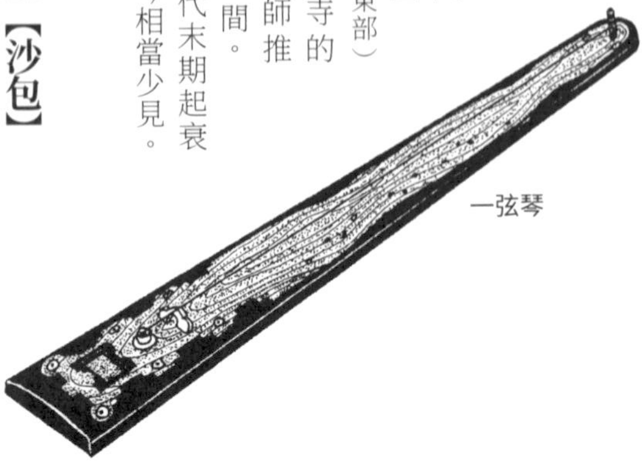

一弦琴

御手玉（おてだま）【沙包】

用小碎布做成袋子，在裡面放紅豆或珠子，數個為一組的玩具。玩的時候，邊唱數數歌，邊依序拋接多個御手玉，比賽誰拋起的數量最多。有時袋子裡會放碎石。有些地方

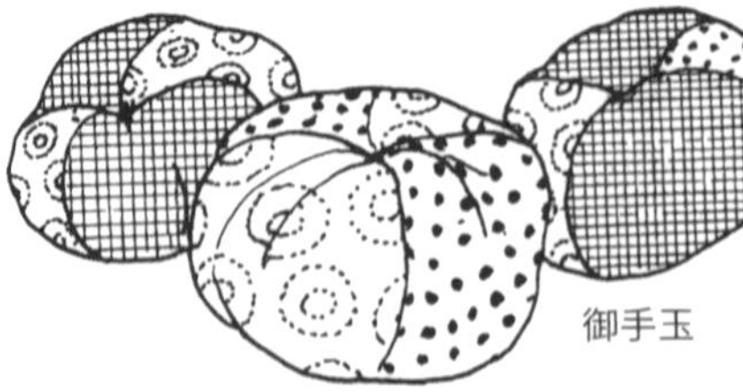

御手玉

稱作「擲石」、「おじゃみ」(ojami)，鎌倉時代稱為「一二」。到了江戶時代還有用絹布縫成圓袋，裝入鈴鐺、紅豆或零錢等小東西的樣式。

御彈（おはじき）【彈棋】

御彈

據說是平安時代自中國傳入日本的遊戲，互相彈擊放在*碁盤（圍棋盤）上的黑白棋。江戶時代後，主要是孩童在玩。玩法也變成先將御彈隨意撒放，玩的人依序彈擊，擊中最多的人就是贏家。起初是用小石頭，之後變成螺貝，明治時代後，開始用玻璃製品。名稱依地方而異，有石子、粒、ビードロ（biidoro，葡萄牙語的vidro）等。玩的時候，邊玩邊說「ちゅうちゅうたこかいな」（二、四、六、八、十）。

折紙（おりがみ）

將一張紙折成各種形狀。古時的人相信純白的紙具有除穢的咒力，將其當作祭具使用，或是當成神明依附物的*御幣、*形代（替身）用的紙人偶，藉以轉移穢氣災厄，放入河海漂流。折紙的種類很多，像是用於神社寺院的祭典、婚喪喜慶等儀式或禮品的敷紙、包紙、飾紙等。亦稱作折居、折形，形狀愈趨複雜，還有不必切割，只用一張紙就折出花鳥動物等形狀的手工藝品。到了明治時代，學校也開始將折紙導入教學中，正方形的色紙成為市售品，也發展出高超的折紙技術。

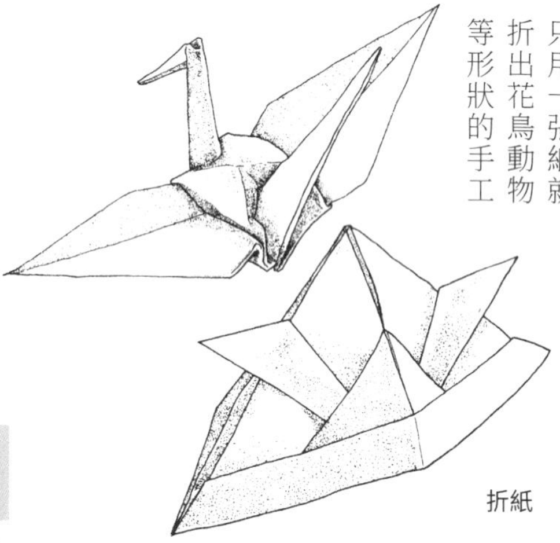
折紙

另一方面，將奉書紙[10-12]、鳥子紙[13]、檀紙等橫向對折而成的公文、*目錄也稱作折紙，例如書畫刀劍等物的鑑定書。因此，衍生出意指「掛保證」的「折り紙付き」（附折紙）一詞。

貝合（かいあわせ）

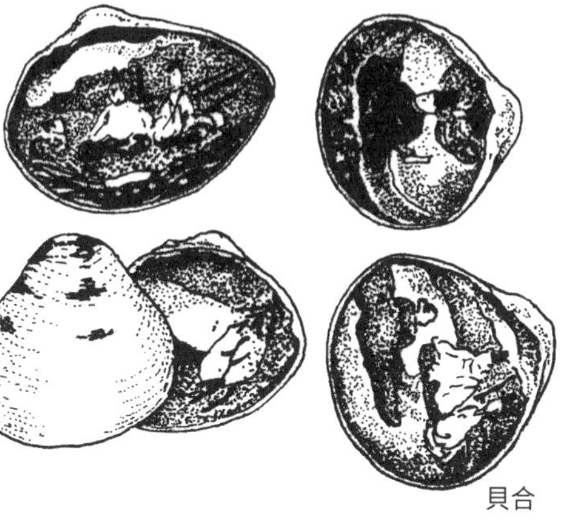
貝合

平安時代，貴族之間進行的一種物合[2]。分為左右兩組人馬，互相拿出各種珍貴的貝殼一較高下，也會吟詠和歌比較優劣。後來也將貝覆稱作貝合。貝覆玩法是準備一八〇對或三六〇對的蛤殼，其中一片為地貝，另一片為出貝，排好地貝後，依序用出貝配成對，湊成最多配對者為贏家。殼內會畫上美麗的圖畫。

風車（かざぐるま）

用紙或*經木（薄木片）等做成車輪形再加上握柄，讓風吹動的玩具。平安時代末期已有紙製的風車，室町時代時成為孩童的玩具，在江戶時代變成新年的玩具之一。五色紙風車是到東京雜司谷參拜鬼子母神的知名特產，在日本各地廣為人知。到了大正時代出現了賽璐珞材質的風車。

風車

鬘（かつら）【假髮】

一種扮裝用的假髮，古時已有局部的鬘，江戶時代開始有包覆整個頭部的鬘，現代的歌舞伎、新劇[14]、電影或電視的演員、藝人也都會使用。此外，一般人為了追求時尚或遮禿也會使用西式鬘。日式新娘裝、藝人的表演裝等使用的鬘，是由美容院中會綁日本髮髻的髮結師或美容師製作。局部的鬘有付毛、添毛、*髮文字（髮片），西式鬘有全鬘（wig）與部分鬘（hairpiece）。

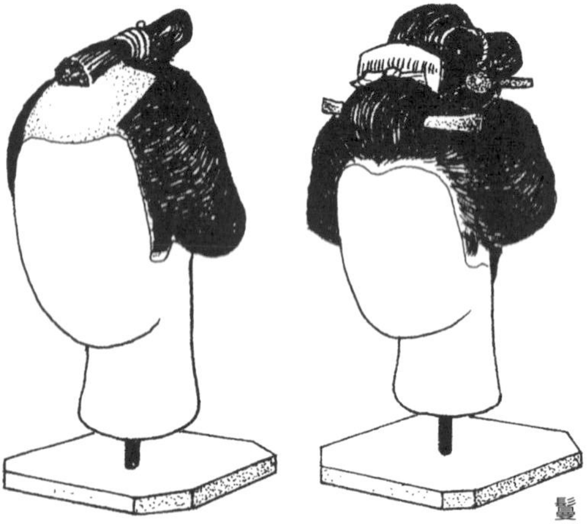

鬘

鉦（かね）

金屬製的打擊樂器。古時自中國傳入日本，被當作雅樂[4]或念佛的樂器使用，除了歌舞伎的下座音樂[15]，也用於祭囃子[16]、念佛踊（念佛舞）、神樂囃子等鄉土表演。直徑約一五～三〇公分的厚盤狀，外圍

鉦與撞木

有淺邊，邊上有穿*紐的雙耳。分為吊在框上的*鉦鼓、掛在左手敲擊的當鉦等。演奏時，用桴敲擊內側。桴有在前端接上鹿角製圓球的形式，或是槌形*撞木。

另外，還有內側朝下平放、敲擊底面的伏鉦，還有以摩擦方式敲打內側的小型摺鉦等。叮咚屋[17]也會將鉦裝在太鼓上敲打做音效。

花瓶（かびん）

泛指插花的器具，亦稱花器、花活、花入。日本人認為花是靈力的依附物，舉行神祭或各種儀式時會獻上鮮花，隨著佛教一同傳入的佛前供花也是這種習俗的傳承，將插花的瓶稱作華瓶。早在平安時代已有瓶口、瓶身、底座開闊，瓶頸、瓶腰窄縮的亞字形華瓶，德利形華瓶是鎌倉時代以後的產物。

常用飾棚的書院造[3-17]建築於室町時代成熟，在平台上放*香爐、*燭台、華瓶的三具足成為固定形式。花成了供人鑑賞的對象，在華道成立後，分為真、行、草的立花[11]花型確立，於室町時代末期形式化。接著，更加自由簡單的抛入花出現，普及至社會大眾。在江戶時代中期發展出生花，多種流派興起。花瓶、花器變得多樣化，有陶瓷器、銅製、竹製、木製，明治時代後也有了玻璃製品，融入各種設計巧思。

花瓶

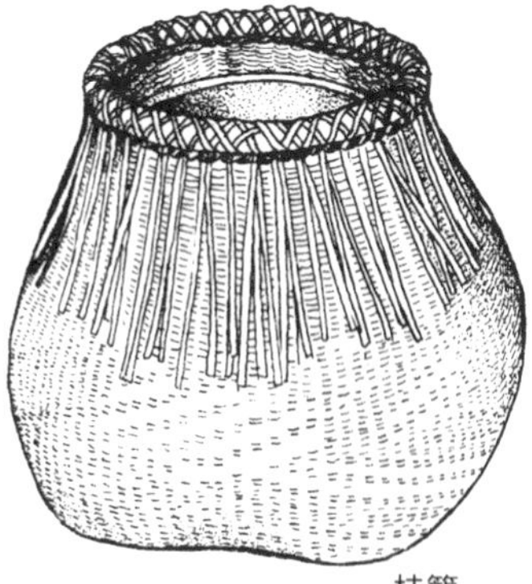
桂籠

而茶道不像華道追求造形之美，而是將原始的樣態直接呈現，為了表現出茶道的理想境界「侘寂」，日常用具的*壺、*甕、*魚籠（魚簍）、鉈入（柴刀袋）等皆可使用，多為小巧質樸之物，也有造型樸素的一輪插小花瓶。

紙芝居（かみしばい）【連環畫劇】

紙芝居

使用數張圖畫說故事的表演方式。江戶時代末期曾有會動的幻燈片，在江戶稱作「寫繪」，大坂稱作「錦影繪」。以此為發想，在昭和時代初期發展出紙芝居，在緣日或祭典活動時，以孩童為對象進行表演。後來還出現設置於腳踏車的置物架，在街上或公園邊演出邊賣糖果等零嘴的紙芝居屋。昭和三十五年（一九六〇）左右開始減少，如今已寥寥無幾。

紙風船（かみふうせん）【紙氣球】

將紅、白或青、黃等各色的色紙剪成花瓣形，拼貼做成的氣球。從吹口的小洞吹氣使其膨脹，玩法是將紙風船往空中拍。自明治時代中期開始流行，當時亦稱作空氣玉、紙手毬。大正、昭和時代，富山的賣藥商人將此物當作贈品，討孩童歡心。

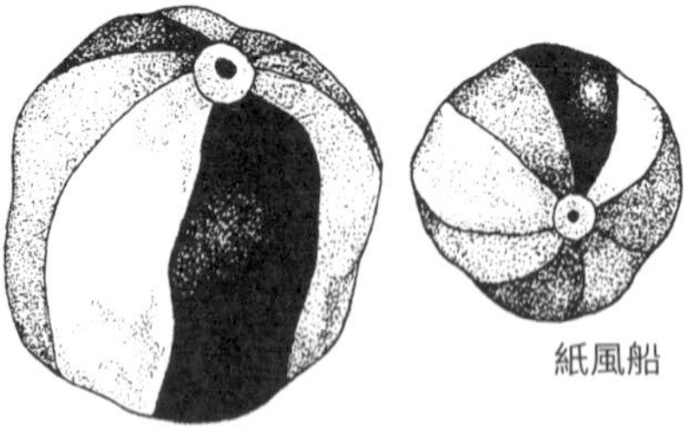
紙風船

另外，還有四方形的折紙風船（折紙氣球），同樣是吹氣使其膨脹，玩法也相同。

絡繰人形（からくりにんぎょう）【機關人偶】

拉線移動，或是利用發條、水銀、砂、水等的壓力使其活動的自動機械人偶。江戶時代用於人形芝居（人偶劇）或見世物（珍奇表演）而大為流行。這種人偶也應用於山車人形，各地仿造如此的機關設計，製作出各有特色的人偶玩具。同時，也做出能將茶端至客人面前的茶運人形等，技術與設計之高超，宛如現代的機器人。

茶運人形

翻跟斗人偶

歌留多（かるた）【歌牌】

伊呂波歌留多

用固定數量的卡牌進行遊戲，包含現代的撲克牌、*花札（花牌）、百人一首等都屬於歌留多的一種。原型來自印度或中國，但歌留多這個名稱是直接將葡萄牙語的「carta」（紙牌）納入日語詞彙使用，據說是在室町時代由造訪九州的葡萄牙商船傳入。後來仿造此物做出了四十八張的天正歌留多，那是擁有「天正金入極上仕入」稱號的美麗卡牌。天正歌留多又衍生出四十五張或七十五張的宇牟須牟骨牌，後來因為被用於賭博，而在寬政改革時遭到禁用。此外，源自日本傳統遊戲的貝覆、花合等，描繪花鳥風月的花札，還有以歌合為靈感的百人一首等歌牌、由圖畫解讀俗諺的伊呂波歌留多等，創作出各式各樣的歌留多。百人一首和伊呂波歌留多是新年常玩的遊戲，玩法豐富的花札帶給人們許多歡樂。

雉子車（きじぐるま）

外形仿造雉雞，加上車輪的木製玩具，亦稱雉子馬。為見於九州各地的獨特玩具，可與東北地區的*木芥子（人形木偶）做對照。木芥子是擺在室內的靜態人偶，雉子車則是適合在戶外玩的行動玩具，這點也對應到南國居民外向的特徵。據說是木地屋[9-5]的創作，主要分為三種系統，福岡縣三山市瀨高町清水觀音的「清水系」、以熊本縣人吉市為中心，包含球磨郡、八代市與玉名市在內的「人吉系」、以大分縣玖珠郡玖珠町為中心的「北山田系」。

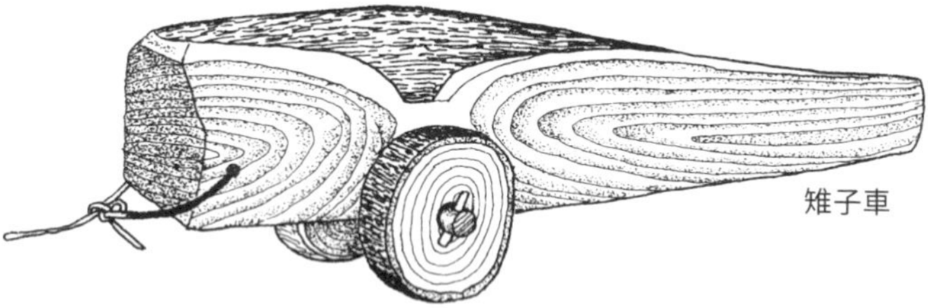
雉子車

金魚鉢（きんぎょばち）【金魚缸】

金魚在室町時代傳入日本後被飼育，江戶時代中期開始在庶民之間受到喜愛。後來更出現賣金魚的攤販，尤其奈良縣的大和郡山市更興起了金魚養殖。在街上喊著「金魚啊，賣金魚」的金魚販成為夏季特有的景象。原本是養在池子或陶瓷器的*鉢（缽），為了能夠從各種角度欣賞金魚悠游水中的美麗身影，江戶時代末期做出了以結桶為側板、左右鑲嵌玻璃的金魚樽。明治時代後，人們開始將金魚養在玻璃製的金魚鉢。

最常見的金魚鉢是球形或接近圓體，上部略開，具有波狀邊緣，以藍或紅色描繪點綴。另外，這個造形也應用於煤油燈的燈罩，稱作花笠。

金魚鉢

傀儡人形（くぐつにんぎょう）【傀儡人偶】

用於表演的操人形（傀儡）。平安時代有舞弄木偶慶賀新年的風俗，到了室町時代，攝津（兵庫）西宮神社的神職人員會上街表演「夷舁」，舞弄*惠比須的人偶宣揚神德。這個惠比須舞後來發展成日本的傀儡和人形芝居（人偶劇）。江戶時代在胸前掛箱子，從箱內操弄人偶的「首掛芝居」成為民眾熟悉的門付藝（上門賣藝）、大道藝（街頭表演）。

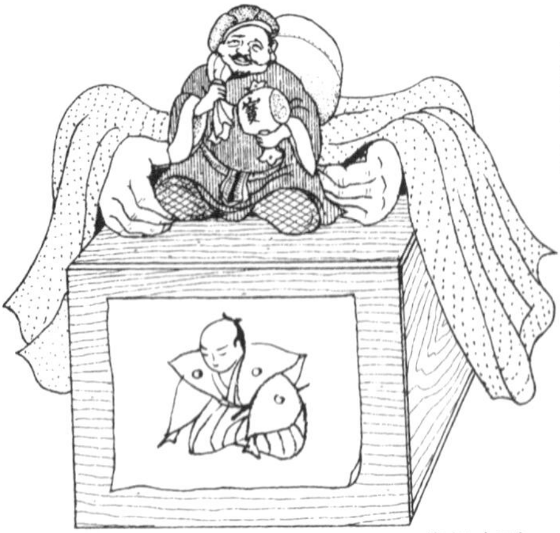

傀儡人形

軍配（ぐんばい）

軍配

軍配團扇的簡稱，如今是舉行大相撲或各地祈求豐年及酬神的奉納相撲時，行司（裁判）手中的道具。原為戰場上的指揮用具，室町時代末期便為人所用。起初是在圓形的煉革[18]中夾入握柄、塗漆製成。江戶時代也出現了竹編製、紙製、鐵製。紙製品有白紙、貼金銀箔、塗朱漆等做法，依使用的武士之身分或職務而異。另外，在棒子前端加上撕開的紙束或氂牛毛束的采配也是一種指揮用具。

劍山（けんざん）【花插】

將草木枝條或花插在花器中時，用來固定的花留用具。分為大、中、小，有方形、圓形、半圓形等各種形狀。依花材又分為枝條用的粗目劍山、草本植物用的細目劍山，針的密度、長度、粗細不一，根據花材的性質、粗細、量以及花器的種類區分使用。據說是明治時代發明出來的。

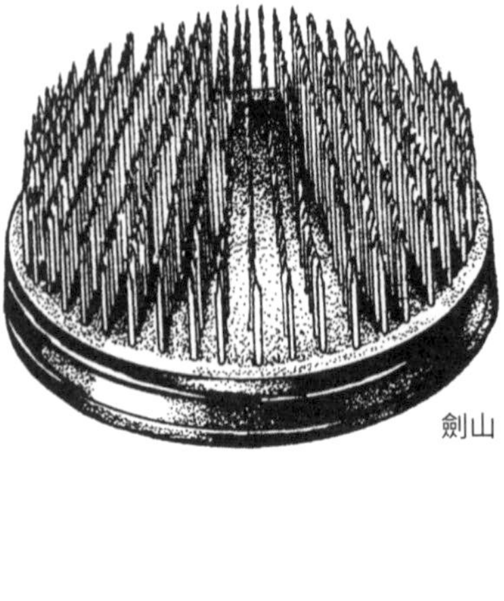

劍山

劍玉（舉玉）

將一五公分左右的棒子前端削尖（稱為劍），另一端挖出皿狀的凹洞（稱為皿），用*紐綁接鑽孔的木球。手握棒子甩動木球，使球入劍或落皿。在江戶時代自中國傳入日本。大正時代初期出現了十字形、具有三皿的樣式，直到昭和時代都是流行於孩童之間的玩具。

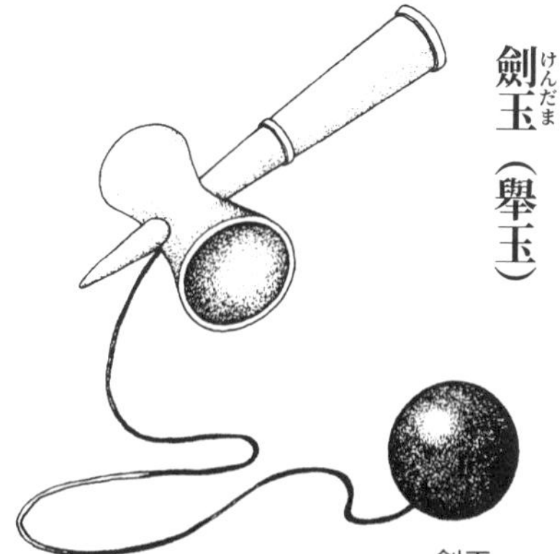

劍玉

幻燈機

在玻璃或底片上印刷照片或繪圖，藉光照並透過鏡片擴大，投射在布幕上的裝置。於幕末時期由荷蘭傳入日本，起初用於見世物（珍奇表演）。當時是用兩台至數台內置*蠟燭或煤油燈為光源、稱作風呂的映寫機。之後被用來表演加入台詞的下座音樂[15]，或是說教節[19]的圖畫故事。亦稱寫繪，在大坂則稱錦影繪。到了明治時代，用單張照片做成的幻燈片變得普及，成為孩童之間流行的遊戲。昭和時代受到*紙芝居（連環畫劇）的影響，出現透過連續投影圖像，構成一整個故事的形式。

幻燈機

香木

散發香氣的木材，當中最具代表性的是檀香。用於製作佛具、裝飾品等物，也作為焚香使用。隨著佛教經由西域傳入日本，當初是獻給神佛的供香，或是淨身淨宅的空香，被視為珍物。平安時代後，開始有了享受香氣的聞香。鎌倉時代開始成為日本美感的象徵，發展出焚香鑑賞的香道。正倉院所收藏的蘭奢待[20]被認為是最頂級的香木。

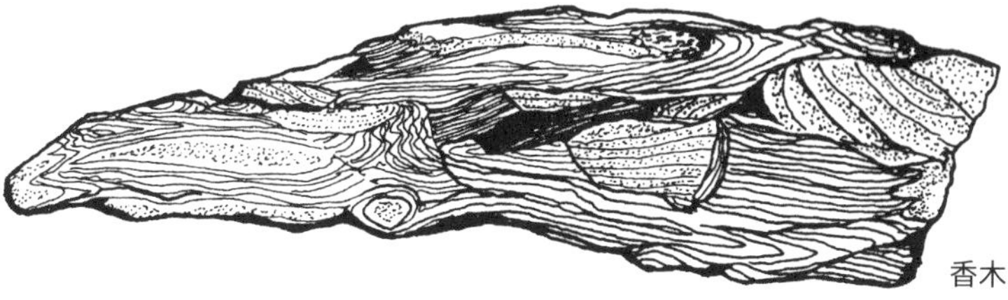

香木

胡弓（こきゅう）

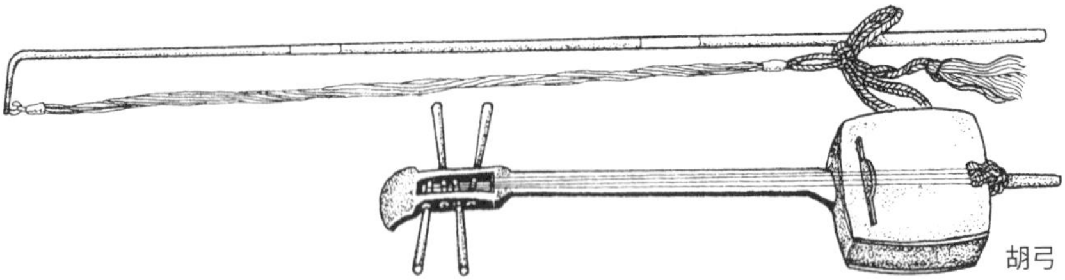
胡弓

東洋的擦弦樂器，在日本沒有明確起源。形似貓或犬皮製成的*三味線，但比三味線小，棹柄貫穿琴身，在下方露出一截。分為三弦與四弦，四弦是後期的形式。弓與中國胡琴類似，以馬尾製成。江戶時代初期原為走唱藝人使用，後來藝術性提升，創作出組合多首短歌的組歌，以及為各種樂器製作的本曲，也應用於義太夫節[21]。

木芥子（こけし）【人形木偶】

各地的木芥子

源自東北地區的溫泉勝地，以*轆轤製作的樸素木製人偶，亦稱木削子、木這子等。名稱由來眾說紛紜，尚無定論。通常是球形頭部加圓柱形的身體，用紅、藍、黃三色在身體畫上菊花或線條。依製作風格分為十種系統：土湯系、彌治郎系、肘折系、木地山系、津輕系、南部系、遠刈田系、作並系、鳴子系、藏王系。原本是東北地區的木匠用燈台樹、色木槭等的木材廢料做成給自己小孩的玩具，後來被當作溫泉勝地的伴手禮販賣，大正時代開始受到成人喜愛後，成為鑑賞用的裝飾品。

御所人形（ごしょにんぎょう）【御所人偶】

御所人形

在江戶時代為京都的宮廷及公家、皇族或貴族擔任住持的門跡寺院等身份高貴者所喜愛之玩偶，故得此名。

最初是土製，後來變成木雕。因為身體經過磨白處理，亦稱白肉人形、白菊人形等。另外，以頭大、眼鼻小來強調天真氣息，故又稱頭大，因其身形圓潤的三頭身，也被叫做三割人形。

琴（こと）（箏）

將桐木刨挖成舟形，加底板，做琴身，將一三根弦以平行方向裝上的弦樂器。戴上琴爪（義甲）撥弦演奏。於奈良時代自中國傳入日本，平安時代為宮中與貴族所用，安土桃山時代起，武家及町人的女性也開始學琴。日語的「こと」（koto）在古時是弦樂器的總稱，是琴也是箏。琴原是指沒有琴碼的*一弦琴或*大正琴（中山琴），箏則是每根弦都有調音的琴碼，到了江戶時代，說到「こと」（koto）通常是指箏。江戶時代後也出現了一弦琴、*二弦琴。弦是用絹絲搓撚而成，如今普遍是用尼龍弦。

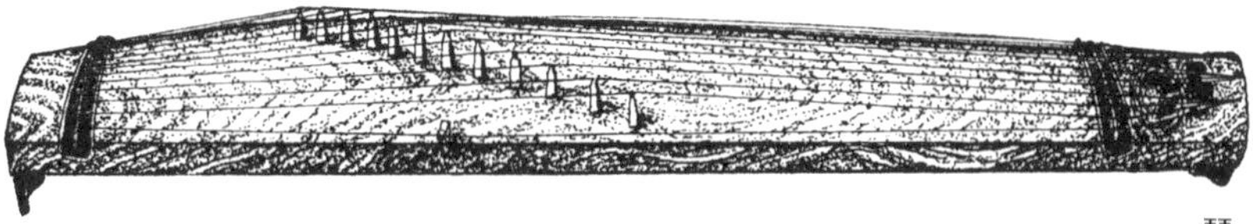

琴

碁盤（ごばん）【圍棋盤】

下圍棋用的方形盤。長一尺五寸（約四五公分）、寬一尺四寸（約四二公分），厚度不一。盤面用黑漆畫出一九條橫線與直線，構成三六一個棋格。材料有榧樹、銀杏、檜木、連香樹等，徑向[1-6]切面的榧樹為最頂級的材料，連香樹是普及品。正倉院收藏了聖武天皇遺愛的碁盤，京都的大德寺龍源院則藏有豐臣秀吉和德川家康對弈過的碁盤。江戶時代普及至民間，京都、大坂、江戶還出現了專門製作碁盤的職人。

碁石（棋子）是黑白兩色的扁平圓石，以黑石一八一個、白石一八〇個為一組。高級的黑石是用產自紀州（和歌山全縣與三重縣南部）的石材那智黑製成，白石則是用碁石蛤的貝殼。除了下圍棋，也可用來玩五子棋、七子棋等簡單的遊戲。

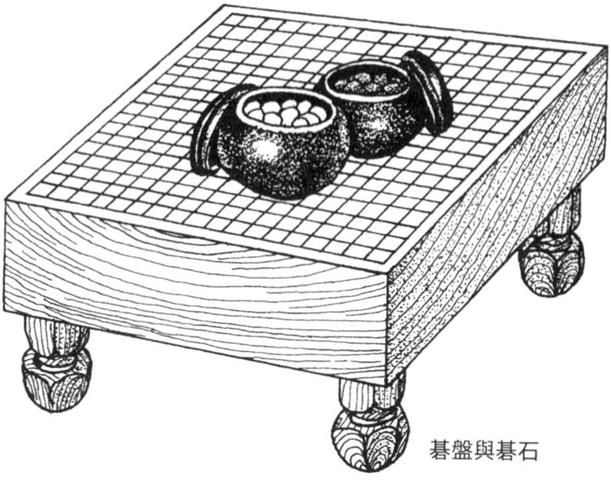

碁盤與碁石

獨樂（こま）【陀螺】

旋轉芯棒或軸，使其轉動的玩具。古時稱作ツムクリ（tsumukuri），當時是旋轉樹果或貝殼的自然遊戲。後來發展成將木頭削整為圓形，中心插軸棒，做成易於旋轉的造形。奈良時代作為雜技自中國傳入日本，成為神佛會的餘興節目、貴族的遊戲。平安時代以後，民間的孩童也開始玩，還有了打陀螺歌。關於「こま」（koma）這個稱呼，據說是從高麗傳入了有洞的鳴獨樂，稱作古末都玖利（komatsumukuri／komatsukuri），簡稱為コマ（koma）。到了江戶時代出現以打陀螺為職業的人，甚至有所謂的名手，江戶有松井玄水、大坂有松井喜三郎。種類也變得相當豐富，像是曲獨樂、博多獨樂、鐵胴獨樂（喧嘩獨樂）、唸獨樂（gongon獨樂、唐獨樂）、海螺（貝獨樂）、錢獨樂、八方獨樂（花獨樂）、賭博獨樂等。各地製作出有特色的獨樂，發明出比壽命、投取、燕返[22]、彈擊等各種玩法。

大吉獨樂　大山獨樂　喧嘩獨樂　佐世保獨樂

骰子（さいこ）（賽子）

*雙六等遊戲或賭博的道具。以獸角、象牙、木頭等做成的小立方體，各面配有一～六的點數，一的背面是六，二的背面是五，兩面的總和皆為七。世界各地雖都有骰子，但在日本從古代至中世是讓雙六棋前進的道具，在

骰子

中世變成博奕道具，江戶時代後，以骰出奇數或偶數比輸贏的丁半為一般流行的玩法。

三線（さんしん）

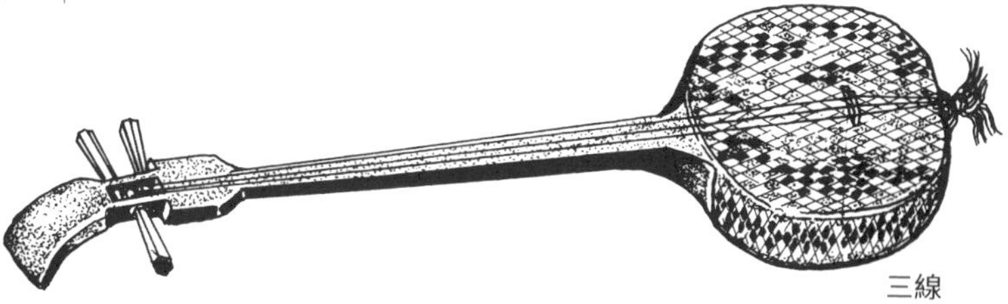
三線

沖繩及奄美群島特有的撥弦樂器，前身是十四～十五世紀自中國傳入的三弦。比*三味線小，棹柄是黑檀、紫檀或桑樹製成的延棹，琴身比三味線更偏圓形，表面蒙上蟒蛇皮，以三條絹絲為弦。右手食指戴上牛或水牛角做成的義甲撥弦彈奏，有時也會直接以指甲撥彈。至今仍是受到喜愛的古典音樂、民謠等琉球音樂的伴奏樂器。

竹刀（しない）【竹劍】

用於劍道的竹製用具，後改良為刀劍的練習用具。將四片裁切整齊的桂竹，表皮朝外捆成束，握柄用稱作柄革的白色鞣革袋包覆，前端也用稱為先革的鞣革包覆。在相當於刀背的部分，從柄革至先革拉弦，前端約三〇公分處綁上中結。全長三尺六寸以上、三尺九寸以內（約一〇八～一一七公分）。

篠笛（しのぶえ）

以川竹等細竹製成的橫笛，用於民俗表演或歌舞伎，長約三〇～六〇公分。歌舞伎會準備一二～一三根音色不同的篠笛，依樂曲分開使用。指孔基本上是七孔，民俗表演會將其中一孔塞住，或是做成六孔、五孔、四孔的形式。通常是直接用細竹製作，但為避免裂開或做裝飾會塗漆，或是部分纏繞護套。

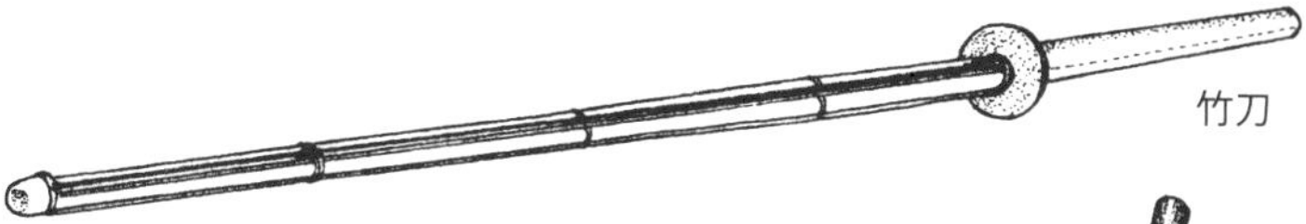
竹刀

篠笛

締太鼓（しめだいこ）

締太鼓

兩面皆蒙皮革，以調紐拉緊調整鼓面的*太鼓。有刨挖而成的鼓身或桶製、曲物製，分為直徑比革面寬或窄兩種。種類豐富，像是舞樂或田樂[23]用、能劇囃子[16]用、長歌[3-24]或戲劇的下座[15]用、民間奉納神明的里神樂用等。當中又以能劇、長歌的締太鼓最具代表性，那是在比曲物製的鼓身直徑更寬的大鐵環上蒙革面。放在台上，雙手各持一根桴敲擊演奏。*鼓也是由此衍生。

尺八（しゃくはち）

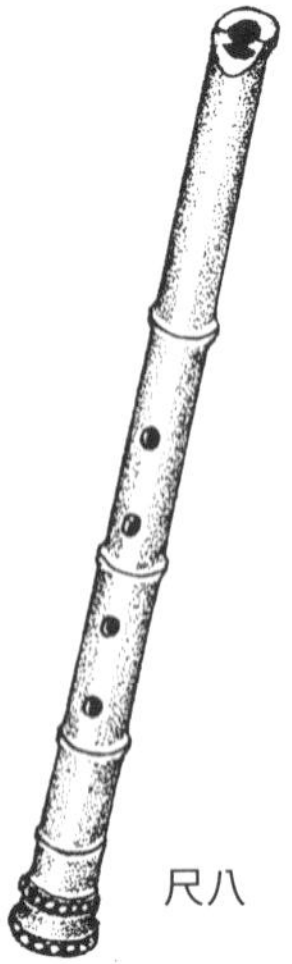
尺八

主要是用桂竹根部七節製成的五孔豎吹管樂器。基本長度是一尺八寸（約五四公分），故稱「尺八」。直接用唇對著上端嵌入削薄的水牛角等物的歌口吹奏。奈良時代已被使用，正倉院也有相關收藏。有段時期曾經消失匿跡，但在江戶時代初期被虛無僧[2-18]使用，江戶時代中期名手黑澤琴古也創作出許多名曲，確立了今日的尺八音樂。明治時代末期也出現了九孔等多孔的樣式。

三味線（しゃみせん）

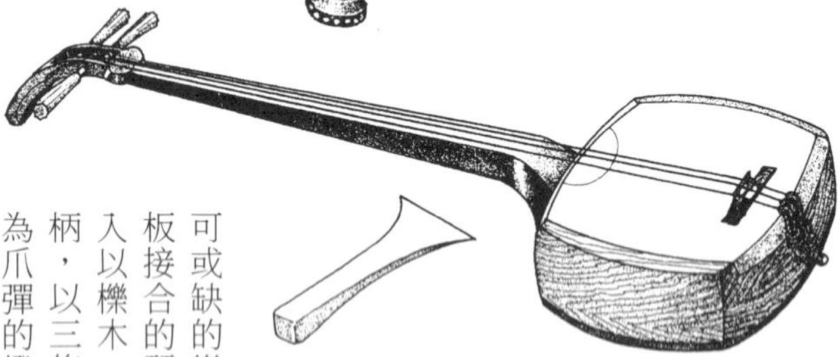
三味線與撥子

十六世紀從中國經由琉球傳入日本的撥弦樂器。古時的發音是サミセン（samisen），有時亦稱三弦。經過反覆獨特的改良，成為今日的形式，是日本音樂不可或缺的樂器。將四片桑木板接合的琴身蒙上貓皮，插入以櫟木、紫檀等做成的棹柄，以三條絹絲為弦，用稱為爪彈的撥子彈奏。有時不用爪彈，直接以右手食指的指甲撥彈。分為太棹（粗棹）、中棹、細棹，粗棹用於義太夫節[21]、說教節[19]，中棹用於地歌、常磐津、清元、新內節，細棹用於長歌[3-24]、端歌、小歌或箏曲等。也用於浪曲、民謠或門付藝（上門賣藝）。

笙（しょう）

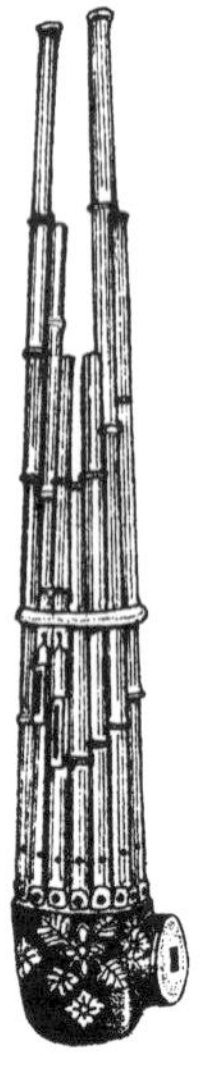
笙

雅樂[4]使用的管樂器，與*篳篥、橫笛同為擔任合奏主要部分的三管之一。側面的吹口稱作匏，上方插入一圈長短一七根的細竹管。竹管根部有金屬簧片，從匏吹氣就會振動簧片發出聲音。笙吹出的典雅和音是奈良時代管弦樂的最大特色，有一竹（單音）或二竹（複音）等演奏方式，也用於伴奏。

將棋盤（しょうぎばん）

下將棋的方形盤。平安時代中期至

室町時代有大將棋、中將棋、小將棋三種玩法，室町時代末期將三種玩法改良為小將棋，即今日將棋的根源。將棋盤長一尺二寸（約三六公分）、寬一尺一寸（約三三公分），厚度不一，盤面畫有九×九的棋格，底部接上四根長四寸（約一二公分）的支腳。材料以榧樹為最上等，其次是連香樹、銀杏。雙方各持王將（玉將）、飛車、角行、金將、銀將、香車、桂馬、步，共二十只駒。除了移動這些駒守住王將的本將棋，還有詰將棋、挾將棋、回將棋、摑將棋（山崩）、倒將棋等多種玩法。

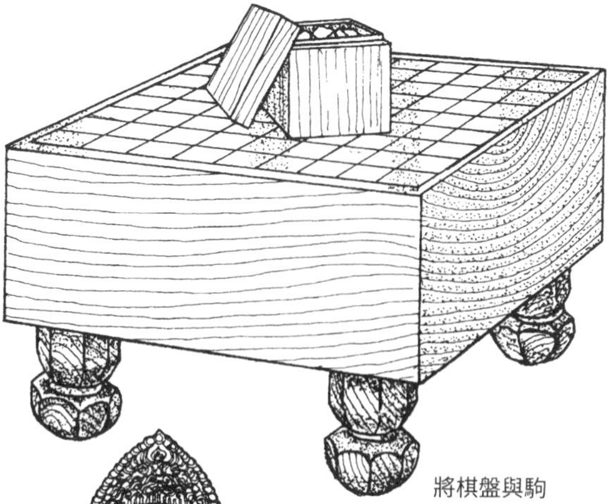
將棋盤與駒

鉦鼓（しょうこ）

金屬製的打擊樂器，為*鉦的一種，用於雅樂[4]。分為大鉦鼓、釣鉦鼓、荷鉦鼓三種，大鉦鼓的直徑約二四公分，釣鉦鼓、荷鉦鼓的直徑約一五公分，皆為皿狀。邊緣外側有兩個突起的洞，用來穿紐懸掛。雙手持桴，敲打鉦的內側進行演奏。大鉦鼓是站著演奏，釣鉦鼓是坐著，荷鉦鼓是邊走邊演奏。民俗表演用的當鉦，原型正是鉦鼓。

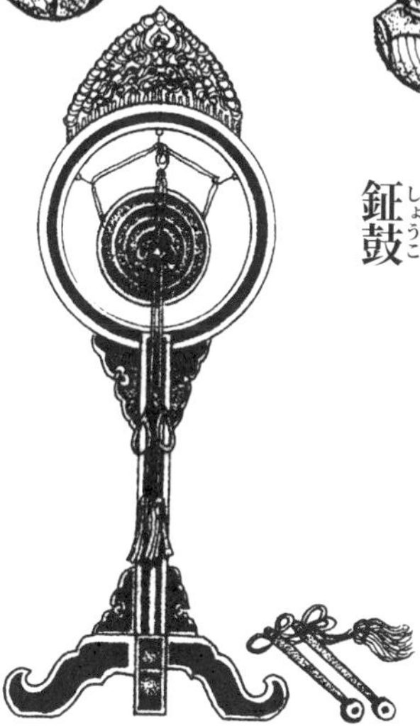
鉦鼓與桴

水盤（すいばん）

陶瓷製或鐵製的寬口淺底容器，用於插花或盆栽等。插花時會用*劍山固定花材。

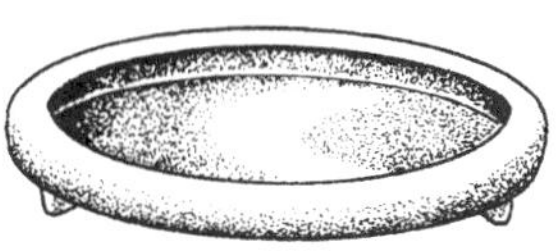
水盤

雙六（すごろく）

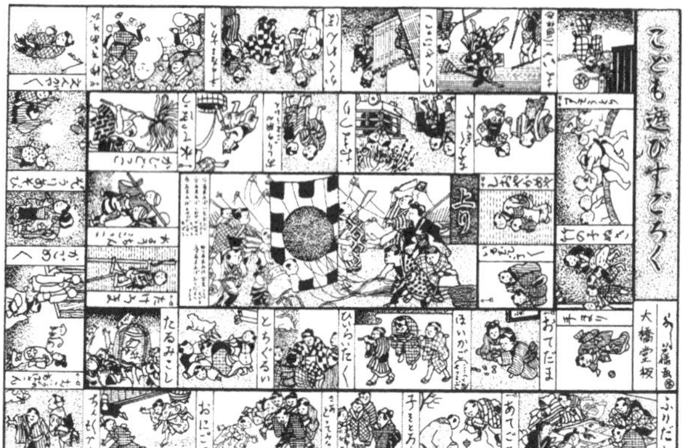

雙六

奈良時代自中國傳入日本的遊戲，起初稱作盤雙六，盤上有自己與對方的陣地，將兩個*骰子放入筒中搖擲，依擲出的點數移動棋子，最先讓所有棋子移入對方陣地的人即是贏家。江戶時代中期出現了今日所見的紙雙六、繪雙六，在印有圖畫的紙上用一個骰子進行遊戲，依擲出的點數移動區塊，最快完成者即獲勝。

鈴（すず）

鈴

體鳴樂器之一，在有縫隙的空洞器物中放入樹果或土、石等，搖晃使其發出聲音。據說早在古墳時代已自中國傳入日本，多為銅製或黃銅製，還有鐵製和土製。古時不只當作樂器，也被當成車站響鈴、馬鈴或裝飾品。另外，也用於祭神、驅除惡靈與除穢。神社拜殿懸掛的大鈴也具有這樣的用意，還被用於岩戶神樂、巫女神樂、三番叟，以及歌舞伎的下座音樂[15]、馬子歌、長持歌等工作歌。

摺簓（すりざさら）

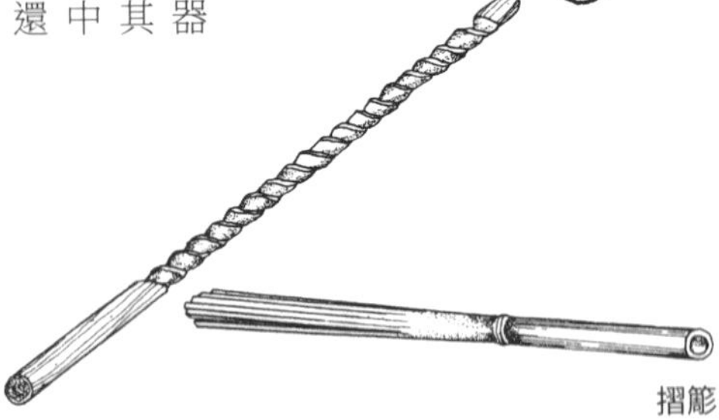
摺簓

將竹子割細後，捆綁根部成束，或是保留竹節，將前端割細，搭配有螺紋的棒子摩擦發出聲音的樂器。因為會發出沙啦沙啦的聲響，故以「簓」（sasara）命名。除了用於插秧時祈求豐收的田樂[23]或鹿舞[24]等各種民俗表演，過新年挨家挨戶賀年、獻上鳥追[10-10]等表演的門付藝人也會使用。

草紙（そうし）（草子）

日式線裝的冊子。室町時代創作出許多物語本（故事書），如庶民的短篇故事《御伽草子》。主要是木版印刷，

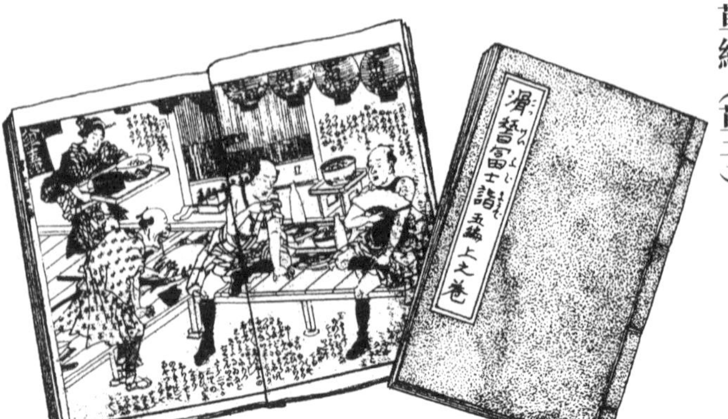
草紙

也有包含插畫的繪草紙。江戶時代的庶民文藝發展出各種草紙，像是加入大量圖畫的大眾讀物、幼童繪本、報導時事的瓦版[25]等。另外，寺子屋[3-29]習字用的冊子也稱作手習草紙，通常是用舊紙重製的再生紙裝訂而成。

太鼓（たいこ）

鼓身蒙皮革，用桴敲打出聲音的打擊樂器。原本寫作大鼓，為了與能劇的大鼓有所區別，而寫作太鼓。分為在刨挖成圓筒形的鼓身釘裝皮革，以及用調紐調整雙革面鬆緊的*締太鼓。

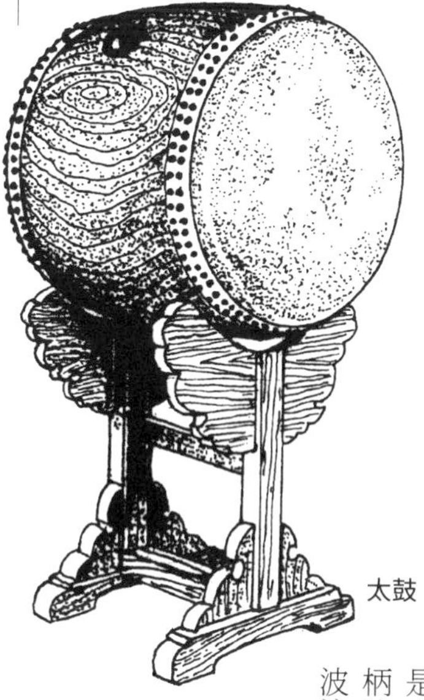
太鼓

通常是用牛皮或馬皮，也有蒙布或蒙紙的樣式。盂蘭盆舞[2-26]或民俗表演會用桶製鼓身的太鼓，還有用*酒樽代替的樽太鼓。

太鼓和笛、*編木同為日本民俗音樂最重要且基本的樂器，不使用太鼓的祭禮及民俗表演相當少見。而且，太鼓自古被視為神聖之物，用於驅除惡靈、招魂，也用於發送暗號或信號。另外，還有在圓框上蒙一張皮革、加握把的團扇太鼓，為佛教宗派之一的日蓮宗常用之物。雅樂[4]則有直徑超過二公尺的大太鼓、*鉦鼓、締太鼓的鞨鼓（羯鼓），以及將兩個小太鼓的側面相疊，插入握柄的振鼓。振鼓是在太鼓上綁數條串珠線繩，搖晃握柄讓珠子敲打鼓面發出聲音，玩具的波浪鼓就是參考振鼓製成的。

大正琴（たいしょうごと）【中山琴】

東流*二弦琴加上圓鍵的大眾弦樂器，為大正時代初期名古屋的森田伍郎發明。在長六〇公分、寬一二公分的塗漆木製琴身上平行安裝兩條同音的金屬弦，為了不影響撥弦，將圓鍵裝在弦側。按鍵以半音為間隔排列，彈奏時邊以左手按圓鍵，邊用右手以義甲撥弦。現在還有包含兩條共鳴弦的六弦樣式。

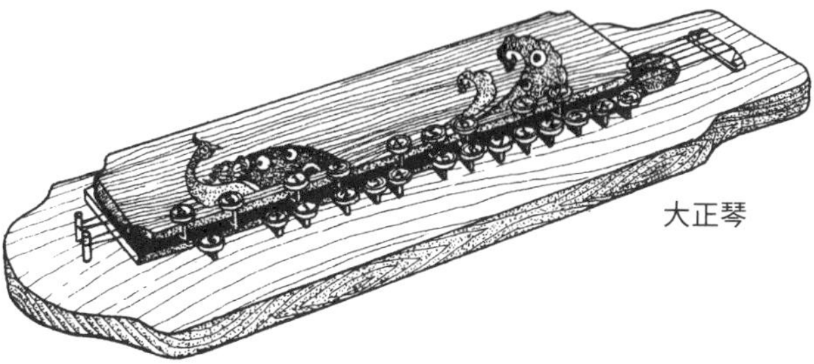
大正琴

竹馬（たけうま）【高蹺】

外形仿造馬的竹製玩具。過去在小正月（元宵），上門賣藝的門付會表演

竹馬

「春駒」，拿著手作的馬頭或是戴在頭上，挨家挨戶唱歌跳舞。當時的孩童見到後，將馬頭接在木棍或竹棒上跨坐玩耍。有時不接馬頭，只用竹枝。江戶時代末期出現在竹棒離地數十公分處裝上腳踏的橫木，邊走邊保持平衡的竹馬。玩法也很多，像是踩在兩根竹棒上保持平衡、只用一根竹棒站立，或是比較橫木離地的高度等。

竹蜻蛉（たけとんぼ）【竹蜻蜓】

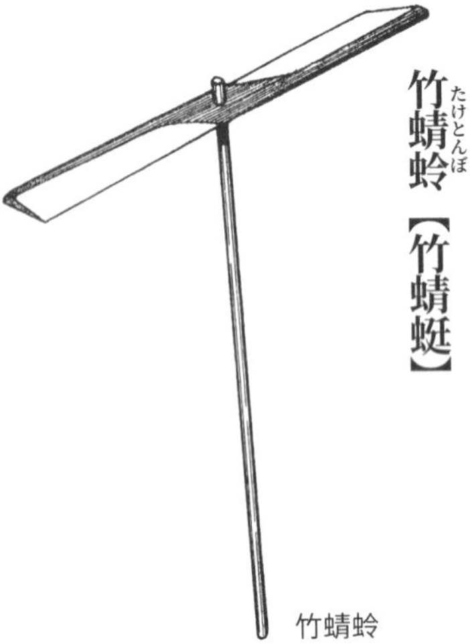
竹蜻蛉

具代表性的竹製玩具。將長一〇～一二公分、寬二公分左右的竹子削薄成螺旋槳形的葉片，中心鑽小孔、插入長約一五公分的芯棒。雙手轉動芯棒，使其飛起。還有在葉片上鑽兩個孔，插入尖端分成兩頭的芯棒，只讓葉片旋轉的樣式。在平城京[9-4]的遺跡也有發現構造相同的木蜻蛉，由此可知其歷史之悠久。

凧（たこ）【風箏】

用竹條做成容易保持平衡的骨架形狀，貼上畫有圖文的紙或布、綁線，藉由風力升空的玩具。據說西元前二世紀，中國漢朝的韓信將軍曾以此物偵探敵情。日本是在平安時代末期自中國傳入，稱作紙鳶、紙老鴟。到了江戶時代普及至民間，因形似章魚、墨魚，在江戶通稱タコ（tako，章魚），在上方[2-3]則稱為イカ（ika，墨魚）。稱呼依地方而異，還有ハタ（hata）、揚子等。凧揚（放風箏）不只是孩童的遊

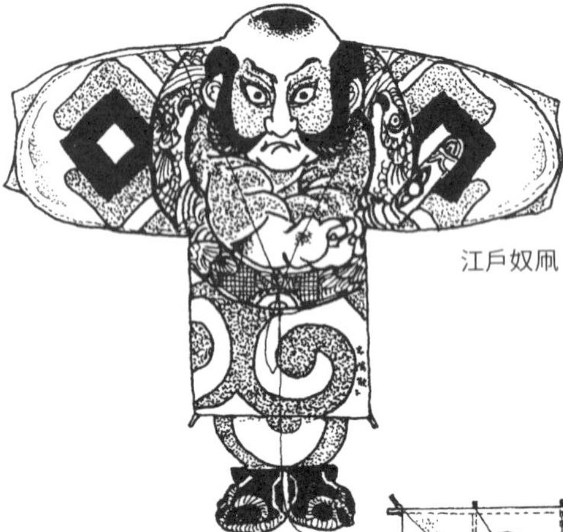
江戶奴凧

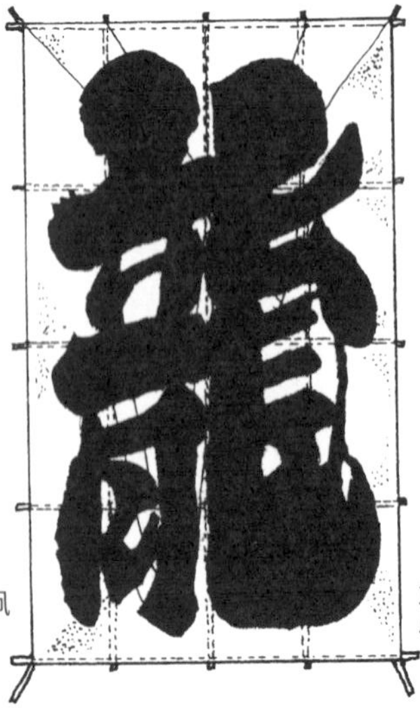
角凧

三條六角凧

戲，也盛行於大人之間，各地陸續出現造型獨特的凧或華麗的大凧，還會盛大舉行大凧揚或凧合戰（鬥風箏）等活動。此外，日本人除了過新年會放風箏，三月和五月也是放風箏的季節，尤其是五月的端午節，有些地方會施放尺寸數十疊至百疊（一疊約一八二公分×九一公分）的大凧。

立版古（たてばんこ）（立版行）

立版古

一種印有錦繪（多色版畫）的玩具，亦稱切組燈籠、組上燈籠、起繪。將印在紙上的彩色人物、家屋等剪下，貼在底紙上組裝成場景，後來逐漸演變成戲劇舞台的模型。做好的立版古擺在*緣台等處裝飾，背面放*蠟燭打光，營造氣氛。寬政年間（一七八九～一八〇一）末期開始在江戶引發流行，之後擴及京都、大坂。

達磨落（だるまおとし）【達摩塔】

將數個小型的厚圓餅重疊，最上層放*達磨（達摩）像。用小槌逐一敲移圓餅，能夠順利敲掉圓餅且不讓達摩雕像掉落的人即贏家。起初是撿拾數個扁平石頭堆疊，最上面放畫了達摩圖案的圓石，大正時代在神奈川縣的大山製作出色彩美麗、形狀工整的木製品後，廣泛遍及至全國。

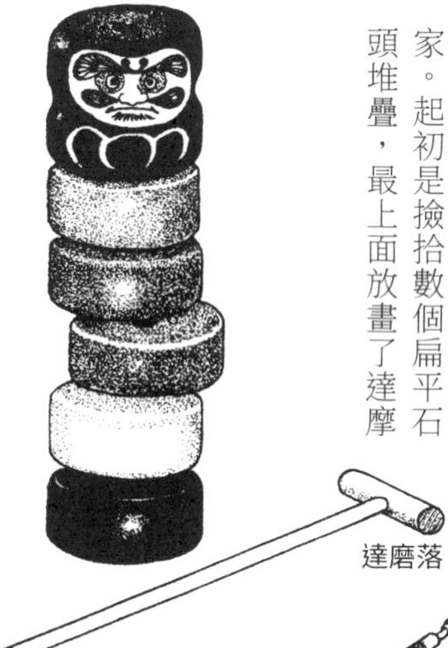

達磨落

チャルメラ【嗩吶】

豎吹的木管樂器。主要部分為木製，上部插入蘆哨，下部為銅製喇叭狀。中世末期西班牙、葡萄牙系統的金管笛傳入日本，稱作南蠻笛（唐人笛）。後來消失了一段時間，又從中國傳入嗩吶、海笛，江戶時代初期葡萄牙人看到身穿中國服裝、叫賣唐人飴的小販吹奏那種樂器，誤以為是他們熟知的金管笛（charamela），故得此名。江戶時代起成為歌舞伎下座音樂[15]的常用樂器，以及蕎麥麵攤的攬客道具。

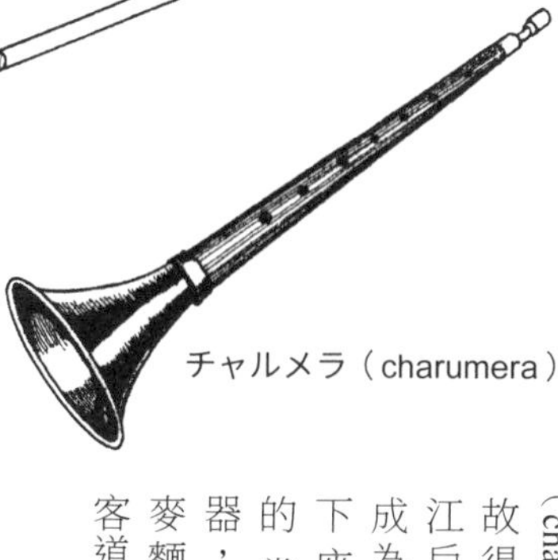

チャルメラ（charumera）

千代紙（ちよがみ）

印上各種彩色圖樣的和紙。起初是在京都製造，後來也傳至江戶，受到錦繪（多色版畫）的影響有了蓬勃地發展。紙材方面，京都是用奉書紙[10-12]，江戶則是用於錦繪的柾紙、西內紙等厚紙。也會用有縐紋的縮緬紙。過去是當作禮品的熨斗紙使用，江戶時代末期常用於裝飾盒子、製作人偶的衣服或孩童的玩具。

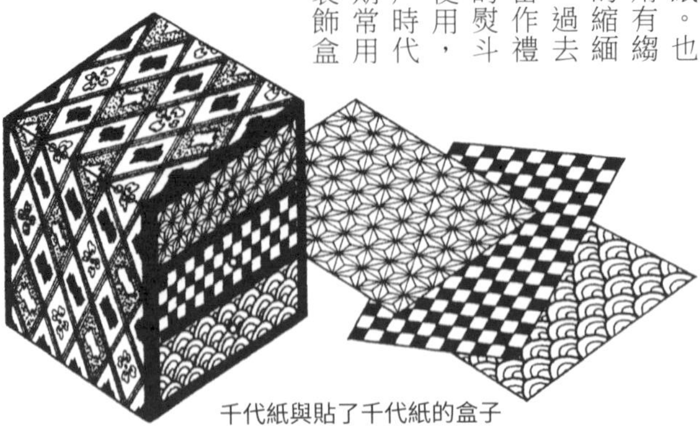

千代紙與貼了千代紙的盒子

鼓（つづみ）

蒙上皮革的打擊樂器。刨挖而成的鼓身中央內凹，用調緒綁住比鼓身直徑寬的兩張革面，調整皮革張力，不用桴直接以手拍擊。具代表性的鼓是能劇的小鼓與大鼓。「つづみ」（tsudumi）這個名稱源自《日本書紀》第九卷中出現的「都豆美」。日本最古老的鼓是推古天皇二十年（六一二）傳入的伎樂腰鼓。能劇的鼓也廣泛用於長歌囃子[16]、歌舞伎的下座（效果音樂）、民俗表演等。

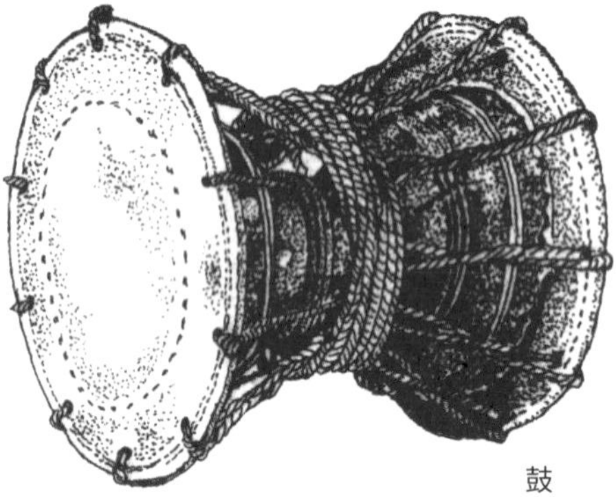

鼓

銅拍子（どびょうし）

＊鉦的一種，形似鈸（cymbal），拍擊兩片金屬圓片發出聲音的樂器。在佛寺稱作銅鈸或鈸，直徑約三〇公分的銅鈸用於佛教音樂。在民俗表演中稱作鉦、手平鉦、チャッカリコ（chakkarko）等，多為直徑一五公分左右的小型樣式。這是神樂或田樂[23]表演的重要樂器。也用於歌舞伎的囃子[16]，稱

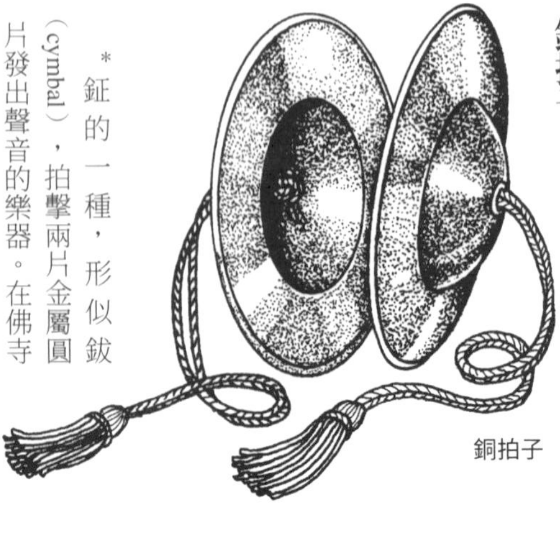

銅拍子

作妙鉢、チャパ（chapa）。

鳥籠（とりかご）

鳥籠

飼養小鳥的*籠，和*蟲籠（昆蟲箱）一樣是將脫油處理過的白竹條插入骨架中製成，通常是用桂竹或毛金竹。將樹鶯或綠繡眼等小鳥裝進鳥籠飼養、賞玩是江戶時代普及於武士之間的風潮，後來也變成庶民的娛樂。外形多為方形、也有圓形，還有飼養鸚鵡等大型鳥的圓頂形。

二弦琴（にげんきん）

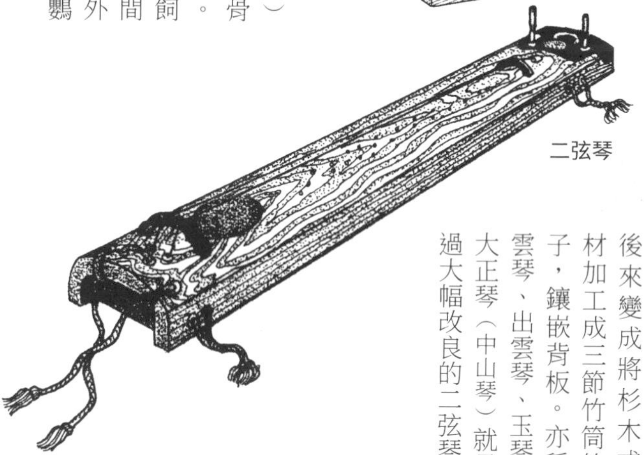
二弦琴

二弦的弦樂器。文政三年（一八二〇）中山琴主為了向出雲大社獻納樂曲，創造出這種樂器。起初是將粗竹縱向剖半，內側朝下，上面裝兩條弦，後來變成將杉木或桐材加工成三節竹筒的樣子，鑲嵌背板。亦稱八雲琴、出雲琴、玉琴。*大正琴（中山琴）就是經過大幅改良的二弦琴。

睡魔（ねぶた）（ねぷた）

睡魔

東北地區在舊曆七月七日的七夕盛大舉行的活動，以及為了活動製作的燈籠。如今在青森是八月二～七日，弘前是一～七日舉行。青森稱作ねぶた（nebuta），弘前稱作ねぷた（neputa）。這個活動將驅除夏季睡魔而流放人偶的「眠流」與盂蘭盆節送亡魂的「燈籠流」融合為一。青森是用木頭、竹子和金屬線做成歷史人物或*武者人形等造形，放在屋台或車上，中心點燈，由多人拖曳繞行市區的人形燈籠。弘前的扇燈籠、鹿角的切子燈籠、花輪的角燈籠、能代的屋台燈籠等都是美麗的大型藝術作品。

覗機關（のぞきからくり）【西洋鏡】

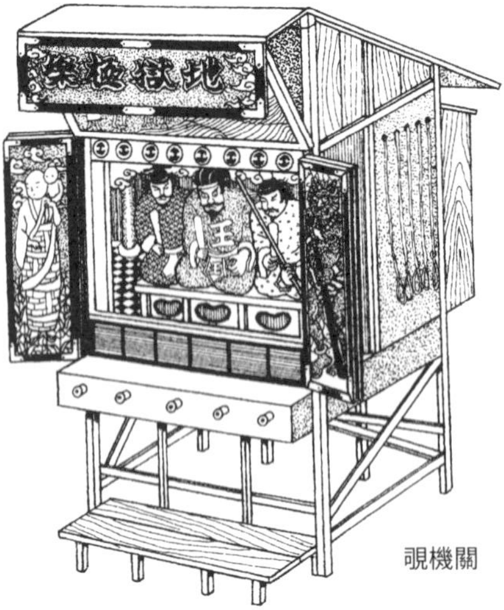

覗機關

大道藝（街頭表演）的一種，讓群眾看圖聽故事的裝置。原本是在室內從小箱子上裝了鏡片的孔窺看，觀賞依序變換的圖畫，後來擴大規模，變成在戶外展示的表演形式。在一疊（一八二公分×九一公分）左右的大箱上有數個鑲嵌鏡片的孔，大人小孩可多人同時窺看。另一側事先裝設數張圖畫，以*紐操作、改變圖畫。操作者以獨特的曲調「機關節」說明，有時是一個人，有時是男女對口說唱。圖畫的色彩非常鮮豔，例如經典的「地獄極樂」題材，後來增加了當時流行的故事，最後是花魁遊街的圖畫。明治時代也以戰記為題材，在緣日和祭典活動時很受歡迎。在江戶稱作「覗」，在上方[2-3]則稱作「機關」。

羽子板（はごいた）

拍羽子的道具。古時將羽子板稱作胡鬼板，羽子稱作胡鬼子，當時的羽子板形似*笏（手板），羽子以無患子的果實加上鳥羽製成，簡單樸素。室町時代做出施以蒔繪的羽子板，到了江戶時代出現桐木板加上押繪[10-11]的羽子板，元祿年間（一六八八～一七〇四）開始有演員肖像畫或美人畫的押繪羽子板，廣受歡迎。每到年底在日本橋或淺草都會舉辦羽子板市集。

羽子板與羽子

パチンコ【彈弓】

利用綁在叉木上的橡膠繩之彈力，射出小石子等物的玩具，亦稱橡膠槍。流行於大正時代後期至昭和時代。橡

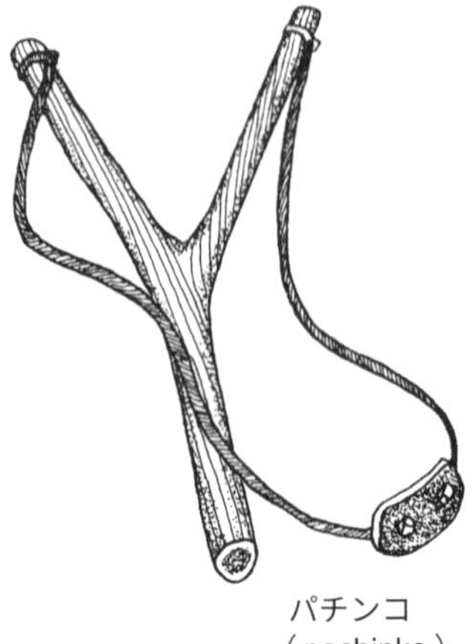
パチンコ
（pachinko）

膠繩分為扁平繩與中空的圓繩，是將橡膠樹的汁液（乳膠）加入蟻酸或醋酸凝固而成。無色透明不添加其他物質的橡膠繩，雖彈性不足卻很強韌，所以非常適合用於彈弓。

另外，日語發音相同、屬成人娛樂的柏青哥，是將大正時代中期自美國傳入的彈珠台，從橫式改良為直式的遊戲機。

花札（はなふだ）【花牌】

純日式的*歌留多（歌牌），誕生於江戶時代中期。共四十八張卡牌，以四季十二個月的花鳥風月圖畫代表各個月份。一月是松樹、二月是梅花、三月是櫻花、四月是紫藤、五月是菖蒲（燕子花）、六月是牡丹、七月是萩（胡枝子）、八月是芒草（月）、九月是菊花、十月是楓葉、十一月是柳樹（雨）、十二月是桐樹。每個月各有四張牌，以不同圖案代表不同點數。起初是參考撲克牌的玩法，後來想出複雜的抽牌方式，玩起來更有趣。

花札

ビー玉（だま）【彈珠】

出現於明治時代，直徑二～三公分的玻璃珠。ビー（bii）是葡萄牙語「玻璃」（vidro）的簡稱。玩法很多，如旋轉投擲、碰擊對方的彈珠，或是讓彈珠依序落入洞內。原本是放在汽水瓶內防止汽水溢出，後來被當作玩具製造。古時在各地也有將石頭、貝殼、樹果等，互相碰擊或放入洞內的遊戲。

ビー玉（biidama）

ビードロ【玻璃哨】

薄玻璃製的玩具。外觀像是細長管的*漏斗加上蓋子，朝管子的小吹口輕輕吹氣吸氣，底部就會反彈發出啵啵的回音。在江戶時代傳入日本，直接以葡萄牙語的「玻璃」（vidro）命名。也因為發出的聲音而有各種稱呼，如ポッペン（poppen）、ポコポン（pokopon）、ポンピン（ponpin）、ペコペコ（pekopeko）等。喜多川歌麿[26]的浮世繪作品中也有吹奏玻璃哨的美女圖。明治至大正時代之間成為人氣的夏季玩具。

ビードロ（biidoro）

篳篥（ひちりき）

篳篥

雅樂[4]的管樂器之一。長約二〇公分，表面有七孔、內側有兩孔，接上蘆舌（蘆葦做的簧片）的竪笛。音域極窄，吹奏時不改變指法，以氣的強弱或蘆舌的含法等吹出變化豐富的音色。平安時代中期創作出舞樂後，管弦也跟著組織化，與橫笛、*笙被定位成「雅樂三管」，成為負責主旋律的重要樂器。

琵琶（びわ）

弦樂器之一。奈良時代自中國傳入日本，用於雅樂[4]的樂琵琶與盲僧吟唱《地神經》用的盲僧琵琶。以平安時代末期以後的戰亂為題的軍記物語成為琵琶法師偏好的題材，當中以《平家物語》最受歡迎並成為主流，稱作平家琵琶（平曲）。樂琵琶較大，有四弦四柱，弦以水平的方向橫裝於表面，用左手指按在柱上，用撥子彈奏；盲僧琵琶較小，因為琴身窄細，又稱笹琵琶。室町時代末期由薩摩盲僧琵琶衍生出薩摩琵琶，明治時代中期由筑前盲僧琵琶衍生出筑前琵琶，薩摩琵琶的曲目多為戰爭或歷史故事，筑前琵琶則以戀愛或藝術方面見長。

琵琶

編木（びんざさら）

一種樂器，將數十片杉木等製成的長方形小板穿入*紐中綁成束，兩端接上把手，拿著用力搖晃，讓木片互相撞擊發出咂啦咂啦的奇妙聲響。亦寫作拍板。原是自中國傳入，因為會發出奇聲異響，被認為適合當作召喚田神的用具，成為祈求豐收的田樂[23]或插秧祭表演不可或缺的節奏樂器，與*太鼓、*笛同為重要的民俗音樂基本樂器。

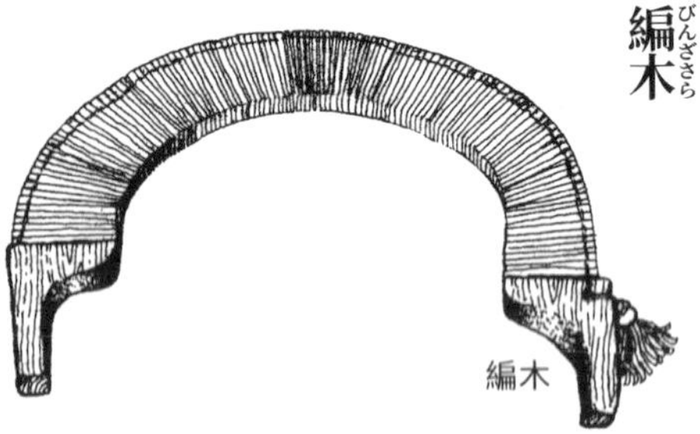

編木

風鈴（ふうりん）

於鑄物、玻璃或陶瓷製的小釣鐘內，懸掛接著羽毛或長方形紙片等物的「舌」，藉由風力吹動製造出清脆悅耳的聲音。據說在室町時代曾是普遍的家具之一。江戶時代沿街叫賣風鈴的小販與賣蟲、賣初午太鼓的小販成為初夏的特有景象。此外，還有在攤車上掛風鈴賣蕎麥麵的「風鈴蕎麥麵」，後來晚上擺攤賣麵的「夜鷹蕎麥麵」也跟著掛起風鈴。

風鈴

笛（ふえ）

管樂器的總稱。雖然笛分為竪笛與

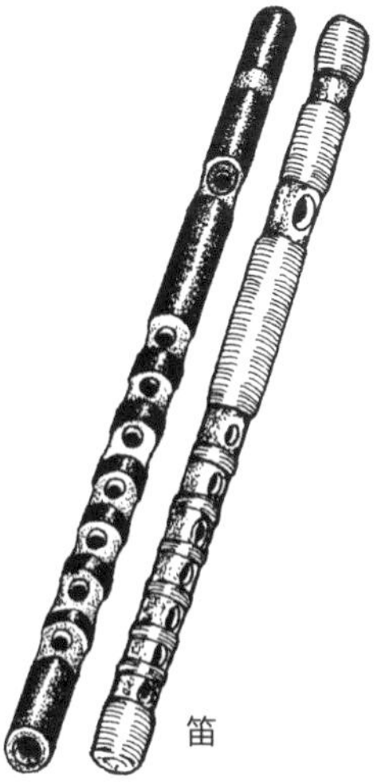
笛

橫笛，但有時是單指橫笛。雅樂[4]用的龍笛和高麗笛（狛笛、細笛）、宮廷御神樂用的神樂笛（大和笛）、能劇或歌舞伎用的能管（能笛）等，在民俗音樂中通常是指*篠笛。篠笛是直接用篠竹（細竹）製成的笛，指孔為七孔或六孔，一般認為七孔能夠達成複雜的樂音表現。進行神樂、祭囃子[16]、獅子舞等表演時，搭配*太鼓或*鉦一起演奏。另外，還有用於京都祇園囃子或明清樂[27]等特殊歌舞表演的笛，如*チャルメラ（嗩吶）、明笛等。

福笑（ふくわらい）

蒙住雙眼，拼湊出一張臉的遊戲，同時也指這個遊戲的用具。分為只有畫出福女（阿龜）臉部輪廓的台紙，

福笑

與眉、眼、鼻、口各部位的紙片。玩遊戲的人蒙住雙眼後，坐在台紙前，其他人邊說這是眼睛、這是鼻子、這是嘴巴，邊遞出紙片。玩遊戲的人將紙片放到台紙上，憑感覺拼出福女的臉，完成的樣子很滑稽，相當有趣。江戶時代起成為新年應景玩的遊戲。

文樂人形（ぶんらくにんぎょう）【文樂人偶】

文樂作為人形淨瑠璃的代表，而用於文樂的操人形（傀儡）就稱作文樂人形。偶戲早在平安時代已存在，又稱耍傀儡、耍木偶、夷舁等。隨著三味線伴奏發展出來的淨瑠璃，於十六世紀後半合體，誕生出人形淨瑠璃。

文樂人形

從京都、大坂傳至江戶後，貞享二年（一六八五。另一說是元年）竹本義太夫在大坂創設了竹本座，與近松門左衛門合作，演出不少話題作品。當初是由一人操弄一尊人偶，經過改良後，人偶有了腳，口、眼、手指都能活動，變成表情豐富的人偶。享保十九年（一七三四），出現身軀、首（頭部）和雙手、雙腳分別由三人操弄的劃時代技法，陸續創作出優秀的作品，發展達到巔峰。後來，因為歌舞伎的發展逐

漸沒落，但在文化二年（一八〇五）阿波（德島縣）出身的植村文樂軒於大坂設立小屋，演出獲得好評，使人們提到文樂就會想到人形淨瑠璃。

貝獨樂（べーごま）【貝陀螺】

在海螺殼內灌入黏土或鉛液，以蠟封住，削平表面製成的*獨樂（陀螺）。原本讀作「ばいごま」（baigoma），後來訛變成「べいごま」（beigoma），通常稱作「べーごま」（beegoma）。多人同時在鋪了*莫蓙（蓆）等物的*桶或樽上打陀螺，彈飛別人的陀螺即獲勝。江戶時代在京都、大坂大為流行，明治時代後期出現了仿造其外形的鑄物製品後，普及至全國各地，成為大正、昭和時代的代表性玩具流傳至今。

貝獨樂

舞扇（まいおうぎ）

用於日本舞的扇。顏色鮮豔，比普通扇子大，是跳日本舞時的必備道具。用於能劇的舞扇圖案會依曲目而異，而用於日本舞的舞扇通常是畫上流派的紋樣。受到能劇影響，京阪、近畿地區的上方舞分為地歌舞與京舞，流派有山村流、楳茂都流、井上流、吉村流、篠塚流等。另外，歌舞伎舞踊的流派則有志賀山流、西川流、市山流、藤間流、中村流、坂東流、花柳流、若柳流等。

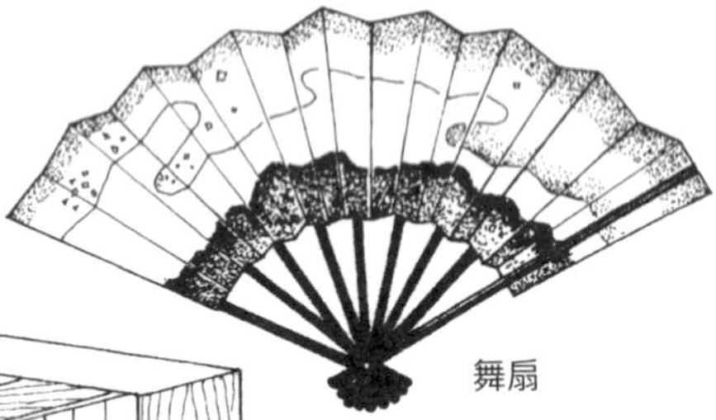

舞扇

幕（まく）

縫成橫長或縱長形，用於區隔空間的布。前身是*注連繩，用來區分神

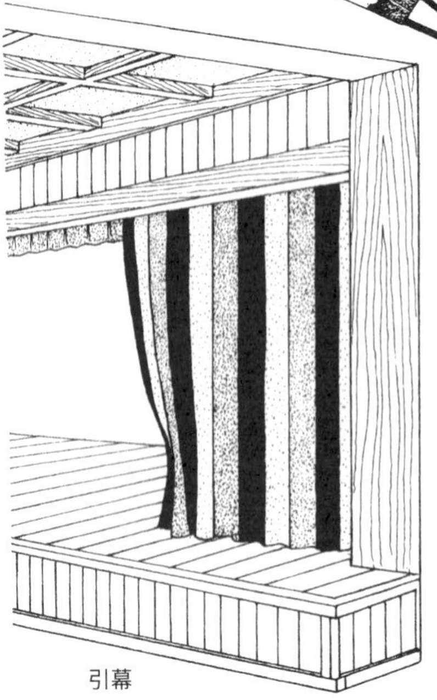

引幕

聖空間與俗界，像是山伏神樂的注連幕、勸進田樂和猿樂的水引幕等，用於神殿與舞殿的隔間，以及區隔能劇的樂屋（休息室）與舞台的揚幕。在歌舞伎等戲劇表演的劇場，被用來劃分舞台與觀眾席。起初是左右開閉的引幕，但小規模的劇場無法使用，於是參考西洋的鏡框式舞台使用上下開閉的緞帳，也就是垂幕。至今仍持續使用引幕與垂幕。歌舞伎在大型道具出現之前，為了表現各種場景，背景會用布幕，如代表黑夜的黑幕等。這些道具幕如今仍被用於小劇場。另外，還有賞花或戶外活動時圍在周邊的幔幕等。

日語當中與「幕」有關的詞彙也不少，像是大相撲的「幕內」、在戲劇表演中場休息時間（幕間）吃的「幕內便當」，以及比喻事情開始的「開幕、揭幕」與結束的「閉幕、落幕」等。

飯事道具（ままごとどうぐ）【扮家家酒組】

通常是女孩玩的做飯遊戲使用的道具。日語的まま（mama）是指食物，こと（koto）是指特殊節日的活動。在特殊節日料理、烹調食物、贈禮回禮、宴客、拜訪等，模仿主婦的日常生活，以烹調、飲食為主的遊戲。玩扮家家酒時用的廚具和食器主要是實體的*雛形。近年多為塑膠製，以前有土製、木製、馬口鐵製，還有形態和材質比照實體，組裝成迷你廚房的精巧樣式。

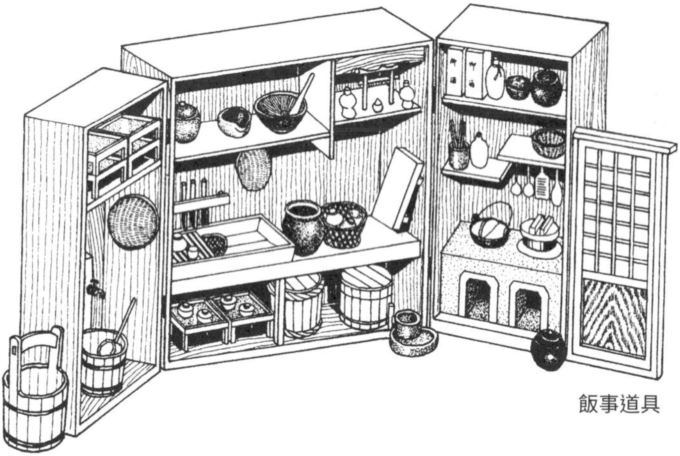
飯事道具

鞠（まり）【毬】

玩遊戲用的圓球。從古代自中國傳入、於貴族之間進行的蹴鞠變化出用手玩的手鞠，曲藝表演也會使用，玩法就像扔沙包那樣不讓鞠落地。江戶時代棉線變得普及後，做出了填塞紫萁綿毛、*襤褸、大鋸屑、稻殼等物為芯，外覆數條棉線纏緊，具有彈力的鞠。於是便有了屈膝跪地的拍鞠，成為少女的遊戲。表面以五色線縫出美麗圖樣，故稱作糸鞠，被當作祝賀生女或結婚的賀禮。近年也有用絹線

鞠

或利利安線縫製的樣式。明治時代初期出現了彈力更好的橡膠鞠，帶動起站著拍鞠的風潮，普及至各地，成為女孩的代表性玩具。玩法各式各樣，像是手腳交叉拍等，甚至還有拍鞠歌。另外，蹴鞠也靠著保存會的維護，被當作傳統藝能持續傳承。

水鐵砲（みずでっぽう）【水槍】

在竹節上鑽出小孔的竹筒，將纏了布的棒子當作活塞插入的玩具。將筒身插入水中後抽拉活塞，水就會填入筒中，接著對準目標物，推擠棒子讓水噴出。也有在竹筒下方插入細噴嘴的樣式。被認為是從江戶時代的*龍吐水等消防用具發想出來的。近年也有馬口鐵製或塑膠製的手槍形水鐵砲。

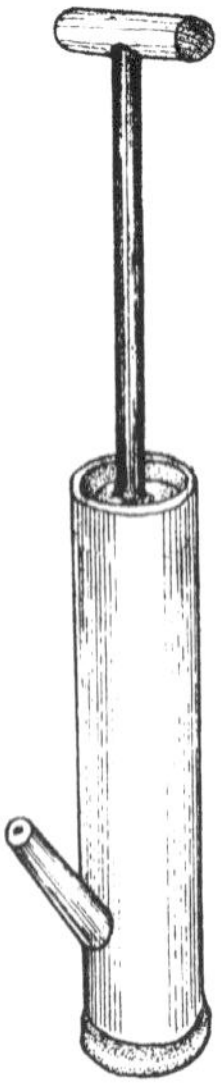

水鐵砲

蟲籠（むしかご）【昆蟲箱】

飼養昆蟲的小*籠。日本人自古就喜愛螢火蟲或鈴蟲等會鳴叫的蟲。蟲籠的樣式相當豐富，從樸素簡單到作工精巧的都有。雖然有麥稈製的螢籠，仍以竹製品居多。當中還有稱為駿河（靜岡）千筋細工的竹製蟲籠，據說是江戶時代的武士以此為副業發展而來，和小鳥籠一起成為東海道[28]的知名伴手禮，也是延續至今的傳統工藝。

蟲籠

面子（めんこ）

江戶時代流行用瓦或石頭雕刻小型的面型，填入泥黏土後脫模，燒製成泥面子彩繪塗色。參考當紅演員的臉或家紋、消防員的*纏、角力、戲劇等做成面型。明治時代出現了取代泥面的鉛製品，還有木製品，最後紙製品成為主流。形狀不只圓形，還有方形。玩法也很多，像是紙製品就有互相拍擊，將對方的面子翻面等。名稱

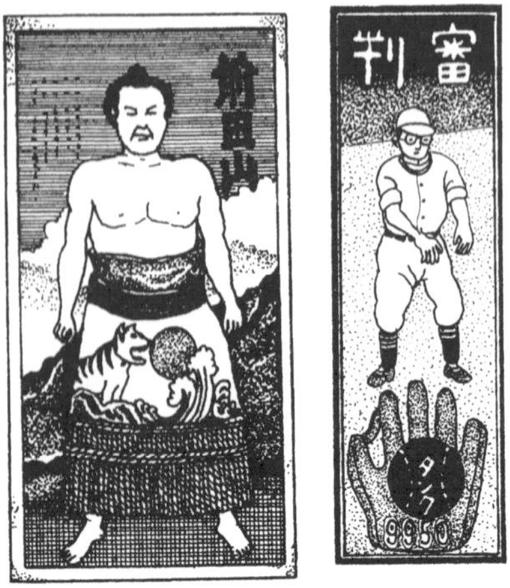

角面子

依地方而異，如ベッタン（bettan）、パッチン（pacchin）、パッタ（patta）、パッチ（pacchi）等。通常是男孩在玩，而面子的圖案會因應時代潮流，有電影、運動、漫畫、劇畫、電視劇主角或知名人士。

丸面子

彌次郎兵衛（やじろべえ）

兩側的細長棒子尾端裝有錘的人偶。玩法是利用錘保持平衡，放在指尖等處讓人偶搖晃擺動。江戶時代上門賣藝的門付藝人與二郎將這個人偶放在斗笠上轉動獲得好評，因而被稱為與二郎人形、與二郎兵衛，之後訛變為彌次郎兵衛。另有釣合人形、張合人形、豆藏等別稱，因為始終保持站姿，還有正直正兵衛之稱。

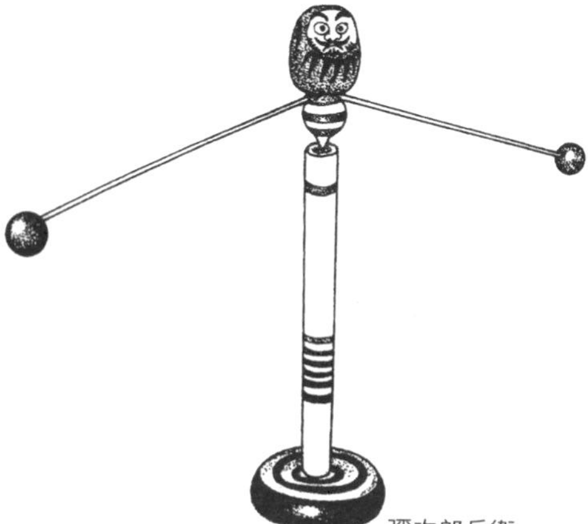

彌次郎兵衛

山吹鐵砲（やまぶきてっぽう）

用山吹（棣棠花）的莖髓當作子彈的竹鐵砲。將先彈塞入竹筒後，再放後彈，以推棒用力推，先彈和後彈之間的空氣受到壓縮，先彈就會啵地一聲噴射出來。也有用杉木毬果當作子彈的杉實鐵砲、用樟樹或南天竹的樹果當作子彈的木實鐵砲，或是將紙撕碎揉成團當作子彈的紙鐵砲。

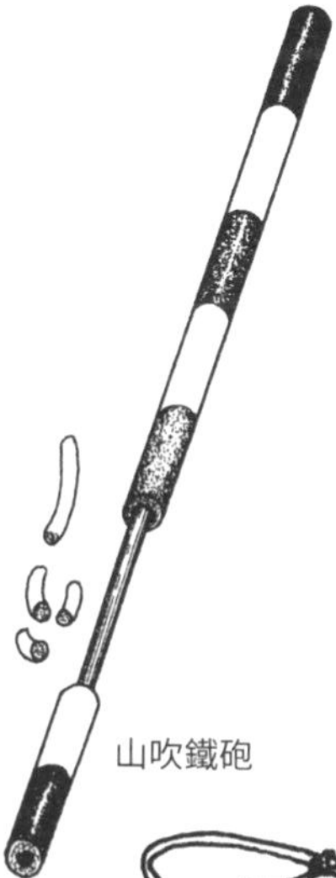

山吹鐵砲

ヨーヨー【溜溜球】

將一對圓餅用一個軸心連接，軸心纏線，藉由線的抽拉使圓餅旋轉的玩具。這是中國發明出來的玩具，於江戶時代中期傳至長崎，之後遍及京都、大坂及江戶。原本是稱作手車的土製菊形，昭和時代初期自歐洲傳入木製挽物[10-19]後，以「yo-yo」之名廣泛傳開。後來出現馬口鐵製，近年也有塑膠製。

ヨーヨー（yooyoo）

四竹（よつだけ）

竹製的打擊樂器。雙手各持兩片長方形竹片，以凸面相碰，像是打響板那樣敲出聲音。曾出現在江戶時代的公演記錄或琉球使節的上演記錄中，現在仍用於琉球舞蹈與歌舞伎舞踊的伴奏。

四竹

輪迴（わまわし）【滾鐵環】

古時稱作箍迴，元祿年間（一六八八～一七〇四）由桶屋學徒開始玩的遊戲。從*桶或*樽取下舊箍，用前端為T字形的棒子或做成Y字形的竹條、樹枝推滾。明治時代中期開始販賣鐵環，為嵌入數個小環，滾動大環使其發出金屬聲響的設計。另外，也有人會拿腳踏車的舊胎來玩。

輪迴

第12章

交流

「交流」是指人與人接觸互動，相互理解、團結合作，使關係變得親密。而交流有各種場合、機會、溝通方式與規則。生活在同一村莊或城鎮的居民會形成共同體（社區），舉辦集會進行一整年的活動，訂立各種規則並共同遵守、互相扶持，這就是生活倫理。

以前的日本有所謂的「村八分」，那是破壞規定者必須接受的制裁。一般共同體的交際往來稱作「交際十種」：冠禮、婚禮、喪禮、追善[1]、生產、建築、旅行、火災、水患、疾病。當中的喪禮與火災等於失去共同體重要的人力和財產，除了這兩項，其他皆不給予協助，即「村八分」，這也是為了維持共同體秩序的常規。

有些地方的共同體會成立專門負責喪禮的組織。喪禮由組織進行，古時是由對門三家負責挖墳，左右鄰居負責通知。這些慣例也延續至今，列隊出席葬禮，包奠儀給喪家已成習俗。此外，慎防火災，預先備妥天水桶（P480）或龍吐水（P487），設置火見櫓（望火樓）與發出警報的半鐘（喚鐘）。

另外，除了互助會形式的組織，如賴母子講、無盡講等經濟方面的講，還有許多宗教性的講，像是伊勢、熊野、春日、八幡、金毘羅、秋葉、稻荷、戶隱、霧島、榛名等神道的講，富士、御嶽、羽黑、大峯等修驗道的講，以及觀音、藥師、地藏、題目、成田、不動等佛教的講。大家共同參拜飲食，建立起連結。除了講組織內的連結，透過參拜神社寺院也能與其他地區的人接觸、進行交流，透過交換情報拓展知識。

而且，不光是情報知識。始於室町時代（一三三六～一五七三）的伊勢講[2]等伊勢參宮，在江戶時代（一六〇三～一八六八）普及至全國，尤其幕末的御蔭（托福）參拜更是達到最高峰。儘管當時禁止越藩傳播稻穀的品種，為進行新稻種的改良，有些人還是會藉此機會交換。東海地區沿岸一帶的「伊勢米」就是伊勢參宮時流出的米。

「學習」也是一種「交流」，知識學問一代傳過一代。其中，讓平民子弟接受教育的寺子屋扮演了重要的角色。寺子屋的出現是在江戶時代後期受到關注，尤其是寬政年間（一七八九～一八〇一）之後，不僅江戶、大坂、京都三都，就連農漁村開設的寺子屋也驟增，在明治五年（一八七二）頒布學制前，寺子屋廣泛見於各地。老師除了僧侶，還有神官、醫師、書法家、浪人（失去主公的武士）等，其中也有女老師。接受教育的是農、工、商的子弟，稱作寺子、手習子、筆子等。他們學習實用的知識與才能，也就是讀書、寫字、打算盤。透過識字習字，學會因應日常生活或社會生活的必要知識或技能、道德。

使用的物品，首先是手習机（課桌）。因為學問之神菅原道真的關係，通稱天神机。教科書是中世時期以來的各種模擬文例集，稱作往來物，內容可說是針對各種職業的入門指引，同時做好面對社會的心理準備。此時必備的文具是稱為「文房四寶」的筆、紙、硯、墨，雖然自古就在使用，因寺子屋的盛況進行改良，做出了多種樣式且變得普及。

在文運昌盛的風氣中，「和算」也很發達。那是日本特有的數學，水準等同西歐的高等數學，集大成者是關孝和。各地陸續出現和算家，他們為了祈求和算的進步，自行出題做成繪馬懸掛在神社佛閣，再將解答做成繪馬獻納。這種繪馬稱作算額，各地保留了五百面以上。透過算額出題、解題成為一股風潮。而天明五年（一七八五）獻納至江戶芝愛宕山的算額，引起最上流（會田安明創立）與關流的解題之爭，世人稱為「算額合戰」，據說持續了二十年。這些算額被彙整成《神壁算法》在寬政元年（一七八九）發行，是日本最早的數學書。之後，在文化、文政、天保年間持續出版相當於續作的數學書。透過算額進行議論，是人們透過學問與他人深入交流的證明。

人與人為了建立關係、團結合作，必須傳達或交換情報。傳統的傳達方式相當豐富，並非只靠語言或文字，像是火見櫓上敲擊的鐘聲、夜間巡邏的人拍打木梆的聲音，或是夜晚用來打暗號的提燈燈光等都包含在內。

往來物（おうらいもの）【教科書】

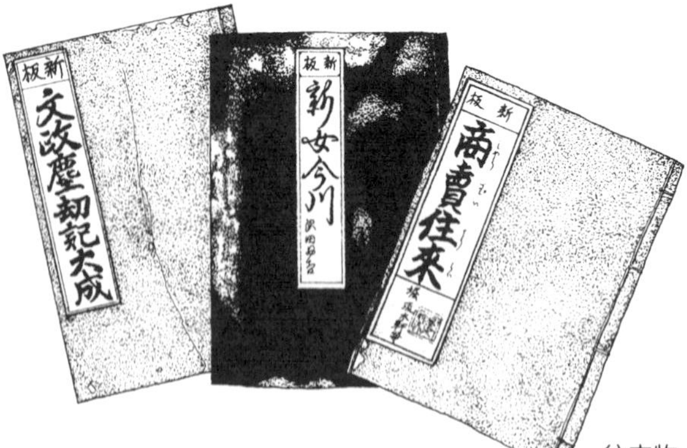

往來物

平安時代後期至明治時代初期，頻繁編纂、廣為使用的一套和綴本[7-6]。一開始的內容是數篇書信往返的範例，故稱往來。到了近世，被當作庶民教育的教科書用於寺子屋[3-29]。內容、學習形態依各地區的社會實況而異，種類多達七千種以上。

回覧板（かいらんばん）【傳閱板】

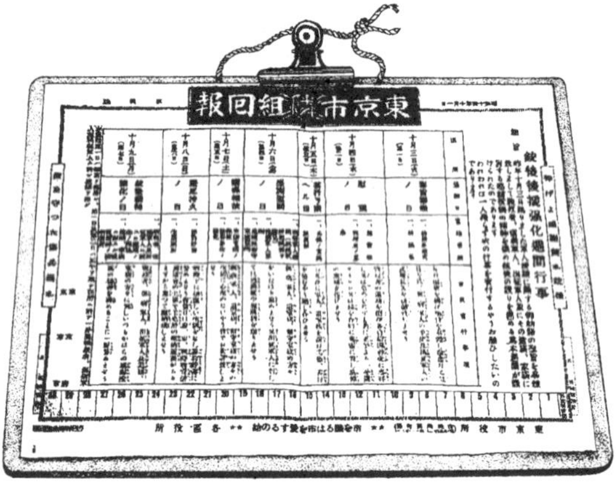

回覧板

記錄公告事項，附上分發的文件，逐戶或依規定順序傳閱的板子。自古以來，村落或鄉鎮等地方自治體會將必須讓大眾知道的事項以口頭「傳話」，或是利用公布欄告知。太平洋戰爭後，為強化社區組織「鄰組」等鄰保（保甲）制度，讓社區居民團結，開始使用回覧板，至今仍持續實行。

鑑札（かんさつ）【執照、許可證】

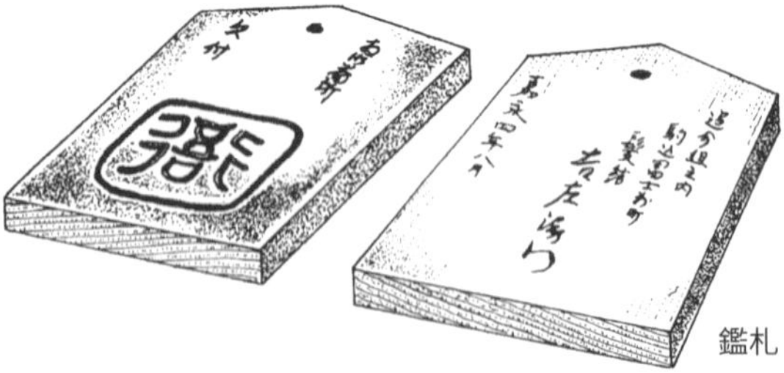

鑑札

在未取得許可或執照就不能營業或進行權利行為的情況下，鑑札即為必要的許可證或執照。種類多樣，有些是掛在店面，有些需要隨身攜帶。此外，也依性質分為政府發行、地方公共團體發行、警察署發行或各種組織發行。類似之物還有江戶時代由管理村內事務的村吏或檀那寺[10-15]發行的通行許可，稱為道中手形（往來手形、通行手形）。

高札（こうさつ）【布告牌】

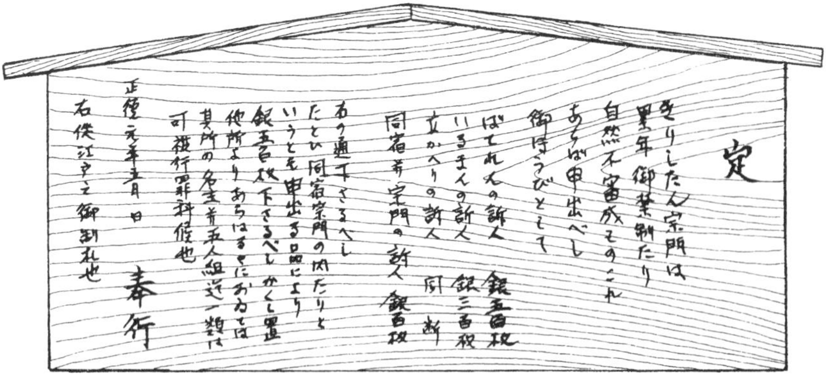

高札

亦稱制札，為了向大眾傳達法度（法令、禁令）等事項，在檜木等木板上以筆墨書寫，架高置於街角、橋邊、街道的追分（分歧點）、渡船頭等人潮眾多的醒目場所。架設的地方稱為高札場。奈良時代已開始公告禁令，但其形式到室町時代以後才確立，江戶時代廣為使用。高札場會圍柵欄、築石牆或堆土架高，由村、鄉的行政官員嚴格管理。

講帳（こうちょう）

記錄伊勢講[2]等各種集會的相關內容的簿本。「講」原是指為達宗教目的而組成的團體，發展過程中衍生出賴母子講、無盡講等經濟互助團體（俗稱標會）。這些講成為社區向心力的精神紐帶，發揮了守望相助的作用。

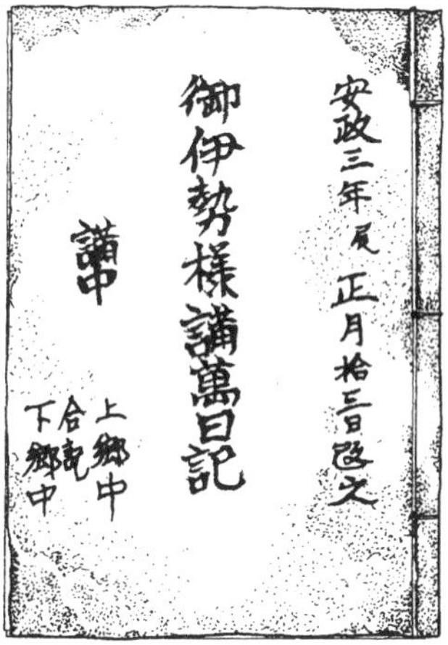

伊勢講的講帳

香奠帳（こうでんちょう）【奠儀簿】

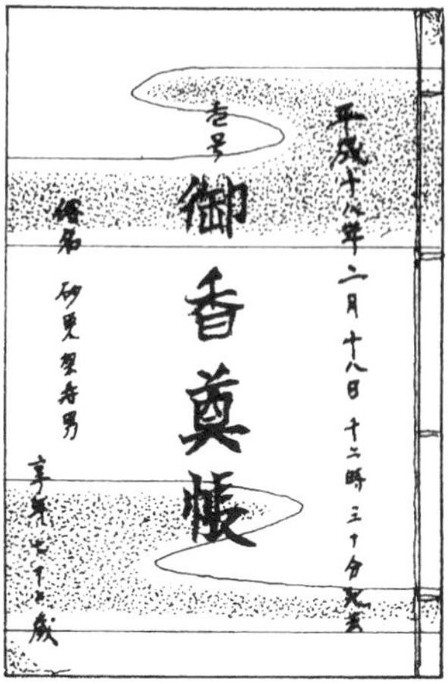

香奠帳

記錄參加喪禮的人致送的香奠（又稱香典，奠儀）的簿本。古時是將*半紙橫向對折，以*紙縒（紙捻）裝訂，今日也有紙卡的形式。亦稱香奠控、不祝儀帳，記錄致送奠儀者的姓名、地址、金額或金錢以外的供品。封面通常會寫上往生者的姓名、死亡年月日、享年等。

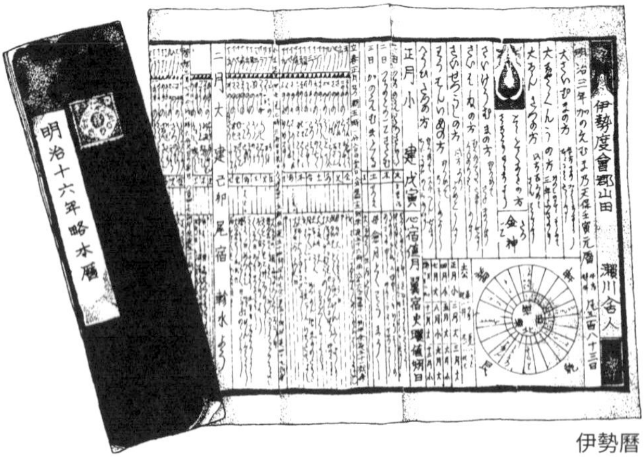

伊勢曆

曆（こよみ）

記載年、月、日與每日活動等事項的紙本。明治六年（一八七三）採用陽曆之前，內容是根據陰陽曆等舊曆編寫。有用漢文詳細記載雜節[3]與年度活動等事項的具注曆、以日語假名重新編寫的假名曆、天體曆的七曜曆等。分發至各地的頒曆，有些會冠上發行的神社寺院或地區的名稱，如伊勢曆、京曆、南都曆、大坂曆、泉州曆、江戶曆、金澤曆、丹生曆、三島曆、大宮曆、仙台曆、會津曆、薩摩曆等。形式分為單面印刷的月曆、略曆，還有做成*卷物（卷軸）的卷曆、折疊式的折曆、裝訂成冊的綴曆或日捲等。也有攜帶式的懷中曆或記載於*扇子、印在信封的樣式等。不識字的人也看得懂的繪曆當中，最有名的南部曆又分為田山曆與盛岡曆。此外，也有農家用、漁家用、商家用等，專供各種職業參照的特殊曆。

日捲曆

算額（さんがく）

和算（日本數學）的*繪馬。由和算家設計題目做成繪馬後，掛在神社寺

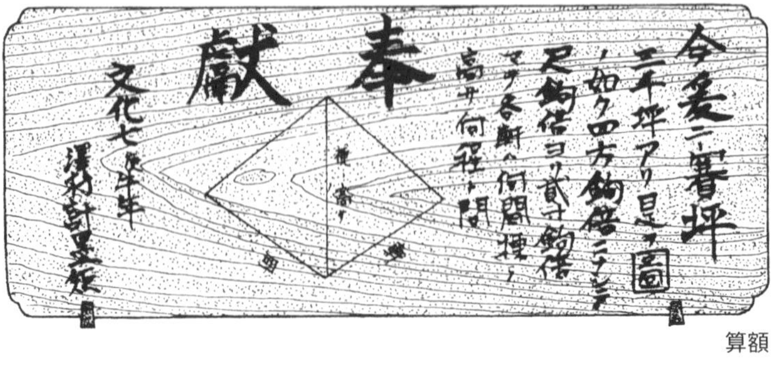

算額

院讓人計算，再以繪馬公布解答，藉此提高民眾的算術能力。以紅、藍等色彩繪圖，題目開頭為「今有如圖……」，後接「答曰……」、「術曰……」的算法，最後題上奉納者與弟子的姓名。現存最古老的算額是栃木縣佐野市星宮神社於天和三年（一六八三）揭示的算額。

算木（さんぎ）【算子】

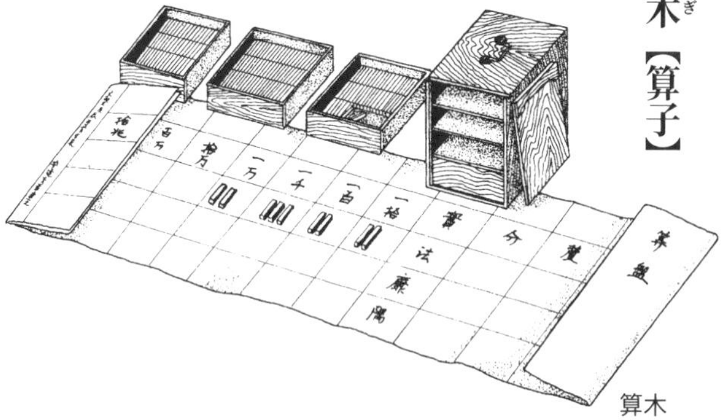
算木

用於和算（日本數學）的計算工具，亦稱算籌。將長一寸（約三公分）左右的小木棍排在框內代表數字，移動排列、進行加減乘除的四則運算，或是開平方根、開立方根等的計算。奈良時代已有此物，室町時代被當作計算工具普遍使用，到了江戶時代用於高次方程式的解題。此外，長約三寸、用於易經卜卦的六根正方柱，同樣稱為算木。

水滴（すいてき）【硯滴】

貯存硯水供磨墨使用的小容器，又稱水注。多為陶瓷器，也有金屬製品。

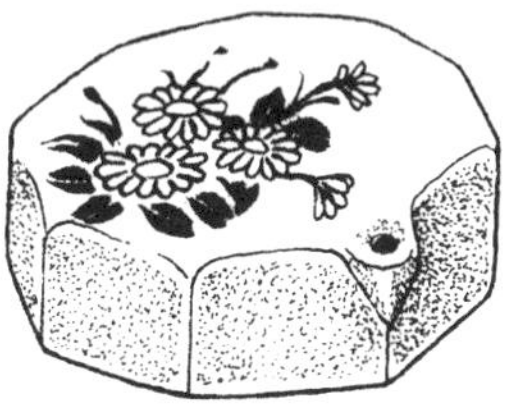
水滴

圖會（ずえ）【圖集】

收集特定種類的圖畫，附上說明的書冊。例如仿中國的《三才圖會》等製成的百科事典《和漢三才圖會》，而通俗的地誌圖會，除了安永九年（一七八〇）發行的《都名所圖會》之外，還有介紹各地區、各街道的各種圖會。也有以各地名產名物為主題的《日本山海名產圖會》等。

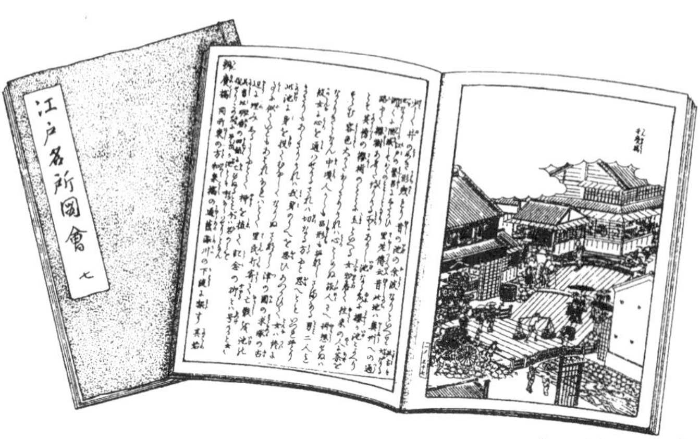

《江戶名所圖會》

硯（すずり）

石硯

磨*墨（墨條）的工具，源自中國漢朝，後來傳入日本。除了石硯，還有陶、銅、木、瓦製等。奈良時代至平安時代使用的是瓦製、陶製的國產硯與自中國進口的硯。各地發現了適合製硯的石材後，石硯成為主流。高島石（滋賀縣）、赤間石（山口縣）、雨畑石（山梨縣）等都是著名的石材。

硯箱（すずりばこ）【硯盒】

收納*硯的盒子，也會裝入*墨（墨條）、*筆、*水滴（硯滴）、刀子（小刀）、*文鎮（紙鎮）等書寫用具。平安時代後期起，在日本蓬勃發展，出現兩種形式。一種是上下兩層的重疊式硯箱，上層放筆、墨、刀子等，下層放硯、水滴；另一種是現在普遍使用的淺硯箱，起初是將硯置於中央，左右擺淺盤放筆、刀子等物。室町時代後，開始使用攜帶式等各式各樣的硯箱。商家會在下層加數個小抽屜，收納印鑑或*算盤等物，因為磨墨的磨（suri）和減損（suriheru）的發音相似，不甚討喜，故取發財的「当り」（atari）取名為當箱（ataribako）。

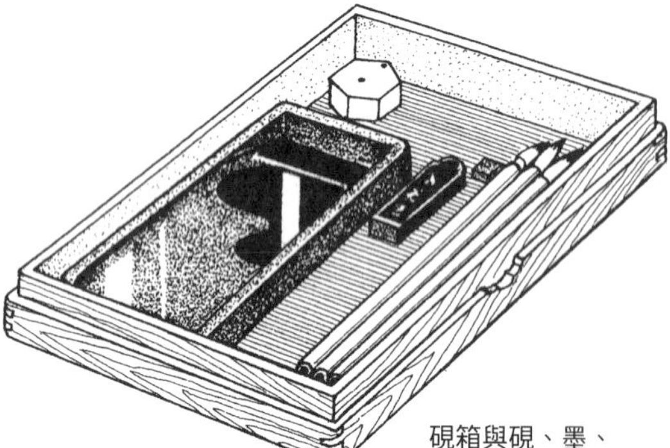

硯箱與硯、墨、筆、水滴

墨（すみ）【墨條】

用來在*硯上磨墨的書寫用具，將燃燒松根或植物油產生的煙煤以明膠凝固而成。據說是在推古天皇十八年（六一〇），由高句麗僧侶曇徵連同造紙技術等一起傳入日本。古時是用松煙墨，室町時代在奈良製作出油煙墨，後來採用唐墨的製法，墨遂成為奈良的知名特產。

墨

石板（せきばん）（石盤）

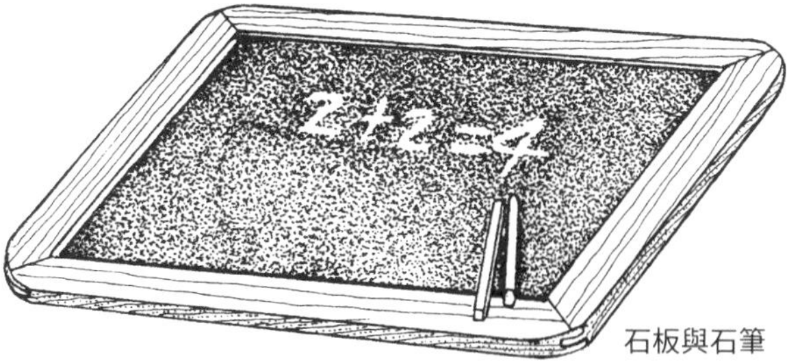

石板與石筆

以板岩等易剝離的沉積岩製成薄板，加上木框。用*石筆或熟石膏粉加水做成棒狀的白墨（粉筆）在石板上寫字畫圖。明治時代初期由歐美傳入日本，主要是當作低學年兒童的書寫用具，書寫面積有限，必須用布擦掉重複使用，所以無法留下記錄。因而在筆記本、鉛筆普及的昭和時代初期逐漸被淘汰。

石筆（せきひつ）

將蠟石切成細長棒狀，用來在*石板上寫字畫圖。因為容易擦除，很適合重複書寫，但無法留下記錄。蠟石也曾被大量用於孩童的玩具。此外，將黑色或紅色黏土固定成筆狀，用管子夾住寫字畫圖之物也稱作石筆。

短冊（たんざく）【紙籤】

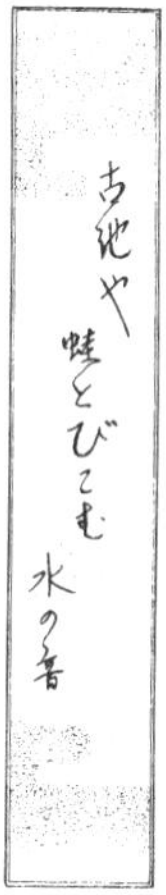

短冊

亦寫作短籍、短策、單籍、短尺等。鎌倉時代已有用和紙等紙材做成細長的紙條。日本南北朝時代出現固定的尺寸，一張約是長三五～三六公分、寬五．五公分。室町時代中期之後變得相當盛行，或許是因為簡便的關係，用量遠超過色紙（方形厚紙）與懷紙。

手習机（てらいづくえ）【課桌】

一種文机（書案），用於寺子屋[3-29]等讓學童讀書寫字的簡易木桌，高八寸（約二四公分）、長二尺三寸五分（約七一公分）、寬一尺（約三〇公分）左右。後來桌板下出現可收納*筆、*硯、*墨（墨條）、*手本（範本）等物的小抽屜。也有塗朱漆的樣式，稱作天神机。

手習机

手本（てほん）【範本】

習字用的範本。寺子屋[3-29]的課程是先學習假名，再學列舉令置國名的「國盡」、學童居住地區的「町名、村名」，以及常見姓氏集的「名頭」等，其間使用的手本即為*往來物（教科書）。

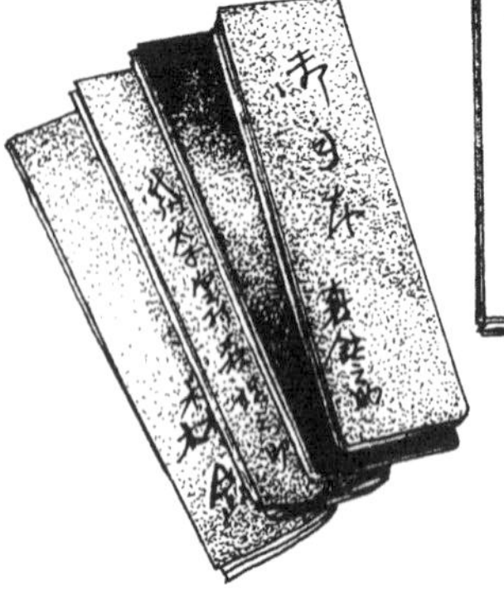

手本

天水桶（てんすいおけ）

儲存雨水，用於滅火的大桶。擺在屋簷下或街角，承接*雨樋（雨水槽）的雨水。在*桶子上架板，再放稱作玄蕃桶的*手桶或水籠（貼澀紙[1-36]的竹籠）堆成山形，罩上頂蓋。發生火災時，用玄蕃桶或水籠汲水，以接力方式供給至*龍吐水。在大坂多為石製的圓形或方形，也會使用鐵製大釜。桶的表面通常會刻上「水」或「用水」的文字或町名。

天水桶

當番札（とうばんふだ）

相當於值班牌，亦稱番札。生活在社會中，為了發揮各地區或組織的機能，決定好輪替順序後，交給負責的人或家庭。分為一年期的年番制、一個月換一次的月番制或依序輪流的輪番制等。將木牌等當番札掛在家門口，以便讓周遭的人知道當期的輪值者是誰。

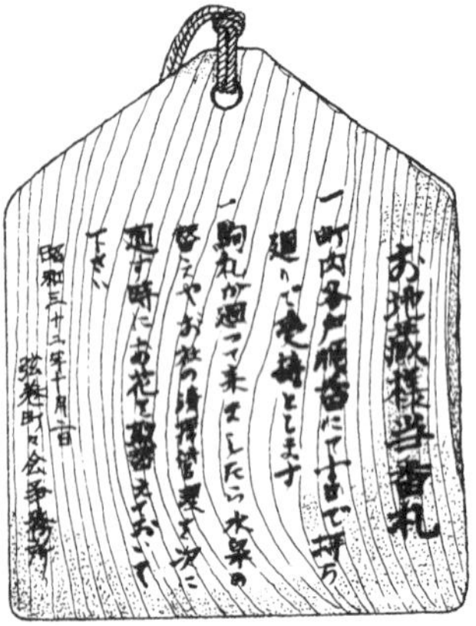

當番札

熨斗（のし）【禮箋】

熨斗

熨斗鮑的簡稱，乃將鮑魚肉削薄、拉長曬乾之物。原本作為保存食品，也因為是高級食品，後來被當作賀禮的附屬品。將正方形色紙折成六角長方形，中央包入熨斗鮑，而近年改以黃紙或塑膠取代，用紙包起來，加上*水引或色紙。此外，印上圖案或「のし」（noshi）二字的簡化形式也廣為使用，稱為熨斗袋或熨斗紙。熨斗也是吉祥圖樣之一，常用於喜慶場合的贈禮，如*蒲團（棉被）、*著物、*風呂敷（包巾）、*旗等。

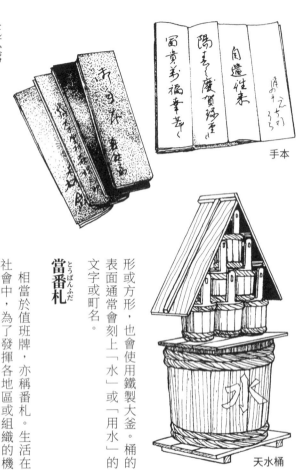

旗（はた）

在布或紙上題字作畫，綁在竿上懸掛的標誌或象徵物。原是當作請神用的神靈依附物，除神道祭祀之外也用於佛教活動。有時也被當作軍團的象徵，或是用來聲援、表示祝賀之意。這也是漁船、商船的標誌，新造的船會掛上親戚或友人贈送的祝旗舉行下水儀式。滿載而歸回港時，除了祝旗，船上還會掛出大漁旗。日本的端午等節日會懸掛細長的幟旗（或稱昇旗），通常簡稱為幟。另外，在法會等場合，掛在寺院境內或本堂，上部為三角形的細長旗則稱作幡（旛）。

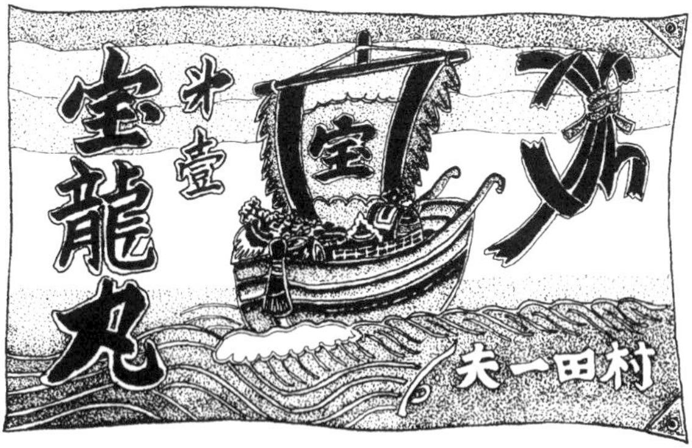

旗

判（はん）【印章、圖章】

蓋在文件上當作證明的印章，又稱印判。有別於花押的簽署方式，判是使用硬材雕刻文字或圖樣的印記。實印[4]是雕刻全名或只刻姓或名的印章，通常比較大，以具重量的上等材料製作。個人使用的認印[5]多為圓形或橢圓形，因為價格低廉而又稱為三文判，為大眾廣泛使用。印材有象牙、石頭或竹根，但大部分是黃楊。

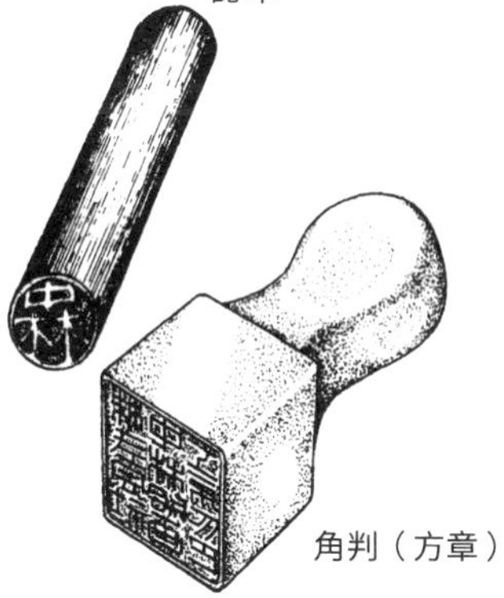

半紙（はんし）

長約二五公分、寬約三三公分的紙。名稱由來據說是將長約七寸（約二一公分）、寬約九寸的小尺寸杉原紙（稱為延紙）對半裁開，即成為半紙。杉原紙是鎌倉時代產於播磨（兵庫縣西南部）的杉原谷，以楮樹皮製作出薄而軟的紙。江戶時代以後，紙也普及至民間，被視為貴重品用於喜慶場合，也被當作禮品。到了近代多是用於習字。

半紙

半鐘【喚鐘】

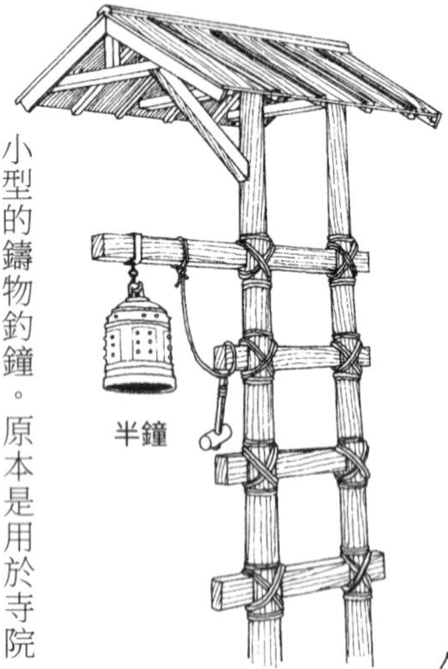

半鐘

小型的鑄物釣鐘。原本是用於寺院或戰場，敲鐘作為火災的信號。後來常被當作火災、水患等災害的警報。通常是裝在火見櫓（望火樓）或火見梯子等高處。當附近發生火災時，以連續且急速敲鐘的方式通知民眾，這種敲法稱作擦半鐘，簡稱擦半。

火消鳶口【消防鉤】

棒子前端加上鳶嘴形鐵鉤的消防用具。發生火災時，為了盡快撲滅起火的房舍或是防止延燒，消防員會用火消鳶口進行破壞、阻斷火勢。依棒子的長短、鐵鉤的大小或形態分為大鳶、中鳶、小鳶、*劍鳶等。最常使用的是小鳶。

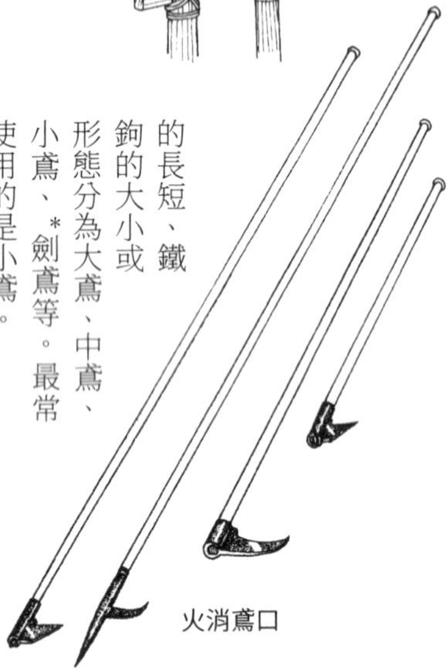

火消鳶口

雛形【雛型】

依實物縮小比例的模型。種類多樣，除了建築物或船的縮尺模型，還有用來參考學習、練習裁縫的*著物雛形等。有時是指染織品等的樣本。雛形可代替實物留存記錄，此外，為了祈求實物順利完成，有時會將雛形獻納至神社寺院。到了近世，北前船[2-4]等船隻的航運發展蓬勃，為祈求造船成功、航行平安，人們經常獻納*弁財船的雛形。

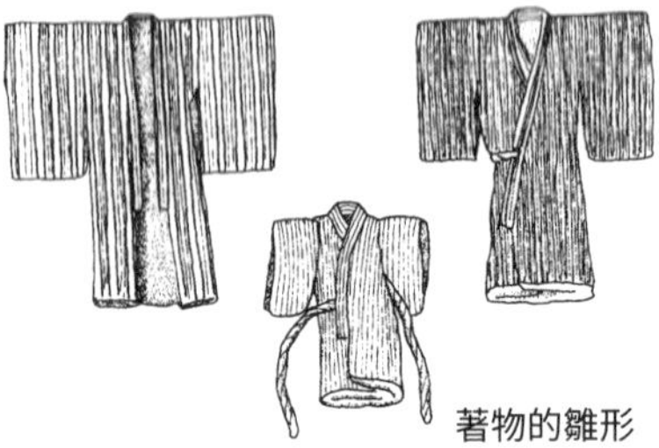

著物的雛形

表札【門牌】

寫上居住者姓名，掛在大門或出入口等處的牌子，亦稱門札、門標。元祿年間（一六八八～一七〇四）已出現，最早使用的是藝人，當時具有廣告宣傳目的。文化、文政年間（一八〇四～

明治時代掛在政府機關的表札

三〇），醫師率先掛起表札，到了明治初年，名流望族開始在表札寫上官位，有些人甚至會寫上學位。

拍子木（ひょうしぎ）【木梆】

互相敲擊發出聲音的兩根方柱形木棒，用於劇場的開閉幕、夜間的巡邏等。使用敲打容易發出響聲的櫟樹、栗木、櫸樹、櫻樹等硬木製作而成。

拍子木

袱紗（ふくさ）

亦寫作帛紗、服紗。將兩片絹布或縮緬（縐綢）等布料縫合，或是將一片布縫成方形，繡上家紋、文字或圖樣，有些會在四個角加上流蘇。舉行茶會時使用茶袱紗，用於擦拭茶器、遞接*茶碗。而用來蓋在禮品上的掛袱紗，是以綴織、緞子、鹽瀨8-9等厚布製成。原本是指小片的絹布，收在懷中當作日常用品。

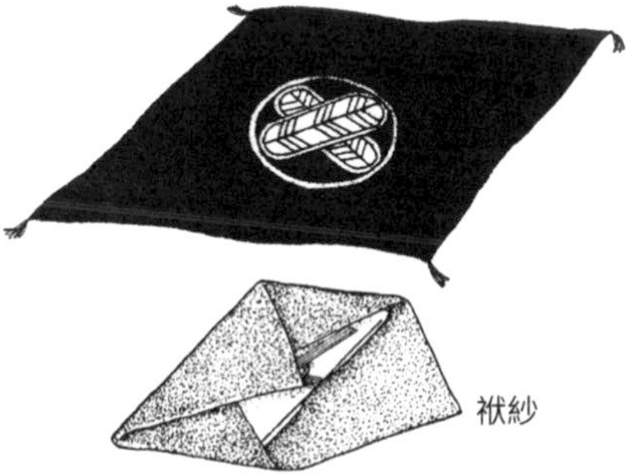
袱紗

筆（ふで）

吸附墨汁或顏料，寫字畫圖的用具。將毛穗（筆頭）嵌入細竹管或木柄中製成，毛穗的材料為羊、狸、兔等獸毛。於推古天皇十八年（六一〇）由高句麗僧侶曇徵連同造紙、製*墨（墨條）技術一起傳入日本。奈良時代後，多用於寫公文或經文，江戶時代因為文字的使用普及至民間，筆的需求量增加，於是開始大量生產。且依用途、用法製造出各式各樣的筆，還出現了藤野雲平等知名的製筆師。

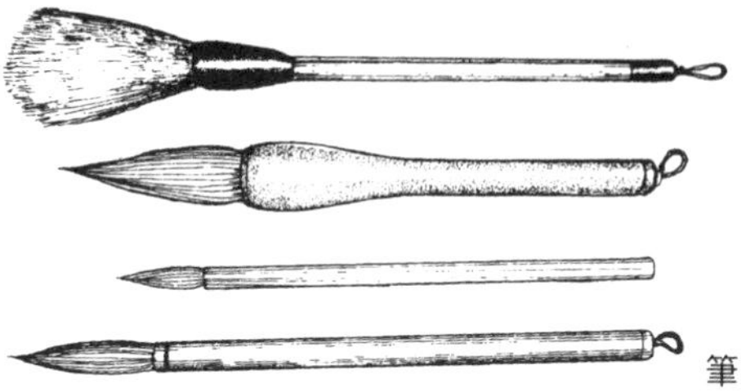
筆

筆立（ふでたて）【筆筒】

直立收納*筆的容器。古時是用陶製小壺，有備前燒、丹波燒、信樂燒、瀨戶燒、常滑燒、越前燒等。不過，最普遍使用的是竹製品，切斷竹節時，下方保留一小部分，上方則依需求切成適當長度。江戶時代中期以後，由於寺子屋3-29的普及，筆也開始廣為使用，出現了專用的筆立，稱作筆筒或筆桶。

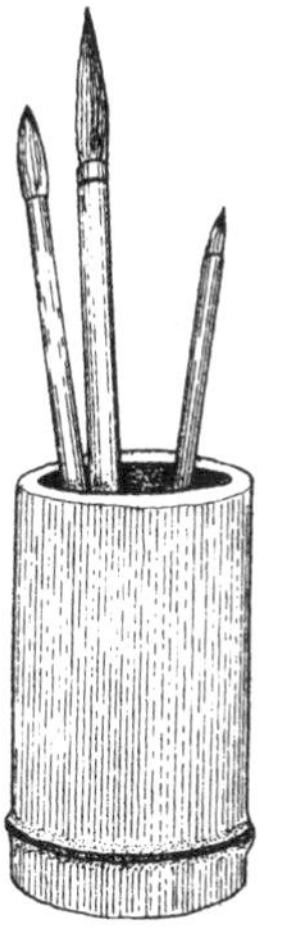
筆立

筆卷（ふでまき）【筆捲】

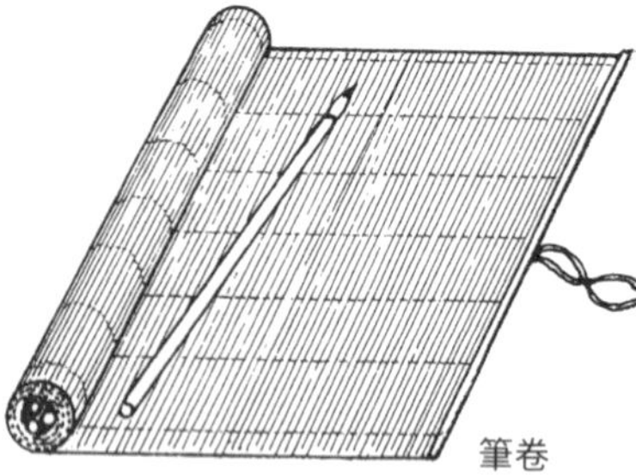
筆卷

將筆捲起來收納的小型簀或*簾，將長約三〇公分的細竹篾用棉線或麻線編製而成。通常不只收納一支，而是多支粗細不同的筆，為方便保存與攜帶的文具。另外，雖然使用的竹篾粗細不同，但與捲壽司的*卷簀（壽司捲簾）為相同構造。

文鎮（ぶんちん）【紙鎮】

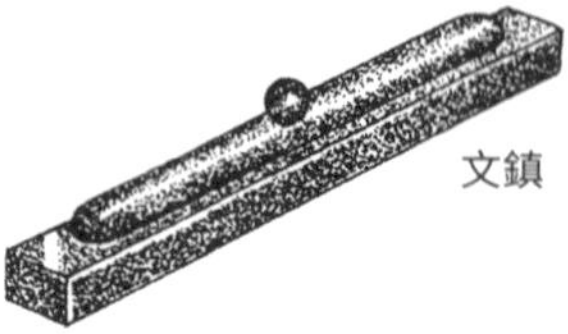
文鎮

以金屬或玉石等物製成的文具。為了防止紙或書籍移動、散亂，而將文鎮壓在上面固定。通常是指使用毛筆時，避免紙張移位的壓紙重物，造型多是金屬製的棒狀。

法螺貝（ほらがい）【法螺、螺號】

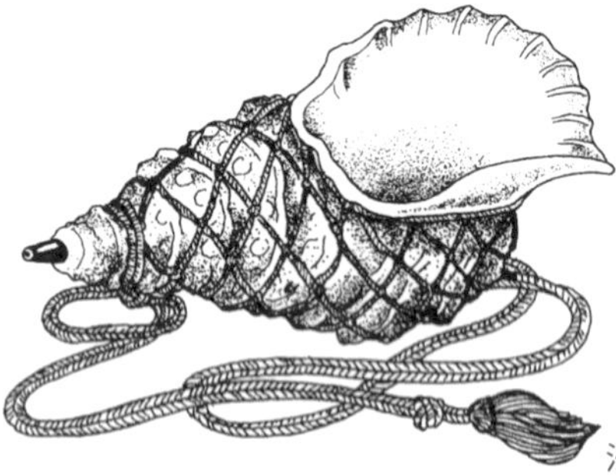
法螺貝

法螺貝是日本近海可採集到的最大螺貝，亦指用其貝殼做成的吹奏樂器。在紡錘形貝殼的頂端鑽孔，接上金屬吹口。自古以來就被用來吹響軍隊進退的信號，也是山伏2-30的修行法具。村中官吏傳遞信息，或是緊急召集群眾時也會使用。因為法螺貝吹出來的聲音很響亮，後來意外的大筆橫財也被稱為ホラ（hora），指人說大話或吹牛時也會以「吹法螺」（法螺を吹く）形容。

卷物（まきもの）【卷軸】

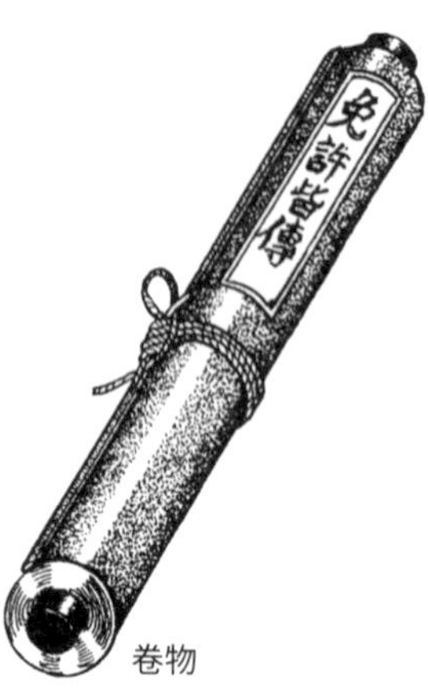

卷物

將長形的字畫等裱裝，以軸捲收成卷狀，亦稱卷軸、軸物、卷子。而掛於床之間（壁龕）的*掛軸也是一種卷物。此外，武道、花道、茶道等的秘笈，以及記錄各種職業的由來、秘傳書等通常也是做成卷物。

纏（まとい）

古時在戰場上，放在武將身邊當作馬印、標示所在位置的標幟，竿頭有各種裝飾，通常下方會垂掛流蘇狀的馬簾。到了江戶時代，在火災現場被町火消（地方消防隊）當作各組的標識

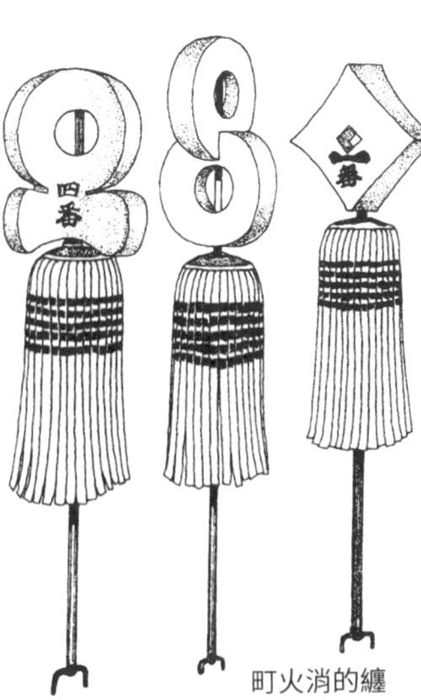

町火消的纏

物，同時是各組的精神象徵。消防隊的纏會在竿頭加上各組獨特的裝飾，稱作ダシ（dashi），下部是以細長紙條或皮革製成的馬簾。在火災現場，負責持纏的人會用馬簾撲滅火星，同時能保護纏不受損。

水引（みずひき）

綁禮品包裝紙等物的紙繩。以杉原紙或奉書紙[10-12]等高品質和紙製成*紙縒（紙捻），取數條塗上漿糊黏合，乾燥變硬後，從中央分開染色。一般用於喜事賀禮的是紅白、金銀、金紅等配色，喪事等不幸事故則是用黑白、藍白等配色。基本綁法是切結，也會用輪結或淡路結（又稱鮑結），還有花結、梅結、菱結、蝴蝶結等各種綁法。水引也被做成各種精緻的擺飾，像是喜慶宴會上當作吉祥物裝飾的島台上面放的松竹梅、鶴龜等，就是水引做成的工藝品。

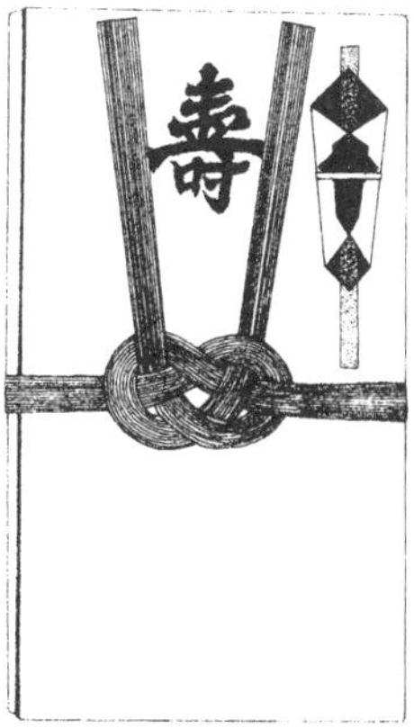

水引

道標（みちしるべ）**【路標】**

指示道路距離或目的地的標記。簡易的道標是在道路要衝豎立柴枝，有時是折下生長在顯眼處的灌木樹枝做記號。在街道的追分等分岔路口上會種植厚朴等樹木。近世之後，因為道路整頓，蓋了許多石造道標，通常會刻上「從是……」（由此開始為……）、「右……」、「左……」的文字。地藏王像或路邊的石佛也常被當作道標。

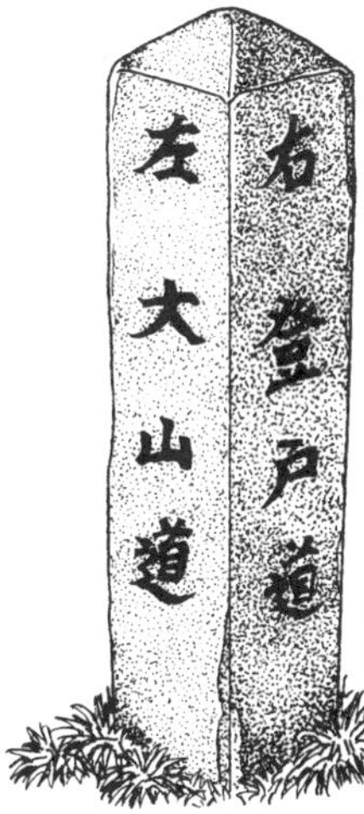

道標

目錄（もくろく）

收藏或展示品的品項彙整紀錄，或是依序列出書籍中標題的目次、聘禮等各項禮品的品項清單。僅列出項目、取代實物作為贈禮之物亦稱目錄。

聘禮的目錄

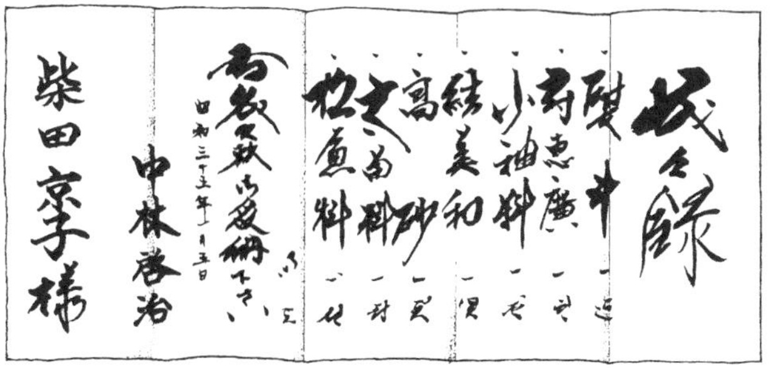

第12章【交流】

矢立（やたて）

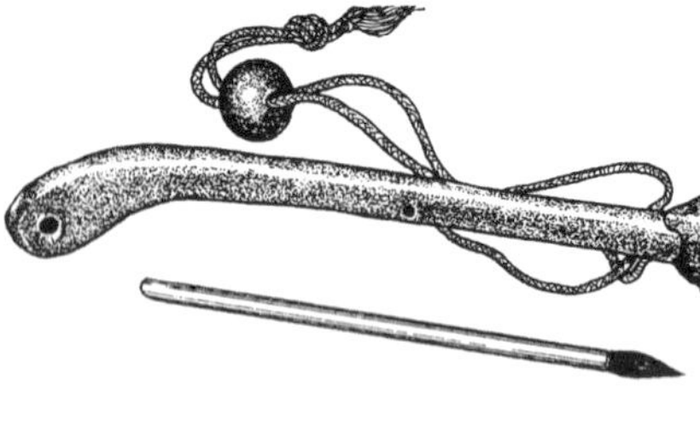

矢立

同時收納墨壺和*筆的容器，墨壺內放艾絨[6]等浸吸墨汁。鎌倉時代已有此物，起初是檜扇形，到了江戶時代，墨壺變圓加大，可插在腰間方便攜帶。後來還出現墨壺與筆筒分開的印籠式。一般是黃銅製、紅銅製、陶製，也有施以金銀加工的豪華樣式，以及防身用的大型矢立。

結納飾（ゆいのうかざり）【聘禮】

下聘時，由男方贈予金帛（黃金與布帛）、酒肴等聘禮，當作婚約的證明。若是招婿的情況，則由女方贈予。將金帛、柳樽、鯣（魷魚）、昆布、鰹節（柴魚）、熨斗鮑、白髮（白麻線）等聘禮連同目錄，擺在長方形的白木祝台上。男方贈予的金帛包稱作帶地料或小袖料，女方贈予的稱為袴料。聘禮的品項、陳設依地區而異，收取聘禮的那一方也要回禮。

結納飾

呼子（よぶこ）【哨子】

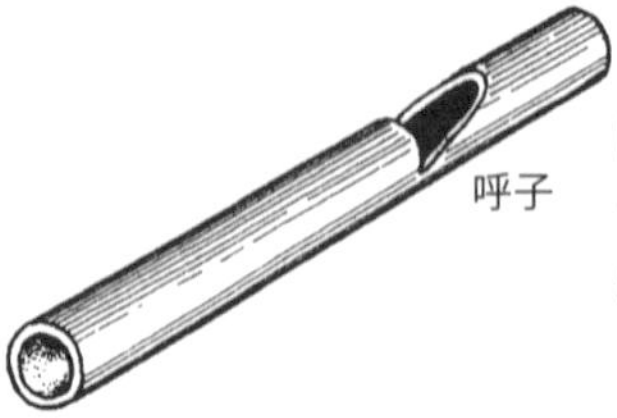

呼子

「呼子笛」的簡稱，亦讀作「よびこ」（yobiko），以笛聲當作呼叫信號的小型*笛。多為竹製的單孔直笛，從上端的開口吹氣，使其發出聲音。用手指按壓竹上的孔，調整笛聲的強弱。古時也有木製品，當中還有笛身曲線飽滿的樣式。江戶時代的讀本或淨瑠璃[3-23]等出現的呼子笛，推測就是這種形態。

龍吐水（りゅうどすい）

　在水箱上部加裝抽水裝置的一種手壓式幫浦，藉由上下按壓橫木讓水噴出。因為噴水的樣子像是龍在吐水，故得此名。除了當作滅火用具，也用於灌溉或礦山抽水。自江戶時代開始使用，雖普及至全國，但因滅火效率低，主要用於防止火勢延燒，或是噴濕消防員的衣服。另外，還有在木筒下部接上小支放水筒的小型打氣式幫浦，稱為水鐵砲、獨龍水、生龍水，有時也稱作龍吐水。

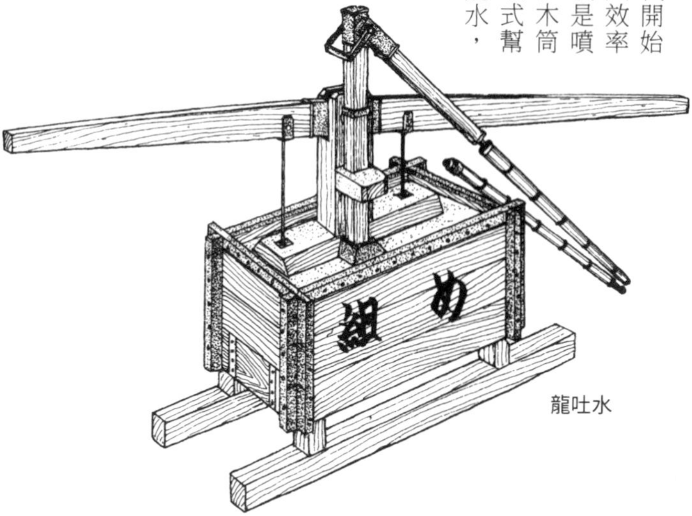

龍吐水

索引

＊粗體數字為詳細介紹的頁數。

四劃

索引

五劃

六劃

索引

七劃

八劃

索引

九劃

十劃

索引

索引

十一劃

索引

十二劃

十三劃

十四劃

十五劃

十六劃

十七劃

十八劃

十九劃

二十劃

二十一劃

二十二劃

二十三劃

二十四劃

二十五劃

二十六劃

二十七劃

二十八劃

其他

索引

注譯

前言

1 大森貝塚：摩斯博士搭乘往返橫濱與東京之間的電車時注意到這座貝塚，後來進行挖掘。這座貝塚不只是日本第一個考古遺跡，文物本身更揭開了繩文時代的人類生活。

2 公家：為天皇與朝廷工作的貴族、官員。

3 武家：以武力為朝廷效勞的幕府將軍、武士等。

第一章　飲食

1 燒締：完全不使用釉藥的一種陶器製法。透過高溫燒製，改變土的性質以形成自然釉。

2 馬口鐵：兩面鍍錫的鐵皮，防鏽、耐腐蝕。

3 白木：指只去除樹皮，未經其他加工的原木素材。

4 下野家例（しもつかれ）：日本北關東地區的鄉土料理。用鮭魚頭、大豆、酒粕、油豆腐加上蘿蔔泥和胡蘿蔔等製成。

5 女性用語：在詞彙前加上「御」（お）的用法，來自於服侍貴族的女性在宮中所使用的「女房詞」，為的是講求用字遣詞的高雅委婉，之後開始為一般女性使用，才普及開來。

6 徑向：鋸切木材時，角度與年輪呈垂直的方向稱為徑切。木板切面會呈直紋，稱為徑切板。日文漢字寫作「征目」。

7 素燒：未施釉的生坯經一定溫度煅燒，使坯體具有一定強度的製陶方式。

8 土間：日式建築中沒鋪地板、露出黃土地面的空間。

9 檜笠：檜木片編成的斗笠，詳見＊笠。

10 切子燈籠：一種在盂蘭盆節中用於指引先祖方向的盆燈籠，火袋（燈室）的形狀為多面立方體。

11 刳物：木頭雕鑿成的器物。

12 須惠器：以轆轤成形，高溫燒製而成的硬質灰黑色土器，由來自朝鮮的渡來人傳入日本。

13 三三九度：類似交杯酒，新郎新娘輪流將三只盃的酒喝完。

14 春慶塗：保留木紋的特殊漆法，底色為黃、紅，塗上多層透明漆。

15 振茶：用茶筅將番茶攪拌出泡沫再享用的茶。fugufugu（ふぐふぐ）、bote（ぼて）皆是形容用茶筅攪茶時發出的聲音。

16 糅飯：參雜麥、大豆或海藻等增量的雜糧飯。

17 大嘗祭：日本天皇即位後首次舉行的新嘗祭。新嘗意指「品嘗新穀」，天皇在祭祀典禮中向眾神奉獻新收穫的稻米等五穀作物，感謝神明賜予豐收。

18 土師器：紅褐色或黃褐色、無圖樣的素燒土器，由土師部民負責燒製，故得此名。日本在大和國時期採行奴隸制，部是屬於皇室與貴族的奴隸集體，以職業分類，土師為其一。

19 北陸：名稱來自日本古代五畿七道的北陸道，一般是指日本本州中部地區臨日本海沿岸的地方（福井縣、石川

縣、富山縣、新潟縣）。
20 出作小屋：至離家較遠的耕地農作時的臨時住所。
21 鏡開：眾人一起用木槌敲開酒樽的蓋子。酒樽的蓋子叫作「鏡」，「開」有「開運」之意。
22 梨子地：先塗一層薄漆，趁半乾之際，撒上金粉，漆乾後再塗一層梨子地漆。看起來像梨皮，故得此名。
23 蒔繪：使用金、銀、色粉繪製圖樣的漆器裝飾技法。
24 螺鈿：鑲嵌貝殼的裝飾工藝。
25 明石燒：蛋比例偏高沾高湯吃的章魚燒，在明石市通常稱玉子燒。
26 豆汁：將泡過水的大豆壓碎而成的乳狀物。為製作豆腐的原料。
27 蛸唐草：唐草紋（捲草紋）多呈捲曲的花草圖樣，日本人覺得看起來像章魚腳（蛸），且因盛行於唐代，故取此名。
28 青海波：重複的扇形波浪圖紋。
29 弦向：鋸切木材時，角度與年輪呈平行的方向稱為弦切。木板切面會呈山形紋，稱為弦切板。日文漢字寫作「板目」。
30 指物：完全不用釘子，直接以木材組合而成的製品。
31 煎茶：日本人最常喝的茶，燻蒸後揉捻成卷狀，焙乾製成的茶葉。
32 番茶：製法與煎茶大致相同，不過是用夏天之後採收的三番茶、四番茶，也就是一年中採的第三、四批茶葉。在北海道、東北地區，通常稱作「焙茶」。
33 高宮布：產於滋賀縣彥根市高宮的麻織品。
34 奈良晒：奈良縣的頂級漂白麻布，經太陽日曬的工法製成。
35 連歌：將一首和歌分成上句（五七五）與下句（七七），由某人先吟上句（發句），另一人再接下句。
36 澀紙：又稱柿紙，塗上柿澀液的紙，具防水效果。
37 卓袱料理：於日本鎖國時期傳入的中式料理，一般是用來招待客人的宴會料理。眾人圍坐圓桌前，共同分食裝在大盤大碗內的各種料理。因菜色、吃法混合日本、中國、荷蘭的特色，又稱「和華蘭料理」。
38 霰紋：霰是高空的水蒸氣遇冷凝結的小冰粒，霰紋分為大霰（鬼霰）、中霰、小霰。霰纹是南部鐵瓶最常見的紋飾，看起來就像一顆顆凸起的圓粒。
39 町家：町人住所。町人主要是商人，部份是工匠。
40 耐火黏土：不因高溫而熔解或變化的黏土統稱。以高嶺石為主要礦物成分，耐火溫度可達 1500 ～ 1600℃。
41 茶飯：有兩種解釋，其一是把洗好的米加煎茶或焙茶炊煮，再者是把洗好的米加醬油和高湯等炊煮成的飯。
42 利休箸：又名懷石箸，據說是茶聖千利休在接待客人的清晨，取吉野紅杉削成「中平兩細」（中間扁平、兩端細圓）的兩口箸（雙頭筷）而得名。
43 天削箸：筷尾呈斜面，方便分辨頭尾的筷子。
44 小判箸：筷尾呈橢圓形的筷子，看起來像江戶時代的流通貨幣小判。
45 元祿箸：四角被削平，容易打開夾取食物的筷子。
46 素戔嗚尊：《古事記》中寫作建速須佐之男命，日本神話中開疆拓土之神伊奘諾尊的么子。
47 平城宮：日本於西元七一〇年遷都至奈良後，建於平城京（奈良市西郊）的宮室，是日本第一個登入世界遺產的考古遺跡，在一九九二年被指定為史跡。
48 初食（食い始め）：在寶寶出生百日左右舉行的儀式，祈求孩子健康成長、一生不愁吃穿。
49 新箸祝（青箸日）：舊曆六月二十七

日這一天，人們會用當年剛收成的小麥製成的麵粉做烏龍麵或麻糬糰子，以杉木或椏樹的青莖製成的筷子食用。有些地區稱作「青箸日」，這是一種祈求豐收、避災擋厄的儀式。

50 伊勢參宮：前往伊勢神宮參拜朝聖。在江戶時代，「一生一定要參拜一次伊勢神宮」成為庶民的夢想。

51 靈場：靈魂聚集之處，通常是指神社寺院。靈場在日本被視為信仰聖地，許多信徒與修行者經常拜訪。

52 刺身庖丁：即生魚片刀。關東的生魚片刀又稱「蛸引」，刀鋒是角形，關西的的生魚片刀即柳刃刀。

53 庖丁式：源自平安時代的一種儀式，廚師坐在大砧板前，不用手碰觸砧板上的食材，右手拿庖丁刀、左手持長筷進行切割。

54 萬能庖丁：亦稱三德庖丁，當時從國外輸入的事物多會加上「文化」二字。「三德」即三用，因為這種刀可以切菜、魚、肉，故得此名。萬能庖丁是近年來的稱呼。

55 木地呂：在木胎上塗透明漆，使木紋依舊透明可見的技法。

56 堆朱：在木胚上塗抹多層朱漆，完全乾燥後，在表面雕刻圖樣。

57 五平餅：日本中部地區的鄉土料理，把粳米飯捏成橢圓狀，插入扁竹籤用炭火烤，塗上味噌醬油。因為形似獻納給神明的御幣，又稱御幣餅。

58 在原行平：平安時代皇太子阿保親王的次子。

59 日語漢字的讀法有兩種：借漢字的字形、字義，讀法仍採用日語讀音的「訓讀」，模倣中國漢字讀音的「音讀」。

第二章　裝扮

1 貫頭衣：幾乎不施裁縫的原始衣服型式。於布料正中央開洞，將頭從縫中套過去穿上，再將腋下縫合而成。

2 山陰地區：泛指本州西部面向日本海一側的地區，範圍包含鳥取縣、島根縣與山口縣北部地區。

3 上方：江戶時代對大坂、京都為中心的畿內之稱呼。

4 北前船：江戶時代後期至明治時代，以日本海為中心的採購商船。

5 鼻緒：綁在草鞋或木屐上 Y 字形的鞋帶。

6 綸子：絲織品的一種，質地比緞子還要柔軟，鮮豔有光澤。

7 羽二重：一種經紗與緯紗都使用無加捻的生絲平織而成的絹布。布料細緻柔軟有光澤，又稱光絹。

8 強裝束：以漿糊增加布料強度、讓折線有稜有角的服裝樣式。

9 烏帽子親：男子舉行成人式時，邀請一位特定人物當「假親」為他戴上烏帽子，這位假親稱作「烏帽子親」，被戴帽者是「烏帽子子」。烏帽子親要為烏帽子子另取新名，這個名字叫做「烏帽子名」。

10 阿斯科特領巾（Ascot tie）：一種寬領帶，繫好後以領帶針或領帶夾固定。

11 對丈：身丈與著丈的長度相同。身丈是指衣物平放時，襟的底部至下襬的長度。著丈是指穿著衣物的狀態下，後身的襟至下襬的長度。

12 龍文：平織絹布的一種。質地類似羽二重，但較厚。

13 棧留：來自印度半島烏木海岸的棉織物。

14 小倉織：江戶時代豐前小倉藩（現福岡縣北九州市）的特產，直條紋的上等棉布。

15 扱帶：取並幅（約三六公分）的布料，不經縫製直接綁在腰上的帶。

16 七五三節：每年的十一月一五日，三歲的男童和女童、五歲的男孩、七歲的女孩會到神社參拜，感謝神明庇佑，祈求健康成長。

17 戌之日：戌即生肖的狗，因為狗大多順產且多胎，在日本成為孕婦的守護神。
18 虛無僧：不剃髮，口吹尺八，四處雲遊的修行者。
19 ざんざら笠：ざんざら（zanzara）是指摩擦產生的沙沙聲，因為編菅笠時，最後末端沒有修剪，直接留在笠頂，所以風吹時會發出沙沙聲。
20 平織：經線及緯線之間呈 90° 、十字交錯而成的織法。
21 胴著：穿在外衣與內衣之間的衣服。
22 陣羽織：武士在陣地穿的羽織，穿於盔甲之上。
23 月代頭：前額側至頭頂的頭髮全剃光，露出呈半月形的頭皮。
24 著丈：穿著衣物的狀態下，後身的襟至下襬的長度。
25 身頃：著物不包含袖、衽、衿的衣身部分。
26 盂蘭盆舞：盂蘭盆節相當於台灣的中元節，各地區都有獨特的盂蘭盆舞，通常是舞者列隊圍繞木架高台跳舞，高台上有人用傳統樂器演奏音樂，近年也會播放流行歌曲。
27 又鬼獵人：日本東北地區的冬季獵人，主要活動範圍是青森縣和秋田縣之間的白神山地森林。他們獵熊和鹿，住在林中的小村莊，春夏季從事農業。
28 勾玉（曲玉）：呈月牙狀，常用材質為翡翠、瑪瑙、水晶、滑石、琥珀等。
29 管玉：呈竹管狀，常用材質為玻璃、碧玉、滑石、凝灰岩等。
30 山伏：在山中徒步修行之人。
31 禿：在吉原以見習身分為遊女做雜務的女童。
32 堂島：因大阪堂島的商人開始穿而得名，藺草製鞋面的駒下駄。
33 小柄：附在刀鞘上的小刀。
34 目貫：將刀身固定於刀柄的目釘，或蓋住目釘的金屬片。
35 摺箔：將金箔、銀箔用黏著劑黏貼在布料上的裝飾技巧。
36 縫箔：摺箔與刺繡併用、組成華麗圖樣的裝飾技巧。
37 練貫：緯線是練線的絹織物，練線是去除膠質、柔軟具光澤感的絹線。
38 子持縞：粗條加細條組合而成的條紋。
39 矢鱈縞：間隔或配色不規則的條紋。
40 瀧縞：由粗逐漸變細的直條紋。
41 雪曬：利用雪在日光照射下蒸發產生的臭氧達到漂白效果的一種漂布方式。
42 埴輪：排列在日本古墳頂部與墳丘四周的素陶器總稱，分為圓筒埴輪和形象埴輪，約是在三世紀中後期至六世紀中後期被製造，大部分為中空。
43 驛傳：驛傳競走的簡稱。由多人組隊參加的長距離接力賽，每位跑者各負責一個區間，依總花費時間決定勝負。
44 四國八十八所：在四國地區八十八處與弘法大師有淵源的靈場。巡拜四國八十八所稱為四國遍路、四國巡禮。
45 玉繭：兩隻以上的蠶共同吐絲營造的蠶繭。
46 蛾口繭：蠶羽化後留下的破口蠶繭。日文漢字寫作出殼繭。
47 江戶褄：在前身頃與衽至下襬間、左右對稱的斜染圖樣。
48 繪羽：不受縫線干擾、整件和服以相連的圖樣構成。在白布的狀態下就預先考慮到接合處的印染設計。
49 行燈袴：沒有襠的裙形袴。
50 華族：明治維新後至日本憲法頒布前（一八六九～一九七四）的貴族階層。
51 神功皇后：古墳時代（西元三世紀～六世紀）的皇族，是日本史上首位女性君主，在《日本書紀》中稱作氣長足姬尊《古事記》裡記為息長帶姬命。
52 揚帽子：江戶時代的女性用來擋塵土的頭飾，因為形似蝴蝶，又稱揚羽帽子。
53 真綿：將玉繭或蛾口繭等無法販售的

屑繭，用加了灰汁或小蘇打的水煮出綿絲，紡成絹線織成布。

54 鷹匠：飼育訓練老鷹，利用老鷹進行狩獵的專家。

55 長板中形：長板是鋪布料塗染糊的板子；中形是因為型紙的圖樣尺寸介於大紋與小紋之間而得名，長板中形如今已成為浴衣的代名詞。

第三章　居住

1 竈造（くど造）：外觀形似日本古時的竈（灶），故得此名。

2 合掌造：用茅草覆蓋屋頂，合在一起後形似「人」字，兩側屋頂遠看像是雙手合十，故稱合掌。

3 兜造：日本民宅的屋頂樣式之一，形似武士戴的頭盔（兜），故得此名。

4 數寄屋造：日本傳統建築形式，數寄意指喜好茶道、花道等風雅事物。數寄屋是依喜好建造的家，成為茶室之意。以不塗漆不裝飾為特徵。

5 中門造：北陸地區至東北地區日本海沿岸的民宅建築形式。主屋有稱作中門的突出部分，那兒除了是出入口，也會設置馬廄或廁所等。

6 曲家：傳統民宅建築樣式，平面呈現L字形，故得此名。

7 遠州行燈：據說是出自江戶時代的茶人小堀遠州的構想，故得此名。

8 寄席：觀賞日本傳統大眾娛樂的設施。

9 枕箱：上部放軟枕，下部是可放錢財等重要物品的長方形小箱。

10 玉川上水：一六五二年，由玉川莊右衛門、玉川清右衛門兄弟開鑿的引水道。

11 神田上水：一五九〇年，德川家康命令大久保藤五郎開鑿的引水道。

12 火箸：金屬製長筷，用來移動薪柴或木炭，調節火力。

13 虎子：根據《西京雜記》的記載，西漢將軍李廣射死臥虎，命人鑄成虎形銅製便器，將小便解在裡面，以示對猛虎的藐視，這就是「虎子」的由來。

14 光悅垣：用竹片排組出菱形大孔，擺上竹片束，使頂部呈現緩和的圓弧線條。因為受到近世初期的藝術家本阿彌光悅喜愛，故得此名。亦稱臥牛垣。

15 建仁寺垣：將竹子切成四等分，表層朝外緊密排列，再用剖竹橫壓，以棕櫚繩補住固定。這是源自建仁寺的竹垣，故得此名。

16 小壁：鴨居（門楣）與天花板之間的小牆。

17 書院造：室町時代至近世初期的住宅樣式，以書院為建物中心的武家住宅形式，書院是書齋兼起居室的空間。

18 瓦猿的日語發音與「安然無恙」（変わらざる）相同，象徵凡事平安順利。

19 酉市：十一月的酉日在各地的鷲神社舉辦的節慶活動，祈求開運招福與生意興隆。

20 十日戎：每年一月九日～十一日為期三天，祭祀財神（惠比須神）的節日。

21 彈子鎖：亦稱彈珠鎖、鎖簧鎖，用多個不同高度的圓柱形鎖簧住鎖芯，插入正確的鑰匙後，鎖簧被推至相同高度，鎖芯就會被放開。

22 高蒔繪：在圖樣部分塗厚漆，使其產生立體感的漆器裝飾技法。

23 淨瑠璃：一種說唱敘事表演，通常使用三味線伴奏。

24 長歌：三味線音樂的一種形式。

25 軟炭：木頭燃燒到一半熄火做成的木炭。因容易著火，故作為火種使用。

26 鞍馬火祭：京都三大奇祭之一，傍晚時分，家家戶戶點燃門前的篝火，孩子手持小火把，大人抱著大火把。群眾在鞍馬寺山門集合，一起參拜由岐神社，活動持續到深夜才結束。

27 寢殿造：平安時代的貴族住宅樣式，以寢殿（正殿）為建物中心構成。

28 藩校：培養武士子弟的藩立學校，亦稱藩學、藩學校。

29 寺子屋：讓平民子弟接受教育的地方，寺子屋這個稱呼主要用於近畿地區，江戶是稱作手習指南所或手跡指南。

30 香時計（香鐘）：用模子製成盤香，從盤香上燃燒的刻度判斷時間。

31 明曆大火：發生於明曆三年正月十八日至二十日（一六五七年三月二日～四日）的火災，與倫敦大火、羅馬大火並稱世界三大火災。

32 高倉：儲藏穀物的高床式倉庫，可阻絕鼠患、濕氣。

33 五月端午：五月五日是日本的傳統節日端午節（端午の節句），又稱兒童節（こどもの日）。這天家中有男孩的家庭會在屋外掛象徵鯉躍龍門的鯉魚旗，在屋內擺放盔甲裝飾。

34 一閑張：一種以竹製或木製器具為底，貼上多層和紙，完成後刷上漆或澀柿汁做成器具。也有乾燥後取出模型的脫模作法。

35 雛祭（女兒節）：每年三月三日，有女兒的家庭會在家中擺雛人偶做裝飾。

36 薩南諸島：相當於琉球群島（南西諸島）中屬於鹿兒島縣的部分。

第四章　耕種

1 中耕：在作物生長期間疏鬆土壤，使空氣流通，增加土壤透氣性，藉以活化土壤、促使作物扎根。

2 後家倒：後家是日語的寡婦。以前的農家會雇用寡婦幫忙去穀，千齒扱出現後，她們失去了賺外快的機會。故命名為「後家倒」。

3 沿步利（enburi）：青森縣八戶市每年二月舉行的祈求豐收儀式，戴上繪有祥獸黑帽的太夫（神祇降臨的化身）拿著太鼓等樂器進行祝禱並跳舞。

4 武藏野台地：關東平原西部的荒川和多摩川之間的地域。

5 厄年：指在特定年齡時，可能遇到災難或生重病。厄年是以虛歲計算，通常是男性二五歲、四二歲、六一歲，女性一九歲、三三歲、三七歲。

第五章　飼養

1 蘇：從牛乳中精煉出來的乳製品，將牛乳不斷加熱濃縮成為油脂狀的凝結物。類似醍醐。

2 二毛作：一塊耕地一年種兩種不同作物的輪作形式。

3 蠶座：供蠶食桑葉和活動的地方。

4 掃立：將幼蠶掃入蠶座，開始餵桑飼育。

5 調桑：餵桑前必須先處理桑葉、切桑，以便進行給桑。

6 上簇：從蠶籠取出成蠶，移入簇使之營繭的作業。

7 蠶微粒子病：又稱為鏽病、班病。由微孢子蟲寄生引起的傳染性原蟲病。

8 化性：一年中發生的世代數。一年只發生一代的蠶稱為一化性種，二代為二化性種，三代以上為多化性蠶。

第六章　捕獲

1 川干：阻斷河流，使河水乾涸藉以捕魚的方式。

2 見突漁法：從岸邊或船上目視叉魚的捕魚方式。又稱磯見漁法。

3 媒鳥：透過人工馴養，在人為授意下吸引誘捕野鳥的馴鳥。

4 九十九里濱：千葉縣房總半島東岸長約六〇公里的海灘。

5 電石燈：又稱電土燈，以電石（電土）加水產生化學反應為燃料，照明度比煤油燈亮，而且不易被強風吹熄，故多用於戶外。

6 村田步槍：薩摩藩的陸軍槍械火砲專家村田經芳少將以法國格拉斯步槍與

德國毛瑟步槍為藍本設計而成的步槍。

7 三陸地區：青森縣、岩手縣、宮城縣（南部次級行政區除外）、秋田縣的鹿角郡小坂町和鹿角市。

8 三河灣：愛知縣渥美半島與知多半島之間的海灣。

9 流鏑馬：日本傳統的騎射技藝。

10 弓取式：將弓授予優勝者的儀式。

第七章　製作

1 藍玉：蓼藍採收後，先將葉子乾燥處理，經發酵熟成約半個月後，呈為濃到發黑的染料，稱為「蒅」，將之打製成小塊的固體後曬乾成為藍玉。

2 膚燒型：為了讓表面硬化，提高塗在表面的碳濃度再進行淬火的鑄造方式。

3 木屎漆：木屑加生漆混合而成的漆，用來塗補裂縫或接面的縫隙。

4 財（吉）為錢財、才能、病（凶）為傷災病痛、離（凶）為六親離散分開、義（吉）為符合正義及道德規範、官（吉）指有官運、劫（凶）指遭搶奪、脅迫、害（凶）即禍患、本（吉）事物的本位或本體。

5 砂漿：砂、水泥與水混合而成，有時也會加石灰，用來黏合磚瓦等建材。

6 和綴本：以日本傳統方法裝訂的線裝書。

7 酒醪：發酵後但尚未進入蒸餾程序之前，所產生的一種濁酒。

8 醬醪：豆麥發酵熟成後，壓榨前的原醬。

9 錺：即錺金具。裝飾性的金屬零件，用於建築、佛具或家具等，例如隱藏釘頭的飾片。

10 藥研雕：用於雕刻文字的一種雕法，雕出來的凹面會呈 V 字形。

11 針供養：將家中一年來用過或折斷、生鏽的針上供。神社也會準備豆腐或蒟蒻讓參拜者插針。這麼做是為了感謝縫補衣物的針線的辛勞，同時祈求神明保佑裁縫手藝進步。

12 張子：以木頭、竹片做出雛形，再用和紙包裹著色的日本傳統紙糊藝品。

13 鎌倉雕：神奈川縣鎌倉市的特產雕刻漆器，在木材上雕刻後，直接塗黑漆，再塗朱、青、黃色的漆後拋光。

第八章　運輸

1 高瀨川：現在已被鴨川分斷，上游稱作高瀨川，下游是東高瀨川、新高瀨川。

2 表日本：日本本州面向太平洋和瀨戶內海側的地域總稱。這個詞彙出現在明治時代，因相對的裏日本一詞帶有歧視涵義，現已改稱太平洋側。

3 六部：六十六部的簡稱，源自日本佛教的一種修行方式。朝聖者將自己抄寫的六十六份法華經親自送到六十六個靈場供奉，故稱作六十六部或簡稱六部。

4 紀伊半島：愛知縣西部、三重縣、奈良縣、和歌山縣、大阪府中部以南。

5 輪幅：保護車輛車輪的輪圈、輻條裝置。

6 磯見漁法：乘上小船，以箱眼鏡（水面窺視鏡）找魚、叉魚的捕魚方式。又稱見突漁法。

7 參勤交代：德川幕府為防止大名謀反，規定諸大名必須履行的義務，每隔一年上江戶出府，也就是參勤。在江戶藩邸生活一年後，再與其他大名交接江戶參勤，然後返回領土，透過長途跋涉虛耗大名的財力。

8 本州：日本本土四島之一，位於日本列島中部，因為是最主要的島嶼，故得此名。

9 鹽瀨：平織絹布的一種，為厚度較厚的羽二重。因緯紗使用的絲線較粗，平織後會浮出紋路，稱為紋鹽瀨。

10 學習院：明治時代為教育皇族、貴族子弟，創立於東京的學校。在第二次世界大戰以前為宮內省管轄。

第九章　買賣

1 八十衢：「衢」意指岔路或路口，多條道路分岔的地方稱為「八衢」，但海石榴市是四面八方主要街道交會之處，故以「八十衢」表現。
2 歌垣：日本古代的習俗，多舉行於春秋，男女聚集歌舞飲食，且可發生性關係。
3 藤原京：奈良縣橿原市，日本史上最初且最大的都城。
4 平城京：日本於西元七一〇年遷都至奈良後，建於平城京（奈良市西郊）的宮室。地處今日的奈良市西郊。
5 木地屋：使用轆轤的專業木匠。
6 判取帳：讓顧客蓋章證明雙方已完成交易的帳簿。
7 朱銀：江戶時代後期流通的長方形貨幣，額面為一兩的一六分之一。
8 拔染：將拔染糊上在染好顏色的布料上，使其局部脫色的技法。
9 藝伎表演時會彈奏三味線，而三味線是用貓皮製成，因此有此別稱。

第十章　祈願

1 留守神：據說平安時代起，每到神無月（舊曆十月）眾神會聚集在島根縣的出雲大社，不過有些神會留守在原本的地方，稱作留守神。通常是荒神、惠比須、大黑、亥子神，這些神有個共通點，祂們都是棲宿在民宅的神。
2 桃節句：即上巳節（三月的第一個巳日），為五大節句之一，因適逢桃花開的季節而被稱為桃節句。平安時代開始在這天舉行流雛等驅邪儀式，至江戶時代發展至庶民階級，成為在家中擺雛人偶做裝飾的雛祭（女兒節）。
3 年祝：到達特定年齡的祝賀儀式。奈良時代是從 40 歲開始，每增加 10 歲就舉行年祝，現在通常是虛歲的 61 歲（還曆）、70 歲（古希）、77 歲（喜壽）、80 歲（傘壽）、88 歲（米壽）、90 歲（卒壽）、99 歲（白壽）等。
4 弔上：最後一次為亡者舉辦法會的忌日。
5 義民：為大眾與正義挺身而出、奉獻生命的人，通常是發起百姓一揆的領袖。最具代表性的為佐倉惣五郎。
6 種子字：佛、菩薩等所說真言之梵字。
7 眷屬：代替神明傳達旨意的差使，例如稻荷神社的狐狸、春日大社的鹿等等。
8 採物：祭祀時神職人員的手持道具。
9 左義長祭：於小正月（元宵）舉行，由神職人員念祝禱詞之後升起火堆焚燒，將舊的御守或神札等燒納的儀式。或稱歲德燒、Dondo 燒（どんど焼き）。
10 鳥追：小正月（元宵）時進行的儀式。由小孩一邊唱歌、一邊敲打棍棒，驅趕造成農損的鳥類。
11 押繪：以厚紙片為底，包上布並放入棉花，以呈現圖案立體感的工藝技術。
12 奉書紙：以楮為原料、摻入米粉製成的和紙，用於古今典禮儀式。
13 紙垂：將和紙裁剪後摺疊製成的紙片，又稱四手。
14 無緣佛：無家族認領的死者及其遺骨。
15 檀那寺：家族所歸依的寺院，又稱菩提寺。所屬的信徒稱為檀家。
16 圓仁：日本高僧，日本天台宗三祖。
17 七瀨祓：將轉移天皇災厄的人形帶到七處水邊（七瀨）流放。
18 蠶神即騎在白馬上的女神。
19 挽物：將木材固定在轆轤上，以刀刃刨削表面製成之物。
20 庚申待：據說庚申日這天，藏在人體

內的三屍蟲會升天，向天神報告人類所犯的過錯。當天熬夜不睡，祭祀青面金剛或猿田彥神，三屍蟲就不會升天，可安然度過。

21 天道花：從山中摘採杜鵑或紫藤等花，綁在竹竿上立起。

22 分骨：除了葬於墳墓外，將遺骨再分至他處祭祀的方式。

23 阿吽：佛教咒文（真言），在梵字中，阿是開口發出的最初的音，吽是閉口發出的最後的音，各自代表宇宙的開始與結束。

24 抖擻：消除雜念的修行。

25 權現：意指佛菩薩為普度眾生而顯現化身。

26 初穗料：獻納給神明的錢，因為古時是用秋天收成的初稻，故稱初穗。

27 木曾義仲追討：木曾義仲即平安時代末期的知名武將源義仲。一一八〇年，以仁王在源賴政的勸說下，於京都起兵討伐平家，但不久後以仁王兵敗被殺。其子北陸宮逃往北陸道，木曾義仲擁立他為主，起兵反對平家。

28 散樂：包含雜技、幻術、歌舞、音樂及模仿在內的大眾表演。

29 束帶：奈良時代文武官員的常服，平安時代後，成為官員朝服。

30 《大寶令》：制定於大寶元年（七〇一）的日本古代基本法典。

31 《延喜式》：延喜五年（九〇五）醍醐天皇命人編纂的一套律令條文。當中對於官制與儀禮有詳盡的規定。全書五〇卷，約三千三百條目。

32 稱名：稱念諸佛、菩薩之名號。

33 陀羅尼：以梵文字母及句子構成的真言。

34 雲版：青銅鑄製的敲擊樂器，呈雲朵形狀或刻有雲紋。

35 撞木反：相撲的背技，仰身橫倒摔。

36 新盆：故人死後四十九天的第一個盂蘭盆節。

37 以前的七夕是舊曆七月初七，日本人將七夕視為盆盂蘭盆節的初日，又稱七日盆或初盆，後來改成陽曆的七月七日。

38 《正法眼藏》：日本道元禪師執筆的佛教思想書。

39 練物：將木頭做成粉狀，混入漿糊後放入木型模中凝固成形的工藝品。

40 以前的日本人認為女性的長髮有靈體，嫉妒時頭上會長角變成鬼。為避免婚禮當天發生這種情況，所以要戴角隱，也暗指收斂脾氣。

41 光背：佛像、菩薩背後象徵智慧的光相。

42 田遊：祈求稻作豐收的表演。

43 須彌壇：安置佛像的台座。

44 胡粉：貝殼粉製成的顏料。

45 市松人形：因為人偶的長相似歌舞伎演員佐野川市松而得此名。

46 無縫塔：基座上安放一個無縫的橢圓形塔體，又稱卵塔。

47 新佛：初次過盂蘭盆節的亡靈。

48 燒灰：臭梧桐根部燒成的灰。

49 毛槍：前端接鳥羽的槍。

50 六道：地獄、餓鬼、畜生、阿修羅、人間、天上。

51 佛教將師父傳給弟子的佛法比喻為人體的血脈。

第十一章　娛樂

1 投壺：數人輪流將箭拋投至酒壺的遊戲。

2 物合：分為兩組人，以不同主題進行的競賽遊戲。

3 根合：又稱菖蒲合，於五月五日端午節舉行，兩組人互相比較菖蒲根的長短，搭配吟詠和歌的比賽。

4 雅樂：平安時代的傳統音樂，為歌、舞、樂三位一體的綜合性藝術。

5 笠懸、流鏑馬和犬追物三者合稱為騎射三物，笠懸與流鏑馬皆為騎馬射箭的比賽，前者的難度較高。而犬追物

則是在一塊場地內放一百五十隻狗，十二人組成一組共三組，射中最多狗的隊伍勝出。

6 振振：八角形木槌。可用來打球，或在兩側裝上滾輪拖行。

7 追羽根：兩人用羽子板互擊形似毽子的羽根，漏接者為輸家，要在臉上塗墨作為處罰。

8 脖子拔河：兩人將一條繩環套在各自的脖子上互相拉扯。

9 炙出：在紙上用乾燥後會變無色的液體寫字畫圖，再加熱使字畫現形。類似所謂的無字天書。

10 家元制度：以家元為中心率領整個流派的制度，家元是指一個流派的領導者。

11 立花：將花直立起來，源於在神佛前供花的花型。

12 歌詞源自於日本流傳的一則故事：一位和尚有天買了個茶釜，一煮水才發現茶釜竟是狸貓幻化而成的，和尚立刻把茶釜送給了收破爛的男子，變回一半姿態的狸貓只好從實招來，請男子收留。後來狸貓為了報恩，到處表演賺錢，讓原本貧窮的男子變得富裕。文福茶釜亦稱分福茶釜。

13 鳥子紙：和紙的一種，其主要材料為雁樹皮和三亞木，以紙張的色澤像雞蛋殼而得名。

14 新劇：受歐洲近代戲劇影響的日本戲劇。

15 下座音樂：歌舞伎演出時，在舞台右側的黑御簾中演奏的效果音樂。

16 囃子：為能、狂言、歌舞伎、長歌等傳統藝能增添情趣，以敲擊樂器和管樂器為主的伴奏音樂。

17 叮咚屋（チンドリ屋）：精心刻意打扮的街頭樂團，受託為所在地區的商品或商店打廣告，如今已很少見。

18 煉革：生牛皮火烤後，塗抹膠水，用槌子敲硬的皮革。

19 說教節：講解經義內容，讓民眾了解佛教道理的曲子。

20 蘭奢待：正倉院寶物目錄的登記名稱是黃熟香，蘭奢待是隱藏了「東、大、寺」三個字的雅名。

21 義太夫節：大阪的竹本義太夫創始的淨瑠璃之一，簡稱義太夫。

22 燕返：不讓旋轉的陀螺落地，直接用手抓取的玩法。

23 田樂：祈求作物豐收的歌舞。

24 鹿舞：穿戴木刻鹿角及鹿髮，腰上綁太鼓，邊打邊跳舞。

25 瓦版：類似報紙的單面印刷物，用黏土做成瓦坯，雕上文圖，燒製成形型後，印在紙上。

26 喜多川歌麿：日本浮世繪著名大師之一，擅長美人畫。

27 明清樂：江戶時代中期由明朝傳入的明樂，與江戶時代後期由清朝傳入的清樂之總稱。

28 東海道：江戶時代的五街道之一，為連接江戶與京都之間的交通要道。

第十二章　交流

1 追善：為往生者祈求冥福、舉行法會。

2 伊勢講：由多人共同集資，輪流去伊勢神宮參拜的互助制度。

3 雜節：二十四節氣、五大節句之外的節日，如節分、土用等等。

4 實印：日本個人使用的印鑑依用途概分為實印、認印、銀行印，實印具有法律效力，用於戶籍登錄、契約等，即所謂的印鑑章。

5 認印：日常生活中使用的印章，用於簽收郵件等，相當於便章。

6 艾絨：將艾葉曬乾搗碎，去除雜質的絨狀物。

國家圖書館出版品預行編目 (CIP) 資料

圖解日本民具事典 : 近 1500 張插圖描繪日本庶民生活原型 / 岩井宏實監修 ; 工藤員功編撰 ; 中林啓治插畫 ; 連雪雅譯 . -- 初版 . -- 新北市 : 遠足文化 , 2019.02
14.8 × 21 公分 . -- (浮世繪 ; 54)
譯自 : 絵引民具の事典 : イラストでわかる日本伝統の生活道具

ISBN 978-957-8630-68-0 (平裝)

1. 起居風俗 2. 民俗文物 3. 日本

538.3831 107013985

圖解日本民具事典

近 1500 張插圖描繪日本庶民生活原型

絵引 民具の事典【普及版】: イラストでわかる日本伝統の生活道具

監修——岩井宏實
編撰——工藤員功
插畫——中林啓治
譯者——連雪雅
執行長——陳蕙慧
總編輯——郭昕詠
行銷總監——李逸文
資深通路行銷—張元慧
編輯——陳柔君、徐昉驊
封面設計——汪熙陵
排版——簡單瑛設

社長——郭重興
發行人兼
出版總監——曾大福
出版者——遠足文化事業股份有限公司
地址——231 新北市新店區民權路 108-2 號 9 樓
電話——(02)2218-1417
傳真——(02)2218-0727
郵撥帳號——19504465
客服專線——0800-221-029
網址——http://www.bookrep.com.tw
Facebook —— 日本文化觀察局（https://www.facebook.com/saikounippon/）
法律顧問——華洋法律事務所 蘇文生律師
印製——呈靖彩藝有限公司

初版一刷 西元 2019 年 02 月
Printed in Taiwan

歡迎團體訂購，另有優惠，請洽業務部 02-22181417 分機 1124、1135